博雅撷英─王笛作品集

博雅撷英 | 王笛作品集

Breaking up a Closed World

The Social Transformation of the Upper Yangzi Region, 1644-1911

（第三版）

王笛 著

跨出封闭的世界
长江上游区域社会研究
1644—1911

北京大学出版社
PEKING UNIVERSITY PRESS

图书在版编目（CIP）数据

跨出封闭的世界：长江上游区域社会研究：1644—1911/王笛著.—3版.—北京：北京大学出版社，2018.9

（博雅撷英）

ISBN 978-7-301-29785-8

Ⅰ.①跨… Ⅱ.①王… Ⅲ.①长江流域—农村社会学—研究 Ⅳ.① D668 ② C912.82

中国版本图书馆 CIP 数据核字（2018）第 184899 号

本书的修订和出版得到澳门大学讲座教授研究基金（CPG）的资助

书　　名	跨出封闭的世界：长江上游区域社会研究（1644—1911）（第三版） KUACHU FENGBI DE SHIJIE：CHANGJIANG SHANGYOU QUYU SHEHUI YANJIU（1644—1911）（DI-SAN BAN）
著作责任者	王笛 著
责任编辑	张 晗
标准书号	ISBN 978-7-301-29785-8
出版发行	北京大学出版社
地　　址	北京市海淀区成府路 205 号　100871
网　　址	http://www.pup.cn　新浪微博：@北京大学出版社
电子邮箱	编辑部 wsz@pup.cn　总编室 zpup@pup.cn
电　　话	邮购部 010-62752015　发行部 010-62750672 编辑部 010-62767315
印 刷 者	北京中科印刷有限公司
经 销 者	新华书店
	880 毫米×1230 毫米　32 开本　20.5 印张　525 千字 2018 年 9 月第 3 版　2023 年 10 月第 4 次印刷
定　　价	118.00 元

未经许可，不得以任何方式复制或抄袭本书之部分或全部内容。
版权所有，侵权必究
举报电话：010-62752024　电子邮箱：fd@pup.cn
图书如有印装质量问题，请与出版部联系，电话：010-62756370

目 录

第三版前言 …………………………………… 1

再版前言 ……………………………………… 1

导　言 ………………………………………… 1
 一　长江上游的区域社会史 ………………… 2
 二　历史文献的量化手段 …………………… 5
 三　怎样认识长江上游社会 ………………… 7

第一章　自然环境、生态及交通条件 ………… 9
 一　地理环境与气候 ………………………… 9
 二　自然灾害 ………………………………… 11
 三　物产分布 ………………………………… 19
 四　水路交通 ………………………………… 20
 五　陆路交通 ………………………………… 27

第二章　人口、耕地及粮食问题 ……………… 32
 一　清初人口的恢复与移民 ………………… 32
 二　人口数量的考察 ………………………… 43
 三　耕地面积的修正 ………………………… 58
 四　粮食亩产和总产估计 …………………… 70
 五　人口压力 ………………………………… 73

第三章　农村经济与农业发展 ······ 84
一　租佃关系和佃农经济 ······ 84
二　自耕农的分化与地主经济 ······ 92
三　耐旱高产作物的引进和种植 ······ 98
四　商业性农业的发展 ······ 106
五　自然经济结构的破坏 ······ 115
六　对传统农业的改良 ······ 122
七　农业发展的新阶段 ······ 133

第四章　区域贸易、城市系统与市场网络 ······ 148
一　长途贩运 ······ 148
二　川盐行销 ······ 154
三　粮食转运及粮食市场 ······ 161
四　经济区划分和城市分布 ······ 168
五　集市的作用及其功能 ······ 175
六　市场密度与农民活动半径 ······ 179
七　高级市场与城镇发展 ······ 186
八　都市与都市商业的繁荣 ······ 193
九　商业组织和商业活动的现代化 ······ 202
十　金融组织的演变 ······ 213
十一　世界市场与对外贸易 ······ 219

第五章　从传统手工业到现代工业 ······ 229
一　传统手工业与矿业 ······ 229
二　传统手工业中的新因素 ······ 239
三　工业中的新变化 ······ 244
四　发展现代工业的措施及组织机构 ······ 251

五　现代企业的发展 …………………………………………… 258
　　六　现代家庭手工业和工场手工业 …………………………… 272

第六章　政治统治结构与地方秩序 ……………………………… 277
　　一　行政区域划分 ……………………………………………… 277
　　二　行政统治结构 ……………………………………………… 281
　　三　县级行政官计量分析 ……………………………………… 289
　　四　士绅与地方秩序的维持 …………………………………… 294
　　五　地方吏治的整顿与司法的变革 …………………………… 302
　　六　地方权力结构的新调整 …………………………………… 307
　　七　地方秩序的新格局——地方自治 ………………………… 315
　　八　旧军事体制的变化 ………………………………………… 322
　　九　军事学堂的设立与新军的创建 …………………………… 327
　　十　田赋的负担及其征收 ……………………………………… 335
　　十一　清代蠲政 ………………………………………………… 345
　　十二　历次加征和清末财政 …………………………………… 349

第七章　从传统教育到现代教育 ………………………………… 355
　　一　文化教育的逐步恢复 ……………………………………… 355
　　二　文化教育的新变化 ………………………………………… 362
　　三　新知识分子的造就——留学日本 ………………………… 365
　　四　发展现代教育政策的实施 ………………………………… 370
　　五　推动现代教育的机构和组织 ……………………………… 376
　　六　现代普通教育 ……………………………………………… 381
　　七　师范教育和法政教育 ……………………………………… 387
　　八　实业教育 …………………………………………………… 394
　　九　川边少数民族的启蒙教育 ………………………………… 401

十　现代教育发展程度估计 ……………………………… 408

第八章　社会组织及其功能的变化 ……………………… 416
　一　地方仓储 ……………………………………………… 416
　二　地方赈济与慈善事业 ………………………………… 425
　三　移民社会与宗族 ……………………………………… 433
　四　啯噜——游民的帮伙 ………………………………… 439
　五　袍哥——四川的哥老会 ……………………………… 445
　六　从"邪教"到"神拳教" ………………………………… 451
　七　传统社会组织——会馆、行会和行帮 ……………… 459
　八　商人团体——商会 …………………………………… 468
　九　各种社团和组织 ……………………………………… 476
　十　沟通和联络机构 ……………………………………… 481
　十一　社会管理和控制机器 ……………………………… 486

第九章　社区、社会阶层与社会生活 …………………… 492
　一　城市社会生活与市民阶层 …………………………… 492
　二　民风、民俗及其变化 ………………………………… 500
　三　社会阶层与社会流动 ………………………………… 507
　四　新式精英的兴起 ……………………………………… 512
　五　妇女地位中所反映的社会进化 ……………………… 518
　六　社会改造与社会进步 ………………………………… 524

第十章　传统文化的危机与现代意识的兴起 …………… 537
　一　传统宗教的日趋衰落 ………………………………… 537
　二　西方宗教势力的扩张 ………………………………… 550
　三　西教的传播及相应的社会事业 ……………………… 561

四　文化冲突与宗教冲突 ………………………… 569
　五　新文化的启蒙 ………………………………… 578
　六　现代意识的萌芽和发展 ……………………… 592

第十一章　结　论 ……………………………………… 602
　一　经济和政治转型 ……………………………… 602
　二　社会结构的变化 ……………………………… 604
　三　走向现代的经济缺陷 ………………………… 606
　四　人口与教育因素的制约 ……………………… 610
　五　我们能"跨出封闭的世界"吗？ ……………… 614

征引书目 ………………………………………………… 617
后　记 …………………………………………………… 633

第三版前言

这本书是1989年完成的,它几乎花费了我初出茅庐的整个1980年代。1991年,我求学美国,所以本书拖延到1993年才由中华书局出版。它的初版只有精装本,印了1500册。当时,社会科学的方法让我如痴如迷,似乎觉得一切都量化以后,才能进行分析。所以这本书与我以后的几本书不同,以大量的数据说话,未免会令人觉得枯燥,市场的前景有限。没有想到的是,这本书居然能够经久不衰,反复重印,另外还有台湾繁体字版。直到现在,每当我在国内大学演讲的时候,总是有学生拿这本书让我签名。这些年来,从不同学校的老师和同学那里,不知听到多少次,这本书是他们课堂上的必读书。听到这些赞誉,的确感到欣慰,二十多年前出版的书,仍然还有着旺盛的生命力,还有什么能够使作者感到更鼓舞的呢?

承蒙北京大学出版社文史哲事业部的刘方、陈甜、张晗诸位编辑的热忱相邀和说服,希望我能将我的全部史学作品作为系列出版。他们高度的专业素质,这些年他们所出书籍的选题、质量和社会反响,使我对同他们的合作充满了信心。陈甜是最初和我联系的编辑,没有她的努力,就没有和北大出版社这次全面的合作,张晗作为这个系列的责任编辑,出力最多。本书是这个系列的第一本,以这本旧著作为开端,随后在这个系列中将要出版的,则是我刚完成的《茶馆:成都公共生活的衰落与复兴,1950—2000》和《袍哥:1940年代川西乡村的暴力与秩序》,特别是前者,耗费了我十多年的时间,自认为是一部精心之作。这两本书的中文本能够和英文版几乎同时问世,也是他们竭力推动的结果。

一般的新版都是扩展篇幅,但是我这次的新版却反其道而行之,主要任务是删减。本书1993年由中华书局初版时,篇幅达到762页。后来虽经再版,但是内容都没有改动,只是改正若干错字,或者以电脑绘制的图表取代手绘图表等。在2006年再版时,我写了一个"再版前言",说明书出版十几年后,我对这个课题的新思考以及自我反省。又一个十年过去了,这次北京大学出版社将本书重新出版,我想是一个对本书进行必要修订的极好机会。随着现代社会的发展,在信息爆炸的时代,人们(包括学者)已经很难有时间读完鸿篇巨制了,为了使更多读者能够下决心读这本书,我首先可以尽一些努力,把篇幅减下来。

在删节过程中,对内容进行了十分有限的调整,但是没有增加任何新材料,也利用这个机会对字句作了一些改动。这个新版与旧版最大的不同,是删去大量统计表。原书有统计表250个,有地图以及其他图示32个,新版保留186个统计表和12幅图。由于本书各部分固有的逻辑联系,经常会牵一发而动全身,因此这个新版,实际上还没有缩减到我预想的最适当的篇幅,仍然有600多页,但是毕竟还是"瘦身"不少。如果不删减,这次重新排版,很可能会使篇幅有800多页,读者一定会感到不堪重负。

删去某些内容,固然有前面所说的为了减少篇幅的原因,但是取舍还根据如下的考虑:一是介绍其他学者的研究的部分,做了比较大的缩减。例如,当我在1980年代撰写本书的时候,施坚雅(G. Willian Skinner)关于中国城市系统和地方市场结构的研究,还几乎没有介绍到国内,他的研究不仅对我启发甚多,我还觉得应该借此机会,将施氏关于长江上游市场结构的研究,介绍给中国学术界,所以引述比较详细,包括市场结构的各种图形等。但是近二三十年来,随着他作品的翻译出版以及对他著作的各种讨论,国内已经十分熟悉施氏的研究,我的介绍也完成了使命,不需要在我自己原创的著作中保留太多。二是有些图表是由于统计太详细,除了专门研究某个具体问题的专家,会去仔细阅读某个统计表里的具体数字,一般的读者不会很在意这些资料。因此,新版一方面保留那些论述需要的图表,对那些不需要详细数据也能谈清楚的问题,有关图表便不再列出,只给原资料的出处。如果有对某些数据感兴趣的读者,还可以找到旧版来对比阅读。

另外,新版对一些文字做了若干调整。我在2006年的"再版前言"中提到:从晚清开始,各种精英出版物中充斥着对民众和大众文化的批评。但是当我在使用这些资料时,基本上是从精英的角度,并没有从民众的角度考虑,例如那些把大众信仰都简单地归之于"迷信"等论断,是当时精英批评下层民众的常用语言,而我在使用这些带价值判断的词汇时却未作认真辨析。在新版中,我删除或者修改了这类的内容或词语。新版还对若干常用词进行了调整,如"近代化",改为现在通行的"现代化"(除了个别的地方要照顾当时的语境没有改)。又如"封建"一词,我现在倾向于基本不用,旧版中的"封建社会",直接采用了国内学术界对前资本主义社会(在中国,实际上是前社会主义)的定义,这个国际通行的"feudalism"(封建)的定义与中国的实际差别甚大,成了一个政治的概念。为了更准确地表达我的研究取向,我倾向于使用比较中性的"传统社会"这样的表述。

这项研究是受现代化理论影响而完成的,打下了时代的烙印。虽然现代化理论不再流行,"现代化"也被当下时髦的"现代性"所取代,但是本书的基本点,即考察一个内陆社会,一、怎样从内部自身发生变化,二、怎样逐步与外界发生联系,三、这种联系怎样改变了社会,四、传统到现代的演变轨迹是怎样展现出来的,等等。另外,本书完成时代是1980年代后期,当时中国社会史的研究刚刚起步,总体取向还是比较宏观的,所以这部关于清代长江上游的研究,几乎涉及社会的方方面面,很像布罗代尔(Fernand Braudel)所说的总体史(正如2006年"再版前言"中所提到的,本书受布罗代尔的影响非常大)。

在本书出版二十多年后的今天,再读这本书,我们可以发现,它涉及的问题,几乎在任何一个方面,都可以继续深入研究,完成一本专著。

例如:环境与生态、人口与移民、耕地与粮食、自治运动、军队驻防、财政税收、商业组织、手工业、教育系统、地方管理、精英士绅、租佃关系、长途贩运、对外贸易、商品经济……如城市日常生活,本书不过若干页,我后来却完成了《街头文化》和《茶馆》两部专著。又如"袍哥"一节,本书也不过几页,我后来却完成了一本关于袍哥的专著,还有一本正在写作。其实,二十多年来,其他学者对清代乃至近代四川的社会研究,也出版了不少的新成果。我非常乐观地预测,关于中国内陆、长江上游地区的社会和文化史的探索,还有进一步开拓的新空间,还会有更多的新成果问世。

王 笛
2017 年 5 月 27 日于澳门大学

再版前言

《跨出封闭的世界》是 1989 年完成的,1993 年由中华书局出版(2001 年重印)。本书从完成到现在已十六年有余,出版问世也近十三年了。这期间无论是西方还是中国,社会史研究已有长足的发展,我自己的学术生涯亦变化甚大。因此,在本书重新修订出版之际,兹就一些学术问题作一些交代。

本书出版后,立即得到史学界的重视和好评,当年的《历史研究》第 6 期便发表长篇文章,肯定了该书在社会史研究上的"重要的创新意义"。文章认为,在中国学术界对长江上游的研究还"十分薄弱,甚至可以说还未引起重视"之时,"本书开拓性地将这样一个空间范围作为自己的研究对象,特别是在相应的研究成果还十分缺乏的情况下,选择这样的题目,是需要很大的学术勇气的"。这篇评论指出,"史学工作者的智慧和识见,既不仅仅表现为对史实的精确的描述,也不单纯在对理论的精确理解,而在于将两者有机地结合起来:既要清晰地勾画出历史的表象,又能揭示隐藏在表象之后而又制约着表象变化的力量。王笛相当注意而且比较成功地做到了这一点",而且"本书不仅内容充实饱满,而且内涵也显得丰富深刻"[①]。

本书关于区域贸易、城市系统与市场网络的研究很受学者重视。毫无疑问,本书的写作是受到了施坚雅研究极大的启发,可以说本书没有把研究局限在四川省而以整个长江上游区域作为对

[①] 以上见吴杰:《评〈跨出封闭的世界——长江上游区域社会研究〉》,《历史研究》1993 年第 6 期,第 128—136 页。

象，便是其影响的结果。有学者指出："迄今为止，大陆学者依循'施坚雅模式'从事市镇研究最为典型的例证，当推王笛所著《跨出封闭的世界——长江上游区域社会研究，1644—1911》。"指出本书"详尽分析了有清一代长江上游地区的区域贸易、城市系统与市场网络，包括集市的作用与功能、市场密度与农民活动半径、高级市场与城镇发展问题"。认为本书关于农村和市场的研究之所以"令人瞩目"，还在于揭示了"在传统农业社会，耕地面积和人口密度决定了需求圈和销售域的大小。场均人口表明了市场所拥有的土地和劳动力资源，是市场发展的决定因素，它们制约了市场的商品流通和交易数额。经济距离（即换算为运输成本的地理距离）、生产成本以及平均购买力，是考察需求圈和销售域的三大要素"①。

2002年美国加州大学洛杉矶分校地理系教授C.卡悌尔在《近代中国》(Modern China)上发表长文，评述巨区理论对中国研究的影响时，便指出："王笛关于长江上游地区的专著，对一个巨区进行了宏观考察，是这一领域的重要成果。这个研究对清代这个地区的社会、经济和文化状况，提供了一个非常深入的评估。与施坚雅的巨区原始表达不同，王笛的研究考察了文化和社会的各个方面，而文化和社会则揭示了空间的过程，并

---

① 见任放、杜七红：《施坚雅模式与中国传统市镇研究》，《浙江社会科学》2000年第9期，第113—115页。其他对本书城镇研究的评论散见于常建华：《中国社会史研究十年》，《历史研究》1997年第1期；朱英：《在开拓创新中发展——近20年来中国近代史新领域、新课题研究述评》，《史学月刊》1998年第6期；郭松义：《中国社会史研究五十年》，《中国史研究》1999年4期；任放：《二十世纪明清市镇经济研究》，《历史研究》2001年第5期；赵世瑜、邓庆平：《二十世纪中国社会史研究的回顾与思考》，《历史研究》2001年第6期等。

详细展示了日益增长的经济活动是怎样超越了巨区的界限。"①

这个研究受两大史学思潮的影响：一是以布罗代尔为代表的法国年鉴学派，二是现代化理论。前者尤以布罗代尔的《菲利普二世时代的地中海与地中海世界》对我启发甚多，后者则以布莱克的《现代化动力：一个比较研究》使我获益匪浅②。在年鉴学派影响下，这本书虽然篇幅很大，但研究对象基本集中在从生态、人口到社会经济、组织和文化上，对政治事件涉及甚少。如果说年鉴学派对我选择研究对象作用甚巨，那么现代化理论则使我能够把如此丰富的资料和复杂内容统一于一个贯穿全书的主线。

这里应该说明的是，与许多现代化问题研究者不同的是，我并不认为传统与现代化是完全对立的，正如我在"导言"中所表明的："我们不能把近代化视为是从传统到现代化中间的一场简单的转变，而应将其视为是从远古时代到无限未来连续体的一部分。这即是说，传统和现代并不是一对截然分离的二项变量，而是由两个极构成的连续体。因此严格地说，传统与现代化都是相对的，没有截然分离的界标，也不像革命那样有一个明确的转折点。在从传统向现代化的过程中，社会犹如一个游标，愈来愈远离传统的极点而愈来愈趋近现代的极点。"因此，

---

① Carolyn Cartier, "Origins and Evolution of a Geographical Idea: The Macroregion in China," *Modern China* 28.1(January 2002):79—143. 本书出版后很受史学界瞩目的另一方面是关于人口、耕地和粮食问题的研究，在中外著述中多有评述。当然也引起了一些讨论，有学者对我的某些结论提出一些修正，虽然我不一定同意他们的观点，但他们的思考无疑有助于把这一研究引向深入。如四川大学历史系谢放教授发表有《清前期四川粮食产量及外运量的估计问题》，《四川大学学报》1999 年第 6 期，第 84—85,87 页；曹树基（葛剑雄主编）：《中国人口史》第五卷"清时期"，复旦大学出版社 2001 年版。特别是第 7 章"清代中期四川分府人口"中题为"王笛和刘铮云的研究"一节。

② Fernand Braudel, *The Mediterranean and the Mediterranean World in the Age of Philip II*, two vols, Trans. Sian Reynolds (New York: Harper & Row,1972); C. E. Black, *The Dynamics of Modernization: A Study in Comparative History* (New York: Harper & Row, 1967).

这项研究是以"动态的眼光看待长江上游区域社会"。

这样的构想使我避免了在中国现代化研究中很容易出现的偏向：即把晚期中华帝国或早期近代中国，视为一个停滞的社会，这正是在西方和中国史学界普遍接受的观点。从黑格尔的"一个无历史的文明"之说，到马克思"密闭在棺材里的木乃伊"之形容，还有马克斯·韦伯所谓中国"没有形成一个成熟的城市共同体"的论断，以及中国史家"闭关自守"之论证，无一不是这种认识的反映①。然而在本书的论述中，无论从农业经济、传统手工业，还是从区域贸易、城市系统与市场网络，以及教育、社会组织、社会生活和社会文化，都可以看到这种发展，证明即使是在中国的一个相对封闭的区域，仍然存在着发展的内在动力，而且社会从未停止它的演化。

不过，也必须承认，当我在进行这项研究时，主观上并未把"停滞论"作为自己所要论辩的对象，而且本书是在现代化理论影响之下完成的，其宗旨是探索一个传统的社会是怎样向现代演化的。在这种思想指导之下，本书把传统的丧失和现代因素的出现都视为社会进步的必然结果，并给予这种发展积极评价。换句话说，这项研究是从现代化精英的角度来看待社会变化的，把主要注意力放到他们的思想和活动上。研究地方精英，无疑是了解清代长江上游社会发展的一个极好窗口，然而这个角度也制约了我在本书中语言的使用，用目前比较时髦的话来说，是接受了精英的"文化霸权"(cultural hegemony)和"话语霸权"。从晚清开始，各种精英出版物中充斥着对民众和大众文化的批评。精英们对人民的思想、民俗和大众信仰都进行了猛烈的攻击。当我使用这些资料时，基本上是从精英的角度，并没有力图站在民众的立场上，来理解历史和文化的持续性，以及他们自己传统生活方式存在的合理性。那些把大

---

① 还包括像孟德斯鸠、密尔等欧洲启蒙时期的思想家。黑格尔的"一个无历史的文明"(a civilization without a history)意思是指中国总是王朝兴替，周而复始，没有进步。他这里所称的"历史"是指历史的"发展"，而非我们一般理解的"过去的事"。

众宗教都简单地归之于"迷信"等论断,都是当时精英批评下层民众的常用语言,而我在使用这些带价值判断的词汇时却未作认真辨析。

对一个社会进行全面的观察,必须从一般民众的角度,探索现代化对他们日常生活的影响。虽然这本书也观察了普通民众,但并未对他们予以足够的重视,而且也局限在从精英的角度观察他们。本书完成后,我学术兴趣和学术观念最明显的变化,便是把研究的眼光从精英移到一般特别是下层民众,把下层民众作为自己的主要研究对象。而且把重点从对社会的全面考察,集中到对社会生活和社会文化,特别是大众文化的探索。在分析社会演变时,我更加注意下层人民的反应,以及他们与精英和国家权力的关系,并考察人们怎样为现代化付出代价,同时揭示他们怎样接受和怎样拒绝他们所面临的变迁的。如果说本书我注重"变化"(changes),那么我现在的研究则更强调"持续性"(continuity)。我最近的研究和思考反映在由斯坦福大学出版社出版的英文著作《街头文化:成都公共空间、下层民众与地方政治,1870—1930》中①。

---

① *Street Culture in Chengdu: Public Space, Urban Commoners, and Local Politics, 1870—1930* (Stanford: Stanford University Press, 2003). 该书中译本已由中国人民大学出版社出版。其他最近研究还包括:"Street Culture: Public Space and Urban Commoners in Late-Qing Chengdu," *Modern China* 24.1(1998):34—72;"The Struggle for Drink and Entertainment: Men, Women, and the Police in Early Twentieth-Century Chengdu," paper presented at the 114th Annual Meeting of the American Historical Association, Chicago, January 9, 2000;"The Idle and the Busy: Teahouses and Public Life in Early Twentieth-Century Chengdu," *Journal of Urban History* 26.4(2000):411—37;《20 世纪初茶馆与中国城市社会生活——以成都为例》,《历史研究》2001 年第 5 期,第 41—53 页;"The Rhythm of the City: Everyday Chengdu in Nineteenth-Century Bamboo-Branch Poetry." *Late Imperial China*, 22.1(June 2003):33—78;"'Masters of Tea': Teahouse Workers, Workplace Culture, and Gender Conflict in Wartime Chengdu." *Twentieth-Century China*, 29.2(April 2004):89—136;《茶館・茶房・茶客——清末民国の期中国内陆都市におけち公共空間公共生活の的ミワロ研究》,《中国社会と文化》,第 19 号,第 116—134 页(东京大学,2004 年);"Entering the Bottom of the City: Revisiting Chinese Urban History through Chengdu." *Chinese Historical Review* 12.1(Spring 2005):35—69。

在本书写作上,我在资料上下了极大功夫①,然在某些问题上,却未能基于资料在理论上予以充分的发挥。因此,在本书完成后,特别是我到美国以后,西方的有关研究使我对一些问题进行更深入地思考,对书中已经使用的有些资料进行了更深入地解释,其中之一便是我在《历史研究》1996年第1期上发表的《晚清长江上游地区公共领域的发展》。该文发表后引起史学同行广泛兴趣,被称之为在国内"首次借用公共领域的概念"的专题研究文章②。这篇文章是受我在霍普金斯大学攻博时的导师罗威廉(William T. Rowe)有关研究启发完成的,同时也深受冉玫烁(Marry B. Rankin)研究的影响。罗威廉和冉玫烁关于公共领域(public sphere)的研究的核心观点之一是:太平天国后的社会重建极大地推动了公共领域的扩张③,但我发现长江上游公共领域的发展却不同于这个模式,长江上游地区清初的社会重建便出现了我所说的"早期的公共领域"。当罗威廉和冉玫烁笔下的汉口和浙江公共领域在剧烈扩张之时,长江上游地区的公共领域却"程度不同地萎缩了"。长江上游模式的另一个明显不同的特点是"官"所扮演的不同角色。在汉口,公共领域的扩张几乎完全是因为地方精英的积极活动,在19世纪末20世纪初,当地方政府发起新政之后,公共领域反而遭受到无可挽回的破坏。而在长江上游地区,公共领域的大力扩张基本上是在20世纪初,而且"在很大程度上是官方推动的结果"。这篇文章的完成主要是依据

---

① 本书完成后,我曾有意把一些非常有价值的资料编辑成书,特别是大量的经过整理的统计资料,如本书中经常用的一个统计表,其实是处理几页甚至几十页资料的结果。可惜由于新的研究和写作,使这一工作至今未能完成。

② 见朱英:《关于晚清市民社会研究的思考》,《历史研究》1996年第4期;冯筱才:《中国商会史研究之回顾与反思》,《历史研究》2001年第5期。

③ 见 William T. Rowe, *Hankow: Conflict and Community in a Chinese City, 1796—1895* (Stanford: Stanford University Press, 1989),第3章和第4章。这也是冉玫烁在她的著作中所强调的。关于她对江浙地区公共领域发展的研究见 *Elite Activism and Political Transformation in China: Zhejiang Province, 1865—1911* (Stanford: Stanford University Press, 1986),第3章。

本书第六、七、八、九章的一些资料,但从新的角度进行分析。

关于"公共领域"这个概念的使用已经引起了西方和中国学者的热烈讨论,对此提出批评者也不少。这里我想指出的是,学术讨论之关键是明确所讨论问题的概念,即首先必须确定大家讨论的是同一个对象。但不幸的是,关于公共领域的讨论似乎从一开始便偏离了方向。我已接触到的有关文章和研究中,包括对西方有关研究的批评,几乎都把"市民社会"和"公共领域"看作同一个概念,因而在论述中,总是频繁用"市民社会"或"公共领域",因而我们不清楚它们要讨论的究竟是"市民社会"还是"公共领域"。罗威廉和冉玫烁等研究"公共领域"的代表人物对这个概念是十分清楚的,他们的整个研究都是限定在"公共领域"而不是"市民社会"(civil society)。

如果研究者仔细读罗威廉的《汉口:一个中国城市的冲突和社区,1796—1895》和冉玫烁的《精英活动和中国的政治转型:浙江,1865—1911》,以及他们的其他有关文章,就会发现他们从未交叉或含混使用"市民社会"和"公共领域"这两个概念。他们在研究"公共领域"时,都小心地把其与"市民社会"区别开来。冉玫烁便指出:"从17世纪初以来市民社会便一直是西方政治理论的主题。……但另一方面,公共领域的概念在西方政治理论或历史典籍中却都影响较微,因而对非西方世界更适宜采用。"他们都指出他们的研究并非完全哈贝马斯意义上的"公共领域"。罗威廉便意识到:"研究中国的历史学家对哈贝马斯概念的使用恐怕并不会得到他的认可。"冉玫烁也明确表示:"晚期中华帝国公共领域的产生不同于西欧。"不过他们也指出:"即使资产阶级的公共领域的细节并不适宜于中国历史,但这种中间领域的概念……看来对理解官和民两者间的关系却是有用的。"他们以英文 public sphere 作为在中国社会中有很长的历史的"公"的领域的对应词,力图以此概念为契机从一个新角度解释中国近代的历史①。但评论者却把他们关于"公共领域"的研究作为"市民社会"来批评,因此整个讨论,都显得无的放矢。当然,这种无的放矢的情况也出现在美国学术界对公共领域的批评中。在一次亚洲研究年会上,冉玫烁告诉我,当她写作其关于浙江精英一书、第一次使用"public sphere"时,哈贝马斯的著作还没有翻译成英文,对哈贝马斯及其公共领域的概念,她根本是一无所知。她在书中所使用的"public sphere"完全是中文"公"翻译而成。所以说"public sphere"不适合中国历史研究云云,完全是张冠李戴。至今我仍然认为,这个概念的借用在中国近代史研究中的重要性在于给我们开拓了一个新的研究领域,即研究国家和个人之间的社会空间。当然也并非是说我们过去对有关问题完全缺乏研究,问题在于过去我们未能有意识地去揭示处于"私"和"官"之间的那个重要的社会领域。

在本书再版时,除了对个别原稿和排印的错误外,我并没有进行大的修改。我想,把本书与前面提到的《街头文化》,以及即将出版的《茶馆:成都公共生活和微观世界,1900—1950》②进行比较阅读,可以看到最近十多年来,我自己关于中国社会史、城市史和文化史研究在理论方法上的发展和变化,特别是从对一个巨区全面的考察,到对一个城市街头文化的探索,最后到对一个城市的一种公共空间的分析,这样从宏观到微观的研究过程。这个过程恐怕不仅是我自己学术关注的转移,从

---

① 见 William Rowe, *Hankow: Conflict and Community in a Chinese City, 1796—1895*. Stanford:Stanford University Press,1989;"The Public Sphere in Modern China." *Modern China*, No. 3, 1990, pp. 314; Mary Rankin, *Elite Activism and Political Transformation in China: Zhejiang Province, 1865—1911*. Stanford: Stanford University Press, 1986; "Some Observations on a Chinese Public Sphere." *Modern China*, No. 2, 1993, pp. 159—160; "The Origins of a Chinese Public Sphere: Local Elites and Community Affairs in the Late Imperial Period." *Etudes chinoises*, No. 2, 1990, p. 15。对他们关于公共领域的研究,也可参见王笛《近年美国关于近代中国城市的研究》(《历史研究》1996年第1期)的有关介绍评述。

② 即 *The Teahouse: Small Business, Everyday Culture, and Public Politics in Chengdu, 1900—1950*,将由斯坦福大学出版社出版。

一定程度上可能也反映了西方和中国社会史研究的新发展。

另外,本书在十多年前初版时,由于当时条件的限制,书中的曲线图都是手绘的,这次再版采用了电脑图表。第一章中的若干交通图,也在原图基础上作了一定加工,以力求更加清晰。

王 笛

2006年1月20日

于美国得克萨斯A&M大学

导　言

长江上游既是中国地理上的封闭地带,亦是中国经济和文化上的独特区域。地理的封闭和特定的生存环境,使中国的这一腹心地区带有相对独立的、区域性经济和文化的特征。在这一广大区域,清中叶以来就聚集着占全国十分之一的人口。把这一巨区提取出来,作为研究区域社会演化的个案,来探索中国社会从传统到现代化的漫长历程,去考察这一历程中的曲折、困难和痛苦,将是很有意义的。

长江是一条横贯中国东西的经济和运输大动脉,重庆—武汉—上海这三个长江最大的城市和港口,组成了联络中国腹地、中部和沿海地区的完整系统;长江流域亦是中国最重要的经济区,它沟通了西南、华中、华东(江南)几个大区的经济往来;长江流域文化更是中国文化的重要组成部分,从上游的巴蜀文化,到中游的荆楚文化,再到下游的吴越文化,组成了一个长江文化带。经济的发展和文化的传播必须要借助于载体,由西至东、从上到下万年流逝的长江在一定程度上充当了这个角色。因此,从特定角度看,长江上游的研究和开发可以说是整个长江研究和开发的基础。

之所以把长江上游视为一个独立的区域来考察,是因为长江上游地区的自然地理、人文地理、社会经济、社会结构、社会文化等方面,都形成了其区域性的特征。实际上,人们在研究中已经习惯于这样的视角,如对巴蜀文化的研究即是围绕这个区域来进行的;台北"中研院"进行的中国现代化的区域研究,共列十个区域,长江上游的四川也是独立区域之一。在国外也有学者根据这个划分进行区域性的研究,如美国斯坦福大学教授施坚雅将中国分为长江下游、岭南、东南沿海、西北、长江中游、华北、长江上游(四川)、云贵和东北(满洲)九个"巨区",对城市结构和系统进行分析。

因此,本研究也是把长江上游作为一个地理、环境、经济,以及文化的独立区域,来考察这个地区从传统社会向现代社会演进的过程、路径、特点,以及局限和问题。

一　长江上游的区域社会史

20世纪以来,社会史的研究在西方有长足的进步。20年代末法国的费弗尔(L. Febvre)和布洛赫(M. Bloch)在巴黎创办著名的历史杂志《经济和社会史年鉴》,后来该杂志又改名《社会史年鉴》《社会史论丛》,鲜明地举起了社会史研究的旗帜。在年鉴学派的著作中,研究地理、气候、城镇、乡村、水陆交通、商业贸易、内外交往、各地物产、民众生活、文化方式、家庭、社团、谋生、制度、习俗等,从而多角度、多层次地揭示社会的各个方面。年鉴学派的研究方向是有借鉴意义的。

社会史的研究应该有宏观、中观和微观各个层次,小自日常生活、中到社会组织、大至市场网络和城市系统等都可以是我们的研究范围。具体来讲,本书所涉及的社会史内容包括社会政治、社会经济和社会文化的各个主要方面,如自然状况与灾荒、人口结构、宗族、家庭、城市社会、乡村社会、社会流动、社会救济、社会风俗、社会组织、社会阶层、地方统治结构、教育制度等。严格地讲,本书涉及的内容有一些超出了社会史的范围,但是,把社会及其相关因素加以综合考察,有助于研究的深入和整体把握社会,我想把研究范围扩大一些也并非是多余的。同时,我也并不认为这本名曰"区域社会研究"的书已包罗万象,实际上社会是太丰富了,一本书是根本无法容纳的。

社会史的研究,既不像自然地理研究那样可以有较长固定的时间,亦不像革命运动研究那样集中于一个短期的关节点,而是研究既相对稳定,又缓慢变化的社会演变的进程。年鉴学派的代表人物之一布罗代尔(F. Braudel)指出了时间的多元性,即用三种不同的时间来量度历史,他概括为"长时段""中时段"和"短时段",并提出与这三种时段相适应的概念,分别称为"结构""局势"和"事件"。所谓"结构",是指长期不变或者变化极慢的,但在历史上起经常、深刻作用的一些因素,如地理、气候、生态环境、思想传统等,即人与其环境关系的历史,是"一部几乎静止不变的历史,历史的流逝难以察觉,是一种由不断重演、反复再现周期构成的历史"。所谓"局势",是指较短时期(10 年、20 年、50 年)内起伏兴衰、形成周期和节奏的一些对历史产生重要作用的现象,如人口消长、物价升降、生产增减等,"这种历史的时间固然滞缓,但却能感觉到它的节奏……我们可称之为社会史,即人类群体或集团的历史"。所谓"事件",是指一些突发的事变,如革命、条约、地震等,"这种历史充满着表层的喧嚣,是由历史潮流冲击出的泡沫",它短暂、迅速、敏感和不安[1]。本书所着重研究的就是"中时段"的历史,即社会的历史。

在我们过去的历史研究中,过分强调政治事件乃至注意力都集中在短时段,即事件和重要人物身上,而往往忽视了产生和制约它们的社会历史土壤,把活生生的、丰富多彩的、内涵深沉的历史,描绘成干巴巴的政治事件冲突、英雄人物驰骋的小舞台,充满着表层的激荡,却看不到深层的潜流。因此,要了解历史的连续性,我们必须研究政治事件后面的动因。本书较少涉及短时段的研究,这首先是考虑到过去对社会史的研究太不充分,有必要集中精力和花大气力去进行探索;其次是过去对政治事件、革命以及重要人物的研究比较深入,成果较多,在许多方面似乎没有必要再作重复性的劳动。如果我们能通过对社会各个层面的解剖来为短时段的历史研究提供一些依据,那么我想,即使本书在研究内容上有所偏好,读者和学术界的同行也是能够谅解的。

---

[1] Fernand Braudel, *The Mediterranean and the Mediterranean World in the Age of Philip* II, pp. 20—21.

应该指出的是，我并不赞同年鉴学派过于轻视政治事件对历史影响的观点。布罗代尔把政治事件看作昙花一现的现象，认为它们像萤火一样逝去，几乎没有闪光就回到黑暗之中，常常进不了人们的视野。我认为，既然政治事件是社会潜流长期酝集而激荡出的浪花或泡沫，那么它就是社会问题长期累积的爆发。重视事件的研究，有利于我们更深刻地了解社会。因此，本书也注意到了一些重大历史变动对社会的影响，如长江上游门户的开放、清末的改革等。

地理环境往往是构成一个社会特点的决定性因素之一。一个社会在数个世纪中受制于生态环境如气候、植被、物产、农作物的类型等，必然形成独特的生产和生活方式，长江上游地理位置的封闭、城市的分布、农业的类型、交通路线的固定都反映了地理结构惊人的持久性。强调地理环境的影响并不等于地理环境决定论，所谓地理环境的影响实际上是作为一种长时段的历史现象，即人同自然交往和对话、相互作用及动态平衡的历史。这种历史对社会发展的制约是毋庸置疑的，而我们恰恰忽视了对它的研究。本书在研究各种社会问题时，力图注重地理环境的因素，把与社会相应的生态结合起来进行考察，从而去描述这个区域社会所独具的特点。

本书试图从宏观与微观相结合的角度，去展现出长江上游这个地处腹地的农业大区的社会是怎样演化的。我们不能把社会从传统到现代的演化看作是一场简单的转变，而应将其视为从远古时代到无限未来连续体的一部分。这即是说，传统和现代并不是一对截然分离的二项变量，而是由两个极构成的连续体。因此严格地说，传统与现代都是相对的，没有截然分离的界标，也不像革命那样有一个明确的转折点。在从传统向现代的过程中，社会犹如一个游标，愈来愈远离传统的极点而愈来愈趋近现代的极点。尽管移动是缓慢的，有时甚至觉察不到，但经过一个较长的时期我们再调头回顾，社会移动的轨迹就清晰可见了。因此，本书不过是考察了这个连续体极其有限但却是十分重要的、从

17世纪到20世纪初社会变化的过程。在本书中,我把社会看作一个动体,以动态的眼光去看待长江上游区域社会的演化。既然传统与现代是相比较而言的,那么对现代的研究就必须建立在深入了解传统的基础之上,因此本书不惜笔墨地对传统社会进行了描述。尽管如此,我仍感到这只不过勾勒了一个轮廓而已,不过这个轮廓就成为我们观察从传统到现代的基点,也是比较的基础和参照系。

中国幅员辽阔,由于自然地理条件的差异,各地区受外界的影响程度不同,经济和文化状况也有差异,因而各区域的传统和现代化都存在各自的特征。地处长江上游的四川相对封闭、受外界影响较小,现代化起步晚。从长江中游进入上游,由于三峡天险的阻扼,在相当长的时期里,洋货进入存在极大的困难,外国资本主义对这一地区的冲击也大大减弱,因此商品经济发展不充分,现代工业发展缓慢。这种内地型的社会发展模式影响到长江上游区域的社会经济、思想文化乃至风俗习惯等各个方面。

二 历史文献的量化手段

要整体地研究长江上游区域社会存在较大的困难。研究这种综合性的课题本应在各种具体问题得到充分研究的基础之上进行,对已有的成果进行综合分析,然而由于过去忽视对社会的研究,可资参考的成果不多,在许多方面不得不进行"垦荒"的工作。但在写作本书时,我尽可能地利用了国内外已有的研究成果。我从不认为研究一切问题都要从拓荒开始,如果能站在"巨人"的肩上,眼界将会更加宽阔。凡我征引的著作和论文,都尽量在注释和附录中具体列出。

研究社会,史料的零散是一个极大的问题,特别是统计资料的缺乏使我们很难对某一问题进行定量分析。清政府不重视统计,也没有科学的统计手段,即使仅存的为数不多的统计也很不精确。在史料的收集、发掘和整理方面,尽管我作了一些努力,但由于各种条件的限制,我没有也不可能将研究这一大课题的资料全部搞到手或查阅完,有时甚至是根据手头仅有的资料做一些主观性的分析,在这种情况下就难以保证对每个具体问题进行准确的研究。我想,如果本书的研究能够表现出长江上游区域社会从传统到现代的演变趋势,即使是非常粗糙,那也并非是毫无意义的了。

从事这一课题的研究,我感到单一的方法往往力不从心。社会是丰富多彩的,社会的历史更为复杂,因而也就要求研究手段的多样。研究的问题因对象不同,使用的方法亦应相异,任何一种方法在社会和历史的研究中都不是万能的,所以应该提倡用多种方法、多种途径来研究历史,特别是社会的历史。其实,多年来我们对历史的研究,且不论引进自然科学的方法,即使是社会科学的各种方法也没有充分应用,例如社会学的研究方法等。社会在不断地前进,历史研究的方法亦应不断地发展;自然科学的进步,也必然影响到社会科学的研究,对于新的理论和方法我们不应采取排斥态度。从简单的数字统计到计量分析,从数学模型到计算机的运用,都体现了历史科学向综合性发展的趋势,从而广泛地注意到事物联系的普遍性和多样性、结构的系统性和整体性等,把历史研究引向了多角度、多层次的研究道路,这可以给我们的研究以许多启发。

我们可以发现,在历史上留存下来的社会史资料中,最突出的问题之一就是缺乏数量概念。例如,过去我们常用"廪庾皆满"描绘农业丰收,用"赤地千里"形容自然灾害严重,用"人满为患"来概括人口增加的压力,从而把复杂多变的社会放入同一模式,看不出区别和特点,阐明不了强弱程度。因此,就需要通过计量和数学分析手段来做出数量的说明。在任何科学中,只要有数量、运动、关系、结构,就可以成为数学的研究对象。当然,历史资料中的准确数字是十分有限的,这就需要对原始资料进行分析和处理。在研究长江上游区域社会时,我尽可能地采用了计量的方法,力图用数字去说明一些社会问题,同时用社会学、地理学、人口学、城市学等作为辅助手段,去进行综合研究。应当承认,虽然我竭力主张历史研究方法的多样性,但受限于自己的知识结构和水平,或是该用的方法而未采用,或是已采用者也未必得当,这就恳请识者指正和谅解了。

三 怎样认识长江上游社会

正如前面已经指出的,本书旨在对社会的研究,但是一个社会是如此地复杂,几乎不可能在一本书中进行完全的探索,因此,我觉得有必要对下面若干问题进行一些交代。

第一,我们的任何研究都不可能完整无缺地再现历史,由于"主体"意识的不同,所描述的同一"客体"却可能具有不同的面貌。克罗齐(B. Croce)有句名言"一切历史都是当代史"。这句话包含了三层意思:(一)研究历史总是当代人们的思想活动;(二)历史研究是由对当代的兴趣引起的;(三)历史是按当代的兴趣来思考和理解的。这指出了历史与现时生活的统一。的确,我是用当代人的眼光、思维方式和目的去研究长江上游区域社会的,不可避免地在书中融进了我的主观成分,换句话说,这就是我眼中的长江上游社会。

第二,本书着重研究的是社会,因此分析问题往往是从社会运动、社会发展的角度出发,而区别于通史、政治史或阶级斗争史。然而我并无意轻视统治阶级压迫、政治制度或阶级斗争的重要作用。研究某一具体问题往往是着眼于这一问题的具体规律,而不是面面俱到或套入同一模式,如研究清中叶以后的人口压力则着重从人口学、人口经济学的角度去分析。或许有人会问:你这是不是人口决定论?是不是无视统治阶级对人民的压迫而把人民的困苦仅归咎于人口增加?那么这就与我的初衷大相径庭了,但愿本书不要引起类似的误解。

第三，既然本书的主题是研究从传统到现代的演化，那么我的着眼点即主要放在社会变化的那些方面，也就是强调了社会在运动的那一部分。实际上，在传统向现代社会演变的初期，进程是缓慢的，甚至是当时的人们所感觉不到的。因此，本书中所论述的具体社会变化的状况，往往不能随便推而广之到整个区域，也就是说要注意不能夸大这一区域的社会的变化程度。

第四，四川是长江上游的中心和主体，可以说它基本包含了这一区域的全部社会特征。在历史上四川长期是一个独立的行政区，因此历史资料往往是以四川这个行政单位来记载的。为了使课题研究的集中和深入，为了论述的方便和明确，凡涉及全域性的问题（如人口、耕地总数），皆以四川作为代表，而超出川省界限的上游其他部分因占比重太小、地位也并不重要，则基本上可忽略不计。本书之所以不按省划界而要从区域的角度来研究社会，是鉴于社会区域往往与行政区域的划分不同，前者主要基于地理、人文、经济等因素而自然形成，后者则出于政治目的而人为规定。因此，在研究区域社会时若囿于行政区划，往往难以准确把握区域内社会的运动，并有可能把一个整体人为地割裂了。

本书共分为11章，分别从自然地理和经济地理，人口、耕地与粮食，农村经济与农业发展，区域贸易与市场网络，手工业与工业，政治统治结构，教育的演变，社会组织及功能，社会阶层与社会生活，意识形态，以及现代化进程评价等方面对长江上游地区进行了初步的全面的整体考察。力图以此来展现这一区域的广大社会层面，来探索中国社会由传统向现代演化的历史进程。

第一章 自然环境、生态及交通条件

地理环境和气候作为一个长期相对稳定的因素,时刻影响着人类的活动,研究政治制度、历史事件及人物思想或许可以轻视自然环境的影响,但考察一个以农业为主的传统社会,这却是一个必须注意的重要因素。在传统社会中,自然环境和交通条件是影响社会发展和生产力布局的主导因素,在长江上游区域经济的发展过程中[①],我们可以看到这个规律。生产地理分工的变化、经济中心的转移,都深受不同自然条件的影响。人们的生活、社会经济结构以及风俗习惯,往往在很大程度上受环境的支配。因此,要深入研究社会,生存环境就是我们不容忽视的问题。

一 地理环境与气候[②]

长江上游是位于内陆的一个相对封闭的区域,按一般地理特征可分为两大部分:东部为四川盆地,西部属青藏高原。二者大致以今阿坝、甘孜和凉山的东界为分界线,这个分界线也是上游重要的生态和经济分界线。该线以西地势高、人口稀疏、垦殖指数低、气候寒冷、地域广袤;以东则是平原或丘陵、气候温和、人口稠密、垦殖指数高。上游核心地区按其地形构造来说是一个典型的盆地,围绕四周都是海拔1000—3000米的山地或高原,从而形成了一个相对独立的地理单元。盆地与

---

① 为简便起见,以下一些地方也用"上游"代替"长江上游区域",望读者注意。
② 本节资料主要来源于郑励俭编著《四川新地志》、张肖梅编《四川经济参考资料》、孙敬之主编《西南地区经济地理》、〔日〕东亚同文会编《新修支那省别全志·四川省》。

陕甘交界的北缘统称大巴山地,其西段为龙门山,盆地内部地势北高南低,南部为长江干流所经,北部各支流分别穿经盆地中北部南流入江。盆地中部受嘉陵江、涪江、沱江及繁密支流的侵蚀,形成阶梯状的方山丘陵,海拔250—400米,丘陵地内河流溪沟密布。

川西的成都平原,是西南地区面积最大的平原,约达8000平方公里。综计全域包括绵竹、什邡、彭县、灌县、崇宁、广汉、新都、新繁、成都、华阳、郫县、温江、双流、新津、彭山、眉山、青神、崇庆、大邑、邛崃、蒲江、名山、丹棱、洪雅、夹江25县的全部,以及峨眉、乐山、金堂、德阳4县的一部分。成都平原是我国最好的自流灌溉地区之一,岷江自灌县以上,水行山谷之中,迨过灌县,山势开展,江水豁然开放,遂行分流,分支愈来愈多,形成若干冲积扇,造成冲积平原。成都平原形如三角,以灌县为顶,从灌县至成都相距约60公里,海拔相差约300米,以平缓坡度自灌县倾斜而下。岷江至都江堰有内江、外江之别。外江即岷江正流,内江系因都江堰自岷江引水而成。内外干江支流数以百计,或由人工开挖,或属天然河道。灌溉方法约分两种:其一为拦河作坝,以引水入渠;其二则为沿河岸作堤,以引水入渠,其入口处用闸门节制,统称为"堰"。据民国时的调查,内江范围内大堰有名者130余,外江达140余,小者不其数[①]。川西平原地形平坦,土壤肥沃,稻田分布居全域第一。稻米除供本地食用外还大量出口,另外还盛产麻、茶、烟草、菜籽、黄白蜡等,为长江上游最重要的农业经济区。

自然地理的区域性,形成了人文和经济的差异,并在历史发展的长河中引起了一连串的连锁反应,决定了长江上游这个大区的经济类型、生产发展状态、社会结构形式、人口发展趋势、风俗习惯特点以及人的心理素质等。在一个相对封闭的大区里,从而形成了相对独立的社会、经济和文化的特征。

---

① 张肖梅编:《四川经济参考资料》,L第5—7页。

二 自然灾害

农业往往受到气候的极大制约,在传统社会尤其如此,而农业状况往往又同社会状况紧密联系,因此,考察上游社会就必须与研究气候特别是自然灾害结合在一起。然而,过去所保存的气候资料是极其有限的,因而很难、几乎不可能对清代几百年的自然灾害情况做出准确的描绘,我们只能根据有限的资料对自然灾害作一个轮廓性的概括。

在传统社会,水旱灾害是农业及人们生存的主要威胁,而人们缺乏抵御这些灾害的能力,一旦成灾,人们饥饿、流离、死亡便难以避免。顺治五年(1648)内江大旱,造成"人相食,瘟疫大作,人皆徙散,百里无烟"[1]。次年全川性大旱,"赤地千里",人们"逃亡殆尽"[2]。乾隆九年(1744)汉州、遂宁、简州、崇庆、绵州、邛州、成都、华阳、金堂、新都、郫县、崇宁、温江、新繁、彭水、什邡、彭山、青神、乐山、仁寿、资阳、射洪等县大水,"连日雨势骤猛,兼山水陡发,汹涌漫涨,平地水深三四五尺,是以近河田亩民居致被淹没漂溺","雨势广阔,各河漫涨,适逢山水陡发,汹涌汇聚,其流甚捷,是以近河居民走避不及者,顿遭水厄"[3]。道光十六年(1836)乐山大旱,米价腾涨,有人"盗人之女杀而烹之,旋即伏法"[4]。咸丰二年(1852)川南大旱,"饥民食蓬草,草尽食白泥。县令发仓赈济,其食泥者不数日腹胀下坠而死"[5]。光绪二十八年(1902)上游全域大旱,受灾"已不下七八十州县,每处饥民至少五千,已有数十万之多"[6]。蓬

---

[1] 《四川省近五百年旱涝史料》。
[2] 《遂宁县志资料》,1984年第1期。
[3] 《关于四川大水的几条清宫档案史料》,见《乐山市志资料》,1984年第3—4期。
[4] 民国《乐山县志》卷12,第41页。
[5] 同上。
[6] 《恳请新督岑春煊迅速赴川折》,见《高给谏奏牍》。

溪"县民无所得食,扶老携幼,迁徙他乡,转死道途者,已难胜计"①。光绪三十年(1904)川东北旱灾,夔州、绥定、重庆、顺庆、保宁、潼川6府,资州、泸州两直隶州数十个州县"愆阳连月,郊原坼裂,草木焦卷,已种者谷则萎败不实,苕则藤蔓不生,田畴荒涸过多,几有赤地千里之状,乡民奔走十数里以求勺水,往往蔬蓛悉绝,阖门待毙"②。而光绪三十一年(1905)夏,叙州、泸州、重庆、夔州、南溪、江安、合江、江津、江北、长寿、丰都、万县、云阳等府、州、县"均因上游雨泽过甚,大江暴涨,滨河城市田庐多遭漫溢,冲毁无算。叙州、泸州之金、沱两江同时并发,故其水尤大,顷刻涨至十余丈,城内亦深丈余"③。以上零星的记载,已可概见水旱灾害的破坏力。

那么整个清代上游的气候情况究竟如何呢? 中央气象局气象科学研究院曾对中国近五百年的旱涝情况做了细致而系统的研究。他们以地方省通志、府志、县志、清实录、清史稿、故宫档案等为基础,共查阅地方志2100余种,辑录史料220万字,编成了《旱涝等级分布图》。他们共选择了120个站点,每个站点代表了当时1—2个府的范围。其中上游有6个点,即广元、万县、成都、康定、重庆、西昌。但万县、康定、西昌三地区资料短缺甚多,我另补入嘉定府(乐山)的资料,来对川北(广元)、川东(重庆)、川西平原(成都)、川南(乐山)4个区域的旱涝进行分析,以此来看整个上游的气候和旱涝情况。

上述《旱涝等级分布图》采用了五个等级表示各地的降水情况,即1级——涝;2级——偏涝;3级——正常;4级——偏旱;5级——旱。根据分布图和补充资料,首先计算出上游各区清代(1644—1911)正常和旱涝的比例,见表1—1。为了清楚看到各时期受灾分布,我们把清代划分为前、中、后三个时期。前期:顺治—乾隆(1644—1795);中期:

---

① 民国《蓬溪县近志》卷11,《匪灾·前篇》。
② 锡良:《奏夔绥等府荒旱折》,《锡良遗稿》第1册,第414页。
③ 锡良:《叙州府等处骤被水灾片》,《锡良遗稿》第1册,第506页。

嘉庆—咸丰(1796—1861);后期:同治—宣统(1862—1911)。又以 1 级和 5 级用"灾"表示,2 级和 4 级用"偏灾"表示,3 级用"正常"表示,制成表 1-2、表 1-3、表 1-4 和表 1-5。这 5 个表基本反映了清代 266 年间的气候和水旱灾害情况。

表 1-1

分类 地区	1级(涝)		2级(偏涝)		3级(正常)		4级(偏旱)		5级(旱)		计	
	分布年数	占%	分布年数	占%	分布年数	占%	分布年数	占%	分布年数	占%	分布年数	占%
川北(广元)	19	15.4	29	23.6	38	30.9	23	18.7	14	11.4	123	100
川东(重庆)	10	8.8	28	24.8	36	31.9	23	20.4	16	14.1	113	100
川西(成都)	6	5.2	48	41.4	43	37.1	16	13.8	3	2.5	116	100
川南(嘉定)	12	13.8	15	17.2	44	50.6	10	11.5	6	6.9	87	100
平均百分比(%)		10.8		26.8		37.6		16.1		8.7		100.0

当然,各表资料存在一定的缺陷,川北仅有 123 年的记载、川东 113 年、川西 116 年、川南 87 年,我们只能根据有记录的年数进行分析。

表 1-2 川北(广元)

分期	清前期			清中期			清后期			计		
有资料记载年数	48			35			40			123		
气候类别	灾	偏灾	正常	灾	偏灾	正常	灾	偏灾	正常	灾	偏灾	正常
年数	13	18	17	6	15	14	14	1	9	33	52	38
占记载年数百分比(%)	27.1	37.5	35.4	17.1	42.9	40.0	35.0	47.5	17.5	26.8	42.3	30.9

表 1-3 川东(重庆)

分 期	清前期			清中期			清后期			计		
有资料记载年数	35			46			32			113		
气候类别	灾	偏灾	正常	灾	偏灾	正常	灾	偏灾	正常	灾	偏灾	正常
年 数	8	17	10	9	18	19	9	16	7	26	51	36
占记载年数百分比(%)	22.8	48.6	28.6	19.6	39.1	41.3	28.1	50.0	21.9	23.0	45.1	31.9

表 1-4 川西(成都)

分 期	清前期			清中期			清后期			计		
有资料记载年数	44			31			41			116		
气候类别	灾	偏灾	正常	灾	偏灾	正常	灾	偏灾	正常	灾	偏灾	正常
年 数	4	23	17	4	15	12	1	26	14	9	64	43
占记载年数百分比(%)	9.1	52.3	38.6	12.9	48.4	38.7	2.4	63.4	34.2	7.8	55.2	37.0

表 1-5 川南(嘉定)

分 期	清前期			清中期			清后期			计		
有资料记载年数	22			26			39			87		
气候类别	灾	偏灾	正常	灾	偏灾	正常	灾	偏灾	正常	灾	偏灾	正常
年 数	4	7	11	8	5	13	6	13	20	18	25	44
占记载年数百分比(%)	18.2	31.8	50.0	30.8	19.2	50.0	15.4	33.3	51.3	20.7	28.7	50.6

第一,川北。从广元有记载的123年来看,正常年是38年,占30.9%;涝和偏涝48年,占39%,涝灾多于旱灾。大自然风调雨顺往往不在多数,除大旱涝外,一般偏旱、偏涝对农业生产的破坏有限,不会成灾。因此从整个清代来看,川北受灾时间大约在25—30%之间。而各期又有所不同,清中期不到20%,清后期灾害较频,达到35%。

第二,川东。从川东有记载的113年看,气候正常的时间36年,占31.9%,较川北稍好。与川北不同的是旱灾多于涝灾,旱和偏旱占39年,达34.5%。受灾年比例较川北低,为23%。从整个清代来看,仍以中期为好,受灾不到20%,前期和后期受灾在23%左右。

第三,川西。有记载的116年中,年景正常的43年,为37%,好于川北和川东。川西平原不易受旱,在116年中,大旱年仅3次,占2.5%。偏旱16次,也仅占13.8%。由于有了都江堰的灌溉,对旱灾有所控制。川西以偏涝为多,有48年,占41.4%。但水灾仅6次,占5.2%,这是因成都平原有较好的水利系统排涝。从时期划分看,清后期气候正常的年份占63.4%,灾年只占2.4%。

第四,川南。正常气候在有记载的87年中占50.6%,灾年占20.7%,好于川北、川东但差于川西。该区也是涝多于旱,涝和偏涝27年,占31%,旱和偏旱16次,仅占18.4%。从时期看,同川西一样亦是清后期为好,受灾年占15.4%,中期最差,受灾年占30.8%。

综合全域的水旱情况,涝大约占10.8%,旱占8.7%,水旱受灾计约19.5%,所占比例不是很高。偏涝年份较多,占26.8%,偏旱年份占16.1%,两者相加为42.9%。正常年份占37.6%。

水旱灾害往往伴随着瘟疫肆虐。顺治三年(1646)川东、川南大旱大疫,据《丹棱县志》载,丹棱"连岁大旱,人相食,骸骨满野,其存者又被瘟疫"①。又据《乐山县志》,嘉庆十年(1805)嘉定、成都等地夏季"疫病大作",有的县城"每门日出千余柩"。据《中江县志》,道光元年(1821)中江县于冬春间"民病麻脚瘟,须臾气绝,有一家一日内死几人者,行道忽死者尤众"。据《筠连县志》,咸丰三年(1853)筠连大水后出现饥馑,"瘟疫复厉,死者无数,县人于集阳山后掘万人坑以掩之"。据《铜梁县志》,同治七年(1868),汉州、铜梁、永川、崇庆、德阳、彭县、灌县等地都出现瘟疫,铜梁"瘟疫四起,染者呕吐交作,腰疼如断,两脚麻木,逾二三时立毙"。结果"城厢四镇,棺木为之一空"。光绪十八年(1892)出现大瘟疫,波及甚广,包括成都、德阳、自贡、夹江、双流、崇庆、井研、犍为、安

---

① 此处及以下关于四川瘟疫的地方志材料采于《四川疫情年表》(见《四川卫生史料》总第2、3期)。

岳、达县、重庆、云阳、眉山、彭山、什邡、简阳等几十个府、州、县。成都城内死亡3万多人。由于疫势汹汹,以致人们不敢上街,茶馆、药铺、教堂关门,棺材售空[①]。关于清代四川瘟疫概况,我们根据《四川疫情年表》,大概以每50年划段,整理出清代四川瘟疫出现的趋势和规律,见表1—6。根据表1—6,绘出图1—1。

表 1—6

时 间	发生次数	受疫县数
1646—1700	10	23
1701—1750	2	5
1751—1800	2	3
1801—1850	25	38
1851—1900	25	69
1900—1911	9	26

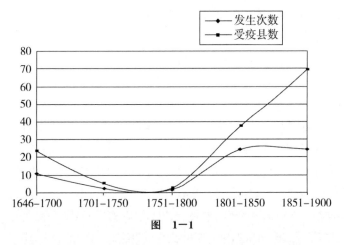

图 1—1

瘟疫的出现,既有自然的原因,亦有人为的因素。从图1—1中,我们似乎可以指出以下几点:1.清初,由于战乱和社会的不安定,瘟疫出现率较高;2.康雍乾时期,社会生活相对稳定,因而瘟疫的出现也呈下

---

① 《成都瘟疫流行及医事制度点滴》,《四川卫生史料》总第2期。

降的趋势;3.进入近代以后,阶级矛盾激化,社会动荡,因而瘟疫的出现又呈持续上升的势头。

地震破坏也是重大的自然灾害之一,清代的大多数震灾,历史资料都有记载。如顺治十四年(1657)威州、茂州、汶州、龙安府、保宁府等发生地震,"山崩石裂,江水皆沸,房屋城垣多倾,压死男妇无数"[①]。康熙五十二年(1713)川中地震,中江、绵竹、乐至、广元、三台、射洪、蓬溪、茂州、汉州、什邡等地县志皆有记载,如康熙《中江县志》称:"康熙五十二年癸巳七月庚申,全蜀地震,茂州震甚,压杀人民。"[②]乾隆十三年(1748)打箭炉地震,明正土司上八义地方"碉房摇倒七十二座,压死喇嘛一名,男妇四名口"。内地的汉州、什邡、雅安、荥经、名山、天全、芦山、长宁、屏山、德阳、眉州、彭山"两日地微动一二三次不等"[③]。咸丰六年(1856)川东地震,黔江"大声如雷震,室宇晃摇,势欲倾倒,屋瓦皆飞,池波涌立,民惊号走出,仆地不能起立"[④]。光绪三十三年(1907)叙永地震,"落窝邻近纵横数百丈,田庐林木亦多易处。二十五日大雨雹,自大坝至两河口无不被害"[⑤]。据不完全统计,清代260余年间上游共发生大小地震169次,平均约1.5年一次,可见上游是一个地震频繁的地区,其时间分布见表1—7,并做出图1—2。从表和图看,清后期地震较前期频繁,其中以1851—1900年间次数最多,平均每年1.6次。但从波及的地区来看,1701—1750年达到149个州县。有些地震造成了很大的破坏。

表 1—7

[①] 康熙《四川总志》卷25,第9页。
[②] 康熙《中江县志》卷1,第17页。当时的江油县令朱樟还写过一首《地震行》,对这次地震有形象描绘,可参见《观树堂诗集合刊·古厅集》卷3,第22页。
[③] 《清高宗实录》卷323,第6页。
[④] 光绪《黔江县志》卷5,第53页。
[⑤] 民国《叙永县志》卷8,第3页。

时间	地震次数	波及县数
1650—1700	7	33
1701—1750	26	149
1751—1800	15	70
1801—1850	29	46
1851—1900	82	70
1901—1911	9	14

资料来源:根据《四川地震资料汇编》第1卷,第101—259页所列资料整理。

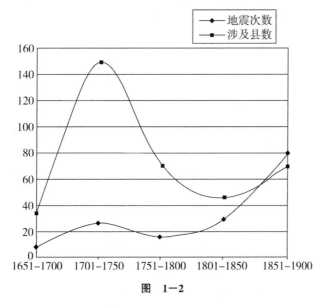

图 1—2

在传统社会,人们抵御自然灾害的能力是十分有限的,因此,每一次大的灾害对社会经济、人民生活都造成严重恶果。但总的来看,上游大的自然灾害并不很频繁,较为优越的自然条件,保证了传统社会经济缓慢持续地发展。

三 物产分布

　　长江上游是中国最主要的农业区之一,不仅粮食作物占有重要地位,且盛产糖、麻、桐、茶、药材等经济作物,这些经济作物是传统上游社会手工业和商业的重要基础。川西平原为水稻主要产区,所产之米除自给外,大量外运。该区盛产茶叶。茶树适于高温多湿、地下排水好的坡地,茶区分布于盆地四周高山,略成圆形。高山地区中尤以西部及西南、西北三方面的山坡为主要产区。而岷江中下游两岸,北起汶川、南止宜宾茶树最为稠密。该区农民以养蚕制丝为主要副业之一,故盆地内各县几乎都有,各区中以潼绵和嘉叙产量为丰,其中尤以三台、乐山为最。长江上游药材类别繁多,主要输出药材 60 余种。

　　上游产桐区域遍于全域,然植桐最宜、产量最丰者推沿河山区一带,由巫山沿长江上溯,由涪州沿乌江,由重庆沿嘉陵江。三大流域所经各县遍布桐树,累计达 60 余县。其中以长江流域下川东的云阳、奉节、开县、万县、忠州等最盛,乌江流域各县次之,嘉陵江流域又次之。

　　长江上游矿藏丰富,清代已经开采的就有煤、金、银、水银、铜、铁、铅、锡、石棉、岩盐等。其中尤以煤、金、铜、铁和盐分布最广。煤分布于成都、宁远等 15 个府、直隶州,产盐区有 20 余县,尤以富荣为冠,占全部产量 60%,犍乐次之,占 20%。

　　丰富的物产奠定了上游农业长期稳定、商业繁荣、手工业发达的基础。自然条件的地理差异是生产地理分工的自然因素。随着商品经济的发展,那些自然条件优越、生产成本低的地区生产的商品,必然向自然条件不利、生产成本高的地区流动,逐步形成一定规模的生产地理分工。如富顺、荣县和犍为等区,由于丰富的岩盐资源,较便宜的水路交通条件,因而形成了几个著名的产盐工业区,大批盐工聚集在那里,产生了许多相应的社会设施,从而围绕采盐形成了经济区域;又如内江、资州产蔗,形成制糖手工业区;隆昌、江津等地产麻,形成织造夏布手工业区;云阳、万县、忠州、开县等盛产桐,形成桐的供销中心市场;三台、射洪、盐亭等地产蚕,形成丝织的手工业区等。可见,自然条件对各地区生产力布局产生了直接的影响。

四 水路交通[①]

长江上游地区的交通运输以长江及支流木船航运为脉络,与此相联系的是散布在城乡各地的石板小路。长江为主干河流,全域众水归流,汇集于长江,形成一个天然而完整的水道交通网。全川共有大小河流540条,总长4.4万公里,其中通航河流90余条。全川河流除川西北的白河、黑河及达拉沟三条小河北流入黄河外,其他如雅砻江、岷江、沱江、嘉陵江、涪江、渠江、乌江等7大主要河流以及綦江、赤水河、永宁河、大宁河等均属长江水系。表1—8是各水系流域面积及流量。下面是各流域的简要叙述(参见图1—3)。

表 1—8

河名	全长(公里)	流域面积(平方公里)	河口流量(立方米/秒)
长江(四川境内)	897	300000	14100
金沙江	2311	500745	4920
雅砻江	1375	145000	1810
嘉陵江	1120	167000	2120
涪江	700	36400	572
渠江	720	39200	663
沱江	507	27900	519
岷江	735	133000	2850
大渡河	1155	92000	1570
乌江	1018	88000	1650

资料来源:《四川内河航运史料汇集》第2辑,第3页。

---

① 本节资料主要来源于《四川内河航运史料汇集》《四川省内河航运史志资料》《四川经济参考资料》、〔日〕《新修支那省别全志·四川省》上册。

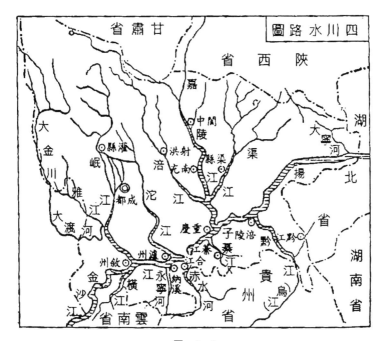

图 1—3

上游河流以长江为主干,众川或自北以注南,或自南以注北,皆会于长江,大小河流有其名者以数百计,不注入长江者极少。上游交通在铁路未修建时,以川江为大动脉。长江位于四川境内计长897公里,此段横贯川南、川东,上接云南,下连湖北,右通黔湘,左达陕甘。长江中小支流通航木船者29条,通航里程2234公里[①]。

为更清楚了解上游内河航运状态,兹将各种资料编成表1—9。七大干流通航里程4062公里,支流达97条,通航里程达7914公里,干支流相加计11976公里,可见川省具有利用水运的巨大潜力。

---

① 参见〔日〕《新修支那省别全志·四川省》交通部分,以下同。

表　1—9

江河名	起止地点	干流通航里程（公里）	支流条数	支流通航里程（公里）
长江及其支流	宜宾—巫山	897	29	2234
岷江及其支流	彭山江口—宜宾	277	21	1545
沱江及其支流	赵家渡—泸州	516	19	974
嘉陵江及其支流	广元—重庆	1006	5	597
涪江及其支流	江油—合州	615	6	378
渠江及其支流	三汇—渠河嘴	446	13	2003
乌江及其支流	龚滩—涪州	305	4	183
计		4062	97	7914

但上游水运存在许多不利因素。境内各河流水量主要来自降雨，次为地下水。各地雨量年内分配不均，冬春雨少，夏秋降水集中，多数地区河流1—4月为枯水期，普遍航深不足，船装载量下行须减6成以上，上行一般空驶。7—9月为洪水期，水位上涨，航行危险，船只经常被迫停航。川江水急滩多，行船甚难。韦庄《入蜀记》云："蜀中二百八十江，会于峡间，次于荆门，计四百五十滩，称为至险。"三峡两岸高山绝壁、险滩繁多。涸季水最深60英寻，最浅仅6英寻，江水较缓；洪水季波涛汹涌，气势澎湃。由于川江航行的险恶，每年皆有难以数计的木船遇险。清末通轮之后，每年皆有轮船遇险[①]。除长江外，其他主要通航河流也均具山区河流之特点，航道条件复杂，水流急、险滩多，无论是省内运输或与陕、甘、湘、鄂以及滇、黔之交通往返，均因各江险滩多而困难重重。由于航道有大滩从中梗阻，货物必须进行"搬滩"或者中转，增加了许多环节，影响了运效和费用。

---

① 据不完全统计，1898—1916年间，川江轮船遇险计46艘（见张肖梅编：《四川经济参考资料》，H第13—15页；邓少琴：《近代川江航运简史》，第135页）。

在清代，上游航道进行过一些整治。如长江航道疏通：道光三年(1823)奉节地方官曾出资将滟滪堆下游的黑石滩、石板峡、扇子石、燕子漕、台子角等礁石一一凿去，并将白果背数十里纤道修凿平夷，共用银1.3万余两。道光五年(1825)夔州知府主持修浚东阳子、庙矶子等滩，舟行较便。尤其是矶子滩，于清代屡经疏凿，险势稍减。光绪二十五年(1899)川、鄂绅商筹资修凿兴隆滩漕道，号称官漕。光绪三十年(1904)又在宜昌—巫峡间修筑纤道[1]。

又如川黔间航运条件的改善：川盐入黔依靠四大口岸，即从合江上溯赤水河至仁怀茅台的"仁岸"，溯永宁河的"永岸"，溯綦江的"綦岸"，溯乌江的"涪岸"。然这四条河道堵塞十分厉害，加之河道曲折，沿岸峭壁，稍有不备就有翻船的危险，洪水季节只有停运。商民们纷纷提议捐资整修。光绪四年(1878)川督丁宝桢向清廷提出修治河道："此四小河发源滇黔，分流川江，皆窄峡崩岸，激湍乱石，节节有滩。自去年开办官运以来，盐船位迫，每至险处，触石即漏，必须提载加纤，万分艰难，非议利导，酌加修治，以利舟楫，俾可畅行盐，无虞失事。"[2]之后四岸先后动工，计整治仁岸30余滩，永岸20余滩，綦岸4滩，涪岸50余滩[3]。

近代以来，上游各流域的木船运输业有所发展，特别是19世纪末宜昌、重庆开埠后进出口运量大增，推动了木船营运的繁荣。1892年全年有民船1800余只、4.3万余吨入港；以后逐年增加，1899年为最高纪录，达2900余只、10万余吨。[4] 另有资料记载比上述统计大得多。有人估计，19世纪80年代在宜昌—重庆航线上，约有民船六七千只，80年代后半期，该线沿江的船户和纤工总计不少于20万人，若加上其家

---

[1] 见《四川内河航运史料汇集》第2辑，第38页。
[2] 《贵州通志》卷39，《前事志》，第39—40页。
[3] 邹晓辛：《丁宝桢与清末贵州盐政》(未刊打印稿)。
[4] 资料来源：《四川经济参考资料》，H第7—8页。

属,赖木船以为生者恐不下百万①。1894年重庆厘金局唐家沱验卡登记进出厘金木船进口8000多只,出口1万余只,涪江有船5000多只,泸州港有船3000只,江北梁沱常泊船千只以上②。邓少琴《近代川江航运简史》称:19世纪末20世纪初,重庆常年抵埠和离埠的民船不下2万只,运载约50万吨。宣统年间川江上的民船纤夫估计约有200万之众③。宣统元年(1909)后轮运兴起,长江木船运输渐受影响。

随着社会的发展,航运现代化问题——开辟轮船航运——摆在人们的面前。川江出现的第一艘轮船是英商立德(A. J. Little)的七吨小轮船"利川"号。利川号于1898年枯水期间由宜昌溯水而上,沿途险滩雇佣纤夫拖过滩,次年返回上海。1899年5月,英国炮艇"山鸡"(Woodcock)号和"山莺"(Woodlarf)号到达重庆,山莺号上行经巴东附近牛口滩遇险。6月英商轮"先行"(Pioneer)号从宜昌出发,用73小时航行400英里抵重庆。先行号载重331吨,宽30英尺,它虽两度航行成功,但因船体太宽,在河道狭处运转不便,因而未能正式投入航运④。1900年6月立德所办扬子江贸易公司商轮"肇通"号抵渝,后因义和团事起被英政府收买,改为兵舰,更名"金沙"⑤。后立德又特制商轮"瑞生"(Suihsiang)号,载重358吨,于12月27日由宜昌开出,航行40英里至空岭滩触礁沉没。但这并未阻止外人开辟川江轮运的决心,历年仍不断有外轮冒险闯入。据不完全统计,1898—1911年14年间进入川江的外轮计26艘,其中10艘为商业性轮船,兵舰16艘⑥。这些轮舰上驶川江固然是由于经济和军事侵略动机所驱使,但在客观上却成为开辟

---

① 聂宝璋:《川江航权是怎样丧失的?》,《历史研究》1962年第5期。
② 《四川内河航运史料汇集》第1辑,第20页。
③ 邓少琴:《近代川江航运简史》,第122页。
④ Decennial Reports,1892—1901,Chungking.
⑤ 《奏办川江行轮有限公司致武昌官绅士商船帮通启》,《商务官报》已酉第34册,"附录"。
⑥ 隗瀛涛、周勇:《重庆开埠史稿》,第144—147页。

川江轮运的先锋①,而且还刺激了上游民族轮运业的出现。

1908年护理川督赵尔丰在《奏川省设立川江轮船有限公司折》中,道出了设立川江轮船公司的目的和迫切性:

> 川省民庶殷繁,物产饶富,行人估(贾)客,悉以大江为惯塗(途)。而江路奇险天成,节节皆滩,时时致损。……各国商人亦深知此路航业余羡可图,十余年来未能恝置。近日法公司拟办宜渝拖船,经该公司苏梅斯拟定办法,送交税关参酌,复于本年正月由法公使照请外务部咨直到川,是其锐志力营,已可概见。奴才外瞻内顾,再四思维,惟有自行设立轮船公司,庶几通航便捷,杜绝觊觎②。

这即是以自设公司办法来抵制外人对川江轮运权的侵夺。1907年赵尔丰便因法国强求开办宜昌至重庆拖轮,而委托劝业道周善培调查川江航道,"外人既难终却,曷若鼓舞蜀中绅商自行创办。能行,则我占先着,主权自有;难行,则以此谢客,断其希望"。周善培由重庆搭乘英兵轮"上下行驶,测勘水道"。之后,周"缕晰禀陈,极言大江行轮,有利无害",于是川省当局决定成立川江轮船公司③。起初,重庆绅商尚处疑虑,不肯"浪投巨资,轻试险业",周在重庆总商会演说数次,加以认真开导,"晓以外人兵轮日添,货轮再来,为地方深谋远虑,不可不隐寓筹防,利害攸关,大义所在,势难容己,若商力不足,公家愿以官款助成"④。并应允永归商办,"虽系加入官股,一切纯照商规,将来保护稽查,官任其

---

① 关于外人为开拓长江上游航运的探险和调查可参见第四章"世界市场与对外贸易"一节。
② 《四川官报》戊申第2册,"奏议"。
③ 同上。
④ 《奏办川江行轮有限公司致武汉宜昌官绅士商船帮通启》,《商务官报》己酉第31册,"附录"。

责,此外自不必干涉,致令掣肘"①。1908年3月21日川江轮船公司正式创办。当局给予公司特权和专利,凡川江运货"由各帮具结装载,民船听其自便"。若是装轮船,则"须先尽公司承运,不得有违"。如有官商继办川江航运,"准其附股添船,不准另立公司",以避免"倾夺两败"。公司所有"一切事务由众商公举",推总理一人,协理五人,川督又饬令各地方官"随时保护维持,藉期周密"②。

1909年川江轮船公司向武汉、宜昌绅商船帮发布通启,希望他们能"筹巨款入大股,派人同办公司",使四川、湖北联成一轮船大公司,"继起招商轮局,俾后先辉映,遍展龙旗,使外人无隙可入,无利可图"③。公司购置的第一艘船是"蜀通"号拖轮,旁带一装载客货的平底货船,于1909年10月19日由英人濮兰特船长率领由宜昌开航,于27日到达重庆。蜀通轮除在冬季枯水季节停航外,1910年共航行14次,1911年达到月均航行两次,"总是货物满载、乘客拥挤"。它保险费也低于民船,前者为货价的1.5%,而后者要4%④。公司又以"夔府为川轮上下必由之路",于是在夔城设支店,"凡上下客商顾客搭川轮者,即可向该店写票前往"⑤。蜀通轮的运输规模不大,但它的通航开始了川江商业性客货轮运的新时代。

长江上游航运发展出现的新趋势,从生产力方面来看,是船只的更替,即依靠风力和人力推动的帆船、舢板逐渐与以机器为动力的轮船并存;从生产关系方面来看,则是经营方式的改变,在长江上游出现了资本主义性质的轮船企业并开始承担运输任务,这是川江航运近代化的

---

① 《护督宪批商务局详重庆商会公举轮船公司总协理及拟呈简章请核咨文》,《四川官报》戊申第2册,"公牍"。
② 《护督宪奏川省设立川江轮船有限公司折》,《四川官报》戊申第2册,"奏议"。
③ 《奏办川江行轮有限公司致武汉宜昌官绅士商船帮通启》,《商务官报》己酉第34册,"附录"。
④ Decennial Reports,1902—1911,Chungking.
⑤ 《成都商报》第4册,"新闻"(1910)。

开端。当然,长江上游航运的这一变化,既是西方资本主义入侵所引起,亦是由于上游内部经济发展的直接推动。

五 陆路交通

长江上游多山,所以陆路交通甚为困难,但各种类型的道路仍形成了交通网络。除省的官道干路而外,县有县道,乡有乡道,小场则通小路。各级道路一般用石板培修。省道干线皆为两丈宽,其他大路概以一丈为标准,乡场之间小道宽五尺、二尺、一尺不等。省道干线主要用于政治军事目的,历来由官家修筑,此外各路则概由私人捐修。

上游省级大道是在驿道基础上确立的。驿道是自古相沿的官方交通路线,政府紧急公文由驿站递送,故当时视驿传为要政。川省地域广阔,所以驿站甚多。明末清初共有200处之多,一般大者称驿,小者称铺,以后有所减少。康熙时本区驿站分为10路:北路2、西南路1、西路2、东南路1、东路1、北水路1、南水路1、南路1[①]。康熙年间驿站设置有一些变化,裁去130余处,留64处。64处驿站定员772人,驿马763匹[②],这个格局直至清末都没有大的变化。

驿递里程分为三等,最快者日驰600里,次者400里,一般为200里。前两者很少使用,凡用者"皆有规定之事体,滥用者虽总督、将军,亦应得降二级处分"[③]。用600里者,只限于总督、将军、提督、学使四人在任病故、丁忧或失守和攻克城池;用400里者限于每年秋审全案、每三年大计举劾之奏报以及其他紧要文件。据周询回忆,清末他在督幕先后七年,见用600里者仅两次,一是驻藏帮办大臣凤全在巴塘被杀之

---

① 金公亮:《清代康雍两朝的四川驿运》,《驿运月刊》第2卷第1期(1941年)。
② 《清朝续文献通考》卷374,《邮传》15,第11200页。
③ 周询:《蜀海丛谈》卷1,《驿站》。

奏报,一是提督马维骐攻复巴塘之奏报①,可见非常慎重。成都距北京5700里,日行600里,九天半可到;日行400里,14天到。至于督署通常奏咨,每月初汇发一次,由总督派专员骑马送京,每驿只供给马一匹,口粮一份,由川至京,换马不换人,约十八九日可到②。清代通讯除驿站之外还有"铺司",驿站用马递送,铺司则由人步行递送。"四川全省铺司,共有八九百处,繁不胜纪。"③每铺司一般2—4人,凡驿递不能到之处或一般公文,则以铺卒步行递送。

以驿站为基础,实际形成了以成都为中心而向四方呈放射状的干路④。另外,还有许多交通支路,如以后所称的小川北道、小川东路、川南通路、南部沿江线、北部山麓线等。还有从各方向出盆地到他省的许多艰难道路。

综观上游陆路交通,可看到有以下几个特点:第一,各线以成都为轴心向四方放射,成都宛如车轮之轴,道路由一点而向四面八方呈放射状态,分布于成都周围的道路又呈环状之配列。第二,盆地周围道路呈环状。盆周靠近山地之边缘处,有道路围绕连接成环状。沿盆地东北边为万县、平武间的山麓线,沿西北境者即川北大路。盆地西南、东南两边缘为岷江、长江所环绕,所以成都、宜宾间路线(沿岷江)和宜宾、万县间的路线(沿长江)即环围盆地边的山麓线。第三,河川与道路交织。上游河道除长江干流外,多为南北方向,故陆路交通多以沟通东西为主,与河川的方向多成直交或斜交,除川东大路的西段略平行于沱江外,都不与河岸并行。因此长江上游水陆交通相辅为用,沟通了整个区域联系网络。

清中期以后,相继成立了一些民间陆运组织,其中历史最长、业务

---

① 周询:《蜀海丛谈》卷1,《驿站》。
② 同上。
③ 郑励俭编《四川新地志》、〔日〕东亚同文会编《新修支那省别全志·四川省》上册。
④ 同上。

最广、规模最大者是麻乡约大帮信轿行①。该信轿行于咸丰二年(1852)由陈洪义创立②,专揽长途客运生意。咸丰末又在重庆、成都、叙府等几个主要城市设轿行。长途运输有三种:直达、接站(即一站接一站)和转站打兑。同治初,麻乡约在重庆至成都的走马岗、永川、荣昌、隆昌、内江、资中、简州、茶店、龙泉驿等地,先后设立分行或分铺,以便一站接一站地运送旅客和供轿夫歇脚住宿,同时又利于"转站打兑",做回头生意。麻乡约另外还承运货物,作为轿行的附带业务,对顾客携带的成批物品代雇驮马或代荐行帮运送。咸丰年间,川、滇、黔三省商业发达,商品输入输出增多,急需运输业的扩大,咸丰末麻乡约在昆明正式挂货运招牌,同治五年(1866)移至重庆,并先后在昆明、贵阳、成都等处设分店,后又在云南昭通、贵州遵义、四川綦江、泸州、叙府、梁山等处水旱码头设立转运站。为使货物迅速到达,麻乡约制订了快慢站制度,其主要路线、日程及收费标准如表1-10。这种陆路运输形式一直持续到整个民国时期。以后虽有公路运输出现,但其发展程度有限,并未能取代像大帮信轿行这种民间陆运组织。

表 1-10

路　　线	快　站		慢　站	
	日程(天)	每百斤收费(元)	日程(天)	每百斤收费(元)
重庆—昆明	48	58	60	50
重庆—贵阳	18	23	23	20
重庆—成都	12	18	15	16
贵阳—昆明	21	29	26	25

---

① 《麻乡约运输行的兴衰成败》,《重庆工商史料选辑》第2辑,《西南民间运输巨擘麻乡约》,《四川文史资料选辑》第7辑;《麻乡约大帮信轿行》,《綦扎新县志资料》1984年第2辑。

② 陈洪义系綦江人,据说其先辈当过"乡约"(即保甲长之类),且他面有麻子,故有"麻乡约"之绰号。

交通的现代化是经济现代化的必要前提,随着长江上游社会经济的发展和外国对上游交通开辟的觊觎,发展新式陆路交通便成为社会变革和进步的一个刻不容缓的任务。陆路交通现代化的第一个具有深远影响的行动,便是1903年修筑川汉铁路的提出。

外国资本主义势力进入上游的一个巨大困难就是封闭的地理环境,这促使他们利用扩张势力最有效的工具——修筑铁路来达到这一目的。英人达威斯的《滇缅铁路报告》说:"吾等几难深信处于云南之邻近,尚有一物产丰富、人口稠密之省份——四川。故任何铁道之设计之最终目的,不仅鼓励经缅甸边境局部之贸易,且须获得由印度到达四川及中国东部之经过线方向。"[①]1899年,英国便派出考察队由重庆经贵州入云南勘测铁路线,并提出了修筑川汉铁路的要求。法国于1898年获取滇越铁路的修筑权后,又"欲染指于西蜀",企图"他日接长滇越路以达成都,然后窥时审变以出扬子江",打入英国的势力范围[②]。20世纪初各国的争夺加剧了,先后向清政府提出承修川汉铁路的要求,这使清廷进退两难,清外务部奏称:"川省物产充盈,必达汉口,销路始畅。惟其间山峡崎岖,滩流冲突,水陆转运,皆有节节阻滞之虞,非修铁路以利转输,恐商务难期畅旺。现在重庆业已通商,万县亦将开埠。外人经营商务,每以川江运道不便为言,必将设法开通,舍轮舶以就火车之利。"[③]1903年4月锡良被授任四川总督,赴任途中在宜昌便"舍舟而陆,藉以查看由鄂之川之路"[④]。7月便上奏清廷请设川汉铁路公司,自办铁路。1905年夏,云南官绅等筹办滇蜀铁路总公司,拟修筑由昆明通至四川泸州、叙府等地的铁路。川汉铁路公司初由官办,1907年改为商办,承修湖北宜昌以西经万县、重庆至成都一线,拟招股5000万两

---

① 宓汝成编:《中国近代铁路史资料》第2册,第466页。
② 《外交报》癸卯第35号,译自日本《外交日报》。
③ 宓汝成编:《中国近代铁路史资料》第3册,第1058页。
④ 锡良:《开办川汉铁路公司折》,《锡良遗稿》第1册,第389页。

以上,1909年宜昌至秭归段300里间同时动工。但直至清王朝垮台,川汉铁路修筑都没有大的成效。尽管如此,川汉铁路的倡筑和动工,都是长江上游交通现代化的重要里程碑。

第二章 人口、耕地及粮食问题

清初四川人口的迅速增加,对经过战乱而人烟稀少、社会残破的四川经济的恢复起到了重要作用,然而随着不可遏制的人口持续上升,这种社会发展的动力渐变为社会的沉重负担。对人口问题的考察往往是研究社会的起点,而统计资料又是我们研究人口问题最重要的依据。但遗憾的是,清代关于四川人口和耕地的统计存在严重的问题,例如1898年川省册载人口高达8475万人,而同期册载耕地仅4706万亩,即人均耕地仅0.56亩。难道这样少的耕地能容纳如此多人口的生存?而且这一人口数已达到20世纪70年代的四川人口水平,实在令人难以置信。这种分省人口与耕地统计的不实,不仅影响到全国人口与耕地的确数①,同时也给区域人口和社会史的研究造成极大的困难。因此,考释和订正这些数字十分重要。本章拟以中国人口最多和面积最大的农业省份四川作为个案,通过对人口、耕地及粮食问题的综合考察,去探讨清代人口和耕地统计中存在的问题,去研究清代由于人口剧增所造成的人口压力。

一 清初人口的恢复与移民

明末清初,由于半个多世纪的战乱,川省人口丧失十分严重,以致

---

① 学者对此多有评述,如〔美〕珀金斯(D. H. Perkins)《中国农业的发展(1368—1968)》附录1和附录2;何炳棣《南宋至今土地数字的考释和评价(下)》《中国社会科学》1985年第3期)等。

清初四川"丁户稀若晨星"①。如川西平原的温江在"劫灰之余,仅存者范氏、陈氏、卫氏、蒋氏、鄢氏、胡氏数姓而已",顺治十六年清查户口,仅32户,男31丁,女23口,"榛榛莽莽,如天地初辟"②。金堂也是"遭祸尤惨,兵燹之余,居民靡有孑遗,即间有以土著称者,亦不能尽道先代之轶事,且为数寥寥"③。川北的苍溪在三藩之乱后,"民不聊生,俱逃避深山穷谷中……人民破家失业不可胜纪"。当时编定丁粮,全县仅600户④。川东的云阳自"明季丧乱","孑遗流离,土著稀简,弥山芜废,户籍沦夷"⑤。此类描述,在地方史志中随处可见。

清开国后,实行与民休息的政策,随着川省的生产和正常社会生活的恢复,人口也迅速回升。到雍正时,"蜀中元气既复,民数日增,人浮八口之家,邑登万户之众"⑥。如温江在战乱后,"渐次招徕,人迹所至,烟户递增,城镇田庐,载筑载兴,鸡鸣狗吠,声闻田野"。到乾隆之世,增至3万余户,男女14万丁口⑦。简州在战后仅存土著14户,清初陆续招徕有84户,按明制编为一里,到乾隆时口户达18809户⑧。资州在康熙六年清查户口时仅74户,520口,但以后"升平化洽,生齿日繁,十倍于昔",乾隆十八年清查时已有"承粮花户"4072户,14486口⑨。芦县在"清康熙时,承平日久,办丁入粮,户口繁滋",计编花户4538户,人丁26668丁⑩。巴县经明末之乱,"民靡有遗","然历康熙以至乾隆三朝之

---

① 雍正《四川通志》卷5,《户口》。
② 民国《温江县志》卷3,《民政·户口》。
③ 民国《金堂县续志》卷3,《食货志·户口》。
④ 民国《苍溪县志》卷13,《灾异祸乱》。
⑤ 民国《云阳县志》卷9,《财赋》。
⑥ 雍正《四川通志》卷5,《户口》。
⑦ 民国《温江县志》卷3,《民政·户口》。
⑧ 民国《简阳县志》卷19,《食货篇·户口》
⑨ 光绪《资州直隶州志》卷7,《食货志·资州户口》。
⑩ 民国《芦山县志》卷3,《食货·户口》。

休养生息",嘉庆元年后报部户口已达 75743 户,男女 218079 丁口①。

　　清初四川人口回升速度之快,仅靠人口的自然增长是不可能的,而根本动因是大规模的移民。由于清政府鼓励开荒政策②,在康熙中期以后至乾隆前期,外省人口大量涌入四川。如康熙中期,湖广宝庆、武冈、沔阳等处人民"托名开荒携家入蜀者,不下数十万"③。雍正五年,湖广、广东、江西等省"因本地歉收米贵,相率而迁移四川者不下数万人"④。由长江水路入川的"楚省饥民","日以千计"⑤。在雍乾之际,福建、广东两省几乎每年都有成批百姓"挈伴入川"⑥,仅广东潮、惠二府和嘉应州入川人户,"一县之中,至少亦必有千人,以有入川人民各县计之,不下万余"⑦。移民长途迁徙的规模之大,人数之多,引起了当局的忧虑,以致乾隆初开始限制移民入川,但仍难以遏制这股移民势头,仅乾隆八年至十三年(1743—1748 年)5 年间,广东、湖南人户"由黔赴川就食者共二十四万三千余"⑧。

　　移民大量入川,促进了川省经济的迅速恢复,但对人口和社会结构造成了重大影响。

(一) 人口成分的变化

　　清代移民入川之多,以致土著被湮没在移民的茫茫大海中,这在中

---

① 民国《巴县志》卷 4,《赋役上·户口》。
② 康熙十年清廷便确定了"推带妻子入蜀开垦者,准其入籍"的政策。康熙二十九年又认定在川垦荒居住者"准其子弟入籍考试"(嘉庆《四川通志》卷 64,《食货·户口》)。雍正五年又发布上谕:湖广、江西、广东、广西四省之民,"挈家远赴四川,听其散往各府州县佃种佣工为糊口之计"(《清朝文献通考》卷 19,《户口考一》,考 5027—5028)。
③ 雍正《四川通志》卷 47,《艺文·楚民寓蜀疏》。
④ 嘉庆《四川通志》卷首之二,《圣训二》。
⑤ 道光《夔州府志》卷 34,《政绩》。
⑥ 《朱批谕旨》,雍正十二年三月广东巡抚杨永斌奏。
⑦ 杨锡绂:《四知堂文集》卷 17,《奉委查办入川人民事宜禀》。
⑧ 《清高宗实录》卷 311,乾隆十三年三月癸丑。

国历史上亦属少见,因而历史上有"湖广填四川"之说。其实,除两湖外,其他省的移民也为数不少。如大邑县清初土著少,客民多,"率多秦、楚、豫章(按:指江西)之人,或以屯耕而卜居"①。新繁县清初先有湖广人来垦种,继有江西、福建、广东、陕西等人民移入,"始至之日,田无业主,听民自占垦荒"②。简阳县先后有11个省的人入籍,全县222个氏族,外籍占213个,其中湖广籍达133个。在广安县客籍总人口中,湖北占4/15,湖南占5/15,江西占2/15,闽浙占1/15,广东占1/15,另外山东、山西等省占1/15,川人(双流、新津、阆中等县)迁籍占1/15③。

我们再以资料较为完整的云阳、南溪两县为例做具体分析。表2—1和表2—2分别列出了云阳氏族来源和移住时期:

表 2—1

来自地区	数 量	占百分比(%)
四川	13	7.3
湖北	83	46.6
湖南	41	23.0
江西	12	6.7
福建	7	3.9
安徽	3	1.7
广东	3	1.7
陕西	1	0.6
河南	1	0.6
不详	14	7.8
计	178	100.0

---

① 同治《大邑县志》卷7,《风土》。
② 光绪《新繁乡土志》卷5,第1页。
③ 见彭雨新:《四川清初招徕人口和轻赋政策》,《中国社会经济史研究》1984年第2期。

表 2—2

移住云阳时间	数 量	占百分比(%)
土著(云阳)	2	1.1
明之前	34	19.1
顺治年间	7	3.9
康熙年间	36	20.2
雍正年间	12	6.7
乾隆年间	54	30.3
嘉庆年间	14	7.9
道光年间	4	2.2
不详	15	8.4
计	178	100.0

注:表2—1、表2—2系吕实强根据民国《云阳县志》卷23整理。见台北"中研院"《近代史研究所集刊》第6辑,第230—231页。转引时稍有变动。

表2—1、表2—2说明,清代云阳人口基本来自外省,从见于记载的氏族比例来看,土著仅占1.1%,加上川省其他县的移住者,也不过占7.3%,这即是说外省移民达92.7%,其中两湖将近占总数的70%。从移入的时间来看,80%是清以后移入的,其中又以康熙和乾隆时期最多,两朝计移入90个氏族,占总数的二分之一。云阳的大氏族涂氏于康熙年间入川,"始以一二人之播越,历十世二百年之久,有二千三百九十人"[①]。再以南溪县为例,见表2—3、表2—4:

---

① 《云阳涂氏族谱》卷20。

表 2—3

来自地区	数 量	占百分比(%)
湖广	59	81.9
江西	4	5.6
广东	2	2.8
江苏	1	1.4
安徽	1	1.4
浙江	1	1.4
福建	1	1.4
广西	1	1.4
不详	2	2.8
计	72	100.0

表 2—4

移住南溪时间	数 量	占百分比(%)
明 代	12	16.7
顺治年间	18	25.0
康熙年间	31	43.0
雍正年间	2	2.8
乾隆年间	6	8.3
咸丰年间	2	2.8
不 详	1	1.4
计	72	100.0

注：表2—3、表2—4系吕实强根据民国《南溪县志》卷四整理。见台北"中研院"《近代史研究所集刊》第6辑，第227—228页。转引时稍有变动。

从南溪的人口组成来看，移民也大多来自湖广，在72个氏族中有59个，占82%。其移入时间主要是清初，即顺康两朝，计49个，占总数的68%。

移民在川省人口成分中占了举足轻重的地位,但关于全川的移民数量历史上没有统计,我们只有根据有关资料进行估算。大规模的移民活动在嘉庆时便已基本结束,我们便以嘉庆十七年(1812)为终点。康熙二十四年四川人口为98.7万①,我们略去此前的移民不计,以此数全部作为土著。清嘉庆十七年以前,全国人口自然增长率年均约6‰②,我们再多估1/3,以9‰的自然增长率计算,嘉庆十七年川省人口也仅307万③,只相当于该年实际人口2070.9万的14.8%④。即是说,到嘉庆中期,川省人口中的移民或移民后裔至少占85%。

(二) 移民社会的形成⑤

大量移民入川聚落而居,滋生繁衍,并顽强坚守着自己的文化传统,保持着原有的语言、风俗和生活习惯,在异乡重组了自己的社会。四川的许多乡场,便是由移民所建,一些城市也因移民而兴。如重庆"吴、楚、闽、粤、滇、黔、秦、豫之贸迁来者,九门舟集如蚁,陆则受廛,水则结舫"⑥。明代重庆城内仅8坊,城外仅两厢,到康熙中后期,城内发

---

① 资料来源见本章表2—10。

② 按以下方法算出:乾隆四十一年以前的人口数不可靠,我们以清查后的乾隆四十一年全国26823.8万人为基期数(P_0),以嘉庆十七年的33370万人为终期数(P_n),按公式r(人口增长率)$=n\sqrt{pn/po}-1$,即$r=36\sqrt{\dfrac{33370}{26823.8}}-1=0.006$。即6‰。罗尔纲先生的测算还要低,为5.66‰(参见罗尔纲:《太平天国革命前的人口压迫问题》,载《中国社会经济史集刊》8卷1期。

③ 根据公式 $P_n=P_0(1+r)^n$,$P_n=98.5(1+9‰)^{127}=307$(万)

④ 嘉庆十七年实际人口数资料来源见本章表2—13。

⑤ 关于四川移民社会的微观研究(特别是对川东的云阳县),日本金泽大学西川正夫教授和名古屋大学山田贤先生颇有独到见解,参见《四川省云阳县杂记》《金泽大学文学部论集·史学科篇》第7号,1987年2月)、《清代的移住民社会》(《史林》第69卷第6号,1986年11月)。

⑥ 乾隆《巴县志》卷2,《建置志·乡里》。

展到29坊,城外21厢①。移民基本上控制了重庆商业,"各行户大率俱系外省民人"。嘉庆六年在重庆领有牙帖者共109行,综计江西40行,湖广43行,福建11行,江南5行,陕西6行,广东2行,而四川籍仅2行,占总数的1.8%。山货、药材为重庆出口大宗,几乎全为江西、湖广移民所垄断②。

移民由于客居在外,对本土怀有的感情以及生存竞争的需要,建立了一些社会组织以维护自己的利益,会馆就是其主要形式。移民普遍建有祠、庙、宫、殿之类的建筑,并供奉其尊崇的神祇或先贤③。据有学者对四川有4所会馆以上的85个县做的统计,总共有会馆727所,其中直称会馆的174所,以宫名馆的471所,以祠名馆的20所,以庙名馆的62所。会馆最多的为屏山县,城乡共计52所,其次为灌县、绵竹、威远,分别有会馆37所、36所、34所不等④。会馆是同籍人社交活动的重要场所,起着联络感情、沟通信息的作用。成员聚会一般都相当频繁,如重庆的江西会馆一年聚会达200次,其他会馆也在70—80次左右,而且还有特定的全体宴会、庆祝日等⑤。会馆的设立,起初主要目的是

---

① 乾隆《巴县志》卷2,《建置志·乡里》。
② 嘉庆六年六月二十四日《具禀八省客民何康远等为据实陈明事》附清单。见四川大学历史系藏巴县档案抄件。
③ 川省移民会馆的名称、主要建筑、所奉神祇先贤如下表:

名称	主要建筑	供奉神祇先贤	名称	主要建筑	供奉神祇先贤
福建会馆	天后宫、天上宫、天妃宫	天妃	湖南、湖北会馆	禹王宫、禹王庙等	大禹
江西会馆	万寿宫	许真人	广东会馆	南华宫	圣帝君
陕西会馆	三圣宫、三元宫等	刘备、关羽、张飞	浙江会馆	列圣宫	关帝
山西会馆	山西馆	关帝	江南会馆	江南馆	关帝

④ 吕作燮:《明清时期的会馆并非工商业行会》,《中国史研究》1982年第2期。
⑤ Decennial Reports, 1891, Chungking.

保护远离家乡移民的权益,但后来在一些地区逐渐发展成为对政治、宗教、社会各方面都有相当影响的机构。各会馆首事或客长与地方官进行公务联系,参与当地税捐征收、保甲、消防、团防、团练、重大债务清理、济贫、积谷、赈济以及孤儿院、养老院的管理,从事慈善事业等。但也应看到,由于移民的自我封闭和排他性,导致了移民彼此、移民与土著的隔阂和分离,同化和融合过程非常缓慢。由于这种社会组合的特点,使各省移民的后代保持着某些特有的素质[1],因而对社会有一定的割裂作用。

(三) 大家族的破坏和小家庭的普遍存在

在传统社会,人们世代固守一隅,这有利于宗族的发展,所谓"世家大族"成为宗法制度最顽固的阵地,但移民运动破坏了宗族结构。正如同治《巴县志》载《刘氏族谱序》所称:"盖人处乱世,父子兄弟且不能保,况宗族乎?"[2]所以在清代的重庆是"求一二宋元旧族盖亦寥寥"[3]。大家庭的迁徙十分困难,因而移民分裂了许多宗族,即使有少数大家庭迁徙到川,也往往为获得土地而分居或二次迁移。特别是那些进入城市的移民,在脱离土地的同时,实际上也就是同宗族分离。城市生活的流动性、人口结构的复杂性、同籍会馆的互助功能,都推动了人们与宗法关系的疏远,即所谓"凡城市之民,多五方杂处,为工为贾,贸迁靡常"[4],以及"人各有业,业各有祀"[5],在这种情况下,移民对社会组织的依靠远比宗族组织更为重要。

与大家族破坏相对应的是小家庭的增多,表2—5我们抽出嘉庆中

---

[1] 据我所知,至今在川西的一些农村,还有不少农民操"土广东话",移民的特质延续是如此顽强,的确令人惊讶。
[2] 同治《巴县志》卷4,《艺文》;卷1,《风俗》。
[3] 同上。
[4] 嘉庆《郫县志》卷18,《风俗》。
[5] 民国《彭山县志》卷2,《民俗篇》。

期部分府直隶州的户口统计进行一些分析。

表 2—5

经济区域	府直隶州名	户数(万)	人口数(万)	平均每户(人)
(A)经济中心区	成都府	116.6	383	3.3
	重庆府	69.0	234	3.4
(B)次经济区	嘉定府	30.2	149	4.9
	眉　州	10.6	55	5.2
	资　州	14.1	69	4.9
	绵　州	15.6	78	5.0
(C)近边缘区	叙州府	38.9	139	3.6
	夔　府	18.5	66	3.6
	泸　州	14.7	44	3.0
	忠　州	13.1	41	3.1
(D)远边缘区	雅州府	11.4	60	5.3
	龙安府	9.1	58	6.4
	宁远府	14.5	83	5.7
	茂　州	3.9	26	6.7
	全　省	510.0	2071	4.1

资料来源:嘉庆《四川通志》卷65,《食货志·户口》。

大量的移民导致了家庭规模的缩小,从表2—5我们可以看到:第一,全川平均每户仅4.1人,远低于全国水平。这即是迁徙的结果,一方面是小家庭有利于迁徙,另一方面是迁徙拆散了大家庭;第二,各个经济区有差异,A和C区家庭最小,B和D区家庭较大,这是因为移民一般都流向城市和富庶地区(即A区),而C区大多为省际地区,移民聚集最多。D区多为贫瘠之地,在嘉庆以前一般不是移民的取向,B区虽条件较好,但可供开垦的荒地为数不多,影响了移民的迁入。

(四) 人口空间分布的移动

清代四川的移民是一次人口空间分布的自然调节,是以经济动因为核心的一种自由迁移,因此移民总是流向可得到较多生产和生活资料的地区。清初,移民大量进入地广人稀的川省,但他们中许多并不是一次定居,往往又视生存条件和环境再次乃至多次迁移。表2-6列出了清代四川人口分布的变化。

表 2-6

经济区域	府直隶州名	人口占全省百分比(%)		
		康熙六十一年	嘉庆十七年	宣统二年
经济中心区	成都府(川西)	20.7	18.5	9.4
	重庆府(川东)	19.3	11.3	15.8
次经济区	嘉定府(川南)	1.9	7.2	4.6
	眉　州(川南)	3.5	2.7	1.6
近边缘区	顺庆府(川北)	10.2	7.4	7.2
	叙州府(川南)	8.6	6.7	6.9
	夔　府(川东)	11.9	3.2	4.9
	保宁府(川北)	6.4	3.8	6.8
远边缘区	雅州府(川西)	1.6	2.9	2.0
	龙安府(川北)	1.6	2.8	1.3
	宁远府(川南)	0.6	4.0	1.9

资料来源:康熙六十一年和嘉庆十七年据嘉庆《四川通志》卷64,《食货·户口》所列户口数计算。宣统二年据施居父编《四川人口数字统计之新资料》(成都民间意识社1936年版)所列户口数计算。

从清代四川人口分布变化看,第一,清前期移民人口主要聚集在川东地区。如重庆府康熙末占全川人口的 19.3%,夔府占 11.9%,以后移民逐渐由川东向川西、川南、川北疏散,到嘉庆中期,重庆府和夔府的人口占全省的比例分别降到 11.3% 和 3.2%。第二,清中期以后随着四川经济中心的逐渐东移,人口重心也往东移动,如清末重庆府人口比例再次上升到 15.8%,而成都府却由 18.5% 下降到 9.4%。第二,近边缘区在清中期后人口比例增加,这是由于中心和次中心的人口密度较大,促使人们向条件一般但开发余地较大的地区流动。

二 人口数量的考察

关于清代四川的人口数量是一个纷繁而难以弄清楚的问题,下面我们将分清前期、中期和后期三个阶段来试做探索。

(一) 清前期的四川人口数

清代的人口统计比之前代是较为丰富的,但存在许多问题,例如乾隆六年以前是以"丁"为单位的人口统计,"丁"实际上是一个纳税单位[①],其中到底包括多少人口很难判定,目前国内学者多倾向于丁(或户)与口的比例为 1∶5。按此比例,我们先估算出清初四川人口数。见表 2—7。我们认为,表 2—7 的人丁统计很不可靠。第一,表 2—7 的册载人丁只是四川部分地区的人丁记录。清初进行川省人丁统计时,有相当一部分州县尚未建立政权或已建立政权却未编户,三藩之乱又一度中断了清政府对川省的统治,实际上许多州县在此之后才正式编户。表 2—8 是抽查列出的川省部分州县的编户时间,便充分说明了这一情况。

---

① 参见彭泽益:《中国经济史研究史中的计量问题》,《历史研究》1985 年第 3 期。

表 2−7[①]

年　代	册载人丁数	估算人口数
顺治十八年(1661)	16096 丁	80480
康熙九年(1670)	25660 丁	128300
康熙二十四年(1685)	18509 丁	92545
雍正二年(1724)	409311 丁	2046555
雍正六年(1728)	505413 户	2527065

资料来源:《清朝文献通考》卷 19,《户口考》。其中康熙九年人丁数据康熙《四川总志》卷 30,康熙十一年四川巡抚罗森题本,雍正六年见嘉庆《四川通志》卷 64,《食货·户口》。

表 2−8

州县	编户时间	州县	编户时间	州县	编户时间	州县	编户时间
温江	顺治六年	南川	康熙六年	苍溪	康熙三十年	眉州	康熙二年
合川	康熙二十年后	蓬溪	顺治十年	资州	康熙六年	云阳	康熙四十年
新繁	康熙六年	安县	康熙六十一年	富顺	康熙二年	江津	康熙六年
什邡	康熙六年	荣昌	康熙六年	乐至	康熙二十三年	荣县	康熙二年

资料来源:以上各州县地方志,为节省篇幅,不一一列出。

从 16 个州县的编户时间来看,顺治十八年以后的 14 州县,康熙二十四年以后的 3 州县,因此,估计康熙二十四年及以前的三次人丁统计缺失州县约在 20~80%不等。

第二,顺、康、雍时期的册载"人丁"数并非是 16−60 岁的全部成丁男子,而仅是纳赋的人数而已。据嘉庆《四川通志》,讫康熙六十一年,

---

[①] 李文治编:《中国近代农业史资料》第 1 辑第 9 页"清代鸦片战争前各省人丁户口统计"雍正二年项下,四川为 14.9 万人丁,可能系转录时弄错。

川省查出的户数为579309,而丁数仅275474①,平均2.1户才一丁,这显然是不可能的。清初之所以清查户口,主要是为按人丁收税,因此,这里的所谓"人丁"只是纳税的人数记载。上举康熙六十一年的"人丁"项内,后面都有明确的纳银和纳粮的尾数,如成都府属"人丁三万五千四百一十六丁四分三厘五毫",叙州府"人丁一万五千零三丁七斗六升九合"②等,更证明了这一点,因而所谓"人丁"统计根本反映不出实际人丁数。

那么清初四川人口到底有多少？按表2—7估算,顺治十八年才8万人,仅为明末310万的2.6%③,这从一些县志和族谱的记载看也是大大偏低的,见表2—9。

---

① 具体统计见下表:

府直隶州	户 数	人丁数	府直隶州	户 数	人丁数	府直隶州	户 数	人丁数
成都府属	120076	35416	夔州府属	69178	7644	潼川州并属县	55135	10490
重庆府属	111854	145912	龙安府属	9033	5053	眉州并属	20809	3296
保宁府属	36615	15232	雅州府属	9071	5281	邛州并属县	9862	6301
顺庆府属	58793	10024	宁远府属	2838		泸州并属县	14535	5417
叙州府属	49874	15003	嘉定州并属县	11585	10405	九姓司	51	

资料来源:嘉庆《四川通志》卷64,《食货·户口》。
注:人丁数个位以后的尾数均略去。

② 嘉庆《四川通志》卷64,《食货·户口》。
③ 明代四川人口见下表:

年 代	户 数	人口数
明初	215719	1466778
弘治间	253813	2598460
万历六年	262694	3102073

资料来源:康熙《四川总志》卷10,《贡赋》。

表 2—9

年　代	册载人丁数	估算人口数
广元	"苟全性命者十之一。"	民国《广元县志稿》
西充	"土著民人,十去六七。"	光绪《西充县志》
双流	"人民存者十之一。"	民国《双流县志》
郫县	"占籍者几十之九。"	民国《郫县志》
崇庆	"兵籍者几十之九。"	光绪《崇庆县志》
长寿	"兵燹之后,半属流寓。"	民国《长寿县志》
巴中	"土著仅十之二。"	民国《巴中县志》
东乡	"遗民数万不存一,遗民得返故居,千不一二。"	民国《宣汉县志》
达县	(存者)"百中之三四。"	民国《达县志》
涪州	"自楚迁来者十之六七。"	民国《涪州志》

注：上表采自李世平《四川人口史》,第149页。

在表 2—9 所列 10 个州县中除东乡和达县的县志称清初战乱后仅存 1—2‰、3—4‰外,其余各县皆称尚存 10％、20％、30％乃至 50％。所以有研究者估计,清初四川至少残余 10—20％的人口,按明末 310 万人口计,总数应在 50 万人左右①。我认为这较符合实际。

我们已知康熙六十一年有 579309 户,按 1∶5 折算②,应有人口 289.6 万人,这样,便可以计算出顺治十八年至康熙六十一年 60 年间的人口增长率为 30‰③,按此增长率,测算出雍正六年前各期人口数。见表 2—10。

---

① 李世平：《四川人口史》,第 149 页。
② 根据表 2—5,清前期和中期四川户均人口约 4 人或稍多一点,但考虑到在编制户口时,有相当一部分移民或流民未计算在内,故仍按 5 人折算。即使按 5 人折算,恐怕仍少于实际人口数。
③ 按公式 $r = n\sqrt{\dfrac{P_n}{P_o}} - 1 = 60\sqrt{\dfrac{289.6}{50.0}} - 1 = 0.03$,即 30‰。

表 2-10

年代	册载人丁数	修正数	
		户数(万)	人口数(万)
顺治十八年(1661)	16096 丁	10.0	50.0
康熙九年(1670)	25660 丁	12.7	63.3
康熙二十四年(1685)	11509 丁	19.7	98.7
康熙六十一年(1722)	579309 户	57.9	289.6
雍正二年(1724)	409311 丁	59.7	298.3
雍正六年(1728)	505413 户	67.1	335.7

注：修正人口数按公式 $P_n = p(1+r)^n$ 分别算出，即：

康熙九年人口 $= 50(1+0.03)^8 = 63.3$(万)

康熙二十四年人口 $= 50(1+0.03)^{23} = 98.7$(万)

雍正二年人口 $= 289.6(1+0.03)^1 = 298.3$(万)

雍正六年人口 $= 289.6(1+0.03)^5 = 335.7$(万)

户数按 5∶1 折算。

(二) 清中期的四川人口数

乾隆元年，四川以道为单位进行户口统计，这可能是清代四川最早的较为切实的数字，见表 2-11。这个统计是户与丁完全一致，即每户一丁，乾隆元年川省共有 653430 户(包括流寓)，按户均 5 人估算，应有人口 326.7 万。

表 2-11

道属	户数	丁数	流寓户数
松茂道	106610	106610	13026
川东道	159399	159399	8089
永宁道	89305	89305	5813

续表

道属	户数	丁数	流寓户数
建昌道	124529	124529	5178
川北道	132357	132357	9854
全省总计	612200	612200	41230

资料来源:嘉庆《四川通志》卷64,《食货·户口》。

表 2—12

年代	册载人口(万)	修正人口(万)
乾隆元年(1736)	61.2(万户)	326.7
乾隆十四年(1749)	250.6	443.0
乾隆十八年(1753)	136.9	483.3
乾隆二十二年(1757)	268.3	527.3
乾隆三十六年(1771)	306.8	715.1
乾隆四十一年(1776)	778.9	778.9

《清朝文献通考》卷19《户口考》载有乾隆十四年至四十一年四川人口统计:乾隆十四年人丁2506780,乾隆十八年人丁1368496,乾隆二十二年人丁2682893,乾隆三十六年人丁3068199,乾隆四十一年人丁7789791。但上述统计存在不少问题,需加以考释:第一,乾隆六年以后全国统一丁口合计,唯川省仍为"人丁",作何解释?乾隆元年川省才有61.2万,不过13年,人丁即达250.6万,这是绝对不可能的。显然,统计单位所谓"人丁"实是"丁口"之误。第二,为何乾隆十四年的人口数低于乾隆元年(约少23%),为何乾隆十八年又较乾隆十四年减少45%左右?这期间,并未出现足以大幅度减少人口的全省性的战争和灾害(中间虽有平定大小金川之战,也仅是局部战争),因此乾隆十四年和十八年的数字很不可靠。第三,为何从乾隆三十六年到四十一年不过5年时间,丁口增长了254%?这是因为从乾隆四十年起,首次认真清查

户口,将大量隐漏人口编户①,因此丁口猛增合乎情理。乾隆四十一年的丁口数是清查后的统计,较为可靠。这次清查户口川省查出丁口在300—400万之间。

根据比较可靠的乾隆元年和四十一年的统计数,我们计算出其间40年的人口增长率为22‰②,表2-12是据此计算出的这期间人口的修正数。

从乾隆四十一年至五十六年间,川省人口是平缓地持续上升,由778.9万人增至948.9万人,平均人口增长率为13.2‰。但从乾隆五十六年至嘉庆十七年的21年间,川省人口记录又出现陡升趋势,由948.9万人增至2070.9万人③,人口猛增一倍多,平均人口增长率达37.9‰,这在大规模的移民运动已经基本结束的情况下是难以想象的。嘉庆十七年的数字是川省分类详列的各厅州县的户口总计,是四川布政司根据各州县呈报的户口数编制的,较为可靠。估计乾隆五十六年和以前的数字都有缺漏,因此,有必要对乾隆四十一年至嘉庆十七年间的人口统计作若干修正,见表2-13。

表 2-13

年 代	册载人口(万)	修正人口(万)
乾隆四十一年(1776)	778.9	778.9
乾隆四十五年(1780)	794.8	868.2
乾隆四十八年(1783)	814.2	941.8
乾隆五十一年(1786)	842.9	1021.6
乾隆五十二年(1787)	856.7	1049.7

---

① 乾隆四十年发布上谕:"现今直省通查保甲,所在户口人数,俱稽考成编。"(《嘉庆大清会典事例》卷133,《户口·户口编审》)具体情况见罗尔纲:《太平天国革命前的人口压迫问题》。

② $r = n\sqrt{\frac{P_n}{P_0}} - 1 = 40\sqrt{\frac{778.9}{326.7}} - 1 = 0.022$

③ 嘉庆《四川通志》卷65,《食货·户口》。

续表

年　代	册载人口(万)	修正人口(万)
乾隆五十三年(1788)	871.3	1078.1
乾隆五十四年(1789)	892.6	1108.2
乾隆五十五年(1790)	918.4	1138.7
乾隆五十六年(1791)	948.9	1170.1
嘉庆十七年(1812)	2070.9	2070.9

注:〔1〕册载人口数乾隆四十五年,四十八年见《清朝文献通考》卷19,《户口考》,乾隆五十一年至五十六年见严中平等编《中国近代经济史统计资料选辑》附录"清代乾、嘉、道、咸、同、光六朝人口统计表(1)"。

〔2〕修正数按乾隆四十一年和嘉庆十七年的统计数算出年平均增长率为27.5‰,按此增长率做出测算。

表　2—14

府直隶州	嘉庆十七年		嘉庆二十五年		B较之A增加百分比(%)
	户数(万)	A.丁口数(万)	户数(万)	B.丁口数(万)	
成都府	116.6	383	170.7	551.9	30.6
重庆府	69.0	234	95.8	303.3	22.8
保宁府	21.0	79	28.8	97.8	19.2
顺庆府	24.2	153	31.3	206.5	25.9
叙州府	38.9	139	51.7	175.1	20.7
夔川府	18.5	66	26.0	86.9	24.1
龙安府	9.1	58	13.0	83.8	30.8
宁远府	14.5	83	20.6	127.8	35.1
雅州府	11.6	61	15.5	86.2	29.2
嘉定府	30.2	149	43.9	207.6	28.2
潼川府	31.0	135	40.9	181.2	25.5
绥定府	18.4	75	28.7	116.3	35.5

续表

府直隶州	嘉庆十七年		嘉庆二十五年		B较之A增加百分比(%)
	户数(万)	A.丁口数(万)	户数(万)	B.丁口数(万)	
眉　　州	10.6	55	15.1	76.7	28.3
邛　　州	8.8	46	11.2	61.8	25.6
泸　　州	14.7	44	14.8	45.1	2.4
资　　州	14.1	69	18.7	96.6	28.6
绵　　州	15.6	78	21.0	111.8	30.2
茂　　州	3.9	26	5.9	40.1	35.2
忠　　州	13.1	41	17.3	52.2	21.5
酉阳州	11.7	36	15.9	48.1	25.2
直隶厅	15.8	57	19.7	75.7	24.7

资料来源：嘉庆十七年见嘉庆《四川通志》卷65,《食货·户口》。嘉庆二十五年见梁方仲：《中国历代户口、田地、田赋统计》第407—408页,乙表77,这个资料源于《嘉庆重修一统志》。

注：直隶厅包括叙永厅、松潘厅、石柱厅、杂谷厅、太平厅、懋功厅。

(三) 清后期的四川人口数

嘉庆十七年以后的四川人口统计浮夸日益严重,到嘉庆二十五年册载人口已达2832.5万,不过7年时间,人口增加近800万,这是极不正常的。在表2—14中我们将两个时期的各府直隶州数字进行比较,从嘉庆二十五年的统计数看,全川除泸州只增加2.4%、保宁府增加19.2%外,其余都在20%以上,最高达35%,一般也在20—30%之间,这显然是浮夸的结果。人口滥报之所以普遍存在,主要在于人口与赋税的分离,故有地方志称:"清雍正以前,以按丁征赋,人图匿避而不得实。雍正以后滋生人丁,永不加赋,施摊丁银入地亩,于是户口虚实,无关政要。岁时校比保团以册申于官,州县吏以帐达于部者,皆循例估计而愈不得实。"①这样,人口的增长不仅不会加重赋税,反成为地方官夸耀政绩的资本。

从嘉庆二十五年后,我们所见的川省人口统计皆笼统数字。虽然道光十年(1830)直至光绪二十四年(1898)逐年都有统计在案,但其增长速度之快实令人惊奇。经68年的逐年累加,光绪二十四年册载人口数为8474.9万②,占同期全国人口的将近五分之一,而且这个数字已达到20世纪70年代的四川人口水平,简直近乎荒唐。19世纪末担任重庆海关署理税务司的英人华特森(W. C. H. Watson)便指出:"四川人口已经被估计为七千万……在中国如四川中部盆地那样的面积是不可能维持如此稠密的人口的。"③华特森的前任霍伯森(H. E. Hobson)在1891年估计,川省人口在3000—3500万之间④,或许还较为平实。

宣统元年(1909),新成立的民政部进行了清代历史上最切实的一次户口调查。这次调查户数与口数分年查报,因而造成有些省份有户数无口数,或有口数无户数,但川省却是户口同查⑤。川省从宣统元年开始调查,次年报齐,据称是相当详尽,包括成都等125州县人口总数,各属船户口数,还有衙署、局所、学堂、庙宇、医院、报馆、善堂、会馆、教堂及外国旅居营业等项人数⑥。

但遗憾的是,存于四川省署的关于这次统计的档案,由于辛亥革命

---

① 民国《南川县志》卷4,《食货》。

② 严中平等编《中国近代经济史统计资料选辑》附录《清代乾、嘉、道、咸、同、光六朝人口统计表(13)》。

③ Decennial Reports,1892—1901,Chungking.

④ Decennial Reports,1891,Chungking.

⑤ 四川总督赵尔巽在《奏报川省人户总数各情形折》中称:"户数口数,本属息息相关,且川省地阔民繁……若户口不同时编查,则良莠既无从辨别,宵小即易于潜踪,因援部章,应将查口事宜提前办理之条,通饬各属于查户时兼查口数。"《广益丛报》第235期,宣统二年五月,"文牍",第1—2页)。

⑥ 《宣统二年四川总督赵尔巽奏川省调查户口一律报齐折》,《广益丛报》第258期,"章疏"。

爆发而散失,因而目前所见的川省人口总数多有歧异,见表 2—15。

表 2—15

序号	人口总数	资料来源
1	78711000	海关统计
2	54505600	宣统二年二月民政部报告
3	54500000	国务院统计局调查
4	52840446	《清史稿·地理十六》,"四川"
5	50562897	宣统年间四川第一次全省户口调查统计表
6	50217030	宣统三年正月四川总督奏报
7	50217030	民国施居父搜集宣统二年人口表册核算 144 厅州县总数
8	48129594	内务部民国元年调查
9	47535332	宣统年间四川户口统计
10	44928258	四川省署宣统二年四川人口总数报告
11	44140462	实业部修正内务部统计
12	23000000	民政部调查部分州县户口

清末川省人口统计资料来源计达 12 种,除两种相同(即 6 和 7 号)其余都不一样。其中以海关统计最高,达 7881 万,最低为民政部调查数,为 2300 万,高低相差竟有两倍多,海关统计过高为学术界所公认,而民政部统计不全当然不足为凭。其余数字大概可分为两组。第一组为 5000 多万,即 2、3、4、5、6、7 号;第二组为 4000 万,即 8、9、10、11 号。其中第一组 6、7 号,第二组 10、11 号最值得重视,特别是 10、11 号最为可信,其依据如下。

6 号数本系四川总督向中央的奏报数,应该是可靠的,而且据民国时期搜集四川人口资料颇有成绩的施居父称,他所得到的宣统二年 144 厅州县表册总数与此相同,即 50217030 人。但笔者在重新核算这个人口表册时①,却发现表册所列各厅州县数累计与此不符。见表2—16。将144厅州县数累计,为4392.6万人。显然,施氏在编撰《四川人口数字研究之新资料》时,并未将144厅州县数逐个相加,因而未发现这一很大的误差(600多万),他只是沿袭了川督所报总数。当时个别州县查报户口时,"民怀疑畏,册报颇不以实"②,或"隐漏不予实数,以图预避抽丁"③。川督觉察有隐漏户口情况,或许也感到与光绪二十四年数相差太远,所以有可能在向清政府报总数时,有意将原有数字加以扩大,这个扩大数缺乏根据,故还是应以统计实数为准。

表 2—16

府直隶厅州	户数(厅)	丁口数(万)	府直隶厅州	户数(万)	丁口数(万)
成都府	82.4	412.1	眉 州	13.8	69.0
重庆府	135.8	692.7	邛 州	15.1	70.8
保宁府	69.6	300.2	泸 州	30.1	139.3
顺庆府	65.0	316.4	资 州	53.1	266.7
叙州府	65.2	304.9	绵 州	31.1	133.5
夔州府	43.9	215.9	茂 州	0.9	3.6
龙安府	13.7	57.6	忠 州	36.2	139.3
宁远府	14.6	83.1	酉阳州	22.5	102.9
雅州府	16.8	83.5	直隶厅	20.4	96.7
嘉定府	45.5	199.5	55属船户	1.9	5.1
潼川府	88.1	452.6			
绥定府	52.9	247.2	计	918.6	4392.6

注:原表按厅州县单列,为省篇幅相加为府直隶厅州列出,千位以下按四舍五入算。

---

① 刊于施居父编:《四川人口数字研究之新资料》,成都民间意识社1936年版。
② 民国《华阳县志》卷4,《赋役》。
③ 民国《重修什邡县志》卷5上,《食货·户口》。

1932—1933年,民国实业部编纂《中国经济年鉴》,据年鉴编委会称,该书最重要的收获,是整理了中外学者所重视的宣统年间人口档案。他们据内务部民国元年汇造之户籍表册及其他间接资料加以厘订,又将宣统二年、三年各省咨送调查户口报告表册,加以全部核算整理,编成修正户口总表。该表根据四川第一、二、三次汇报各州县人口总数表逐县详加核算,求得114属之人口总数。见表2—17。若表2—16笔者的累计数加上表2—17的"成都驻防"数,即为4394.5万人,与表2—17的合计数已相当接近,因此表2—17的统计虽不敢说绝对准确,但也较为可信。

表 2—17

项 目	144厅州县	滨江55属船户	成都驻防	四川全省合计
户 数	9188721	18704	3985	9141410
男 数	24999621	39625	9907	25049144
女 数	19071542	11001	8775	19091318
男女合计	44071154	50626	18682	44140462
每户平均	4.83	2.70	4.69	4.82
性比例	131.1	360.1	112.9	131.2

资料来源:施居父编《四川人口数字研究之新资料》第7页。

我们知道嘉庆十七年的四川省人口为2070.9万人,宣统二年为4414万人,98年间平均增长率为7.75‰[①],根据这个增长率,我们计算此间的人口修正数。见表2—18。

---

① 这个增长率仍高出全国许多。嘉庆十七年全国人口33370万,光绪三十二年43821万,94年间平均增长率为2.9‰。

表 2—18

年代	册载人口(万)	修正人口(万)	年代	册载人口(万)	修正人口(万)
嘉庆十七年(1812)	2070.9	2070.9	同治四年(1865)	5304.5	3118.2
嘉庆二十五年(1820)	2832.5	2202.8	同治九年(1870)	5545.4	3241.0
道光十年(1830)	3217.2	2379.7	同治十二年(1873)	5834.4	3316.9
道光十五年(1835)	3525.9	2473.4	光绪六年(1880)	6561.1	3501.2
道光二十年(1840)	3833.8	2570.7	光绪十一年(1885)	7107.4	3639.0
道光二十五年(1845)	4122.8	2671.9	光绪十六年(1890)	7633.6	3782.3
道光三十年(1850)	4357.5	2755.8	光绪二十一年(1895)	8054.6	3931.1
咸丰五年(1855)	4711.5	2886.5	光绪二十三年(1897)	8378.0	3992.3
咸丰十年(1860)	5008.0	3000.1	光绪二十四年(1898)	8474.9	4023.3

注：册载人口见严中平等编《中国近代经济史统计资料选辑》附录"清代乾、嘉、道、咸、同、光六朝人口统计表"，其中嘉庆二十五年数见梁方仲《中国历代户口、田地、田赋统计》第407页，乙表77。

以上我们考察了清前、中、后期的四川人口数,由此我们可以看到清代四川人口发展的一些规律:1.清代四川人口发展大致可分为四个时期:(1)顺、康、雍时期人口的逐渐恢复;(2)乾隆时期人口发展速度加快;(3)嘉庆时期人口的猛涨;(4)近代人口的持续上升。总的趋势是,经明末清初战乱,四川人口大幅度减少之后,有清一代,除个别时期外,四川人口都呈上升趋势。川陕白莲教起义、石达开入川、李蓝起义以及四川义和拳等农民战争等对四川人口没有造成实质性的影响,与全国情况比较,人口发展相对稳定。2.由于清初四川人口基数太低,故虽然清前期四川人口平均增长率很高,而人口增加速度却不及清后期快。见表2－19。从50万人发展到1000万人花了120多年时间,但从1000万发展到2000万人则不到30年,时间缩短了3/4多。从2000万发展到3000万用了大约48年时间,速度较之乾嘉之际有所放慢。从3000万到4000万用了大约37年时间,又有所加快。3.清代四川与全国人口发展快慢周期不同。参见表2－20。全国清初人口基数较高,由5000万到1亿人只用了33年时间,而由1亿到2亿却用了77年时间。但第三阶段,即川省由2000万至3000万,全国由2亿到3亿这个时期,

表 2－19

人口总数 (万)	起讫时间	大约所用时间 (年)	年平均增加数 (万)
50—1000	顺治十八年至乾隆四十九年 (1661—1784)	123	8
1000—2000	乾隆五十年至嘉庆十七年 (1785—1812)	27	37
2000—3000	嘉庆十八年至咸丰十年 (1813—1860)	47	21
3000—4000	咸丰十一年至光绪二十四年 (1861—1898)	37	27

全国却快于四川。全国人口在19世纪30年代达到4亿后,便处于长期徘徊的状态,而川省却处于持续上升的时期,人口由3000万发展到4000万,增加了1/3,反映出地处腹地的川省由于封闭的地理环境,相对独立性大而受外界的影响较小。

表 2—20

全人口总数（亿）	起讫时间	大约所用时间（年）	年平均增加（百万）
0.5—1	顺治八年至康熙二十三年(1651—1684)	33	1.5
1—2	康熙二十四年至乾隆二十七年(1685—1762)	77	1.8
2—3	乾隆二十八年至乾隆五十五年(1763—1790)	27	3.7
3—4	乾隆五十六年至道光十四年(1791—1834)	42	2.3

资料来源:孙毓棠、张寄谦《清代的垦田与丁口的记录》,《清史论丛》第1辑。注:乾隆元年以前为人丁,按1∶5折算为人口。

人口的增长必然造成人均耕地面积的减少,这即是说粮食的提供不能与人口生产同步发展,从而形成了越来越严重的人口压力问题。那么清代四川究竟有多少耕地,能够提供多少粮食以及人口压力严重到什么程度?下面将加以阐述。

三 耕地面积的修正

清代川省的耕地与粮食问题,可以说是一个难解的谜,特别是清末川省册载人口与耕地失调之严重,无论如何都不能做出合乎逻辑的解释。乾隆三十一年(1766)川省册载耕地面积为4596万亩,人口307万人,人均耕地约 15 亩;但到光绪二十四年耕地面积为 4706 万亩(见表 2—23),人口却有 8475 万,人均耕地仅 0.56 亩。即使按我们的修正数 4023 万人算(见表 2—18),人均耕地也不过 1.1 亩。当时平均亩产量最多 215 斤(详见本章下一部分),上述耕地即使全部用以种粮食,生产粮食总量也不过 101 亿斤,而 4023 万人要维持最低生活水平(关于最低生活标准详见本章最后一部分),每年至少也需要粮食 241 亿斤,这即是说,清末川省只能提供维持生存 42% 的粮食。那近 60% 的人口将如何生存?这使我十分怀疑清代四川耕地面积数据的可靠性。下面我们进行一些探索。

清初,四川由于战乱田地荒芜[①],顺治十八年川省册载耕地仅 118.8 万亩(见表 2—23),只相当于万历年间耕地数的 8.8%[②],这说明有 1229.5 万亩耕地抛荒或隐漏。为恢复川省经济,清政府采取鼓励垦荒的政策,顺治十年,"准四川荒地官给牛种,听兵民开垦,酌量补还价值"。并大张告示,申明"凡抛荒田地,无论有主无主,任人尽力开垦,永给为业"。[③] 康熙十年,四川、湖广总督蔡毓荣上疏称:"蜀省有可耕之田,而无耕田之民,招民开垦,洵属急务",提出各省有愿到川垦荒之人,若能招募 300 户,此"三百户农民尽皆开垦,取有地方甘结,方准给俸,实授本县知县"[④]。雍正六年又规定入川垦荒者,每户给水田 30 亩或旱地 50 亩,另每丁增加 15 亩水田或 25 亩旱地。[⑤] 雍正八年准四川垦田地"分别年限起科",荒田 6 年、荒地 10 年起科[⑥]。就这样,四川大片荒地得到开垦,耕地大量增加。表 2—21 记录了历年开垦情况。从康熙

---

① 这种情况史籍多有记载。如川东 4 州 28 县"或无民无赋,城邑并湮;或哀鸿新集,百堵未就。类皆一目荒凉,萧条百里"(康熙《四川总志》卷 10,《贡赋》)。
② 万历六年四川耕地面积为 13482767 亩,见雍正《四川通志》卷五,"田赋"。
③ 《清代钞档》,《地丁题本五十·四川二》。
④ 《清实录·康熙朝》卷 36,第 7—8 页。
⑤ 万历六年四川耕地面积为 13482767 亩,见雍正《四川通志》卷 5,《田赋》。
⑥ 《清朝文献通考》卷三,《田赋考三·田赋之制》,考 4877。

六十一年(1722)到乾隆五十六年(1791)69 年时间内,据表 2—21 的不完全统计开垦荒田地 294 万亩。

在鼓励垦荒的同时,清政府进行了土地清理。清初川省在册耕地的惊人减少,一方面是战乱抛荒,一方面是田亩隐匿以逃赋税。康熙五十一年四川巡抚年羹尧称:四川钱粮原额 1616600 两,但康熙四十九年钱粮仅 202300 两,"甫及原额十分之一"①。雍正五年川督宪德奏报:"惟川省较别省不同,别省之欺隐不过十之一二,而川省之欺隐,则所在皆有,且俱隐匿有年,又非他省之初垦隐漏者比也。"②针对这种情况,清政府令川省认真清理,雍正五年于各部司和候补、候选州县内拣选 20 人,"令其带往会同松茂、建昌、川东、永宁四道……逐处清厘"③。到雍正七年全川勘丈完毕,原册载耕地计 23 万顷,清丈后 44 万余顷,"增出殆及半"。④ 见表 2—22。

表 2—21

年　代	开垦地区	垦荒种类	开垦面积（亩）
康熙六十一年（1722）	井研、犍为、射洪、梓桐等	上中下坡田地	2139
雍正六—七年（1728—1729）	泸州并属 4 州县及九姓司 叙州府属 11 县及建武厅 建昌道属	 荒田 荒地	148800 401000 1266 3721

---

① 《清朝文献通考》卷 2,《田赋考二·田赋之制》,考 4868。
② 《朱批谕旨》第 34 册,第 78 页。
③ 嘉庆《大清会典事例》卷 14,《户口·田赋丈量》。
④ 《清史稿》卷二九四,《列传八一·宪德》。

续表

年　代	开垦地区	垦荒种类	开垦面积（亩）
	成都府属16州县		158200
	资州并属5州县		111600
	绵州并属7州县		381700
	潼川州并属8州县		140500
	龙安府属平武等3县		19400
	重庆府属巴县等20州县		873100
	保宁府属阆中等8州县		158000
	夔州府属奉节等10县		71300
	达州并属3州县		162400
	顺庆府属南充等10州县		107200
乾隆七年(1742)	黔江、奉节、云阳、新宁	中下田	139
		中地	94
	岳池	下田	477
乾隆十八年(1753)	彭县等8州县	上中下田地	4130
乾隆二十二年(1757)	彭县等9县	中下田地	2103
乾隆二十五年(1760)	綦江、剑州、奉节、荣县、蒲江、合江等1州7县	上中下田地	3029
乾隆二十九年(1764)	屏山	上中下地	118300
		承粮田地	7600

续表

年　代	开垦地区	垦荒种类	开垦面积（亩）
	华阳	下田	422
	青神	中地	7
	成都	上中下田地	168
	雷波	中下田地	2365
	黄螂所归并雷波厅	中下田地	1155
	洪雅	中地	58
	荣县	中田地	20
	邛州	中田	3
		上中地	562
	仁寿	下田	176
	太平	中下田	7
		上中地	26
	酉阳州	下田	12
		中地	505
乾隆四十三年（1778）	马边厅	中下田	91
		中地	2330
乾隆四十四年（1779）	灌县	中地	1845
		下地	8008
乾隆五十三年（1788）	绵州	中地	8
	汶川	山地	5
乾隆五十四年（1789）	峨眉	上中下田地	17995
乾隆五十五年（1790）	太平	中下田地	17019

续表

年代	开垦地区	垦荒种类	开垦面积（亩）
乾隆五十六年（1791）	峨眉	上地	8015
		中地	1790
		下地	477
	松潘厅	下地	2750
计			2942017

资料来源:《清朝文献通考》卷3,《田赋考三·田赋之制》,卷4,《田赋考四·田赋之制》;《清代钞档》,《地丁题本五十·四川二》;《清仁宗实录》卷105,第一八页;嘉庆《四川通志》卷62,《食货志·田赋上》;光绪《大清会典事例》卷162,《户口·田赋·田赋科则》;鲁子健编:《清代四川财政史料》上册,第752—754页。

表 2—22

道名	府直隶州及所属	原册面积（万亩）	丈量面积（万亩）	增加数（万亩）	增加百分比（％）
永宁道下川南属	泸州并属4州县及九姓司	74.23	137.92	63.69	85.8
	叙州府属11县及建武厅	113.17	221.97	108.80	96.1
建昌道上川南属	嘉、眉、邛、雅4州11县,黎、大、松、宁远府监理厅属5卫7所	221.54	421.04	199.50	90.0
川西松茂道属	成都府属16州县	483.25	655.08	171.83	35.6
	资州并属5州县	164.96	276.98	112.02	67.9
	绵州并属7州县	116.31	258.94	142.63	122.6

续表

道名	府直隶州及所属	原册面积（顷）	丈量面积（顷）	增加数（顷）	增加百分比（％）
	潼川州并属 8 州县	99.16	239.17	140.01	141.2
	龙安府属平武等 3 县	172.8	44.19	26.91	155.7
川东道属	重庆府属巴县等 20 州县	629.94	1166.06	536.12	85.1
	保宁府属阆中等 9 州县	19.09	230.92	211.83	1109.6
	夔州府属奉节等 10 县	104.56	169.89	65.33	62.5
	达州并属 3 州县	46.11	79.46	33.35	72.3
	顺庆府属南充等 10 州县	115.69	320.48	204.79	177.0
计		2205.29	4452.62	2247.33	101.9

资料来源：嘉庆《四川通志》卷 62，《食货志·田赋上》。

注：另有酉阳、石耶、地坝、石柱四土司耕地面积无记录，只有粮额：原册 614 石，丈量后 1102 石。按清代川省中田每亩赋粮 0.02 石。粮额 614 石折 30700 亩，粮额 1102 石折 55100 亩，可能实际地亩要较折算数多，因土司地大多为旱地，每亩赋粮大大低于 0.02 石。

经雍正六至七年的清查，川省册载耕地面积扩大了一倍多。据雍正《四川通志》载，雍正六年清丈后，新旧合计 45902784 亩，自此以后近两个世纪，川省册载耕地数都没有本质的变化（见表 2—23）。清前期由于垦荒和清丈，川省册载耕地增加甚快，从顺治十八年至雍正七年 68 年间，增加 2113.4 万亩，年均增 32 万余亩。但从雍正七年到宣统三年 182 年间，耕地仅增 116 万亩，年均仅增 0.6 万亩。而同期正是川省人口由不足 1000 万发展到 4000 多万的持续上升时期。

表 2-23

年　代	四川册载耕地(亩)	全国册载耕地(亩)	四川占全国百分比(%)
顺治十八年(1661)	1188350	549357640	0.22
康熙十年(1671)	1481037		
康熙二十四年(1685)	1726118	607843001	0.28
康熙六十一年(1722)	20544285		
雍正二年(1724)	21503313	723632906	2.98
雍正五年(1727)	22323138		
雍正七年(1728)	45902788		
雍正十三年(1735)	45815194		
乾隆十八年(1753)	45957449	735214536	6.25
乾隆三十一年(1766)	46007126	780729000	5.89
乾隆四十九年(1784)	46191300	760569400	6.07
嘉庆元年(1796)	46348646		
嘉庆十七年(1812)	46979291	791525196	5.94
咸丰元年(1851)	46381939	756386244	6.13
同治十二年(1873)	46383462	756631857	6.13
光绪十三年(1887)	46417417	911976606	5.09
光绪二十三年至清末(1897—1911)	47062495		

资料来源:〔1〕四川耕地面积统计顺治十八年、康熙二十四年、雍正二年、乾隆三十一年、咸丰元年、同治十二年、光绪十三年见李文治编《中国近代农业史资料》第1辑第60页。康熙十年、雍正五年、七年见雍正《四川通志》卷5,《田赋》。雍正十三年见梁方仲:《中国历代户口、田地、田赋统计》,第386页,乙表65。乾隆四十九年见《清史论丛》第1辑,第113页。光绪二十三年至清末见宋育仁《四川通志》卷28至29,《官政志三》。

〔2〕全国耕地面积统计:顺治十八年、康熙二十四年、雍正二年、乾隆十八年、嘉庆十七年、咸丰元年、同治十二年、光绪十三年见梁方仲:《中国历代户口、田地、田赋统计》,第380页,乙表61。乾隆三十一年、四十九年见《清史论丛》第1辑,第113页。

清代四川册载耕地面积基本上不能反映实际数字恐怕是毫无疑问的。何炳棣先生在《南宋至今土地数字的考释和评价(下)》一文中便指出,四川等省"自明初至清末顷亩数字最有问题"①。珀金斯在《中国农业的发展(1368—1968)》中也提到"四川省(西南)在十九世纪的资料质量也是很低","存在的少报又极普遍"②。那么,是什么原因导致了这种情形呢？通过考察,我们发现有以下几个因素:

第一,田制紊乱不统一。四川相当多的地区根据习惯以种子或获量粗估田亩。在种水稻的丘陵地区,习惯于以"丘"为单位,因丘陵地种稻必筑堤圈水,其一圈,川人称之为"一丘",或叫"一段""一湾""一股""一块"等。各丘之形状不一,面积难计,故论田之面积往往不以亩,而以"挑""担"为单位。如荣县"凡田不以亩计,通曰挑,即担也。率五担当一亩,但计谷四斗,斗计米四十斤。买田者曰挑,曰租石,利率皆同,且以田百挑计之"③。又如井研县"田不以亩计,以尽人力所负一担为率,担盛五斗"④。担与挑大体是相同的,但各地大小有不同,有的为四斗,有的为五斗,也有记载一担为十斗者。可见四川地区斗的大小极为复杂,以致难以统一换算为顷亩。又有以田赋额和租额代面积,在地方史籍中涉及地亩时,也常常模糊不清,或称"×石田",或称"载粮×钱×分",或称"占租×石",或称"×石租谷田业",具体亩数往往不得而知。而土地丈量单位各地更是五花八门,或以步,或以弓,或称"×界至×界"等。弓又有"官弓""乡弓"之分,各地弓长亦不一致。所以即使是土地清丈,往往也是"各册开载多系约略估首,并无弓口细册"⑤。因而难得耕地确数。

---

① 《中国社会科学》1985年第3期。
② 珀金斯:《中国农业的发展(1368—1968)》,第22、321页。
③ 民国《荣县志》卷7。
④ 光绪《井研县志》卷8。
⑤ 《朱批谕旨》,雍正七年闰七月十三日四川巡抚宪德奏。

第二,由于开荒,田土面积无定,有的甚至旋垦旋荒,很难统计。正如乾隆初大学士朱轼所奏:"缘山田硗确旋垦旋荒,又或江岸河滨东坍西长,变易无定,是以荒者未尽开垦,而垦者未尽报升"①。而且有相当多的移民入川垦荒,待升科之时,又移往别处,借以逃避赋税。

第三,川省多山,田土零碎,清丈困难。雍正四年四川巡抚法敏便上奏指出:"全川田地,惟近省数州县为平畴沃壤,其余皆属高山峻岭、密箐深沟,犬牙相错,荒熟相间……非逐一履亩清丈不可,而道路险仄,一州一县之地非经年累月不得清晰。"②因此,川省实际上"石岭石坡难以开垦之山,概行填凑顷亩"③。所以田土漏报难以避免。

第四,也是最重要一点,乾隆以后,清政府对山头地角、零星不成丘段土地分别免课,这些免课田地不在统计之内。在川省,免课标准放得非常之宽。乾隆五年的上谕便规定:"四川所属,地处边徼,山多田少,田赋向分上、中、下三等,按则征粮。如上田、中田丈量不足五分,下田与上地、中地不足一亩,以及山头地角、间石杂砂之瘠地,不论顷亩,悉听开垦,均免升科。"④这即是说,乾隆五年后川省上田、中田凡五分以下,下田、上地、中地一亩以下,以及全部下地,均未统计在册。这种放宽规则一直沿袭未改。如道光十二年清政府再次议定:"凡内地及边省零星地土,听民开垦,永免升科。其免科地数……四川,上田、中田以不及五分,下田、上地、中地以及一亩为断。至河南、四川下地……俱不论顷亩,概免升科。"⑤四川以山地为主,可以断定,这部分未计入册的零星耕地至少与册载顷亩相当。

第五,在嘉庆以后,新增加田土基本上未再行登记,也不缴纳田赋。

---

① "乾隆五年二月十一日办理户部事务讷亲题本",转引自罗尔纲:《太平天国革命前的人口压迫问题》,《中国社会经济史集刊》8卷1期。
② 《朱批谕旨》,雍正四年四月二十六日四川巡抚法敏奏。
③ 《朱批谕旨》,雍正七年闰七月十三日四川巡抚宪德奏。
④ 光绪《大清会典事例》卷164,第2—3页。
⑤ 同上书,第16—17页。

从嘉庆(甚至远溯至雍正七年)到清末,川省田赋银几乎没有大的变动,即是明证。川省田赋银嘉庆时期为 667228 两[①],光绪时期为 669131 两[②]。在表 2—24 中我们再将重庆府各州县嘉庆中期和光绪末的册载耕地数逐一进行比较,可看到,除璧山一县外,两个时期的册载田亩数完全一致。可见清后期川省基本上没有再进行土地清厘。

表 2—24

单位:亩

州县	嘉庆中期耕地	光绪末年耕地	州县	嘉庆中期耕地	光绪末年耕地
江津	1231549	1231549	合州	970116	970116
长寿	499769	499769	铜梁	1423941	1423941
永川	687199	687199	璧山	908646	529794
荣昌	494637	494637	大足	753910	753910
綦江	233284	233284	定远	589303	589303
南川	262033	262033	江北	819372	819372

资料来源:嘉庆耕地数见嘉庆《四川通志》卷 63,《食货志二·田赋下》。光绪耕地数见四川大学历史系藏巴县档案抄件,光绪财经卷。

那么,清后期四川的实际耕地数难道成为不解的谜?但是最近我们发现的清末四川劝业道署编印的《四川第四次劝业统计表》中,有关于全川农业作物的种植面积统计,似乎为我们解决这一问题提供了一些依据。表 2—25 是宣统二年(1910)全川农作物种植面积。表 2—25 表明,清末四川农作物种植面积约 1.028 亿亩。这个统计是全川各州县上报材料的累计数,而且清末已较重视统计,故数字基本上是可信的。由于不了解清末四川复种指数,因此,我们只能大概判定这为四川

[①] 梁方仲:《中国历代户口、田地、田赋统计》,第 407 页,乙表 77。雍正七年川省田赋为 657297 两(见雍正《四川通志》卷 5,《田赋》)。

[②] 宋育仁:《四川通志》卷 28、29,《官政志三》。

省耕地的最高数字①。

表 2—25

作物种类	稻	麦	豆	薯类	杂粮	经济作物	共计
栽种面积(万亩)	5328.5	1044.7	1498.6	724.3	948.6	736.1	10280.8

资料来源:《四川第四次劝业统计表·农务》表12、13、14、15、16、17、18。

在1930年代,国民党政府中央农业实验所与金陵大学农业经济系曾根据种农情报告编制了近代各省耕地面积指数(1873—1932),根据这个指数我们可以算出川省耕地面积(见表2—26)。表2—26所列1913年的耕地数(9822.1万亩)与表2—25所列栽种面积相差不远(仅少400多万亩),若考虑到复种等因素,可以认为清末四川实际耕地面积在9000万至1亿(清)亩之间②。

表 2—26 ③

时 间	耕地面积指数	测算耕地面积(万市亩)	折合清亩(万亩)
1873	100	8752.0	9492.4
1893	102	8927.0	9682.2

---

① 四川向有"耕三余一"保持地力的习惯,我们姑且认为复种地亩与轮种地亩抵消。
② 据1980年《中国农业年鉴》,1979年四川耕地面积仅9925.1万亩(约等于1.07亿清亩),显然,至今四川的耕地面积仍被低估。
③ 表2—26的耕地面积指数表明,从同治到民国初,四川耕地约每20年增加2%,考虑到嘉道时期土地开垦余地大于同光时期,耕地增加也应快于同光时期,因此,我们按每20年耕地增加6%的速度算出嘉庆至同治年间的耕地修正数:

时 间	耕地面积指数	测算耕地面积(万市亩)	折合清亩(万亩)
嘉庆十七年(1812)	82	7176.6	7783.8
嘉庆十三年(1833)	88	7701.8	8353.3
咸丰元年(1851)	94	8226.6	8922.9
同治十二年(1873)	100	8752.0	9492.4

续表

时 间	耕地面积指数	测算耕地面积(万市亩)	折合清亩(万亩)
1913	104	9102.1	9872.1
1932	110	9627.2	10441.6

资料来源:严中平等《中国近代经济史统计资料选辑》表 81,《近代中国耕地面积指数》;许道夫编《中国近代农业生产及贸易统计资料》,第 8—9 页。

注:市亩折清亩按 0.922 市亩=1 清亩折算。

四 粮食亩产和总产估计

四川历来是中国的产粮地之一,农业以粮食生产为主。我们考察清代耕地的面积,实际上是为研究川省的粮食问题奠定基础。关于明清四川的粮食单产,珀金斯曾有一个估计,见表 2—27。珀金斯的数字是根据地租资料和人均粮食消耗估算出来的,难免会有一定的误差。如果在人口与耕地比例正常,或人口处于静态的情况下这样估计是可行的,但在比例失调、人口动态的情况下,这种估算很难接近实际。

表 2—27

年 代	1400(明建文二年)	1776(清乾隆四十一年)	1851(清咸丰元年)
粮食单产 (市斤/市亩)	98—117	118—151	265—320

资料来源:《中国农业的发展(1368—1968)》,第 20 页。

在我们搜集到的《四川第四次劝业统计表》中有清末四川粮食及其他农作物的栽种面积、收获量及平均亩产统计,现整理成表 2—28 和表 2—29。

表 2—28

种类	名称	栽种亩数(亩)	收获量(石)	平均亩产(旧石/旧亩)
稻	粳稻	50937601	101491785	1.99
	糯米	2221464	3593203	1.62
	旱稻	125996	272949	2.17
小计		53285061	105367937	1.98
麦	小麦	7072804	5363288	0.76
	大麦	2599536	2791674	1.07
	稞麦	774706	428464	0.55
小计		10447046	8583426	0.82
豆	蚕豆	5571569	5986893	1.08
	豌豆	3532718	3155357	0.90
	黄豆	5882095	7054779	1.20
小计		14986382	16197029	1.08
杂粮	包谷	6870717	10374782	1.51
	荞麦	193553	282588	1.46
	高粱	2421519	2905823	1.20
小计		9485789	13563193	1.43
总计		88204278	143711585	1.63

资料来源:《四川第四次劝业统计表·农务》,表12、13、14、17。

表 2—29

名称	栽种面积(亩)	收获量(担)	折算成原粮(市斤)	平均亩产(市斤)
红薯	6048743	39506434	1195069629	197.6
芋头	473435	4528436	136985189	295.7
土豆	720682	2975732	90015893	124.9
小计	7242860	47010602	1422070711	196.3

资料来源:《四川第四次劝业统计表·农务》,表16。
注:薯类按4∶1折成原粮。每1担=121市斤。

根据表2—28、2—29,我们整理成表2—30。表2—30反映了清末四川整个粮食生产状况:1.清末川省农作物栽种面积共10280.8万亩,其中粮食作物9544.7万亩,占92.9%;经济作物736.1万亩,占7.1%。可见清末川省农业中粮食生产占了绝对优势。2.水稻是川省粮食作物的主要部分,占粮食种植面积的55.8%,但产量却占粮食总量的62.3%,可见种稻收益较好。而种麦则收益较差,单产不到98斤,占种植面积的10.9%,而产量仅占5.4%。3.粮食平均(清)亩产198市斤,约合每市亩215市斤①。可见,珀金斯对清后期的川省亩产估算偏高。4.杂粮和薯类的种植在川省粮食生产中已占有重要地位。杂粮占粮食栽种面积的9.9%,占粮食总产量的11.1%;薯类占粮食栽种面积的7.6%,占粮食总产量的7.5%。两者相加约占川省粮食种植面积的18%,产量的19%。玉米、高粱和红薯等皆是清初随移民入川的,适于旱地种植,使川省许多山地得以利用,这可能是近代川省人均耕地大量减少而人口仍持续增长的原因之一。

表 2—30

作物种类	栽种面积(万亩)	占粮食栽种面积的百分比(%)	收获量(万石)	折合为市制(万斤)	占总产量百分比(%)	平均亩产(市斤)
稻	5328.5	55.8	10536.8	1176960.6	62.3	220.9
麦	1044.7	10.9	858.3	1021137.7	5.4	97.8
豆	1498.6	15.7	1619.7	257532.3	13.6	171.8
杂粮	948.6	9.9	1356.3	210226.5	11.2	221.6
薯类	724.3	7.6	4701.1	142207.1	7.5	196.3
总计	9544.7	100.0		1889064.2	100.0	198.0

注:〔1〕栽种面积为旧亩。

〔2〕薯类收获量4701.1,单位为万担。

〔3〕每1旧石按如下交换率折合为市斤:稻谷111.7,麦119,豆159,杂粮155。

在弄清亩产之后,我们便可进一步估算出清代四川各时期粮食生

---

① 按每一旧亩=0.922市亩计算,即198÷0.922≈215(斤)。

产总量。清前期按珀金斯估计的 15 世纪高值和 18 世纪低值 118 市斤/市亩算,清中期按珀金斯估计的 18 世纪高值 151 市斤/市亩算,清后期按我们上面的 215 市斤/市亩。假设每个时期都用 93% 的耕地栽种粮食,所估算的各时期粮食生产总量见表 2—31。按表 2—31 的估算,四川粮食总产量清前期在 20—46 亿斤之间,清中期在 60—100 亿斤之间,清后期在 170—190 亿斤之间。

表 2—31

时期	年代	耕地面积（万清亩）	折合市制（万市亩）	用于种粮面积（万市亩）	粮食总产量（万市斤）
清前期	康熙六十一年(1722)	2054.4	1894.2	1761.6	207868.8
	雍正七年(1729)	4590.3	4232.3	3936.0	464448.0
清中期	乾隆四十九年(1784)	4619.1	4258.8	3960.7	598065.7
	嘉庆十七年(1812)	7783.8	7176.6	6674.2	1007809.9
清后期	同治十二年(1873)	9492.4	8752.0	8139.4	1749971.0
	光绪二十三年(1893)	9682.2	8927.0	8302.1	1784951.6
	宣统二年(1910)	10280.8	9478.0	8867.0	1889064.2

注：〔1〕耕地面积见本章表 2—23、2—26。
〔2〕清亩折市亩按 1 清亩＝0.922 市亩算。

五 人口压力

清代的四川经济以农业生产为主体,因此耕地是最基本的生产资料,粮食是最重要的生产成果。在人口增长、劳动力充足的条件下,耕地面积和粮食产量就成为制约社会和经济发展的一个决定性因素。一定量土地能养活的最大人口量是有一定限度的(当然这种限度随生产力的发展而变化)一旦逾越这个限度,人口增长就会造成种种难以克服的社会问题。

就全国范围而论,人口增长的弊端在康雍之际已现端倪,到乾隆时便已形成相当的人口压力。乾隆二十七年(1762)人口超过2亿,乾隆五十五年(1790)超过3亿,至道光十四年(1834)超过4亿(见表2—20)。人口增长造成人均耕地面积减少,由乾隆十八年的4亩下降到乾隆四十九年的2.65亩①,咸丰元年更减至1.78亩②。四川出现人口压力较之全国要迟一些,但到嘉庆时也已出现人满为患的现象。表2—32列出了川省人均耕地减少数的状况。直到乾隆中期以前,人均耕地都较富余,约在9—14亩之间,但乾隆后期已明显减少,低到5亩左右。乾嘉时期人口猛升,人均耕地再减至4.3亩左右,19世纪后半叶川省人均耕地仅有2亩多一点。以上数据是按耕地和人口的修正数计算得出的,若按册载耕地和人口数计算,那么情形更为严重③。

---

① 郭松义:《清代的人口增长和人口流迁》,《清史论丛》第5辑。
② 该年全国入册耕地77162.5万亩,在册人口43216.4万人。人口数见《清文宗实录》卷50,第33页,耕地数见李文治:《中国近代农业史资料》第1辑,第60页。
③ 下面列出按册载耕地和人口数计算的川省人均耕地数,以供参考:

年代	册载耕地面积(万亩)	册载人口数(万)	人平耕地(亩)
乾隆十八年(1753)	4595.7	136.9	33.56
乾隆三十六年(1766)	4600.7	306.8	14.99
嘉庆十七年(1812)	4697.9	2070.9	2.27
咸丰元年(1851)	4638.2	4475.2	1.04
同治十二年(1873)	4638.3	5834.4	0.79
光绪十三年(1887)	4641.7	7317.9	0.63
光绪二十三年(1887)	4706.2	8378.0	0.56

资料来源:耕地数见表2—23,其中乾隆三十六年用乾隆三十一年代替。人口数见表2—12、2—13、2—18和严中平等:《中国近代经济史统计资料选辑》附录"清代乾隆、嘉、道、咸、同、光六朝人口统计表"。

表 2—32

年　代	耕地面积(万亩)	人口数(万)	人平耕地(亩)
雍正七年(1728)	4590.3	335.7	13.69
乾隆十八年(1753)	4595.7	483.3	9.51
乾隆四十八年(1783)	4619.1	941.8	4.90
嘉庆十七年(1812)	7783.8	2070.9	3.76
同治十二年(1873)	9492.4	3316.9	2.86
光绪二十三年(1893)	9682.2	3992.3	2.43
宣统二年(1910)	10280.8	4414.0	2.33

资料来源：耕地面积见本章表 2—23、2—25、2—26。乾隆四十八年数用四十九年数代。人口数见本章表 2—10、2—12、2—18。

注：雍正七年以前耕地数不可靠，故未列入上表。

按清代四川农业生产力水平，人均耕地至少 4 亩才能维持一个人的最低生活水准①。按这个指标，我们做出表 2—33 来看基本生活资料的匮乏。表 2—33 说明：

---

① 关于这个问题，古今学者都有论述。乾隆之际的学者洪亮吉推算，按江南平均亩产一石水平，"一岁一人之食约得四亩，十口之家即须四十亩"。这是日食米 1 升的最低生活水准。若要达到"食亦仅仅足"的程度，十口之家需"食田一顷"，即人均 10 亩（见洪亮吉：《洪北江诗文集》第 1 册《生计篇》《治平篇》）。据陈重民先生研究，南方农民每天至少食粮 1 斤，每年共需 365 斤，另外尚有燃料、饲料、油盐、蔬菜以及衣服、祭祀、应酬之费。此等费用视地位、习惯而多寡不同，但至少比其人食料所费多出一倍（刘大钧：《中国农田统计》，转引自罗尔纲：《太平天国革命前的人口压迫问题》）。今假定与食费相等，折合粮食每年至少需 730 斤。按清中期川省亩产，人均耕地需 5 亩；按清后期亩产为 3.4 亩。据美国人贝克(O. E. Baker)估计，中国南方农民需 25 英亩方可维持一家 5 口的最低生活，即人均 3 亩。按罗尔纲先生计算的"温饱常数"指标，人均耕地 4 亩左右才能勉强维持生活（罗尔纲上揭文）。四川虽有较富庶的成都平原，但从全省来看是以山为主，不及南方条件好。可见，人均 4 亩是四川维持最低生活水准的一个指标。

表 2—33

年　代	耕地面积（万亩）	最多供养人数（万人）	A当时实际人口(万)	B缺乏耕地人数(万)	B占A的百分比(％)
嘉庆十七年（1812）	7783.8	196.0	2070.9	124.9	6.0
同治十二年（1873）	9492.4	2373.1	3316.9	943.8	28.5
光绪二十三年（1893）	9682.2	2420.6	3992.3	1571.7	39.4
宣统二年（1910）	10280.8	2570.2	4414.0	1843.8	41.8

资料来源：耕地面积见表 2—23、2—26。人口数见表 2—18。

到嘉庆中期川省耕地已显不足，6％的人口缺乏耕地，但能勉强维持，然随人口增长情况日益恶化。同治时期 900 多万人，即人口总数的约 29％缺乏耕地，到清末缺地人数发展到 1800 万人，占人口总数的 42％。川省人口与耕地的比例失调到嘉庆中期便已到临界点，自此以后，耕地面积增长远低于人口增长，两者呈现的"剪刀差"愈大，社会经济负载愈重，亦预示着社会危机的日趋加深。

物质资料的生产和人类自身的生产是相互依存、相互制约的两种生产，这种紧密的联系使两种生产在客观上有一定的比例。人口生产与物质资料的增长相适应，这就是我们所追求的"适度人口"。对以农业生产为主的四川传统社会来说，其适度人口即应是人口规模不超过农业资源及其提供食物的能力。按洪亮吉的推算，从最低生活标准（4 亩）要达到中等生活程度，耕地要扩大 1.5 倍（即 10 亩）。考虑到清末亩产有所提高，我们且按人均 6 亩计算近代四川的适度人口（见表 2—34）。19 世纪初川省适度人口为 1300 万左右，19 世纪末为 1600 万左右,20世纪初为1700万左右。但19世纪初实际人口数超过适度人口700多万,中期超过1000多万,20世纪初超过2000多万,多出人口达150—160%。因此,即使我们撇开统治机器的压榨或天灾人祸的影响,人民生活的恶化都是不可避免的。

表 2—34

年　代	耕地数（万亩）	A适度人口数（万）	实际人口数（万）	B超出额（万）	占百分比（%）
嘉庆十七年(1812)	7783.8	1297.3	2070.7	773.6	55.8
同治十二年(1873)	9492.4	1582.1	3316.9	1734.8	109.7
光绪二十三年(1893)	9682.2	1613.7	3992.3	2378.6	147.4
宣统二年(1910)	10280.8	1713.5	4414.0	2700.5	157.6

川省人口的大量增加,势必造成生计的困难,所以在清季的史料中诸如"生齿日繁""生计日蹙"的记载屡见不鲜,生计问题成为社会不稳定的一个重要因素。前面已经指出,南方农民衣食住行每年至少需粮730斤,我们将这些标准降低到600斤,来看看嘉庆以后四川的粮食提供情况(见表2—35)。表2—35的估计尚未排除灾害、战乱、抛荒等种种影响粮食产量的因素,因此,实际情况往往要比表2—35所列糟糕得多。按我们的最高估计,同治年间的粮食提供率仅有88%左右,20世纪初仅71%左右。按最保守的计算,同治年间人口总数的12%,即约400万人没有基本生活保障;20世纪初,人口总数的约29%,即1200多万人缺乏粮食。粮食如此短缺,我们认为,这就是当时社会混乱最根本的动因。

表 2—35

年代	A 全省最低粮食需求(万斤)	B 粮食实际总产量(万斤)	C 欠缺粮食数量(万斤)	D 粮食提供率(%)	E 缺粮人数(万)	缺粮人数占人口总数百分比(%)
嘉庆十七年(1812)	1242540	1007809.9	234780.1	81.1	391.2	18.9
同治十二年(1873)	1990140	1749971.0	240169.0	87.9	400.3	12.1
光绪二十三年(1893)	2395380	1784951.5	610428.5	74.5	1017.4	25.5
宣统二年(1910)	2648400	1889064.2	759335.8	71.3	1265.6	28.7

注：A 按人口总数×600 算出；B 见表 2—31；C＝A－B；D＝$\frac{B}{A}$×100；E＝C÷600。

如果说上述结论仅是依靠统计数字而作出的,带有推测的意味,那么下面我们将用具体史料证明上述统计及结论是符合历史事实的。

第一,川省仓储粮食的大幅度减少。乾隆年间川省各地常平监仓储数便已确定,并按额储满,之后直至嘉庆年间都是"存新易陈",随出随补。但嘉庆之后人口增加,粮食匮乏,动用仓储难以补足,表 2—36 所列重庆府各县常平监仓储额的大量减少,便充分说明了问题的严重。在表列的 12 个厅州县中,减少 94％以上的有 2 个县,减少 85％以上有 7 个厅县,减少 80％以上有 2 个县,减少 70％以上有 1 个县。

表 2—36

厅州县	嘉庆储额(石)	咸丰至光绪实存(石)	减少数(石)	实存原额百分比(%)
巴县	84109	1140	82929	1.4
江津	58000	9600	48400	16.6
长寿	44000	6000	38000	13.6
永川	6590	876	5714	13.3

续表

厅州县	嘉庆储额(石)	咸丰至光绪实存(石)	减少数(石)	实存原额百分比(%)
荣昌	6020	848	5172	14.1
綦江	22000	6500	15500	29.5
南川	5270	277	4993	5.3
合州	52000	6373	45627	12.3
涪州	48000	8458	39542	17.6
铜梁	46000	6469	39531	14.1
定远	44000	6400	37600	14.5
江北厅	26000	3600	22400	13.8

资料来源:嘉庆储额见嘉庆《四川通志》卷72,《食货·仓储》。光绪实存见四川大学历史系藏巴县档案抄件,光绪朝内政卷和财经卷。

注:重庆府共14厅州县,其中璧山县和大足县因光绪常平监仓实存额不详,故未列入上表。但据巴县档案记载,璧山社仓由12380石减为560石,仅存4.5%。

第二,粮食外运断绝和粮价大涨。清中前期川省粮食有大量剩余,从雍正起即大量运出省,仅嘉庆《四川通志》所载雍正至嘉庆的11次官运出川大米,即达787万石①。历年商运出川的大米更是不计其数。在成都平原,外省商贩"在各处顺流搬运,每岁不下百十万石"②。在川东地区,每年"秋收之后,每日过夔关大小米船,或十余只至二十只不等,源源下楚"。川米都在汉口落岸,即所谓"江浙粮米历来都仰给于湖广,湖广又仰给于四川"③。以至于川米对湖广米价产生重要影响,如武汉地区"人烟稠密,日用米谷,全赖四川、湖南商贩骈集,米价不致高昂"。若川省受灾或江水上涨川米不至时,米价"每石贵至一两七八钱,民间

---

① 根据嘉庆《四川通志》卷72,《食货·仓储》所载史料计算。
② 嘉庆《四川通志》卷首之二"雍正九年四川总督黄廷桂奏"。
③ 《朱批谕旨》,雍正二年八月二十日四川巡抚王景灏奏。

至有无米可籴之苦"①。但嘉道之后,粮食输出愈来愈少,最后基本上断绝。吴焘《游蜀日记》(1874)称:"往日东川之米尝转售于他省,然齿繁岁歉,今亦非古所云矣。"②粮食价格是粮食供需情况的晴雨表,雍正时,川米"每石止约价银九钱五分"③,而到光宣年间粮价上涨至每石5—8两④。道光时中江县大米每石制钱3000文,宣统时涨至6000文⑤;万县和隆昌县同治时米价陡涨至斗米1600文⑥;合江县光绪元年每石制钱4600文(当时合银3.1两),光绪三十一年涨至7000文(合银5.8两)⑦。

第三,人满为患,游民乞丐众多。新都县过去是"有可耕之田,无可耕之民",但乾隆之后已"无荒可垦"⑧;彭县到乾嘉之际也是"山坡水涯,耕垦无余"⑨;大足县在道光时,由"昔时富足"落到"各处山村,仅谋生计"的地步⑩;江油县"一户之土仅供数口,多男必出继,盖地不足而人无食也"⑪;即使是边地马边厅,在嘉庆时也"户口滋增,到处地虞人满"⑫。所以史志称"昔之蜀,土满为忧;今之蜀,人满为患"⑬。到清后期情况进一步恶化,眉山县"无田者居大半"⑭;灌县"人口数十万……产属中人足

---

① "任国荣折",《宪庙朱批谕旨》第八函第一册,第22页。
② 吴焘:《游蜀日记》,见《小方壶舆地丛钞》第七帙。
③ 《雍正朝朱批奏折》,函十三,册二,第12页。
④ 《六十年来米价月计表》(1892—1949),四川物价志编委会:《四川物价志通讯》1985年第1期。
⑤ 民国《中江县志》卷2,第8页。
⑥ 同治《万县志》卷12,《地理志·义局》;光绪《叙州府志》卷18,《蠲政·附矜恤》。
⑦ 民国《合江县志》卷2,《食货篇第四》。
⑧ 民国《新都县志》第二编,第4—5页。
⑨ 光绪《彭县志》卷10,《文章志·李心正赠陈明府序》。
⑩ 道光《大足县志》卷1,《舆地志·风俗》。
⑪ 道光《江油县志》卷之一,《志序》。
⑫ 嘉庆《马边厅志略》卷之四,《人物一·风俗》。
⑬ 道光《新都县志》卷3,《食货志·田赋》。
⑭ 民国《眉山县志》卷3,《食货志》。

以温饱者可十之四;贫无立锥专恃营业劳工以活者又占十分之五"①;井研县则"尤患人满,无田之家居大半"②。从整个川省看,是"生齿甲于寰宇,农末皆不足以养之,故旷土少且游民多"③。大量失去土地的农民涌入城市,当时便有人指出:"游民乞丐各省皆有,无如四川之多,四川尤以省城为最。"④而重庆"大小男女乞丐尚不免触目皆是"⑤。川督锡良也甚为忧虑地奏称:"四川生齿最繁,贫而乞丐者至众,省城每际冬令,裂肤露体者十百载途,号呼哀怜者充衢盈耳。偶遇风雪,死者枕藉,相沿有年,匪伊朝夕,南北各省皆所未见。"⑥这些描述同我们的估计相比真是有过之而无不及。

第四,人口流向边区和省外。经济发达区多为人口稠密区,乾隆之际,内地人口饱和,排挤大量人口到盆地边缘地区和省外垦荒或开矿。如彝族地区昭觉"当乾嘉时,矿厂甚旺,汉人居于斯土者成千万计"⑦。在川、滇、黔边界,许多游民到深山采铜私铸制钱,"凡川、湖、两粤力作功苦之人,皆来此以求生活"⑧。嘉庆年间,"石柱以东,达于黔楚,到处有铜有柴,就山铸钱,穷民以此为生者不可胜数"⑨。彝藏少数民族聚居的宁远府嘉庆时迁入汉民 87689 户,男女 425247 丁口⑩。"地属边陲"的马边厅也因内地汉民"闻此中荒芜可垦,挈妻负小,奔走偕来"⑪。

---

① 民国《灌县志》卷 4,《食货志》。
② 民国《井研县志》,《食货四》。
③ 《锡良遗稿·奏稿》第 1 册,第 403 页,第 646 页。
④ 《四川官报》丙午(1906)第 20 册,"公牍"。
⑤ 《广益丛报》总 18 号(1908 年 11 月 13 日),"纪闻"。
⑥ 《锡良遗稿·奏稿》第 1 册,第 403 页,第 646 页。
⑦ 宣统《昭觉县志》卷 12,《旧迹》。
⑧ 岑毓英:《奏陈整顿滇省铜政事宜疏》,《续云南通志稿》卷 45,《食货志·矿务》。
⑨ 松筠:《平贼方略策》,沈垚:《松筠公事略》,载引罗尔纲:《太平天国革命前的人口压迫问题》。
⑩ 同治《会理州志》卷 9,《赋役志·户口》。
⑪ 嘉庆《马边厅志略》卷之 4,《人物一·风俗》;卷之 5,《艺术·新垦马边碑记》。

嘉道之际,不少川民甚至流入"地旷人稀"的贵州山区,以致后来"兴义各属已无不垦之山,而四川客民……仍多搬往,终岁不绝,亦尝出示饬属严禁而不能止"①。嘉道年间更有大量无田农民流入川、湖、陕边界的巴山老林,据卢坤《秦疆治略》称,道光三年陕西凤县有民11340口,其中"新民甚多,土著甚少,多系川、湖无业游民,佃地开垦"②。陕西鳌屋县老林是"树木丛杂,人迹罕到",自从"川楚客民开山种地"后,道光初"查明山内客民十五万有奇"③。据时人估计,道光年间在巴山老林地区的川、湖、陕等省流民"数以百万计"④。这种人口的逆向运动,从另一侧面说明了川省人满为患的困境。

  清代四川作为一个传统的农业大省,人口、耕地及粮食问题可以说是一切社会问题的根源,也是从事社会史研究的起点。这种区域性人口、耕地及粮食的研究,为清代中国人口与人口压力问题的宏观研究提供了个案依据。我们可以把以上的研究归纳为以下若干方面:

  第一,清代四川的人口是以移民为主体的结构。明末清初的战争造成四川人口大量流失,但由于能获取土地和优惠垦荒政策的吸引力,于是出现了中国历史上罕见的大量人口向已开发区的自由迁徙,这种大规模的移民运动对恢复川省经济起到了决定性的作用,同时也导致了四川的人口结构、人口空间分布和社会结构的变化。

  第二,整个清代的四川人口统计十分混乱,以致我们难以弄清实际人口数量。作为清朝人口最多的省份,四川人口数量不实,直接影响到全国的人口统计,因此,需要对清代四川人口统计进行全面整理修正。研究表明,所谓川省8000万人口纯系虚构,摊丁入亩之后,人丁不承担

---

① 贺长龄:《覆奏汉苗土司各情形折》,《耐庵奏议存稿》卷5。
② 卢坤:《秦疆治略》第55页,第11页。
③ 同上。
④ 《清宣宗实录》卷10,嘉庆二十五十一月壬辰。

赋税,因而导致地方为粉饰政绩而滥报"滋生"人口,嘉庆之后浮夸风愈演愈烈。清末川省的实际人口应在 4500 万左右。

第三,同人口统计一样,川省耕地面积统计也不可信,据估计,隐匿至少在一倍以上。这种情形之所以出现是由于川省田制的紊乱、荒垦频繁和田土零碎因而清丈困难、零星土地免课以及嘉庆之后新增田土未予登记等因素。这种状况在全国都不同程度地存在,严重妨碍了我们对清代人口、人口压力及社会问题的认识。清末川省在册耕地仅 4700 多万亩,但据研究,实际数字应在 9000 万至 1 亿亩之间。

第四,在农业社会,人均耕地面积和粮食提供的数量是确定人们生活水平和人口是否形成压力及压力大小的最基本的指标。在清代,川省粮食亩产由 118 斤提高到 215 斤左右,但人均耕地面积也由 10 余亩减少到 2 亩余。清前期川省提供粮食约 20－46 亿斤,已足够川省食用且大量出口,清后期可生产粮食 170－190 亿斤,但由于人口剧增而难保温饱。

第五,区域性的人口、耕地及粮食的研究告诉我们,早在 19 世纪四川便已出现人口压力问题。据我们对适度人口的研究,四川嘉庆中期便已超出适度人口 700 多万,到清末超出 2700 多万,为维持如此众多人口的生存,只能是降低生活水平。即使按最低生活标准看,清末每年也缺粮食约 76 亿斤,缺粮人数约 1200 万。

近两百年来,四川由于人口增长而造成的人口压力格局一直未出现根本好转,而且还有加剧之势。这向我们提出了一个严峻的问题:耕地和自然资源有限,而人口的增长及对自然的索取和消耗却是无限的。对清代四川人口、耕地及粮食的综合研究表明,我们丝毫没有理由因所谓"地大物博"而掉以轻心,而应该对耕地和自然资源的严重不足深感忧虑。

第三章 农村经济与农业发展

长江上游是中国最重要的农业区,正如第二章所指出的,以四川为中心的这个地区,几乎一直都拥有中国十分之一的人口。到清代,已经建立了非常发达的农业生产体系,这个发达的体系表现在租佃关系、佃农经济、自耕农和农业经营经济、耐旱作物的引进和种植、商业性农业的扩张等等方面。随着19世纪长江上游地区被西方经济拖入世界经济体系的过程,这个地区的自然经济逐步遭到破坏,大量自给自足的自耕农面临破产。但是这个地区也有着适应外界发展而改变自己的能力,包括本章最后两个部分所展示的,传统农业的改良,各种农业公司和企业、农业组织的发展,都显示了这个农业社会非凡的应变能力。

一 租佃关系和佃农经济

清代长江上游农村的封建经济结构的基本形式,是小农业和家庭手工业相结合的小农经济,这种包括自耕农和佃农在内的小农经济是地主经济得以维持和发展的基础。而中国的佃农虽长期被束缚在地主土地上,但这种束缚是经济的而不是法定的。地租归地主,赋役归国家,从而使佃农具有两重束缚关系。

传统社会地租形态的一般发展顺序是:劳动地租、实物地租和货币地租,这三种地租形态虽按顺序演变,但却是彼此交错的。清代长江上游地区实物地租占统治地位,但同时落后的劳役附加租残余和先进的货币地租并存。但总的看来,清代长江上游地租经历了由分成租制到定租制,再到押租制、预租制,最后到货币地租这样一个发展阶段。

佃农按他当年生产的粮食产品的一个固定比例数交纳地租就是分成制,是租佃关系的基本形态和原始形态。实物分成地租按地主供给佃户的牛、种子和其他生产工具的多少有无的不同,有均分、四六分、三七分、二八分等区别。据研究者对巴县档案的分析,重庆府的实物分成租中,以对半居多,不等成分较少;而在不等成分中,又几乎都是客四主六的"四六均分"①。实行分成制时,由于剥削率固定,农民为改善生产和生活条件,就会自动延长劳动时间和增加劳动强度,但由此增加的产品,却以分成的形式被地主分享。

清前期商品经济发展,佃农对地主的依附渐少,一般具有了佃田、退佃和迁徙等自由,从而使租佃关系进行一系列相应的调整,地租形式逐渐由分成租制向定额租制发展。定额地租即按田地大小规定地租量的租佃形式。定额租的租额一般按分成租的最高额确定。在乾隆以后的材料中关于定额租的记载已相当普遍,如宜宾县佃农应绍仁于乾隆三十七年"佃种王德容田地,立有佃约,议定租谷十二石"②。道光十八年重庆柯显才兄弟佃胡大才坡土草房住耕,"每年地租包谷、高粱八斗,桐子二斗"③。根据对乾隆刑部档案刑科题本的整理,四川实物地租共35件,其中分成租仅3件,定额租32件④,这说明定额租制已代替分成租制而成为上游地区地租的主要形式了。由分成租过渡到定额租,农民生产独立性加强,由于租额固定不变,收成好坏并不影响地主收入,因而地主给予了佃农较多的种植自由权。佃农改进生产技术,提高劳动强度、延长劳动时间所增加产品全部归己所有,刺激了佃农的生产积极性。定额也并不是一成不变的,在因灾害造成歉收时,有时定额地租

---

① 见李映发:《清代重庆地区农田租佃关系中的几个问题》,《历史档案》1985年第1期。
② 档案,刑科题本,乾隆四十一年七月十四日刑部尚书舒赫德题。
③ 巴县档案,转见李映发上揭文。
④ 刘永成:《清代前期佃农抗租斗争的新发展》,《清史论丛》第1辑。

也可改为主佃均分①。

　　由于佃农对地主依附关系的削弱,地主企图以经济手段来保证他们的利益,于是押租制就应运而生。押租制即佃农必须向地主缴纳押金才能佃种土地,地主以此防范佃农抗租。上游可以说是押租最发达的地区,乾隆时就有人奏称:"川省近年以来,凡以田出佃,必先取银两,名曰押租。"②据巴县档案关于重庆租佃关系的记载:乾隆三十八年朱世俊佃朱仕良田土,押佃13千文;李如海佃张泽普一分田地,议定押租钱1000文;道光十六年何应荣佃郭文秀田业,押佃银500两;十七年钟声泰佃谢广发田土,押佃银80两;二十三年李长泰佃罗义盛田土,押佃银360两③。据研究,四川在嘉庆朝上报刑部的租佃案件共61件,涉及37个州县,其中有押租的28件,占案件总数的46%,涉及22个州县④。川省押租较之他省为重,从乾隆刑科题本中的租佃史料看,两湖、两广、两江等地区大约是1亩(或1石)田收押租银1—3两,但川省少者超过此标准的五分之一至二分之一,多者超一倍以至数倍。如清代刑档中嘉庆九年郫县一

---

　　① 如乾隆二十五年,泸州胡洪林佃种施金墨田,原议定年租谷6石,"因春水缺少,没有栽种得全,只收得四石九斗谷子"。胡提出"照俗例主佃均分",引起诉讼(档案,刑科题本,乾隆二十六年六月五日刑部尚书鄂弥达题)。可见泸州在遇灾减产时有改定额租制为主佃均分的"俗例"。

　　② 监察御史刘天成奏折。转见汪太新:《清代前期押租制的发展》,《历史研究》1980年第3期。

　　③ 见李映发前揭文。

　　④ 见汪太新前揭文,押租情况的统计见下表:

地区	有押租记载州县数				州县不详押租事例数	
	康熙	雍正	乾隆	嘉庆	乾隆	嘉庆
全　国	2	3	30	62	4	4
四　川	—	—	3	22	2	2
四川占全国%	0	0	10.0	35.5	50.0	50.0

资料来源:汪太新前揭文。

例:租田 38 亩,地租 40 石,押租银 60 两,又押租钱 170 千文①,押租为地租的 2.9 倍。又如嘉庆二十年崇庆州"周仲银佃得周李氏田一亩,当交押租钱六千文,议定每年秋收后还租谷四斗,立有约据"②,押租钱为地租的 1.5 倍。云阳有些佃农为大户,每年交租多在四五十石以上,有的可达百石左右,而"压庄之费,常逾千两或数百两"③。在重庆府有关押租钱的记载中,有的押租钱高得惊人:有押佃银 33 两、租谷 2 斗者,为 82 倍(按 1 石谷折银 2 两算);有押佃银 27 两、租钱 300 文者,为 90 倍;有押佃银 140 两、租谷 5 斗者,为 140 倍。不过多数还是 1—3 倍,在关于押佃与地租比例记载的 54 件档案中占 32 件④。

与押租并存的还有另外一种类似形式——预租。预租与"欠课扣抵,辞地还钱"的押租不同,它已具有地租性质:即先预付第一年租钱,以后每年预付次年的租钱或隔年预付租钱,也有的在每年收成后纳实物作为第二年租钱。预租多少各地不同,表 3—1 是 6 件刑部档案中所反映的情况。从表中看,川省的预租比其他省高得多。

表 3—1

时代	地区	租地面积(亩)	预租租额(文)	每亩预租租额(文)
嘉庆元年	四川射洪	不详	20000	—
嘉庆十四年	四川简州	0.1	16000	160000
嘉庆三年	江苏华亭	9.0	6700	744
嘉庆十三年	广东潮阳	0.2	400	2000
嘉庆二十二年	浙江奉化	13.0	29000	2231
嘉庆二十三年	浙江诸暨	30.0	65000	2167

资料来源:根据李文治编《中国近代农业史资料》第 1 辑第 96 页"嘉庆朝各省租佃预租示例"表计算。

随着生产力的发展,地主感到固定租额对自己不利,经常企图调整

---

① 档案,刑科题本,嘉庆七年五月二十五日四川总督勒保题。
② 李文治编:《中国近代农业史资料》第 1 辑,第 75 页。
③ 民国《云阳县志》卷 13,《礼俗》。
④ 见李映发上揭文。

租额,因而"夺田增租"或"改佃"的现象时有发生。为维护自己的利益,佃农便努力争取永佃。有的著作称:"在押租制最盛行的四川,尚未发现永佃事例。"①实际上永佃现象在川省是存在的。在云阳就有佃农佃田"数世相安,视同己产"的记载②。在巴县档案中也有相传长达百余年的事例,如巴县直里一甲的张述先、秦国祥、李洪千、张廷恩等十家佃户佃通远门外王凤仪的园土栽种蔬菜卖,这十家"佃户之内,有雍正、康熙年间顶打佃者,更换园主,挨次招认"③。佃户们不仅以银钱顶打,"并修造房屋,护蓄竹树,相传数辈"。历来的成例是:"如园主难以保守,将土出售",买卖两家,必将"顶头数目较明,轮流换主"。这百多年的老习惯至道光年间才遭破坏,并引起一场夺佃与保佃的官司。佃户们在状纸中说:他们"均系播种菜蔬穷民,祖传去有顶打银钱,置造房屋居种。如园主将土出卖,买主接主人顶打之项,仍系原佃播种,大众皆然。"④这种"大众皆然"的惯例,即是永佃制。永佃权是在封建租佃关系的不断演变中产生的,把地主的土地经营、使用权从土地所有权中分离出来,这就可以保障佃农基本生活资料的稳定,所以有人说清代四川的佃农"多在永佃制度上待遇优厚,生活安定"⑤。这种说法虽有所夸张,但至少说明永佃权对佃农是很有利的。佃农在取得田面权以后⑥,便可以支配、经营和使用土地,并有转让、出卖、转顶、传子的权利,而拥有土地所有权的地主则无权过问,这显然削弱了地主占有土地的权力,佃农经济也得到发展。

清代由于商品货币经济有了较大发展,在实物定额租制居主导地

---

① 许涤新、吴承明主编:《中国资本主义发展史》,第1卷,第230—231页。
② 民国《云阳县志》卷13,《礼俗中》。
③ 顶打:当地方言,即转租现象。
④ 巴县档案,转见李映发上揭文。
⑤ 郑励俭编著:《四川新地志》,第69页。
⑥ 清代土地所有权可分解为田底(或称田骨、田根、粮业、大租、大苗等)权和田面(或称田皮、佃业、质业、小租、小苗等)权。

位的情况下,出现了地租支付的变化,即由实物地租向货币地租的发展。如乾隆三十年嘉定曾金成与邱友章合租吴廷山地伙种棉花,年纳租银8两,议种4年①。郫县农民多佃田种烟,"烟田一亩佃课十金"②。嘉庆十五年威远"陈文发租种罗淳红田一分〔份〕,每年纳乾租钱十八千文,租谷十二石二斗。议定佃耕十年,立有佃约"③。表3—2是上游地区货币地租的一些实例。

据对重庆府租佃关系的研究,清中期实物地租与货币地租并行,嘉庆以前大约实物地租占80—90%;货币地租占10—20%;嘉道年间实物地租占60—70%,货币地租占30—40%④。据清刑部档案记载,乾嘉时期货币地租在整个地租形态中已占有相当的比重,见表3—3。从乾隆时期看,川省货币地租的比例大大超过全国,达到43.5%;嘉庆时期略低于全国。如果去掉某些资料的或然性,划定乾嘉时期上游货币地租达到30%似乎是不成问题的。一般来讲,货币地租在经济作物区要多一些,而粮食作物区要少一些。

表 3—2

地区	年代	田主	佃户	田土大小	地租钱数	备注
重庆	嘉庆五年	谭连城	凌兴礼祖父	荒山栽竹	12千文	从竹林长成砍伐卖竹算起
重庆	嘉庆十六年	彭儒魁	杨在雄	田地一份	3770文	
重庆	嘉庆二十五年	彭儒魁	赖世洪	熟土三份	210200文	
重庆	道光年间	禹王宫会	李裕贵	田地、竹山	40—60千文	议科15年,每5年增加10千文

---

① 刑科题本,乾隆三十年十二月二十一日。转见黄冕堂:《略论清代农业雇工的性质与农业资本主义的萌芽》,《清史论丛》第5辑。
② 嘉庆《四川通志》卷25,第18页。
③ 李文治编:《中国近代农业史资料》第1辑,第74页。
④ 李映发前揭文。

续表

地区	年代	田主	佃户	田土大小	地租钱数	备注
威远	嘉庆十五年	罗淳红	陈文发	田一份	18千文	另交租谷12.2石,议佃10年
嘉定	乾隆三十年	吴廷相	曾金成等	山地	银8两	议种4年

资料来源:李映发前揭文;黄冕堂前揭文;李文治编《中国近代农业史资料》第1辑,第74页。

表 3—3

时期	区域	总件数	实物地租		货币地租(包括折租)	货币地租占总数比例(%)
			分成	定额		
乾隆	全国	881	97	531	253	28.7
	四川	62	3	32	27	43.5
嘉庆	全国	272	177		95	34.9
	四川	26	18		8	30.8

资料来源:乾隆统计根据刘永成《论中国资本主义萌芽的历史前提》(《中国史研究》1979年第2期)中资料整理,嘉庆统计据李文治对嘉庆朝刑部档案抄件的整理(见李文治编:《中国近代农业史资料》第1辑,第70页)。

由于货币地租的实行,超经济强制已很难起什么作用了,佃农与地主的关系变为单纯的缴租关系,货币地租使部分产品必须当作商品来生产。佃农的经济收入是随着社会生产力的进步而不断变化着的,他们已有可能获得必需的生活资料之外的余额,即有可能占有一部分剩余产品,而且份额有扩大趋向,并由此造成佃农的分化。如鸦片战争前的云阳就有"农佃高下悬殊"的情况:"彭、汤两水之间,巨富相望,连阡接畛,田不一庄。众佃所耕,输租自百石以下,少亦五十石;压桩之费,常逾千两或数百两……旧田取租最轻,获十输五,尤轻主四佃六……主不加租,佃亦尽力垦熟……佃有余利,久亦买田作富人,而为佃如故。"①彭县刘、吴两姓在道光年间两家合伙租佃,共有 6 个男劳力,经 40 余年而家道小康②。邻水县有富裕农民租佃大面积土地,雇佣较多的工人,并开设"糖房"和"米房",将种植的甘蔗和稻谷加工出售③。佃农不仅是务农集积,而且还有其他途径,如充当手工业者、小贩、为人佣工等。乾隆年间,绵州李苇家计困窘,遂一面佃田耕种,一面率其子织布和为人佣工,得佣钱则买卖酒和布,往来于绵州、梓潼等地十年,到 60 余岁才"佃张氏田,结茅屋,为两子娶妇"④。

  长江上游佃农经济的规模一般有多大呢？这要由其租地多少而定,其租地多少往往视经营能力而定。不足最低限量,就不能维持简单再生产和最低生活水平;超过最高限量,则无力经营。佃农的最低租地限量取决于必要劳动的最低必需量,即缴纳地租之后,剩余产品还能维持生活和进行简单再生产。关于清代佃农一般能佃种土地的数量我们可做一个粗略估计:按本书第二章的考察,上游农民每人每年食与用各项开支至少需原粮 730 斤,五口之家即需 3650 斤。按清前期亩产 118 斤算,自己要消耗约 31 亩的粮产。按收成的 1/2 交租算,那么最少需佃 60 亩左右。随着生产力水平的提高,租地限量也发生了变化。清中期亩产达到 151 斤,最低佃田量为 48 亩;清末亩产达到 215 斤,那么最低佃田量为 34 亩⑤。在一般情况下,佃农实际租地面积在最低限量之上。但有的时候,由于地租极度苛重、耕作条件特别恶劣、生产垫支能力已无法满足劳动力所要求的租地面积,实际租地量就会降至最低佃田量之下。当然,各地田有肥瘠、租有高低、气候有好坏、技术有先进与

---

① 民国《云阳县志》卷 13,《礼俗中》。
② 光绪《彭县志》卷 7,第 35 页。
③ 档案,刑科题本,乾隆三十年十月二十一日四川总督阿尔泰题。
④ 李榕:《十三峰书屋全集・文稿》。
⑤ 具体计算如下:清前期:3650÷118×2≈62(亩);清中期:3650÷151×2≈48(亩);清末:3650÷215×2≈34(亩)。

落后,此外还有经济作物与粮食作物之分等,因此这个最低佃田量也应是上下浮动的。有能力经营最低限量以上土地的佃农,至少能够得到自己剩余劳动和剩余产品的一部分,显然,这就为佃农的积累和经济发展提供了可能。

二 自耕农的分化与地主经济

清初,清政府为招徕垦荒,曾一度放弃维护"原主产权"的政策,从而使地权分散,许多农民变为小土地所有者。自耕农一般耕地量少于佃农,因为其扩展耕地必须支付一笔相当可观的地价,而佃农却不需要预付地价。总的来看,清代长江上游以小农经济为主体,"有清二百年来,忙于移民拓地,中下地主特多,土地不易集中,土地所有权不易变更"[①]。这里所谓"中小地主"实际是指占田地若干亩以至几十亩的自耕农;"土地所有权"的"变更"也是指那些大规模土地的转移。实际上小规模的土地转移是相当普遍的,自耕农经济比佃农优越,又是小规模的个体经营,因而容易产生贫富分化。

清前期的这种地权转移主要是小规模的农民之间的相互买卖,我们可以从中发现农民小土地所有制的广泛存在,表 3—4 是根据清刑部档中康熙至嘉庆间有关土地纠纷案件整理出的 1673—1820 年四川土地买卖分组统计。从表 3—4 可见,在 65 件土地买卖中,0.2—10 亩的 41 次,占总数 63.1%;而其中 0.2—5 亩的就有 29 次,占总数的 44.6%。可见,土地买卖主要是以 5 亩以下的规模为主的,这种小规模土地转移的频繁,反映了自耕农分化的日趋增多。一些自耕农通过发展生产而逐步上升为富农或地主,如康熙前期乐至县农民主要通过"插占"取得土地,以后"田地益辟,烟户渐蕃,遂无插占",而以"买卖田房"

---

① 郑励俭:《四川新地志》,第69页。

为主①。汉州的黄正义过去无土地,他一家"凡五世皆横经秉耒,孝弟力田",乾嘉之际已有田500亩,后扩充到2500亩②。温江王应斌乾嘉之际耕地不及10亩,王"督四人耕田,不少宽假,后增产至二百亩";王天成于道光年间"兄弟力农三十余年,增置田产近四百亩";陈怀斗教子"勤耕苦积,家政日饶,置田数百亩"③。合江穆为元于乾隆年间"种茶数十万株,用以起家"④。云阳有的农民由"勤苦"而"成家",后渐变为占田千亩的大地主;大竹县有农民力农致富,发展成为出租地主;苍溪县的若干大地主皆"起自力田孝悌"⑤。

单纯的"力农"是很难致富的,他们多半兼营买卖,获取商业利润。如乾隆年间云阳旷圣明之父原为流亡农民,到他这一代"兼事农商,渐买田宅为富人";彭自圭"佣作居积,渐事农商,购田谷至百余石";曾毓琏父子"日为人佣,夜斸荒种瓜",后也从事商业,"懋迁一纪,获利转丰,买田数十亩,城东街宅数十区"⑥。

表 3—4

组距(亩)	0.2—5	5.1—10	10.1—15	15.1—20	20.1—25	25.1—50	50.1—100	100以上	计
件数	29	12	6	1	3	7	3	4	65

资料来源:李文治等《明清时代的农业资本主义萌芽问题》,第117页。

一部分自耕农致富上升为中小地主,同时另一部分自耕农破产失去土地而下降为佃农。然而自耕农真正能够上升为地主的毕竟是极少数,自耕农经济很不稳定,他们要承担沉重的赋税,而且经济力量薄弱,

---

① 民国《乐至县志》卷3,第6—7页。
② 同治《汉州志》卷22,第7页。
③ 民国《温江县志》卷8,第36、28、49页。
④ 民国《合江县志》卷2,第1—2页。
⑤ 民国《云阳县志》卷27,第3页;民国《大竹县志》卷9,第28页;民国《苍溪县志》卷10,第2页。
⑥ 民国《云阳县志》卷27、卷28。

往往经受不了天灾人祸的打击,或无力维持简单再生产而减少耕地量,或破产成为土地典卖者,最后沦为佃农或雇工。

许多地主利用其差役负担较轻、粮食商品化等有利条件,扩大了地主经济。如广安"州之户役,大要乡宦举贡曰宦、曰绅户;生监旧家曰衿户、曰儒户,皆免丁役。雍正初,丁摊入粮,一例完纳,所免者仅门户差杂徭而已"①。这些地主"坐拥仓箱,称雄乡里,往往有积年陈谷,因循滞鬻,一遇歉岁,则倍利矣。其称收田租寄存佃家,次年春夏值昂上市……租收千石,平直亦粜五千缗,昂则数倍,岁可买田租四百石,明年得新租,乘之粜旧租,又什百之,故富益富,贫益贫矣"②。故士绅、乡族地主经济发展的环境较之自耕农有利得多。

传统社会中土地是主要生产资料,因此成为人们财富贮备的主要对象,拥有大量货币财富的商人和高利贷者往往成为土地的买主,从而将商品利润转化为地租。乾隆年间由于人口增长造成粮价上涨,人们争相置产,田价渐贵,商人向土地投资的倾向更加明显。如大竹县庞开文以开钱庄而由贫致富,后买田数百石③。永川县萧世香、陈尚贤乾隆年间初作佣工,后作生意,"积致万金,合置田业"④。金堂县康才家于道光年间做买卖兼营农业而"家业日丰裕,增置田千余亩"⑤。乐至县高鉴以贩盐致富,买田二千余亩⑥。可见,不少地主都经过经营商业和力农致富的富农阶段。

嘉道以后,出现了一些较大的经营地主,如巴山老林地区商人投资种植成为经营地主,商人为种黄连"买地数十里,遍栽之","常年佃棚民

---

① 光绪《广安州新志》卷10,《户口志·户役》。
② 光绪《广安州新志》卷13,《货殖志·物类》。
③ 民国《大竹县志》卷9,第2—3页。
④ 光绪《永川县志》卷8,第32页。
⑤ 民国《金堂县续志》卷10,第25页。
⑥ 民国《乐至县志》卷4,第22页。

守(黄)连,一厂数十家。……雪山泡、灵官庙一带,连厂甚多"①。内江县的许多蔗田经营者兼开粮坊,"平时聚夫习作,家辄数十百人";"入冬辘轳煎煮,昼夜轮更。其壅资工值,十倍于农。因作为冰霜,通鬻远迩,利常倍称"②。这些经营地主为出卖产品而向雇佣农民提供生产资料,并组织生产过程,他们所占有的剩余劳动已不仅是地租,而且包含了一个经营的利润量。

到清末,地主经济得到进一步发展,由于农民的分化日趋严重,造成自耕农减少而佃农增多,地主土地集中的趋势也有所扩大。如合州"富者田连阡陌,贵敌王公,贫者地无立锥,力耕之农,率以田人之田"③。温江"其田连阡陌颇称富有者仅十分之一"④。眉山"无田者居大半,率赁田而居,名曰佃户"⑤。灌县"综邑之业田者,上粮户十之一不足,中粮户十之二,下粮户十之三有余,佃户十之四"⑥。据日本学者西川正夫研究,清末简阳有耕地者占总户数的39.9%,其各项比例见表3—5。

表 3—5

类别	户口			正粮	
	户数	户数比	粮户比	粮额	粮额比
简阳县总户数	168230	100.0		10253	100.0
粮户以外的户数	101788	60.5		0	0
粮户	66442	39.5	100.0	10253	100.0
数额二钱以上	10836	6.4	16.3	6007	58.6
粮额二钱未满	55606	33.1	83.7	4246	41.4

① 严如煜:《三省边防备览》卷9,《民食》。
② 道光《内江县志要》卷1,第29页。
③ 民国《合川县志》卷17,《农业》。
④ 民国《温江县志》卷3,《民政》。
⑤ 民国《眉山县志》卷3,《食货》。
⑥ 民国《灌县志》卷4,《食货书》。按当时划分"一男子有四百亩以上者为上粮户,三十亩以上者为中粮户,三十亩以下者为下粮户"。

资料来源:西川正夫:《四川保路运动——めの前夜の社会状况》,东洋文化研究所纪要第 45 分册。

注:〔1〕总户数、粮户数是 1878 年的数字,粮额二钱以上的户数和总粮额是 1906 年的数字。〔2〕粮额二钱以上的户,为收租十石以上户数。

从表可见,收租 10 石以上的粮户仅为 6.4%,占粮户总额不过 16.4%,却负担了总粮额的 58.6%。由此可以推知占总户数不足 10% 的地主集中占有近 60% 的土地,而占粮户 80% 以上的自耕农和半自耕农,占耕地不过 40%。可见农民阶层的分化有所加剧。据 1912 年的统计,全川佃农占农民的二分之一以上,见表 3-6。四川佃农比全国平均比例高 20%,自耕农和半自耕农比全国分别低 19% 和 4%,整个四川无地或少地的农民占 70%[①]。

表 3-6

四川农民分类	所占百分比(%)	占全国位数	全国平均率(%)	与全国之差(%)
佃 农	51	2	31	+20
自耕农	30	15	49	-19
半自耕农	19	18	23	-4

资料来源:张肖梅编《四川经济参考资料》,M 第 16 页。

以上是从耕地上反映的农民的分化,然而从财产上看,农民的分化却不是那么明显,表 3-7 是一份清末上游部分州县"富室"的统计。

---

① 据 20 世纪 30 年代的抽样调查,自耕农比例更是降低,佃农增多。见下表:

地区	自耕面积比例(%)	佃耕面积比例(%)
成都平原	19.28	80.72
川西南区	14.98	85.02
川西北区	42.85	57.15
川东地区	22.57	77.43
平均	24.92	75.08

资料来源:郭汉鸣、孟光宇《四川租佃问题》第 15—19 页。

表 3-7

州县	总户数	"富室"户数(资产:银两)						多少户中有一富室
		1万以下	1万以上	5万以上	10万以上	20万以上	总计	
西昌	48105		30	7-8			37-38	1266
冕宁	29175		11-12				11-12	2431
盐源	17419		4-5				4-5	3483
越西	10992	8-9	2				10-11	1000
雅安	51217		4-5		1-2		5-7	7316
名山	40596		20				20	2030
清溪	12240	20	2				22	556
芦山	21187		12-13				12-13	1630
犍为	20854		数百家			30		50-150
荣县	86169		百余家			5	105	821
乐山	80027		数十家		数家			500-2000
威远	42120	无确数	无确数			3-4		
峨眉	18900			2	2		4	4725
峨边	10323	1-2					1-2	5161
邛州	85146		10				10	8515
蒲江	43819		3-4				3-4	10956
华阳	119201		211	25	13		249	478

资料来源:谢放《近代四川农村经济研究》(未刊硕士论文)。

注:西昌总户数据宣统二年补入,并计算出富室比例。

从统计看,所谓"富室"在农村中所占比例并不高,一般1000—4000户才有一户,蒲江1万多户才有"富室"一家。然而也有例外,如华阳平均478户就有"富室"一家,显然,城市是富室聚居的地方,所以比例甚高。另外,一些商品经济程度较高的州县,如产盐糖的荣县、犍为等富室也稍多。但是从总体上看,对清末农民的分化程度不宜作过高估计。

三　耐旱高产作物的引进和种植[①]

清代上游农业的发展,耐旱高产作物玉米和番薯(红苕)的种植是其重要组成部分,它不仅成为人口增殖的重要因素,而且进一步推动了商业性农业和商品经济的发展。

上游引种玉米最早估计在明末清初,由云南传入川西一带。据郭松义的研究,云南通称玉米为玉麦,而川西许多州县有同样称呼,宁远、雅州、眉州、资州、成都、绵州、茂州、潼川以及叙州、嘉定等府州都有玉麦的叫法,不过后来因湘、鄂、闽、粤等省流民不断移居这些地区,包谷的叫法才逐渐普遍起来。但在相当长的时期里,川西一带玉米的种植进展缓慢,直至雍乾之时,玉米才迅速得以扩展[②]。

玉米可在各种海拔不同地区种植,如生产条件差的高原、山地都可散播,可以不施肥、不中耕除草,广种薄收;在平原丘陵地区可与番薯、大豆间种。玉米适应性、抗灾性强,能在条件恶劣的山区生长。在平原或山沟种植"六月可摘食,低山熟以八九月,高山之熟则在十月"。山区农民种了玉米,"岁潦则望低山之收,岁旱则资高山之熟。"玉米的收获比较稳定,"一株常二三包,上收之岁,一包结实千粒,中岁每包亦五六百粒,种一收千,其利甚大"[③]。

四川引种玉米见于记载的最早年代是康熙二十五年(1686),除台

[①] 本节对郭松义的《玉米、番薯在中国传播中的一些问题》(载《清史论丛》第7辑)和陈树平的《玉米和番薯在中国传播情况研究》(载《中国社会科学》1983年第3期)多有参考。
[②] 郭松义:《玉米、番薯在中国传播中的一些问题》,《清史论丛》第7辑。
[③] 严如熤:《三省边防备览》卷12,《策略》。

湾、贵州、安徽外晚于其他各省①。四川种植玉米虽然较迟,但发展较速,如川北茂州嘉庆初始引种玉米,川中夹江"贫民逢米贵,尝以荞粱玉麦打饼为食",川东南酉阳,川西南宁远、马边,川边懋功等都有关于种植玉米的记载②。据道光年间的资料称:"今之芋麦,俗名包谷者是也,蜀中南北诸山皆种之。"③

清代上游种植玉米最集中的是在山区,川北的通江、南江、巴州、广元等地以及川东的忠州、云阳、开县、大宁、彭水、奉节一带多为崇山峻岭,"中间高山深谷,千峦万壑,统谓之巴山老林"。这些地区气候与平坝相差很大,特别是大巴山"积雪至夏初方消,至八九月间又霏霏下雪矣。十月以后,土结成冰,坚谓不可行"。这些地区土质也较差,"黄壤杂白者必兼沙,涂泥之土则多石;兼沙多石之土,晴久坚于顽铁,雨多则沙石不分"④。这些不利于种水稻的地区玉米等旱作物则可正常生长,如长宁"山地种之多茂,贫民赖以资生";达县、渠县"山农多种粱、麦、包谷";石柱"包谷深山广产,贫民以代米粮";广元"山农以包谷杂粮为重";通江"民食所资,包谷杂粮";太平"两境山多田少,稻不过百分之一,民食合赖包谷杂粮"⑤。嘉道时巴山老林垦种玉米颇盛,嘉庆二十五年卓秉恬报告:"老林之中,其地辽阔……所宜包谷、荞豆、燕麦。……江、广、黔、川、陕之无业者侨寓其中以数百万计,依亲傍友,垦荒种地,架数椽栖身。"⑥道光二年严如熤说:"数十年前,山内秋收以粟

---

① 万国鼎:《五谷史话》,转见陈树平:《玉米和番薯在中国传播情况研究》。
② 以上见道光《茂州志》卷3、嘉庆《夹江县志》卷2、严如熤《苗疆风俗考》、咸丰《宁远府志》卷51、嘉庆《马边厅志略》卷3、道光《绥靖屯志》卷7。
③ 道光《内江县志》卷1,《物产》。
④ 严如熤:《三省边防备览》卷12,《策略》。
⑤ 嘉庆《长宁县志》卷2,《物产》;道光《补辑石砫厅新志》卷9,《物产志》;严如熤:《三省边防备览》卷9,《民食》。
⑥ 严如熤:《三省边防备览》卷14,《史论》。

谷为大庄,粟利不及包谷。近日遍山漫谷皆包谷。"①嘉道后不少川人聚集在川陕交界地区垦种玉米,道光初担任陕西巡抚的卢坤在《秦疆治略》中也说:"近数十年,川广游民沓来纷至,渐成五方杂处之区,该民租山垦地,播种包谷。"

在半山半田地方,大致平原水边以种稻为主,山则多种包谷。峨眉县"地沃民淳","日三餐稻米、小米不等,下户或以荞面杂粮为之,山居则玉蜀黍为主"②。彭县"邑境半山半田","平畴以禾稻为主,收获后随植豆麦","玉麦,山居广植以养生","山中多食御谷杂粮"③。仁寿种植玉米的地方多集中在顺和之观音寺、高家场以及甘泉镇至松峰场一带,其余平原地区以其"叶密根密,有妨木棉,种甚少"④。中江"城乡皆食稻,山居贫民亦多食芋粟"⑤。平原地区种植玉米则甚少,如郫县、温江只在"园圃篱畔间植之";江津亦因"最宜水田","民食多以稻为主",而不多种包谷⑥。

从乾隆到道光年间,上游各厅州县已知的引种玉米的最早记载见表3—8。迄道光二十六年(1846)玉米种植见于记载的厅州县已有61个。

表 3—8

地区	记载年代	地区	记载年代	地区	记载年代	地区	记载年代
荥经	乾隆四年	长宁	嘉庆十三年	纳溪	嘉庆十八年	石泉	道光十三年
屏山	乾隆二十一年	金堂	嘉庆十六年	犍为	嘉庆十九年	綦江	道光十五年
广元	乾隆二十二年	汉州	嘉庆十七年	庆符	嘉庆十九年	仁寿	道光十七年
巴县	乾隆二十六年	江津	嘉庆十七年	彭山	嘉庆十九年	中江	道光十九年

① 严如煜:《三省边防备览》卷10,《山货》。
② 嘉庆《峨眉县志》卷1,《方舆志·风俗》。
③ 嘉庆《彭县志》卷39,《风俗》;卷40,《物产》。
④ 道光《仁寿县志》卷2,《户口志·土产》。
⑤ 道光《中江县志》卷1,《地理志·风俗》。芋粟系玉米的别称,详见郭松义上揭文。
⑥ 嘉庆《江津县志》卷6,《食货志·土产》。

续表

地区	记载年代	地区	记载年代	地区	记载年代	地区	记载年代
江安	乾隆二十六年	乐山	嘉庆十七年	成都	嘉庆二十年	乐至	道光二十年
珙县	乾隆三十八年	宜宾	嘉庆十七年	温江	嘉庆二十年	江油	道光二十年
威远	乾隆四十年	安县	嘉庆十七年	资州	嘉庆二十年	龙安	道光二十年
永川	乾隆四十一年	渠县	嘉庆十七年	青神	嘉庆二十年	石柱	道光二十三年
灌县	乾隆五十一年	叙永	嘉庆十七年	通江	嘉庆时期	新都	道光二十四年
打箭炉	乾隆六十年	郫县	嘉庆十八年	南江	嘉庆时期	内江	道光二十四年
华阳	乾隆时期	崇宁	嘉庆十八年	太平	嘉庆时期	城口	道光二十四年
奉节	乾隆时期	彭县	嘉庆十八年	大竹	道光二年	昭化	道光二十五年
眉州	嘉庆四年	洪雅	嘉庆十八年	绥靖屯	道光五年	忠州	道光二十六年
马边	嘉庆十年	夹江	嘉庆十八年	宁远	道光七年		
汶川	嘉庆十年	峨眉	嘉庆十八年	新津	道光八年		
茂州	嘉庆十年	南溪	嘉庆十八年	雷波	道光十一年		

资料来源：郭松义上揭文。

据1910年统计，全川142厅州县都有种植包谷的记载，其中种植10万亩以上的州县有17个，见表3—9。

表 3—9

地区	种植面积（亩）	收获量（石）	亩产（石）	地区	种植面积（亩）	收获量（石）	亩产（石）
灌县	405908	133950	0.45	古蔺	210000	31500	0.15
彭县	190300	190300	1.00	仁寿	130040	33811	0.26
简州	110766	315622	0.32	广元	181839	70944	0.39
崇庆	156396	78198	0.50	合江	391401	165826	0.45
安县	215920	97164	0.48	涪州	150020	315016	2.10
绵竹	101193	88645	0.88	奉节	127627	165915	1.30
平武	289250	231400	0.80	云阳	202482	101241	0.50
石泉	273220	163000	0.60	万县	100269	47504	0.47
邛州	259600	129888	0.50				

资料来源：《四川第四次劝业统计表》第17表。

17个州县中种植面积以灌县为最大,达到40.5万亩;其次是合江,为39万亩;另外安县、平武、石泉、邛州、古蔺、云阳等都在20万亩以上。从总产量看,以简州和涪州最高,为31.5万石;其次是平武,为23万石;彭县19万石,石泉和奉节16万石,邛州13万石,此外崇庆、安县、绵竹、广元、云阳总产都在5万石以上。从平均亩产看,以涪州最高,为2.1石;其次是奉节,为1.3石;彭县为1石。而亩产低的古蔺、仁寿等地不过0.1—0.2石。据统计,全川1910年共栽种包谷687万亩,总产量1037.5万石①,折合原粮16.1亿斤;平均亩产1.51石,折合原粮234市斤(合每市亩约254市斤)②。

与玉米的引种具有同等意义的是番薯的传入。川省引种番薯雍正十一年(1733)见于记载③,在全国说来较早(仅次于云南、广东、福建、浙江、江苏、台湾五省)。据研究,四川的番薯可能是从云南传入的④,乾隆时期开始扩展。黔江知县翁若梅于乾隆三十五年(1770)得到《金薯传习录》,当即"爱进里老于庭,出是书示之,告以种植之法与种植之利"⑤,动员该县百姓种植番薯。政府也刊发讲番薯种植的《甘薯录》,道光《忠州直隶州志》载:"乾隆五十一年冬,高宗纯皇帝特允侍郎张若淳之请,敕下直省广劝栽甘薯,以为救荒之备。一时山东巡抚陆燿所著《甘薯录》颁行州县,自是种植日繁,大济民食。"同治《酉阳直隶州总志》也称:乾隆年间"特饬下直隶广劝栽种甘薯,以为救荒之备"。

番薯耐旱,适应性强,主要分布于沱江、涪江、嘉陵江、渠江中上游,即盆地中北部旱地,海拔七八百米以下的丘陵地带,如三台、射洪、安岳、乐至、蓬溪、遂宁、盐亭、西充、南充等地为主要产区。番薯有很强的

---

① 《四川第四次劝业统计表》第17表。
② 折合办法见第二章表2—30。
③ 雍正《四川通志》卷38。
④ 李文治等:《明清时代的农业资本主义萌芽问题》,第22页。
⑤ 光绪《黔江县志》卷3。

抗灾能力,可与多种农作物间种,不争地。按播种期的不同,番薯可分夏薯与秋薯两种。夏薯分布遍及各地,多在旱地种植,于3月中下旬育苗,小春作物收获整地后即行栽插;秋薯于7月下旬收获中稻后插种,为稻田的一种晚秋作物,生长期短、施肥量少,但单产不及夏薯的一半,种植面积远比夏薯为少。由于番薯具有"不争肥""不劳人口"等优点,与当地稻米等作物不但不排斥,而且还能互作补充,如仁寿县"邑人于沃土种百谷,瘠土则以种苕,无处不宜"①。番薯成为人们广泛采用的抗灾御荒粮食,如江津农民种了番薯,"虽遇饥岁,恃此无恐"②。

番薯种植由成都平原和川西南渐向川东蔓延,到道光年间番薯的种植已极为普遍,盆地内及长江、嘉陵江、沱江、岷江沿岸各县都有,如奉节"乾嘉以来渐产";忠州"近处处有之";内江"近时山农赖以给食";蓬溪"居民与稻并,冬藏土窖,足供数月之食"③。

据清末的调查,全川142厅州县中有种植番薯记载的就有127个,占89.4%,其中种植5万亩以上的厅州县有29个,见表3—10。

表 3—10

地区	种植面积(亩)	收获量(担)	亩产(担)	地区	种植面积(亩)	收获量(担)	亩产(担)
简州	158852	643027	4.05	三台	20530	164240	8.00
绵州	117300	469200	4.00	中江	129500	690900	5.00
罗江	54366	302641	5.50	遂宁	256502	436253	1.70
青神	112500	337500	3.00	安岳	162496	649984	4.00
宜宾	81587	669012	8.20	乐至	126420	446010	3.50
古蔺	72000	36000	0.50	巴县	84500	850000	10.60

---

① 道光《仁寿县新志》卷2,《户口志·土产》。
② 嘉庆《江津县志》卷6,《食货志·土产》。
③ 光绪《奉节县志》卷15,道光《忠州直隶州志》卷4,道光《内江县志要》卷1,道光《蓬溪县志》卷15。

续表

地区	种植面积（亩）	收获量（担）	亩产（担）	地区	种植面积（亩）	收获量（担）	亩产（担）
泸州	1495000	2990000	2.00	江津	164176	1149232	7.00
资州	64864	93476	1.44	永川	67783	203349	3.00
资阳	130159	456357	3.50	铜梁	92063	184126	2.00
仁寿	178190	89372	0.50	合州	102690	308070	3.00
井研	90990	202620	2.20	江北	52285	589806	11.20
南部	250654	1566343	6.20	云阳	189249	2292907	12.12
南充	134630	605835	4.50	万县	318990	687500	2.15
西充	112712	338163	3.00	开县	110340	99300	0.90
广安	67816	177627	2.60				

资料来源：《四川第四次劝业统计表》第16表。

在表列29个厅州县中，种植10万亩以上的有简州、绵州、青神、泸州、资阳、仁寿、南部、南充、西充、中江、遂宁、安岳、乐至、江津、合州、云阳、万县、开县等18州县，其中以泸州为最多，达到149.5万亩；万县次之，为31.9万亩；遂宁、南部再次之，为25万亩。总产量亦是泸州最高，为299万担；其次是云阳，为229.3万担；再次是南部、江津、犍为，分别有156.6万担、114.9万担和111.3万担。年产番薯50万担以上的还有简州、宜宾、南充、中江、安岳、巴县、江北、万县等厅州县。从亩产量看，高者有江北、巴县等，达10担以上；低者有古蔺、仁寿等，不足1担。据统计1910年全川共栽番薯605万亩，总产量3950.6万担[1]，平均亩产1.46担，折合粮食197.6市斤（合每市亩214.3市斤）[2]。清末全川粮食生产总量约188.9亿市斤（见表2—31），番薯产量约占6.3%。

玉米、番薯的传入和推广会对农业生产和社会经济生活产生极大

---

[1] 《四川第四次劝业统计表》第16表。

[2] 折合办法见第二章表2—30。

的影响,由于两者都是高产作物,单位面积产量有所提高。严如煜《三省边防备览》称:种植包谷"种一收千,其利甚大";陆燿《甘薯录》称:番薯"亩可得数千斤,胜种五谷几倍"。但是我认为,单位面积产量的提高并不是玉米、番薯在上游种植的主要意义,从以上的研究可见,在清末玉米的亩产量实际只略高于水稻,番薯还低于水稻(清末川省水稻[旧]亩产为 220.9 市斤,约合每市亩 240 市斤),由于引种技术、品种等因素,玉米、番薯高产的优势没有充分显示出来,玉米亩产不过 250 余斤,番薯折合原粮亩产不到 220 斤。玉米、番薯在上游广泛种植的意义在于,对一个多山,以旱地为主的区域说来,使土地能得到更大限度的利用,扩大了粮食种植面积,使粮食总产提高,刺激了人口的增殖,同时也使农民挪出部分耕地种植经济作物。

玉米、番薯种植范围的扩大,提高了商品粮的提供率。清中前期,上游大量粮食沿长江而下外销各地,成为廉价商品粮的供应地。在巴山老林地区,垦种玉米解决了许多人的粮食问题,还直接间接地促进了手工业和商业的发展[1]。如巴山老林中,"山中多包谷之家,取包谷煮酒,其糟喂猪。一户中喂猪十余口,卖之客贩,或赶赴市集。……猪至市集,盈千累万,船运至襄阳、汉口售之,亦山中之大贸易,与平坝之烟草、姜黄、药材同济日用"[2]。不仅如此,三省边界地区林木、香菇、木耳、竹笋等山区经济作物产量大增,因地制宜的铁、炭、板、纸、大圆木等厂兴办,这些厂工人大半仰食山内包谷,其丰歉直接影响手工工厂生产。严如煜在谈到大圆木厂时说:"商人操奇赢厚赀,必山内丰登,包谷值贱,则厂开愈大,人聚益众;如值包谷清风,价值大贵,则歇厂停工。"[3]可见,耐旱高产作物引进长江上游,对商品性农业和商品经济的发展起到了重要的支柱作用,是清代区域农业进步的重要组成部分。

---

[1] 参见陈树平:《玉米和番薯在中国传播情况研究》,《中国社会科学》1983 年第 3 期。
[2] 严如煜:《三省边防备览》卷 9,《民食》。
[3] 同上。

四 商业性农业的发展

由于清代农业生产力的发展,使更多的商品粮投向市场,商品经济侵入农村,破坏了传统经济的一体化,促成了农民的阶级分化,出现了萌芽状态的自由劳动者。清中前期长江上游商业性农业得到显著发展,经济作物由于一般效益高于粮食作物,刺激了农民的种植,因而比重日益增大。如仁寿县农民种制蓝靛"利倍于种谷"[①];什邡县"园户无田者甚多,一年仰事俯畜,全在于茶"[②];合江许多农民种茶发家,故"艺者日众"[③];简州沿江之民多种蔗作糖,"州人多以致富"[④];内江县农民种蔗榨糖,"其壅资工值十倍于农"[⑤];会理州"莳烟利蔗,其利百倍"[⑥];彭遵泗《蜀中烟说》称:"蜀多业烟艺者","大约终岁获利过稻麦三倍"[⑦]。有的农民甚至将种粮田地改植经济作物,如合江农民将稻田改为烟田[⑧];崇庆州以种药材代替小春,"价昂时动获十倍之利"[⑨];彭县由于经济作物的发展,以至人们感到这种生产"有利而害谷"[⑩]。可见,清代上游的商业性农业是在利益的推动下发展的。

一些地区出现了棉、桑、蔗、烟、茶、果等专业种植区,逐步形成了初级的区域间生产分工。如简州、内江等以种蔗为主,沱江"沿江左右,自

---

① 道光《仁寿县志》卷2,第17页。
② 嘉庆《什邡县志》卷29。
③ 民国《合江县志》卷2,第1—2页。
④ 民国《简阳县志》卷19,第20页。
⑤ 道光《内江县志要》卷1,《土地部·物产》。
⑥ 同治《会理州志》,《历年兵事纪略》。
⑦ 嘉庆《四川通志》卷75。
⑧ 同上。
⑨ 民国《崇庆县志》,《食货第十》,第6页。
⑩ 光绪《彭县志》卷3,《风俗志》。

西徂东,尤以艺蔗为务","利常倍称"①。川西地区盛产烟草,郫县号称"出产最多",其烟草的销售"上通蛮部,下通楚豫"②;据嘉庆《四川通志》称:"干丝烟产郫县特嘉,业者最夥"③;新津县"邑人业烟草者甚多,良田熟地,种之殆遍。六七月邑中烟市堆积如山"④。在潼川府、顺庆府、资州、叙州府、泸州等地出现了商业性的产棉区域,威远植棉"土性所宜,可抵稻谷之半,而商贩集焉"⑤;仁寿种棉"利与种田等"⑥;乾隆时潼川知府张松孙为推广种棉,还编有一首歌谣:"四月乘时好栽种,勤锄滋长多棉桃。东舍西邻相锄作,鱼羹麦饭饱欢乐。御寒无具盼丰收,更重春耕与秋获。"⑦成都府、潼川府、顺庆府、资州等地广泛种植染料蓝靛和红花,仁寿蓝靛"一亩可得靛十斤,其利倍于种谷"⑧;遂宁所产红花"远商多有来购之者,其利甚大"⑨。沱江、嘉陵江流域产麻甚多,各县"人家多种之,以其利厚而种植易也"⑩;荣昌、隆昌由于种麻兴盛而促进了麻织的发展。

特别值得注意的是在潼川、顺庆等府形成了养蚕区域,长江上游地区是中国产蚕基地之一,"蜀中墙下种桑,宅内养蚕,以为常业","多者二百簧,少者亦十余簧,每簧可得丝一斤","每斤价自八九钱至一两不等"⑪。在养蚕地区,农民每年"养蚕不过一月之劳,工省而获利甚速"⑫。遂宁县

---

① 道光《内江县志要》卷1,《土地部·物产》。
② 乾隆《郫县志》卷2,《物产·货物》。
③ 彭遵泗:《蜀中烟说》,嘉庆《四川通志》卷75。
④ 道光《新津县志》卷29,《物产》。
⑤ 嘉庆《威远县志》卷1,《物产》。
⑥ 道光《仁寿县志》卷2,《户口志·土产》。
⑦ 民国《三台县志》,《物产》。
⑧ 道光《仁寿县志》卷2,《户口志·土产》。
⑨ 乾隆《遂宁县志》卷4,《土产》。
⑩ 道光《江北厅志》卷3,《食货·物产》。
⑪ 李拔:《蚕桑说》,《皇朝经世文编》卷37。
⑫ 乾隆《罗江县志》,《蚕桑说》。

的农民"比户饲蚕"①;射洪妇女"率以蚕绩为事"②;阆中县"种棉种麻均不及种桑之盛","至人家隙地在在皆种者,则无过于桑"③;西充县"农家以耕织为业,自己育蚕,虽乱丝薄茧,均足入经纬而价值,所宜多养"④;苍溪农民"惟丝惟蜡,民藉以生"⑤。我们看到,这种地区分工的发展,使重要农产品和手工业品形成集中的产区。

伴随着商业性农业发展的是农村家庭手工业。如乾隆时期的梓潼县"食于田者,多以种桑织丝,纺纱织帛而佐家资。城邑乡里,妇孺尤以纺织为务,机杼之声,达于四境。一岁交易,不下数万"⑥。又如荣昌县盛产麻,在乾嘉之时"南北一带多种麻,比户皆绩,机杼之声盈耳,富商大贾购贩京华,遍逮各省。百年以来,蜀中麻产惟昌州称第一"⑦。夹江产棉,"女功亦收布帛之利"⑧。新津"男女多纺织,故布最多"⑨。隆昌农民所织棉布"多贩往云南、贵州等省发卖"⑩。

但应看到,上游的商业性农业集约化程度是有限的,在一府一县之内虽有某种作物种植特别多,但真正单一经营的情形却少见,往往在一个特定的区域内有多种作物种植,因而生产优势不够突出,限制了商业性农业的发展水平。例如上游大部分地区的气候和土质不适宜种棉,但清代三分之二的州县都有植棉的记载,说明棉花生产相当分散,而且产量低。由于产棉不够纺织之用,上游长期以来不断从湖北大量输入棉花、棉布。19世纪90年代大量洋纱(印度棉纱)以大约与棉花相等的

---

① 康熙《遂宁县志》卷4,《土产》。
② 嘉庆《射洪县志》卷5,《舆地·风俗》。
③ 咸丰《阆中县志》卷3。
④ 光绪《西充县志》,《物产》。
⑤ 乾隆《苍溪县志》卷2,《土产》。
⑥ 乾隆《梓潼县志》。
⑦ 光绪《荣昌县志》卷16,《风俗·民风》。
⑧ 嘉庆《夹江县志》卷2。
⑨ 道光《新津县志》卷29。
⑩ 同治《隆昌县志》卷38,《物产》。

价格输入上游,加之相当数量的湖北棉花、棉布的继续输入,迫使上游植棉业有所缩减[1]。

商业性农业的发展是农业生产力发展的结果,反过来亦促使了农业生产技术的改进。明天顺年间,中江县开始凿筑堤堰,车水灌田[2];明弘治年间,富顺县就有人制造水车、木牛"以便耕敛"[3]。清代上游许多地区都讲求水利,扩大灌溉面积,康熙年间,崇庆兴修水利,灌田万余亩[4]。雍正年间,雷波厅将数千亩旱地改为水田[5]。乾隆年间,永川修筑堤堰三百多处,大者灌田千余亩,小者灌田数百亩[6]。彭县、新繁等地筑堰引水,灌田或数千亩,或数万亩[7]。过去岳池县"不论倚溪就涧、挹岭环山之田,大都全赖天雨,素乏塘堰,以资蓄池",乾隆时则"劝谕开塘池置车戽"[8]。珙县"民食多以稻为主……至于菽麦等项,川俗谓之小春。当青黄不接之时,全恃此粮食接济"。到乾隆时"修浚渠堰,多种小春,山头地角,悉令垦种"。"虽山巅水湄,亦遍垦种,兼为相度地形,增修塘堰,岁所收几倍于昔。"[9]荣县注意因地制宜,在丘陵地"山田有大、小土之分,小土仅产稻谷,一切种植非宜。大土……凡木棉、豆麦、芝麻、黍稷、薏米等项易于生发,其利颇饶"[10]。万县"多山多堰,故种藷者多而纷盛,贩行远近"[11]。

农民日益注意精耕细作,如垫江县农民过去"不勤耕耨,百谷百钱,

---

[1] 参见高王凌:《关于清代四川农业的成长》,《农村·经济·社会》第3卷。
[2] 民国《中江县志》卷3,第14页。
[3] 同治《富顺县志》卷8,第7—8页。
[4] 民国《崇庆县志》卷2,第18页。
[5] 光绪《雷波厅志》卷6,第17页。
[6] 光绪《永川县志》卷2,第19—21页。
[7] 光绪《彭县志》卷7,第33页;光绪《新繁乡土志》卷3,第17页。
[8] 乾隆《岳池县志》卷1,《风俗》。
[9] 乾隆《珙县志》卷4,《农桑志》。
[10] 道光《荣县志》卷13。
[11] 同治《增修万县志》卷13。

不甚爱惜",到乾隆时由于"生齿日繁,民皆知勤农重谷"①。合州农田"耕耘之地无一茎草,四时之中常青青"②。什邡县"旱地之薄者,因多石故,耕耨皆难",后由移民佃种,"数数拣去,培之以土,沃之以粪,亦觉操变硗之权"③。江津农民则多种经营,"凡墙间隙地,园圃余荒,皆堪树桑。……山傍河岸,沙傍河岸,沙性之土,种棉最宜",而且多种柑橘,广为畜牧,"治田外兼园圃树畜"④。

近代以后,商业性农业与农业生产技术相互促进,道光年间彭县"始作龙骨车",用骡马转动灌田⑤。一些农民注意耕作技术、气候等,如定远县农民"于年月之旱潦,时日之晴雨,以及土地之宜黍、宜稻,栽种之宜早、宜迟,皆若有独得之奇法,每作备验无忒,由是所获较他人常丰"⑥。南溪县有的农民"治田农器精良,连楹充栋"⑦。广安有的农民则"善占晴雨,播种收获,皆如算子"⑧。

由于社会经济发展的不平衡以及自然和农民自身条件的差异,商品性农业在不同地区、不同农户间的发展程度也是不相同的,从而形成了一个多层次的商品生产结构。第一层次:农民生产的产品是为自用,他们只是把用于消费之后节约或剩余的微量产品投入交换,以得到其他必需用品,即所谓"输纳毕然后市其余,易布棉御冬,有婚丧亦藉此举之"⑨。农民不是为获利润出卖产品,仅是"为买而卖",即维持个人生活和个体的简单再生产。在这种状态下,农产品只有极小部分进入流通过程,因此这种生产显然属自然经济性质。

---

① 乾隆《垫江县志》卷1。
② 民国《合川县志》卷17。
③ 嘉庆《什邡县志》卷53。
④ 乾隆《江津县志》卷6,《食货志》。
⑤ 光绪《彭县志》卷3,第28—29页。
⑥ 民国《新修武胜县志》卷9,第30页。
⑦ 民国《南溪县志》卷5,第50页。
⑧ 宣统《广安州新志》卷30,第10页。
⑨ 《古今图书集成·职方典》卷155。

第二层次：农民生产的产品虽主要是为自己消费，但也根据社会需要生产部分产品用于交换，这部分产品的目的一开始即是交换。当然，农民的这种商品性生产和自给性生产的界限不好划分，但是这部分农民在生产过程开始之前，对于交换和自食的比例大体是心中有数的[①]。这种商品性农业生产不是取决于作物的种类，而是取决于种植这些作物的直接目的。如川陕交界巴山老林的棚民主要种玉米，除自食外有相当一部分用作商品出售，山中的不少木厢厂、铁厂、纸厂等工人均靠棚民供应食粮。那些"有田地数十亩之家，必栽烟草数亩，田则栽姜或药材数亩。烟草亩摘三四百斤，卖青蚨十千以外；姜、药材亩收八九百斤，卖青蚨二三十千，以为纳钱粮、市盐布、庆吊人情之用"[②]。可见，这些农民从一开始商品交换的动机就很明确，并有计划地安排种植。

第三层次：农民生产的产品主要是为交换而生产，少量用于自己消费，这部分农民基本转化为小商品生产者。如渠县就有农民租佃土地，雇工种蔗熬糖，赶场发卖[③]。隆昌、荣昌多产夏布，这一带是"比户皆绩"，所产夏布"富商大贾购贩京华，远速各省"[④]。新宁县"收稻最富，一岁所入，计口足供十年。而究少盖藏者，邻封若开县、万县皆仰给焉"[⑤]。但这种以交换为目的的商业性农业在清中前期上游农业中所占比例不大，近代以后，商业性农业的发展突出表现在罂粟的种植中，这是上游商业性农业的一种畸形状态。

上游大量种植鸦片是在道光之后，咸丰时已是"连畦接畛"[⑥]。同治时鸦片种植在川东地区已有相当的规模，1861年英国船长布拉基司顿上溯长江上游时，"已见鸦片为川省东部普通农作物"。1869年据上

---

① 参见方行：《论清代前期农民商品生产的发展》，《中国经济史研究》1986年第1期。
② 严如熤：《三省边防备览》卷9，《民食》。
③ 档案，刑科题本，乾隆十七年七月二十六日策楞题。
④ 光绪《荣昌县志》卷16，《民俗·民风》。
⑤ 道光《新宁县志》卷4。
⑥ 翁同书：《通筹财用大源敬陈管见疏》，《皇朝经济文编》卷34。

海总商会代表报告:"四川的物产中鸦片已居首位。"① 同治时涪陵成为鸦片交易的中心,"罂粟用抵印度土,岁入数百万,竟趋之,而两湖、江西、广东商汇银至川东收买,以涪为聚处,川、黔土多在涪成庄。大吏移土厘局于涪,以道员督理税收,每年数十万两"②。到清末,涪州已是"山上田中,触目俱是,涪州荒野,几为鸦片所蔽"③。长寿县的48个场"几乎全种植鸦片",年产量约2000担,每担值1313海关两,本地消费约800担,输出1200担④。输出占产量的66.7%,约值15.8万两。根据日本根岸佶的调查,清末上游主要产鸦片地有,重庆府:巴县、长寿、涪州、永川、荣昌、大足;忠州:忠州、垫江、丰都、梁山;夔州府:万县、开县、云阳、奉节、巫山;绥定府:大竹、东乡、达县、新宁;顺庆府:邻水;叙州府:宜宾、隆昌、富顺;潼川府:遂宁;资州:内江;成都府:简州;松潘厅:松潘⑤。至光绪中,更是"川东无处不种罂粟,自楚入蜀,沿江市集卖鸦片烟者,十室中不啻六七。……蜀地凡山林确瘠之区,不植五谷者,向资罂粟为生计"⑥。迄光绪末,已达到"百四十余州县,除边厅数处,几无一地不植鸦片者"⑦。鸦片产量居全国之冠,据统计,1906年全川产23.8万担,当时全国产量约58.48万担⑧,川省占40.7%。鸦片亩产一般在50两左右,那么占有川省耕地761.6万亩,相当于全川1.02亿亩

---

① Decennial Reports,1891,Chungking.
② 同治《重修涪州志》卷18,第2页。
③ 《四川》第2号,第85页。
④ Decennial Reports,1891,Chungking.
⑤ 根岸佶:《清国商业综览》第6编《清国重要商品志》。主要产地的产额如下(担):

巴县	1640—1700	忠州	656	开县	2790	东乡	2700
长寿	1313	梁山	2397	云阳	791	达县	656
涪州	4275	垫江	2138	奉节	1610	新宁	420
丰都	2344	万县	1540	大竹	2,516		

⑥ 何嗣焜:《入蜀记程》,《存悔斋文稿》,第15页。
⑦ 茶圃:《各省禁烟成绩调查记》,《国风报》第1年第18期。
⑧ 李文治编:《中国近代农业史资料》第1辑,第457页。

耕地的 7.4%。鸦片成为清末川省出口商品的最大宗,根据根岸佶的估计,19 世纪末 20 世纪初川省出口商品价值约 3000 万海关两,而其中鸦片就达 1200 万海关两,占 40%[①]。

农民大量种植鸦片原因是它的利润甚高,而且在人口增多、人均耕地减少的情况下,鸦片在旱地种植,不占水田,加强了单位面积土地的利用。表 3-11 是小麦和鸦片栽种的成本和利润比较。

表 3-11

类别 项目	小 麦	鸦 片
一担地的耕种成本	1000 文	14000 文
一担作物的价格	7000 文	25000 文
利润	6000 文	11000 文
指数(小麦=100)	100	183.3

资料来源:Decennial Reports,1891,Chung king。

注:〔1〕一担地的鸦片成本 $\frac{耕种7000-8000 文}{肥料6000-7000 文}$ 计 13000-15000 文,表取其中。

〔2〕鸦片丰年一担田约产 300 两,歉年 200 两,价格每两制钱 80-120 文。我们假定每担田平均产 250 两,平均每两价格 100 文,那么共计约 25000 文。

从表可见,鸦片的利润是小麦的 180% 以上,在一些水田少、旱地多的地区,例如川东地区,鸦片因而得以大幅度增长。商业性农业的发展,往往会导致经营规模的扩大,因土地收益的增加,使那些条件较好的农户能增加田产。逐渐从以维持生计为主要目的的生产转化为部分为赢利的生产。一方面大量农民丧失土地沦为无产者,另方面部分农民致富,在较少的土地上投入更多的劳动,扩大经营规模,争取更多的收益,从而引起了农民的分化。失去生产手段的雇佣劳动者逐渐增多。

---

① 根岸佶:《清国商业综览》第 3 编,第 148-152 页。

据对乾隆刑科题本中有关租佃、雇佣等方面资料的整理,在313件记录雇工的档案中,流向外地佣工的有158件,占总数的50%强,其中内地至川、滇、黔以及四川至滇、黔的19件,占12%[①]。

清代上游雇工流动较为普遍,川人出省和外人入川佣工同时存在,区域内部各地客籍雇工亦属不少。这些雇工长期流寓外地,说明他们基本上脱离了家庭的束缚,而且与土地发生了分离,他们可以自由出卖自己的劳动力。关于雇工能够自由出卖劳动力的情况,表3-12即是很好的说明。黄冕堂在《略论清代农业雇工的性质与农业资本主义的萌芽》一文中,以乾嘉两朝的刑科题本为主列出了《清代"无主仆名分"雇工简表》,全表共49例,四川即有12例,占总数的24%,这说明川省的自由雇工较之他省更为普遍。主雇之间都"无主仆名分",人身依附关系基本上不存在了,他们有选择雇主和来去的自由。农业佣工名目繁多,有长工、短工、忙工、年工、季工、月工、日工等各种形式,在商业性农业生产中起着很大的作用。

表 3-12

年代	地区	雇主	雇工	工种	主雇关系
嘉庆十年	合江	吴添贵	杨来贵	不详	"并没有定年限,也没有立约。"
嘉庆十三年	梓潼	叶涌滩	陶有位	不详	"平等称呼,并无主仆名分。"
嘉庆十三年	江津	曾积志	王 四	驾船	"平等称呼。"
嘉庆十五年	珙县	李步恒	陈老成等	插秧	"平等称呼,并无主仆名分。"
嘉庆十七年	四川	李荣仁	邹寅娃	不详	"同坐共食,并无主仆名分。"
嘉庆二十一年	通江	王芝远	袁文佑	不详	"平等称呼,并无主仆名分。"
嘉庆二十二年	江津	张仁杰	张 二	不详	"平日同坐共食。"
嘉庆二十四年	四川	李成荣	周得佶	不详	"平等称呼,并无主仆名分。"
嘉庆二十五年	大竹	何守正	范茂兴	不详	"平日同坐共食,并无主仆名分。"

---

① 郭松义:《清代的人口增长和人口流迁》,《清史论丛》第5辑。

续表

年代	地区	雇主	雇工	工种	主雇关系
嘉庆二十五年	资阳	李王氏	贾绍玉	开饭店	"同坐共食,并无主仆名分。"
嘉庆二十五年	邛州	侯国甫	曾锡葵	不详	"平等称呼,并无主仆名分。"
同治七年	富顺	蔡二	王苏幔	驾船	"并无主仆名分。"

资料来源:黄冕堂《略论清代农业雇工的性质与农业资本主义的萌芽》,《清史论丛》第5辑。

但也应看到,清代上游的农业,雇工与地主间除货币关系外,仍存在等级和身份上的差别。而且有相当一部分雇工实际是不足最低必要耕地限量的自耕农和不足最低必要耕地限量的佃农,如在荣县的种棉区农民按季节受雇,平时经营自家田地,秋收时帮采棉花,"主家执秤,照所拾轻重给钱"①。他们还没有完全脱离依附的自耕农和佃农的身份。

五 自然经济结构的破坏

近代以来,随着上游门户的打开,对外贸易进一步推动了商品经济的发展,破坏了上游自给自足的自然经济的基础,破坏了城市手工业和农民的家庭手工业。中国自然经济的结构是农业与家庭手工业的结合,而农村家庭手工业又主要是棉纺织手工业,所以,从分析农村手工棉纺业的衰落过程入手,就可以看到上游自然经济解体的程度。在外国商品大量侵入之前,上游由于产量不足,须从湖北等省不断输入棉花,同时亦运进大批湖北土布。但19世纪60年代中叶以后,洋布开始入川,到19世纪80年代,大约每年输入90万匹洋布和12万匹呢绒②,当然这并没造成对自然经济的较大动摇,而继洋布之后涌入的洋纱却

---

① 光绪《荣县志》卷18,《舆地志·风俗》。
② 姚贤镐:《中国近代对外贸易史资料》第3册,第1416页。

使自然经济受到了根本打击。表 3－13 列出了 1892—1901 年的历年洋纱输入情况。

表 3－13

年 度	洋 纱(担)					生 棉 (担)
	英 国	印 度	日 本	中 国	总 计	
1892	618	128227	—	300	128145	4148
1893	129	77573	—	423	78125	3431
1894	474	124599	45	2139	127257	8771
1895	685	114565	3	4053	119306	32243
1896	34	166636	5	3957	170633	13086
1897	177	188390	8785	33930	231282	65089
1898	324	160426	9284	52200	222234	72589
1899	538	291841	32813	106975	432167	37594
1900	91	250347	35464	136516	422418	7020
1901	—	240981	2486	52952	296419	2112

资料来源：Decennial Reports, 1892—1901, Chungking。

棉纱是四川的主要输入品,大约占输入贸易总值的 60－70％[①],这严重冲击了上游的棉花种植,由此造成棉花的减产。过去一些普遍种植棉花的地区,如达县"自洋纱入侵,民间种此渐少"[②];遂宁"自印度棉纱输入后,遂宁棉花收成减少了一半,原来种棉花的土地都改种了烟草、靛青和红薯"[③]。由此造成连锁反应,影响到农村棉纺手工业的衰败,在上游棉纺手工业中出现了进口洋纱代替手纺土纱的趋势。过去川北一带皆用陕西一带所产之棉,每至秋冬"运棉花入川者,交络于

---

① Decennial Reports, 1892—1901, Chungking.
② 民国《达县志》卷 12,《工业》。
③ 彭泽益编:《中国近代手工业史资料》第 2 卷,第 226－227 页。

道"。但到19世纪末20世纪初,"一律改用洋纱,陕花遂不入川"①。由于"洋棉纱细匀洁净,颇合川民之用",销售范围进一步发展,"不特通都大邑,销数日多;即僻壤穷乡,亦将畅销无滞"②。在这一时期,手纺织业分布的地区,"北面远至潼川,西边远至雅州,并且包括合州、遂宁县、太和镇、万县、成都、眉州、中江、嘉定、叙府、泸州这些如此重要的商业中心——实际上把四川省的每一重要城镇都包括在内"。无用而这些地区的织物"绝大多数是用洋纱织的,洋纱因其价廉,形式方便及易于操作,很快地使纺车闲置无用"③。

在川东地区,巴县的"乡镇间小工业,四十年前,纺花手摇车家皆有之,每过农村,轧轧之声不绝于耳"。但在外国"棉纱畅行"后,"此事尽废"④。达县由于"西花来自西安,市镇大皆有花店,自棉纱输入,而纺棉业微"⑤。在川西平原地区,成都"在海禁未开以前,织布之纱,全为土制。迨通商后,始有洋纱输入,以其制作精良,而昔时价格,更较土纱为廉,织户多乐用之,故能畅销各地"⑥。过去新繁的"贫妇","多勤纺织,每一日能纺棉花半斤。近来洋棉纱稍夺其利,村巷夜深,车声微矣"⑦。在川北地区,"比户人家妇女,莫不置有布机……由宜昌贩运至该地洋棉纱,不待再纺即可织布,土棉则须纺而织,人工既费,成本亦增,故印度棉纱得以畅销"⑧。三台县"原产大宗土布,即潼川布,极负盛名,销售于陕甘一带。……近年来因廉价之洋货充斥,织户……以无利可图,遂多停织。现尚有少数农家仍在继续努力于织造者,不过散在乡村,一家

---

① 《商务官报》丁未第2册,第71页。
② 彭泽益编:《中国近代手工业史资料》第2卷,第226—227页。
③ Report of the Mission to China of the Blackburn Chamber of Commerce 1896—1897, pp.254—255.转见彭泽益上揭书第247页。
④ 民国《巴县志》卷12,《工业》。
⑤ 民国《达县志》卷12,第16页。
⑥ 张肖梅编:《四川经济参考资料》,S纺织业。
⑦ 光绪《新繁乡土志》卷9,第7页。
⑧ 彭泽益编:《中国近代手工业史资料》第2卷,第226—227页。

一二机而已"①。据当时的海关调查,上游的"各较大城市和沿大江大河地区,全用或部分用洋纱织成的布已成功地超过土布"②。

农村棉手纺业的衰落造成了耕与织的初步分离,开始改变了耕织结合的形式——由自纺自织转为买纱自织③。外国棉纱的输入,一方面使棉花种植和家庭棉纺业衰退,并使湖北入川的棉花、土布减少;但另一方面却促进了以外国棉纱为原料的家庭织布业的新发展。手工棉布的出口又得到一定程度的恢复,有些城市及其邻近地带的织布业已经成为区域化的生产,从这些织布中心运出大量的布匹。

然而这个新兴的家庭织布业并未能阻止自然经济瓦解的趋势,由湖北进入的土布与上游以洋纱为原料的家庭织布业相互竞争,使价格下降,"随着城市富裕阶层的需要由土布转向洋布,销路也不断缩小"④。另外,由自纺自织转为买纱自织后,价格受控于外国资本,"内地布缕价涨缩,恒依洋纱进入增减为差度"⑤,可见上游农村受世界资本主义的影响已十分明显。至辛亥革命前,四川土布生产中使用洋纱(包括国产机制纱)的比重为52%左右⑥,若国际市场发生价格和产品输入量的波动,立即就会在上游发生反应。

外国商品输入上游数量虽是逐年上升,"但是实现的成绩却没有如期之好",特别是外国的棉织品遭到市场的顽强抵制,19世纪末的十年间基本上是停滞不前,较之80年代且呈下降趋势,见表3—14。

---

① 张肖梅上揭书,R第15页。
② Decennial Reports,1892—1901,Chungking。
③ 参见谢放:《论近代四川农村自然经济的解体》,《四川大学学报丛刊》第32辑。
④ 西川正夫:《四川保路运动——ゐ前夜の社会状况》,东洋文化研究所纪要第45分册。
⑤ 《西蜀新闻》1912年10月28日。转引自谢放上揭文。
⑥ 王永年:《辛亥革命前湖北、四川近代市场之比较研究》(未刊硕士论文)。

表 3—14

年 度	输入各类洋布总计(匹)	年度	输入各类洋布总计(匹)
1892	735109	1897	643794
1893	599792	1898	579503
1894	518000	1899	834922
1895	710687	1900	817293
1896	593942	1901	643366

资料来源:Decennial Reports,1892—1901,Chungking。

1901年洋布输入较之1892年减少14%,输入最高年份1899年也不过834922匹,尚未达到1880年代水平。这种情形的出现,是由于洋布仅有各大城市的少数居民才使用,"几乎只有富裕户购买",而广大农村人们"继续穿着保暖耐用的土布"①。

把洋布和棉花、土布的输入作比较,20世纪初,在输入上游的商品棉和商品布总值中,洋布仅占20%。洋布在四川的销售面虽然很广,在142州县中,清末有洋布销售记载的100个厅州县②,占70.4%,但销量却有限,以入川洋布量同全国进口洋布比较,重庆开埠后十年间,川省每年平均进口洋布约为67万匹,价值为193万海关两;同期全国进口洋布平均每年3.815万海关两,四川仅占全国的5%;四川人平均购买洋布为0.043海关两,仅占全国人均购买量0.095海关两的45%。而且输入的洋布并非全部在川销售,还有部分要转输西南各省③。据估算,至辛亥革命前,在四川的棉布消费中,洋布的替代率仅为11.8%④。

从总体上考察,19世纪末上游农产品商品化速度有所加快,这从主要出口农副产品的数额上体现出来,表3—15是1895—1913年四川

---

① Decennial Reports,1892—1901,Chungking.
② 《四川第四次劝业统计表》(宣统二年)第33表。
③ 参见谢放:《近代四川农村经济研究》(未刊硕士论文)。
④ 见王永年上揭文。

主要出口农副产品的情况比较。从1895年至1913年，12种主要农副产品的出口值增长32.92倍，其中以适应外国市场需要的生丝、猪鬃、牛皮、羊皮、烟叶、大黄等增长最为迅速，如生丝增长4.16倍，猪鬃9.13倍，烟叶57.48倍，牛皮167倍，羊皮186倍。这五种商品在出口总值中所占比重也从1895年的15.51%增至1913年的55.25%。而以国内贸易为主的其他6种农副产品，除熟皮、药材、木耳、麝香有少量增长外，白蜡和五棓子的出口值都分别下降了78.74%和16.49%①。这说明上游进入世界市场是农副产品商品化的主要因素。

表 3—15

（单位：海关两）

品名	1895 出口货值	%	1905 出口货值	%	1913 出口货值	%
生丝	811754	12.69	2292851	20.53	3378138	27.84
猪鬃	96152	1.50	325485	2.91	877551	7.23
生牛皮	4578	0.07	302342	2.71	763551	6.29
熟皮	13770	0.22	29224	0.26	26827	0.22
羊皮	5701	0.09	494472	4.43	1059617	8.73
未列名药材	505091	7.90	1080912	9.68	1288680	10.62
烟叶			5809	0.05	333912	2.75
木耳	21593	0.34	173652	1.55	277525	2.29
五棓子	232050	3.63	166151	1.49	193785	1.60
大黄	80470	1.26	159959	1.43	292242	2.41
白蜡	940699	14.71	272122	2.44	199995	1.65
麝香	540662	8.45	590186	5.28	798566	6.58
鸦片	2870485	44.87	4200000	37.60		
其他	274738	4.27	1076091	9.64	2642233	21.79
总计	6396743	100.00	11169256	100.00	12132622	100.00

资料来源：王永年上揭文。

注：本表系根据甘祠森《最近四十五年来四川进出口贸易统计》中有关数字编制，均是通过海关出口的数字。由于四川农副产品中有相当部分是通过厘金局出口的，所以上表的数字很不完全，但仍可证明农业商品化的趋向。

---

① 参见王永年上揭文。

虽然长江上游的自然经济对洋货的侵入进行了顽强的抵抗,但毕竟未能实现有效的阻挡,到 20 世纪初,洋货已深入到一些基层乡场①,如南川福寿场"贸易洋线布匹",该县的陈家场有铺户 300 余家,"以造铁钉发外为业",后在洋铁钉打击下衰落;乐山苏稽场上有洋纱销售,大竹观音桥场"棉纱运销亦畅";南充城外王显庙的土布市因"洋布盛行,土布市废"②。关于上游农村被强行纳入世界市场的情况,从郭沫若的回忆中可得到更直观的印象:他的家乡是在乐山沙湾镇,"帝国主义的恶浪不消说是冲到了我们那样偏僻的乡陬。譬如洋烟的上瘾,洋缎的使用,其他沾着'洋'字的日常用品实在已不计其数"③。

外国商品的冲击导致了自给自足的自然经济的极大破坏,由此造成了农民和小手工业者的破产,使他们生计日蹙。人口的增加又起了推波助澜的作用,各地区游民日多。如井研县"敖民独众,赤手遨荡街衢"④;温江"贫无立锥、专恃营业劳工以活者又占十分之五"⑤;荣县"地方游民甚众"⑥;蓬溪"民无所得食,扶老携幼,迁徙他乡"⑦;上游地区因"欧日纺织制造之物,流布于穷僻,故货权外授,虽女红亦为之废夺,民多成为游手⑧;当局也哀叹:"川属地方辽阔,无业游民太多。"⑨由此出现了自由劳动力的增多,大量农民成为自由出卖劳动力的雇工,如巴县"贫无赀者,力能耕作,无田可耕,不得已

---

① 参见谢放上揭文。
② 见民国《南川县志》卷 2,《市集》;民国《乐山县志》卷 1,《市镇》;民国《大竹县志》卷 2,《乡镇》;民国《南充县志》卷 1,第 44 页。
③ 郭沫若:《我的童年》,《郭沫若选集》第 1 卷上册,第 38 页。
④ 光绪《井研县志》卷 8,第 4 页。
⑤ 民国《温江县志》卷 3,《民政》。
⑥ 《广益丛报》总 132 号,"纪闻"。
⑦ 民国《蓬溪县志》卷 11,《匪灾前篇》。
⑧ 锡良:《现办川省农工商矿诸务大概情形折》,《锡良遗稿》第 1 册,第 403 页。
⑨ 《四川官报》戊申第 28 册,"公牍"。

为人佣耕,博取区区之劳金"①。梓潼无地农民成为雇工,"以岁计曰长年……以月计曰月伙,以日计为短工,贫者耕微产,暇则佣于人"②。南充"雇佣农工大抵为无产业之壮民,经各自业农雇用"③。江津"十分其力而佣工居其半"④。这些游离劳动力实际上变成为商品,从而为现代化的生产提供了劳动力市场。

六 对传统农业的改良

清末,中国经济状况日益恶化,许多地区灾荒扩大,产量递减,粮食不敷,水利破坏,土地逐渐贫瘠,农业处于衰败的趋势,已严重地危及国计民生。不少有识之士竭力鼓吹农业改良,传播新的农业知识和技术,组织农牧垦殖公司,设立农会等。清政府对农业政策也进行一些改进,如开放禁垦区、奖励垦荒、支持创办农业公司、通饬各地发展蚕桑、提倡改良品种、积极普设农业学堂等。特别是20世纪初在全国推行新政之后,亦把振兴农业作为一项重要内容,取得了一定成果。僻处长江上游的农业大省四川,由于官绅合作,措施有力,多年不间断地倡导和推行,农业改良成效尤显。

(一)设立农政总局和农务局

19世纪后半叶,川省生计日蹙,财政拮据,农业凋敝,"肥硗听之地,水旱听之天,乐岁则无仓箱,凶年不免沟壑,衣被取给于人,山原入目枯槁","民间本计,大有江河日下之忧"。川省上下都力图改变这种

---

① 民国《巴县志》卷11,第18页。
② 民国《潼南县志》卷6,第5页。
③ 民国《南充县志》卷11,第75页。
④ 光绪《江津县志》卷6,第1页。

状况,深感农业改良之迫切,"亟兴农政,以握本富之纲,苏川民之困"①。虽然自1902年以来川省农业改良已成风气,但尚无一总的领导机构,1905年川督锡良令设农政总局,"以挈全省农政之纲"。总局内设农田、蚕桑、树艺、畜牧四个部门,各县设农务局,"以稽考本属农事"。各乡场设公社,每年年终各公社将本年本乡所办农务"分晰册报农务局",各农务局汇报总局。农政总局规定:凡种树最多、育蚕得法以及种田畜牧有成绩者,各公社"须将其事迹详细注明,送地方官转详总局奖励"。对于"惰农自安"和官绅举办不力者则予以处罚。凡是能自创农学会或自立农桑学堂者,地方官上报总局"分别详请奖励。其有著为农学书呈总局鉴定后当予以板(版)权专利"。农政总局宣告各属:"自兹以往,咸与维新,总局倡之,各属率之,公社董之,民间则效而实行之,万众一心,日臻富庶,复生众用舒之大道,拯啼饥号寒之穷黎,将胥于农政观之,故万政必自农政始。"②1905年以后,各县都设立了总局的下属机构农务局,乡场设立之公社基本上皆为蚕桑公社。1908年以后川省又先后成立农务总会和各州县农务分会,进一步推动了农业的发展③。此外,成都1910年还设立有农业研究会、南充有农商医三会公所、渠县有水利局等④。

(二)农业知识的传播

19世纪末一些有识之士便注意到农学的重要,陆续编著和印行了一些农学新书,如1897年刊印了三台县陈开沚著《禋农撮要》三卷,陈氏凤留心时务,其序云:"蚕桑乃时务之最,方今稼穑维艰,财力虚耗,非

---

① 《农政通行章程》,《四川官报》乙巳第28册,"专件"。
② 《四川农政总局章程》,《农政通行章程》,《四川官报》乙巳第28册,"专件"。
③ 农务总会和分会详见本书第八章有关部分。
④ 见《成都商报》第1册,"新闻",民国《南充县志》卷6,《掌故志》;民国《渠县志》卷4,《实业志上》。

植桑育蚕,以补其阙,闾里安恃?试观外洋诸国,囊括中国之利,凡欲一网打尽,所赖稍稍收回利权者,丝为尚,丝可忽乎哉?"①此书在当时起了开风气的作用,据载:"自宛溪叟(按:陈开沚字宛溪)著《裨农撮要》,改良蚕桑,丝业日盛,邑人化之,虽世族大家,或有不农,罕有不蚕。"②当时流行的农书还有井研董含章的《西法农学浅说》四卷,光绪《井研志》所存本书提要称:"泰西近精农学,谓于中法有五十倍之收。……因编为书,专取与吾乡土性相宜及乡民力所能为之任,著为浅说,以相开导。"又有施焕的《农器图说》二卷(附有《养蚕新法》一卷),将复杂的新式农具简化推广,"改造简易之法,以便仿行。……绘作图式,并详工匠造修之法。其他细节必须谘询西人者,亦详列焉"③。1901年荣县旭川书院刊印黄英所著《筹蜀篇》,以鼓吹维新为主旨,其中有相当篇幅专论农业改良,如上卷之《水利》《农学》,下卷之《蚕桑》诸篇。书中大力提倡学习西方农学:"泰西诸国近于农学新法大加讲求,用机器以代人力,一人可作三人之工;以化学造肥料,一亩可收六亩之获。如此法经营中土,每年可增款六十九万一千二百万两之多。"提出先选通晓时事数人,"派选到美国农学堂专攻新法……择其与我蜀相宜者,绘图著说,揣摩而归"④。

农政总局成立后农学进一步大兴,农政总局在成都青羊宫修建陈列所,"将农品各标本及物产各品类运赴所内罗列纵览,以冀开通民智"⑤。又设立标本陈列室,"陈列农业、林业、蚕业、水产、畜产各标本"。每年秋收以后,"集本年春秋二季农品举行品评会一次,为切实改良之计划"。又将中国旧农书和外国农书编译成白话文刊布,规定"凡有阐

---

① 民国《三台县志》卷23,第6页;卷8,第35—37页。
② 民国《三台县志》卷25,第6页。
③ 光绪《井研县志》卷14,第24—25页。
④ 黄英:《筹蜀篇》卷上,《农学》。
⑤ 《四川官报》戊申第5册,"新闻"。

明农学,创造农具,改良农产,编译农书者",经农务总会查核后,便"酌予奖励"①。劝业道也令将农学书,"无论林业、渔业、新说、旧说,均可呈由劝业道核定咨呈",以供"实业研究"②。1909 年川督将农工商部咨文发至各地,指出:"中国农学讲求最古,如农林、蚕桑、畜牧、渔业各项事宜。其研精专学,著述成书者代有其人。且现在各省农业学堂渐次设立,编辑讲义以及私家著述有裨农政之书更复不少,自应先事征罗,以供研究。"③当时设立的各类农业学堂也成为传播农业知识的主要场所,在四川通省中等农业学堂的《应用书目表》中,就有《土壤学》《肥料学》《作物学》《园艺学》《农业气象学》《农业经济学》《家畜饲养论》《害虫论》《害菌论》《蚕体生理》《造林学》《森林利用学》《森林保护学》《森林管理学》等 36 种近代农学书④。

农政总局还注意试验,推广良种,"于隙地辟试验场,分科研究"⑤,并要求各属"择地方试验"⑥。各地纷纷照办,表 3-16 是农业试验场示例。

据统计,迄 1911 年全川计有农业试验场 74 处。各试验场注意试验和改良种籽,劝业道有"外国籽种分类说明,给发试种"⑦。成都农事试验场"选购美国、奉天各项籽种以时栽种,成效大著"。1910 年川督又咨请驻日大臣"派员选购嘉种",购得麻、烟、荞麦、茶及芝麻、杂粮等良种运到四川⑧。

---

① 《四川农务总会章程》,《广益丛报》第 7 年第 23 期,"新章"。
② 《四川官报》己酉第 20 册,"新闻"。
③ 《总督部堂札准农工商部咨调取有裨农政诸书文》,《四川教育官报》己酉第 5 册,"公牍"。
④ 《四川通省中等农业学堂续订章程》,《四川教育官报》戊申第 3 册。
⑤ 《东方杂志》第 3 年第 3 期,"实业",第 83 页。
⑥ 《农政通行章程》,《四川官报》乙巳第 28 册,"专件"。
⑦ 《护督宪王人文奏川省办理农林工业情形折》,《广益丛报》第 9 年第 8 期,"章疏"。
⑧ 《成都商报》第 3 册,"新闻"。

(三) 蚕桑公社和蚕桑传习所

光绪二十年(1894)合州张森楷在上海读罗振玉所办《农学报》,"于是始知有蚕桑之学"。1901年在合州大河坝设立四川蚕桑公社,1903年又赴北京呈准学务大臣张百熙,设立四川民立实业中学堂,获准往日本参观博览会,"并调查蚕桑及中小学堂一切事宜……遍观东西京蚕校,购仪器于上野"。又广泛召股,预召股银2.5万两。开办之初,公社内计有学生、粗工50人,"所有附近公社及公社分局,各州县有志蚕桑之家,俱准照章送其子弟来学,以开风气"。后又扩大规模,学生至百余

表 3—16

名称	地区	设立时间	概况	资料来源
中等农业学堂试验场	成都	1906	规模130亩	《农工商部统计表·农政》(光绪三十四年)。
皇城内试验场	成都	1906	规模30亩	《四川官报》丙午第1册,"新闻"。
农事试验场	什邡	1906		民国《重修什邡县志》卷4,《民职·实业》。
农事试验场	中江	1910		民国《中江县志》卷14,《政事下·创制》。
农业研究会	成都	1910		《成都商报》第1册,"新闻"。
劝业道农事试验场	成都	1910	试验比较国内外农作物约1300种	《四川官报》庚戌第22册,"新闻"。
蔗苗试验场	四川	1910		《广益丛报》第9年第8期,"章疏"。
农事试验场	巴县	1911		民国《巴县志》卷11,《农桑》。
农会试验场	犍为	1911		民国《犍为县志》卷4,《民职·实业》。
农事试验场	大竹	清末	种植桑株	民国《大竹县志》卷2,《建置志》。
种桑试验场	大竹	清末	种植桑株	同上。

名,蚕种 4000 余张①。在张森楷的主持下,"社誉大起,来学者百数十,校舍不能容"②。四川蚕桑公社设立"数年以来,时时以风气为心",例如为推广蚕桑,将"培成桑种送人树艺试验,蚕种送人养饲"。而且还"募人四出,逢场演说蚕桑之利、土法之害。逢人辄送蚕种一纸……又复购置电光养蚕影本,招人聚观,以便扩其闻见"③。由于蚕桑公社办有成效,商部授张森楷三等商勋、四品顶戴。蚕桑公社前后开办七年,但始终因财政问题纠缠不清,1909 年由劝业道禀请川督,改为合州蚕桑公社④。

在四川蚕桑公社的带动下、在官府的倡导下,各地蚕桑公社纷纷设立,兹示例如表 3－17。到 1906 年,"蜀省各属蚕桑公社无虑数十百处"⑤。到辛亥革命前,川省已是"蚕社如笋,桑株如荞,丝厂如林,岁进千余万"⑥。

表 3－17

名称	地区	设立时间	创办人	概况	资料来源
四川蚕桑公社	合州	1901	张森楷	资金 1.5 万两,年出丝 5000 磅	民国《新修合川县志》卷 18－20,《蚕业》。
蚕桑局	彭山	1904	官办		民国《重修彭山县志》卷 6,《官政篇》。
蚕桑公社	万县	1906	邓文等	集股,购日本良种种桑育蚕	《四川官报》丙午第 62 册,"新闻"。

---

① 民国《新修合川县志》卷 19,《蚕业中》;卷 20,《蚕业下》。
② 《史学家合川张森楷年谱》,《世界农村月刊》第 1 年第 5 期(1941 年)。
③ 民国《新修合川县志》卷 20,《蚕业下》。
④ 民国《新修合川县志》卷 4,《建置二》。
⑤ 《东方杂志》第 3 年第 3 期,"实业",第 83 页。
⑥ 《史学家合川张森楷年谱》,《世界农村月刊》第 1 年第 5 期(1941 年)。

续表

名称	地区	设立时间	创办人	概况	资料来源
蚕桑公社	中江	1906	士绅	试种桑株	民国《中江县志》卷14,《政事下》。
蚕桑公社	三台	1907	陈开沚	研究蚕桑新法	民国《三台县志》卷25,卷8。
蚕桑公社	嘉定	1907	王林生	推广桑林蚕室	《四川官报》丁未第11册,"新闻"。
蚕桑公社	江津	1907	涂景陆		民国《江津县志》卷7,之二。
蚕桑公社	名山	1907	罗之栋	各县多来聘生徒为教习	民国《名山县新志》卷16,《事纪》。
蚕桑公社	绵州	1908	孙纯武	租地500亩,种桑5万株	《四川官报》戊申第10册,"公牍"。
蚕桑公社	潼川	1908	众绅	集股,栽种桑树	《四川官报》戊申第22册,"公牍"。
蚕桑公社	雅安	1908		购地15亩	《四川官报》戊申第9册,"公牍"。
同益蚕桑公社	长宁	1908	罗某	集资,种桑苗2万	《四川官报》戊申第4册,"新闻"。
蚕桑公社	新都	1908	周龙章	育蚕缫丝	《四川官报》戊申第29册,"新闻"。
德新蚕桑公社	巴县	1910	江玉廷	集股7500元,种桑8万余株	《成都商报》第4册,"新闻"。
仁裕桑社	南川	清末		合资	民国《南川县志》卷4,《农业》。
儒释桑社	南川	清末		僧俗集股	同上。
裕蜀蚕桑社	巴县	清末			民国《巴县志》卷11,《农桑》。
锦国蚕桑社	巴县	清末			同上。
八省蚕桑公社	巴县	清末			同上。
蚕务局	南充	清末	官办		民国《南充县志》卷11,《物产志》。
蚕桑公社	名山	清末	胡存琮		民国《名山县新志》卷8,《食货》。

在蚕桑公社出现的同时,蚕桑传习所更是大量建立。1906年四川农政局在中等农业学堂附设蚕桑速成科传习所,讲授"栽桑、养蚕、制丝诸法"。招生40人,一年毕业。传习所力图使学员"深明种植、饲育、缫丝,学成而后,归而教其一乡一邑,或自谋蚕桑事业"①。次年,蚕桑速成科学生毕业,"试验多优,学成而归,转授乡里"②。各州县则就地筹款,设县立蚕桑传习所,分复式、简易两种,并提倡公私设立蚕桑学校③。1909年四川当局又拟在成都开设蚕桑传习所,"广造师资,并求蚕学统一之效"。川督令劝业道派员分路检查"各属传习所办理是否得法,随时详加指导,分别奖罚,务使各地方官尽力推行,始终不懈"④。1910年,"向于蚕桑一事极为注重"的劝业道周善培,在成都南关外农业试验场附设女子蚕桑传习所,取录正备女生80名⑤。关于蚕桑传习所在各地的发展,见表3-18示例。据1909年统计,全省有复式传习所17处,简式传习所52处,复简结合传习所3处,计72处,学生3400余名⑥。1911年全川共有蚕桑传习所130余处,几乎每县一所,学生4200余名⑦。

---

① 《农政局详开办蚕桑速成科传习所章程文》,《四川官报》丙午第28册。
② 《川省农政总局督办训农业学堂蚕桑速成科毕业生辞》,《四川教育官报》丁未第12册,"论说"。
③ 尹良莹:《四川蚕业改进史》第23册。
④ 《督宪奏川省各属筹设蚕桑传习所大概情形折》,《广益丛报》第7年第21期,"章疏"。
⑤ 《成都商报》第2册,"新闻"。
⑥ 《督宪奏川省各属筹设蚕桑传习所大概情形折》,《广益丛报》第7年第21期,"章疏"。
⑦ 《护督宪王人文奏川省办理农林工业情形折》,《广益丛报》第9年第8期,"章疏"。又据《四川第四次劝业统计表》,1909年川省蚕桑传习所94处,学生3936人,1910年有蚕桑传习所144处,学生4026人,教员及办事员599人,收茧27926斤。

表 3-18

名称	地区	创办时间	资料来源	附注
蚕桑传习所	彭山	1904	民国《重修彭山县志》卷6,《官政篇》。	
蚕桑传习所	顺庆府	1905	《东方杂志》第2年第9期,第244页。	萧善斋创办,招生十余人。
蚕桑研究会	万县	1905	《东方杂志》第2年第2期,第22页。	春夏搞实验,秋冬讲学理。
蚕桑学校	泸州	1905	民国《泸县志》卷3,第21页。	绅士郑某创办,广种桑株。
蚕桑传习所	绵竹	1906	民国《绵竹县志》卷9,《实业》。	知县王椷创办。
中等农业学堂附设蚕桑传习所	成都	1906	《农工商部统计表·农政》(光绪三十四年)。	官办。
蚕桑传习所	德阳	1906	民国《绵阳县志》卷2,第13页。	种桑40亩。
蚕桑传习所	安县	1906	民国《安县志》卷29,《学校门》。	
蚕桑传习所	渠县	1908	民国《渠县志》卷4,《实业志上》。	
蚕桑传习所	新都	1908	民国《新都县志》第2编,《政纪》。	
蚕桑传习所	巴县	1909	民国《巴县志》卷11,《农桑》。	
自立蚕桑传习所	合江	1909	《广益丛报》第7年第17期,"纪闻"。	
官立蚕桑传习所	荣县	1909	《广益丛报》第7年第18期,"纪闻"。	用新式车缫丝。
蚕桑传习所	江北	1909	《四川官报》己酉第31册,"公牍"。	收茧80余万个,缫丝8000余两。

续表

名称	地区	创办时间	资料来源	附注
简式蚕桑传习所	黔江	1910	《成都商报》第2册,"新闻"。	招学生30人,两学期毕业。
简式蚕桑传习所	云阳	1910	《成都商报》第5册,"新闻"。	
复式蚕桑传习所	安岳	1910	《成都商报》第5册,"新闻"。	
蚕桑传习所	夔府	1910	《成都商报》第4册,"新闻"。	由蚕桑局改,所出丝品极佳。
女子蚕桑传习所	成都	1910	《成都商报》第2册,"新闻"。	附设农业试验场,招女生80名。
八省蚕桑传习所	巴县	1911	民国《巴县志》卷11,《农桑》。	
蚕桑传习所	大竹	清末	民国《大竹县志》卷2,《建署志》。	
蚕桑传习所	简州	清末	《成都商报》第4册,"新闻"。	自设蚕桑传习所以来,乡民养蚕之风渐次开通。

(四)设立农业公司

清末长江上游出现了一些资本主义性质的现代企业,它们的影响也波及农业的垦殖、种植活动。如1906年天全商人沈子江留学归国,以"川省边陲之地森林极多",乃约集他人设立树胶公司[①]。1909年资州朱俊等呈请设立资州等州县蚕业有限公司,川督表示"公家无不力任保护"[②]。同年赵尔丰饬劝业道"招集绅民组织一大森林公司",基本金100万两,以百金为一整股,十金为一小股,官商各半,"仍属营业性质,

---

① 《广益丛报》总第120期(光绪三十二年九月十日)。
② 《督宪批资州等州县蚕业有限公司董事朱俊等呈保护禀》,《四川官报》己酉第5册,"公牍"。

并不沿袭官督商办旧习,藉收实效而省浮费"①。1910年合州石塘刘寅阶等集股试办溥利公司,在小沔溪、滩子坝、三汇坝等处租放山蚕4万种,在水里、铜溪镇、费家渡等租放山蚕1万种,预计"其收茧成绩最好"。据不完全统计,迄1911年上游地区设立及筹办的农业公司有十余家,见表3—19。

表 3—19

名称	地区	创办时间	创办人	概况	资料来源
垦务公司	汶川	1905	土司索诺木		《四川官报》乙巳第2册,"新闻"。
藩昌公司	仁寿	1906	王某	结果不详	《四川官报》丙午第13册,"新闻"。
树胶公司	天全	1906	沈子江	结果不详	《广益丛报》第4年第24期,"纪闻"。
垦牧公司	南部	1907	夏绅	集股万金,广行开垦	《广益丛报》第5年第9期,"纪闻"。
禁烟改种纪念公司	长寿	1907	孙建中	股本10万元,从事种桑、养蚕、制丝、种麦、磨面等	《商务官报》戊申第26册,"本部要批一览表"。
灌县林业公会	灌县	1907	某绅	结果不详	《四川官报》丁未第23册,"新闻"。
树畜公司	重庆	1907	赵楚垣		《东方杂志》第3年第12期,"实业"。

---

① 《广益丛报》第7年第9期,"纪闻"。

续表

名称	地区	创办时间	创办人	概况	资料来源
富川垦务农林有限公司	四川	1908	吴天成	股银18万两，开官荒6处	《四川官报》戊申第26册，"公牍"。
森林公司	四川	1909	赵尔丰	拟集股100万两，结果不详	《广益丛报》第7年第9期，"纪闻"。
畜牧公社	屏山	1909	李燮昌	集股4000两	《四川官报》己酉第18册，"公牍"。
蚕业有限公司	资州	1909		结果不详	《四川官报》己酉第5册，"公牍"。
四川蚕业第一株式会社	乐山	1909			《四川教育官报》己酉第2册，"别录"。
乐屏垦务公司	南川	1910		所垦荒地日渐扩大	《广益丛报》第8年第14期，"纪闻"。
畜牧农林有限公司	万县	1911	张其炳	资本1.5万元	《广益丛报》第9年第6期，"纪闻"。
畜牧公司	峨边	1911	廖容光	资本800两	《广益丛报》第9年第7期，"纪闻"。
林业公会	南川	清末	范宝三	合资植树5万株	民国《南川县志》卷4，第42—43页。

清末农业公司的出现是传统农业经济结构的一大突破，是近代以来自然经济解体的继续，说明上游农村经济的变化已进入又一个较高级的阶段。

七　农业发展的新阶段

20世纪初由于农业改良的推行，长江上游农业得到比较明显的发展，特别是经济作物的种植，如蚕桑、茶叶、棉花以及漆、桐、蜡、蔗、烟、油菜、林木等都有极大的进步,另外还有开垦荒地、禁烟改种等,都反映了农村经济的发展。

(一)蚕桑业

20世纪初各地大兴蚕桑,可谓盛况空前,官民皆视此为要务。德阳知县赵渊捐赠桑苗5000株,遍种公地,以开风气;富顺知县徐樾捐银购桑苗分发四乡农民栽种,"县民竞植,多者至万余株";成都知府高培焜拨官款3000两购桑苗种植;成都驻防八旗亦在营区空地种桑数万株;泸州士绅合资购桑苗七八千株,"遍植四乡旷地";绵州孙某集股购地500余亩,"组织桑场,培植各种桑株,均已绿叶成荫";东乡农务局购桑苗3万余株,"分种城乡各地"[1]。甚至一些企业同时也经营蚕桑,如1906年成立的面粉业禁烟改种纪念公司栽种"湖桑近十万株"[2]。川省农政总局也"先从蚕桑树艺入手",规定凡有空地一律种桑,土瘠产粮少者亦改植桑,令各地方官将蚕桑之利写成白话刊发各乡,使"妇孺咸知其益"。总局以种桑之多寡定各属农政之兴废,"民间有种桑最多者,地方官以花红宠异之"[3]。1906年总局授江安道士陈惠元"衣被蜀民"匾额一方,奖励其在寺属田地种桑、寺房改作蚕室成效显著[4]。次年总局又因资阳农务局毛光灿"能于三、四、五化之蚕,究心试养,呈验茧丝质不让春蚕,洵属有裨实业"[5]而奖给匾额。1906年合江县试养山蚕成功,获茧百万余,川督认为这可使"民间共知利益,为各属树之风声",令

---

[1] 以上见光绪《德阳县志续编》卷1,第12页;民国《富顺县志》卷5,第44页;《东方杂志》第2年第7期,第127页;第3年第8期,第196页,第3年第3期,第83页;《广益丛报》第8年第7期,"纪闻";《四川官报》丁未第16册,"公牍"。

[2] 民国《长寿县志》卷11,《工业》。

[3] 《农政通行章程》,《四川官报》乙巳第28册,"专件""公牍"。

[4] 《东方杂志》第3年第12期,第234页。

[5] 《四川官报》丁未第3册,"公牍"。

合江县织成绸料送农政总局检验,然后"通饬仿办,以资观感"①。1907年通省劝业道设立后,总办周善培对"蚕业力谋发展",于是"健全机构,延揽人才,品种技术,实施改善",设省蚕务总局,周氏主持,分设推广、养蚕、栽桑、茧丝四个部门"主持各项技术管理事项"。又在各蚕业发达县份设蚕务局,"不数年间,成效大著"②。又建有通省蚕病预防事务所,并在保宁、顺庆、潼川、重庆、嘉庆五府置分所,从事选种、预防蚕病等项工作③。

由于当局"殷殷以提倡蚕桑为先务",因而"民间闻风兴起,讲求推广者年来已不乏人"④,"于种桑、饲蚕、缫丝等法颇知讲求,有蒸蒸日长之势"⑤。仅以巴县一地便可见一斑。据民国《巴县志》载:"清之季世,省设劝业道,以督兴实业,复以鼓励民蚕为首务,颁行教令,刊布浅说,殷勤劝诱,风动一时……四乡农户亦莫不购求桑种,争自树植……每至一乡,蔚绿深青,触目皆是。一二有志之士又复远游日本,近历嘉湖,勤求蚕术,博考新法,学成返里……或独立经营,或集资兴办,一县之内,蚕社林立。……百石之田,夷为桑土,盖自清末而蚕业始盛,利之所在,靡然向风矣。"⑥1909年上游有50余县广泛饲蚕,产茧30余万担⑦。当时蚕桑业比较发达的有简州、梓潼、筠连、阆中、西充、三台、巴县等,这些地区植桑面积都在5000亩以上,有的多达万亩,表3—20列出了一些蚕桑较发达的地区状况,反映了蚕桑业发展的大概情形。三台、万县、筠连种桑都在万亩上下,最多的是西充和巴县,分别种桑12.9万亩和16.5万亩;从种桑株数来看,以筠连和三台为最,分别达到676万株

---

① 《督宪批合江县创办山蚕已获成效呈验茧丝禀》,《四川官报》丙午第16册,"公牍"。
② 尹良莹:《四川蚕业改进史》第23页。
③ 东亚同文会编:《支那省别全志·四川省》,第662页。
④ 《四川官报》戊申第5册,"新闻"。
⑤ 《四川官报》丁未第22册,"新闻"。
⑥ 民国《巴县志》卷11,《农桑》。
⑦ 《清朝续文献通考》卷381,《实业四》,第11283页。

和918.9万株;从养蚕户数来看,资阳、仁寿、阆中、西充、三台、铜梁都在万户以上,其中西充达到5.4万户,三台15.9万户;从收茧量看,以乐山、西充、三台、合州等为多,皆在50万斤以上,其中合州近60万斤,西充67万斤,乐山78万斤,三台更达到94.6万斤。从上可见,三台蚕桑业可称为全域之冠。

表 3—20

地 区	桑地亩数	种桑株数	养蚕户数	收茧量(斤)
金 堂	7663	373670	553	13915
简 州	6672	365484	1447	87783
梓 潼	5110	580000	6950	306540
乐 山	8515	768550	6802	785800
筠 连	12096	6764662	5000	246750
资 阳	6776	705370	13866	107780
仁 寿	8199	506530	10100	264570
阆 中	5991	555270	11980	57845
昭 化	5340	109580	2250	136350
西 充	127849	3835380	54362	673351
仪 陇	36497	662500	1806	4334
三 台	10312	9189000	159240	945953
安 岳	6109	701100	1024	41151
巴 县	165000	823000	1006	72000
永 川	5894	699600	37	5040
铜 梁	8181	295000	21840	39300
合 州	18051	463100	4311	599792
万 县	22719	689000	2101	203099
开 县	8870	526800	71	5235

资料来源:《四川第四次劝业统计表》第20表、第21表。

据统计,1910年全川植桑共达64万余亩,5198万余株,养蚕户数达56.9万户①。另外还有42个州县放养山蚕,其中以綦江、古蔺、合江、阆中等县最盛,全川放养山蚕户数2273户,收茧1.3亿个②。

(二)茶叶和棉花

上游外贸历来以茶为大宗,区域内消费的数量也十分可观,但由于烤制落后、经营不善,市场被印度茶夺去不少,锡良指出:"川省茶务于种植制造之法向未讲究,兼以茶商巧立名色,苛敛园户,搀杂伪叶,败坏商岸,出口日稀,行销日滞,自应力图整顿,以挽利权。"1906年商部曾印发印度等国茶的种制法书籍,书中凡播种、剪割、采晾、碾压、烘焙等技术"颇为详切",当局将各书"檄发盐茶道暨通行产茶各属一体遵照办理"③。次年四川农政总局发布告示,称"亟应讲求者,莫如茶",为抵制印度茶,必须"早自为计,广种茶株,考求制法",以"坐取此自然无穷之美利"。决定于省会或通商码头设立制茶厂,"倘有绅商纠合公司购机置厂者",当局皆"极力保护,办有成效,即从优奖叙,以资鼓励"④。1908年四川茶盐道又号召夺回印茶市场,要各属"痛除积弊,另辟新机……急起直追,不容或缓"⑤。1909年由川滇边务大臣赵尔丰主持,设立官督商办的边茶股份有限公司,集股33万两,总公司设于雅安,川边地区的茶叶便由分散的自由经营变为统一管理⑥。还准备于西藏"繁盛各处,择要筹设支店"⑦。

在改良茶叶制作的同时,扩大了茶叶的种植面积,如崇庆、荥经、邛

---

① 《四川第四次劝业统计表》第20表、第21表。
② 《四川第四次劝业统计表》第24表。
③ 《四川官报》丙午第17册,"公牍"。
④ 《四川官报》丁未第22册,"新闻"。
⑤ 巴县档案光绪朝经济类。
⑥ 《成都商报》第5册,"新闻"。
⑦ 《清德宗实录》卷42,第22页。

州、宜宾、屏山等地种植面积都在万亩以上,表3—21是1910年部分地区种茶及产量情况。

表 3—21

地区	种茶亩数	制茶户数	茶叶产量(斤)
犍　为	9050		53300
邛　州	110200	1010	326900
宜　宾	57549	1242	111429
屏　山	10720	2230	263300
马边厅	4063	810	402500
天　全	4865	136	442200
大　邑	4304	6	324040
开　县	4000	640	16000
大　宁	5314	180	28073
太　平	2436	1150	80100

资料来源:《四川第四次劝业统计表》第19表。

据统计,1910年全川植茶面积30.2万亩,制茶户数约3万户,产细茶110.2万余斤(其中绿茶91.4万斤,红茶18.8万斤),粗茶701万余斤(其中绿茶372.6万斤,红茶328.2万斤),共计约811万斤[①]。

川省用棉多依靠外省,清末洋纱又成为入口大宗,"岁耗银二千余万两",四川农政总局便积极"广为劝种","以挽利权"[②],劝业道曾购浙江优质棉种2000斤,招募农民承领试种。成长期内,派员巡回调查指导,"如果栽培合法,并可酌予补助金"。还准备设棉业研究所、棉业研究会,召开棉业品评会等[③]。周善培这时引进了美国棉种,广泛播种。据1930年代调查:"现时农民,均认为种美棉如逢秋雨少之年,产量与

---

① 《四川第四次劝业统计表》第19表。
② 《农政通行章程》,《四川官报》乙巳第28册,"专件"。
③ 《成都商报》1911年4月2日。

缫花率恒高于土棉,是以年来种美棉者亦广。沱江流域之射洪县属太和镇柳树沱一带冲积土,及三台县属之石板滩附近,全为美棉区;其他如扬子江正干流域庆符、南溪、兴文、泸县、长寿及各棉区亦有小量单纯棉区;至与中棉混种之棉田,则几随处可见。"①在当局的倡导下,棉的种植有所发展,盐源3230亩,收获3.2万斤;荣县7517亩,收获7.5万斤;富顺1728亩,收获4.4万斤;内江3115亩,收获4.6万斤;仁寿达28万亩,收获1263万斤,为上游植棉之最。表3-22列出了种植5000亩以上的州县。植棉5000亩以上的有11个州县,万亩以上的有7个州县。据1910年的统计,川省植棉共67.9万亩,收获1889.6万斤②,平均亩产27斤。

表 3-22

地区	种植面积(亩)	收获量(斤)	亩产(斤)	地区	种植面积(亩)	收获量(斤)	亩产(斤)
荣县	7517	75170	10	广安	9735	97350	10
仁寿	281000	12627900	44	三台	7120	56960	8
南部	13390	301520	22	射洪	29332	733300	25
巴州	20000	100000	5	中江	5300	80649	15
南充	21000	84000	4	遂宁	74895	3058270	41
仪陇	65000	294750	4				

资料来源:《四川第四次劝业统计表》第15表。

(三) 其他经济作物

漆树、桐树、桊树:清末有43个州县种植漆树,绵竹、盐源、广安、大宁、太平、黔江等县种植面积都在万亩以上,其中尤以大宁为最,达25.8

---

① 张肖梅编:《四川经济参考资料》,"农产",O第20页。
② 《四川第四次劝业统计表》第15表。

万亩,将近占全域的一半;其次是黔江,有12.4万亩。桐树的种植更广,分布在102个州县,产桐较多者主要集中在长江流域、乌江流域、嘉陵江流域的60余县,其中尤以下川东地区最盛[1]。据统计,清末盐源、隆昌、古蔺、泸州、阆中、苍溪、南部、巴州、剑州、南充、西充、广安、邻水、巴县、永川、荣昌、铜梁、万县、大宁、太平、黔江等21州县都在万亩以上,而其中以黔江为最,达69万亩;其次是大宁和巴州,分别为42万亩和37万亩。桊树有70个州县种植,万亩以上的有庆符、苍溪、南充、巫山、大宁、太平、秀山、黔江8个县厅,以黔江最为集中,达70万亩,占全域桊树面积的67.2%[2]。表3—23是1910年统计的全川漆、桐、桊树的种植面积和收获量。三种经济作物种植面积达995万亩,收获总量449万斤,其中漆树55.5万亩,收获56.1万斤;桐树835.2万亩,收获204万斤;桊树104.4万亩,收获189万斤。

表 3—23

种 类	漆 树	桐 树	桊 树	计
面积(亩)	555150	8352168	1044183	9951501
产量(斤)	560900	2041644	1889949	4492493

资料来源:《四川第四次劝业统计表》第28表。

蜡树:蜡树的种植逐渐普遍,分布在42个州县,其中以西昌、峨眉、洪雅、宜宾、仁寿等县为盛,都在千亩以上,其中宜宾近6000亩,仁寿近7000亩。以此为生者也日趋增多,名山、峨眉、洪雅、夹江、宜宾、仁寿、南部等县都在千户以上,其中峨眉4000多户,宜宾、南部二三千户。上述诸县除名山外,收获量都在100万两以上,其中峨眉达到276万两,宜宾达270万两。据1910年统计,全川蜡树4.8万亩,放蜡户数1.9万

---

[1] 张肖梅编:《四川经济参考资料》,"农产",O第20页。
[2] 以上统计见《四川第四次劝业统计表》第28表。

户,蜡虫种量 579 万两,收获量 1676.5 万两,值银 87 万两①。

甘蔗:种植区域有很大发展,面积进一步扩大,由清中前期的少数地区发展到 97 个州县,其中金堂、简州、资州、资阳、内江等 12 个州县都在万亩以上,一些主要种蔗区面积见表 3—24。种植面积较大的地区主要分布在沱江流域,如资州、资阳、内江等,其中内江高达 15.2 万亩。1910 年全川种蔗 50 万亩左右②。

表 3—24

地区	种蔗面积(亩)	地区	种蔗面积(亩)	地区	种蔗面积(亩)
金 堂	10000	资 州	45420	广 安	64386
简 州	38994	资 阳	28071	涪 州	32000
青 神	12220	内 江	152400	开 县	20807
南 溪	25400	南 部	16086	渠 县	22000

资料来源:《四川第四次劝业统计表》第 23 表。

叶烟:叶烟的种植主要集中在成都平原,据调查,1910 年成都县栽种 5100 亩,收获 9088 担;新都 7895 亩,收获 14527 担;郫县 6.6 万亩,收获 13.2 万担;什邡 3.6 万亩,收获 5 万担;成都平原北缘的绵竹达 10.4 万亩,收获 13.8 万担。川南种植也不少,犍为 1.3 万亩,收获 1.6 万担;彭山 1 万亩,收获 1 万担;青神 1.6 万亩,收获 1.7 万担。据统计,该年川省共种叶烟 52.7 万亩,收获 69.3 万担③。

麻:据统计清末上游产麻之地为 76 县,1910 年全川种植苎麻 6.8 万亩,产 496.8 万斤,约合 5 万担;火麻 9.7 万亩,产 614.7 万斤,合 6 万多担。两合计 16 万多亩,产 11 万担④。

---

① 《四川第四次劝业统计表》第 25 表。
② 《四川第四次劝业统计表》第 23 表。原表总数与各地区数字相加不符,此按新核算数。
③ 《四川第四次劝业统计表》第 18 表。
④ 《四川第四次劝业统计表》第 15 表。

菜籽:这是上游农业主要经济作物之一,基本上每个州县都有种植,尤以盆地内种植最多,如华阳、新繁等都在10万亩以上,表3-25是种植5万亩以上州县的统计。据1910年调查,全川种菜籽共405.4万亩,收获227.2万担①。

表 3-25

地区	种植面积（亩）	收获量（担）	亩产（担）	地区	种植面积（亩）	收获量（担）	亩产（担）
成都	85194	68597	0.80	汉州	93707	28112	0.30
华阳	198610	87527	0.44	绵竹	132817	89617	0.60
新繁	128870	64473	0.50	大邑	68443	27377	0.40
新都	74364	29745	0.40	富顺	135592	67796	0.50
郫县	65414	19624	0.30	仁寿	185311	29011	0.16
什邡	59600	25200	0.42	广安	98970	9897	0.10
灌县	78840	29263	0.36	江津	54360	43489	0.80
简州	90066	27081	0.30	合州	206220	41244	0.20

资料来源:《四川第四次劝业统计表》第18表。

(四) 保护森林和广种树木

由于上游"田少山多,素未讲求树艺",特别是川北"连年荒旱,千里成灾,不但材木无所取资,即柴薪为日用所需亦将告竭"。农政总局认为"若不急兴林政,无以敦教养而裕民生",于是通饬各府厅州县组织"居民亟兴林",要求于不宜种粮之处、道路旁、荒地及一切隙地栽种树

---

① 《四川第四次劝业统计表》第18表。

木,各州县官都不应"忍任赤地童山荒芜而不治也"①。在《农政通行章程》中又提出:"蜀富竹木,自古维然,天时地利,植物最便。凡山陵原隰,触目蔚然。丰草长林所在皆是,故树艺较他省为易,即较他省为急。"提出了发展林业的以下方案:第一,凡"所产树木以及茂林之未深入者,野草之未指名者,均应分别采取,以资博览,而收利用";第二,无论草本木本,凡有经济价值者,都应"将利益宣示于众",凡是"官道衙署公所及民间垣墙沟渠堤岸一带,尤宜种树,以资荫护";第三,禁止妄砍乱伐。派人对成林地带严加保护,如有毁林者,严惩不贷;第四,提倡种植竹、果、橡、樟、楠、香杉等经济价值较高的树种②。各地认真推行,如宣传益处、订章保护、派员调查、集资广种等。据报道:"川省自开办农政局以来,民间渐知研求树艺,以拓利权。"③梓潼县令通饬"四乡保甲于各大路旁栽植桑柳各半,山林之间,树木葱笼者,亦令加意培植,以为林业基础"。灌县士绅倡设林业公会,"筹款广购树秧"。南川县范宝三筹合资组织林业公会,买地购树苗,栽植具有经济价值的五棓子树"已达四五万株"。万县张其炳集股1.5万元建立畜牧农林有限公司。这些都推动了林业的进步。

据1910年对川省森林面积的统计,35个州县森林面积在10万亩以上,表3-26是森林面积30万亩以上地区的统计。从表可知,30万亩以上州县共15个,其中江安118.6万亩,洪雅137.6万亩。川省共计森林面积1599万亩④,其分类如表3-27。

---

① 《四川官报》乙巳第27册,"新闻"。
② 《四川官报》乙巳第28册,"专件"。
③ 《广益丛报》第4年第4期,"纪闻"。
④ 据考察,这个统计很不完全,估计许多大片的、人迹罕到的原始大森林并未统计在内。

表 3—26

地 区	森林面积(亩)	地区	森林面积(亩)	地区	森林面积(亩)
安 县	414390	天 全	822960	剑 州	849960
汶 川	345600	洪 雅	1376800	南 充	405900
松 潘	328860	江 安	1186000	邻 水	1277100
冕 宁	421160	巴 州	679800	巴 县	857930
盐 源	422560	南 江	820260	大 宁	570720

资料来源:《四川第四次劝业统计表》第27表。

表 3—27

(单位:亩)

所 属	官林面积	公林面积	私林面积	公私社寺林面积	合计
用材林	96103	435636	6712013	721471	7965223
薪炭林	81401	397398	6394678	1152037	8025514
计	177504	833034	13106691	1873508	15990737

资料来源:《四川第四次劝业统计表》第27表。

在1599万亩中,用材林796.5万亩,占49.8%;薪炭林802.6万亩,占50.2%。全部森林中,私林1310.6万亩,占82%,其余分别为官林、公林、村社和寺庙所有。

(五) 开垦荒地和禁烟改种

清末农工商部发布《推广农林简明章程》,要求大力开发荒地,"先从查荒入手,由各该地方官就所属境内履勘清查官荒若干,民荒若干,大段片荒若干,畸零散荒若干,旧熟新荒若干,毗熟夹荒若干",分别开发。至于大片荒地荒山可由绅商集股设立公司,"准其指定区域承领官荒,收买民荒,由地方官填给印照准令开办"。开办垦荒卓有成效者,"应从优奖励,或缮给匾额,或给予功牌奖札,或酌予虚衔顶戴,或按照异常寻常劳绩咨部汇案奏奖"①。清末上游大规模开垦荒地主要在川藏接壤处的川边进行,1904年因巴塘"野旷土沃不亚内地,矿产饶外人垂涎",川省便派人"前往先办开垦"②。翌年驻藏帮办大臣凤全由川赴藏,"道经巴塘,察其土地膏腴,即招汉人开垦",于茨梨陇筑垦场③。1906年赵尔丰平定土司叛乱,在川边改土归流,进一步扩大垦务,首先拨银6万两作为垦费④。次年,任川滇边务大臣的赵尔丰从四川各州县资遣农夫赴川边垦荒,发布白话告示,晓谕好处:凡愿赴边地开垦之人,"各视其力之所及,自行认垦",成熟之后,所垦之地即作为该垦户之产业,"但令照额完粮,不收地价"。于打箭炉设招待所,于各处开垦地设立监垦所,凡内地农夫前往,发给口粮和衣裤,到屯后再拨给造屋资金、农具、种子、耕牛等。据称:"边地尚易开垦,一年即可成熟,此项垫款,三年之后便可分年收回。"⑤当局还鼓励合资或集股设立垦务公司,"许以特别利益",开垦时原有森林药材,"任其采伐销售",开垦获利,"听由垦主提成,以便兴办地方公益之时,毫不抑勒,十年以内,不令升科"⑥。1908年又拨银100万元,以作川边屯垦、练兵、开矿、兴学等项费用⑦。由于缺少农技师,又聘日本农技师池田、小岛两人,送到川边指导垦务⑧。许多地区的农户"闻风向往",携家出关认垦,仅定乡一处,至1910年垦出水旱地1200余亩,垦夫计70余户⑨。

其他地方的垦荒亦得到官府支持,如1908年职商吴天成设立富川

---

① 《四川教育官报》己酉第7册,"附编"。
② 《四川官报》甲辰第1册,"新闻"。
③ 尚秉和:《辛壬春秋》,"西康二十二",第2页。
④ 《四川官报》丙午第20册,"公牍"。
⑤ 《护理四川总督赵尔丰奏筹办川滇边务折》,《四川官报》丁未第17册,"奏议"。
⑥ 《广益丛报》第6年第27期,"纪闻"。
⑦ 《光绪三十三年度支部议复川滇两省筹办边务垦拨的款折》,《东方杂志》第4年第6期,"财政"。
⑧ 《四川官报》戊申第29册,"新闻"。
⑨ 《成都商报》1911年4月2日。

垦务农林有限公司,出资 10 万两,各股东又认股 18 万两,由官府拨给"腹地官荒六处"进行开发。川督批示,若三年内办有成效,可推广办理①。此外还有汶川白龙池、南川金佛山垦务等。由于南川"所垦地每日渐扩充",但处于边荒,官府便派军"移驻该地",以为保护②。

在垦荒同时注意发展水利,在川边进行了可垦荒地和水源条件调查,兴修小水利,如在打箭炉修治永济渠等。1909 年四川当局"饬属多开塘堰",设立水利测绘所,一年间,仅蓬州、峨边两县便开堰 3000 余处,"灌田万亩有奇"③。

1906 年清政府鉴于"自鸦片弛禁以来,流毒几遍中国,吸食之人,废时失业,病身败家",弄得民弱国困,决定"限十年以内,将洋土药之害,一律革除净尽"④。在所订的《禁烟章程十条》中,第一条便称"罂粟妨农,为害最烈……中国如四川、陕甘……等处,皆为产土最盛之区……自当先限栽种",一律改种粮食作物⑤。四川先从禁吸入手,于成都设立烟土买卖总行,设分行于各地,收买一切烟土;在水旱频繁之地,官府强令全部"改植谷食",其余各地"则改种十分之五"⑥。1908 年川督赵尔巽将十年禁绝缩短为两年,次年下令完全禁种鸦片,"如有违犯,地主和农民一并治罪"。1910 年派出 4 个道台和 48 个委员分中、上南、下南、北、东五路检查各州县禁烟改种情况,"要勘明确无栽种"。有的地方还派军队将罂粟田铲平。到清覆没前,川省鸦片基本禁种,据重庆海关报告:四川输出的大宗烟片,"在 1911 年 8 月 31 日终于禁绝,这一桩大规模的买卖也就此完结"⑦。这样,700 多万亩土地又得以重新

---

① 《四川官报》戊申第 26 册,"公牍"。
② 《广益丛报》第 8 年第 14 期,"纪闻"。
③ 《护督宪王人文奏川省办理农林工业情形折》,《广益丛报》第 9 年第 8 期,"章疏"。
④ 《东华续录》卷 202,第 7 页。
⑤ 《东华续录》卷 203,第 6 页。
⑥ 茶圃:《各省禁烟成绩调查记》,《国风报》第 1 年第 18 号。
⑦ Decennial Reports,1902—1911,Chungking.

栽种粮食或其他作物。据川督上报朝廷:"近年迭奉谕旨禁烟,并严定年限,民间渐知莺(罂)粟为害,势不得不弃而他图。奴才因是迎机开导,文告之外,加以演说,为定种桑保护之条,养蚕特别之利,各属闻风颇能兴起,山泽农民且有自铲烟苗而补种桑树者,群情趋向亦可见矣。"①但问题还有另一面,由于禁种鸦片,许多靠种鸦片为生的农民生计日蹙,有的甚至转为流民,因此川督指出:"现当禁种罂粟之际,亟宜多取外国外省关于民生用多销广之各籽种,详加试验,择其宜者布之民间,庶能广植佳种,抵补损失。"②即以发展农业来抵补禁种鸦片的损失。

在清末,特别是1902—1911年十年间,由于绅民积极鼓吹和参与,官府予以督促和支持,长江上游的农业改良取得了明显的成果,如重视农学和农业教育,新的农业知识得到初步传播;注意扩大耕地面积和田土的保护;发展粮食和推广经济作物的种植;有了专门促进农业改良的官方机构以及民间组织等。但是也应看到,当时工业水平低,难以提供农业所需的改良农具;文化落后,农业知识未能在农民中广泛传播;财政拮据,农业改良缺乏充足的资金,再加之有些地区历年水旱天灾等,都大大阻碍了农业改良和发展。特别是进入民国以后,由于军阀混战,局势不稳,政府不加重视,使一度有所进展的农业改良又停滞下来。

---

① 《督宪奏川省各属筹设蚕桑传习所大概情形折》,《广益丛报》第7年第21期,"章疏"。

② 《四川官报》己酉第21册,"公牍"。

第四章　区域贸易、城市系统与市场网络

市场的发达与商业的繁荣是相辅相成的。清代以前,以四川为中心的长江上游由于相对封闭的自然地理环境,形成了一个相对独立的自然经济区域,阻碍了与外省的经济交往。明朝时虽然在成都、泸州和重庆设立了三个征收商品税的钞关,但主要是处理本区域贸易。上游与外界的贸易主要是丝、茶等细货的运销,贸易量有限。在清代,长江上游的商品经济与商品贸易有了很大的发展,特别是长江一线的东西贸易有重大突破,这是与四川的移民和长江上游的开发分不开的。川江主要支流嘉陵江、沱江、岷江都在粮食和棉、糖、盐产区,外加其他地区的农产品和手工产品,汇流而下,集中在长江上游沿江的主要城市中,从而形成了一个沿江的城市贸易系统。

一　长途贩运

清初,由于年年战乱,上游各关相继停闭,至康熙初最早复设夔关。夔州府知府报称:"今川省凋敝因而商贾亦稀,卑府妄议以春冬二季定税银三百两,夏秋二季每季定二百两,共约计每岁一千两之数。……盖以蜀产销灭殆尽,货物不行,如各厂无人开铸而铜铅无以出卖,楚省盐茶有禁而兴贩不敢越境。举全省通省人民不及腹里之一郡,安望其击

穀摩肩商贾济济?"①夔关扼川省进出口东大门,年收税竟只千两,可见商贾之少。

清初在川南设有八个榷关,即建昌、会川、盐井、宁番、越西、梅岭、安宁、大坝,但直至康熙初这些地区仍是"僻处遐荒,舟楫不通",往来贸易稀少,即使有也多为"肩挑背负"者,所运"货物有限",因而各关名存实亡②,只有建昌关地位日益重要。因建昌、德昌、会理一带盛产蜡虫,每当春季,川南的洪雅、夹江、峨眉、丹棱及滇省客商到此交易,在乾嘉之际,"每年虫银不下百万",建昌关也因之"关税亦旺"③。随着上游经济的逐步恢复,商品性农业也有较大发展,商业日益繁荣,特别是粮食剩余渐多,大量外运;养猪业也兴盛起来,如在川北山区,"家设猪圈一所,少者四五只,多者数十只","惟以包谷饲猪,变易盐、茶、布匹"④。川猪运至陕甘湖广。康熙十九年(1680)于阆中设置榷关专抽猪税。康熙四十年(1701)开辟汉藏贸易,次年清廷派遣喇嘛达木巴色尔济等驻打箭炉,设关监督贸易⑤。康熙四十六年(1707)川抚能泰奏请在重庆设关,"川省地方,山深林密,产木颇多",重庆系"川江上流要区",在此对运往湖广、江南的木材征税⑥。

清前期全川共设大小榷关九个,其中户关二:夔关、打箭炉关;工关一:渝关;地方关六:成都四门关(附内江红花税口)、建昌关(又称宁远关)、叙永关、阆中关、广元关、雅州关。其中建昌关、打箭炉关、夔关、渝关都是因省际贸易发展而建立的。表4-1是各关的设立时间和主要

---

① 嘉庆《四川通志》卷67,《榷政》。
② 康熙六年川抚张德地请裁各关,存建昌一处,这样"一处之征抽,即可大倍于数处"(嘉庆《四川通志》卷67,《榷政》)。
③ 牛雪樵:《省斋全集》卷1,《纪略》。转见鲁子健:《清代四川的榷关》,《中国社会经济史研究》1987年第3期。
④ 见乾隆《太平县志》,《风俗》;乾隆《昭化县志》卷2,《风俗》。
⑤ 《清圣祖实录》卷207。
⑥ 雍正《四川通志》卷67,《榷政》。

征税商品。

表 4—1

榷关名称	建置年代	主要课征商品
夔 关	康熙二年(1663)	米谷、竹木、杂征
渝 关	康熙四十六年(1707)	竹木
打箭炉关	康熙四十一年(1702)	茶、米豆、杂征、官房、地租
成都四门关	康熙二十一年(1682)	红花、杂征
雅州关	康熙二十一年(1682)	杂征
建昌关	康熙六年(1667)	蜡虫、铜铅、杂征
叙永关	康熙初年	盐、鱼、杂征
阆中关	康熙十九年(1680)	猪、杂征
广元关	康熙十九年(1680)	杂征

资料来源:据鲁子健《清代四川的榷关》,《中国社会经济史研究》1987年第3期。

榷关征收商品过道税或落地税,各类商货均定有则例,每一榷关立有岁额。据《皇朝通典》载:"夔关、打箭炉商税,照地方征税例,每两三分"[①],即按3%抽税;又据《光绪大清会典事例》载:"米豆杂粮,均每石征银四分。"[②]清前期上游粮价大概每石银一两,所以粮食抽税约4%。

各关岁额主要分为正额与关税盈余两项。正额为钦定每年额解户部或藩司常款,盈余则多为关税外的加征,以后逐年增加,盈余往往超过正额。表4—2列出各关各期报解户部的税款额。康熙时九关共征关银14771两,按平均3.5%抽关税算,那么过关商品总值应为42.2万两;嘉庆时九关共征关银239751两,也按3.5%的抽税率算,那么过关商品总值应为685万两。

---

① 嘉庆《四川通志》卷67,《榷政》。
② 《光绪大清会典事例》卷235,《户口·关税》。

表 4—2

时期\关名	康熙	雍正	乾隆	嘉庆		
				正额	盈余	合计
夔关	1542	73740	163114	73740	110000	183740
渝关	4706	6061		5000	121	5121
打箭炉关	5317		19675	20000	2372	22372
成都四门关	696			696	10850	11546
雅州关	286			286	3897	4183
建昌关	228			228	3651	3879
叙永关	405	647		2601	4457	7058
阆中关	109			109	8	117
广元关	1482	6735	10000	1482	253	1735
计	14771					239751

资料来源：根据鲁子健《清代四川的榷关》表一、表二改制。

至嘉庆二十年(1815)四川榷关已增至22个,夔关年税额已上升到183742两,盈余95032两[①],较嘉庆时增加甚多。其时虽有洋货输入,但毕竟仍以土货输出为绝大多数。据川督丁宝桢称:"向来三江湖广等省客商,上水货物过夔关,纳税以棉花为大宗,洋货杂货次之;川省土产各货下水过夔关,以白蜡、红花为大宗,桐油、生漆、麝香等物次之。"[②]

贸易的发展,形成了一些固定的贩运陆路,如涪州即为上游内外相通的重要商路之一。涪州位于重庆以东450里处,在黔江与长江相汇的角上,它不仅是川省西南全部天然水路口岸,而且是前往湖南的重要陆路的起点。这条陆路入湘境后分为三线:即水路达汉口、陆路至江西和经广西到广东,上游所需东部各省货物和洋货全靠该路供应。宜昌开埠前,这条陆路的重要性超过水路,"道光年间……其洋货入川,由粤海关报验完税后,从湖南之郴州、常德转龙潭、龚滩出涪州以达重庆,水

[①] 《四川省近代省际贸易》,《四川商业志通讯》1986年第4期。
[②] 《夔关收数短绌核实办理折》(光绪五年九月),《丁文诚公遗集·奏议》卷17。

陆兼程必两三月方可到川"①。自从光绪三年(1877)宜昌开为商埠并通行轮船后,这条陆路方失去原有的重要地位,而丰都、忠州、万县和湖北的宜昌、沙市的陆路日趋繁荣。

　　四川通往云贵的南部商路也进一步得到开辟。由重庆南下或西行运至云贵和边藏的主要有棉纱、匹头、丝、茶、苏广杂货、食盐、瓷器、铁器等;由云贵、边藏运至重庆再分散外省的主要有山货、牛羊皮、杂皮、药材以及云南个旧的锡等。到光绪时期,民间陆运组织"麻乡约"甚至由昆明经个旧、河口等地,将丝、茶和锡制品等运往安南,并承运同类货物由昆明经楚雄到缅甸。

　　但长江上游的商运是以水路为主体的,长途贩运的发展往往以一些河流为依托,与大都市串连,形成了商业贸易网络。如岷江流域"地质肥饶,物产丰富,其气候风土最适于农业。而所产农品以米麦为第一,烟草、麻、小麦、豆等次之。其余生丝绢织物等,产额亦富"。成都府16州县物产大多靠岷江运出。流域内的嘉定府物产"最著者为盐、白蜡、生丝等"。盐年额清末约18万吨,白蜡年输出省外约120万两,生丝产额约2300万两。嘉定府为雅州、打箭炉等处"贸易之关键",而且"当岷江贸易总汇之区"。又如沱江流域盛产糖、盐、棉等,其支流自流井"盐井之数计有五千",年产额在36万吨以上,这些盐也基本靠沱江运出,"而泸州商业,亦赖此以繁盛"。而重庆、合州等城市则靠嘉陵江、长江、渠江、涪江的河运而繁盛。而涪州的兴起既得陆路之利,亦有河运之便。黔江从贵州思南府北折入川,经涪州城东北入长江,其可通舟楫之处数百里,涪州成为桐油、茶等集散地,"每岁此等货物卖买额达于八十万两以上"②。

　　长江上游的商品出入基本上依靠木船。运出货物以粮、盐、糖、桐

---

① 《中华民国二年湖北宜昌商务会报告》,第67页。转引王永年:《论辛亥革命前四川对外贸易的发展》,《四川大学学报》1986年第2期。

② 〔日〕东亚同文会编:《支那经济全书》第5册,"铁道"。

油、山货、土特产等为主,大都由支流集中在长江干流而下;进口以棉纱、布匹、杂货、海产等为主,多由干流散放各支流而上。运出的桐油、茶、山货等大多运往华东再转运国内外,盐、糖、纸、粮等主要运往云贵、两湖、陕甘、江浙等地。如川糖主要沿长江经重庆、万县转口到湖北的宜昌、沙市、汉口等地。道光以后,川糖进一步发展,市场逐渐扩大,甚至与制糖历史悠久而且量大的台、闽糖争夺市场。清人刘家谋诗曰:"蜀糖利市胜闽糖,出峡长年价倍偿。"①

上游之山货输出,清以前只有生漆、青麻、水牛皮、箱皮、牛胶、山丝六种,清代以后种类渐增,其新增品种情况如表4—3。

表 4—3

时 期	新增输出种类
明 代	生漆、青麻、水牛皮、箱皮、牛胶、山丝。
乾隆时期	白蜡、黄蜡、虎骨、豹骨、麝香、黑木耳。
嘉庆时期	五棓子。
咸丰时期	白猪鬃、黑猪鬃、白木耳。
光绪时期	白鹤毛、杂皮、麂皮、杂骨、兔皮、人发、鸭毛、牛角、牛油、棕丝、棕绳、羊毛、黄牛皮、羊皮、竹参、胶渣、黄木耳、猪肠等。
宣统时期	卷油。

生漆采办者最初主要为西帮,到清代外广帮及川帮均有办运②,每年输出量数千桶。清末民初洋行始在上游购生漆。桐油为上游出口大宗,仅以川东的秀山为例,邻近各县以及贵州松桃沿河等地所产桐油均集中于此出口。清初由陕帮商人到此购运,以后湖北、江西两帮商人来此为多。光绪间油业盛时外帮商人在秀山设有八大字号收油。乾隆时

---

① 其诗原注云:"台地糖米之利,近济东南,远资西北,乃四川新产之糖价廉而货美,诸省争趋之,台糖因而减市。"(转见许涤新、吴承明主编:《中国资本主义发展史》第1卷,第355页)诗中"闽糖"即台糖,时台湾属福建。

② 西帮指经营药材、山货,在川设有字号之陕西帮,外广帮指往来于古冈、顺德、广南三栈外之广客。

青麻业渐臻发达,归入"山货药材业"之列①。光绪初年重庆"四门振兴会"成立时②,青麻已成为重要输出商品,继南京帮之后,内广帮③、汉阳帮又相继营贸。清末洋行开始大量收买。山丝即野蚕丝,主要是贵州出产,假道四川输出,明代是南京帮、西帮采办,销于下江一带,织"山丝绸"。到清代各帮均有经营,每年由川输出有六七千担,每担值七八十两;光绪末由于销行极旺,涨至220余两。民初,云贵产品径由滇省运销各地,川省山丝交易遂衰。

过去农家大多视猪毛为废物,咸丰时内外广帮开始收白生鬃,运至广东再由梳房转洋庄,运销出国,每年输出数百担。光绪中重庆汉阳帮仿广东制鬃办法就地加工,以后各洋行又设厂梳制。黑猪鬃此时也大量加工出口。

清代长江上游长途贩运的兴盛,反映了商品经济的发展和区域市场的扩大,下面叙及的盐和粮食的运销更证明了这一点。

二 川盐行销

在清代长途贩运的商品中,其量之大、面之宽、与民生计之密切、从事的商人之众多,可谓非盐莫属。川盐之行销"辽远与两淮等,跨西藏及六省"。湖南凡淮盐不及之地皆食川盐;湖北的西南、西北及汉水之上游食川盐;贵州除沅水上游六县食淮盐、古州食广盐外,"余则属川盐";云南"自扬子江上流,为舟楫所通之处,皆用川盐";甘肃南部和川藏一带"皆食川盐"④。

---

① 当时青麻、糖、烟叶、棉花等皆属"山货药材业"经营范围。
② 清时,糖帮在重庆太平门,麻帮在朝天门,药帮在储奇门,棉花帮在千厮门,光绪初年四个帮联合成立"四门振兴会"。
③ 内广帮指往来于古冈、顺德、广南三栈内之广客。
④ 〔日〕东亚同文会编:《支那经济全书》第2册,"特许商"。

第四章　区域贸易、城市系统与市场网络

川省之盐引分陆引和水引两种。陆引即票盐。持票者在票厘局纳厘金、领证书,"运贩于随近一带各州县"。陆引在川境内行销,其盐量较水引少得多。之所以称为陆引,是由于自流井附近各州县商人"从陆路运搬,陆续不绝"。水引:由户部规定引数,川省沿岸各州县及外省的贵州、湖北等地"皆由水路搬以贩卖"①。如从自流井搭船往邓井关转载大船,向各地沿岸转运。每引包数、每包斤数都有明确规定②。

康雍时期川盐产量大大提高,康熙二十六年(1687)清政府在川省增行盐引 15125 引③,是为计岸行引之始。到雍正九年(1731)每年水引 11166 张,陆引 61029 张,折合盐 92277840 斤(见本书第五章表 5—1)。但运销却存在很大的问题,一些山川险阻之地由于商人趋利避害,不愿承运,"以致私贩充塞,官引壅滞","至僻远地方……或因途路远难,向未行引,或因人民散处,不易招商,往往盐价高昂,民间淡食"④。

雍正七年(1729)川陕总督黄廷桂、四川巡抚宪德提出建立川盐运销制度的主张:"不论有无产盐州县,约计户口之多寡,均匀颁发,令其各自招商转运,在商人于本地方官领引,即于本地方官缴销。"⑤要求根据川省食盐人数确定销额,按盐运路线将各厅州县销额与对应产区挂钩,也就是以产地为起点,销地为终点,由运商将其连成一线,无数的运销线形成运销网。各需盐厅州县自己招商发引,到指定盐场运盐,回本地销售;边远地区招商不易,由官运行销。经清政府批准,这一运销制度开始在上游实施,实施区域包括 35 个产盐州县,83 个不产盐厅州县,

---

① 《支那经济全书》第 2 册,"特许商"。
② 水引每引 50 包,陆引每引 4 包。《四川盐法志》称:"乾隆六十年,复准川盐每百斤加耗盐一十五斤,外加包篓、草梗一十五斤。每盐一包,总以一百三十斤为准。"(《四川盐法志》,《四川十二·运销门·截验》)又据《四川经济参考资料》称:富荣盐场引盐分为花、巴两种,引花中又分楚花、计花,无论计楚,每包均为新秤 260 斤,皮重量为 10 斤。楚盐因运道甚远,每包另给耗盐 13 斤,合计每包 283 斤(见该书"盐业",第 130 页)。
③ 《四川盐法志》卷 17,《引票二·历年增引》。
④ 《四川盐法志》卷 7,《转运二·本省计岸》。
⑤ 同上。

新设的彭县等 10 州县,改土归流的永宁、天全以及建昌所属德昌所、米易所、盐中左所,加上改设的清溪,共计 134 厅州县卫,基本上包罗了整个川省。新的运销制度实施后,川省每年额行水引 12305 引,陆引 89811 引,折盐 112066810 斤。后来官方统计数字虽有不同程度的增减,但大抵以此为准,称为"原额"①。

川盐向分楚、边、计三岸,运销湖北境内者称楚岸,由仁、涪、綦运销贵州者称边岸,运销本省内地各州县者称计岸,下面分别介绍三岸运销概况。

(一) 楚岸

清初,川盐已有零星销楚,但由于食盐专卖,划界运销,因而两湖市场基本上被淮盐占领。但淮盐进入两湖由于路途辽远②,运价甚昂,"归州、巴东例食淮盐,淮盐从长江至汉口,入南津关抵归、巴等处,川江峡口,滩高水险,逆流而上,运载艰难,每不能随时接济,且盘脚重大,价至三四分一斤不等。贫民度日不给,无力买盐,致多淡食"③。而毗邻的四川夔州府等地食盐价止四五厘,两相比较,盐价几乎相差十倍。同时,因川盐不能下销两湖,造成了川盐的滞销。

从康熙时便有不少官员请将川楚、川湘界连之地改食川盐。乾隆元年(1736)大学士朱轼还特上《请定盐法疏》,呼吁"行盐地方宜酌量变通"。该年确定由四川改隶湖北的建始县额销云阳水引 93 张。乾隆三年(1738)议准湖北改土归流的鹤峰、长乐、恩施、宣恩、来凤、咸丰、利川等七州县按建始县例购食川盐,共销水引 34 张,陆引 1196 张④。这七

---

① 张学君、冉光荣:《明清四川井盐业史稿》,第 114、116 页。
② 据《两淮盐法志》载,淮盐自仪征入长江上溯汉口 1600 里,由汉口转运两湖各州县少者千余里,多者两千余里。两段相加达三四千里。
③ 雍正十一年四月十三日佛保奏《归州巴盐东引请改拨川省行销疏》,转引自陈锋:《清代两湖市场与四川盐业的盛衰》,《四川大学学报》1988 年第 3 期。
④ 张学君、冉光荣:《明清四川井盐业史稿》第 119 页。

州县"各募殷实商人,在于就近各盐场领引挈盐运销,课额即赴川省完纳,府州县销引督催考成,俱归川省考核奏报"。乾隆五十四年(1789)改由楚省招募淮商运销川盐,但由于淮商不愿行销川盐,"以致课引久悬",最后仍"咨川招商办理"①。但总的来说,清政府对川盐销楚是持控制态度的。

咸丰三年(1853),由于太平军占领了长江一线,淮盐无法上运,清政府遂允许川盐济楚,实行商运商销,"凡川、粤盐斤入楚,无论商民,均许自行贩鬻,不必由官借运。惟择楚省堵私隘口,专驻道府大员,设关抽税。或将本色抽收,或令折色输纳,均十取一二,以为定制。一税之后,给照放行"②。这给川盐扩大在湖北的市场造成了绝好机会,川盐得以大量入楚,据胡林翼估计:"入楚之盐,以旺月计算,约合川省水引九百余张,一千万斤上下。"③又据研究者估算:旺月每月约合川省水引900余张,若以衰旺之月折中为800引,按道光三十年定章,每水引一张计巴盐8000斤,花盐1万斤,以花巴各半折9000斤计,月销川盐当为720万斤,年销额应为8640万斤左右。这还不包括无法计算的私盐在内④。

太平天国失败之后,曾国藩即以"淮纲之兴替,全视楚岸之畅滞"为由,试图恢复淮盐市场⑤。但由于川盐行之已久,民食已惯,欲复回淮盐销岸已甚困难,后经两江与两湖、四川总督频年争讼,于同治十一年(1872)划定川盐和淮盐销售区域及办法:湖北安陆府之钟祥、京山、潜江、天门,襄阳府之襄阳、均县、谷城、光化、枣阳、宜城、南漳,郧阳府之竹山、竹溪、郧西、保康、郧县、房县,荆州府之江陵、公安、石首、监利、松

---

① 《四川盐法志》卷8,《转运三·湖北计岸》。
② 《四川盐法志》卷11,《转运六·济楚上》。
③ 《奏陈楚省盐法乞酌拨引张疏》,《皇朝经世文续编》卷43。
④ 张学君、冉光荣:《明清四川井盐业史稿》,第120页。
⑤ 《请收回淮南引地疏》,《皇朝经世文续编》卷44。

滋、枝江、宜都,宜昌府之宜昌、长阳、秭归、兴山、巴东、五峰,荆门州之荆门、当阳、远安,计5府1州33县;又湖南澧州之澧县、石门、慈利、临澧、大庸、安县等6县,均为济楚川盐与淮盐并销区域,销额按"川八、淮二"划分。即川盐占80%,淮盐占20%。

(二) 边岸

边岸即行销于贵州之盐引,清初贵州之贵阳、安顺、平越、都匀、思南、石阡、大定等9府均食川盐,雍正十三年(1735)又增兴义府,共为10府。乾隆六年(1741)川盐运黔定额为水引5896张①。四川运黔边盐主要有四大口岸:由涪州、彭水运销下游曰"涪岸";綦江运销下游曰"綦岸";合江、仁怀运销上游曰"仁岸";永宁运销上游及云南曰"永岸"②。乾隆初四川额销黔引5896道,后因供不应求,又陆续增添盐引③。乾隆时期贵州"尽食川盐,人齿日繁,引不敷食,所有各处滞引,专赖黔商代销"④。川盐逐渐占据了贵州市场,并由单纯的运盐逐渐发展到自运自销,"节节开设小店,每店动需一二万金。沿途以盐盘盐,到店则散发小贩,赴乡零售,按关收帐"⑤。而且把川盐的运销向云南发展,直至咸丰初边岸都处于增长的趋势,"犍厂每年额行黔水引四千六百零一张,滇陆引二万五千一百五十四张;富厂每年额行黔水引三千九百八十六张,陆引五十六张"⑥。以上各引折盐计达8100—8200万斤左右⑦。

咸丰四年(1854)以后,由于太平天国起义,川盐行销滇黔受到影

---

① 其中三台运去250引、射洪1539引、中江129引、蓬溪334引、富顺1657引、荣县1811引、资州220引、内江19引,各数相加与总数不符,待考。
② 《四川盐法志》卷10,《转运五·贵州边岸》。
③ 张学君、冉光荣:《明清四川井盐业史稿》,第116、118页。
④ 《四川盐法志》卷18,《引票三·积引》。
⑤ 《盐法通志》卷60,《转运六·运制》。
⑥ 《四川盐法志》卷18,《引票三·积引》。
⑦ 按海水引50包,陆引4包,花盐每包200斤,巴盐每包160斤,花巴盐各半推算。

响,数年中积滞盐引达 5 万余张①。光绪二年(1876)丁宝桢任川督后,对川行黔边盐岸进行了卓有成效的整顿。光绪三年,经清廷批准,丁宝桢向山东巡抚借解银 8 万两,又由司道各库陆续筹拨银 42 万两,共集银 50 万两,在泸州设局总理一切事宜,并于犍、富、射三厂设购盐分局,在各边岸厅州县设售盐分局,形成层层隶属、购销兼顾的机构②,并采取了以下措施:

第一,开办黔边及近黔 13 厅州县计岸官运盐务,改变过去黔省盐厘过重,有碍销路的状况,减轻成本,"各项经费又照从前裁减三分之二"③,使盐贩有利可图。第二,顺应商情,规定各地方关卡"概不准分厘重征,需索留难"④。第三,在总局发行联票,盐贩陆运时须折包驼载,用此票作为该商过境验放之用⑤。

经过整理,川盐销黔量大大提高。原每年约共销黔边额引五六千道,积滞黔边额引三四千道至五千道不等,自改归官运商销后,一年之中,总计川省 13 厅州县额引计引全数销竣,还代销了光绪元年和二年黔边积引 10244 道⑥。许多商人也因此获利不少,销盐商人日渐增多,过去四岸商号 25 家,在官运开办一年中,便新增 9 家,而且"沿途店栈愈开愈广"⑦,沿途商业又因之活跃起来。

(三) 计岸

计岸系指川盐在本省行销之盐引,前已叙之,此仅略作补充。计岸

---

① 张学君、冉光荣:《明清四川井盐业史稿》,第 116、118 页。
② 邹晓辛:《丁宝桢与清末贵州盐政》(未刊打印稿)。
③ 《丁文诚公遗集·奏稿》卷 20,第 2324 页。
④ 同上。
⑤ 邹晓辛:《丁宝桢与清末贵州盐政》(未刊打印稿)。
⑥ 同上。
⑦ 《丁文诚公遗集·奏稿》卷 15,第 1720 页。

分 16 岸,即綦边保边计岸①、涪边保边计岸、仁边保边计岸、永边保边计岸、滇边保边计岸、万楚川计岸、巫楚川计岸、泸南计岸、涪万计岸、纳万计岸、府河计岸、渠河计岸、南河计岸、雅河计岸(以上 14 岸配川南盐场)、江涪计岸、成华计岸(以上两岸兼配川南川北盐场)。另外还有票岸,由盐贩用牛马骆驼及人力载运,行销于富顺、内江、资中、隆昌、荣昌、永川、威远、荣县、璧山、泸县、宜宾、南溪等 12 县。乾嘉以后,由于票盐的冲击,计岸积滞甚多,光绪初经丁宝桢整顿,大量积引销往缺盐的贵州。

1903 年,川督岑春煊以改练新军,饷无所出,见滇黔及近边计岸官运成效昭著,获利甚丰,遂于省内计岸也推行官运,奏准从 1904 年开始,将现行商运的成都、华阳等 38 厅州县全改官运,以裕饷需。另于省城设立计岸官运总局综理其事。行水引 3932 张,陆引 28990 张,约占川盐全额的 15%②。至此,川省有 61 厅州县实行官运,其余州县归济楚的商运商销和归丁票地的民运民销。

川省在长期的贩运中,形成了独特的盐运方法,如富荣盐场的引盐由灶产出后,抬运至官仓或公仓暂存,过秤后,花盐用篾包装,以力夫抬;巴盐由漏明篾笼装以驼马运,或均以小拨船装载,一律运至关外,再交井河橹船③,运赴邓关。洪水期约需二三日,枯水期约需半月抵邓关,再于邓关改换长船④,分运至泸州、合江、江津、重庆等处卸载。泸南岸之行销泸州者,在泸州卸载;仁边岸在合江卸载,另觅船转入綦江,运

---

① 川省西南各县邻黔滇两省,其时黔滇盐价高于川省,为防川省计岸轻税侵销黔滇,特在接壤地设保边引盐,以保护税收,防堵侵销。

② 张学君、冉光荣:《明清四川井盐业史稿》,第 128 页。

③ 每五只船为一单,每单装盐一儎。花盐以 50 包为一引,每引净盐 130 担,九引为一儎,每儎净盐 1170 担。巴盐每包净重 200 斤,皮重 8 斤,50 包为一引,每引净盐 105 担,12 引为一儎,每儎净盐 1260 担。

④ 长船即长行之船,每儎盐分装二船,称为对子船。

至贵州;楚盐则在重庆卸载,从长江运至宜昌;如系渠河、涪万、涪边各岸之盐,则换木船装运。至于票盐,则由各贩挑运米、油、纸等货到富荣盐场出售后,即以其篾篓装运,或以麻袋用驼马载运,或仅以绳索肩挑而行。

川盐运销为川省一项重要财政收入,依靠盐运为生之川民更不计其数,盐运是清代川省重要的经济杠杆之一。

三 粮食转运及粮食市场

粮食是传统社会最重要的商品,其商品率的高低,是衡量自然经济结构演变最重要的指标。清代川省产米居各省之冠,"各省米谷,惟四川所出最多,湖广、江西次之"①。清前期川省人少地多,粮食大量剩余,时人称:"向来聚米最多者,皆由四川土饶人少,产米有余,本地谷价甚贱,故川民乐于出卖。"②当时清政府很重视粮食的流通,饬令各省大吏按月奏报粮价,禁止各省限制粮食外流。雍正元年(1723)湖广总督杨宗仁禁籴运楚米,受到雍正帝指斥:"因尔禁米出境,以致川米亦不到楚,不但邻省价昂而本省粮价亦致渐长,是尔之遏籴原欲封殖本境,而本境之民并未沾毫厘之益也。"并指出:"米盐为小民日用之需,须令商贩流通,市价均平,间阎始不受困。"③实际是鼓励粮食的长途贩运。

据已掌握的史料看,至少在雍正初年,川米即开始大量官运出口。雍正四年(1726),浙江巡抚派员携银10万两入川购米运赴闽浙两省,次年又派员携银8万两入川购米④,按当时米价每石九钱五分算,两次

---

① 《雍正朱批谕旨》,雍正五年十二月初三日浙江总督李卫奏折。
② 《雍正朱批谕旨》,雍正四年六月初一日浙江总督李卫奏折。
③ 《雍正朝朱批奏折》函1,第3册,第15页。
④ 嘉庆《四川通志》卷72,《食货·仓储》。

购出川米计 18.9 万石。雍正十年(1722)署云贵总督高其倬"题请遣官往四川买米,以济昭通兵食"①。乾隆八年(1743)清廷令川省所贮水次米谷若遇邻省需粮接济,该省可"赴川自行领运,应还粮价亦令该省照数解川归款"②。乾隆十七年(1752)川省又运济湖北 38 万石③。次年川督又受命碾运仓谷 30 万石运至江南赈灾④。乾隆二十二年(1757)川省又运济山东 40 万石⑤。以后"川省因办理军务购粮较多,督抚请暂停夔关出米,以供军储"⑥。因此近 20 年间鲜有川米出口。乾隆后期,清廷实行放任川米大量出口的政策,例如乾隆四十年(1775)四川总督令夔关禁粮出口,但上谕称:

> 川省产米素称饶裕,向由湖广一带贩运而下,东南各省均赖其利。而今军储充盈,采买渐少;又本年江苏、安徽均被偏灾,米价不免昂贵。正应将上游粮食源源贩运接济,毋许再行禁遏。⑦

乾隆四十三年(1778)清廷令川督将仓谷二三十万石"即速就各水次碾米运赴江南备用"⑧。此后官运米粮出川一直不断。表 4-4 仅是嘉庆《四川通志》所载雍正至嘉庆年间的 11 次官运出川米粮的统计,就高达 787 万石。

---

① 《四川省近代省际贸易》,《四川商业志通讯》1984 年第 4 期。
② 嘉庆《四川通志》卷 72,《食货·仓储》。
③ 《四川省近代省际贸易》,《四川商业志通讯》1984 年第 4 期。
④ 嘉庆《四川通志》卷 72,《食货·仓储》。
⑤ 《四川省近代省际贸易》,《四川商业志通讯》1984 年第 4 期。
⑥ 嘉庆《四川通志》卷 72,《食货·仓储》。
⑦ 同上。
⑧ 同上。

表 4—4

年代	运量（万石）	运往地	用途	年代	运量（万石）	运往地	用途
雍正四年	10.5	闽浙		乾隆五十二年	92.0	福建	军米
雍正五年	8.4	闽浙		乾隆六十年	30.5	贵州、湖北	军米
乾隆十七年	30.0	江南	赈灾	嘉庆元年至九年	482.6	贵州、湖北	军米
乾隆二十二年	40.0	山东		嘉庆元年至九年	30.0	京城	
乾隆四十三年	30.0	江南		嘉庆十一年	3.0	陕西	军米
乾隆五十年	30.0	下游各省		计	787.0		

除官运外，清政府也鼓励粮食自由贸易，从清前期上游商品粮的结构看，商运粮食构成了商品粮的主体。当时，清政府对商运粮食基本不加限制，雍正二年(1724)便谕令四川巡抚王景灏："尔当严谕沿途文武官弁，遇有江楚商人赴川贩米或四川商人往江楚卖米者，立即放行，不得留难阻遏。"①雍正六年(1728)重庆知府张光麟报称："迩来米石聚结江干，米价稍平，请将小船所载之米听从外商贩运，稍微疏通，商民两便。"②乾隆二十三年(1758)，湖北因旱粮价上涨，截留过境川米，清廷谕令："江南向每仰给川楚之米，今岁亦间有偏灾，更不能不待上游之接济，且楚境既不能贩运出境，若复将川米截住，不令估舶运载而下，则江南何所取资？"指出凡川米抵楚，"听其或在该省发卖，或运赴江南通行贩售，总听商便，勿稍抑遏"。以后川督文绶提出："川西川南虽获丰收，恐商贾纷集争籴，致米价腾涌，拟将水次州县各仓内拨谷二三十万石碾米运楚应用。"但清廷对川督这种限制粮食商品化的做法甚为不满，认为这是"名为设法调剂，实欲借此塞责，禁止商籴也"。饬令川省不必将仓谷碾米运楚，而"听商贩源源籴运夔关验放，不得稍有留难。如川省米船运载流通，固属甚善，但恐川船到楚仅敷该省之用，不能分运，则江

---

① 《雍正朝朱批奏折》函4，第2册，第33页。
② 民国《涪陵县续修涪州志》，《食货》。

南粮价或至增长"①。在这种情况下,地方政府已难对川粮输出有所遏抑了。

为鼓励粮食商运,清政府还采取了蠲免关税政策。乾隆元年(1736)议准"凡有米船过关,询明各商,如果前往被灾各邑粜卖者免税,给与印票,责令到境之日,呈送该地方官钤盖印信,以便回空核销"②。次年将赴灾区米船免税定为常例,规定凡遇旱涝督抚可请蠲免关税,"米谷船一到,即便放行"③。乾隆七年(1742)后曾一度取消米谷税,上谕称:"以养民之物而榷之税,转以病民,非己饥己溺之怀也。今特降谕旨,将直省各关口所有经过米豆应输额税悉行宽免,永著为例。"④有研究者统计,当时米豆之税约占全国关税总额的一半,乾隆七年以后全国每年免除的米豆税约百万两⑤。但只实行了五六年,因金川用兵费用浩繁而止。

上游出口的大量粮食都经长江运输,在成都平原,外省商贩于"各处顺流搬运,每岁不下十万石"⑥,都运往川东,所以重庆成为"换船总运之所"⑦。"米客之汇于渝者,觅朋托友自为粜粜,颇称便利。"⑧重庆周围的津渡"米口"甚多,如嘉陵江的炭坝渡等16处津渡就有"米口"九处,长江的溉兰溪等九处津渡全为"米口"⑨。每年在"秋收之后,每日过夔关大小米船,或十余只至二十只不等,源源下楚"⑩。实际上形成了以长江为中心的川米贩运的交通路线,以四川居首,江浙为尾,沟通了

---

① 嘉庆《四川通志》卷72,《食货·仓储》。
② 《筹济篇》卷9,《通商》。转见吴建雍:《清前期的商品粮政策》,《历史档案》1986年第3期。
③ 《大清会典事例》(嘉庆朝)卷192,第16页。
④ 乾隆七年五月十四日果毅公纳亲等奏。转引自吴建雍上揭文。
⑤ 据吴建雍上揭文。
⑥ 雍正九年四川总督黄廷桂奏。见嘉庆《四川通志》卷首之二。
⑦ 乾隆《巴县志》卷3,《积贮》。
⑧ 乾隆《巴县志》卷3,《课税》。
⑨ 乾隆《巴县志》卷2,《津渡》。
⑩ 《雍正朱批谕旨》,雍正二年八月二十日四川巡抚王景灏奏折。

全国性的米粮流通网络。湖广地处中游,居于承上启下的中间环节,即所谓"江浙粮米历来都仰给于湖广,湖广又仰给于四川"①。湖广、江西到川采购粮食的人是"接踵而至",运销至江浙的米粮更是"络绎不绝",甚至有"向来楚省民食,全赖川省商贩"的说法②。

那么川省每年究竟有多少粮食运出？历史上并无确切记载。根据对乾隆年间四川人口、耕地、粮食总产量及消费量的估算,四川当时每年平均大约能剩余粮食约 2.5—3 亿斤③。除去留作他途和运往滇黔外,每年能够沿江东下的大概有 150 万石,这个数字与全汉昇所估计的 18 世纪中叶四川年外运粮 100—200 万石差不多。按当时每石粮食值银一两至一两一钱算,清前期川省年粮食贸易额约在 150—180 万两之间。

粮食的流通,利用市场供需的自动调节功能,缩小了不同地区粮价的差距。雍正时川米"每石止约价银九钱五分",较浙江米价"每石已贱至四五钱不等"④。地区粮价的差距吸引了商人从事长途粮食贩运,这样既使丰产及余粮区可避免大幅度的粮价下跌,又使灾荒及缺粮区粮价不至暴涨,即所谓:"谷贱而粜至,其价必增,价增则利农,谷贵而商贩至,则其价必减,价减则人与农俱利。"⑤川米的运销对全国粮价起了一定的调节作用,如武汉地区"人烟稠密,日用米谷全赖四川、湖南商贩骈集,米价不致高昂"。如遇青黄不接或川江水涨商米不至时,米价"每石贵至一两七八钱,民间至有无米可籴之苦"⑥。可见川米运到多少,对湖北市价已有明显的影响。雍正五年(1727)朱纲在赴任途中经过湖广时,曾考察荆襄一带米价,"皆云四川大熟,川米已下湖广。目今荆襄

---

① 《雍正朱批谕旨》,雍正二年八月二十日四川巡抚王景灏奏折。
② 《清高宗实录》卷 386。
③ 根据第二章表 2—31,乾隆中期川省生产粮食约 60 亿斤,按人均消费 800 斤算,全川年消耗粮食约 57—58 亿斤,那么每年约可剩余二三亿斤,合 200 多万石。
④ 《雍正朝朱批奏折》函 13,第 2 册,第 12 页。
⑤ 《清朝续文献通考》卷 60,《市籴五》。
⑥ 任国荣折。转引自李瑚:《清代前期经济的发展》,《中华文史论丛》总第 3 辑(1984)。

米价每石八九钱不等,常德府米价更平"①。四川每年有大量米粮接济江浙,后者则以布、广杂货等作为补偿。后来川米输出减少,下游的商品也发生滞销。

在长期的粮食运销过程中,形成了一些重要的粮食市场,除各粮食产地形成了小规模的粮食产地(初级)市场外,还有集散市场、转运市场、消费市场等,有的则兼有多种功能。从粮食运销来说,以集散市场最为重要。

主要的集散市场有赵家渡、石桥等。金堂的赵家渡,输入的大米、小麦多来自新都、广汉、德阳及本县,输入粮食的80%以上再度输出,运往石桥、资阳、成都、资州、内江等地。石桥的大米从赵镇、新都、金堂、德阳等地运入后,80%再出口,运往金堂、资州、资阳、内江等地;小麦大多由赵镇、养马河、简州、新都等地运往金堂临江寺、资阳、球溪河等处;玉米则来自新都、广汉、金堂、资阳等地,运往石桥、南津驿、资州、内江等处。此外,重要的粮食集散市场还有射洪的太和镇、绵州、中坝、江津的牛家沱、南充、合州等。

消费兼集散市场有内江、万县、三台、遂宁等。内江位于成渝两大城市的中点,处沱江中游,商业繁盛,人烟稠密,加之本地以产蔗为主,故各种粮食皆须仰给于外地。但输入粮食并非完全消费,有相当一部分转运自流井等地。

输出市场如川西之温江等。温江土地肥沃,灌溉便利,盛产稻米,每年有大量稻麦运往成都消费。

转运市场如川东之合州等。转运市场的形成纯为交通条件的产物,一般为水陆运输的转运点。合州地当嘉陵江、涪江和渠江三江之汇合口,为川东北粮运之咽喉要道。粮食从各地运入后,90%以上再输出。另外如扼嘉陵江上下游中枢的南充,亦为川北各重镇粮食运输

---

① 《雍正朱批谕旨》,雍正五年九月二十六日朱纲奏折。

要地。

关于上游重要的粮食市场及运销情况参见表4-5。

表 4-5

市场类型	名称	粮食种类	粮食来源	输出方向	备注
集散市场	赵家渡	大米 小麦	新都、广汉、德阳、本地 广汉、德阳、本地	石桥、资阳、本县各场 成都、资州、内江	四川四大重镇之一
	石桥	大米 小麦	赵镇、新都、金堂、德阳 养马河、赵镇、简阳、新都	金堂、资州、资阳、内江 临江寺、资阳、球溪河	
	太和镇	米麦	绵州、彰明、江油、安县	遂宁、潼南、吉祥、同宝寺、洋溪、青堤渡、唐家渡等	四川四大重镇之一
	绵州	米麦	安县、罗江、绵竹	太和镇等	
	中坝	大米	江油、彰明	太和镇、三台等	
	朱家沱	大米	慈云、稿子乡、塘河、石磨乡、永兴、三口、店子	重庆、江津、大渡鱼洞	川南重镇之一
集散兼消费市场	内江	大米 小麦	吴家铺、赵镇、泸州、田家场 赵镇、吴家铺、泸州	自流井、贡井、椑木、史家街、牛佛渡 椑木、白马庙	输入粮食本地消费很大一部分
	遂宁	大米 小麦	太和镇、潼南 太和镇、广安、岳池	重庆、合州 重庆、合州	输入粮食大部分本地消费
	三台	大米 小麦	绵州、江油、安县、中江等 绵州、江油、葫芦溪		输入粮食本地消费和输出各半
	万县	大米 小麦	合州、泸州、江津 忠州、合州、泸州、涪州	云阳、奉节、巫山、巴东 同上	下川东枢纽，输入粮食本地消费甚多

续表

市场类型	名称	粮食种类	粮食来源	输出方向	备注
集散兼输出市场	温江	大米	主要本地,部分崇庆、郫县等	成都	
		小麦	崇庆、郫县	成都	
	泸州	大米	江安、纳溪、永宁	自流井、富顺、内江、重庆	
消费市场	乐山	大米	峨眉		出产米少
	蓬溪	大米	岳池、广安、周口、南充		出产米少
		小麦	周口、南充		
转运市场	合州	大米	渠县、广安、射洪、遂宁、定远、南充	涪州、万县等	川东北粮运之咽喉
		小麦	同上	重庆	

从表中可见,在清代已经形成了多层次、多功能、遍及全域的粮食运销网络。粮食运销已成为清前期农业生产、商品经济和社会生活的一个重要组成部分。嘉道之后,由于人口剧增,人均耕地日趋下降,粮食日益紧张,因而输出越来越少,最后基本断绝,一些传统的粮食市场也因此而衰落。

四　经济区划分和城市分布

商业贸易必须依赖一定的经济区域,城市则在充当媒介和参与一定经济区域内的各种交换活动中出现和发展起来。城市商业中心的地位和作用,取决于城市所吸引、辐射的区域的大小,取决于与城市发生流通地区的范围和流通量。

根据施坚雅的研究,晚期中华帝国大概可以分为九个主要的、人口密度较大的区域,其中每个区域四周都有一圈圈的同心圆,人口密度随距离而递减。每个人口密集的"核心"均被九大自然地理区中的一个团团围住,而构成地区界限的分界线一般都穿过人口较稀疏的地区。在19世纪末已形成了若干以一个大都市为中心的经济区域:华北为北京、西北为西安、长江上游为重庆、长江中游为武汉、长江下游为上海、东南沿海为福州、岭南为广州等①。长江上游作为一个独立的经济巨区,又可分为若干较小的、有若干层次的经济区。

上游中小城镇的稠密,主要由于区域经济的发展,使各地市场相联系,大宗商品具有了一定的地域性,出现了一批以商业贸易为中心的城市和口岸,商品的生产、交换和消费显露了地域的区别,从而形成了区域经济。这种区域经济的划分往往以地域的自然界限为基础,以大宗商品作物和工商业经济的分布为依据。上游自然地理有一个重要特点,即以长江为主干,各支流自北而南注入,形成了一个以航运为中心的交通联系网络,这些江河往往成为大多数经济区域的自然界限。

在清代上游,存在着围绕八个城市运转的经济和商业贸易区域,即以重庆为中心的上川东区,以成都为中心的川西区,以顺庆府城(南充)为中心的川北区,以嘉定府城(乐山)为中心的上川南区,以叙州府城(宜宾)为中心的川南区,以泸州为中心的下川南区,以万县为中心的川东区,以广元为中心的川西北区。见图4—1②。

---

① G. W. Skinner,"Cities and the Hierarchy of Local Systems",in G. W. Skinner,ed.,*The City in Late Imperial China*,pp. 282—283.
② 该图采自 G. W. Skinner,ed.,*The City in Late Imperial China*,p. 289。

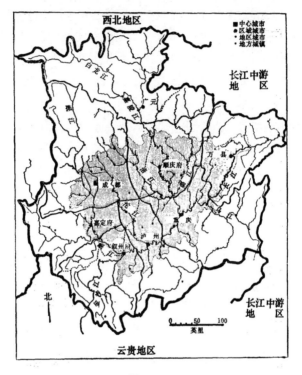

图 4—1

上川东经济区主要包括嘉陵江下游地区和黔江流域,主要城市有重庆、涪州、合州、广安、彭水等。重庆地处长江、嘉陵江之汇流处,为上游江河运输网络上最有利的位置,"有舟航转运之利,蜀西南北,旁及康藏,以至滇黔之一隅,商货出入输会必于重庆。故重庆者,蜀物所萃,亦四方商贾辐辏地也"[①]。重庆借长江、嘉陵江及各支流沟通了整个四川盆地内部,沿江东下可与大都市汉口、上海相联系,成为长江上游商品集散中心。该区长江沿岸和黔江流域山地是上游最重要的经济林分布区,桐油等输出甚多。涪州位于黔江与长江的交汇处,是黔江流域粮

---

① 民国《巴县志》卷 13,《商业》。

食、桐油、五棓子、药材、漆蜡等集散地。合州当涪江入嘉陵江之处,东北距渠江口甚近,嘉陵江流域不少货物在此换船,商业颇为繁盛。

位于成都平原的川西经济区,是长江上游人口最稠密、开发最早、自然条件最好的地区,这一地区每年都有大量稻谷运出,此外各种经济作物也很发达。本区河流通航条件较差,但陆路交通却很方便,上游重要的大路和驿路皆由此辐射而出。该区内城镇场密度很大,平原中部相隔 8—10 公里即有一场镇(其他地区为 15—20 公里),也即是说,乡村至场镇平均还不到 5 公里,各城、镇、场内以及相互间的商业贸易十分发达。

区域条件对城市发展的影响是多方面的,一个城市具有什么样的性质、职能、发展速度多快,不但取决于城市本身,而且取决于它所处地理位置和区域经济的特点。如重庆位于长江和嘉陵江交汇处,决定了它在省际乃至国际贸易中的地位。在经济活动中,商业贸易点广泛地分布在各个不同的地区和角落,形成一定的空间布局。每一中心分布点都是在特定的地理、自然、历史、经济和社会条件下形成的。中心分布点一旦确立,其位置便相对稳定,一般在短期内不会改变。

城市经济中心的吸引作用、辐射作用和中介作用,是相互依存、相互促进的,它们的合力构成了城市经济中心对区域的影响力。这种影响力的范围也可称为城市"经济力场",也就是以城市为中心的经济区。经济区与行政区不同,它没有明确的界限,或者说它的界限是模糊的,我们一般可以通过流通影响力的大小,来把握经济区的存在和它的范围大小。国外城市学专家对这一问题进行过研究,他们的研究从商业开始,给出了具体测定城市引力大小的数学模型,这个模型可以用来测定城市引力范围,即各城市间的均衡引力范围

$$Ri = \frac{Pi}{dKi} \tag{1}$$

式中,Ri 为城市 i 的吸引力,Pi 为城市 i 的人口或商业贸易额,K 为城

市附近的村镇点，dKi 为城市 i 与村镇 K 之间的距离或交通时间。如果确定两城市 i，j 之间的引力范围（以两城市引力相等时的交点为边界），则可由上式演变为：

$$dKj = \frac{dij}{1+\sqrt{\frac{Pi}{Pj}}} \qquad (2)$$

式中，dKj 为城市 j 与两城市(i,j)引力均衡点 K 之间的距离，dij 为城市 i 与城市 j 之间的距离，Pi、Pj 分别为城市 i 和 j 的人口或商业贸易额。

上述两个公式说明，城市引力与城市中的 P 值成正比，而与距离的平方成反比。这即是说，一个城市的人口或商业贸易额愈大引力愈大。下面以成都为例来考察它的城市引力。近代以后，四川经济中心东移，重庆的贸易额和贸易范围远大于成都。据统计，1910 年成都（包括成都县和华阳县）商品吞吐量 493 万余两，根据成都周围的雅州、灌县、绵州、阆中、遂宁、内江、乐山等城市的吞吐量[①]，我们得出表 4—6 和图 4—2。

表　4—6

Pj(两、成都)	Pi(两)	dij(公里)	$\frac{Pi}{Pj}$	$\sqrt{\frac{Pi}{Pj}}$	$dKj=\frac{dij}{1+\sqrt{\frac{Pi}{Pj}}}$(公里)
4933938	雅安:796951	175	0.16	0.400	125.00
4933938	灌县:783134	60	0.16	0.400	42.86
4933938	绵州:958046	135	0.19	0.436	94.01
4933938	阆中:1115451	300	0.23	0.480	202.70
4933938	遂宁:1866400	250	0.38	0.616	154.70
4933938	内江:2500472	240	0.51	0.714	140.02
4933938	乐山:1367488	195	0.28	0.520	127.53

---

① 见《四川第四次劝业统计表》第 33 表。

第四章　区域贸易、城市系统与市场网络　173

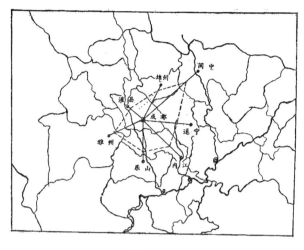

图　4－2

从图 4－2 可见,清末成都城的综合影响力大约是在名山、灌县、绵竹、三台、射洪、资阳、井研、夹江、洪雅一线,这可以说是成都城市的一个稳定的"势力范围"。从地域的规模来看远不及重庆,但仍不失川西的经济中心。

作为长江上游这样一个大的区域,不可能由一个统一的流通中心完成商品聚散,因而只能通过许多大小、层次不同的地域流通中心来实现,这些大小、层次和位置不同的地域流通中心一方面联系着生产者、经营者和消费者,另一方面各层次、各级流通中心之间也保持着复杂的纵横向流通联系,从而在长江上游形成了一个完整的、连续不断的、畅通的、以城市为中心的流通主体的空间结构网。

处于流通结构中的大小不同的地域贸易中心形成了一定的层次。

第一层次,也是最基本的层次是农村,它是各级市场的基础。第二层次是基本市场,其特点是分布广,覆盖面大,单位面积内商业贸易的数量少、密度低、布局分散,供给量和需求者的数量多于媒介者,流通量相对较小。第三层次是地区市场,多是商业性的城镇。其数量大、分布广,商业贸易密度超过第二层次,媒介者比重较高,而且具有较配套的流通机构,它们是城乡交流的重要环节。第四层次是区域市场,多是中等城市,较之前两个层次数量大为减少。商业贸易密度较高,贸易半径也较大,门类齐全,可以承担较大规模的流通,但它们的贸易主要在一定的区域范围内。在整个贸易的空间结构中,它们处于中间层次,一方面联系着本地区的县城、乡镇和广大农村,另一方面联系着更高层次的高级市场,起着承上启下的作用。第五层次即多功能高级市场,指数量不多的经济中心城市。其特点是商业贸易机构高度集中,密度很大,具有发达配套的流通机构,能够承担大规模的商品流通。商业活动的半径大,在区域经济中起着决定性的作用,是巨区的流通中心,是在大的经济区域中实现协调、同步、有序的流通活动的关键。

  图4-1还表明了长江上游各主要城市的分布。区域中心地带(即地图中阴影部分),包括长江流域通航的主要支流,人口较稠密,核心地带人口密度在19世纪大约每平方公里二三百人,边缘区大约几十人。位于核心的是最高层次的经济中心区,包括:2个中心城市,即重庆和成都;5个区域城市,即泸州、叙州府城、嘉定府城、万县、顺庆府城(当时长江上游有6个区域城市,只有广元在核心之外);16个地区城市,即绥定府城、三汇、广安、涪州、合州、荣昌、合江、保宁府城、绵州、潼川府城、遂宁、汉州、灌县、简州、内江、邛州(当时长江上游共21个地区城市,除上述16个外,还有夔州府城、彭水、雅州以及陕西的略阳、云南的昭通)。

  另外,地图还显示了至少有4个地区城市和21个地方城镇是在贸易区域的分界线上,这说明它们在经济上为2个或2个以上区域城市贸易区域所支配。除了以广元为中心的川西北贸易系统外,每一区域城市贸易范围都包括了核心区和边缘区。因此,一个巨区的经济梯层结构就可以这样设想:"边缘区的贸易范围是分立的,而核心区的贸易范围则是连锁重叠的。"①

表 4—7 是 8 个区域城市贸易系统所属 21 个地区城市系统的统属关系。应该注意的是,区域城市贸易系统所属的地区城市并不是绝对的,实际上是相互交叉的。例如三台既可属川西区,又可属川北区;荣昌既可属上川东区,又可属下川南区;遂宁既可属川北区,又可属川西区,等等。

表 4—7

经济区	区域城市	所属地区城市
上川东区	重庆	涪州、彭水、广安、合州、荣昌、内江
川西区	成都	简州、邛州、灌县、汉州、绵州
川北区	顺庆府城(南充)	保宁府城(阆中)、遂宁、潼州府城(三台)
上川南区	嘉定府城(乐山)	雅州府城(雅安)
川南区	叙州府城(宜宾)	昭通府城(云南)
下川南区	泸州	合江
川东区	万县	夔州府城(奉节)、绥定府城(达县)、三汇镇
川西北区	广元	略阳(陕西)
计	8	21

五 集市的作用及其功能

长江上游是集市贸易比较发达的地区之一,通过对它的研究,我们可以弄清区域经济的一些特点,了解商品经济的发展程度及与社会的关系。所谓集市,在传统社会中实际上主要指农村市场②,它是以地方

---

① G. W. Skinner, ed., *The City in Late Imperial China*, p. 290.
② 关于各地定期综合集市名称各异,施鸿保《闽杂记》称:"蜀人谓之场,滇人谓之街,岭南谓之墟,河北谓之集。"曹树翘《滇南杂志》称:"市肆,岭南谓之墟,齐赵谓之集,蜀谓之场,滇谓之街子。"

定期交易为核心的经济流通机构。在传统社会中,集市总的经济意义主要由三个因素决定:1.它向其经济区提供商品与劳务的作用;2.它在连接经济中心地的销售渠道结构中的地位;3.它在运输网络中的位置。我们发现,商业繁盛的集市一般在以上三方面都起着重要作用。

集市(包括市、集、场等)是沟通各地经济联系的主要渠道,即所谓"乡非镇则财不聚,镇非乡则利不通"[①]。这些农村集市是农民之间以及农民和商贩之间进行交易的立足点,是一种初级市场形态。集市初为小生产者交换和调剂产品的场所,赶场者出售其多余或结剩的产品,换回自己不能生产的日常生活和生产用品,这属于农民之间"以有易无"的形式,有的甚至是农民以物易物的面对面交换。这种原始市场形式既是产品供应的起点,亦为销售的终点,往往没有居间和转手的过程。清代以后,由于上游商品经济的发展,这种纯粹的原始市场已极少见,集市实际已成为土产的集散地。它既可作为输出市场的起点,又是农民日常生活品销售的终点;它依赖高一级市场销售其聚集的土产,又将高一级市场运来的商品出售给农民,从而起着承上启下的作用,成为商品流通网络中一个最基本的环节。

随着商品性农业的发展,各地出现了不少专门性集市,即专做某种或某几种商品的交易。这类集市着重聚集本地出产的某种产品,即为满足专门生产某一产品的小生产者销售其产品而设置。如双流县的簇桥场是一个蚕丝交易为主的市场,它甚至起着集散的作用,这里销售的丝有的来自温江、简州等地;郫县为粮油作物产地,因此县境内各集市多以粮油为主,如县城市场"其市则米为大宗,菜子及油次之,麦又次之"[②]。郫县的犀浦场也是以"米、麦、菜子及油为大宗"[③];太平的白庙

---

① 宣统《广安州新志》卷9,《乡镇志》。
② 民国《郫县志》卷1。
③ 同上。

场"集期三六九,春季茶叶交易",青花溪场"集二五八,每年春季茶业较盛"[①];东乡县的南坝场是由鸦片交易发展起来的,"各省烟商麇集",每年销售数万担,后由于清末禁烟而中落[②]。这些专业性的集市建立在农民小商品生产的基础上,比较活跃,是自然经济的一种必要的补充。它们适应农村家庭手工业者、小贩和小商人之间进行商业活动的需要,在一定程度上反映了较大范围的商品供求。它们与综合性集市一样,体现了调剂农民经济生活和组织农村小商品生产运销的职能。而且,专门性市场一般也并不排斥其他商品的交易。

长江上游集市贸易的发达还与居住散布形式密切相关。成都平原和北方(如华北平原)的农村居住形式有着很大的差别,前者是分散式的,后者是集结式的。成都平原由于早在公元前3世纪修筑了都江堰,克服了岷江水患,因此它在生态上是一个高度稳定的地区。成都平原的农民可以选择最便于到田间耕作的地点建房,形成了分散的居住模式,即一个耕作区域内散布着许多分离的农户。同居住模式一样,两个区域的自然村落结构也是迥异。集结的和商品化程度较低的华北村庄,有较紧密的村民关系,而村庄之间却比较孤立和内向;分散的和商品化程度较高的成都平原村庄(严格地讲不能称为"村庄",称"乡村"可能更恰当些),乡民关系则较松散,而乡际关系却较密切[③]。这些密切的乡际关系网,是上游内部商品流通的有利条件。各乡农民均需要以基层市场来进行交换,以弥补一家一户独居生活上乃至心理上的欠缺。

上游农民在生活的许多方面都要依赖于集市。农民通过农业生产以及农业与手工业相结合的多种经营,提供了丰富的产品。农民在集市上把产品投入流通,取得货币,以缴纳赋税。乾隆《郫县志》称:"凡征粮具责之户首,每岁夏初,丝出一完;秋初,烟叶上市一完;至冬收获,

---

① 民国《万源县志》卷2。
② 民国《宣汉县志》卷4,《物产》。
③ 参见〔美〕黄宗智:《华北的小农经济与社会变迁》,第62—63页。

扫数全完。"① 由于普遍实行押租制和货币地租,农民必须将农产品送到集市上易钱交纳。另外,对那些从事经济作物种植和其他专业生产的农户来说,农村集市更与他们关系密切。上游农民一般都有农闲时充当小贩的习惯,他们赶场的范围有时是很广的。如广安农民往南部、蓬溪、射洪等地商贸,"以米豆去,以盐归,络绎往来,道路如织"②。合州产炭,"一经出炭,不惟本地劳动家纷纷从事,即远而百里,数百里亦必麇集。但得日满百钱,即已充足,为衣为食,绰绰有余,又能给家人衣食"③。他们的活动加强了农民与集市的联系,推动了农村集市的兴旺发展。

集市作为地方物资交易的场所往往受到地方官的重视,有官吏进驻管理,甚至派军队驻防,在经济和政治方面显得比一般村落更为重要。在珙县,地方官利用集市宣讲上谕等,"士民老幼齐集环听","其在外八乡,皆设于其乡之场中,值月宣讲"④。资阳集市定"每月初一、十五日或初二、十六日"在场上宣讲"圣谕广训"⑤。集市内设有管理人员,称为"场头""客长"等,负责控制物价、平息争讼、惩办奸狡,维持治安等。

大小集市一般都有原则,如巴县八庙堂虽仅有"贸民十余家",也订有场市章程。主要有如下内容:1. 规定场期。定场期为三六十日。2. 场市风气。只许商民"以货物登市贸易,凡奇衺淫巧,有坏风俗事端,概行禁止",而且不许"结盟聚众"和"摇钱赌博,开设烟馆"。3. 交易规则。买卖货物"听民面议成交,不许奸商巨贾从旁怂恿,把持行市"。4. 场市区划。各项货物如米粮、牲畜等"分别安置立市成交"。5. 排解纠纷。设一处作为"公地",有纠纷则"凭众理剖",以免"酿成事端"⑥。

---

① 乾隆《郫县志》卷 8,《风俗志》。
② 宣统《广安州新志》卷 13。
③ 民国《新修合川县志》,《矿业》。
④ 乾隆《珙县志》卷 2,《建置志》。
⑤ 乾隆《资阳县志》卷 4,《建置志·乡约》。
⑥ 《巴县八庙场市章程》,见巴县档案。

集市也是重要的社交场所。集市内一般都设有酒店、茶馆,是农民的聚会之所,"市集之期,茶房酒肆,沉湎成风"①。各处乡民"聚会皆以集期","持货入市售卖,毕辄三五群饮","即子衿者流亦往往借市肆为宴会之场"②。那些平时因散居而显得闭塞的人们在那里传播各种信息,诸如当地新闻、官府政令、婚丧嫁娶等。人们在那里交流感情和增广见闻,商人在那里洽谈生意,高利贷者在那里商谈放债,媒人在那里撮合婚姻,巫师、道士在那里卜卦算命,民间郎中在那里切脉看病,拳师在那里舞刀弄棍,跑江湖者在那里兜售假药,文人墨客在那里说天道地,民间帮会在那里招贤纳徒,结兄拜弟……真可谓三教九流,无奇不有。

集市也是人们消遣娱乐的地方。大多数农民在一生中,从孩提到垂老,活动的范围就在周围若干集市之内。他们在那里发蒙、成长,集市上的迎神赛会、庙会、闯江湖者的表演、戏班的剧目、往来客人的谈吐……都塑造着他们的心灵和行为方式。集市可以说是他们接触外界的一扇窗户,所以说集市的作用和功能恐怕很难仅从经济一个侧面加以概括。

六　市场密度与农民活动半径

这里所说的市场是以基本市场(集市、墟市)为主,包括地区市场、市镇、市集各个层次。长江上游的市场非常之多,特别是清前期经济恢复后增长明显。有人估计,嘉庆前后川省约有场三千左右,到清末约达到四千③,若按四川142厅州县计算,每个厅州县平均约28个场。在一些交通和经济较发达的地区市场较他处为多,如地处长江畔的涪州市

---

① 嘉庆《渠县志》卷19,《风俗》。
② 乾隆《彭山县志》卷4,《土俗》。
③ 见高王凌:《乾嘉时期四川的场市、场市网及其功能》,《清史研究集》第3辑。据高王凌计算,乾嘉时期市场数量年递增1%强,道光至清末年递增约0.3%。

场多达 120 个,涪江和嘉陵江交汇点的合州有 73 个,市场达四五十个以上的地区实属不少。

上游的市场与全国一样有固定的场期。如乾隆时峨眉县府曾"复定城乡集场日期"①。纳溪"自县治而外,三乡场镇皆有会集之期"②。场期的安排基本都是相互错开的,这样可提高农民的赶场率。从贸易周期上看以旬三场为主,如乾隆年间南溪县"乡人"倡建毗庐场、刘家场,分别为"二五八场期"和"一四七场期"③;道光初云阳县八间铺"始约为场,以一四七日相递赶集"④;同治年间高县"乡场以三日一集,买卖货物"⑤。在川西平原经济发达地区场期则较为密集,有旬四场甚至旬五场的。如郫县犀浦场"市以二四七十日";郫县与崇宁、新繁接壤的马街"市以一三七九日";郫县与温江接壤的德源场"市以二四六八日";此外,与温江接壤的何家场、青龙场,与崇宁接壤的新场均是"市以二四六八日"⑥。有的是隔日一集,如郫县的"县市,奇日一集",处于水陆交通之地的郫县三堰场,"商旅频繁……市以双日"⑦。而"官商遥集,车驰马骤"的崇庆州城场,"其市期一三五七九"⑧。这说明这些地区商品交易的频繁和规模,反映了这些地区商品经济的发展程度较其他地区要高。

为了对这类市场有个较明确的概念,我们再以川西平原的崇庆州为例,表 4-8 是光绪时期崇庆的市场分布。

---

① 乾隆《峨眉县志》卷 3,《街市》。
② 嘉庆《纳溪县志》卷 3,《疆域志·物产》。
③ 民国《南溪县志》卷 1,《舆地·场镇》。
④ 民国《云阳县志》,《先贤》。
⑤ 同治《高县志》卷 18,《风俗》。
⑥ 民国《郫县志》卷 1。
⑦ 同上。
⑧ 光绪《增修崇庆州志》卷 3,《城池》。

表 4-8

场名	规模	场期	位置	场名	规模	场期	位置
安阜场	四五十家	二四八十	东城外13里	济民场	数十家	二四六八十	西门10里
上邓公场	数十家	三六九	东城外18里	公议场	数十家	三六八十	西门30里
下邓公场	数十家	三六九	东城外18里	何家场	数十家	三六九	西门50里
万寿场	百余家	三六九	东城外15里	毛郎场	——	一四七	西门60里
江原镇	数百家	二五八十	东城外25里	羊马场	数十家	二四七十	北城20里
三江口	数百家	三六九	东城外30里	太平场	数十家	一三六九	北城25里
万集镇	数十家	一四七	东城外40里	廖家场	数百家	二五八	北城30里
大划石	百余家	一四七	南城外15里	石观音	近百家	三六九	北城30里
牛皮场	百余家	二四六八十	南城外10里	元通场	数十家	一四七	北城30里
中和场	百余家	三五九	南城外20里	街子场	——	三六九	北城60里
隆兴场	百余家	二四七十	南城外20里	石鱼寺			东门
崇德场	百余家	三七十	南城外30里	金鸡铺	——	——	南门
白头铺	百余家	四七十	西城外15里	永兴场			北门
王家场	百余家	一三五八	西城外20里	小罗寺	——	——	北门
东关场	数十家	四七十	白头铺北5里	计29			

资料来源：光绪《增修崇庆州志》卷3，《场镇》。

注：据该志称，除上列各场外，"尚多不记名者"。

从表列29个场看，有旬五集2个，旬四集7个，其余均为旬三集。场的规模小者数十家，大者数百家。市场的密度较大，从全州看平均每场间隔不到七里。以东城外的七个市场为例，除相邻的上、下邓公场外，间隔短者不过五里，长者不超出十里。间隔基本匀称，反映了初级商品交换市场方便农民互通有无的特征。从表列的场期看，邻近的集市场期相错并不是绝对的，如上、下邓公场和万寿场都是三六九。

对场期的安排问题施坚雅曾进行过研究①,他认为决定场期最主要的不是避免同邻场冲突,而是不和上层市集的集期相冲突。相邻的市场场期相同经常可见。如图 4-3 的赖家店、高店子和新店子三个市场的场期都是三六九。而市集和墟市撞期的情形却少有,若某市集的集期是一四七或四七十时,那它周围的市场一般就只能在二五八和三六九两个场期内选择。图 4-3 中,以中和镇为中心的市集交易范围说明了这一选择原则。

图 4-3

避免墟市与市集撞期解决了许多小贩的生计问题。农村中的小贩大多只在一个市集交易范围内活动,他们以市集为据点,到各墟市与农民进行交易,然后回市集将收购来的农产品出售,并补充存货。图 4-3 便说明了市集的集期如何配合了行贩的需要。在中和镇交易范

---

① 以下见 G. W. Skinner,"Marketing and Social Structure in Rural China". *Journal of Asian Studies*, Vol. 24, No. 1, 1964。

围内小贩可以有这样的行程：初一逗留在集上交易,初二到黄龙场,初三到石羊场,初四到中和镇,初五到琉璃场,初六到高店子,初七回到中和镇,初八到倒石桥,初九到新店子,初十再回中和镇休息一天,十一日开始又按这个程序到各地行贩。每十天之内,既不会错过中和镇的三天集期,也可走遍属于中和镇的六个墟市。除小贩外,其他行当诸如江湖郎中、说书先生、算命先生、手工工匠等也多这样活动。

关于市场密度的考察有两个关键性的概念：供给者的需求圈和商品销售域。所谓需求圈即是一个具有足够的消费需求,从而使供给者能挣得正常利润的地区,它反映了提供某些劳务的规模经济以及由于零售商相互间设点的接近而产生的凝聚优势。需求圈的主要决定因素是每个地区单位的平均购买力。一些重要商品的销售域的主要决定因素是经济距离(亦即换算为运输成本的地理距离)和生产成本。

在传统的农业社会,耕地面积和人口密度决定了需求圈和销售域的大小。场均耕地和场均人口表明了市场所拥有的土地和劳动力资源,是市场发展的决定因素,它们制约了市场的商品流通和交易数额。据统计,嘉庆时期全川每场平均有耕地 1.5 万亩,各州县场均耕地 80% 以上集中在 4000－40000 亩之间,场均人口以 1000－8000 人为多。到光宣时期场均人口大都在 3000－15000 人之间[①]。市场的密度往往取决于单位面积的购买力,单位面积购买力取决于人口密度。在经济发达地区场均人口都比较高,如川西平原的成都府场均人口都在 7000 人以上,其中成都、华阳、金堂、温江、新都、郫县、简州、崇庆、崇宁、新津、什邡等县都已逾万人,可以推测这些地区市场的规模一般都不小。

各地区在市场活动的人究竟有多少？这可以根据有关资料进行估计。如崇宁县场均人口为 2.3 万,其中包括妇女和小孩,他们赶场的

---

① 见高王凌上揭文。

频率很难确定。我们可按家庭对外活动的主体"男丁",即劳动力人口来估计,也就是说是按赶场的最低人口数来推测的。嘉庆中期崇宁男丁约10万人,按每人每月赶场三次算,那么每月计有30万人次赶场,每旬10万人次。若按一场可容纳2000人,旬计6000人,那么崇宁应有市场16个左右。而实际当时仅有市场3个,这即意味着每场平均有万人左右赶场。实际上,按每丁每月赶三场算是比较保守的。据宣统《广安州新志》称:广安市场"贩夫贩竖间期云集,大市率万人,小市亦五六千"①。光绪时广安有41个场,按每场5000人、每旬三场算,那么每月仅广安州赶场即达185万人次,其交易额和货物流通量就可想而知了。

随着人口的增加和生产的发展,就必须相应满足人们的商品需要和容纳一定区域内赶场的人数,要达到这一目的可以有三条途径:一是增加场期频率,如由旬二场到三场、四场乃至隔日一场;二是扩大市场规模,如在市场内又扩展许多"小市"等;三是增加市场。按川省习惯,一般州县按旬三场的办法,当不能满足人们的赶场需要时,一些新场就应运而生。例如温江县嘉庆时期有市场10个,场均人口1.3万人。随着对市场需求的增加,温江一般不是以扩大市场规模的方式,而是增加市场,到光绪时期市场增加近一倍,达到19个,而场均人数下降至9000人左右。

增加市场是满足人们商品交换和流通的一种形式,每一个市场所覆盖的区域面积一般表示了它的实际交易范围。在清代的长江上游,每个市场平均服务范围在40—100平方公里之间,也就是说以市场为中心,人们平均活动半径在3—5公里之间。不过农民活动半径随地区和时间是有所变化的。首先从时间概念看。从乾嘉到光绪,市场增加约四分之一,由于市场的增多,人们的交易更为方便,缩短了赶场的路程。如川西平原的新津嘉庆时有6个场,场均范围32平方公里,这即

---

① 宣统《广安州新志》卷13,《货殖志》。

是说人们活动半径约为3公里;到光绪时期市场增至19个,场均范围减少至16平方公里,活动半径约为2公里。可见人们赶场缩短了三分之一的路程。一些边缘经济区反映了同样的现象,如川北山区的江油县嘉庆时有21场,场均面积92平方公里,活动半径为5公里,到光绪时期市场增加到31个,场均范围减少至63平方公里,活动半径为4公里。那么人们赶场可缩短1/5的路程。应该指出的是,活动半径的缩小、赶场路程的缩短,决不意味着人们活动范围的缩小,恰恰相反,由此人们有了更多的赶场机会,增加了赶场次数和赶场地区。

其次从空间概念来看。由于商品经济发展程度和人口密度的不同,各地区的市场分布也有很大的不同。一般来讲,经济中心区和次经济中心区市场密度较之近边缘区和远边缘区要高,见表4—9。从表可见,嘉庆时处于经济中心区的成都府场均范围为48平方公里,即平均活动半径为3.9公里;次经济中心区的眉州直隶州场均范围为39.5平方公里,活动半径为3.5公里。而近边缘区潼川府场均范围为78平方公里,活动半径约为5公里。远边缘区的龙安府场均范围为428平方公里,活动半径达11公里多。当然也有例外的情况,如次经济中心区的绵州市场就不太密集。

表 4—9

府直隶厅州	嘉庆时期		光绪时期	
	场均服务范围（平方公里）	活动半径（公里）	场均服务范围（平方公里）	活动半径（公里）
成都府	48	3.9	34	3.3
重庆府	51	4	46.7	3.8
保宁府	58	4.3	53	4.1
顺庆府	68	4.6	47	3.9
叙州府	67	4.6	55.8	4.2
夔州府	—	—	87.5	5.3

续表

府直隶厅州	嘉庆时期		光绪时期	
	场均服务范围（平方公里）	活动半径（公里）	场均服务范围（平方公里）	活动半径（公里）
龙安府	428	11	—	—
嘉定府	68	4.6	—	—
潼川府	78	5	64	4.5
绥定府	60	4.4	60	4.4
眉　州	39.5	3.5	—	—
邛　州	42.7	3.7	34	3.3
泸　州	47	3.9	—	—
资　州	60	4.4	45	3.8
绵　州	147	6.8	97	5.6
忠　州	76	5	57	4.3
太平厅	156	7	81	5

资料来源：根据地域面积和地方志记载的市场数综合计算。

市场的密集，是商品经济发展的必然结果，反映了人们赶场的频繁和市场商品流通规模的扩大，亦说明了农民日常生活对市场的依赖程度。

七　高级市场与城镇发展

清代城市发展的基础是商业贸易，城市是商品的集散地，转运贸易是城市发展的重要条件，由城市经济组成的网络，成为联系各地市场的中心。这些中心又可分为商业性城镇（地区城市）、集散市场（区域城市）和多功能高级市场（中心城市）等。应该指出，一般来说集散市场较之商业性城镇规模要大，但两者的区别并不在规模大小，而是其市场的功能。一些较小的集镇仍可起到集散市场的作用,亦有不少城镇往往具有两种市场的功能。

(一) 商业性城镇

清代商品性农业发展以及随之兴起的家庭手工业、手工作坊等促进了城镇的勃兴与繁荣,城镇日益成为农村和初级市场同该区域内区域城市、中心城市、国内各地区市场联系的纽带。有些大镇已逐渐发展成为附近几个市镇的商品流通中心,初步突破了地方性狭小市场的格局。如郫县县市"赶集日,县境商贾咸至,他县如成都、新都之商亦至。交易之金,或数十万,或数万,或数千"①。这些城镇贸易货物种类繁多、商品流通量大、货源广泛充足,可谓是"百货丛集"。市内一般都分别有规模、数量不一的大市和小市。郫县县市"乡农晨集所售者,有米、有麦、有烟、有豆、有糠,名曰小市。大市初在城中之南华宫,民国初移永清宫"②。崇庆县市是"商贾云集,百货列肆",而且"城内东西南北街均有市"。"五显庙,茧市在焉",火神庙一带"柴市在焉,外为西米市";"中有木厂,小春、炭草诸市";"附城韦驮堂内,为麻布市,外为烟市";"八腊庙,麻市在焉。折南为苍颉庙街,间有杂市";皮铺作坊街"有白布市";大悲寺"为麻布麻纱市。近城壕边,有麻枝子市";东山寺"有红白甘蔗市"③。在比较偏僻的南溪县,城内各专门市场均按街道分布,外东街:粮食、菜;桂花街;线子;中正街:鱼、轿行、草鞋;文明街:烟、石灰、黄麻;四牌楼街;花生;上正街:布;伞匠街;窑罐;官仓街:鸡、蛋、猫;外西街:米;由义街;农器、菜秧;内北街:鸽、羊、炭、米;三元街:米、杂粮、红苕;水池街;果木;灵宫殿街:猪、羊等④。

---

① 民国《郫县志》卷1。
② 同上。
③ 光绪《增修崇庆州志》卷3,《城池》。
④ 民国《南溪县志》卷1,《舆地·城市》。

市场的扩大是交易兴旺的结果,合州县城"历为繁盛区域,水陆骈集,人烟辐辏,日日为市。……当集之日,辰刻未,乡之老者少者,朴而干者,愚而蠢者,通有无者,托庖代者,操物贾者,为交易者陆续至"。特别是四月新丝、小麦、油菜、豆等出后,城内"操物贾者,为交易者,肩有担,手有提",真是"拥挤不通",城内务"茶房酒肆,生理一旺"①。广安城在光绪年间有"铺户居民三千余,街道十八,鱼盐、珠翠、棉布、锦帛、米谷珍错,百货毕集,人称小渝城焉"。广安的戴市"阛阓之盛",店户达五六百;观音阁也是"富户环居",有店户六百多②。川北的南充县城(即顺庆府城)"迄清末世,渐臻繁盛,工商勃兴,人物萃集,华屋栉比,珍货云屯,内外城间已无隙地"③。汉州城(即雒城镇)水陆交通发达,嘉庆中期已发展至有街道近30条,药材、木料、粮食交易繁盛。赵镇来的船只,什邡来的竹筏在此聚散。什邡县城虽然交通不太发达,但因盛产叶烟而至商业繁荣。嘉庆《什邡县志》称这里"士庶嬉怡,商贾骈集,谓有江都风味,又呼为小江陵,其胜概也"。各地商贾于乡间购买烟叶多运到县城烟栈暂存,经整捆、打包后再转省内外销售。另外粮食及其他农副产品的交易也颇为兴旺。据民国《云阳县志》称,"嘉道中,此县商务大盛,父老言西关外老街皆贾区"。云阳的八间铺道光时始设,到清末民初"渐致百货增拓,贾区衺广,遂为县南剧镇"。蓬溪县的周口镇由于商业发达,到清末时已是"人烟稠密,计已二千余家,商业贸易甲于州城"④。一些边区城镇也逐渐发展,如雷波城"商贾云集,云、桂、两湖、豫、粤之民,亦群趋此间贩卖货物"。到民国时城内居民已有二千余户,商业交易热闹非常,"世有小成都之称"⑤。

---

① 民国《合川县志》,《农业志》。
② 宣统《广安州新志》卷9、卷13。
③ 民国《南充县志》,《城市》。
④ 《成都日报》光绪三十四年十二月二十二日。
⑤ 《川康边政资料辑要·雷波概况》。

商业性城镇既有一定区域内商品集散的功能,又能满足周围小生产者对市场经常性的要求,并对附近的市场有一定的支配力。无论从城区规模、商品流通大小、交易种类、市民阶层结构来看,它们都是集市发展的高级形式。它们是农村商品生产和商品流通的集聚点,起着分解自然经济的作用。

(二) 集散市场

集散市场往往是在省际地区或重要的交通枢纽。处川陕要道的广元"清初傍河居民尚少",但随着商业的发展,乾隆时已是"市移江岸,傍河宅居"①。广元为陕甘药材的集散市场,陕西产药百余种,由广元转销外省,甘肃的麝香也多集中在广元交易。泸州是自流井、犍为和沱江沿岸等地盐的集散地,因而发展甚快,其交易规模之巨,在长江上游除重庆外,"无能及之者"②。赵家渡则为川西平原和沱江流域许多州县货物的集散地,川西德阳、汉州等地的大米,什邡、新都、郫县的烟叶,川北潼川的蚕丝,沱江中下游的资州、内江等地的蔗糖,温江、江津、泸州等地的杂货,皆运此再转销他处。位于川西平原西北边缘、岷江中游的灌县城(即灌口镇),是沟通川西平原与川北山区贸易交通的枢纽,为山货、药材、皮毛以及大宗农副产品的集散地,"城内外廛肆罗列,有银号数家,东街尤百货骈阗,商贾麇集,以贩运药材、羊毛者特多,行销渝、宜、汉、泸"③。

打箭炉"僻处边陲,接邻藏卫,交通不便,语言鲜通",但因地处川藏要道,清代得到较大发展。过去,"汉人西来,率为安边抚夷之官吏兵役"。康熙年间打箭炉城始兴商业,经商者已有数十户④。雍正之时打

---

① 民国《重修广元县志稿》第 2 编,卷 4。
② 《四川》第 1 号,第 82 页。
③ 民国《灌县志》卷 4,第 5 页。
④ 《川康边政资料辑要·西康概况》。

箭炉已是"内外汉商蛮民聚集交易,故居址比联,人烟辐辏"①。王士祯《陇蜀余闻》记载了内地茶商到川边采购的情况:"打箭炉在建昌西南,地与番蛮喇嘛相接,与雅州、荥经、名山亦近。江南、江西、湖广等茶商利彝货,多往焉。"

一些省际地的州县城镇,虽规模不大,但仍具有集散市场的功能。如地处川陕边境的城口厅"百工匠艺多别省别邑之人,商贾亦多外来,以棉花布帛杂货为市场,与四乡居民交易,复贩买药材、茶叶、香菇、木耳、椒蜜、猪牛等物往各省发卖"②。邻近湘黔的彭水也是"舟楫往来,商贾辐辏,百货云集,并与楚、黔、闽、粤、江右等省俱通商贩焉"③。

作为中心城市的重庆,也具有集散市场的性质,如重庆即是药材和桐油的重要集散地。省内及陕甘、滇黔、西藏等省区部分药材出口汇集于此,另外,湘、鄂、赣、粤等省药材行销西南各省者皆以重庆为分配地。清末重庆有20多家药行,60多家药栈,100多家字号,200多家铺户,药材从业人员两千多人④。上游所产桐油也大量汇集重庆出口。进入重庆之桐油大体可分为川北、川江上游和川江下游三区。川北的阆中、江油、南充、盐亭等地的桐油依靠巴河、渠江、涪江运输之便,先汇于嘉陵江口之合州,再进入重庆市场。川江上游的井研、荣县、乐山等州县的桐油以赤水河、綦江、永宁河、岷江、沱江等为运道,汇于宜宾、泸州、江津再转入重庆市场。川江下游的南川、酉阳、秀山等州县的桐油借乌江集中于涪州,再运至重庆。

长期的商业活动,在集散市场形成了一整套交易程序、组织和规则。以万县的桐油交易为例,自生产到出口约分八阶段:农民、桐籽贩、

---

① 《宫中档雍正朝奏折》,雍正十一年二月十日四川总督黄廷桂奏折。
② 道光《城口厅志》,《风俗志》。
③ 光绪《彭水县志》,《食货志》。
④ 《四川卫生史料》总第4期,第2页。

榨房、挑贩、油贩、油铺、过傤铺、出口行①。其相互关系如图4—4所示。

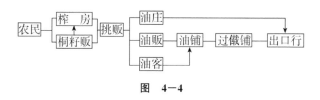

图 4—4

下面略加解释：1.农民。农民收得桐籽除部分缴地主外，余即售予地主、桐籽贩、榨房、挑贩等。2.桐籽贩。多为各地富农或小地主，往来四乡，收买桐籽。3.榨房。主要业务是榨桐油，也附带收购，经营者多为富农或小地主。4.挑贩。又称油拨子，往来于产区之乡镇及城市间，向乡镇榨房或农人购入桐油，挑至城市售予油客、油庄、油贩等。5.油贩。亦称燕客，往来迅速，依产区各成一帮，如夔巫帮、云阳帮等。油庄，亦称庄客，为出口行所派，多终年长驻，除购油外还调查产区。油客，也称庄客，为万县油铺派赴产区收油者，大多系每年桐油上市时派往，油市毕后返万。6.油铺。亦称桐油卖帮，即购买油贩零星运万之油或于产地设庄自收，其油经过傤铺之手售予出口行，故又称售油铺。7.过傤铺。为万县桐油进口业与出口业之中间人，其业务专为买卖双方介绍交易，收取佣金。8.出口行。为万县之运油出口者，以资力雄厚及与外商联络，执万县桐油业之牛耳，家数不多但势力颇大，获利最丰。

(三) 多功能高级市场

一些城市由于历史的原因或其所处的重要位置，逐渐发展成为一个具有多种功能的高级市场，并逐渐以商业的繁荣发展成为大都市，这种市场往往是数量少而作用大。处于长江与嘉陵江交汇点的重庆和川西平原的成都就是这样的城市，它们既是巨大的消费市场，又是重要的

---

① 参见张肖梅：《四川经济参考资料》，T第1—9页。

商业中心或集散市场和转运市场。关于重庆和成都两大中心城市将在下节讨论,此不赘述。

长江上游城市发展在全国具有重要地位,表 4—10 列出了 19 世纪末按地区和等级划分的城市统计。

表 4—10

城市等级\区域	中心都市	地区都市	区域城市	地区城市	地方城镇	市 镇	计
西 北	1	2	7	18	55	178	261
云 贵	—	2	3	13	36	112	166
岭 南	1	2	7	24	71	223	328
长江中游	1	3	10	25	115	403	557
长江上游	1	1	6	21	87	292	408
东南沿海	—	1	4	11	42	147	205
华 北	1	6	18	64	189	697	975
长江中游	1	3	8	24	74	267	377
计	6	20	63	200	669	2310	3277

资料来源:G. W. Skinner,"Cities and the Hierarchy of Local Systems",in G. W. Skinner,ed.,*The City in Late Imperial China*,p.298.

从表可见,长江上游城市的发展仅次于华北和长江中部。但华北和长江中游都分别包括了若干省份,而长江上游基本上是四川省的范围(仅包括陕西、云南极小一部分)。在全国 6 个中心都市中,长江上游占 1 个,为 16.7%;在 20 个区域都市中,长江上游占 1 个,为 5%;在 63 个区域城市中,长江上游占 6 个,为 9.5%;在 200 个地区城市中,长江上游占 21 个,为 10.5%;在 669 个地方城镇中,长江上游占 87 个,为 13%;在 2319 个市镇中,长江上游占 292 个,为 12.6%;在全国 3277 个各类城镇中,长江上游占 408 个,为 12.5%。可见,以四川为中心的长江上游中下级城镇之稠密超过了许多区域。

长江上游城市商业的发展,一方面是由于城市自身的性质和功能所决定的,城市对与之相联系的周围地区来说,具有作为贸易中心的各种地理的、社会的、经济的有利条件;另一方面,是由商品经济的性质和规律所决定的,城市周围地区以城市为中心进行贸易活动,对周围地区和广大农村的生产者和消费者都很有利。城市商业中心的形成是市场在城市中产生和发展的结果,贸易中心的核心是"市"而不是"城",因此,贸易中心的作用强度和范围,基本上不受城墙环绕的范围或行政区划界线的限制,而可以扩展到更大更远的范围。所以,清代长江上游的城市商业活动不是封闭的、静止的,而是开放的和发展的。

八 都市与都市商业的繁荣

城市是商业活动的中心,市场网络随着商业的繁荣围绕各级城市而发展起来。在一个巨区内,总有一两个城市成为人们商业活动的中心,与其他城市比较,贸易活动更加经常化,参加贸易的人数更多,贸易量更大,因而贸易的设施、条件也更完善和优良。

上游的城市,大体可分为由地方行政管理形成的和经济活动形成的两种类型。前者是军队屯集、驻守的据点,初是因军事目的而设,然若仅具备军事的功能,则兴废俱快。因此这类城市在发展过程中功能往往有所变化,它们能否长期存在并发展不取决于其驻军的数量,而取决于商业和手工业是否兴盛。如重庆在明清以前主要是一个城区性的政治中心和军事重镇,明清以后由于成为长途贩运的起落点才繁荣起来。后者一般出现在农业较发展、较富庶或交通较便利的地区,人口和手工业以及一些服务性行业相对集中,往往成为统治者、贵族、官僚、文士等聚居的理想地点,同时也是商人活动较为集中的地区。到一定的阶段,它容易发展成为政治、经济和文化的中心。

重庆是清代长江上游重要的商业和货物集散中心,"渝州……三江总汇,水陆冲衢,商贾云集,百物萃聚……如昭文则有丹柒、旄、羽;制器则有皮、革、骨、角;取材则有楠、梓、竹、箭;利用则有鱼、盐、旄、裘、柴、丝、绨、纻,若铜、若锡、若铅、若铁、若怪石、若金玉器玩、佳果香茗。或贩自剑南、川西、藏卫之地,或运自滇、黔、秦、楚、吴、越、闽、豫、两粤间,水牵云转,万里贸迁"[1]。商业的发展扩大了重庆的城市规模。明代重庆城内有8坊,城外有2厢;到康熙中后期,城内已发展到29坊,城外21厢[2]。同时也改变了重庆城市的人口结构,由东部地区入川的移民,把重庆作为第一个大的落脚点。据称,重庆"自晚明献乱,而土著为之一空,外来者什九皆湖广人"[3]。作为长江上游最重要的港口城市,重庆以其优越的地理位置吸引了大量商业性移民,"吴、楚、闽、粤、滇、黔、秦、豫之贸迁来者,九门舟集如蚁,陆则受廛,水则结舫"[4]。重庆及经济区商业的繁荣,影响到川江航运的兴盛,外省仅在"大江拉把手"者,"每年逗留川中者不下十余万人,岁增一岁,人众不可纪计"[5]。反映了重庆这个经济中心的作用。

重庆的商业人口所占比重越来越大,据巴县档案记载,乾隆三十八年(1773)重庆定远厢共有300户,而其中从事工商的占208户,为总户数的69.3%。又据同治《巴县志》,嘉庆十八年(1813)重庆紫金坊、灵璧坊共有534户,其中从事工商业者362户,为总户数的67.8%。重庆的商业基本上被移民所控制,"各行户大率俱系外省民人"。嘉庆年间经各省客长清查,当时在重庆领牙帖者共109行,几乎全为外省人,综计江西40行、湖广43行、福建11行、江南5行、陕西6行、广东2行,而四川本籍(保宁府)仅2行,其具体行业和省籍分布见表4—11。

---

[1] 乾隆《巴县志》卷3,《课税》。
[2] 乾隆《巴县志》卷2,《建置志·乡里》。
[3] 民国《巴县志》卷10。
[4] 乾隆《巴县志》卷2,《建置志·乡里》。
[5] 严如煜:《三省边防备览》卷9,《民食》。

表 4-11

行业＼省籍	江西	湖广	福建	江南	陕西	广东	保宁府	计
铜铅	1							1
药材	11							11
布行	2	2			1			5
山货	22	7	7		1	1		38
油行	1				1			2
麻行	1	2						3
锅铁	2	3						5
棉花		12						12
靛行		8						8
磁器		1		1				2
杂粮		1						1
花板		2						2
猪行		2						2
酒行		3						3
烟行			4					4
纸行				1				1
糖行				3				3
毛货					3			3
纱缎						1		1
丝行							2	2
计	40	43	11	5	6	2	2	109

资料来源：嘉庆六年六月二十四日《具禀八省客民何康远等为据实陈明事》附清单。见巴县档案。

在 109 家商行中，以经营山货、棉花、药材、靛青者为最多。上述四项共有 62 行经营，占总行数的 56.9％，而且主要又集中在江西（山货、药材）和湖广（棉花、靛青）商人手中。

近代以后，由于对外贸易的开辟，进一步刺激了重庆商业的发展。例如重庆的山货业便起了巨大变化。开埠前的山货原由药材字号附带经营，并未独立成帮，间有经营牛皮渣滓加工的胶帮附带运销牛羊皮出省，亦有经销洋货的广帮贩运生猪鬃回广东加工后出口，均属小本经营，品种不多，数量有限。19 世纪 90 年代初山货出口品种和数量急剧上升，由原来的猪鬃、牛羊皮等数种迅速增加到 30 余种。到清末民初时，除已有洋行十余家外，重庆专营山货的字号亦发展到十余家，中路商二三十家，行栈十余家①。

19 世纪末重庆已成为洋货输入西南的转口地。如进口洋布从重庆再远销到上游各地大中城市，如成都、嘉定、叙府、绵州、顺庆等地，并初步向云贵渗透。以经营洋布为业的重庆布匹字号随之大为发展，广货铺也应运而生，大小水客经常云集重庆。一般字号的资本额大多增至三千两左右，而聚兴祥字号已达万两。布匹字号也由汉口进货改为上海进货，独资经营者也逐渐增多。光绪中重庆布匹业有 60 家左右，甲午战后各种洋布充斥市场，重庆作为洋布西南转运枢纽的作用也更为突出。那些获得大利的各州县水客，转而在重庆开设字号，光宣年间布匹业已增至 90 家左右。布匹商在资金周转上较以前灵活得多，资本额一般增至六千两左右②。

在商业活动中，重庆各行业形成了各类组织严密、环环相扣的交易系统，各个交易环节都成为不可缺少的有机组成部分。这些系统都是在商品流通过程中长期自然形成的。以重庆的山货贸易为例。按营业性质，经营山货者有以下一些部门。

字号业：经营山货、办运出口，分桐油字号、杂货字号、猪鬃字号；洋行：办运山货出口，属山货业，凡不入公会者不能享九九二回扣权利；堆栈：替山贩介绍山货之售卖以得九七佣钱为收入；中路：又称车囤，替字号买货或自行买卖货品，分为杂货中路和猪毛中路；经纪人：为个人执行介绍业务者；洗房：捡洗黑毛制成熟货，然后转售字号或洋行；梳房：专门梳扎白毛转售字号或洋行；鸭毛行：收零成整加以捡制，转售字号或洋行；猪肠厂：设厂收货整制后转售字号或洋行；胶房：自行收买牛

---

① 《重庆工商史料》第 1 辑，第 23－24 页。
② 同上书，第 193－194 页。

皮,经制后转售字号或洋行①。以上这些部门的相互关系及内部组织结构见表4-12。

表 4-12

营业性质	营业分类	分支	内部组织区分
出口贸易	字号	桐油字号 杂货字号 猪鬃字号	1.股东,2.经理,3.写账,4.跑街,5.管信,6.管窖[1],7.看货工头,8.下河人[2],9.庄客[3]。
	洋行		
介绍业务	堆栈		1.股东,2.经理,3.管账,4.管窖,5.跑街,6.挂税先生[4],7.交秤退皮者,8.灶上[5]。
	中路	杂货中路 猪毛中路	1.股东,2.经理,3.管秤,4.管账,5.扑秤先生,6.工头,7.庄客。
	经纪人		
制作方面	洗房	自办洗房	1.股东,2.经理,3.检查处,4.营业处,5.账房,6.管事,7.管钱,8.工人。
		字号附设洗房	1.管秤,2.管账,3.跑街,4.检查人员,5.工人。
	梳房		1.经理,2.买卖者,3.管账,4.工人。
	人发梳房		1.经理,2.工人。
	鸭毛行		1.买货者[6],2.工人。
	猪肠厂		1.厂主,2.工头。
	胶房		1.老板,2.工人。

注:[1]管窖管收秤、监督收货,并管理"窖子"中之货物。
[2]下河人承担起运货品、办理完税及装船等事物。
[3]庄客分两种,一为销场庄客,售卖货物,一为产物庄客,收买货品。
[4]挂税先生系介绍交易者,分佣金十分之四。
[5]灶上即厨工,遇搬运货物得5%力钱。
[6]买货者多为股东或老板自任。

这样,在商品流通和商业交往过程中,形成了从事商业活动各种层

---

① 参见张肖梅:《四川经济参考资料》,T第29—30页。

次的人物，他们在商业活动中所起的作用相异，得到的商业利润也不同，但他们各自构成了商业活动不可取代的一环。各种经纪人、中路、洋行和字号，都是城市贸易的流通媒介，即起着中间商的作用，是他们维持了城市商业活动的运转。由于卖与买双方能够直接与中间商进行交易，所以中间商的出现可以减少或割断生产者间的直接联系。这样方便了交换，缩短了交易的距离与时间，从而把复杂的交易活动简化了，同时也就扩大了交易的规模。

而成都与重庆有着不同的发展模式，在长江上游区域贸易中不及重庆重要，但却是长江上游的政治中心，也是川西平原的商业贸易枢纽。明末清初的成都由于战争破坏，成为一片废墟，随着清初经济的复苏，成都城市也得到恢复和发展，整个清代都起着川西地区经济中心的作用，"商贾辐辏，阛阓喧阗，称极盛焉"[1]。成都东门外水码头"百货交驰，是以本地繁庶而毂击肩摩，自朝达夕"[2]。许多文人描写成都的竹枝词再现了这种盛况。乾嘉时一首竹枝词说："郫县高烟郫筒酒，保宁醯醋保宁绸，西来氆氇铁皮布，贩到成都善价求。"[3]道咸间吴好山咏道："名都真个极繁华，不仅炊烟廿万家。四百余条街整饬，吹弹夜夜乱如麻。"[4]

城市手工业的兴盛更促进了商业的繁荣，成都"城内百工咸备，皆有裨于实用。其精巧者无过于织纺，有宫绸、宁绸、线缎、倭缎、闪缎、线绉、薄艳平纱、明机蜀锦、无心锦、浣花绢、龟兹阑干，每年采边运京，常以供纺织之不足。妇女务蚕事，缫丝纺织，比屋皆然。在城者多善针黹，缝纫刺绣，色色皆精。贫苦孀居，竟有恃十指以为事蓄之资者"[5]。

---

[1] 同治《成都县志》卷2，《风俗》。
[2] 嘉庆《华阳县志》卷13，《古迹》。
[3] 定晋岩樵叟：《成都竹枝词》。
[4] 《笨拙俚言》（清稿本）。
[5] 同治《成都县志》卷2，《舆地志第二》。

乾嘉年间杨燮所作《锦城竹枝词》中有一首描写了成都一条街的丝织情景:"水东门里铁桥横,红布街前机子鸣。日午天青风雨响,缫丝听似下滩声。"这是当时成都手工业发展的真实写照。

在近代,成都是长江上游除重庆之外的商业活动的交结点,"为长江上流尽头之埠……此中商务之盛,一望可知,货物充积,民户殷繁。自甘肃至云南,自岷江至西藏,其间数千里内,林总者流,咸来懋迁取给"。与重庆不同的是,直至19世纪末成都受洋货的冲击还较小,土货的交易仍居主要地位。1897年法国人马尼爱游历成都,据他的记述,成都"洋货甚希,各物皆中国自制。而细考之下,似有来自欧洲者,但大半挂日本牌记。出口货有丝绸、布匹两项,物既粗劣,价反加昂,惟耐久经用,行销故广。不特销于四川,即毗邻各省,亦争相购致也。销路之远,可至广西、云南,乃于北圻各埠"。像草帽、药材等土货都在成都聚集并大量运出口,"能在各通商口觅得西国主顾,装船后运赴汉口,以达上海"。如法国某洋行将草帽"发行欧洲,发约数千余包也";各种草药"尤以成都为荟萃处。凡药肆所售药料,皆来自四川装运。……但见此等船只,数百成群,连樯而过"①。

清代成都城市建设也有了很大的发展。成都城在顺治三年(1646)被焚毁后,省治暂设阆中。顺治十六年(1659)省治迁回成都,葺城楼以作官署。康熙初重修成都城,"高三丈,厚一丈八尺,周二十二里三分,计四千一十四丈。东西相距九里三分,垛口五千五百三十八,敌楼四,堆房十一,门四"②。四个城门各有名称,东门曰"迎晖"、南门曰"江桥"、西门曰"清远"、北门曰"大安"。康熙四年(1665)于明蜀王府内城旧址建贡院,其四周建城墙。康熙五十四年(1718)于大城之西增筑满城,于是成都大城内包有两小城。满城又称少城,驻旗兵,由成都将军管辖,实为大城中之独立王国。满城"城垣周四里五分,计八百一十一丈七尺

---

① 马尼爱:《游历四川成都记》,《渝报》第9册(光绪二十四年正月)。
② 雍正《四川通志》,《城池》。

三寸,高一丈三尺八寸"。满城内有"城楼四,共一十二间。每旗官街一条,披甲兵丁小胡同三条,八旗官街共八条,兵丁胡同共三十三条"[①]。乾隆四十八年(1783)重修成都城,用银60万两,"周围四千一百二十二丈六尺,计二十二里八分。垛口八千一百二十二,砖高八十二层,压脚石条三层。大堆房十二,小堆房二十八,八角楼四,炮楼四,城楼顶高五丈"[②]。四门城楼东曰"博济"、南曰"浣溪"、西曰"江源"、北曰"涵泽"。乾隆末李世杰《成都城种芙蓉碑记》写道:"命有司于内外城隅遍种芙蓉,且间以桃柳。"[③]说明当时对城市面貌已比较重视。

马尼爱曾描写过成都的市容:城内大街"甚为宽阔,夹衢另筑两途,以便行人,如沪上之大马路然。各铺装饰华丽,有绸缎店、首饰铺、汇兑庄、瓷器及古董等铺,此真意外之大观。其殆十八省中,只此一处,露出中国自新之象也。……广东、汉口、重庆、北京皆不能与之比较。数月以来,觉目中所见,不似一丛乱草,尚有城市规模者,此为第一"[④]。此语不免有所夸张,但也的确反映了成都这个大商业城市的气派。

在长江上游城市发展过程中有一个值得注意的现象,即人口重心有东移的倾向。这即是说,以重庆为中心的经济区人口发展速度超过历史上经济发达的成都经济区,人口的吸附和聚集力愈来愈大(参见第二章有关部分,如表2—6)。下面从人口密度的变化来看人口重心的东移,表4—13是1812年和1910年重庆地区和成都地区人口密度比较。重庆地区3万多平方公里,嘉庆中期每平方公里77人,略高于四川平均密度(72人)。但到清末重庆地区人口密度增加了两倍,达到每平方公里229人,远远超过全省平均密度(154人)。而同期成都地区人口密度基本上没什么明显的变化。成都平原是上游人口最密集的地

---

① 雍正《四川通志》,《城池》。
② 同治《成都县志》卷1,《城池》。
③ 同治《成都县志》卷9,《艺文志》。
④ 马尼爱:《游历四川成都记》,《渝报》第9册(光绪二十四年正月)。

区,成都府总面积 1.1 万平方公里,嘉庆中期即达每平方公里 347 人,而清末也仅增加到 373 人。在重庆地区 14 个州县中,有 11 个州县人口密度都增加一倍以上,而成都地区 16 个州县中仅有 2 个县增加一倍以上,甚至有 8 个州县人口密度还有所下降。崇宁县的人口密度由嘉庆中期的每平方公里 1030 人,下降至清末的 360 人,后者仅为前者的 35%。

表 4-13

重庆地区	面积（平方公里）	人口密度（人/平方公里） 1812	人口密度（人/平方公里） 1910	1910 年为1812 年密度的%	成都地区	面积（平方公里）	人口密度（人/平方公里） 1812	人口密度（人/平方公里） 1910	1910 年为1812 年密度的%
巴县	3312.04	66	299	453	成都	254.69	1518	1045	69
江津	3252.59	62	247	398	华阳	957.37	406	612	151
长寿	1138.00	135	338	250	双流	287.65	632	410	65
永川	1288.38	83	214	258	温江	250.54	1080	499	46
荣昌	899.28	104	348	335	新繁	158.55	1401	540	39
綦江	1839.07	59	205	347	金堂	1411.60	158	391	247
南川	3029.01	49	74	151	新都	243.54	728	526	72
铜梁	1478.50	200	293	147	郫县	273.34	866	551	64
合州	2839.61	65	257	395	崇宁	178.35	1030	360	35
涪州	5520.56	48	155	323	灌县	1165.00	216	229	106
大足	1315.86	89	275	309	彭县	1692.17	136	139	102
璧山	810.93	186	472	254	简州	1501.82	172	406	236
定远	1079.30	156	255	163	崇庆	1116.25	204	292	143
江北	2472.02	61	212	348	新津	315.47	414	474	114
					汉州	499.15	460	579	126
					什邡	743.55	235	224	95
计	30276.00	77	229	297	计	11050.00	347	373	107

资料来源:① 面积根据郑励俭编著《四川新地志》第 3—10 页。② 人口根据嘉庆《四川通志》,卷 65,《食货志·户口》和施居父主编《四川人口数字研究之新资料》,通过计算得出上表。

这种人口重心东移的现象，在两大中心城市重庆和成都（包括城郊）的比较中就更明显。巴县嘉庆中期每平方公里仅 66 人，1910 年达到 299 人，后者为前者的 453%。而成都（包括华阳）嘉庆中期每平方公里 962 人，1910 年为 829 人，人口密度下降了 16%。所谓城市化，即人口向城市聚集的过程，长江上游人口的重新分布，是重庆区域经济与川东城市发展的结果，是与经济重心东移相辅相成、彼此推动的。

重庆是 19 世纪下半叶才较快地发展起来的。19 世纪上半叶成都即已是一个中心都市，而重庆仅是一个区域都市。到 19 世纪 90 年代重庆成为内外贸易的中心。图 4—1 中的虚线，便将成都为中心的川西区域与重庆为中心的川东区域分隔开来，划定了两个都市贸易系统的区域界线。从图 4—1 可看到，在核心区的 5 个区域城市中，除叙州府处于重庆和成都经济区交界线上外，其余有 3 个在川东区（即万县、顺庆府、泸州），仅 1 个（嘉定府）在川西区。16 个地区城市中，除三个在交界线上外，川东区有 7 个，川西区 6 个。这也证明了重庆经济区的城市化在长江上游是最快的。

九　商业组织和商业活动的现代化

20 世纪初清政府实行新政，大力提倡发展工商业，长江上游商业贸易的发展达到空前的阶段，商业组织出现了变化，如出现了具有现代意义的商业公司，它们多是以集股、股份有限等形式建立起来的；商业活动也逐渐向现代化演变，如出现了模仿西方博览会的工商劝业会、赛会等一些商品交流和销售的形式，从而使商业的发展达到一个新的阶段。

商业公司一般有商办和官商合办两种，以商办为主。如 1904 年屏山吴某至海外"筹集巨款"，禀准商部在叙府创设"专贩姜黄、巴豆"的公司,于是年夏"开庄贸易"①。次年内江傅寿康呈请总商会,"备资八千金设立公司",在内江专贩牛皮、羊皮、猪鬃三项,此举"极为商会嘉许"②。1910年奉节职绅邓云开设宝华公司,"专收夔属所产煤炭,成趸发往宜、沙一带销售"③。同年为改良纺织品和扩大出口,成立四川经纬织物股份有限公司,以"利用机械改良织物,挽回利权为宗旨";以"销售各埠、发达经济为目的"④。同年成都章洪恒、丰和、新昌祥等商号以川省"僻处边陲,交通不便",阻碍商品流通,于是成立利济转运公司,主要从事运货业务⑤。此不一一列举。

官商合办的商业公司数量虽不很多,但规模较大、资金较丰,所起作用亦大。以各地的丝业保商公司为例。1907年由四川商务总局奉川督批准,开设丝业保商公司,总公司设于成都,"以保商为义务"。如对奸商作弊等"设法稽查改革",还调解丝商之间的纠纷,"以免诉讼拖累"。公司除促成交易外还兼办以下业务:一,若丝商遇丝滞销,又需银使用,可以其丝作抵,由公司供给银两,"从轻议息,以便该商待价而沽";二,短途贩丝行商"遇行市疲滞,急切难售,公司可照实价收买,以利转输"⑥。不久重庆也仿成都设立了丝业保商公所,"设丝市于公所,俾买卖丝商各得其所"。公所设立后于卖商得便者五:一是公所与地方官联系,运丝"沿途均有保护";二是统一使用官秤,"当面交易;无瞒价亦无塌买";三是"奸买不能入,拖骗不敢为,买卖两愿";四是公所可在丝滞销时"量丝抵借,待价而沽";五是经纪费提取合理,而且有统一之规,"毫不另取"⑦。1908年潼川设立丝业保商分公所,"办理数月,商民

---

① 《四川官报》甲辰第20册,"新闻"。
② 《四川官报》乙巳第29册,"新闻"。
③ 《四川》第2号,"九月记事一览·本省之部"。
④ 《四川经纬织物股份有限公司章程》,《成都商报》第6册。
⑤ 《成都商务总会移劝业道商帮等筹设利济转运公司文》,《成都商报》第4册。
⑥ 《丝业保商公司章程》,见巴县档案。
⑦ 《重庆丝业保商公所报告》,见巴县档案。

称便"①。上述公司虽依恃官府带点垄断性质,但也的确整顿了市场,规范了交易。

清末商业发展还有一个重要标志,即在官方推动下工商劝业会、展览会、赛会的普遍举行。1903年劝工局总办赴日本参加工业博览会,购回缫丝机器,派员在日本工场学习,令"机器局工匠仿造多件,以便推广"②。翌年成都劝工局便"仿日本劝工场办法",设立陈列所③。1905年成都总商会指出,外国博览会"研究商情,比较工业,能者用劝,而不能者益以知勉,法至善也"。而川省僻在边远,风气未开,因而亟宜推广,可利用乡场会陈列、销售商品,"以图进步而利流通"④。同年,商务局购集天然品、制造品各数十百种,陈列于总商会供人参观,并拟送京陈列,"西国领事亦来……均赞赏蜀产之丰饶"⑤。这年,商务局总办沈秉堃仿外洋赛会之意,提出将省城青羊宫花会改为商业劝工会,次年候补道周善培主管四川商务总局,遂将每年春在成都青羊宫举行的花会改为劝业会,"征求各属所出之天然物品及制造物品,于此时运省赴会,陈列出售,借资观摩砥砺"⑥。

1906年3月10日至4月13日在青羊宫举办了成都第一次商业劝工会。仿国外博览会办法,按区域陈列展售物品,规定宗旨为"农商并重"。开幕之日,锡良亲临观览并致训辞曰:"乃今纵观会场,周历区域,土产则种类繁多,名物赅博……制造劝工导风,商会健举,进拙于巧,化窳为精。""自今伊始,勿侈游观,而忘竞胜;勿矜形式,而昧精神;勿以固步自封,自以一得自喜。行见我成都商业劝工会必由一次以逮于亿万

---

① 《商务官报》戊申第25册,"本部要批一览表"。
② 《四川官报》甲辰第5册,"新闻"。
③ 《四川官报》甲辰第10册,"新闻"。
④ 《四川官报》乙巳第31册,"公牍"。
⑤ 《四川官报》乙巳第32册,"新闻"。
⑥ 周询:《蜀海丛谈》卷1,《布政按察提学三司盐茶巡警劝业三道》。

次,而永远不辍也。"①这次商业劝工会"聚中外货品以资工艺改鉴,而贸易之盛遂十倍畴昔"。共占地 12870 平方尺,分为四区,"凡百货物各以类从,陈列井然,有条不紊"。四区之中还"各有招待所、休憩所及诸游戏品,或标以旗帜,或榜以牌匾,规模具备"②。

商业劝工会根据展品进行评比,分别授奖,参展各商号得奖 21 项,各劝工局得奖 17 项。其中"理化仪器"等 3 项获"头等牡丹商标","通景织金鸳鸯"等 6 项获"二等海棠商标","加重湖绉"等 3 项获"三等奖牌","竹丝"等 20 项获"花红"奖,"十锦浣花布"等 6 项获"用劝百工朱红湖绉彩"奖③。商业劝工会同时也出售展品。各产品分天产和制造两门,天产门分 4 类,制造门分 7 类,其销售情况见表 4—14。据不完全统计,售货品种达 3437 种,销售额计银 28.7 万余两,另有钱 16 万余串。

表 4—14

门	类	种 数	销售额	
			银数(两)	钱数(串)
天产门	农业类	149	10043.80	532.0050
	植物类	222	2587.14	1946.0055
	动物类		395.83	130.0610
	天然类	230	19617.38	
制造门	教育类	725	100076.80	
	手工类	644	38625.39	65005.0705
	纺织类	416	50220.36	3800.0300
	美术类	529	47297.20	178.0000
	杂货类	522	17337.31	48.0000
	饮食类		460.08	94095.0700
	游戏类		1126.77	95.0000
计		3437	287788.06	165829.2420

资料来源:《四川成都第一次商业劝工会调查表·图说》。

---

① 《四川官报》丙午第 3 册,"新闻"。
② 《四川成都第一次商业劝工会调查表·图说》。
③ 《四川成都第一次商业劝工会调查表·授奖表》。

以此为开端,到1911年成都共举办了六次商业劝工会,"每开会时,各属物产,栉比竞赛,实为川省前此未有之大观"①。1907年3月至4月第二次商业劝工会较第一次更盛,正如护川督赵尔丰的训词所称:"四川商业劝工会之续办也,已足为全蜀工商界放一异彩矣。"②不计其数的小商小贸且不计在内,有产业正式陈列者即达千余家,"并有学界、工界、商界发明之应用机器及模型标本以及精新物品数十种"③。参加展售者有各官办工厂、各地劝工局和劝业所、各商号等,包括用具、杂货、农器、植物、珍玩、动物、图书、手工制品、织物、美术品、机械品等。

表 4—15

类别	销售额	类别	销售额	类别	销售额	类别	销售额
省城劝工局	7261.2	临时电信局	28.5	靴 鞋	688.2	松竹轩绣扇	511.1
制革厂	5471.1	玉 器	33192.6	书 籍	2908.8	大理石	894.3
绸 缎	72414.9	字画古玩	18353.5	花 草	7449.6	酒 类	5157.7
洋广货	23776.4	农 器	5113.0	鸟 类	1526.5	烟 类	2550.0
木 器	8528.4	瓷 器	969.5	花 种	211.3	人力车	7195.2
竹 器	3016.4	银 器	362.3	杂 货	22457.2	马 车	12209.0
铁 器	2006.6	中 餐	15557.6	照 相	370.7	游戏园	11997.7
西 餐	9230.8	零星食店	8027.5	成 衣	556.4		
茶 社	9210.2	粮 食	1553.6	扇 类	1318.9		
各属劝工局	86695.5	布 类	1339.4	土 瓷	713.8	总 计	390825.4

资料来源:《四川成都第三次商业劝工会调查表》。

1908年3月至4月劝业道举办第三次商业劝工会,其宗旨规定为"奖劝工业,联络商情"。发布《晓谕商民白话告示文》称,"凡能够自己

---

① 周询:《蜀海丛谈》卷1,《布政按察提学三司盐茶巡警劝业三道》。
② 《四川官报》丁未第7册,《新闻》。
③ 《呈送农工商部第二次劝工会调查表详护督说堂文》,见《四川成都第三次商业劝工会调查表》。

做出一样机器,或能仿照别人的机器,或是买现成机器、做出天天人家要的东西,就给他头等赤金牡丹奖牌"。会间各种制造品和物品销售情况见表 4—15。

从表中可见,这次劝工会期间的销售总额达 39 万两多,若按当时省会人口 32.7 万计,人均购物达 1.19 两。这在当时是一个不小的数字,其时川西平原发达县份人年均购买外地商品不到 1 两(参见本书第十一章第二节的有关讨论),每人一年最低生活费仅约银 12 两。从销售的总金额看,这届商业劝工会已达到相当的规模。

这次商业劝工会亦进行了评奖。璧山的织绸机"织成之绸匀细",泸州纺纱机"日出纱亦为多",被评为头奖①。其获奖等次及分布见表 4—16。头等奖 3 项、二等奖 14 项、三等奖 9 项、四等奖 8 项,共 34 项。

表 4—16

等次及奖牌名称	地区分布及得奖项数
头等赤金牡丹奖牌	璧山 1、泸州 1、湖南衡阳 1
二等镀金荷花银奖牌	巴县 3、天全 1、金堂 1、泸州 3、警察总局 1、涪州 1、大足 1、成都 2、江津 1
三等海棠银奖牌	华阳 1、彭县 1、合州 1、安岳 1、内江 1、郫县 1、淑行女中学 1、荣昌 1、成都 1
四等梅花铜奖牌	绵竹 1、内江 1、江油 1、警察总局 1、成都 1、省城 1、安岳 1、德阳 1

资料来源:《四川成都第三次商业劝工会调查表》。

1909 年 3 月至 4 月又在成都举行第四次农工商劝业会(名称稍有变化),其参加部门及销售货品数额见表 4—17(单位:元)。其规模和销售额较上一年有所减小。

表 4—17

---

① 《四川成都第三次商业劝工会调查表》。授奖标准为:头奖,凡能够自造或仿造机器者;二等,凡能做出四川未有而日用的精巧物品者;三等,凡能将旧有物品加以改造者;四等,凡构思新巧者。

部门及货品	销售额	部门及货品	销售额	部门及货品	销售额	部门及货品	销售额
省城劝工局	1234.44	卤漆类	49.22	习艺所	847.40	香 粉	79.89
各属劝工局	11317.66	雨 具	1129.44	制革厂	2078.63	铺 垫	38.46
肥皂厂	137.60	药 品	222.00	鹿蒿玻璃厂	619.10	靴 鞋	47.58
各工厂	2199.40	草 席	54.08	乐利纸厂	43.54	竹 器	1124.46
官报局	130.99	铁 器	2025.56	绸 缎	20016.63	木 器	4827.47
玉 器	11802.08	花 草	2256.10	京 货	168380	鸟 类	637.09
广 货	11560.07	酒 类	834.03	纺纱机	758.86	棕 麻	429.47
布 匹	1415.60	餐 馆	12906.67	卷 烟	310.89	磁 器	39.44
字画古玩	1098.13	戏 园	6360.02	书 籍	632.22	马 车	2223.10
玉花屋手巾	352.53	菜 种	125.97	松竹轩绣扇	755.37	人力车	408.10
针 线	138.66	杂 货	15766.60	夏 布	273.09	总 计	120991.84

资料来源:四川劝业道编订《第三次统计报告书》,宣统元年下册。

1910年3月至4月举办了四川成都第五次劝业会,名称和宗旨都有所变更,此会宗旨定为"略工重农,抑制外国货",指出"历次四川通省劝业会皆重提倡工艺,本届重提倡农业"。规定本次劝业会不展览洋货,在展览物品中增加了大量农产品,分五大类:一、天然品(包括米谷、麦、玉米、杂粮、豆菽、蔬菜、果实等),二、食物制造品,三、工用原料(包括棉、蜡、麻、皮、桐油等),四、农具器(包括锄、犁、打谷、脱粒、碎谷、抽水、收割等器),五、蚕丝品(包括蚕具、丝车、显微镜等)。销售总额6.8万两①。

1911年3月至4月举办了最后一次,即四川成都第六次劝业会。此次劝业会与上次专重农产品相反,是以工业产品为主。送展品除新制外,还注重地方旧有日用工业产品。颁定了劝业申解品审查定则七

---

① 《四川第四次劝业统计表》(宣统二年)。

条,对工业产品质量要求作了详细规定。

这六次全省性的商业劝工会对工商业发展有很大的影响,其他地区也相继举办了类似的劝业会。如新繁县于1906年5月在城内东岳庙举办商务劝工会,分区汇集各商货物,树旗陈列,商户售额为29400余两①。一些县的所谓"乡会"也渐向劝业会转化,如彭县将"定期赶集,颇形繁盛"的乡会加以"改良布置",设立售货所,任乡人"游观",会场一切规则"均取法于省城之商业劝工会"②。嘉定府属乡会也"禀准商务总局实行推广……省中劝工、商务、官书各局所亦咸派员随带成品前往该处赴会"③。到1909年嘉定府共举办了四次商业劝工会。金堂县将过去的货物交易会"月光会"改办为劝业会。到1909年共举办四届,最后一届贸易总额49444两④。

1907年四川第二次劝业会后,新繁、崇宁、彭县、金堂、乐山、彭山、双流、郫县、汉州、什邡、雅州等相继举办劝业会。崇宁县将原有的"十行会"改为工商会,开会近一月,赴会各商776家,销售总额达53576两⑤。1910年重庆开办第一次商业劝工会,"征集川东三十六属之物品陈赛于南郊",而且"选其精美可式者送南洋以为出品协会之赞助"⑥。售货总额达28万余两。

1910年清政府在南京举行盛大博览会——南洋劝业会,由四川工业协会征集参展物品送往赛会,如有成都、重庆、泸州等地劝工局的制造品,有天成工厂之机器、鹿蒿厂之玻璃以及绵竹的木器、梁山的竹帘、江津的

---

① 四川劝业道编订:《第一次统计报告书》(光绪三十三年)。
② 《四川官报》丙午第7册,"新闻"。
③ 《四川官报》丙午第15册,"新闻"。
④ 《金堂月光会》,《四川商业志通讯》1986年第4期。
⑤ 四川劝业道编订:《第一次统计报告书》(光绪三十三年)。
⑥ 《为渝埠遵办南洋劝业会之出品协会即推广为陈劝业会开会之期》,《广益丛报》第8年第1期。

花麻布、璧山的蜀锦、顺庆的花绸等,"均皆改良制造"[1]。其中制革厂的参展制造品获头等优奖[2]。1911年劝业道又将鹿蒿玻璃厂制品选送巴拿马赛会,获一等奖[3]。

在上述各种现代商业机构和活动以及20世纪初重商思潮的促进下,以城市为中心的商品流通愈来愈频繁。商品流通量反映了一个地区的商业发展水平,各地区由于交通状况和商品化程度不同,商品流通量亦有很大的不同。如成都县年输入91.4万两,输出111.8万两,商品流通额计200多万两;而川北的苍溪商品流通额不过20余万两,两者相差十倍。表4—18是抽样地区的商品流通情况。

表 4—18

经济区	州 县	输入(两)	输出(两)	出入总计(两)	人口数	人均商品流通(两)
经济中心区	成都县	914036	1117288	2031324	266436	7.62
	崇 庆	434632	2549796	2984428	325651	9.16
	郫 县	199879	1483878	1683757	150601	11.18
	新 繁	170763	378980	549743	85769	6.40
次经济中心区	峨 眉	250039	198479	448518	131101	3.42
	眉 州	101810	198720	300530	360300	0.83
	资 州	610552	1353900	1964452	658772	2.98
	仁 寿	624399	563451	1187850	775401	1.53

---

① 《广益丛报》第7年第21期,"纪闻"。
② 《护督宪王人文奏川省办理农林工业情形折》,《广益丛报》第9年第8期,"章疏"。
③ 《记重庆鹿蒿玻璃厂》,《四川文史资料选辑》第15辑。

续表

经济区	州　县	输入(两)	输出(两)	出入总计(两)	人口数	人均商品流通(两)
近边缘区	定　远	137179	72800	409979	275478	0.76
	东　乡	405632	34346	439978	435463	1.01
	苍　溪	159563	82936	242499	150811	1.61
	奉　节	246746	73522	320267	364990	0.88
远边缘区	太　平	12000	33800	45800	151553	0.30
	清　溪	139960	62062	202000	115346	1.75
	黔　江	92300	74750	167050	101527	1.64
	城　口	28013	42301	70314	115640	0.61

资料来源:商品输入输出见《四川第四次劝业统计表》第33表;人口数见施居父主编《四川人口数字数学研究之新资料》第10表。

表4-18反映出,在经济中心区输出皆大于输入,而且有的州县出入相差甚大,如崇庆输出是输入的5.9倍,郫县输出是输入的7.4倍。这是由于川西经济区是长江上游最富裕的地区,物产丰富,商品经济比较发达,输出物在外地市场有竞争力。次经济中心区的情况复杂一些,商品输出输入大小视当地的情况而定。而近边缘区和远边缘区的大部分输入都大于输出,说明这些地区经济上依赖外界,本地商品缺乏竞争力。从商品人流流通量看,川西地区的商品化程度已相当高,同当时商品经济比较发达的湖北(人均8两)差不多,而边缘区却有较大的差距。

所谓市场大小,实际就是商品流通量的多少。商品化的程度往往是衡量一个社会发展程度的标准。近代上游地区与外界的经济联系虽有所加强,但并没有形成一个开放的市场体系。其商品流通主要还是局限于区域内各州县之间,外省和国外在这里的商品流通是很有限的。现以成都平原的金堂和新都两县所销商品为例(见表4-19)略作分析。

表 4—19

地区	省内商品		省外商品		国外商品		总 计	
	价值	%	价值	%	价值	%	价值	%
金堂	250	83.3	20	6.7	30	10.0	300	100.0
新都	206	72.0	40	14.0	40	14.0	286	100.0

资料来源：根据谢放《近代四川农村经济研究》(未刊硕士论文)有关资料改制。

注：单位为银千两。

两县的商品销售中，省内商品均占有绝对的优势，分别达 83.3% 和 72%，外省和外国商品合计不过 15—30%。两县人口共约 84.8 万人，平均每人购省内商品 0.54 两，加上省外和国外商品也不过 0.69 两。如果以每人一年最低生活费银 12 两计，每人所购外地商品不过占 5.75%，90% 以上需要本县自给①。上述两县不过是整个上游地区的缩影，据清末的官方估计，由于该区域"界邻西徼，转运綦艰，迩来各项洋货虽已逐渐销行，然新奇之物比沪、汉、津、镇等处固须贵至数倍，即寻常洋绸洋布价值亦昂……其外各府州县民间服用所需仍土货多而洋货少"②。

那么从总的来看清末长江上游的商品流通究竟发展到怎样的程度呢？20 世纪初十年间，通过重庆海关的对外贸易年平均总值为 3000 万海关两左右，约折 3200 万两③；同期通过各榷关的国内贸易总值约有 3100 万两（见表 4—20），两项合计约 6300 万两④。

---

① 参见谢放上揭文。
② 《四川教育官报》戊申第 1 册，"公牍"。
③ 甘祠森：《最近四十五年代来四川省进出口贸易统计(1891—1935)》第 1 表。按渝平 107.2 两等于 100 海关两折算。
④ 据清末日本人根岸佶的估计，全川输出约 3000 万海关两，输入约 2650 万海关两，合计 5650 万海关两（见《四川贸易谭》，《四川》第 2 号），约折 6056 万两。两者相差不远。

表 4—20

类 名	1909		1910	
	输出(两)	输入(两)	输出(两)	输入(两)
打箭炉关	347504	114154	292361	150788
广元关	57161	66666	701472	154990
叙永关	36034	137763	12895	139439
夔关	7373326	22906566	7373326	22906566
计	7814025	23225149	8380054	23351783
总 计	31039174		31731837	

资料来源:《四川第四次劝业统计表》第 35 表。

注:1910 年夔关商品出入额未报,故缺,现将 1909 年的出入额补入做出总计。

但这个数字尚不足以说明清末实际的商品流通量,因为省内商品的相互流通尚未计算在内。上面已经提到,金堂和新都人均每年购省内商品约 0.54 两,由于这两县都是长江上游商品经济较为发达的地区,我们姑且按全川人均每年购省内商品 0.3 两计,清末川省人口为 4414 万,那么省内商品内部流通约 1324 万两。加上输出输入的商品 6300 万两,共计约 7600 万两,即人均商品流通量为 1.72 两。这个水平无论是与沿海还是华中地区相比都是相当低的[①]。

十　金融组织的演变

在商品经济条件下,商品流通必然伴随着货币流通,城市是商业中心,同时也是金融中心。城市金融业除了担负完成商品流通的功能外,还执行独立的金融功能,如建立资金的横向联系和流动、融通和筹集资金等。因此,现代商业的繁荣,相应的城市现代金融业也发展起来,由

---

① 据估计,清末湖北人均商品流通约 8.6 两(见王永年:《辛亥革命前湖北、四川近代市场之比较研究》,未刊硕士论文),高出四川 4 倍。

票号、钱庄、典当行逐步向银行演变。

城市商业和社会的发展使重庆逐渐成为长江上游的金融中心,相继建立了许多金融组织。最早的金融组织是山西票号(又称汇兑庄),重庆开埠前有16家[①],光绪年间重庆的山西票号增至27家,光绪末年已知的16家重庆票号名和资本见表4—21。16家票号中,资本少者3—5万两,多者13—16万两,与同期产业资本相比商业资本则较雄厚,上述16家票号总资本达197.1万两。

表 4—21

票号名	资本(万两)	票号名	资本(万两)	票号名	资本(万两)	票号名	资本(万两)
日升昌	3.0	乾盛晋	13.7	天成亨	11.0	蔚长厚	10.0
新泰厚	12.0	大德恒	13.7	元丰玖	16.8	协同庆	13.7
蔚盛长	13.7	存义公	10.2	蔚丰厚	16.8	晋昌升	16.8
乾盛亨	13.7	百川通	10.2	三晋源	16.8	宝丰隆	5.0

资料来源:《票号在四川的一些活动》,《四川文史资料选辑》第32辑。

光绪成都有票号13家,即天顺祥、蔚盛长、天成亨、协同庆、新泰厚、宝丰隆、蔚泰厚、百川通、蔚丰厚、存义公、日升昌、蔚长厚、大德通。同时票号的分号遍及上游一些主要城市,如自流井、宜宾、泸州、雅州府、打箭炉等[②]。

票号"实际垄断了与各邻省的主要银行业务"。它们在广州、长沙、汉口、贵阳、南昌、北京、沙市、上海、天津、云南、芜湖等地都设有汇兑代办处。据海关报告,"每家票号都拥有10—30万两银的资本,它们可在必要时携手,足以对抗乃至抑制与其竞争的庄号"[③]。票号每三年共同查账一次,以商讨业务的扩张或收缩。票号同官府有较密切的联系,揽

---

① 〔日〕根岸佶:《清国商业综览》第5编,"清国货币及银行",第275页。
② 《票号在四川的一些活动》,《四川文史资料选辑》第32辑。
③ Decennial Reports,1891,Chungking.

做地方赋税、丁银的收解和军费、饷需、赔款的汇拨,汇兑捐纳官职的款项。太平天国时期四川协济邻省和京沪的款项,都归票号承汇。光绪年间,天成亨、协同庆、蔚丰厚、协和信、新泰厚、元丰玖、百川通、日升昌、蔚泰厚等票号,都在重庆和成都办理公款汇解。

票号虽然在经济活动中起着很重要的作用,但受到条件的限制,发展不快,因为票号一般不与外商发生联系。直至甲午战后,"洋商购办土货须以现金交易……且重庆无银行可通,洋商携带银洋,甚为可虞"①。在重庆"完全没有外国银行或其代替人经营的外国汇兑,英镑兑换率不列于汇兑牌价"②。重庆进出口贸易规模越来越大,但票号的业务范围和经营方法已不能适应经济和社会发展的需要。辛亥革命后业务渐趋衰败,各票号敌不过新兴的银行和有公会组织的钱庄,纷纷歇业。

19世纪70—90年代钱庄业发展起来。万县在光绪初有所谓"换钱铺"五六家,80年代末出现所谓"高炉铜"③,成为万县钱庄的胚胎。光绪二十一年(1895)万县设立利顺泰、协和炳、永泰益三家钱庄,"专营放款"。两年后又成立裕泰源、同仁和、德顺仁、同兴荣、茂盛泰等钱庄,"其主要业务,除放款外,兼营申、汉票"。但业务规模较小,每笔交易不过五百两上下,因为当时各货帮大多以货易货④。川江轮船通航后,"货帮因其行奇速,风险较少,故多乐愿交该轮装运"。万县市场也由此日繁,"钱业亦随之俱增"⑤。

重庆的钱庄业也始于光绪初,起初仅兑换制钱,改铸生银,兼营小额存放等,业务范围狭隘。甲午战后由于重庆商务的发展,钱庄业也随之扩

---

① 译〔法〕《中法新汇报》,见《渝报》第10册(1897年)。
② Decennial Reports,1892—1901,Chungking.
③ 换钱铺:当时流通的有孔小铜钱,装运到万县向其兑换生银,借以谋利;高炉铜:即帮助客户铸做大锭的营业,凡以碎银请其铸锭者,每锭收取一定的手续费。
④ 如川省桐油等货装运至汉、沪换取棉纱、棉花、布匹等原船而返。
⑤ 张肖梅编:《四川经济参考资料》,"银钱业",D第49页。

大,大有取代票号之势,"同业日增,业务日繁"。1909年成立钱帮公所,处理同业纠纷,改善业务,重庆钱业于是初具规模,"全川金融赖以调剂,省外汇兑借资周转,为钱业兴盛之初期"①。1910年重庆有商银钱号28家,资本共23.85万两,平均每家8500两左右,其中5家是独资,其余皆合股。从营业情况看,1910年无盈亏者8家,亏1家,盈利19家。

光绪年间,钱庄在自流井也"渐次推展,家数增多"。有永发和、恒丰泰、永成祥、广生公等二十余家,"是时,汇兑制度尚未成立,各岸盐款,皆运现来井;其业务不过以银两兑换制钱,乃放款而已"。涪州钱业开办于光绪初年,有的由重庆帮分设,也有本地富绅组织,合计约有十余家,但"资本皆不甚厚"。20世纪初此十余家钱庄均先后歇业,"无一存者"②。

光绪年间成都也出现了钱庄,1910年成都商银钱号共20家,合计有资本82.9万两,平均每家约4.15万两。其中14家是独资,6家合股;1910年盈利者17家,无盈亏者3家。

钱庄出现后,其组织和业务也不断完善。在组织上出现了钱业公会,如泸州在光绪末有钱庄20余家,遂设立钱业公会,每家发行钱票由公会规定。按所集资本为比例,最多不得超过两倍,并须向公会缴纳十分之三作为基金。若遇挤兑或意外事件,由公会进行救济,"而会员钱号,亦有彼此扶助之责"。当时公会中钱号势力最大、信用较著者有万益茂、利如泉、泰兴隆等8家,"钱业公会之一切事宜,大多取决于八家"③。

在业务方面出现了"收条""划条"等交兑形式。过去商业往来逐笔以现银交兑,后商帮、字号的收和交均由钱庄代办。由于"市场交易日

---

① 张肖梅上揭书,"银钱业",D第48页。到1918—1919年间,重庆钱庄多达50余家。
② 同上书,D第50页。
③ 同上书,D第48页。

繁,同业间以现金逐笔交付,极感不便"①,于是钱庄之间开始采用"立折过账"办法,双方债权债务抵销,余下的尾零差额,再以现银抵解。这种立折过账初是口头招呼,继改用"号片"作为代收款项之凭证。1906年重庆协心和钱庄鉴于市场交易繁荣,钱庄同业间的收付颇感不便,乃改号片为收条,作为同业间清算之用②。这种收条成为钱庄间专用凭证,许多钱庄亦仿行。1911年重庆同升福、义厚生、德厚生等钱庄又创设"划条"制度,划条为回单式、拨账式和通知式,其作用相似,都为拨账之用,划条存入之款即代表现金③。

到清末民初,上游金融业基本上掌握在钱庄手中,当时银行系初创,"纵有丰裕资金,亦需仰息钱庄,方能与工商业发生关系"④。钱庄除从事存款、放款和汇兑等固有业务外,多兼营投机事业。

不过应注意的是,在山西票号彻底衰落之前,钱庄与之的关系还是较为密切的。钱庄业务限于本地,若商人异地结算则无能为力,而票号主要业务是汇兑,商人经营需款,票号却不能直接贷放。在这种情况下,商人便依赖钱庄去与票号搭桥,钱庄在票号与各货帮之间经营各地汇兑业务,调剂异地间需要的银根,钱庄汇兑业务日益繁荣。

典当是清末金融组织的重要组成部分,四川1912年统计的钱庄和典当资本共453.3万元,其中典当165.1万元⑤,占36.42%。清末在川经营典当业者大都系陕西帮,"组织严密,办事认真,加以当时人民朴素,十当九赎,不愿死当,以故每年皆有盈余"⑥。典当业有"典当"和"代当"之分,一般典当资本较多,营业规模较大,取息较低,当期较长;代当

---

① 张肖梅上揭书,"银钱业",D第41页。
② 如甲庄应收乙庄之款,即由乙庄开具收条交与甲庄收执;同日乙庄另有款项应向甲庄收取,甲庄亦开具收条与乙庄。每晚两庄交换收条、计算差额,再以现金交割。
③ 《重庆的"划条"和成都的"执照"》,《四川金融志通讯》总第4期。
④ 张肖梅上揭书,"银钱业",D第45页。
⑤ 《中华民国元年第一次农商统计表》。
⑥ 张肖梅上揭书,"银钱业",D第52页。

则散布乡曲各地,"为乡镇与城市当商之中介机关",这是各质店为扩充营业,特于各繁盛场镇设的代押处,此种乡镇代押之质店又称"小押当"。民间典当月息一般在三分以上,质物均多值十当五。典当铺也兼营存款业务,清后期各级官府多以官款存当,"发商生息",利息八厘至一分二,以补所谓行政经费的不足。典当多系本地富户创办,以独资经营者为多,经理之下设坐柜、司柜、司账、库房、学徒等。据巴县档案记载,同治十一年(1872)重庆有当铺5家,光绪十一年(1885)11家,宣统二年(1910)达到166家。重庆典当业的兴旺反映了一种不正常的社会现象,即人民生活的日益贫困。这种高利贷资本形式的发展,适应了那个时期社会经济的特殊条件。

清末长江上游金融业一个十分明显的进步,就是银行的出现。1907年5月成都商人李念祖"仿外人储蓄劝业银行办法,组织一银钱总汇业",订立章程,公举总、副司理各一人,定名为成都信立钱业有限公司。设立庶务所,"大行招集股本"[1]。股份九七平银20万两,每股10两,共2000股。业务范围为"抵借、信贷、存放三部,系银行之营业",于1908年9月正式在农工商部注册[2]。同年,成立濬川官银行,在上游各地以及北京、上海、武汉、宜昌等地设分行,业务逐渐发达。如濬川万县分行设于1907年,当时"因交通不便,商业未臻发达",故业务清淡。至宣统年间,川江轮船公司"老蜀通"轮由宜昌试航重庆成功后,货运便利,外省商人大量入川,组织商号者日渐增多,金融周转加快,银行作用也愈加明显[3]。1908年永川筹设储蓄银行,股本一万两,"拟以储蓄银行参仿劝业银行办法,存贷兼行,又调查有关地方利益,由行提款兴办"[4]。

---

[1] 《四川官报》丁未第12册,"新闻"。
[2] 《商务官报》戊申第25册,"公司注册各案摘要"。
[3] 张肖梅上揭书,"银钱业",D第42页。
[4] 《护督宪批永川县储蓄银行办法禀》,《四川官报》戊申第4册。

1909年，四川布政使与劝业道会商，请成立殖业银行："东西各国农业之发达，虽由国民智识之多，资本之裕，然其所以易成难败，以少数之资竞营伟大之业者，全赖农工银行之为补助而救济之。中国实业本属幼稚，蜀在僻远，其进尤迟，商民既乏智识，复缺资本。"因此"四川商力尤弱，若求振兴实业，必先设立银行"。川督也认为"筹设殖业银行，实为当务之急"，决定先将川汉铁路公司生息款提出10万两，"选求殷实著望商人承领合资，先行试办，一面照章发行债券，吸收外财"①。

除上述拟办和已办各银行外，清末泸州还设有铁道银行、江津设有晋丰储蓄兼殖业银行等。但作为一种新出现的金融形式，还很不稳定，甫设甫闭的银行并不鲜见。

到1912年四川银行业主要分布在成都、重庆、万县、泸州、富顺等地，共七家，资本金总额150.4万元，已缴纳88万元，各户存款总额897.9万元，公积金4.4万元。上述七家银行及分行设于清末者四家，设于民元者三家②。

清末无论从银行资金还是从营业范围来看规模都不大，但这代表了现代金融发展的历史趋势。从票号、钱庄、典当到银行的出现，适应了工业和商业发展的需要，反映了金融机构和组织由传统而现代化的演变。

十一 世界市场与对外贸易

长江上游被纳入世界市场是在重庆开埠之后。近代以来，沿海许多城市相继对外开放，洋货也开始少量进入上游。然由于交通不便、道路险阻，在汉口开埠前，洋货入川缺乏中转站，难以上达重庆，故多从广

---

① 《督宪批藩司、劝业道会详筹办殖业银行并请先行拨款备用文》，《四川官报》己酉第22册，"公牍"。
② 《中华民国二年第二次农商统计表》"银行"，第240—241页。

东经由湖南的陆路入川(参见本章"长途贩运"一节)。汉口开埠后,洋货开始从长江入川,但增长甚慢,"因为原有的古老闻名的夔关滥行课税,四川所需中国东部各省货物和洋货全靠此路(按:指粤—湘—川陆路)供应"①。所以直至《烟台条约》签订之前的1875年,重庆进口洋货总值才达到15.5万两②,这当然是外人所不能满意的。同治八年(1869)上海英商总会特派商董两人到川进行经济考察活动,在川游历逗留数月,"凡关于土货产量及商货之交易情形,莫不刺探搜罗"③。他们指出:"除非汉口以上的长江航线开放通航,对华贸易就不能扩张。"同治十一年(1872)英商会又上书要求长江上游开放,以便使"中国最富足勤勉的一省(四川)几乎可以直接与欧洲交通"④。因此,西方国家迫切要求重庆开埠。

光绪三年(1877)宜昌的开埠使川省经济受外界影响加大,宜昌地处川江咽喉,为洋货入川进一步创造了条件,洋货运到川省的时间能缩短一个月。由于《烟台条约》规定"洋票各货、宜汉等关所收正半税数目比夔关税厘两项本属轻减",所以"商人趋利若鹜……无论何省何人,不分洋商华商,均托名洋行运货捆载,往来如织,验票后免税厘,随到随放"。这样形成了"川河上下水洋票日多一日,即夔关应征之额税日减一日"的状况⑤。由重庆进口的洋货大量增加,光绪元年至三年(1875—1877)从总值15.6万两增加到115.7万两,上升6.4倍。光绪七年(1881)入川洋货已增至400万两以上,重庆"迅速成为仅次于上海、天津、汉口的第四位销售中心"⑥。这年输入汉口的300万匹棉织品和30

---

① Decennial Reports,1891,Chunking. 据罗玉东:《中国厘金史》称:"同治初……据云夔州一局,岁收年可至六七十万两。"(第416页)
② 聂宝璋:《中国买办资产阶级的发生》,第133页。
③ 邓少琴:《川江航运简史》,第3页。
④ 转引自汪敬虞:《十九世纪西方资本主义对中国的经济侵略》,第276页。
⑤ 《夔关收数短绌核实办理折》,《丁文诚公遗集·奏议》卷17。
⑥ Commercial Reports,1881—1882,Chungking.

万匹毛织品,有三分之一以上销入四川①。当时重庆专门批发进口洋布的商号就有 27 家,其贩销洋货的范围,东至涪州、忠州、万县,北至合州、遂宁、三台、阆中,西至泸州、叙府,甚至及滇边各县②。

到 19 世纪 80 年代后期,洋纱的进口量大增,光绪十三年(1887)通过宜昌关进口的棉纱 795 担,两年后激增到 6700 余担,光绪十六年更达到 6900 担以上,值银约 144 万两,"然川省所销之数,尚不止此,缘闻有关汉关请领运单用民船装赴该省者,本口(按:指宜昌)毋庸计其数也"③。出口也相应增长,以生丝为最多,光绪八年"从重庆输出的生丝和丝织品总值达 428 万两"④。同时,猪鬃、牛皮等也有运至沪、汉出售给洋行⑤。

虽然长江上游地区与国际市场的交往有所增多,但仍不能满足西方国家的需要,它们力图使长江上游完全对外开放,因此必要的条件便是使重庆开埠。光绪十六年(1890)春中英两国在北京订立《烟台条约续增专条》,明确规定"重庆即准作为通商口岸,与各通商口岸无异"⑥,这样英国便以条约的形式正式取得了重庆开埠的权利,"就把一个条约口岸的特权扩展到扬子江上游,离开上海有一,四○○英里的这个城市"⑦。重庆于光绪十七年正月二十一日(即 1891 年 3 月 1 日)正式开

---

① 聂宝璋:《川江航权是怎样丧失的?》,《历史研究》1962 年第 5 期。
② Commercial Reports,1880,Chungking.
③ 《通商各关华洋贸易总册》卷下,第 51 页。
④ Commercial Reports,1883,Chungking.
⑤ 以上重庆开埠前情况参考王永年:《论辛亥革命前四川对外贸易的发展》,《四川大学学报》1986 年第 2 期。
⑥ 王铁崖:《中外旧约章汇编》,第 553 页。
⑦ 马士:《中华帝国对外关系史》第 2 卷,第 458 页。

埠①,并在重庆设立海关②。

重庆开关后,税务司好博逊仿宜昌关制定了《重庆新关试办章程》等业务规则,对新关的征税、船只进出口手续等作了规定。光绪十九年(1893)末在重庆下游约十英里的唐家沱设立一海关站,由外人检查上下过往的船只。之后,制定了《修正扬子江贸易规程》和《商埠及海关规程》,光绪二十四年(1898)定《扬子江规程》取代前两个规程。1900年,由于在重庆出现轮船,促使了扬子江上游航行规约的制定,1901年底规约开始在重庆实施,所有洋商租用的客运船只都必须向海关申报,"海关以此发给到宜昌沿途得免局卡留难其船只和货物的凭证"③。

重庆开埠后,洋商租用民船运货进入上游日渐增多。1893年进重庆的英货船达1038只,总吨位2.3万吨,占当年总进口船只的59%,美货船253只,7000吨,占14.4%;中国船470只,9709吨,占26.6%。1899年英国船达到1941只,6.4万吨;美国船有所下降,仅62只,中国船有所增加,有904只,3.3万吨,占31.1%。值得注意的是,1900年以后美船入口陡减,1900年仅3只,1904年和1905年各4只,其余年份均无船入口。1905年英船还有1600余只,但1907年便无船入口,此后直至1915年均不见英船入口记载。这种情形的出现,据推测恐怕一是因当时全国性的抵制洋货、挽回利权,二是因长江大水,阻碍木船上行④。

由于川江航运的不便,外货难以进入长江上游,据海关估计,运货

---

① 见隗瀛涛、周勇:《重庆开埠史稿》,第21页。关于重庆开埠的详情可参见该书。
② 首任海关税务司由英人好博逊(H.E.Hobson)担任。除一般性业务外,重庆关洋员还奉命广泛搜集重庆乃至整个长江上游地区的政治、经济、军事和社会文化各方面情况。先由好博逊编制1891年重庆海关报告,以后历任税务司除制订年度报告外,还相继编成了1892—1901、1902—1911、1912—1921、1922—1931四个海关十年报告,涉及内容相当广泛。
③ Decennial Reports,1892—1901,Chungking.
④ 甘祠森:《最近四十五年来四川省进出口贸易统计(1891—1935)》第8表《最近四十五年重庆进出口船只吨位按国别百分比较统计》。据重庆海关1907年的年度报告:"全年商人们都在抱怨运力不足。秋季长江异常,长期高水位使宜昌一带众多民船搁置。""民船遇难日多,据报有49只失事。"

民船大约有十分之一遭到水损,"除运输中致使货物受损外,洪水和枯水也时常阻碍运货"。从上海运货至重庆需时长达 3—6 个月,"所有这一切都表明:或轮船航运,或治理险滩,或修筑铁路连接渝宜"。当时已形成开拓上游市场的趋势,因而交通成为一个迫切问题。外人认为:"必须与四川以外的世界一同行动,努力改善交通工具。"①

从宜昌开埠后,外人便一直在进行长江上游的通航和通商调查。首先是英国根据《烟台条约》中"四川重庆府可由英国派员驻寓查看川省英商事宜"的条款,立即派员"遍历川省,特为访查各处土产,采风问俗,以便日后通商之举"②。光绪四年(1878)立德建造"彝陵"汽船开至宜汉,光绪十三年(1887)立德出版《穿过长江三峡:在中国西部的经商和旅行》③,对长江上游的经济、社会、文化和风土人情进行了全面介绍。光绪十五年立德在英国克来德厂(Clyde)订造的"固陵"轮船开驶宜昌,载重 500 吨,企图上驶川江,但川督刘秉璋拒之,遣员"往宜昌与立德乐磋议,遂以十二万金将船购买,折价银六万两,转卖与招商局"④。光绪十六年美国美孚油行在渝建造货栈,存储桶装煤油,并派公司代表驻重庆,次年撤回,改由华商代理。光绪十八年(1892),立德成立重庆有限转运公司并办水险,两年后法派驻汉领事率远征队到上游考查商务。光绪二十一年(1895)调查兼解决成都教案的一个美国委员会,由北京到达成都,次年初日本商业代表团到渝,该团由日本农务部官员、商校校长、轮船公司代表、商人、记者组成,他们"对票号、当铺和当率、大帮信局、使用的度量(长度)和衡量(重量)、运费、银钱兑换、地价和工资、

---

① Decennial Reports,1892—1901,Chungking.
② 《庄翻译官致四川总督照会》,见巴县档案。
③ 即:Through the Yang-tse Gorges or Trade and Travel in Western China,旧译《扬子江三峡航行记》,作者 Archibald John Little,旧译立德,在清末记载中也有称"立德乐"的。该书国内一直未见到,1988 年美国密执安大学历史系魏棐棣女士带来了该书 1898 年伦敦版影印本。
④ 《庄翻译官致四川总督照会》。

火柴制造以及对日货的一般需要,都予以详尽调查"。同年春法国里昂开发中国商业考察团 12 人分别由越南经云南和贵州抵重庆,这个考察团由商会代表、蚕丝专家、工程师和其他各方面代表组成,行程远及打箭炉。光绪二十七年英领事署职员波恩(F. S. A. Bourne)率考察团到渝,在"不断搜集情报后,方到成都。同年英驻广州总领事白瑞兰(Byron Brenan)由英派到各通商口岸调查英商贸易情况,"访问重庆历时约半月"[①]。外人的这一系列活动,都为开发长江上游对外贸易奠定了基础。

清末长江上游的对外贸易以 1901 年为界可划分为两个时期:

(一) 1891—1901 年

从贸易总值看,开埠前后有极大差别。开埠当年进出口总值为 285.4 万海关两,次年便猛增至 924.5 海关两,增长了两倍多。如猪鬃在伦敦、纽约都"博得善价,立即售出"。英商和华商在重庆设立工场清洗猪鬃,叙府也设有三家猪鬃厂。1890 年输出猪鬃 3806 担,价值 40619 海关两;1901 年 8070 担,价值 159812 海关两。打箭炉和松潘的大量羊毛也经重庆出口运往美国织毯,1892 年为 10478 担,价值 62870 海关两;1901 年为 16824 担,价值 242542 海关两。麻的出口也很可观,一般销到欧洲市场,1892 年输出 9365 担,价值 39333 海关两;1901 年为 12594 担,价值 74303 海关两。又如麝香是"本海关主要输出物的高价大宗物品",1892 年价值 419848 海关两,1901 年为 842845 海关两。药材也大量销往广州和宁波市场,"价值稳步上升","药材贸易繁荣",1892 年价值为 352368 海关两,1901 年为 662538 海关两[②]。长江上游蚕业发达,生丝是外贸的主要出口货之一,1892 年输出 14113 担,价值

---

① *Decennial Reports*, 1892—1901, Chungking.
② 同上。

992260 海关两;1901 年为 18573 担,价值 1592165 海关两①。

历年输入的货物不断增加,1892—1901 年十年间重庆输入的国货和洋货总值,1901 年较 1892 年增长了 143.5%,这十年间进口货物年增长速度为 10.4%。另外,平均每年尚有价值 478860 海关两的货物从汉口以子口税凭证运到上游。上列输入货物总值中洋货占了绝大部分,1892—1901 年十年间重庆海关除少数年份外,洋货输入都在输入总值的 80% 以上,这十年间洋货输入的年增长率为 8.9%。

1892—1901 年十年间上游外贸总值不断上升,十年间外贸总值由 924.5 万海关两增至 2426.9 万海关两,平均年增长速度为 11.3%,1901 年为 1892 年的 2.6 倍。其中 1899 年的贸易额最高,达到 2579.2 万海关两。但外贸的发展很不平衡,最突出的问题是输出输入额相差悬殊。这十年间外贸全是入超,最高年份达到 1046.6 万海关两,十年间入超总额达到 4329.6 万海关两。②

(二) 1901—1911 年

20 世纪初,随着长江上游地区经济向现代化的发展,对外贸易也持续增加,表 4—22 是 1902—1911 年四川出口贸易数值增长统计。

表 4—22

年 度	出口货价值(海关两)	指 数 1902 年为 100	年 度	出口货价值(海关两)	指 数 1902 年为 100
1902	8640657	100.0	1907	11090015	128.3
1903	8279374	95.8	1908	12997683	150.4
1904	10954489	126.8	1909	14178095	164.1
1905	11172474	129.3	1910	15493784	179.3
1906	10897330	126.1	1911	10070614	116.6

资料来源:据甘祠森上揭书第 1 表计算。

---

① 甘祠森上揭书,第 6 表《最近四十五年来重庆大宗出口土货数量与价值统计》。
② 以上数字皆根据甘祠森上揭书第 1 表计算。

1902—1910年九年中出口贸易增加近一倍，由864万两上升到1549万两，年均增长速度为7.6%。但1911年革命爆发，外贸因而锐减，据重庆海关税务司斯泰老（E. V. Strauch）称："若不是川省于1911年9月爆发革命，这个数且会超过。"①

这十年间，像猪鬃这类受国外欢迎的货物行业发展迅速，1902年经营洗净分类猪鬃销往国外的公司只有一家，到1911年有21家，其中华商14家、洋商7家。生丝由于大大改进了质量，出口也日多，据海关十年报告："整个十年中，药材、麻、麝香、大黄、山羊皮、白蜡和羊毛的贸易都颇为繁盛。"②又据1908年重庆商务调查："川地现已有仿日本用机器缫丝，价值渐昂，出口至上海者不少。其余生黄丝烂茧出口亦颇可观。"③1911年川省各项输出品数量及价值仍以生丝、药材和猪鬃为大宗。

虽然出口有一定增加，但并不能因此抵销洋货的进入。1902—1911年十年间重庆海关洋货在入口总值中一般占70—80%，最高年份达86.3%，最低年份为65.9%，较上一个十年比例有所降低。从洋货和整个入口总值来看，增长起伏不定，基本是徘徊不前。当然从入口的绝对数字来看较上一个十年还是增加了不少。

这十年间，长江上游对外贸易总值没有出现持续上升的趋势，虽有所增长但发展并不很稳定。1909年为贸易额最高年份，达到3246.6万两，指数为1902年的131.5，其余大部分年度的增长幅度都在10—20%之间徘徊。

这十年的外贸中，总的来看入超较前十年有所增加，最高年（1903）达1266.9万海关两，但最低年（1910）却只有132.4万海关两，最高额为最低额的9.6倍。这十年间入超总额达到6468.8万海关两，超过前十

---

① Decennial Reports, 1902—1911, Chungking.
② 同上。
③ 《商务官报》戊申第31册，"参考资料"。

年的 49.4%①。

长江上游对外贸易有个值得注意的特点:中国的门户被打开,是鸦片大量输入而白银外流;长江上游的情形与全国相反,上游是一个大鸦片产区,重庆开埠前上游鸦片种植已相当普遍。开埠后大量洋货输入,而输出商品却十分有限,维持贸易出入的大体循环靠的是鸦片输出。虽然从整个贸易额看存在大额入超,但鸦片毕竟抵补了土货输出的大大不足。20世纪初长江上游每年出产鸦片约17.5万担,值3500万海关两;输出鸦片达5.5万担,值1200万海关两。当时上海每年"多在夏初鸦片上市旺季将款汇兑到渝,由渝运进内地购买鸦片的生银又渐流回重庆,用以购买洋货"②。尽管鸦片出口占很大比例,但正常的商品进出口贸易仍是主流,当时上游市场对正当进口商品的种类和数量,基本上是根据购买者需要来选择的。

1890—1911年间外国先后在重庆设立过洋行、公司、药房等46家,其中英国15家、德国和日本各11家、法国和美国各4家、英美合办1家。1911年实际在重庆的外国商务机构达28家。洋行在销售洋货和输出土货的过程中,必须依靠传统的商业机构,使有些字号行栈改变了原来的经营方向,转而从事进出口贸易,成为进出口贸易中不可缺少的流通环节。"洋行利用买办为其攒货,而买办又依靠字号,字号又依靠行栈,行栈依靠中路,中路依靠产区贩商和各地山客。"③他们一方面代售洋货,另一方面收购土货,形成了一个洋货分销网和土货购销网。

对外贸易的开展对长江上游地区经济现代化产生了重要影响,进口商品的构成发生了变化。第一,在进口货中,棉纱和棉布是大宗,但棉布逐渐减少,棉纱增加,进口原棉所占比重也日益加大。这正是我们已在第三章中分析到的,对外贸易引起了上游区域传统手工业部门结

---

① 以上数字皆根据甘祠森上揭书第1表计算。
② Decennial Reports, 1902—1911, Chungking.
③ 隗瀛涛、周勇:《重庆开埠史稿》,第51—53页;《重庆文史资料》第3辑,第82页。

构的变化,即纺纱业的衰落和以洋纱为原料的手工织布业的兴起。第二,机器及其他工业原料也开始进口,机器的增长比较明显。机器的进口是由于现代工业发展的需要,从海关统计来看,从1898年始有机器进口的记载,当年货值2710海关两,1907年为最高,货值67913海关两。染料的进口则是由于机器织布业发展后,布匹的染色需要大量染料,但本区内化学工业落后,不能满足需要。

虽然长江上游是被动地卷入世界市场的,但在这样的历史格局下展开的对外贸易,在客观上对现代经济的发展具有促进作用。封闭的社会是不利于社会经济发展的。重庆的开埠使上游地区失去了外国竞争的保护性屏障,对外贸易对这个封闭性的社会具有一种积极的刺激作用。但应看到,这种在世界资本主义市场体系背景下展开的对外贸易,对于一个低开发地区,不利因素十分明显:其一,外国棉纱等商品排斥了传统的手纺工业,导致了许多农民的破产。腹地市场在卷入了世界资本主义市场以后,往往受世界市场的摆布。其二,由于缺乏关税的保护和民族工业的抵制,入超数额越来越大,而且进口工业品和出口土货的交换中存在剪刀差,虽然鸦片的出口在一定程度上有所抵补,但仍未能阻止白银的外流。其三,民族工业兴起后,仍受到外国商品的激烈竞争。由于民族资本的薄弱,在竞争中常处于不利的境地,民族工业产品受到了排挤,这又阻碍了经济现代化的进程。

第五章　从传统手工业到现代工业

　　作为一个农业社会的重要组成部分,农村家庭手工业和手工工场,在长江上游地区非常普遍,这也是自给自足自然经济的一个重要特征。不过,在这个地区,一些规模较大的手工业,诸如盐业和矿业,都形成了相当的规模,采用了先进的技术,形成了运输的网络,是这个地区经济和人们生活的重要支柱。本章概括了这个地区传统手工业的一些特点,尤其关注清代,特别是 19 世纪以后的演变。我们看到,传统手工业为现代工业的发展奠定了一定的基础,有些手工业成功地转型为现代工业。这个地区工业中的新变化表现在各个方面,例如发展现代工业的各种组织机构,政府鼓励和管控措施,家庭手工业和工场手工业的变化,在本章都将进行分析。我们可以看到,由于经济结构、社会土壤等方面存在的问题,从传统手工业到现代工业的转型面临极大的困难。

一　传统手工业与矿业

　　清代是长江上游传统社会手工业最发展的时期,这是与当时社会和农业状况相适应的。长期以来,手工业者一直受到各种形式劳役的强制。明初,法律把手工业者编入匠籍,称匠户。顺治时清政府明确宣布废除匠籍,手工业者获得自由的身份。清政府还缩小了官营手工业的范围和规模,并改变经营管理体制。四川井盐业就是明显例子。清以前,井灶皆掌握在官府手中,由官府"募灶丁煮盐办课",运销亦由官专卖。清代井盐业逐渐成为民间的自由产业,取消了官府的垄断,"任民自由开凿,遂为人民之私产"①。乾隆四十九年(1784)四川盐茶道林儁规定以后对新凿的井永不加赋②。因而促进了川盐生产的发展。

清代上游手工业生产的恢复和发展经历了三个阶段:一是从战时破坏到基本恢复,二是相对稳定的繁荣,三是长期的停滞状态。

清初至康熙中期这四十年左右时间是战争破坏和恢复生产时期。富顺的富义厂原有盐井 492 眼,明天启年间即因战事而"井眼填塞不少"。"继因兵荒游臻,民逃丁绝",先后坍塞盐井 458 眼,减少 93%。清初仅存盐井 34 眼,煎锅 99 口。南部县的盐厂也于"明末坍塌无存"。资州和万县的盐井因"兵燹后淤塞"。简州盐厂旧有 9 井也被"填塞"。川北的盐井也是"井圮灶废""百不存一"。顺治十六年(1659)清军略定四川后,地方官便设法"招徕残民,煎盐开荒,以图生业",但恢复很慢。康熙十二年(1673)因吴三桂起兵反清,经"八年而后安集",井盐业又遭一次破坏。从康熙中期至末期这近三十年间上游手工业基本得到恢复,据康熙二十四年(1685)统计,26 个州县先后开凿纳课的盐井共 1182 眼,行盐小票增至 7204 张。从康熙二十六年至四十九年(1687—1710)增行盐引达 15125 张③,这都标志着井盐业生产逐步有所恢复。

从康熙末到乾隆中后期这 70 年间是上游手工业繁荣和发展时期。雍正八年(1730)产盐州县共有纳课盐井 5946 眼,乾隆二十三年(1758)增至 8037 眼,28 年间增长 35%。盐井的增加固然意味着盐产量的增加,但最能反映盐的生产力的是盐锅的数量,因为盐锅的多少是按盐井出卤的多少配置的。

上游有 40 个州县产盐,清初以川北的射洪、蓬溪最旺,川南的犍为、乐山次之。不数十年,射洪、蓬溪停滞,犍为、富顺兴起。雍正八年到乾隆二十三年犍为的盐井增加 8.9%,而煎锅增加 55.1%,这说明盐

---

① 丁宝桢等纂:《四川盐法志》卷 20,第 1—3 页;吴炜等纂:《四川盐政史》卷 1,第 5 页。
② 王守基:《四川盐务议略》,《盐法议略》下册。
③ 彭泽益:《清代前期手工业的发展》,《中国史研究》1981 年第 1 期。

井生产规模的扩大。同期,富顺和荣县盐井增加41.9%,煎锅数增加32.6%,说明新兴的富荣盐场还是以开凿新井为主①,这时期井数和锅数都不及犍为盐场,但到光绪时期富荣盐场已有盐井4300余眼,成为上游各盐场之冠②。富荣盐场的发展很大程度上得益于它得天独厚的条件,那里有丰富的黑卤和岩盐资源,有可以代替煤柴等燃料的天然气,嘉道时期由于深井的发展而开发出天然气,光绪时期岩盐大量被开采出来。

川盐的产量史料没有系统的记载,但其销售额可从引票推算出来,表5-1是清代几个时期的盐井数和销额。

表 5-1

年 代	井数(眼)	盐引或盐票(张)	销额(斤)	备 考
顺治八年(1651)		盐票 4940	6192290	盐票参照雍正时水、陆引的15∶85比率推算销额。
康熙二十五年(1686)	1182	盐引 42557	53366580	
雍正九年(1731)	6116	水引 11166 陆引 61029	92277840	
乾隆元年(1736)	7704	水引 29018 陆引 136232	229520220	
乾隆二十三年(1758)	8336	水引 18424 陆引 71373	162903420	

---

① 《四川全省井盐统计》,见彭法益编:《中国近代手工业史资料》第1卷,第286页。
② 参见许涤新、吴承明主编:《中国资本主义发展史》第1卷,第599—600页。

续表

年　代	井数(眼)	盐引或盐票(张)	销额(斤)	备　考
嘉庆二十五年(1820)	8688	水引 45997 陆引 205650	359081750	
道光三十年(1850)	8832			
光绪年间		水引 51065	455850000	光绪三年后实行官运,故尽以水引计算。其时花盐每包200斤巴盐每包160斤按花巴各半推算。

资料来源:许涤新、吴承明主编《中国资本主义发展史》第1卷,第598页;张学君、冉光荣《明清四川井盐史稿》第86页;彭泽益《清代前期手工业的发展》,《中国史研究》1981年第1期。

销额代表专卖盐的产量,可见顺治八年(1651)仅619万斤,仅及明嘉靖时的六分之一。经过35年,到康熙二十五年(1686)始恢复到明嘉靖的水平,达到5336万余斤。雍正八年(1730)达到9228万斤,已超过清以前最高年产量。以后持续发展,到嘉庆中超过亿斤。从顺治到嘉庆增长51倍。从康熙到道光年间,盐井由1100余眼增至8800余眼,增加了7倍,可见销额增长速度快于盐井。平均每井的年产量,雍正九年为15079斤,乾隆十八年增为17108斤,嘉庆十七年再增为37236斤。80余年间平均每井的生产效率提高了1.47倍,这也是川盐产量增长的重要原因之一。

表5-1所列盐井数是经过官府批准的盐井,所列销额是政府专卖的官盐销额,另外还有大量的私井和私盐。严如煜在《三省边防备览》中说:"产盐最盛之区,额设井灶固多,私井亦数倍于官。"[1]咸丰年间,犍为知县杨炳锃奉命清查本县井灶,"综核册内现开井眼、现煎锅口,较旧

---

[1] 严如煜:《三省边防备览》卷10,《山货》。

卷已增十分之五"①。实际上这仍是一个大大缩小的数字。川北射洪县雍正时有盐井2390眼,乾隆时增至3000余眼,后又增至1万余眼,但经官府批准报名纳课的一直是2999眼,私盐井占70%②。那么全川到底有多少私井呢?《清盐法志》称:

> 该省各盐厂内有案可稽者,井八千八百二十一,灶七百六十六座半,锅五千三百一十一口,现时查出者,井十万八百一十四眼,灶七千九百四十三座,锅二万五千九百一十三口。其遗漏未经查出者,尚不在内。是私井、灶较原额已不啻十倍。③

按这个估计,私井是征税井的十倍,这恐怕偏高,但说明私井所占比例非常之大。

私井所产盐称私盐,由商人私贩。全川有多少私盐没有完整的记载,据《中国资本主义发展史》推算,嘉庆二十四年(1818)四川人口有2566万人,按每人每年食盐11.5斤计,年需盐29509万斤,连同销云南、贵州、湖北的49个县(按四川平均每县年需盐215万斤)年共需盐40063万斤,而嘉庆十七年(1812)专卖盐的销额只有32351万斤,缺少7712万斤。这缺少的七千多万斤可能只有靠私盐自发弥补,这样,私盐相当于专卖盐销额的24%④。

从乾隆中后期到道光中期,由于经济由盛而衰,手工业也处于停滞阶段,"各处盐井衰歇",一度"蜀盐大困"。乾隆十九年(1754)当局只好采取"听民穿井,永不加课"等鼓励措施,才使"蜀盐始蹶而复振"。但到嘉庆二十四年以后又逐渐呈现衰落的势头⑤。

除盐业外,上游的其他手工业也大约经历了恢复—繁荣—停滞这

---

① 周庆云:《盐法通志》卷90,《缉私·保甲》。
② 许涤新、吴承明主编:《中国资本主义发展史》第1卷,第598页。
③ 《清盐法志》卷253,《四川十》,《运销门·票盐》。
④ 许涤新、吴承明主编:《中国资本主义发展史》第1卷,第598-599页。
⑤ 彭泽益:《清代前期手工业的发展》,《中国史研究》1981年第1期。

样一个过程,但总的来看还是以发展为主要趋势。如丝织业,成都、嘉庆、潼川、顺庆等府皆盛。乾隆时嘉定出产的"嘉定大绸"全国闻名。19世纪上半叶嘉定府有大型织机几百台,年产绸缎 10 万匹。南充亦有机房约 30 家,生产素绸、花绫、湖绉等①。成都生产的棉、缎、䌷、绢有 20 多个品种,19 世纪中叶"有机房二千处,织机万余架,机工四万人"②。嘉庆时,合州开始出现丝帮"设置生产花线、衣线、绫子线的机房","州中丝帮为附近各属之冠,邻封杂货必来购买,故开贸较多"③。阆中等县生产的"川北大绸擅名蜀中"④。丝织手工业内部出现了明确的分工,每机台三至四人操作,一人执梭,一至二人提花,一人挽综,"提花、挽综者听执梭人口中所唱,唱某字即知是某花,贯一梭唱一声,三人手口合一,即无停梭矣"⑤。清后期的农业改良,推动了以农业为基础的家庭手工业发展。

  缫丝户数在 500 以上者有 18 个州县,其中千户以上的 11 个州县,内江、阆中近万户、西充 3.7 万户、三台 5.9 万户。乐山、西充、三台产丝都在 100 万两以上,其中西充 204 万两,三台 555 万两。据 1910 年统计,全川缫丝户数约 14 万户,产丝 2174 万两⑥。

  在制糖业方面,由于种蔗面积的扩大、产蔗量的提高,促进了制糖业的发展,生产工艺提高、产品增多。"按糖之类有六,曰糖清、曰红糖、曰白糖、曰结糖、曰冰糖、曰漏水糖。"生产要经过三道工序,"曰糖户、曰漏房、曰冰桔房"。并分化出三个独立的手工业部门,分别由种蔗之家、霜户和冰桔房承担⑦。新津县光绪初才种蔗,清末时已有制糖户十余

---

① 《蜀锦史话》第 50 页。
② 同治《成都县志》卷 2;《清朝文献通考》卷 384。
③ 民国《新修合川县志》卷 23。
④ 咸丰《阆中县志》卷 3。
⑤ 《蚕桑萃编》卷 11。
⑥ 《四川第四次劝业统计表》(宣统二年)第 22 表。
⑦ 光绪《叙州府志》卷 21。

家,"每糖房出糖五六万斤七八万斤不等"①,那么年产糖当在 70－80 万斤以上。在盛产糖地区更为可观,简州制糖户数有 359 家,年产糖 1019.5 万斤;资州制糖户数达 1059 家,年产糖 2332.8 万斤;内江制糖户数 788 家,年产糖 4053 万斤。据统计,1910 年川省制糖户数共 8937 家,产糖 138742188 斤②,合 138.7 万担。有的糖商或制糖户因而致富,糖业资本猛增。

又如铁器业,仅以大足县龙水镇为例。县境玉口山产煤,为铁器业发展之极好条件。嘉庆《大足县志》谓"此山在龙水镇东南,双峰对峙,列肆当中,比屋人家以冶为业。当炉火纯青,铮铮四起,非丝非竹,余韵铿锵"。可见其盛况。乾隆年间龙水镇便产刀、剪、锁等多种铁器,光绪年间其品种已达 18 行,产品畅销全川及陕南、陇东、黔北。后又建有铁货行行会会馆,占地千余平方米,为铁器专业市场。内按产品分类设 300 多个摊位。清末从业人数增至 2000 多人,品种 700 多个。专营铁器的坐商有:"永发号""本一号""一品亨""天生一号""永发祥""全泰永""祝三永"等十多家,省内外客商亦到此采办铁货③。

再如棉织业。棉织素为上游农家副业,在光绪以前多为农民业余兼理,如巴县附近居民"业此者甚众"。所用织机纯为丢梭木机,每户机数不多,但家数不少,其产品除供自给外尚可远销滇、黔等省。当时所织布匹质粗幅狭,厚实耐用,颜色以青、蓝、白、灰等单色为多。清末扯梭木机从外省传入,机械构造甚简,但生产效率倍于丢梭木机,而且能仿制外国宽布。由于扯梭机的应用,本区棉丝品因而"价廉物美,产量增加,销路之广,远达邻省"④。

最后如制纸业。夹江县为上游产纸区,分为河东与河西两部。河

---

① 宣统《新津县乡土志》,《物产·商务》。
② 《四川第四次劝业统计表》(宣统二年)第 23 表。
③ 杜受祜、张学君主编:《近现代四川场镇经济志》第 2 集,第 282－283 页。
④ 张肖梅编:《四川经济参考资料》,R 第 1 页。

东多造彩色纸、烧纸、火纸等类,品质较粗,价值亦低;河西纸较优良,价亦较高。夹江造纸多系家庭手工业,家庭成员都参加,规模较大者亦常雇工,所用资本向纸商借贷①。道光年间,梁山县商人从江西聘技师,开始在屏锦镇生产黄表纸、火炮纸、染色纸等,其中黄表纸产量为全国90%,居全国黄表纸生产首位。手工造纸年总收入最盛时期为500万元②。

清代上游的矿业和冶炼业也有较大的发展。清前期政府放宽了民间采矿和冶炼业的经营,一般只征税收买而不直接干涉生产。康熙五十二年(1713)四川一碗水地方有万余人聚众开矿,当局差官驱逐,报到清廷,但康熙批道:"若将此等乏产贫民尽行禁止,则伊等何以为生?""总之,天地间自然之利,当与民共之,不当以无用弃之……要在地方官处置得宜,不致生事耳。"③乾隆十六年(1751)乾隆对乐山铜矿的批示说,"诚令多得数处旺矿,地方穷民亦得借以佣工觅食,于民生大有裨益"。但"川省向有啯噜子为地方之患,恐开采铜矿或致滋事,不知此等匪徒,即不开矿,任其流荡失业,尤易为匪"④。显然,开矿亦作为一个安民的权宜之计而受到清政府支持,矿冶业得到一定的发展。

如金矿的开采。上游金矿分为山金和砂金两种,山金矿自天全至冕宁、会理一带,以雅砻江岸的花岗地区为最多,凡著名山金矿皆在域内。而砂金矿分布在嘉陵江、岷江、雅砻江等流域,其中以雅砻江流域为最富。上游以冕宁和盐源产金为丰,冕宁重要的山金矿有麻哈、紫古,砂金矿有雅沽台子、马头子等。盐源重要的山金矿有田坪,砂金矿有窘里、溆房。麻哈地处冕宁西南200里,依土法开采每吨得金多者五钱,平均二钱五分以上,初为官办,后改归商办。紫古在冕宁西北100

---

① 同上书,R第105页。
② 杜受祜、张学君主编:《近现代四川场镇经济志》第2集,第322页。
③ 《清圣祖实录》卷255,康熙五十二年五月庚辰。
④ 《清高宗实录》卷389,乾隆十六年五月癸丑。

余里,据说清初由年羹尧创办,"获金巨万",1897年划归商办。马头山在冕宁西60里,过去皆私人开采。清同光年间"有办金厂,骤发至数百万者"。后因汉彝矛盾尖锐,采金者时被掳去,"官厅无法保护,遂禁令开采"。盐源田坪山金矿在清后期有官局开采,"传闻每年产金实数不下万两"。窪里金矿在清后期"汉人得自由开采,年产金万余两,少亦数千两,官设局给照,收定课税"。川边地区也盛产金矿,理塘西北约40里处有金厂沟金矿,清末有"土人三家"在金厂沟上游挖掘,平时金夫约四五百人,多时至千余人,产量颇大,"嗣后三家人败亡,矿亦停办"。打箭炉有灯盏窝金矿,"前清末季,开采颇盛"。1908年边务大臣赵尔丰曾派人到矿查勘,有矿夫二三百人。另外,采金之处还有越西、松潘、懋功等地①。

会理天宝山素以产银见称,康熙四十一年(1702)天宝山一碗水即设官办银厂,相传由年羹尧创办。雍正时平定大小金川,即在此采银助饷②。乾隆二年(1737)清廷令"凡产铜山场,实有裨鼓铸,准报开采,其余金银矿悉行封闭"。据道光十一年(1831)所立的天宝山西岳庙碑载,天宝山银矿"年截课银二千三百六十二万余两"③。

上游冶铁业发展于乾隆年间,是清代一个重要的产铁区。在威远县,"大山岭、铁炉沟二处,铁矿颇旺,共设高炉六座。每炉一座用夫九名,每日每名挖矿十斤,煎得生铁三斤。……计每年〔生产〕六个月,共一百八十日。高炉六座,通共用夫五十四名……共煎生铁二万九千一百六十斤"④。屏山县"李村、凤村、石堰三乡设炉四座……又于荣丁、利店、茨藜三乡设炉四座……共设炉八座。每炉采矿砂丁九名,炉夫一

---

① 以上见杨大金:《近代中国实业通志》上册,第350—350页。
② 《西康之铜锌资源》,《资源委员会季刊》第1卷第2期(1941年)。
③ 《四川近代有色金属工业史料》第59页。
④ 《乾隆十七年八月十八日　总督四川等处地方军务兼理粮饷管巡抚事臣策楞谨题》,《清代钞档》。

名,厢煽夫二名,共计夫丁九十六名,除承值炉厢夫二十四名不能采矿外,实得砂丁七十二名。每丁约获矿砂十斤,每日可获矿砂七百二十斤。每砂十斤,煎获生铁三斤,每日可获矿砂七百二十斤。每砂十斤,煎获生铁三斤,每日共煎生铁二百一十六斤"①。这两条材料反映了上游冶铁工场的规模。威远6座高炉分两处,雇工54名,每处二三十名。屏山8座高炉分布于6个乡,可见规模不是很大。威远高炉每炉日产仅27斤,每年生产180天,计年产4860斤。屏山8座高炉日产216斤,每炉平均日产亦27斤。由此可见高炉小、产量低。

除上述威远高炉6座、屏山8座外,乾隆三十一年(1766)宜宾开炉2座,五十六年(1791)洪雅开炉2座②。又江油县木通溪和合硐等处产铁,年产量29160斤③,按上述每炉日产量算,推知有炉8座。又据《通典》,四川黄铁山有铁炉54座④。由此可见,川省铁炉当在80座以上,按每炉年产4860斤计,全省铁产约在38万斤以上。

明代在犍为、蓬溪、富顺等地纷纷开出天然气,宋应星《天工开物》便记载了四川天然气井已使用采气装置⑤。清代火井开采工艺进一步提高,康熙初年富顺知县金肖孙咏富顺火井诗曰:"有井穿旸谷,烈焰伏其中。"⑥乾隆年间天然气进一步得到开采和利用。据乾隆《富顺县志》记载:

> 火井在县西九十里,井深四五丈,大径五六寸,中无盐水,井气如雾,烽烽上腾……家火引之即发。火根离地寸许,甚细,至上渐大,高数尺,火芒异于常火,隆隆如雷,殷地中,周围砌灶,盐锅重千

---

① 光绪《叙州府志》卷20,第1页。
② 《清高宗实录》卷761,乾隆三十年五月辛卯;卷1373,乾隆五十六年二月丙寅。
③ 《四川铁矿业资料汇编》,第19页。
④ 转见许涤新、吴承明主编:《中国资本主义发展史》第1卷,第463页。
⑤ 宋应星:《天工开物》卷5,《作咸》。
⑥ 丁宝桢等:《四川盐法志》卷2,《井厂二·并盐图说》。

斤,嵌灶上煎盐,昼夜不熄。如不用,以水泼之,火即灭。①

石油以自流井一带产盐区为最多,其次为嘉定府的乐山、犍为、荣县以及安岳、遂宁、射洪等县。四川石油多与盐水、天然气有关。天然气所在每有石油,富顺、乐山盐产开发最著,火井尤多。过去盐井开凿浅,出火较微,随着深盐井的开凿,出火大盛,深油井也就出现了②。

据不完全统计,从顺治元年至道光十八年(1644—1838)的190多年里,全国历年先后报开铜、铅、铁、金、银、锡、水银、煤等12种矿厂共计1109个,停闭的有829个,在采的有280个,矿业达到前所未有的发展水平。其中四川报开101处,停闭69处,在采32处。③

以上统计没有把岩盐的开采包括在内,若加上此项,川省矿厂的数字远不止32处。川省矿业的真正发展是在乾隆时期,以后便处于停滞状态,没有明显的增长了。

二 传统手工业中的新因素

从康熙中前期到乾隆中后期这近一百年时间里,长江上游手工业得到恢复和发展,社会生产力得到提高、商品交换增长、社会分工更细密、各地区间经济联系加强、市场扩大,从而使生产关系中出现了新因素。雇佣工人的大量出现是清前期上游经济中新因素的明显表现。

清代手工业中雇工已相当普遍,大宁县"偶有营造,工役输不敷用"④。云阳县谭锡奎"原籍湖南茶陵州,先世流纵至县。贫无籍,弟兄三人为沟溪煤岘供凿之役"⑤。嘉道之际,流寓巴山老林的游民"数百

---

① 乾隆《富顺县志》卷2,《山川下·火井》。
② 杨大金:《近代中国实业通志》上册,第488页。
③ 《各省矿业情况(1644—1838)》,见彭泽益:《中国近代手工业史资料》第1卷,第386页。
④ 光绪《大宁县志》卷1。
⑤ 民国《云阳县志》卷25,《士女·耆旧》。

万计"，他们中除开荒种地的棚民外，多数在木厂、盐厂、铁厂、纸厂、煤厂等"佣工为生"①。仅木厂，每到冬春"匠作背运佣力之人，不下数万"②。自流井还出现了"论工受值"的计件工资，担卤工"持签运水"，"其力最强，担可三百斤，往返运送，日值可得千钱"③。泸州大曲酒于顺治十四年(1657)由舒某创始，开办"舒聚源"作坊，建有酒窖4个，乾隆二十二年(1757)又建酒窖4个，所产酒驰誉川境。据称当地酒作坊"一般都是历史相沿，雇用零工"。每坊只雇一名有技术的长工掌作，俗称"瓦片"。制造曲酒分封窖、出窖两个阶段，封窖发酵一般需一个月左右，此时作坊主便遣散工人，出窖蒸酒时又雇零工。舒聚源作坊显然也采用这种雇工办法。到光绪初作坊转让温某，更名"温永盛"，已有酒窖14个，年产酒10吨，并运销省外④。

这些雇佣劳动者大多脱离土地，他们可以自由出卖自己的劳动力。清前期的刑部档案保存了大量的雇佣资料，下面仅以乾隆末的一些记载为例：营山县人到仪陇县佣工，蒲江县人到天全州佣工，合州人到邻水县佣工，苍溪县人到昭化县佣工。还有省际的佣工，如湖南湘乡县人到四川奉节和万县佣工，湖南安化县人到四川云阳佣工，湖南人到四川巫山佣工，四川岳池县人到陕西安康县佣工，四川通江县人到陕西西乡县佣工⑤。据李文治辑录的雍正、乾隆、嘉庆三朝97年间的628件关于全国和四川雇工的刑事资料，重新整理为表5—2。

---

① 《清宣宗实录》卷10。
② 严如煜：《三省边防备览》卷16，《山货》。
③ 李榕：《自流井记》，《十三峰书屋文稿》卷1。
④ 屈重容等：《解放前泸州大曲概述》，《四川文史资料选辑》第15辑。
⑤ 以上记载见于乾隆刑科题本。转见李文治等：《明清时代的农业资本主义萌芽问题》，第61—63页。

表 5－2

年　代	长工案件		短工案件	
	全　国	四川	全　国	四川
1721—1740	19	1	21	1
1741—1760	37	1	44	8
1761—1780	43	1	50	3
1781—1800	48	0	83	8
1801—1820	254	12	374	36
四川占全国％	4.7		9.6	

资料来源:李文治《明清时代的农业资本主义萌芽问题》,第 65 页。

从表中看,清前期、中期四川雇工特别是短工已相当盛行,在全国雇工案件中占有较大的比重。据中国社会科学院历史研究所整理的刑部档案资料来看,川省雇工的案子增长趋势十分明显。如在《刑科题本·土地债务》中,涉及雇工命案的人次也不断增加,从清代刑部档案中关于手工业雇佣劳动者和雇主之间的关系看,主雇关系形式上是平等的,基本上没有人身依附,如有工价不合,雇工可辞去不做。如乾隆三十年(1765)大竹"吴添赐雇孙永恒烧瓦四万,言明每万工银二两二钱"①。嘉庆十四年(1809)荣县"邓高升短雇柯希湖、柯希汉挖煤,议明每人每月工钱一千文,同坐共食,并无主仆名分"②。嘉庆七年(1802)彭水"周大才雇徐启莞在厂内挖煤,每月工钱一千文,同坐共食,平等称呼"③。关于井盐业的史料乾嘉以后也常见"论工受值""日值"等的记述,如光绪《大宁县志》称:"至盐场筒灶工丁逾数千人,论工受值,足羁縻之。"④这说明雇主对雇工不是通过人身依附,而是靠工资收入来控制的。下面把刑部档案中有关主雇关系史料整理成表 5－3。从刑档的案例看,四川在乾嘉时期人身依附关系松弛,农民大量外出佣工而且

---

① 《清代刑部钞档》,乾隆三十年七月八日总督四川兼巡抚事阿尔泰题。
② 《清代刑部钞档》,嘉庆十四年三月十日总督四川等处地方勒保题。
③ 《清代刑部钞档》,嘉庆七年五月二十四日四川总督管巡抚事勒保题。
④ 光绪《大宁县志》卷 1,《风俗》。

已取得了一定的人身权利,不少主雇之间至少已有了形式上的平等关系,在一定程度上讲,雇工已成为自己劳动力的主人。

表 5—3

年代	地区	工种	工钱	主雇关系
乾隆二年	绵州	修墙壁	议定工钱二两六钱	"承揽包工"
乾隆四年	永川	检盖瓦房	议定工钱 240 支	
乾隆八年	涪州	盖草房	出银五钱	
乾隆十六年	犍为	挖煤	佣工每月工银五钱	
乾隆十九年	犍为	挖煤	议定每年工价钱 7000 文	
乾隆二十三年	简州	做磨一副	工钱 140 文	
乾隆二十五年	三台	帮工	每月工银六钱	"预先支给"
乾隆三十年	大竹	烧瓦	每万工价银二两二钱	
乾隆三十四年	丰都	烧炭	每月工价银六钱	"没有立约,议定年限"
乾隆三十五年	犍为	弹棉花	每月许给工钱 600 文	"并未立约"
乾隆四十二年	江北	帮工	每月给工银五钱	"并未立有文约"
嘉庆五年	眉州	织布	织三匹工钱 600 文	
嘉庆七年	彭水	挖煤	每月工钱 1000 文	"同坐共食,平等称呼"
嘉庆十一年	丰都	烧炭	议定工钱 400 文	"包工装窑"
嘉庆十二年	什邡	挖煤	一月工钱 900 文	
嘉庆十二年	平武	修钻磏	工钱 32 文	
嘉庆十四年	荣县	挖煤	每月给工钱 1000 文	"同坐共食,并无主仆名分"
嘉庆十五年	荣县	挖煤	工钱每月 1000 文	"同坐共食,并无主仆名分"
嘉庆十六年	乐山	挖煤	每月工钱 1000 文	"并无主仆名分"

续表

年　代	地区	工　种	工　钱	主雇关系
嘉庆十六年	乐山	织布	讲定工钱120文	
嘉庆十七年	新津	搭盖草房	议定工钱120文	
嘉庆十八年	丰都	修造碾房1间	议给工价钱1300文	
嘉庆二十一年	崇庆	帮工	每月议给工钱800文	
嘉庆二十三年	荣县	挖煤	议定每月工钱1500文	"并无主仆名分"
嘉庆二十五年	眉州	置造寿材	议定工价银四钱五分	

资料来源:彭泽益编《中国近代手工业史资料》第1卷,第398—413页。

没有材料可以说清楚清中前期上游地区到底有多少手工业雇工,但仅从井盐业便可窥见专门从事手工业生产的人数之众。严如煜《三省边防备览》说:

> 大盐场如犍、富等县灶户、佣作、商贩各项,每厂之人,以数十万计。即沿边之大宁、开县等厂,众亦万计。灶户煮盐,煤户柴行供井用,商行引张,小行贩肩挑贸易,或出资本取利,或自食其力,各营生计。①

当然,上文所指犍为、富顺等大盐场有数十万人,大宁、开县等小盐场也有万人,实际包括了许多依附盐业为生的人,如佣作、商贩等,他们并不直接从事手工业生产。李榕在《自流井记》中说:"担水之夫有万……盐船之夫,其数倍于担水夫,担盐之夫亦倍之……盐匠、山匠、灶头,操此三艺者约有万……积巨金以业盐者数百家,为金工、为木工、为石工、为杂工者数百家,贩布帛、豆粟、牲畜、竹木、油麻者数千家,合得三四十万

---

① 严如煜:《三省边防备览》卷10,《山货》。

人。"①按李榕的估计,仅自流井以采盐为生计者就达三四十万人。另据清末日本人的调查,当时仅自流井以盐业为生计者即"不下二十五万人"②。可见清中期以后自流井盐业及其他附属业人数在25—40万之间。关于盐工的数量我们还可做一些推算,据《四川盐政史》记载,1929年四川全省有盐工65.7万人,当年产盐71552万斤,平均每一盐工生产1089斤。嘉庆十七年(1812)川盐销额为32351万斤,按此比率,那时应有盐工近30万人③。如果考虑到嘉庆时期生产力水平大大低于20世纪20年代,即是说每生产一定量的盐所用劳动力较之20世纪20年代要多,那么30万盐工还是比较保守的估计。

又如长江船运的雇佣工人也为数众多,如仅在"大江拉把手"者,"每年逗留川中者不下十余万人,岁增一岁,人众不可纪计"④。据乾隆《巴县志》估计:"沿江上下数千里无业者募充水手,大艘四五十人,小亦不下二三十人……计一岁不止亿万人养活其间也。"⑤此语虽有点夸张,但依川江船运为生者达几十万人是毫无问题的。

以上还仅是两个行业的雇工人数,若加上其他手工行业,这个数字将是十分巨大的。

三 工业中的新变化

19世纪70年代,由于洋务运动的推行,全国各地出现了一些新的军事企业和民用企业,在外界的影响下,上游社会经济也出现了一些新变化,其中最值得注意的就是四川机器局的建立。

---

① 李榕:《自流井记》,《十三峰书屋文稿》卷1。
② 〔日〕东亚同文会编:《支那经济全书》第5册,"铁道"。
③ 许涤新、吴承明主编:《中国资本主义发展史》第1卷,第609页。
④ 严如熤:《三省边防备览》卷9,《民食》。
⑤ 乾隆《巴县志》卷3,《盐法志》。

光绪二年(1876)丁宝桢任四川总督,鉴于"各勇营亦皆习用洋枪,均须购自上海洋行,价值既贵,而道路转运,费亦不赀,并恐不免有受洋行欺骗之事"①。加上各营对武器又"不解修整,坏辄废弃"②,于是奏请自设枪炮厂以供川军之用。丁宝桢急于制造新式武器,其目的既在对内控制,但更重要的是自强御侮,他曾指出:"窃惟外洋各国,皆以枪炮雄视一时……今强敌各擅长技,中国独不屑蹈袭……近来讲求机器,实属目前之要图。"③

光绪三年(1877)四川机器局在成都东南郊择地建厂,计用银 77352 两,于光绪五年规模初具,建成大小厂房 118 间,"崇垣大柱,覆屋重檐,安设铁炉、烟筒、风箱、气管,四通八达,取材既富,用工极坚"。还自行制造水轮机器及各种机器 25 部,配件和工具 12069 件,装成前门、后膛等枪 148 支,未装成者 161 支④。但机器局刚建成便遭到顽固派弹劾,清廷下谕停办。丁宝桢据理力争,指出四川机器局"较之别省机器局所费仅十分之一,即较之东省机器局,所费亦省十之四五"。所制造的各种机器"已成未成共有万数千件,虽未竣工,其洋枪堪以临敌备用者已有百数十标"⑤。洋务派官僚电纷纷上疏反对停办机器局,不久终于得以恢复。

丁宝桢所设机器局"系照前在山东时办法,凡制造一切,不稍借助洋人",而且"所有应用机器,多系自行创造"。由于机器局使用煤炭甚多,但川省"煤价素昂",为节省费用,丁宝桢令精通机器的候选通判曾昭吉求得"省费之法",结果造成一"水机","专取水力而不用火工",可当 20 匹马力的锅炉,"日可省煤一千数百斤,合计每年约可省煤银四千

---

① 丁宝桢:《调曾昭吉赴蜀片》,《丁文诚公遗集·奏稿》卷 12。
② 《丁文诚公年谱》,第 9 页。
③ 《丁文诚公遗集·奏稿》卷 17。
④ 丁宝桢:《机器局遵旨停止报销用款折》,《丁文诚公遗集·奏稿》卷 17。
⑤ 同上。

余两"①。光绪七年(1881)丁宝桢又以机器局造枪需用洋火药皆从山东、上海等地购运,"所费实属不赀",决定设厂制造,于是在成都南门外择地"修造药局",并派员"前往叙永、懋功等属采买硝磺,随时仿造洋火药"②。几年之内四川机器局得到一定的发展,生产规模日益扩大,产品逐渐增多。

光绪十二年(1886)刘秉璋接任川督,刘对机器局已不如丁宝桢那么重视,因此刘在任期间机器局非但没有发展,反而有所倒退。他认为"局中所用司事工匠,皆中国之人,不雇洋匠,以致铸造各项,究未得其真诀"。当时机器局的产品的确存在着费用多、产品次的问题,"枪筒大小不能划一,后门枪弹多有走火,又或不能合膛"。而这些枪的"用费已昂于外洋买价"。所以他倾向于直接购买洋枪,于是"饬局将各项洋枪暂停铸造",并裁减局中司事、工匠。但要求机器局铸造后膛炮弹,安装上年丁宝桢从上海购买的机器,"饬令该局专铸铜帽、后门枪弹、炮弹及赶造洋火药"③。这时四川机器局的生产处于低潮时期。

甲午战后,全国要求自强的呼声日高,给四川机器局的复苏提供了机会。光绪二十二年(1896)鹿传霖继任川督,认为丁宝桢时期生产的枪若加以修理"均能合用",决定恢复制造新式枪炮,奏准实行逐年增加经费和"加添司杂工匠数百名"的计划。在鹿传霖的主持下,机器局逐年发展。总局下分设七所九厂:文案所、支发所、收发所、采买所、营造所、监工所、洋火药所、模样厂、机器前厂、机器后厂、修整洋枪厂、后膛洋枪厂、铜帽厂、弹壳厂、熟铁厂、生铁厂。后又添设抬枪厂、前膛洋枪厂。光绪二十五年(1899)四川机器局委员、司事达59人,工匠、夫役增至592人,次年又增加司事5人,工匠84人。四川机器局到19世纪末已达到年生产枪3000余支、枪弹近100万颗、铜火帽近80万颗的生产

---

① 丁宝桢:《遵旨复开机器局折》,《丁文诚公遗集·奏稿》卷20。
② 丁宝桢:《机器局购地添制火药片》,《丁文诚公遗集·奏稿》卷21。
③ 刘秉璋:《川省机器局暂行停铸疏》,《刘文庄公奏议》卷5。

能力。① 四川机器局是上游最早的较大规模的现代企业,从而为现代工业的发展奠定了基础。尽管其内部存在着官办企业所固有的种种弊病,但它的确起了开通风气的作用。

在19世纪60—70年代,四川开始出现近代民用企业。同治六年(1867)乐山张世兴创办绸厂,雇佣工人360人,年产绸1200匹②;光绪十年(1884)川商于重庆开办川江运输"福号"公司,承运由水路出入川省的货物③,同年,现代通信工具——电报通至成都④;光绪十七年(1891)铜梁县纸商开始用机器造纸;次年轮船招商局在重庆开办川江运输机构,光绪十九年(1893)重庆开办源盛长、正泰兴、侯铨盛等印刷工厂⑤。

这一时期火柴业有一定发展。光绪十五年(1889)重庆商人设森昌泰火柴厂,资本5万两,制硫黄火柴,年产6.3万箱。不久又设立森昌正火柴厂,资本3万两,年产亦6.3万箱⑥。但"所制火柴极为低劣,所以迄今还未能排挤外国火柴于市场之外"⑦。光绪十九年川东道黎庶昌在重庆设"聚昌自来火公司","定章二十五年内外来火柴概归公司发卖"⑧。该年怡和洋行从上海"贩到洋火数十箱,经聚昌查获,扣留一箱,不准发卖"。日本、法国领事出面交涉,李鸿章致电总理衙门:"查该口自来火公司想系华商集资创办,怡和系英商,法领事何以挽越?"⑨

一些开矿企业也在筹办。雅州府属大穴头山,宁远府属麻哈、母鸡沟等处"五金井产,砂质呈露"。光绪十六年(1890)御史吴光奎便奏请

---

① 张莉红:《论四川机器局》,《近代史研究》1986年第1期。
② 任一民、张学君主编:《近现代四川大事纪述·晚清部分》(未刊打印稿),第159页。
③ 民国《巴县志》卷13,《商业》。
④ 傅崇矩:《成都通览·成都之电报》
⑤ 《四川近百年大事提纲》,《四川文史资料选辑》第3辑。
⑥ 孙毓棠编:《中国近代工业史资料》第1辑下册,第995页。
⑦ 同上书,第996页。
⑧ 同上。
⑨ 光绪十九年二月十四日致总理衙门电,《李文忠公全集·电稿》卷14。

"查勘开办";给事中方汝绍也奏称,宁远府属盐源县等处"铜质极佳,运道尤便,请饬开办"①。光绪二十年(1894)有"重庆巨绅"凑集 700 股约 30 万两,"准备开采川西各矿"。由于款项不足,拟派员赴沪"另招商股",所用抽水机器及冶炼炉"拟自日本购买,并拟延聘日本矿师指导采冶各工"②。

光绪十九年川督刘秉璋拟在重庆建立一个"规模很大的纺织厂",定资本额为 51 万两。预计川督拨官款 20 万两,川东道出资 10 万两,招商局出资 5 万两,其余则招股。拟分 500 股,每股 500 两。该厂出产的纱可运至成都织布③。光绪二十一年(1895)"这个计划才具体形成"。集资 40 万两买了地皮、备建厂房、购置机器。但重庆商人认股不踊跃,认为川省棉花产量小,纱厂所需棉花多数要由外省运进,比直接购纱更贵。光绪二十二年官府在重庆设局招股,"经多方劝说后",500 股被全部认购,并同一家外国洋行签订合同购置机器。但清户部不同意官方参与或官方入股,反对在渝设纱厂,故这个宏大计划死于胎中④。

甲午战后,一些官绅就抵制外国的经济入侵提出了对付之策。光绪二十二年国子监祭酒张百熙上奏清廷,指出"川省矿务处所,周回约二千余里",宁远、雅州、天全、会理、松潘、峨边、冕宁、荥经等府厅州县"矿苗素旺,土人无不周知,即外国已久生涎视"。《马关条约》之后允日人通商和在口岸设厂,"如不急兴商务,自保利权,无以护小民生计"。因而保荐宋育仁任"川省矿务商务总局"监督⑤,清政府采纳了张的提议。鹿传霖这时也进一步提出在重庆开办机器缫丝、铸银元、制钱三事,其中缫丝商办,官方负责铸银元和制钱。决定在重庆设通商局,选

---

① 刘秉璋:《奏川矿开采害累殊多疏》,《刘文庄公奏议》卷 8。
② North China Herald,Vol. 52. p. 433.
③ North China Herald,Vol. 51. p. 350.
④ Decennial Reports,1892—1901,Chungking.
⑤ 《张祭酒百熙筹办四川矿务商务折》,《渝报》第 7 册(1897)。

派公正士绅主持,以联络商人、设立公司。光绪二十七年(1896)四川商务总局成立,初"以本省绅士奏任,旋改委现任司道兼管或候补道员专管",设总办、会办各1人,岁支银3772两①。为振兴川省商务,采取了以下办法:(1)全川商务分为转运和制造两方面。土货出口归转运公司管理,制造品归制造公司管理。凡商人集股开办公司者均应到商务局立案。(2)各项商业由各行商主办,凡是占销口岸、购运机器、聘工程师、订合同等事,由官府和商务总局联合保护维持,"以免阻碍"。(3)商务总局在宜昌、汉口、上海等地建立"转运制造公司";处理与各地衙门、海关的交涉事件。(4)对进口的大宗货物,各口岸的商行必须与洋商议定价格、订立合同、如数采运、按期交货,"始无跌价亏折之虞"。(5)各公司均不准招集洋股,若需资金由商务总局为之聚集华商股份,以免外人插足②。

19世纪末,由于受维新思潮的影响,发展工商业日益为人们所重视,如李征庸、宋育仁筹款自办叙府、雅州矿产,荥经设宝兴铜厂,重庆创办玻璃公司、煤油公司、四合煤矿公司,嘉定成立白蜡公司,成都创办快轮公司(造新式洋车),江北开办吉厚祥布厂,川人在上海组织蜀商工会,此外还有洋烛、烟卷、药材、竹棕、青麻、煤矿、锑矿等公司③。这些公司基本上都坚持"不招洋股,不借洋款",为川省开利源、塞漏卮、保地产、占口岸、抵制洋货、挽回利权。

光绪二十四年(1898)设立四川矿务总局,以云南候补道韩铣、记名道员李征庸办理④。为有计划地开采矿产,制定了《四川官绅合办矿务章程》,决定筹集股本30万两,分作3000股,官商各集一半,不收洋股。首先购买挖洞、起重、提水、破石、熔化等机器设备,购采矿有关书籍,聘

---

① 《四川劝业道编订第一次统计报告书》(宣统元年)第26页。
② 《渝报》第11册。
③ 《四川近百年大事提纲》,《四川文史资料选辑》第4辑。
④ 《清季外交史料》卷137,第13—15页。

"精于矿学"的唐星球勘探冕宁麻哈、紫谷峒及附近金矿,用银18万两购外国机器进行开采,同时还开采了打箭炉银矿、芦山大穴头山银矿等①。开采石油的计划也在积极进行。光绪二十四年初,上海和四川合办"川省火油公司",订立章程14条,首先勘探泸州、叙府的石油,先由沪商马成裕、吴谦益、张恒盛等垫集资本雇用矿师、购运机器、租购矿山、盖造矿厂,然后再公开招股。不久,川省绅商听说英人觊觎四川石油并已请政府准予开采,深恐"英人利心不悛,奉天子之命而来,持督臣之檄而往,挟守令之威以胁商民"②,便立即在重庆设立煤油公司,及便占先开采,作为抵制的办法。光绪二十六年(1900)川商尹学寅、喻维煌呈请商务局"开办打箭炉之灯盏窝,哪吗寺等处金矿"③。该年又有重庆人傅裕章禀请商务局将广安、涪州、南川等地煤制成焦炭,"转运出口",得到当局批准④。重庆四合公司"拟集一百股,合为万金,专办煤矿,兼淘沙金"。愿入股者达200余人⑤。后四合公司开办涂山煤矿,首先开采鸢洞沟,"每日出炭",初有成效⑥。

重庆的两个火柴厂在19世纪末也有所发展。清政府给这两厂售卖专利权25年,火柴厂全部产品按固定价格售予火柴帮公所,供应本省以及邻省,据说每年出售总值超过银25万两⑦。光绪二十三年(1897)在森昌和聚昌两个火柴厂"做工贫民逾万人,工人日获钱三百文。火柴日渐畅销,入股者分息颇厚。制造土货,抵流外货为最有成效"⑧。光绪二十六年两火柴厂请在滇黔交界处设立分厂,获准后便派

---

① 《川督鹿开办冕宁金矿及试办各矿产情形片》,《渝报》第10册;《四川将军恭奏冕宁金矿折片》,《蜀学报》第2册。
② 《创办煤油以存利权保蜀境论》,《蜀学报》第9册。
③ 《中外日报》1900年3月10日。
④ 《中外日报》1900年2月19日。
⑤ 同上。
⑥ 《中外日报》1900年3月29日。
⑦ Decennial Reports,1892—1901,Chungking.
⑧ 《渝报》第4册。

人前往筹办①。次年又拟于"嘉定、泸州增设一厂,已经批准"②。光绪二十六年周坤培"借英商为名",设立立德燧火柴新厂,有工人数百人,次年森昌厂以破坏专利为由,将其合并③。

由于19世纪70—90年代上游工业中的这些新变化,突破了传统手工业、矿业的格局,从而为20世纪初现代工业的发展奠定了基础。

四 发展现代工业的措施及组织机构

20世纪初,清政府的经济政策发生了重大变化,遭到八国联军沉重打击的清王朝深感统治难以维持,由于朝中洋务大臣的主持、驻外使节的建议、督抚大臣的促进、绅商学士的鼓吹,统治者的经济观念逐渐改变,醒悟到工商实业对于国计民生之重要,于是设立商部,宣布奖商保商、倡立商会、支持自办铁路、致力开发矿产、发展工艺制造等,振兴工商实业构成了这时期经济发展的主流。四川当局也鉴于本省财政支绌、民生艰困、工商不振,便亟图挽救之法。从1902年开始,特别是次年锡良接督篆后,在经济方面作了一些变革,首先成立了一系列以发展工商实业、挽回利权为目的的机构和组织,并采取了一些实际措施。

(一) 设立各地劝工局

1902年冬,署川督岑春煊拟在川省开办劝工局,札委成都府知府沈秉堃"速觅地创立工局",在宝川局附近官地修建,次年初落成,占地10亩,房屋120余间,定名"四川通省劝工局"。分为四部分:一、工艺厂,"专以加精四川已有之工艺,扩充四川未有之工艺";二、副厂,专收纳穷民、游民,宗旨在"教工以教民";三、迁善所,专收轻犯"督以粗浅之

---

① 《中外日报》1900年3月29日。
② 《中外日报》1901年4月4日。
③ 汪敬虞编:《中国近代工业史资料》第2辑下册,第1126—1127页。

工艺";四、养病院,"以疗养本局之有病者"。沈秉堃选派"灵巧工匠数人"赴日本"研究东洋可学有利之工艺",另在华南招雇工匠、购置机器;首先开办工艺厂①。

1904年成立劝工总局,作为全省推行实业的样板,总办下设提调、文案、会计、庶务等职,"各项工作,则分类、分所办理"②。劝工总局内从事各项工艺制造,以开风气之先,示谕各地:"无论远近士民有愿入厂游观者,派员引导以扩闻见,亦开通风气之意也。"③总局"以兴设迁善、劝工为急务",通饬各州县设立劝工局和迁善所④。当局为何急于推广劝工局?概其原因主要有两条:

第一,为使商品"力求精进,期于商务实有裨益",致富致强。他们声称:"为小民辟一分利源,即为国家培一分元气;为外货阻一分销路,即为川省塞一分漏卮,因利乘时,事半功倍……先行试办,有成效逐渐扩张,总期款不虚糜,人皆有业,似乎整饬内政,力图自强之一助。"⑤省劝工总局明确规定"士民如有能仿制洋货,或习成别省工艺及自出心裁造成新颖器物者",均可呈明本地方官申送到总局,如确制造精良,可"酌予薪资派充教习,愿自造者并许其专制,以便行销"⑥。

第二,为了解决生计问题。岑春煊设通省劝工局时就指出:"四川生材之众,生人之众,苟非急务乎?二则其材之众者既废之久,而归于腐朽,而人之众者亦游之久而转为盗贼。"⑦当局认为,川省"生齿日繁,人浮于地,殖民之术惟工艺足以畅其生机。矧川人心思极灵,工价极

---

① 《前署督部堂岑奏劝工局折》,《四川学报》乙巳第5册,"奏议"。
② 周询:《蜀海丛谈》卷1,"布政按察提学三司盐茶巡警劝业三道"。
③ 《四川官报》甲辰第17册,"新闻"。
④ 《通省劝工局,按察司冯、成绵道沈饬各州县推广工艺札》,《四川官报》甲辰第1册。
⑤ 《四川官报》甲辰第13册,"公牍"。
⑥ 《四川官报》甲辰第5册,"新闻"。
⑦ 《前署督部堂岑奏设劝工局折》,《四川学报》乙巳第5册,"奏议"。

贱,若能辅以机器,收效必倍"①。把设劝工局视为解决危机的一条出路。

1904年劝工总局分设劝工外局,"收学徒百有余人,皆系孤贫无依者"②。到年底"各厂学徒人数已有七百余人"③。同年,锡良令劝工局延聘日本工匠入川教习,共8人,即石塚丰次郎(监工)、吉野槌松(金属制作)、渡部公雄(漆绘)、中村宇三郎(制靴)、辰见卯藏(制靴)、小西织之助(制皮)、箕年泷治(木工)、本久兵卫(涂工)。每人领学徒30名,"各传其艺,期年卒业"④。次年,锡良令选学徒20名分送日本各实业学堂学习。总局规模不断扩大,"开办正厂以来,继增户厂多处",据称"洋漆、制绣诸品直可并驾东瀛"⑤。云南还专门派员到川"选雇局中卒业之徒前往充当教习"⑥。

各州县也相继仿办劝工局,到1905年,"官办者为各属劝工局、制革、肥皂、火柴、印刷等专厂,兵工厂、工艺学堂、工业化学试验所共计七十余处"⑦。据1910年统计,川省各属劝工局有63处,从事织布、纺线、编织、木工、铁工、制纸、制靴、印刷等各种工艺,工匠、艺徒及办事员共2864人⑧。

(二) 建立推动实业的机构——通省劝业道

1907年四川设通省劝业道,由周善培主持,统筹农工商矿事业,"此后即研究全省物产,以谋改进"⑨。劝业道对民族资本采取了扶持

---

① 《商矿局查明川省商矿工艺情形详文》,《四川官报》甲辰第1册,"公牍"。
② 《四川官报》甲辰第22册,"新闻"。
③ 同上。
④ 《成都日报》光绪三十年冬月初四,第32号。
⑤ 《四川官报》乙巳第21册,"新闻"。
⑥ 《四川官报》丙午第15册,"新闻"。
⑦ 《清朝续文献通考》卷384,《实业七》第11231页。
⑧ 《四川第四次劝业统计表》(宣统二年)第29表。
⑨ 周询:《蜀海丛谈》卷1,《布政按察提学三司盐茶巡警劝业三道》。

态度,使川省工商实业的发展出现了一个新阶段。《成都通览》称:"周总办孝怀(按:即周善培)时代,商界遂大开生面矣。"①重庆海关署税务司斯泰老(E. von Strauch)也指出"十年来进步潮流波及全川。1907年设劝业道以鼓励农工等业,且官商都竭力扶持现有工业和倡办新工业。每县设有蚕桑学校,全省亦普及工艺学校,以传习家具、革制品、陶瓷、土布、毛巾、烟卷、化妆品、漆器、丝织品、刺绣等类工艺。省城首先倡导这类改革"②。劝业道还直接设立工厂和工场,设立管理生产的机构,据统计,1910年劝业道直属单位计22。③

1909年,通省劝业道设立劝业员养成所,"饬各厅州县选送合格绅士送省学习"。第一班毕业即188人,回到各所在厅州县充当劝业员,分布在129个州县,"统计就地委用者五十三州县,彼此互调者七十六州县,暂缺者十五州县。此次毕课者一百八十八人,内有矿务理事三十三人,劝业学员仅一百五十五人,拟用一百二十九人,其余二十六人在所均无过失,拟各令回籍,俟有相当缺额仍予酌量选用"④。

(三) 奖励、保护工商业活动

为进一步刺激工商业的发展,当局竭力表示要奖商、保商,鼓励创办实业。1904年川省商务总局发布保商告示,指出"川省地处偏偶,风气未开,亟应切实振兴,免致利权外溢"。提出四条:一、"联络商情,以免隔阂",要求各商及商号将"利何由兴,弊何由除"办法提交官府,"以通官商之气,而联上下之情";二、"保护商运,以便流通";三、"严禁倒骗,以杜弊端";四、"裁革漏规,以示体恤"⑤。这种政策一定程度上得到

---

① 傅崇矩:《成都通览·成都之商办各公司》。
② Decennial Reports,1902—1911,Chungking.
③ 《四川第四次功业统计表》(宣统二年)第5表。
④ 《督宪批劝业道详第一次拟派各地方劝业员并各员卒业成绩分别列表文》,《四川官报》己酉第21册,"公牍"。
⑤ 《四川官报》甲辰第4册,"公牍"。

实施,如该年职商闵承恩等准备在宜宾开采铁矿,该县职员赵亮熙等具禀商务局阻挠,称"利小害大,断不可开",商务局予以驳回,指出"矿务为当今第一要政,屡奉明旨饬催,万难稽缓。迩来朝廷特设商部,督饬直省兴办农工商矿诸务,急于星火,其章程早经颁发,事在必行,无论官绅商民均不准借词阻挠。诚以国家利源所在,小民生计所关,不能不壹意举行,以求实效"①。

通省劝业道也尽量扶持民族工商业,如潼川锦和丝厂、三台裨农丝厂已面临停业解散的困境,劝业道拨款使其度过危机,并将旧法手工扬返丝改进为机器直缫细丝。1909年当成都银根紧缺时,曾会同布政使拨款20万元维持市面。还设法帮助解决一些公司和工厂的亏款,如劝业场建筑部原集股银4万两,而用费5.3万两;电镀工厂股银3000两,而用至4500两,所亏之数,都由劝业道通过布政使"代向商号担承押借"②,以维持其再生产。重庆鹿蒿玻璃厂在创办之初蒙受巨大损失,几遭歇业,幸得周善培介绍向川汉铁路公司借款2万元,才得以维持。周又饬令巴县硝商按照售与官厂之低价火硝供应该厂,以降低成本。后又因局卡林立,有碍销售,周又代拟呈稿请清廷援照江苏耀徐玻璃公司成例,予以免税三年,结果"产品畅销空前"③。1910年洪雅职商王恒斋等组织川南缫丝公司,因筹款不足,禀请劝业道借官款5000两,周善培"以该职商改良缫丝无,不乐予赞成"④。尽管能得到官方资助的并不多,但这对民间开办新式企业毕竟有一定的刺激作用。

(四) 开发和保护矿产

20世纪以来,当局十分注意外人对川省矿产的觊觎,1904年锡良

---

① 《四川官报》甲辰第19册,"新闻"。
② 《督宪批藩司劝业道会详筹办殖业银行并请先行拨款备用文》,《四川官报》已西第22册,"公牍"。
③ 何鹿蒿:《记重庆鹿蒿玻璃厂》,《四川文史资料选辑》第15辑。
④ 《广益丛报》第8年第18期,"纪闻"。

便致电外务部:"近有某国教士携同某矿师等十余人,托名游历,潜往川南一带地方,踏勘矿产,沿途被阻,几酿衅端。该矿师等已赴宜昌,如果该国公使赴部要求,请贵大臣严词峻拒,勿稍退让,以保利权,川省幸甚。"①1905年清政府清厘、整顿全国矿产,令各省督抚选派人员"将已开未开各矿,逐一详晰注明,随时咨报",然后集股试办,禁止私售,以做到"权自我操,利不外溢"②。四川立即成立了矿务调查局,调查内容是:"有无矿产,是何种类,能否开办,共有几处,是否丰旺,运道难易若何,现系如何办法,后当如何扩充?"③在巴县档案中,目前尚可看到当时巴县各区矿产调查的17份报告。当时的报刊也有反映,如《成都日报》报道:矿务调查局派员前往川东一带查矿,"据言南川煤矿甚富,矿苗亦佳,即川东各处煤铁两宗可开之处亦复不少云云。现已具呈矿务局,禀请妥定章程,集资开办矣"④。《四川官报》也记载:"巫山县煤矿向已著称,近经该县李大令将境内各矿详细调查。凡矿山所在,是否开掘,有无成效,以及生产若干,销行何地,煤质高小,均一一绘图列说。"⑤详细调查川省矿产,有计划地组织开办,对抵制外人侵夺矿产起到了一定的作用。

为进一步开发和保护矿产、扩大利源,1908年初新任川督赵尔巽奏请设立全省矿务总公司,奏折中称:"川省矿产丰富,向因道路险阻,外省商人不肯轻投巨资,本省绅商间有集股开采,皆以资本不充,心志不一,成效甚鲜。……非将全省矿产合全省商民财力速筹开采,不足以浚自然之利而巩久远之图。"⑥矿务总公司规定"不收洋股,以杜利权外

---

① 《广益丛报》第2年第28、29期合刊,"纪事"。
② 《清朝续文献通考》卷387,《实业十》第11352页。
③ 巴县档案,卷号71-4。
④ 《成都日报》光绪三十二年六月三十日,总180号。
⑤ 《四川官报》丙午第17册,"新闻"。
⑥ 《督宪赵奏设立全省旷务总公司折》,《四川官报》戊申第1册,"公牍"。

溢"①。除官办各矿及华洋商人禀准已开之矿而外,凡川省未开矿产概归总公司承办经理,"无论本省外省外埠绅商有愿开办四川之矿者,只准指定矿区,作为总公司之分公司,用人理财总公司并不干涉,但不得另有总公司名目"。总公司先集华股银300万两,如有不足,或再由官方量筹补助,或再续招股本②。总公司将全省矿地分为五路③,每路由川督任命总协理各一人,"专办招股采矿事项"。矿务总公司的职责主要有8项:(1)勘查标记。各州县矿产由总公司勘查,"编列号数,插标其地"。(2)集股自办。由各路总理选择本路重要有利之矿集股自行开办。(3)收买矿地。总公司勘明某路有矿不急于开办,可先行收买。(4)聘用矿师。由总公司选聘矿学专门人才和外国著名矿师查勘全省矿产。(5)开设学堂。总公司开设矿务学堂,"造就开矿炼矿之才"。(6)设局转运。分水陆两路,水路于川省重要码头和宜昌、汉口、上海各埠择地设局,包运本省一切矿产,"陆路则视各处出矿丰旺,道路难易,随时斟酌设局转运"。(7)开设炼厂。除土法炼厂由各路各商随时随地自行设立外,总公司应于"各路适中之地设立新法炼厂各一处",款项充足时可设各种新式冶炼分厂。(8)开设银行。总公司将"仿照东西各国实业银行办法,开设矿业银行"④。

这个时期还出现了一些有关经济发展的民间组织和社团。1906年留日学生蒲殿俊、胡骏、萧湘等300余人在日本设立川汉铁路改进会,上书锡良请将川汉铁路改归商办,月出报告书一册,对公司问题进行评说,印送各股东⑤。1907年宜宾成立工业研究会,每星期日邀集工

---

① 《四川官报》己酉第6册,"新闻"。
② 《督宪赵奏设立全省矿务总公司折》,《四川官报》戊申第1册,"公牍"。
③ 五路划分如下:(1)中路:成绵龙茂道属;(2)上南路:建昌道属;(3)下南路:永宁道属;(4)东路:川东道属;(5)北路:川北道属。
④ 《修改四川通省矿务公司章程》,《商务官报》庚戌第9册,"专件"。
⑤ 萧湘:《广安蒲君伯英行状》。

商两界人士到会研究,各抒己见,"如询谋金同,即见诸实行"①。1908年川省留学生又在日本设立四川留日工商学生协会,该会以"吾川工商之发达为宗旨",主要任务是发表工商业改良意见,介绍国内外精美机器,报告内外工商业情况,调查川省工商事宜,帮助采购机器,为川省赴日考察之实业家、官绅等提供方便等②。1910年成立工业试验所,"研求物质、剖晰化分","以促工业之进步"③。同年成立川省化学分析试验所④。另外,还有川省工业协会、商业劝工会等组织出现,这些组织对工商实业的发展都起到了促进作用。

五 现代企业的发展

股份公司是现代资本主义的产物,在20世纪初,这种组织形式也移植到了上游地区。上游历来"商业不发达,商人无学,商界不充,商情涣散,不知何以为商德,更不知何以名公司"。直至戊戌变法时期,维新人士才在川省"劝蜀商急宜立公司,以保利权",之后成立商务局。但直至20世纪初,川省商界才"大开生面"⑤。另据《启明年鉴》称:省设劝业道后,"一般工商业家纷纷并起,其依股份组织者同时亦有数十家之多"⑥

20世初以前上游现代工业寥寥可数,而且多集中于火柴、纺织等少数行业,但20世纪初现代工业无论在数量上还是在行业上都有极大的发展,发电、机器、铸造、火柴、陶瓷、玻璃、造纸、印刷、化工、缫丝、丝织、棉织、制茶、卷烟等企业纷纷出现,兹简述如下。

---

① 《四川官报》丁未第18册,"新闻"。
② 《广益丛报》第7年第27期,"寄书·新章"。
③ 《护督宪王人文奏川省办理农林工业情形折》,《广益丛报》第9年第8期,"章疏"。
④ 《督宪复农工商部电文》,《四川官报》庚戌第17册,"要电"。
⑤ 傅崇矩:《成都通览·成都之商办各公司》。
⑥ 《启明年鉴》,第1页。

电业。1906年川督锡良于成都银元局内"试设发电机,就厂内蒸汽发电"。1908年有"集资兴办之举,但规模甚小"。筹集资金2万两,发电供劝业场之用[1]。当时成都设劝业场,内有商户、茶馆、浴室,附设发电部门,初称悦来电灯厂,购装40千瓦直流发电机一部,可供15瓦灯泡一千盏。经农工商部批准专利20年,通电区域限于劝业场内[2]。同年尹德钧在重庆创办四川烛川电灯有限公司,股份银30万元,"专办各项电灯,宣统元年五月十六日注册"[3]。清末本区电业最有成绩者是启明电灯公司。启明电灯公司于1906年开始筹备,创办人陈雍伯,实收股金11万多元,1908年由其子陈养天接办,从天津泰昌洋行购回7.5千瓦蒸汽炉锅直流发电机一部,于1909年7月发电,但只能供应16瓦灯300多盏。1910年又安装瑞生洋行70马力锅炉机器一部,计40千瓦,可供电灯1500盏。1911年又安装捷成洋行火管式60马力机炉及72千瓦直流电机,可供电灯8500盏[4]。供电区域在上中下新街、总府街、中东大街、西东大街一带。当时每盏灯月价一元五角,由公司安装,供电时间每天5小时。由于费用较点油灯为贵,初安装电灯者为数寥寥,于是公司采取不收费或七折、六折、五折收费。后人们渐知电灯好处,安装者日多,公司无法应付,乃决定继续收集股金,添置机器,增加线路,购买电灯器材,不断扩大再生产。1909年实收资本34850元,1910年收59795元,1911年收61560元。在辛亥革命以前,启明电灯公司"每年营业收入为四万三千多元,每年均有盈利,年年发放股息和红息。"[5]

铸造与机器。鸦片战后外国银币大量流入中国,1892年清廷决定

---

[1] 民国《华阳县志》卷3,《工业》。
[2] 赵星洲:《成都启明电灯公司剖析》,《四川文史资料选辑》第25辑。
[3] 《商务官报》己酉第16册,"公司注册各案摘要"。
[4] 《启明年鉴》,第1—4页。
[5] 赵星洲:《成都启明电灯公司剖析》,《四川文史资料选辑》第25辑。

在四川、广东等12省仿造银元,1901年川督奎俊奏请铸一元、五角、二角、一角和半角等银币,由藩库借银35万两,又拨经费2.1万两,并仿铸三钱二分藏元,附铸滇省银元。1903年设铜元局,铸当五、当十两种铜币。1905年合并银元、铜元两局为四川银铜元总局,次年改为四川户部造币分厂,1910年改称成都造币分厂①。1905年锡良决定在重庆设局铸造铜元,以余利作为川汉铁路公司股本,在铁路股款中拨银80万两,作为建厂购机及开办费用,但1913年方正式投产②。1909年川省当局在成都南门外设立四川实业机械厂,"专造民间小工业所需机械,颇著成效"③。该厂力图"开通风气,造就人才"。生产正规,设备成套,有锻工、加工车间等,费用由政府拨给。厂里制度是一天上课、一天实习,以提高工人的技术。该厂曾生产有六英尺车床、龙门刨、圆盘印刷机、挂面机等④。清末泸州设立富川工厂,"所出纺纱机器连年在成都劝业会陈列场得奖头二等牌"。但后因办理不善"致亏折歇业"。州当局感到"停辍可惜,特饬地方绅商妥筹办理",后招商人两人"出资本合办,不招外股"⑤。

火柴业。火柴业在19世纪的基础上又有所发展。1904年周善培建惠昌火柴厂,"专造红头火柴,岁可销售千箱左右"⑥。该厂初为官商合股,股本3万两,1907年退出商股,"改为纯全官厂"⑦。到1908年该厂每日出火柴"约数百箱"⑧。1907年劝工局、商务局在成都创办黑头火柴厂,由蓝永藩任经理,并派蓝赴日"购运机器原料"⑨。1906年火柴

---

① 《四川近代有色金属工业史料》,第121页。
② 《重庆工商史料》第2辑,第48—49页。
③ 民国《华阳县志》卷3,《工业》。
④ 《解放前成都的机械工业》,《成都志通讯》1984年第3期(总第3期)。
⑤ 《广益丛报》第8年第7期,"纪闻"。
⑥ 民国《华阳县志》卷3,《工业》。
⑦ 《四川官报》丁未第13册,"公牍"。
⑧ 《四川官报》戊申第12册,"新闻"。
⑨ 《四川官报》丁未第15册,"公牍"。

业在重庆"城外添设五六厂",每日每厂出火柴 200 余箱,"销路极畅","凡近厂居民半皆瘠苦,其承揽该公司削木糊匣之业以为生活计者,盖不少数百家"①。据 1906 年贸易报告,"渝埠火柴厂共有六七家之多,每日出货不少,而开支甚廉"②。据统计,1909—1911 年 3 年间,重庆东华、有邻、森昌泰、森昌正、丰裕和专利六家火柴公司共生产和销售火柴 270 万斤③。1911 年重庆又拟中西合办一火柴公司,由商人"集股数万金","由领事照会关道准行立案"④。

陶瓷和玻璃业。重庆陈崇功于日本手工学校毕业归国后,1905 年筹集 2 万元创办"制磁新厂",所造磁器"坚白光莹,比诸进口洋磁殆无差异",于是"商贩麇集,行销极为畅旺"⑤。1909 年四川实业学堂建立窑业工场,既用于学生实习和试验,又从事制造⑥。1910 年达县瓷商李裕顺派人赴湖南、江西两省调查瓷业,后便在县设厂制造,"所出成品较前大有进步,颇为各界欢迎"⑦。又据《泸县志》称,宣统年间有郭某在泸州"创设川瓷公司……耗资三十万元",而且"出品甚佳"⑧;据杨大金《近代中国实业通志》称,四川陶瓷业以泸州、巴县、仁寿、隆昌、大足、威远、彭县等最为发达,清末"四川陶瓷工业,为最盛时代。窑厂多至四十余所"⑨。1909 年黄士恩等 7 人创办川瓷股份有限公司,拟先在成都、重庆、隆昌、荣昌四处设分号,"以次推广"。拟集股 5 万元,每股 50 元,

---

① 《四川官报》丙午第 17 册,"新闻"。
② 《光绪三十二年重庆口华洋贸易情形论略》,《各商各关华洋贸易总册》下卷,第 31 页。
③ 《重庆矿务局调查近年官矿销额比较表》,《四川实业杂志》第 1 年第 1 期,"调查"(1912)。
④ 《蜀报》第 10 册,"蜀中近事"。
⑤ 《四川官报》乙巳第 28 册,"新闻";丙午第 12 册,"新闻"。
⑥ 《总督部堂札据劝业道详筹办瓷业情形文》,《四川教育官报》己酉第 4 册,"公牍"。
⑦ 《广益丛报》第 8 年第 16 期,"纪闻"。
⑧ 民国《泸县志》卷 3,《食货志》。
⑨ 杨大金:《近代中国实业通志》上册,第 220 页。

"专就川省土质制造瓷器,渐及陶器"①。彭县之土产"以硝为大宗,每年渝城制造玻璃凡所用硝尽在该邑搬运",该县阮某为不使"利源外溢",于1908年在大邑城内"设玻璃制造厂一所,招集贫寒子弟在所学习",并到重庆"访聘匠师,并采购一切用器"②。同一时期大邑县也"设厂试办"玻璃业,该地"煤价廉而购之亦易,因获利甚厚,又增二三厂,出品精良,销路亦广,全年输出约值银二三万元"③。由于玻璃业的发展,使玻璃进口大量减少。《光绪三十三年重庆口华洋贸易情形论略》称:"此项料器缺少之处,因本省玻璃厂仿造抵制所致。料灯筒料灯并各项料器,近来川省现有数州县,亦能制造也。"④

造纸和印刷业。上游造纸业历来比较发达,20世纪初除过去的造纸作坊外,一些纸厂开始设立。1905年梁山李济川"联合同志十余人凑集十万金股本设立公司改良造纸"⑤。1906年绵竹某绅鉴于川省虽"纸业素盛,惟造纸家但知墨守旧法,略无进步",于是拟在成都"集资创办一纸业公司,购置机器,改良制造"⑥。同年留日学生侯某禀请劝工总局,请在资州"集资设厂,以新法造纸,并将制成诸种呈验","奉批允许",由官府"保护所出纸张,更当代筹销路"⑦。同年另一留日学生吴铸九在通江筹集股本,建造纸厂,"其质不减外洋,所造颇能适用"⑧。另有南江董策宸在县设造纸厂,"取山间木竹作料,造各种白纸极佳,为县区改良工业之先导"⑨。1906年川省劝工总局和商务局会同提议招商创办成都乐利造纸公司,经三年筹办于1909年3月正式成立,并"试制精

---

① 《商务官报》己酉第32册,"公司注册各案摘要"。
② 《广益丛报》第6年第4期,"纪闻"。
③ 民国《大邑县志》卷10,第10页。
④ 《通商各关华洋贸易总册》下卷,第32页。
⑤ 《广益丛报》第3年第23期,"纪闻"。
⑥ 《四川官报》丙午第1册,"新闻"。
⑦ 《四川官报》丙午第20册,"新闻"。
⑧ 《四川官报》戊申第13册,"新闻"。
⑨ 民国《南江县志》第2编,《实业》。

纸""官商学界均颇欢迎"。公司成立时有资金 10 万元。当局规定,凡财政局、学务公所、劝业公所、警务公所等机构用纸,以及成都彩票公司之彩票、官报局之报纸、各学堂用之制图纸和将来发行纸币,"均就向该公司定造,不再用购洋纸",这样"既免利权外溢,亦可借维厂务"①。由于文化的发展,印刷业也兴盛起来。1902 年泸州绅商集资银 5000 两创办开智书局,"购日本制之三号铅印机一部,三号、五号铸字铜模各一副"②。1903 年重庆创办《广益丛报》并开办广益书局以承印该刊。1906 年留日学生李某"集款赴沪购置各项机器,择地建一印刷厂",以作为"灌溉输文明之助"③。同年成都图书局成立,制定招股试办简章,"公开募集股份"④。当时成都成为上游新式印刷的中心,机器铅印的有官报书局、学务公所、文伦书局、省城劝学所;机器石印的有官报书局、照相楼、图书局、印书局等⑤。

化工。20 世纪初上游开始出现化学工业,如彭县土产以硝为大宗,"谢家场、公义场皆设有制硝之厂",每年各路商人"来邑购办,运销陕甘鄂皖诸省,以为制革之用"⑥。1907 年劝业道筹办洋胰厂,"卜定地址建筑厂屋……即当开厂制造"。次年"锅炉三架现已装好两架……德国引擎运到即拟兴工"⑦。1909 年创办四川第一曹达工厂,"专制工业用各种曹达盐类,惟以炭酸曹达苛性曹达为主要"。拟筹集资本 1 万两,其中一半"请由劝业道宪提供官本",另一半"由各发起人合资,以五百两为一股"⑧。

---

① 《督宪批提学司、布政司、劝业道等会详乐利公司洋纸销路文并原详》,《四川官报》己酉第 17 册,"公牍"。
② 民国《泸县志》卷 3,《食货志》。
③ 《四川官报》丙午第 20 册,"新闻"。
④ 《广益丛报》第 3 年第 14 期。
⑤ 傅崇矩:《成都通览·成都之印刷业》。
⑥ 《四川官报》丙午第 9 册,"新闻"。
⑦ 《四川官报》丁未第 22 册,"新闻";戊申第 27 册,"新闻"。
⑧ 《四川第一曹达工厂创办简章》,《四川官报》己酉第 20 册,"专件"。

缫丝和丝织业。丝业较发达者为三台县,1902年裨农丝厂创办于三台万年寺,"先由直缫义[意]大利式木机丝车十二部肇始";次年"新修厂房,增添六十部";1905年"新建蚕室四间,并添新车四十部";1909年"添修茧库及缫丝工厂,添车一百四十部"①,规模已相当可观。1906年重庆丝商刘润泉赴三台"设立改良丝厂,各直缫小车丝,后因损失亏折停顿,旋改组为锦和丝厂"②。1907年乐山县徐荣丰先后创办荣记、丰记两个丝厂,"每年出口熟货约重四十万两,运销于英、法、缅甸瓦城一带"③。同年潼川永靖祥丝厂设立,"颇著成效"。该厂产品运沪后,"每箱卖价比潼川土法缫丝可多售银一百七八十两以至三百两,获利甚厚"④。1908年合州成立经纬丝厂,1911年又成立惠工丝厂⑤。1908年重庆设立蜀眉丝厂,因创办者石青阳致力于革命,"未能专力经营,罕有成效"。后张明经在重庆设恒源丝厂,"甫经设置,即被火焚",旋由温友松全部收买,于1910年改名旭东丝厂,"重新建设,扩大经营"⑥。1909年乐山成立四川蚕丝业第一株式会社,"以制造生丝及贩卖为目的",并设立制丝工场一所,在上海设立购买机器,资本定为3万元⑦。1910年嘉定职商王济民等筹集资本2万两"建设丝厂,缫制洋庄细丝",定名为川南缫丝合资有限公司⑧。据重庆海关报告,清末川省"有缫丝织绸工场共十八家"⑨。

---

① 尹良莹:《四川蚕业改进史》,第346页。
② 钟崇敏、朱寿仁:《四川蚕丝产销调查报告》,第171—172页。
③ 尹良莹:《四川蚕业改进史》,第346页。
④ 《四川劝业道知照同意拨借官本扩充潼川丝厂札(附详文)》,《四川保路运动档案选编》,第79—81页。
⑤ 民国《新修合川县志》卷23,第12页。
⑥ 《重庆工商史料》第1辑,第103页。
⑦ 《四川蚕丝业第一株式会社会款》,《四川教育官报》己酉第2册,"别录"。
⑧ 《广益丛报》第8年第16期,"纪闻"。
⑨ Decennial Reports,1902—1911,Chungking.

棉织。1904年刘凤藻"自外洋游历回万,自造工业机器,能织宽洋布洋缎洋帕毛货等类"。决定在万县集股开设工艺厂,定名维新公司①。1905年江北设立复原布厂,有织机50台,1909年改为复新厂,有织机105台,随后又成立富川厂、协利厂和福泰公布厂②。1910年叙府向子钊见外贩到叙卖布"任意居奇,高抬市价,大为桑梓贫黎之害",于是邀集十余人集股二千两,在叙属大坝场设立永信棉布有限公司,"自购机械织布,以挽利权"③。同年绅商陈恒丰等27人组成四川经纬织物股份有限公司,购买"外国自动式织物机械",纺织"棉毛丝交织物及各色呢绒等类"。都以"销售各埠,发达经济为目的"。拟集股10万元,分1000股。公司工厂总号设于成都,"将来分号设在各埠相宜之地"④。

制茶业。灌县为上游产茶区之一,"惟制茶家只知墨守成法,故年来略无进步"。1906年该县茶商集资由上海购回制茶机,"取新采诸叶如法试验",制茶工艺大大提高。又"集议具禀当道,添购新机,广收多制,以冀改进兹业"⑤。过去四川边茶大量行销西藏,但由于长期经营不善,以致市场渐被印茶侵夺。为挽回利权,在赵尔丰主持下于1909年设立商办藏茶股份有限公司,"专为组织公司振兴茶务保护利权而设"。由雅州知府任总办,由雅安、名山、天全、邛州"各茶商公举总理一人,各举协理一人"⑥。1910年系边茶公司"现届交股之期",雅安、邛州、名山三处茶商共交股银33.4万两,而且"续行认股者络绎不绝",估计筹集"五十万之数有过之无不及"⑦。

---

① 《四川官报》甲辰第19册,"新闻";甲辰第21册,"新闻"。
② 张肖梅编:《四川经济参考资料》,R第1、19页。
③ 《成都商报》第2册,"新闻"。
④ 《四川经纬织物股份有限公司章程》,《成都商报》第6册。
⑤ 《四川官报》丙午第11册,"新闻"。
⑥ 《四川商办藏茶公司筹办处章程》,《四川官报》己酉第9册,"专件"。
⑦ 《四川官报》庚戌第9册,"新闻"。

烟酒糖业。川省"所产烟叶甚佳,其价亦廉",1906年便有川人"欲自制纸烟销售",以图"挽利权于万一"①。次年成都便设厂制土雪茄烟,"系日本人教授"。重庆也设烟厂,"但所造者只纸烟而已。此项纸烟,仿照俄式,是用日本机器制造"②。1909年内江行商董某"拟广集股"建立"制酒大公司",试图对酿酒进行改良,"以为挽回利权之计"。据称"愿入股者颇形踊跃"③。川省于1910年设糖务总局,"为改良糖业之总汇",开办糖业见习生养成所、粗糖改良模范工场等,"以制成精糖为最后之效果"。又招集股本开办公司,"商民附股,极形踊跃"④。次年在"产糖最多之资州"设立精糖公司筹办处,以劝业道为督办、资州知州为坐办,"办理招股建厂购机及一切应行预备事宜"⑤。

矿业。在清末,采矿业逐步由传统的手工采矿向机器采矿发展,由采矿工场向采矿企业演变,特别是一些官办的采矿业已有了相当的规模。彭县为产铜之地,1902年便有人"请求当道,自愿备资经营四川彭县天宝山铜矿,开办未久,即告停业"。后由官办但成效不大。1909年调留学日本矿科毕业生孙海环主办,改用新式冶炉设备,以冶炼冰铜、粗铜和精铜⑥。1911年彭县铜矿局出产精铜约13吨⑦。1901年川省当局重设会理天宝山矿,建有银炉12座,1906年拨给资本银3000两,官绅集资3000两,官商合办宝兴有限公司⑧。1903年芦山试办银矿,官拨银2000两,次年便"成效

---

① 《光绪三十二年重庆口华洋贸易情形论略》,《通商各关华洋贸易总册》下卷,第13页。
② 同上书,第31页。
③ 《四川官报》己酉第16册,"新闻"。
④ 《护督宪王人文奏川省办理农林工业情形折》,《广益丛报》第9年第8期,"章疏"。
⑤ 《本任督宪赵奏设糖务局片》《四川官报》辛亥第7册。
⑥ 周则岳:《川康铜产沿革及增产计划》,《西南实业通讯》第2卷第3期。
⑦ 《四川近代有色金属工业史料》,第21页。
⑧ 《西康之铜锌资源》,见经济部地质调查所编:《第七次矿业纪要》(1944)。

渐著",当局派"防勇三十名为该矿弹压保护"①。宁远矿藏"久为五大洲所艳称",有李华清"特禀奇姿,独抱进取思想",独力开办"窪里金台诸金厂,获利无算"②。忠州、垫江交界的大洞岭也"素为产煤之区",1906年垫江邬某"素明矿学,知该山孕畜矿产甚佳,欲用新法开采,以辟利源"。于是"禀请邑令转详矿局,准其招股开采"③。据1912年统计,川省当时开采大小矿地有1880处④。

据不完全统计,1901—1911年间川省共设立各类公司70家(农业公司未计在内)、各类现代企业141家,按年代和类别划分情况如表5—4和表5—5。

表 5—4

年 代	设立公司数	设立企业数	年 代	设立公司数	设立企业数
1901	—	3	1908	14	12
1902	—	4	1909	17	20
1903	4	3	1910	14	15
1904	1	11	1911	2	10
1905	2	16	不详	—	11
1906	8	22			
1907	8	14	计	70	141

资料来源:王笛《1901—1911年四川设立公司一览表》(未刊)和《1901—1911年四川设立厂矿一览表》(未刊)。

---

① 《四川官报》甲辰第2册,"新闻";甲辰第4册,"新闻"。
② 《时报》1906年5月31日。
③ 《时报》1906年12月30日。
④ 但矿工不过1.7万人,平均每处不到10人,显然其中绝大多数系旧式矿窑。见《中国年鉴第一回》、《中华民国元年第一次农商统计表》。

表 5—5

类别	公司数	企业数	类别	公司数	企业数	类别	公司数	企业数
棉织	7	19	食品	3	—	电灯	3	1
缫丝丝织	5	23	化工	1	7	保险	3	
矿业	11	23	蜡烛	1		瓷器	1	1
交通	3	—	贩运	1		制茶	1	
造纸	3	7	玻璃	—	7	建筑材料	4	1
卷烟	—	3	钱业	2		其他	4	12
制药	—	2	自来水	2	1			
印刷	2	10	火柴	2	13			
建筑	4	—	服装	—	1			
制革	2	1	制造	5	9	计	70	141

资料来源:同表 5—4。

从 1903 年开始川省陆续设立公司,1907—1909 年达到高潮,四年间便设立 54 家。各类公司分布在 20 多个行业,其中以纺织和矿业为最多,分别为 12 家和 11 家。从 1905 年前后到辛亥革命爆发是现代企业出现的高潮期,1906 年和 1909 年为两个高峰,分别设立 22 个和 20 个。从行业划分看,数量较多的有棉织、缫丝丝织、化工、造纸、印刷、玻璃、火柴和制造业等,其中以缫丝丝织业为最多。

从资本来看,除去情况特殊的川汉铁路公司外,上述 70 家公司已知资本额者 40 家,共计资本 800.6 万元[1],平均每家约 20 万元。若资本不详的 30 家按每家 10 万元算,那么计约 300 万元,两项相加,川省公司资本总额至少在 1000—1100 万元之间。在上述 141 家企业中,已知资本额的有 36 家,计有资本 146.1 万元,平均每家约 4.1 万元。其他不知资本额的 105 家企业按平均每家 1.5 万元计算,计应有 160 万元

---

[1] 王笛:《1901—1911 年四川设立公司一览表》(未刊)。

左右。两项相加,清末 141 家企业资本估计有 300 万元左右。将上述公司资本与此相加,总计约在 1300－1400 万元之间。若再加上川汉铁路公司所筹集的 1670 万元①,那么,我们可以推知清末用于现代企业的总投资在 3000 万元左右②。

从公司和企业的性质来考察,70 家公司中已知性质者 38 家,其中商办者 33 家,占(已知性质)总数的 86.8%。141 家现代企业中已知其性质者 83 家,其中商办者 71 家,占(已知性质)总数的 85.5%。可见,20 世纪初公司和现代企业的设立是以商办为主体的,占总数的 85% 左右,私人资本的活动构成了这时期经济现代化的主要部分。

不过,现代企业在长江上游地区的发展受到各种不利条件的制约,兹归纳为如下诸因素:

第一,从规模看,据《中华民国元年第一次农商统计表》,1912 年川省共有工厂 1310 家,其中 30 人以下的有 1197 家,占总数的 91.4%。可见所谓 1310 家工厂绝大多数仍属手工工场。同年川省工人总数 3.1 万余人,仅占全国工人总数(66.18 万)的 4.7%,而川省人口占全国的 10%,可见工人与人口的比例也很不相称。根据同一资料计算,1912 年四川平均每厂工人人数为 24 人,而全国平均每厂 32 人,可见川省工厂的平均规模低于全国。

第二,从使用机器和动力情况看,直至 20 世纪初,真正使用现代机器的企业很少。在商办企业中,仅有少数使用现代机器;在采矿业中虽有不少使用现代机器,但基本上都是官办和官商合办企业。据重庆海关统计,晚清 20 年间川省仅进口了价值 21 万海关两的机器设备③,虽然不排除有一部分机器从陆路通过榷关入川,但一般来说数量不会很

---

① 参见本书第六章有关部分。
② 按清末 1 元＝0.715 两折算,约合 2145 万两。
③ 根据甘祠森编《最近四十五年来四川省进出口贸易统计(1891—1935)》第 4 表《最近四十五年来重庆大宗进口货物数量与价值统计》计算。

多。又据《中华民国元年第一次农商统计表》统计，川省直至1912年仍无一家使用原动力的工厂，这个统计虽然不准确，但至少说明即使有使用原动力者但数量也是极其有限的。这些都反映了川省现代企业以半机械和手工生产为主的实际状况。

第三，从企业资本来看，由于上游资本主义的发展没有经历一个完整的资本原始积累阶段，因此发展现代工商业的准备资金不足。如成都启明电灯公司在创办之初，"除发起人认股之外，仅有可数股东。当时规定每股五元，原冀其普及全部，殊应募者寥寥。……而发起人中缴款又只六七人，而六七人中又只二三人缴股最多，股款不敷应用，则贷款以资周转"①。重庆烛川电灯公司号称资金30万元，虽然"开灯以来，人知利便"，可是原购新机器"只敷百盏之用"，而需再招股25万元②。清末便有人称："官办者资本较丰，而管理员半无学问；商办者资本不裕，而经营者时现恐慌，故成都之机器工业，尚在幼稚时代也。"③劝业道对此也束手无策，哀叹：公司、厂矿"无人补助救济，故或提议而止，或组织不成。其最可矜念者则组织及半，集资已竭，莫为援手，几于中辍"④。这当然严重影响了民族工商业的正常发展。

第四，从对外的竞争看，上游地区资本主义产生于外国资本主义向中国输出资本的时期，因此一开始即处于十分不利的环境中，外资对现代企业造成了严重威胁。如火柴业，20世纪头十年，在重庆就有三家外国工厂（二家属日本，一家属德国）⑤。在重庆开设的日商有邻公司的火柴就直接威胁到华商森昌厂的生产，有邻公司"由东洋运到印机刷印牌号，其装采较森昌更为美观，将来必渐有起色"，人们甚为担心，"未

---

① 《启明年鉴》，第7页。
② 《商办重庆烛川电灯公司广告》，《广益丛报》第6年第27期。
③ 傅崇矩：《成都通览·成都之机器工业各局厂》。
④ 《督宪批藩司劝业道会详筹办殖业银行并请先行拨款备用文》，《四川官报》己酉第22册，"公牍"。
⑤ Decennial Reports, 1902—1911, Chungking.

知森昌有何法以抵制之"①。华商无论在资金还是在技术上都无力与外商竞争。由于资金不足,实力薄弱,有的企业被迫托庇于外人,如重庆电灯公司"经理者为德国人和英国人"②;立德燧火柴厂则借英国商人的招牌开业③。这充分反映了民族资本的窘境。由于上游民族现代工业起步较之沿海要晚得多,因此在受到外资压迫的同时,亦受本国商品的有力竞争。随着沿海民族工商业的发展,其产品打入上游市场者日多,1891年重庆开埠时进口国货仅占6.4%,1901年上升到26%,1905年达30.2%,1911年更上升到34.6%④,对上游民族资本也构成了一定的威胁。1909年汉口燮昌火柴厂就曾向农工商部控告重庆火柴公司,指责它"阻止燮昌公司火柴运川,勒归统销,加抽重费,阻抑益甚"⑤,反映了上游地区民族资本受到压抑这一事实。

第五,从对官府的依赖看,上游一些现代企业为了生存,不得不依靠于官府,请求给予专利或免税权。一些较为成功的企业,大都获得过政府所给的专利、免税等特权,如重庆森昌、聚昌两火柴厂因获得25年专利而利润丰盈,重庆烛川电灯公司获专利30年,成都启明电灯公司获专利25年。诚成丝厂"免征出口厘税"⑥;邓徽绩、邓孝可父子创办宝华煤矿公司,由森昌火柴厂押借官本3万两,定为官督商办,取得了夔州府属各煤矿产品的统买统销特权⑦;而鹿嵩玻璃厂得官府的"格外体恤","准暂免厘税二年"才得以继续维持⑧。不过,能得到这些优遇的毕竟只是少数与官府关系较密切的官僚和商人,而许多与官府联系较少、

---

① 《四川官报》甲辰第8册,"新闻"。
② North China Herald,Sep.30,1910.
③ 《中外日报》1900年5月6日。
④ 郑励俭:《四川新地志》,第237—238页。
⑤ 《商务官报》己酉第28期,第11页。
⑥ 《四川保路运动档案选编》,第88页。
⑦ 《四川劝业道编定第一次统计报告书》(光绪三十四年)。
⑧ 《申报》1909年5月24日。

社会地位较低的中小企业主却得不到这些特权,由于缺乏荫护而往往濒于破产的边缘。

六 现代家庭手工业和工场手工业

当现代工业品进入上游市场后,传统手工业的命运大概有三种:第一种,是走向衰落,即某些传统手工业在洋货的排挤下被逐出市场,造成生产规模缩小和产量下降,如棉手纺业,在1912年的《中华民国元年第一次农商统计表》中,统计川省手工业12万余户,竟不见棉纺的记载。第二种,是维持原状,有些传统手工业并没有受到外国工业品的竞争,它们仍可以在传统的生产方式中生存,例如川省的采盐业。据1902年统计,川省有112家制盐工厂(工场),占工厂(工场)总数的9.4%[①]。第三种,是一定程度上有所发展。由于对外贸易的开展,一些手工业品成为出口商品,因而刺激了它的生产,如缫丝业和制糖业。川丝在沿海和国外市场颇有销路,"为了使川丝适于外销,有些四川的制丝商已经很快地改变了缫车",出口刺激了生产工具的改进。仅1871年就有6000包川丝从上海运往外国,到1880年四川缫丝手工业有2000家以上,丝绸产量达到6000担[②]。生丝出口1892年达到1.4万担,1909年达到3.1万担[③]。又如制糖业,也没有被洋货取代,而且随着对外贸易的需要还有所发展,据海关报告称:蔗糖"在本省的销路很大,特别是黄糖,并多半由木帆船大量运往湖北"[④]。

还有一种值得注意的现象,即在对外贸易过程中出现了一些新的手工行业,其最有代表性者就是一些山货加工业的兴起。过去,许多农

---

① 《中华民国元年第一次农商统计表》。
② 彭泽益:《中国近代手工业史资料》第2卷,第90—91页。
③ 甘柯森编:《最近四十五年来四川省进出口贸易统计(1891—1935)》第6表。
④ Decennial Reports,1912—1921,Chungking.

副产品中的工业原料未被利用,没有作为商品经营。重庆设立洋行后,黑白猪鬃、水黄牛皮、羊皮、杂皮、牛羊毛、漆蜡、白蜡、丝筋、茧巴、牛骨、棕丝、生漆、梧子、芋片、青麻、木油、牛油、鸭毛、鹅毛和人发等都成为其收购品种。农副业受到利润的刺激纷纷扩大这些产品的生产,有些原来用处不大、价值低微的山货品种顿时身价百倍,于是大量山货加工手工业兴起。到清末民初,仅重庆山货洗房就在50家以上,其中专营猪鬃加工的洗房10余家,全业洗房工人有2000多人①。

商品之间出现竞争的前提是由于彼此在效用上的相似性,这即是说商品之间在一定程度上可以相互替代。商品之间的效用替代率愈高,竞争就愈剧烈。例如洋纱在效用上几乎100%可以代替土纱,因此土纱所面临的竞争就十分剧烈。而煤油只能在照明上取代植物油,而不可能在食用上替代,替代率相比而言就要低得多,竞争也就缓和一些,而有些产品根本就没有相应的洋货替代和排挤,因而没有面临竞争,上述第三种类型的食盐、食糖等行业和因外贸而兴盛的土货加工业便多属此类。

关于清末川省手工业的详细统计目前尚未见到,民元第一次农商统计虽然很不完全②,但我们可作为参考,以窥川省清末民初手工业概况,见表5-6。

表 5-6

行业	制造户数	人数	价值(元)	行业	制造户数	人数	价值(元)
油	9193	62179	4531231	漆液	1269	3401	187960
酒	17055	214150	9372554	蜡	1939	4952	301365
糖	3490	778469	6300915	靛青	2015	6223	5289048

---

① 《重庆工商史料》第1辑,第23、30页。
② 如缫丝户数1910年川省统计有14万户,而该表未见统计;制糖户数1910年统计有8937家,而该表仅3490家(1910年数见《四川第四次劝业统计表》)。

续表

行 业	制造户数	人 数	价值(元)	行 业	制造户数	人 数	价值(元)
烟草	10818	30843	2731156	火柴	13	1162	721515
茶	13820	26960	1111828	玻璃	130	397	13173
淀粉	5700	10951	1789843	砖瓦	2292	28171	2252784
罐头食物	6231	17764	2561881	薄荷樟脑	1	4	350
丝织	3883	20141	2776729	纸	7784	26076	4181939
棉织	9244	362695	5947851	化妆品	217	717	70937
毛织	387	753	73278	工业用品	103	319	89641
丝棉交织	132	486	62351	陶瓷	828	5067	682669
编物	454	2381	334553	漆器	2034	12993	1122896
皮革	585	2644	707611	五金制品	9227	26535	14028592
冠服	2476	30309	2207511	眼镜	25	70	11362
草帽辫	197	667	18761	钟表	1	2	170
编席	3142	28495	355357	雕琢	354	977	109653
肥皂	76	183	42069	杂工产物	7965	34031	1987208
麻织	2774	356458	2181308				
蜡烛	7594	4066	1835926	计	132448	2101691	76023964

从表5—6中可知,1912年全川从事手工业约13.2万户,从业人员210万人,创造价值约76024万元,其中以酿酒业为最多,达1.7万户,从业者21.4万人。以上统计可能只包括专门从事手工业的户数(并在集镇以上的聚居区),而大量农村中的手工业户并未包括在内,若加上这一部分,统计数字将会高得多。

这一时期,上游地区工场手工业也有一定的发展,各州县少者几所,多者几十所,有的多达百所以上。最多的射洪有418个工场,其次是井研、铜梁、大足、乐至,都在200个以上;再次是荥经、隆昌、筠连、中江、永川、合州等,都在100个以上。工场的规模相差甚大,如射洪418个工场但工人仅3739人,平均每个工场不过9人。而巴县虽只有工场26个,但工人即达4841人,平均每个工场186人,实际已具有工厂的规模。据统计,1910年全川共有工场4745所,各类工场人员148020人。①

清末川省工场的数量在《中华民国元年第一次农商统计表》中有另一个统计,见表5-7。在1310家工厂(工场)中,已知行业划分和职工人数的有1189家,见表5-8。

表 5-7

年别 分区	1903 以前	1904	1905	1906	1907	1908	1909	1910	1911	1912	计
全国	12415	1039	434	590	411	486	1509	1068	796	2001	20749
四川	663	74	31	34	22	33	109	77	30	237	1310
四川占全国%	5.3	7.1	7.1	5.8	5.4	6.8	7.2	7.2	3.8	11.8	6.3

资料来源:《中华民国元年第一次农商统计表》。

表 5-8

行业	工厂	职工	行业	工厂	职工	行业	工厂	职工	行业	工厂	职工
制丝	13	2339	器具制造	14	161	制漆	3	46	酿造	78	771
制线	2	23	金属制造	42	723	火药火柴	1	45	制糖	103	1511
织物	223	11376	窑瓷	49	936	染料颜料	7	59	烟草	96	938
成衣	10	106	造纸	280	3129	制香烛	3	20	制茶	53	1050
染坊漂洗	11	98	制油制蜡	72	753	杂业	5	42			
制盐	112	1960	糕点	11	96	制粉	1	7	总计	1189	37511

资料来源:同表5-7。

---

① 《四川第四次劝业统计表》(宣统二年)第30表。

表中统计虽标明为"工厂",但实际上其中绝大多数应为"工场",因为表列工厂总数1189个,但职工仅37511人,平均每厂不过31.5人,基本上与1910年的川省工场平均人数相同。上述统计是不完全的(可与上述1910年的统计比较),但该表为我们提供了清末川省工场和工人大致的行业划分。

第六章 政治统治结构与地方秩序

清代以四川为中心的长江上游地区,是在清政府各级行政和军事机构的管理和控制之下。通过对清代地方政府的量化考察,我们可以看到,清政府实施的是小政府的政策,一个几十万人口的州县,由政府任命的官员和拿工资的衙吏不过区区几百人,较之现代国家在地方上庞大的控制机器,形成了鲜明的对比。我们还看到,清代地方官的任命,严格实行了籍贯的回避和定期的轮换制度。由于小政府的实行,一方面是地方的税负相对较轻,另一方面地方上的许多事务,政府根本无力直接插手。这样,给地方士绅留下了非常大的活动空间,他们在地方秩序的维持中,扮演了重要的角色。

然而在近代,随着西方政治和经济势力的渗入,这种传统的控制格局受到了严峻的挑战。由于经济状况的恶化,政府的腐败和低效,外加各种官方新结构的成立,以及清末政治、军事、教育、经济等改革项目的实施,地方上的用度大量增加,捐税也日渐沉重,这无疑成为地方秩序不稳定的一个重要因素。另外,晚清地方政治的一个显著变化,是地方自治运动的兴起,这对地方政治格局、知识精英和士绅对地方政治的参与,都是极其重要的发展阶段。

一　行政区域划分

顺治三年(1646)清王朝始在川省建立政权,初设四川巡抚,暂治阆中。顺治十四年(1657)设四川总督,顺治十六年(1659)省治移成都。康熙七年(1668)改设川湖总督,康熙九年(1670)移驻重庆,康熙十九年

(1680)改为川陕甘总督,驻西安。嘉庆年间川陕白莲教被镇压后,在府厅州县之上增设五道,即成绵龙茂道、建昌上南道、川南永宁道、川北道和川东道。清王朝在四川的行政统治,从省到县,有道、府、州、厅、县等,隶属关系也较为复杂,有直隶于省而与府同级的直隶州和直隶厅,有隶于府与县同级的府辖州和府辖厅,下还有土司、卫所、设治委员等,但它们尚未成为正式一级统治机构①。

有清一代,川省各州县设治变化更为复杂,其沿革难以简单叙述。明代四川行省有府13、直隶州6、府辖州15、县116,而属于今四川省境域者,则仅有府8、直隶州6、府辖州15、县110。清嘉庆时有府12、直隶州8、直隶厅6、府辖州19、府辖厅5、县111。清宣统时有道7、府15、直隶州7、直隶厅6、府辖州13、府辖厅8、县119、设治委员6②。

关于清代行政区划的演变,《清代地理沿革表》称:"有清一代,凡历十世,二百六十余年。其间地理沿革,变化至繁,及今整理,困难殊多。……地方单位之间,或省省相并,或府府相割,或局部添改,划土设治;或全部撤裁,割属四迩,或降府为厅、为州、为县;或升县为州、为厅、为府。数百年间,层累相积,分解为难。"③川省清代政区建置有两个时期变化较大,一是清初,一是清末,雍正至光绪间建置相对稳定,没有大规模的变化,因此本书的区域划分也基本上是以这段稳定时期为依据的。

清代,政府根据各府州县所处的地理位置、地位的重要性、民风等各种因素,对各府厅州县进行了等级划分。这种等级划分即以各府厅州县员缺用"冲""繁""疲""难"四字分别注考④,以定"最要缺""要缺""中缺""简缺"之等差,实际上就规定了一、二、三、四的等级。四字皆备

---

① 参见蒲孝荣:《四川政区沿革与治地今释》,第420—423页。
② 参见《清史稿》卷69,《地理十六·四川》和蒲孝荣:《四川政区沿革与治地今释》。
③ 赵泉澄:《清代地理沿革表·自序》。
④ 这四字的意思是:当道曰"冲",政赜曰"繁",民顽曰"疲",事艰曰"难"。

为"最要缺",三字曰"要缺",两字曰"中缺",一字及无字曰"简缺"。然遇某县处于边要地区,虽一字亦列入要缺。这些缺名系清初根据当时情况审定,但阅时既久,便时有变迁。有由三四字改为一二字者,有由一二字升改为三四字者。但清政府规定,一省之中有一升必有一降,有一降就必有一升,因此,由于此规则束缚,遂有应改而未改者。以川省而论,一字及无字简缺中,变为繁剧者不少[①]。

为更清楚了解清代川省行政区划和等级划分。我们将有关资料整理为表6-1。

表 6-1

府直隶厅州名	府直隶厅州等级	所属厅州县数	分等州县数		
			二等	三等	四等
成都府	2	州县3、县13。	3	6	7
绵 州	2	县5。		3	2
龙安府	4	县4,土司1。		1	3
茂 州	3	县1,土司6,巡检司1。		1	
松潘厅	2				
理番厅	2	土司4。			
懋功厅		屯5,土司2。			
雅州府	2	县5,州1,土司3。	2	3	1
宁远府	2	县4、州1、厅2、巡检司1、土司11。			
嘉定府	3	县8。	1	3	4
眉 州	3	县3。			3
邛 州	3	县2。		1	1
泸 州	2	县3。		1	2

---

① 参见周询:《蜀海丛谈》卷1,《各厅州县》。

续表

府直隶厅州名	府直隶厅州等级	所属厅州县数	分等州县数		
			二等	三等	四等
叙州府	2	县11、厅2、土司4。	5	1	7
资 州	3	县4。		1	3
叙永厅	2	县2。		1	1
保宁府	3	县7、州2。	2	3	4
顺庆府	2	县6、州2。	1	1	6
潼川府	3	县8。		5	3
重庆府	2	县11、州2、厅1。	4		10
夔州府	2	县6		4	2
绥定府	2	县6、厅1。	2	3	2
忠 州	3	县3。		2	1
酉阳府	3	县3。			
石柱厅	4				
打箭炉厅	2				
计	府12、直隶州8、直隶厅6。	县115、州11、厅6、土司11、巡检司2。	20	40	65

资料来源：根据周询《蜀海丛谈》卷1,《各厅州县》资料整理。
注：宁远府有县4、州1、厅2等级不详,故等级总计与实际厅州县数不符。

清代四川没有最要缺,在已知的125个缺名中(不包括府直隶厅州),要缺(二等)20个,占总数16%;中缺(三等)40个,占总数32%;简缺(四等)65个,占总数52%。在已知缺名的25个府直隶厅州中,要缺14个,占总数56%;中缺9个,占总数36%;简缺2个,占总数8%。

二 行政统治结构

清王朝在川省建立它的统治后,逐步建立了一个庞大的、分层的统治机构。各级统治机构的结构、内部运行情况、各部分功能等往往不被研究者注意,而地方政权是整个庞大的封建机器最基本的结构,它对社会生活秩序的影响极其深刻,因此有必要作一些考察。

川省最高行政长官为四川总督,之下文官有布政使、按察使、学使并列各行其职,武官有成都将军、驻防副都统和提督,其职能和沿革情况分述如下。

总督是川省军政的最高决策者。清雍正九年(1731)以前皆只设巡抚,雍正九年以川省地广,增设四川总督,以黄廷桂补授,旋又改为巡抚。至乾隆十三年(1748)又改为总督兼巡抚事,自此遂为定职,迄清末未改。总督兼巡抚事即军民皆管,总督又兼兵部尚书和都察院右都御史头衔。凡文官自布政使、按察使以下,武官自各镇总兵以下,均归其统属节制。而成都将军、提督、学政为平等官(但用兵时提督受总督节制)。按惯例,布政使、按察使和各镇总兵皆可以向清廷专折奏事,但一般都由总督转奏,"以示和敬"。

据统计,清代就任川督者共计 87 人[①],其中嘉庆至光绪任川督者 34 人,平均任期三年多,具体情况见表 6-2。从表 5-6 中可见,川督任期最短者(半年以下)有 4 人,占总督的 11.8%,任期最长者(9 年以上)有 2 人,占总数的 5.9%,最短和最长任期超过全国的平均比例。任期半年至 1 年的有 8 个,占 23.5%,高于全国的比例。在任期 1-2 年、2-3 年、3-4 年、4-5 年、5-6 年、6-7 年这几个段上,川省都低于全国平均比例。在 7-8 年、8-9 年以及 9 年以上这几个段上则高于全国

---

① 见钱实甫编:《清代职官年表》第 2 册,第 1342-1506 页。

平均比例。总的来看,川督任期较之全国平均略短。

表 6—2

任期＼时期	嘉庆	道光	咸丰	同治	光绪	计	所占百分比(%)
6个月以下	0	1	0	0	3	4	11.8
6个月—1年	2	0	2	0	4	8	23.5
1—2年	2	2	2	0	0	6	17.6
2—3年	0	1	1	0	1	3	8.8
3—4年	0	1	0	0	1	2	5.9
4—5年	0	0	0	0	1	1	2.9
5—6年	1	1	0	0	1	2	5.9
6—7年	0	0	0	0	1	1	2.9
7—8年	1	1	0	1	0	3	8.8
8—9年	0	1	0	0	1	2	5.9
9年以上	1	0	0	0	1	2	5.9
计	7	8	6	1	12	34	100.0

资料来源:根据魏秀梅《从量的观察探讨清季督抚的人事嬗递》(见台北《近代史研究所集刊》第4辑上册)中有关各表整理。

川督任期短有各种原因,调19人,占总数的51.4%;其次是降革8人,占21.6%;再次为开缺5人,占12.5%。这三项都高于全国平均比例,这反映了四川统治的困难,一般难以令清政府满意,因此换任频繁,由于政绩不佳而降职者也占相当的比例。从非政治因素离职如病、卒和丁忧的比例看,川省都低于全国。川督离职的频繁,从一定程度上反映了近代四川政局的不稳定。

布政使又称藩司,为全省用人理财行政长官。四川布政使署内额设属员三:一称布政司经历,凡司署公事皆有经营之责。二称广济库库大使;"广济"为川省藩库之名,库大使专管库务及款项出纳。三称布政司照磨,之所以称"照磨"是因署内公文皆应由其"照稿磨勘"。三官各有专署。清末布政使署另委收发、缮校等员,于是经历、照磨名存实亡。司署一般聘有幕友三人,一曰升迁,专司全省文官升降、迁调;二曰库席,专办库款收付之册籍文牍;三曰筹饷,专办全省防军饷项之拨付。清末实行新政,由于幕友只知墨守成法,于是另设文案委员数人办理。布政使署内还设有文官官厅,分府厅州县、佐、杂三室。广济库内设恒、丰、萃、益四个分库,每一分库可贮银 100 万两,全库通常储银在 300 万两左右。四川布政使养廉银每年 8000 两,此外各属缴解地丁、火耗、津贴、新旧捐输、契税、摊捐杂款等项皆另有解费,合计每年有 30 万两左右,布政使所得约占总数的三分之一①。

按察使又称臬司,为全省执法之长官,与布政使并立,布政使委用府厅州县官必会同臬司商定。司署内额设属员二:一曰按察司经历,其职责与布政司经历同;二曰按察司司狱,专管司监,监管皆各属解省之重要人犯。又设有发审局,即当时的高等法庭。凡各属上诉至臬司案件须交发审局讯判。最重要的是每年秋审,秋审均系交刑部的重案。已在各府厅州县讯实定供者,每年 8 月将犯人解至成都由按察使亲讯,复讯结果由总督奏报,"咨请刑部汇办"。按察司署设幕友三人:东股、西股和发审。将全省府厅州县分为东西两区,东区各属案件归东股核办,西区各属案件归西股核办,发审局案件归发审核办。署内事务以刑房为最重,分三班值役。按察使每年养廉银 4000 两,光绪初滇黔官运盐局成立,特拨解臬司公费每年银 2 万两。宣统二年(1910)司法独立、成都开办各级法庭后,改按察使为提法使,只管川省司法行政,原归按察使所管的民事和刑事诉案,则全由高等审、检两厅讯办。四川按察使自来兼管全省驿传事务,改为提法使后仍照例兼管。

---

① 参见周询:《蜀海丛谈》卷 1,《布政按察提学三司盐茶巡警劝业三道》。

四川学使本职无定，有以侍郎或三四品京堂、亦有以七八品之编修检讨充任者，每三年为任满，并定乡试正科揭晓后为交替时间。三年中，学使需亲临府直隶州两次，前次曰岁考，后次曰科考。自成都府考起，除成都府所辖之 16 州县外，来成都就考的还有龙安府 4 属、资州 5 属、茂州 2 属、叙永厅 2 属、暨松潘、理番、懋功三直隶厅，所以考成都府时有内 16 属和外 16 属之称。又宁远府、酉阳州因地方边远，每三年只按临一次，将岁考归并科考时举行，其余各府直隶州皆分岁、科两次考试。学使所至之地，按例由本处知府或直隶州知州充院试提调官。学使署内只设文巡捕官一员随同出行。学使养廉银每岁 3000 两，此外无公费，然每到一处则由当地解送棚费。各地均有学田，棚费出自学田收入，故考试一次可得棚费数百两，三年合计共可得银 10 万余两。清末裁撤学使改设提学使司，当时科举已停，故提学司专以兴办学堂、改进教科、考核成绩为职责。学司署中分科办事，设科长、科员、录事若干人①。

成都将军设于乾隆四十一年(1776)，文官自布政使、按察使两司及各道，武官自各镇总兵以下，对成都将军皆执属员礼。成绵、建昌两道和松潘、建昌两镇与成都将军尤为密切，凡上述两道、两镇内重要事件，川督例与成都将军会衔联奏。因地方由总督主政，故军署事务甚少。署内公牍悉由稿房办理，设客武巡捕各二员，有卫队数十人，皆由旗兵选充。将军每年养廉银数千两，此外滇黔官运盐局及夔关每年解公费银 1.2 万两②。

---

① 参见周询：《蜀海丛谈》卷 1，《布政按察提学三司盐茶巡警劝业三道》。
② 参见周询：《蜀海丛谈》卷 1，《总督将军都统提督学政》。

第六章　政治统治结构与地方秩序　285

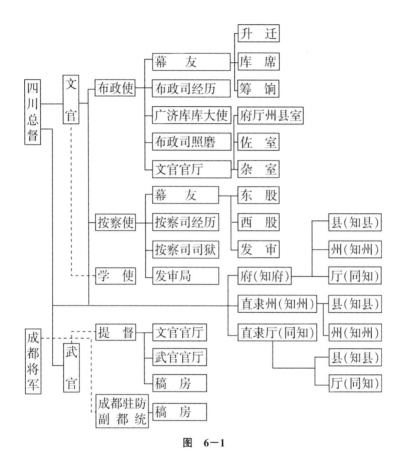

图　6-1

成都驻防副都统设于康熙五十七年(1718),早于成都将军之设。设成都将军后,即饬将副都统之印信缴部销毁。副都统所发公文悉用将军印信。署内公事较军署更简,只设有稿房,无巡捕、卫队之设,有旗兵数十名,马二三十匹。每年养廉银 2000 两及公费银 4000 两[①]。

---

① 参见周询:《蜀海丛谈》卷1,《总督将军都统提督学政》。

提督总管全省制营,兼管防军,文官自知府以上皆为平等。各省提督多驻省外要地,但四川提督向驻省城。署内设文官官厅和武官官厅。署内公牍悉由稿房办理,聘文案委员一人办理要件及书札,设武巡捕二三员和三班戈什哈,有卫队数十人。养廉银年 3000 两和公费银数千两[①]。

为更直观地了解各个机构的相互关系,兹作图 6—1。图中虚线表示非直接的隶属关系。另外,在川督和府直隶厅州之间还有一级"道",但它实际上对府厅州县没什么控制力,对地方行政影响也不大,故未列出。

府直隶厅州是直属于川督和布政使之下的一级地方行政机构,府一级的机构设置以成都府为例。府治设同知二,即理事同知和水利同知(其他府一般无水利同知),设督捕通判一。府署内设佐治之员一,即府司狱,"因全省各属秋审及随时招解人犯,皆先寄府监。发审局人犯,亦例收府监,狱务特别繁重,故特设司狱管理"[②]。另还设有学官二。巴县是道府县同城的治所,从道到县的主要官员、俸银以及随员数见表 6—3。

表 6—3

官衙及官职	人数	岁额俸银	额设衙役
川东道	1	105 两	衙役 39 名,每名年支工食银 6 两
重庆府知府	1	105 两	衙役 51 名,禁卒更夫 22 名
重庆府经历司	1	40 两	衙役 6 名
重庆府通判	1		道光十三年(1833)奉文裁汰
重庆府教官	2	共 85 两	衙役 4 名

---

① 参见周询:《蜀海丛谈》卷1,《总督将军都统提督学政》。
② 周询:《蜀海丛谈》卷1,《各府直隶厅州》。

续表

官衙及官职	人数	岁额俸银	额设衙役
巴县知县	1	45两	衙役29名(门子2、皂隶12、马快8、轿伞扇夫7)另有仵作2、随学仵作1、民壮14、禁卒10、更夫8、捕役6、斗级8、仓夫8
巴县县丞	1	40两	衙役8名(门子2、皂隶2、快手4、马夫1)
巴县巡检	1	31.52两	衙役2名(门子1、皂隶1),弓兵6名
巴县典史	1	31.52两	衙役6名(门子1、皂隶4、马夫1)
巴县教官	2	各40两	衙役4名(门子2、膳夫2)

资料来源:巴县档案,道光朝财政(二),第7号卷。

从表6—7看,道、知府、知县等主要地方行政官俸银都不高,实际上他们的主要收入是靠所谓的"养廉银",其数额往往是俸银的10倍以上。如巴县知县年俸是45两,而养廉银高达500两①。另外,各官及官署衙吏和随员也分别有差。

县衙门是清代地方行政最基层的机构,州县地方官虽受到府或直隶厅州的节制,但它亦直接对总督负责,可见,清代地方统治的层次少、结构简单。县衙内分为四个部门,即九房、丞署、教谕署、汛防署。其中九房是主要行政部门,分为9个部:1.吏房,管官制、官规;2.户房,管财务、地亩、粮租、契税、杂税等;3.礼房,管学务、礼俗、祭祀;4.兵房,管缉捕、马政、邮传、递解;5.刑房,管狱讼;6.工房,管河道、水利、城工、桥梁等;7.仓房,管仓储、粮谷;8.盐茶房,管盐政、茶政、盐茶税收;9.承发吏房,管发送文书、执行判决及没收物件②。丞署分为三个部:1.县丞,掌机密以佐县令;2.刑房,管讼狱;3.礼房,管教育、选举、祭祀。教谕署:管教育。汛防署:管捕盗贼、盘查奸宄、维护地方秩序。由此可见,县级各部门之间事务往往相互重叠、权限不清。当然各地区的县机构设置

---

① 巴县档案,道光朝财政(二),第7号卷。
② 有的县衙还设有书柬房。

视情况也有些局部的不同。清代四川的县衙机构如图6-2所示,县衙各房的人员配备以巴县为例见表6-4。

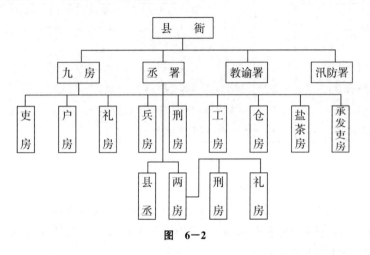

图 6-2

表 6-4

房 名	人员名额		房 名	人员名额	
	吏 书	经 书		吏 书	经 书
1.吏 房	1	5		勤字班1	勤字班23
2.户 房	清字班1	清字班24	6.工 房	1	26
	慎字班1	慎字班35	7.仓 房	1	2
	勤字班1	勤字班1	8.盐茶房	1	3
3.礼 房	2	27	9.承发房	1	26
4.兵 房	1	8	10.书柬房	号 书4	
5.刑 房	慎字班1	清字班27	计	吏 书14	235
	慎字班1	慎字班28		号 书4	

资料来源:巴县档案,光绪朝内政(二),官吏任免,第33号卷。

县衙差役一般分为两大部分,一部分服役于班房,分为三班:壮班——专司值堂、站班兼捕盗;快班——专管缉盗维护治安;皂班——

司仪仗护卫。一部分服役于知县,下分七个部门:收发——管收发公文,前稿——管差标画,候稿——值签押房,班管——总管监督,值堂——司内庭事务,跟班——随侍左右,执帐——传递、通事、随同知县拜会。

在清代,知县一般调任频繁,而胥吏和衙役却相对稳定,若干年、十数年乃至数十年在同一衙门供职,这就难免陈陈相因、盘根错节,甚至把持地方事务。有的知县到任伊始也不得不向他们请教。胥吏衙役也多有仰仗权势、横行乡里,以致成为地方公害,每当地方局势不稳、矛盾尖锐需"肃清"吏治之时,这些胥吏衙役往往成为主要的整饬对象。

三 县级行政官计量分析

县级政权是清代最基本的统治机构,也是清中央政权权力所及的最基层的行政组织,以知县为中心构成了地方的统治网,因此对知县的任职情况进行一些分析,对了解清朝基层地方统治将十分重要。下面我们以遂宁、安县、忠州、蓬溪、盐亭、绵竹六个州县为解剖对象,作一些研究[①]。清代知县任职有如下一些特点:

第一,从知县的籍贯看。按清制,官员任职应有回避,规定接壤500里以内者要回避,与上司有宗族、亲戚关系者也要回避。这样,一般官员不在本籍任职。遂宁清代计有107任知县,无一川籍,最多者为直隶和江西,各17人。安县清代共有知县138任,四川籍仅1任,而且是在清初体制尚不完善时,最多者为浙江籍22人,其次是江苏籍11人,其他分布于全国务省。忠州清代共有125任知县,川籍无一人,最多的是直隶籍11人,其他也是来自全国各省。蓬溪清代124任知县,亦无川籍,以浙江和江西籍为最多,分别为15和14人。据盐亭县不完全统计,清代知县中有

---

① 以下讨论的数字皆来源于清代及民国历次所修各县县志,不再一一注明。

记载者89名,无一川籍,以浙江(10人)、山东和直隶(各9人)籍为最多。绵竹清代计114任知县,亦无一川籍,最多者为江西(13人)、浙江(12人)籍,其余各省不等。外籍官员入川,有许多于当地事务颇有建树,如清初大量外官为川省经济的复苏做出了一定的贡献。

第二,从知县的功名看。清沿明制,以科举作为培养和选拔官吏的"正途",地方官一般要求科甲出身。遂宁107任知县中,有84人具有进士、举人、贡生、监生功名,占总数的78.5%,而其中进士和举人这种具有较高功名的就有52名,占有功名者的61.9%;安县138任知县中有功名者73.2%,其中进士举人56名,占有功名者的55.4%;忠州125任知县中有功名者77人,占总数的61.6%,其中进士举人34人,占有功名者的44.2%;蓬溪124任知县中有功名者86人,占总数的69.4%,其中进士举人55人,占有功名者的64%;盐亭有记载的知县89名中有功名者68人,占76.4%,其中进士举人33名,占有功名者的48.5%;绵竹114任知县中有功名者94人,占总数的82.5%,其中进士举人70人,占有功名者的74.5%。可见,清代县级官吏的选任比较重视功名,一般都在60—70%以上。其中有较高功名的又占了相当的比重。下面我们进一步考察上述六州县有功名知县任职的演变情况,先见表6—5。

表 6—5

县名	等级	功名	时期					
			前期:顺治—雍正 计90年		中期:乾隆—道光 计115年		后期:咸丰—宣统 计61年	
			数量	每10年平均	数量	每10年平均	数量	每10年平均
遂宁	三等	进士	0	0.0	14	1.2	7	1.1
		举人	6	0.7	15	1.3	10	1.6
		贡生	3	0.3	5	0.4	4	0.7
		监生	2	0.2	5	0.4	13	2.1
		计	11	1.2	39	3.4	34	5.6

续表

县名	等级	功名	时期					
			前期:顺治—雍正 计90年		中期:乾隆—道光 计115年		后期:咸丰—宣统 计61年	
			数量	每10年平均	数量	每10年平均	数量	每10年平均
安县	四等	进士	7	0.8	14	1.2	4	0.7
		举人	5	0.6	32	2.8	6	1.0
		贡生	3	0.3	12	1.0	3	0.5
		监生	3	0.3	17	1.5	7	1.1
		计	18	2.0	75	6.5	20	3.3
忠州	三等	进士	2	0.2	9	0.8	5	0.8
		举人	1	0.1	10	0.9	7	1.1
		贡生	2	0.2	7	0.6	4	0.7
		监生	8	0.9	16	1.4	6	1.0
		计	13	1.4	42	3.7	22	3.6
蓬溪	三等	进士	1	0.1	14	1.2	8	1.3
		举人	7	0.8	16	1.4	9	1.5
		贡生	6	0.7	4	0.3	12	2.0
		监生	1	0.1	8	0.7	0	0.0
		计	15	1.7	42	3.7	29	4.8
盐亭	四等	进士	2	0.2	6	0.5	3	0.5
		举人	7	0.8	21	1.8	2	0.3
		贡生	4	0.4	8	0.7	3	0.5
		监生	2	0.2	4	0.3	10	1.6
		计	15	1.7	39	3.4	18	3.6
绵竹	四等	进士	6	0.7	9	0.8	7	1.1
		举人	4	0.4	37	3.2	7	1.1
		贡生	3	0.3	9	0.8	5	0.8
		监生	3	0.3	4	0.3	0	0.0
		计	16	1.8	59	5.1	19	3.1

注:顺治至雍正应92年,因清政府顺治三年方在川省建立政权,故按90年算。

从表中可见,随着时代的发展,官员任职的功名要求有增高的趋势,特别是到了清后期,进士举人等有较高功名者比例越来越大,这一方面说明了官制的不断完善和加强,另一方面也反映了由于已得功名而等待授实职的人增多,择官的标准也相应有所提高。同时,我们还可观察到,县的等级不同与知县功名高下联系并不紧密。一般来讲,等级高的县知县功名程度相对较高,但如表6—5所列,三等县的遂宁、忠州、蓬溪知县的功名较之四等县的安县、盐亭、绵竹并未有明显优势。

同全国相比川省县级行政官的功名情况如何呢?据日本八幡大学教授和田正广《明清地方官职等级结构的比较考察》①一文的研究,清代知县的出身全国平均值是:进士16.3%,举人26.1%,贡生14.8%,监生13.4%,其他29.4%。四川的情况如表6—6。

表 6—6

功名 县名	进士	举人	贡生	监生	其他	计
遂 宁	21	31	12	20	23	107
安 县	23	33	18	27	37	138
忠 州	16	18	13	30	48	125
蓬 溪	23	32	22	9	38	124
盐 亭	11	26	15	16	21	89
绵 竹	22	48	17	7	20	114
平 均	19.3	31.3	16.2	18.2	31.2	116.2
所占比例(%)	16.6	26.9	13.9	15.7	26.9	100.0

从川省清代6个县的资料综合看,知县出身的比例进士为16.6%,举人为26.9%,贡生为13.9%,监生为15.7%。除贡生稍低外,其余进士、举人、监生都略高于全国平均值。

---

① 载〔日〕《东洋史研究》第44卷第1号(1985)。

第三,从知县的任期看。清代对知县的任用分三种,一是"任",即由朝廷直接任命担任实职,二是"署",即初任官试署二年,称职再实授,三是"代",即由上级派员代行知县职权。如清代遂宁107人中,任54人、署47人、代6人。此外对地方官三年一考核,视其称职与否分别去留。任期三年,一般不连任,如确有较好政绩或由署改任的,可隔一时期再回任,任满后必须调出,再隔一段时期方能再回任。由于这种制度,所以知县的任期往往都不长。遂宁107任知县中,任期三年以下的88人,占82.2%;任期四至六年11人,七至九年仅5人。安县138任知县中,任期一至三年者122人,占总数88.4%,超过四年的不过12人。忠州125任知县中,任期一至三年者100人,占总数80%,任期四年以上者不过20人。蓬溪124任知县中,任期一至三年者98人,占总数79%,四年以上的不过19人。盐亭有记载的89任知县中,任期一至三年者63人,占70.8%,四年以上的25人。绵竹114任知县中,任期三年以下者92人,占总数80.7%,四年以上仅22人。为进一步说明问题,我们列出表6-7。

表 6-7

县名	等级	知县数和平均任期(年)	时期			平均任期
			前期:顺治—雍正 计90年	中期:乾隆—道光 计115年	后期:咸丰—宣统 计61年	
遂宁	3	知县数	15	48	44	107
		平均任期	6	2.4	1.4	2.5
安县	4	知县数	19	91	28	138
		平均任期	4.7	1.3	2.2	1.9
忠州	3	知县数	23	5.7	37	125
		平均任期	3.9	2	1.6	2.1

续表

县名	等级	知县数和平均任期（年）	时期			平均任期
			前期:顺治—雍正 计90年	中期:乾隆—道光 计115年	后期:咸丰—宣统 计61年	
蓬溪	3	知县数	17	56	51	124
		平均任期	5.3	2	1.2	2.1
盐亭	4	知县数	16	44	29	89
		平均任期	5.6	2.6	2.1	2.9
绵竹	4	知县数	18	66	30	114
		平均任期	5	1.7	2	2.5

注:顺治至雍正应92年,因清政府顺治三年方在川省建立政权,故按90年算。

从表中我们看到,清前期知县任期较长,平均五年左右;中期任期一般在两年左右,后期一般在一年半左右。清中后期知县的更迭相当频繁,这恐怕与当时统治结构松弛、政局不稳有关。如光绪二十六年(1900)四川各地发生教案,就有邛崃、雅安、崇庆、双流、郫县、温江、崇宁、灌县、阆中、南部、叙州、大足、名山等州县的知州、知县分别受到"撤任""革职留任""开缺离省""停委二年"等处分[①]。另外,我们还可看到,川省清代知县平均任期约二至三年,反映了任期制的严格执行,这对任久专权、结党营私的弊端在一定程度上有所限制。

四 士绅与地方秩序的维持

在清代,县是最基本的地方行政机构,国家政权对乡村的渗入十分有限。长江上游的传统乡村可以说是一个闭塞的共同体,是国家政权与士绅的二元结构。通过士绅间接行使权力来对乡村进行控制。

---

① 《光绪朝东华录》(四),第4692—4693页。

清代被称为士绅者一般是具有举人、贡生(甚至监生)以上功名和乡居的退休官员或具有官衔身份者。由于科举制度的实施,使传统社会内部的社会流动有了可能,一介书生若能取得生员功名便基本上跻身于地方中上层而异于平民,即使他不出任实职,仍有稳定的社会地位。官僚是在官时的称呼,而绅则是官僚在离职、退休、居乡(或居城)时的称呼,做过大官的是大绅,做过小官的是小绅。他们的言行对地方影响甚大。雍正六年(1728)在倡导垦荒的上谕中称:"缙绅,小民之望也。果能身先倡率,则民间之趋势赴功者必多。凡属本籍之人,无论文武官员或现任或家居,均当踊跃从事,争先垦种。"① 由于绅的名望和地位,因而能在地方上"身先倡率",往往能支配地方事务,也就是说形成了绅权。

在地方,绅权具有宗族或血缘的意义。在一个以血缘纽带结成的社区里,它就是族长的权力。在传统的秩序下,特别是在社会文化还没有发生激烈变迁的时候,社区往往是受到宗族的控制,在社区内有一套共同遵守的规则。即使是在保甲制度下,保甲长也受制于族长,实际上代表宗族与官方发生关系。在传统农业社会,社会阶层流动艰难造成了社区的稳定,在稳定的社区中,一切依照传统的秩序生活,很少发生变动,因此士绅对地方的控制是稳固的。在地方,官绅之间有复杂的利害关系,地方官对地方的统治要有士绅的合作。在通常情况下,地方官到任后首先要拜访士绅,官权必须有绅权的合作才能巩固。绅权是一种地方权威,这种权威对该社区人民具有领导权,大至一县、小至一乡一村,绅权在一定区域范围内才能行使。

清政权在县以下的地区控制是通过保甲制来实施的,"旧制十家为牌,牌有长;十牌为甲,甲有长;十甲为保,保有正"。一保之内,"出入相友,守望相助,变则同忧,常则共乐"②。往往是一家有犯,九家连坐。保

---

① 《清朝文献通考》卷3,《田赋考》。
② 民国《温江县志》卷3,《民政志》。

甲制成为地方控制中强有力的手段。如嘉庆十五年(1810)巴县发布《编联保甲户口条规告示》"以弭盗匪而靖地方"。令各保甲、保正、甲长、牌头"于所管牌甲户口随时稽查。凡遇面生可疑来历不明之人,不许容留甲内。遇有迁徙外出者,注明开除;如有新增之户,查实添造,不得混杂遗漏,致多紊乱。违者查出重处"①。嘉庆十八年又公布《巴县团首牌团条例》,把牌甲演变成地方治安组织。规定各场市镇设立梆锣并木架一座,高脚牌一面,牌上书写"严拿匪徒"四字,造上方下圆青岗木棍四根,上写"专打匪徒"四字,插立木架之上,"以壮威势"。各家制青岗木棍一二根,"以备捕贼防身"。若有"匪徒入境",立即"鸣锣击梆",各牌头一闻锣声"即率牌众,各持木棍齐集,协力擒拿"②。道光三十年(1850)巴县又制定《编查保甲条规》,规定每牌头一名领取门牌 11 张,册纸 22 页,对所管十户凡有无产业,其亲属、奴仆、雇工人数,有无职役,田地若干,现住房屋系自业、当业、佃业,以及父母、伯叔、兄弟、妻妾、子女、子侄、孙子等是何名氏,共有男几丁、女几口,"逐款察明,按照牌册格眼,备细填注"③。

一般牌头、甲长、团首等都由有一定地位的人担任,如巴县规定牌头"必须素无过犯,才过九家者,方可充当"。团首"不拘绅士粮户",但必须选择"品行端方,为人公道,素为一方敬服者"④。保甲实由士绅实施,如达县"五乡各场,各举保正,皆用乡耆衿监,或由县官礼请,或由绅衿举充,不限任期,亦无薪水"。除保正外,还有城约、场约、乡约等名目,"其职与保正会同主理里中狱讼,干办差徭公事,由各区绅耆公举,官为给照,三年期满则另行举报,皆以平民充之"⑤。地方社会治安也

---

① 见巴县档案。
② 同上。
③ 同上。
④ 《巴县团首牌团条例》(嘉庆十八年三月二十九日),见巴县档案。
⑤ 民国《达县志》卷 7,《官政门·民职》。

是由士绅维持,光绪二十年(1894)川督鹿传霖令各州县"筹款练丁",达县设团保局,"委局士二人或四人综理出入"。光绪二十五年(1899)改为团练局,"委绅四人会办,五乡各设团总,团首等,如保甲制。"①

实际上,有相当一部分保正并不是地方上的实权人物,他们往往是当地宗族或地方豪强的代表,作为地方与国家权力间的缓冲人物。其实,保正往往是一个吃力不讨好的角色,非但无薪俸,而且处于地方、乡村势力与国家之间的夹缝中。当政府强加额外征收或地方因歉收无力缴纳赋税时,保正职责便更难执行,他们在国家权力和地方利益之间进退两难。不过,虽然担任保正这类维持地方秩序的职务有种种难处,但毕竟在地方上有了一定的"身份",而且也可以因此捞到一些好处,所以有不少小绅还是乐于此任的。

传统社会对地方的主要要求之一就是收税,各地的捐税不是由县衙直接征收,而且通过乡绅这个"中介"进行的,乡绅是县衙能够按时收足捐税的保证。"每岁秋初,县令肆筵束邀城乡绅粮(俗谓袭冠带者为绅士,有田租曰粮户,统称绅粮)至官舍,平议税率银价,谓之议粮。"②地方捐税往往是先由乡绅垫付,再由乡绅向乡民转收垫付部分。乡绅之所以乐于垫付,一方面可向清政权表"忠心",于"每岁起解后,由知县汇报,劝捐绅董议叙有差"③;另一方面也捞到许多实际的好处,如《南川县志》称:"其征收法,民间无银,许以钱合价。每年春初,知县召集大绅议价。……当时市价银一两不过一千数百,而粮银合至七千余,官绅吏皆有分润。"④

近代以后,地方征税日渐频繁,士绅这方面职能亦更加明显。咸丰四年(1854)为征军饷而办理津贴,咸丰帝便严饬川督裕瑞督促"地方官

---

① 同上。
② 民国《云阳县志》卷9,《礼俗·风俗》。
③ 民国《南溪县志》卷2,《财赋篇第三·田赋》。
④ 民国《重修南川县志》卷4之一,《食货·清代田赋(甲)·地丁》。

选派公正绅耆,设立公局,妥为经收"①。咸丰七年(1857)川省为筹解京外各饷,亦奏请"再行劝谕绅董续办津贴"②。光绪十八年(1892)办理捐输,也是由地方官"集公正绅耆筹议设局……酌举妥实绅粮数人经理其事",并明文规定"官只督率,绅粮收解,不经书吏之手"③。清末铁路租股的征收也是通过士绅完成的,官府"将各户租数查定,于单内照册填写,发交各乡绅董团保收取掣给收单,汇交城中公所。"各业户应抽租谷,若敢违抗不完,即由经理之绅董团保禀请州县官提案究追。"

但是如果各处经理抽谷之绅士团保"办理得法……禀请给予外奖"④。各州县按乡派绅董数人,"于大春收获之时,由城局将刊就之册发交乡董;乡董交团保牌甲,各就牌内坐落田地于册内填明何户收租若干,填齐后,团保牌甲送交乡董,乡董复查属实,即汇齐送交城董"。这样,"各乡租谷,由各乡董、保长、牌甲人等,于奉到州县榜示定期开收后,催令各户上紧赴城完纳。"⑤可见,在乡里完全是由乡绅行使地方管理职权的。

近代以后,具有功名的"士"数量愈来愈多,大多数具有功名者得不到实授,但陈陈相因而积淀成一个稳定的社会集团。所谓"绅界"已成为独立的社会集团而与官界、商界、学界并称,如《四川》杂志第2号所载《为川汉铁路当先修成渝谨告全蜀父老》一文中便称:"我川中之官界、绅界、学界、商界……"绅俨然已成为民的代言人,"盖乡绅者,众人之领袖也,平居之是非曲直常倚乡绅之评判"⑥。嘉道以后为加强对地方的统治和征收赋税,新设了不少所谓"局""所",而这些局所都是由地方士绅主持其事的。以达县为例:"县中设局,自嘉庆初年需局始。洎

---

① 《文宗显皇帝圣训》卷107,《筹饷》,第2页。
② 《东华续录》咸丰77,第8页。
③ 《光绪十八年捐输章程》,见巴县档案。
④ 《奏设川汉铁路集股章程》,见戴执礼编:《四川保路运动史料》,第37页。
⑤ 《川汉铁路按租抽谷详细章程》,见戴执礼编:《四川保路运动史料》,第41页。
⑥ 铁崖:《警告全蜀》,《四川》第2号(1908)。

后成立之局,由县官委绅士充任,谓之局士";地方成立三费局,"委五乡绅士人五,置书算一人,司事数人,凡收租卖谷事项支拂案务各费,皆理之";成立津贴局,"继委城乡绅士二人司之";成立捐输局,"委五乡局士各一人管理";成立铁路租捐局,也"由县委绅二人办理,分乡征收"①。

士绅在清末地方社会、政治生活中已经起着举足轻重的作用,发挥着多方面的功能,美国学者肖邦齐曾统计了1851—1874年间四川535个地方(士绅)领袖(或称"精英")的活动,并对他们的身份和社会功能进行了考察(见表6-8)。

表 6-8

分类	地方事务	有功名者				无功名者							无功名者占合计数百分比
		上层	下层	计	占百分比	商人	商人兼地主	地主	财产来源不详	情况不详	计	占百分比	
防御	团练首领	23	39	62		4	1	1	11	55	72		54%
	战役首领	10	25	35		1	—	—	1	40	42		55%
	供应军需	—	7	7	62%	6	—	3	22	3	34	57%	83%
	筑城	4	7	11		1	1	1	11	4	18		62%
	守城	—	2	2		—	—	1	—	10	11		85%
	其他	4	11	15		1	—	—	1	6	8		
教育	书院	8	8	16		—	—	—	2	1	3		
	议学	2	6	8	11%	3	—	2	4	1	10	5%	43%
	其他	—	—	—		1	1	—	—	2	4		

---

① 民国《达县志》卷7,《官政门·民职》。

续表

分类	地方事务	有功名者				无功名者							无功名者占合计数百分比
		上层	下层	计	占百分比	商人	商人兼地主	地主	财产来源不详	情况不详	计	占百分比	
公益	修桥	2	8	10	10%	3	3	1	18	1	26	15%	69%
	义渡	—	1	1		—	1	—	2	2	5		
	仓储、修庙	—	4	4		2	—	—	2	—	4		
	道路	1	4	5		2	3	—	5	1	11		
	水利	—	2	2		—	—	1	2	1	4		
慈善	救济	4	20	24	14%	13	4	4	22	1	44	17%	64%
	义冢	2	4	6		2	—	1	6	—	10		
地方公断		1	3	4	2%	3	—	2	5	7	17	5%	81%
总计		61	152	213	100%	42	14	17	114	135	322	100%	

资料来源:R.K. Schoppa,"The Composition and Functions of the Local Elite in Szechwan,1851—1874",*Late Imperial China*,No.10,1973。

从统计中我们可看到,第一,在535个四川地方士绅中有322个即占总数的60%没有功名,无功名者中,商人42人,商人兼地主14人,地主17人,资产来源不详者114人,身份不详者135人。第二,在具有功名的213人中,进士、举人和贡生即所谓"上层士绅"61人,廪贡生、生员和监生即所谓"下层士绅"152人,下层对上层士绅的比例较之我们通常所想象的要高。第三,从"精英"在地方的活动看,无功名者居重要地位。如地方防御中占58%,公共事务中占69%,慈善事业中占64%,地方公断中占81%,只有教育活动的比例稍低,占43%。第四,从地方活动的类别来看,防御活动所占比例最高(这与当时太平天国起义有关),有功名者占62%,无功名者占57%;其次是慈善事业,有功名者占14%,无功名者占17%。再往下则比例排列有无功名者不同,有功名者教育活动占11%,公共事务占10%,地方公断仅占2%;无功名者公共事务占 15%，教育活动和地方公断各占 5%。从上可见，地方士绅（或乡绅）的社会功能和影响表现在各个方面，功名有无对他们在地方事务中发挥作用的影响并不十分明显。

20世纪初，随着社会现代化进程的加快，地方士绅对社会和政治的干预越来越多，并积极地参与社会管理。如清末各地同志协会的设立以各地租股局或股东分会为基础，联络自治会、教育会、农会、商会、劝学所、团保局和学界组织起来，"凡法团中人，无一不担任职务"①。多数同志协会的办事机构皆设在原来的股东分会或租股局，这充分说明士绅主持的地方法团已有了相当的势力，"此项办公之人因地方官平日对于各乡公事相托付，此辈以足以代表一村一乡四民。且团总、保正对于乡村颇有势力，至乡约、客长职位虽小，彼辈平日确被一般中人以下者所信仰，故兼及之"②。地方士绅曾经是维持地方秩序的有力工具，但在清末却成为与官府对抗的一股重要势力。如清末"川人争路之初，同志会具由正绅组成"③。另据《华西教会新闻》报道，在德阳，由"成都派出的代表来到本县，开出了一长串加入保路同志会的名单，其中差不多每个稍有地位的人都入了会"④。保路同志会的会长、副会长、评议长以及各部干事大多由有一定社会地位的士绅担任。

绅权的提高导致士风也出现了一些变化：

> 前清以科举取士，端重品行，故出登仕版者，靡不证叙官方。其他缙绅先生，连不得志于有司，亦为闭户著书，设帐授徒，以遵守卧碑为纯谨，以不入官府为清高，以厕身市侩为耻，以结交丁胥为辱，以词讼刀笔为损德，以佻达城阙为荡检。无不父诏其子，兄勉

---

① 《四川保路同志会报告》第 31 号，"纪事"。
② 四川保路同志会讲演部长程莹度所发《讲演部启事》，转见隗瀛涛：《四川保路运动史》，第 234 页。
③ 民国《名山县志》卷 1，第 33 页。
④ *West China Missionary News*, No. 4, 1912.

其弟,师勖其友,故俗日以淳。至局所分设,委绅充任,必得与长官贰尹相周旋,与门吏书役相接触,又无论已。①

地方士绅参政的风气日盛,参政的机会增多,在新政活动中担任一官半职似乎已是一种抬高身份的表现,士绅的地位及对地方政治的影响大有持续上升的趋势。

五 地方吏治的整顿与司法的变革

清后期,经过二百余年的清王朝统治已从各方面暴露了它的弊端,统治机器越来越腐朽,官民矛盾越来越尖锐,统治集团内部的一些开明分子也感到了吏治败坏对其统治所造成的恶果,因而力图革除积弊。丁宝桢任川督时期便对吏治进行过一番整治,光绪三年(1877)他发文通饬各府厅州县:"本部堂到任以来,访闻各厅州竟有于审断一切词讼案件或借修城、修庙、宾兴各名目擅行科罚。"而且各州县"于词讼传唤多有视钱之多寡定差票之迟速。"因而严令各地,"嗣后审理词讼案件,无论所犯情罪轻重,一概照例秉公据实科断,不准藉公为名,擅自科罚,至传案差票尤不准视同买卖,致滋勒索。"若是"自此次通饬后,倘敢仍蹈积习,借端私罚、私捐及卖差票等弊",一经查闻或被告发,"无论赃数多寡,是否入己,定即按例分别严惩治罪"②。紧接着又令整顿衙门,因为各州县"必有一二著名恶蠹盘踞衙门,把持公事,并窝留盗贼匪徒为之爪牙。每遇民间词讼,押搕欺凌无所不至,稍不遂意,即串同讼棍板诬陷害。小则废时失业,大则破产倾家,乡民饮恨吞声,莫敢控诉"。令各属对这些恶吏"认真惩办"。又令川东道清查"差风尤炽"的铜梁、垫江两县,"著名蠹役现有几人,是何姓名,如何设立轮子,如何搕诈乡愚,

---

① 民国《达县志》卷4,《礼俗篇第八·风俗·士习》。
② 《光绪三年四月二十五日四川总督部堂丁通饬》,见巴县档案。

其被害民人赴道府呈控该之案现有若干起,一一查明",并予"严行惩办"①。丁宝桢所实施的这些明确而且较为严厉的措施,使吏治的败坏得到一定的抑制。

20世纪初,清政府在外力的打击和推动之下,感到了内部改革的必要性,在推行新政的过程中,在统治机器方面进行了一些调整,在中央和地方改革官制、整顿吏治,从而揭开了20世纪初政治结构变化的帷幕。

1901年,清政府首先裁撤冗衙,如裁河东河道总督、詹事府、通政使司和督抚同城的湖北云南广东巡抚等。又鉴于吏治的腐败和混乱,特别是书吏差役相互勾结,朋比为奸,"尤为地方之害",下令撤各部书吏,各省府州县也应"将从前蠹吏,尽行裁汰,以除积弊"②。1904年又发布上谕,令对各部院人员"亟应切实考课,以期鼓励真才"。各省设立课吏馆,"重在考核人才"③。清末的川省同全国一样,"仕途拥挤,吏治糜颓",加之停止捐纳之后,"各班人员纷至沓来,聚处省垣,一无所事,相率习为游惰,志气日即委靡"④。1902年川督岑春煊开始整饬川省吏治,"四川吏治疲顽,自二十八年岑春煊督川刷新之,民有生气。"⑤锡良任川督后,也感到"今日乏才之患,正坐不学无术,吏事既未娴习,骤膺民社,百事茫昧,吏治何由振兴?"况且川省"偏处西陲,见闻甚隘,近来要务凡百待兴",因此必须大力整饬吏治。首先成立了课吏馆,锡良亲自接见僚属,"观其才品之优劣",凡是"纨绔浮薄、暗无才识、习染锢蔽、自甘暴弃者,随时分别参劾,资回原籍"。凡入课吏馆肄习者,对朝章掌故、律例、条约、公法以及山川风土、物产民情、地方利弊"咸资考镜,钩

---

① 《光绪三年九月二十九日四川重庆府正堂庆札》,见巴县档案。
② 《光绪朝东华录》(四),第4669页。
③ 《光绪朝东华录》(五),第4829页。
④ 《重庆府转饬四川设立课吏馆考核人才札》,见巴县档案。
⑤ 民国《荣县志》第15篇,《事纪》。

元以提其要,博览以会其通"①。1904年锡良提出裁撤成都府督捕通判等11缺②。同时,川省一些地区根据清廷令开始裁汰书吏,如重庆府便发札各属,指示"严饬蠹吏,痛革差役",要各属将原设书役若干名,现汰书役若干名,存留书役若干名,"核实分造名册各三本"。巴县县衙原各房书役229名,粮捕两班散役649名,前者留100名,后者留400名,"其余概行裁革"③。

  锡良对吏役横行地方的弊端进行了整治。他指出:"丁役之敢作敢为者,以州县之不问也;州县之敢欺上者,以院司之不察也。"提出凡"查出案迹夙著之蠹役等,均经派员前往,提审明确,立予重办。"为杜诉讼勒索,关于书差案钱各属"重加厘定","只准照章取给,而贫者犹须减免"。各地"痛除蠹恶,首以裁汰冗役为先。勿豢此无数虎狼,噬我良懦"。各地里正、保正应"慎选端廉,役理事件,公平剖解",不准"名公实私"。并规定"刑房参费,各属永远禁革"。处理了永川、江津、綦江、壁山、荣昌五个县的恶吏,"枷号三个月,满日杖责,递解各该原籍,交地方官严加管束,不许复出扰人"。又将任用恶吏的永川等五县知县"摘去顶戴,以观后效"④。

  锡良调任后,他的后继者也进行了一些整饬吏治的工作。1908年护理川督赵尔丰奉上谕考核官吏,酌量删减,提出"量能授官"。由于过去许多官吏是保举捐纳,结果"不谙吏事者十居七八",因此各州县"即行停止所有各班候选州县"。三司按月传见一次官吏,"详细考询其才识学业能否造就,有无进益。如有糊涂谬劣,不通文理,或沾染嗜好,或

---

  ① 《重庆府转饬四川设立课吏馆考核人才札》,见巴县档案。
  ② 《川督锡良拟裁地方各缺奏稿》,见巴县档案。
  ③ 《光绪二十七年八月二十七日巴县正堂张禀》,见巴县档案。
  ④ 《重庆府奉川督通饬吏治腐败务必整顿案饬巴县札》,《四川保路运动档案选编》,第4—6页。

年力就衰等弊,均咨回原籍"①。次年,川省布政使、按察使通饬各属不得"擅受民词",对那些视"禁令于具文,借讼狱以扰累"的官吏必须惩治。边僻地区民情难以上达,"遂有不肖杂职结劣绅为爪牙,视良懦为鱼肉",所以要严肃史治。要求各属"恪遵例章,循守职权,不得违制受理,假公徇私。倘再有擅受民词、图取案钱,以及纵听差役株连拖累者,一经查出,或被告发,定即从严彻究,决不姑宽"。若州县包庇,"别经发觉,即当予以徇隐之咎"②。

清末十年,从中央到省关于革新吏治的政令可谓纷繁,虽不能说没有效果,但毕竟积重难返,不可能有效地改变吏治腐败的状况。

20世纪初按照清廷所谓司法改革的步伐,川省在司法方面也有一些进步。光绪二十六年(1900)四川按察使和布政使便禀称:"窃维图治,以听讼为先,而听讼以清理为亟",请设立清讼局,得到川省奎俊批准。制订了《清讼局章程》,规定:一切案件在"奉到札委或人卷解到之日起,定限一月内审结详复,以为各属表率"。如有无故不结者,由局查明,每十日严催一次,三催不至,将承办员记大过一次,每三案将坐办委员记大过一次,"以示限制"。各属上诉有批"自行复审"和"详复"者,各厅州县在奉到批示之日,复审之案定限两月内审结,详复之案限20日内查复③。

之后,布政使、按察使又禀准川督,颁布保宁府所订之《清讼章程》各条,通饬各属一体遵行:(1)"出票宜定限期。"过去是"票无限期,百弊丛生",票到之后,不问案情缓急,"一讯两讯置之高阁";或差役下乡"任意搕索钱文",与被告交易作弊。现规定期限,传票到人以便结案。(2)

---

① 《护督部堂通饬各属奉上谕应选州县分发各省概遵试验酌量删减文》,《四川教育官报》戊申第7册,"公牍"。

② 《重庆府为奉令申诫佐杂吏员不得擅受民词图取案钱通饬各属行文》,《四川保路运动档案选编》,第7页。

③ 《清讼局章程》,见巴县档案,光绪司法卷。

"差票或唤或拘,宜查验也。"过去小民一见差票便"如鼠见猫",不敢查问差票是传讯还是拘捕,"一任差役凌虐搕索,稍不遂意,即行私销"。因此要晓谕小民,凡遇差役,必先查验票上有无拘字,若有擅拘者定予"严究"。(3)"原告久不到案,宜销票也。"即强行销拿原告到案受讯。(4)"藉案妄拿,宜严禁也。"过去有差役与案犯作弊,"并不查拿真正人犯",甚至"得钱卖放"人犯或"诬累良民"。若今后有差役"知法犯法,定行按律例治罪"。(5)"白役为害,宜预防也。"①要各地方官认真整饬,"毋任白役扰害民间"。(6)"书役规费,宜申声旧章也。"凡有差役在外需索以及私押搕钱20串以上者,"一经发觉,定行提府追究"。(7)"提案期在必到,毋任支吾也。"凡案件"既经提审",限于五日内齐集起解,如人证不齐,限期齐集,不准"故意延宕"。(8)"严禁卡丁在卡私刑搕钱。"过去川省"卡中私刑,甚于地狱",凡遇犯人进卡,即索使费,"一不遂费,卡丁即放手搕拷",每年全省在卡被拷打死者不下千人,因此必革此项积弊②。

光绪三十三年(1907)四川按察使呈请川督为"罚金赎罪"公布六条,即对各种犯罪的罚款做出明确规定:(1)外结案件无论男女有犯笞杖等罪,均不准罚金,"更不得藉端苛罚分厘"。(2)内结案件笞10罚银5钱,笞50罚银2.5两,杖60罚银5两,杖100罚银15两。若无力完纳者,折为做工。应罚1两者,折作24日,以次递加。(3)妇女犯罪除照章罚金外,如该犯该遣军流徙,系不孝及奸盗诈伪等项,改收习艺所工作,以10年为限。应监禁者照原定年限收所工作,寻常各案如犯徒一年折银10两,每5两为一等,照此递加。(4)平常犯徒分五等,以100两起,每一等加35两;犯流罪分三等,以270两起,每一等加45两,以次递加。(5)贡监犯徒分五等,以200两起,每一等加银50两,犯流罪分三等,以460两起,每一等加银70两,均以次递加。(6)犯罪"系常赦所

---

① 白役,系指顶替差役办案者。
② 见巴县档案,光绪司法卷,48—9—13。

不原者",不准捐赎;官员赎流仍照定例银数,缓决减等人犯照例减半计算①。

同年,四川按察使呈文拟请通饬各属严禁滥用重刑、藉端苛罚。护理川督赵尔丰的批文代表了一些明智的大吏对刑法改良的看法,批文称:"诚以收回法权必先改良裁判,而中国旧日刑失于重,罚失于轻,治内不免偏颇,治外遂形扞格"。现今四川各属"刑之滥及于绅衿,罚之苛徒饱私橐,是于文明法制不特不能仿行,而反因以为利,此固由于司法与行政不分,得藉权以行揸克,而审判之制又止有单独而无会议,其自恣专横之弊,有必出于是者"。令各道府厅州"就近随时查考,如有滥刑苛罚情弊,立即禀揭撤参,敢于护庇隐徇,查出一并惩处"②。

清末四川的司法并没有得到根本的改革,但毕竟规定了一些条文,使一些办案诉讼程序规范化,限制办案人员滥用职权。另外,明确宣布废除酷刑,是司法的一个很大变化。无论其具体的实施情况如何,这至少以法令的形式废除了酷刑,表明了四川司法和政治统治的进步。

六 地方权力结构的新调整

20世纪初,政治结构的变化已势在必行,立宪也是大势所趋,这为地方士绅参政提供了一个绝好机会。1908年清廷令各省设立谘议局,就成为他们参与省级政治的阶梯。

川督赵尔巽奉到设谘议局之命后,于1908年底建立了筹办处,令集各士绅公议,拟设总理一员、协理四员,官绅分任。由布改使王人文充当总理,提学使方旭、巡警道高增爵、在籍翰林院编修胡峻、在籍即用

---

① 见巴县档案,光绪司法卷,53-4。
② 见巴县档案,光绪司法卷,53-1。

知县邵从恩充当协理,"事无巨细皆归官绅共和裁决,以期至当"①。设文牍、法制、选举、庶务四科,制订了《筹办处章程》,规定"本筹办处系钦遵旨举办四川谘议局而设,其职权范围以使谘议局之成立为限,俟该局成立后即行裁撤"。于绅、商、学界中以选派、延访及公举之方法,请若干员为本处参议,遇有事时"由本处定期约请会同筹议"。并特派人员赴各选举区讲解谘议局章程及选举章程,帮助监督办理一切选举事务。要求各选区于光绪三十四年十二月三十(1909年1月21日)之前一律成立选举事务所,各选区选举经费自行筹措。初选定于五月初一(6月18日)举行,复选于六月十五日(7月31日)举行,谘议局定于九月初一(10月14日)成立②。鉴于川省各州县"壤地辽阔,调查不易",故由各处团保以及绅商学界"查造草册,交由事务所汇核"③。筹办处采取了一些措施以保证选举的进行,规定各地"将办理迅速得法无弊之官绅分别等第,详请给予优奖。如有逾限未办,或敷衍草率,或办理不善之员,亦必分别予以记过、记大过,不准抵销处分。倘因迟识疏忽,抑或固执乖谬,致生妨害阻力者,轻则予以撤任,勒令留办;重则详请参处,以为玩误要公者戒"④。四川谘议局自"筹办以来,官率于上,绅应于下,经营规划,不遗余力"⑤,揭示了士绅参与政治新的一幕。

根据《各省谘议局章程》规定,凡属本省籍、20岁以上男子,具下列资格之一就有选举议员之权:1.曾在本省办理学务及其他公益事务满三年以上著有成绩者;2.曾在国内外中学堂及与中学同等或中学以上之学堂毕业得有文凭者;3.有举贡生员以上功名者;4.曾任实缺职官文七品或五品以上未被参革者;5.在本省地方有五千元以上营业或不动

---

① 《四川布政使等六司道会衔报告开办筹办处详及督宪批》,《四川保路运动档案选编》,第95页。
② 《筹办处章程》,《四川保路运动档案选编》,第96—98页。
③ 《四川省谘议局筹办处委派巴县初选监督札》,《四川档案史料》1984年第1期。
④ 同上。
⑤ 《四川官报》己酉第26册。

产者。显然,这些条件实际上为士绅参与地方政治做出了明文规定,特别是为受过新式教育的知识分子和有资产者挤入统治上层创造了条件。按上述标准,川省选举人数共计191530名,议员定额为105名,即每1824人中选出一名议员,其具体名额分配如表6—9。由于选举资格的限制以及风气闭塞诸种原因,川省参加议员选举人数和实际人口数相较比例极低,见表6—10。

表 6—9

选 区	参加选举人数	应选议员数	选 区	参加选举人数	应选议员数
成都府	24608	14	绥定府	7277	4
绵 州	7120	4	忠 州	5342	3
龙安府	2690	1	酉阳州	5519	3
茂 州	992	1	保宁府	11212	6
雅州府	3506	2	顺庆府	10582	6
宁远府	5921	3	潼川府	12620	7
嘉定府	15244	8	叙州府	9803	5
眉 州	2847	2	叙永厅	2133	1
邛 州	3712	2	泸 州	5839	3
重庆府	28781	16	资 州	11613	6
夔州府	14169	8	共 计	191530	105

资料来源:《四川谘议局筹办处分配议员表》,《四川保路运动档案选编》,第109—110页。

表 6—10

分 类	人口总数(千人)	选民总数(千人)	选民占人口总数比例(%)
四 川	44140	191.5	0.43
全 国	426447	1670.0	0.39
四川占全国比例(%)	10.4	11.5	

四川选民总数仅占人口总数的 0.43%,即每万人中仅 43 人有选举权,但这一比例较之全国平均数还是略高,全国每万人中仅 39 人有选举权。四川人口占全国的 10.4%,但选民占 11.5%。选举结果,选出正式议员 107 名(原定 105 名,另有 2 名八旗专额),候补议员 54 名,计 161 名①。这些议员大多数具有举贡生监以上功名,见表 6—11。

表 6—11

功 名	进 士	举 人	贡 生	生 员	监 生	其 他	计
人 数	3	45	28	68	1	16	161
所占比例(%)	1.9	27.9	17.4	42.2	0.6	9.9	100.0

资料来源:根据《四川谘议局议员表》(《四川保路运动档案选编》,第 111—118 页)整理。

实际上他们中有相当部分受过新式教育②,已不同于传统的士绅,其中许多人从事实业、热心教育和地方公益事业,逐步向新型精英转化,在地方上有相当的影响和资望。

1909 年 10 月四川谘议局在成都成立,总督赵尔巽、成都将军马亮、布政使王人文、提学使赵启霖、按察使江毓昌、巡警道高增爵、劝业道周善培、盐茶道尹良、成都知府于宗潼、成都知县史久龙、华阳知县钮传善等到会。会上蒲殿俊当选为议长,萧湘、罗纶当选为副议长。赵尔巽在训词中提出"融畛域,明权限、图公益、谋远大、务实际、循次序"六条,表示"谘议局既经成立,则官所困难者,绅得而共谅之;绅所疾苦者,官得而维护之"③,体现了官绅合作的愿望。

谘议局成立后立即建立了组织机构,任命了编制、文牍、庶务、会计

---

① 见《四川谘议局议员表》,《四川保路运动档案选编》,第 111—118 页。《辛亥革命回忆录》第 3 辑所载张惠昌:《立宪派人和四川谘议局》一文列正式、候补议员共仅 127 名。
② 由于旧习惯影响,当时议员登记时往往只登记旧功名,而不登记新学业。
③ 《四川谘议局第一次议事录·纪事》。

四科书记,又设立了议员办事室和书记办事处。组织了"全部委员会",内分三部,每部投票推举部长一人,理事一人,又选出委员长一人,理事一人,"主理全局委员会事件"。然后又定有甲、乙、丙、丁四科委员:甲科 17 人,"主查督部堂提议谘询事件";乙科 17 人,"主查议员提议事件";丙科 13 人,"主查本省自治争议及本省自治又人民陈请建议事件";丁科 15 人,"主查议员惩戒事件"①。若遇有特别重要事件,由全部委员公推 13 人组织特别委员会。

四川谘议局成立后,士绅和立宪派为自己的政治权利和经济利益与官府进行了争斗,迫使地方统治结构进行调整。谘议局第一次会议从 1909 年 10 月 14 日开始,11 月 28 日闭会,共 46 天。会中总督提议三项议案,其中两项被否决。谘议局提出的 18 项议案全部通过。全部议案中,以财政和税收为中心议题,计 10 项;实业 1 项,文化教育 3 项,司法 2 项,民族问题 1 项,征兵 1 项。次年谘议局第二届年会时又提出了一系列议案,现归纳综合如下:

(一) 财政税收

第一次谘议局会议上,川督提出巡警经费问题,拟将旧日筹定团练经费截留二成以资练丁之用,八成划归警察;又仿外省开办家屋税、营业税,收入作为城厢警察用款。有议员主张全行裁撤团练,获通过。而总督之征税案被否。决议案指出:"蜀地偏远,本非交通辐辏之区,省外厅州县尤少列肆如云之处,或一椽仅庇,或庑下赁人,屋价本已不巨,赁值亦自无多。家屋课税重则力不能胜,轻则其细已甚,即令置民困于不顾,而筹款之初计亦只以敛怨终之而已。"②总督对此也只好作罢。

谘议局议决了"革除丁粮浮收案",指出各厅州县征收丁粮给票不填明实收数目,藉便浮收,为避免"吏役于中舞文取利",拟出救弊之法

---

① 《四川谘议局第一次议事录·纪事》。
② 《四川谘议局第一次议事录·督部堂提议之案》。

四条:一、凡丁粮给票存根,均须填明实数;二、经收书吏不得私收一文;三、收银按市价折合;四、力杜抬垫之弊①。当局关于征收小学学费的议案也被否决,决议案指出:"初等小学为国民普及教育之基础,故谓之义务教育,揆之法理,义务教育系属国家行政事宜,其经费应由国税支出。"②

议员们提出了多项整顿财税的议案。指出"地方公款公产半皆为豪强之所剥蚀,甚至攫入私囊焉。故宜从速整理,一以保存现有之公款公产,一以其子息节存作为开地方自治之经费或充基本财产"。各厅州县机构繁多,虚耗实巨,"多者十数局,少亦有数所,各自独立不相统一"。提出以下整顿办法:一、使地方财政归于统一,"以节糜费而杜弊端";二、各厅州县应将从前所有各局所裁并合为一局,成立厅州县财政局,"凡前此局所银钱帐簿契约一律清交财政局接受办理";三、凡劝学所、劝业所及农商矿务等会,其经费出入皆属该局管理③。

(二) 振兴实业

劝业道提出保护森林议案,称"已有之森林,分为无主及公有、私有三种。无主者指其地无一定业主、无确据可以证明为某人所有,森林即由会调查标记,作为官有之森林"。但议员们对于无主森林作为国有"皆不赞成",要求其修改议案④。四川当局提出筹办银行的咨询件,但议员提出由谘议局"别草议案",公举特别委员10人起草本案。其修正案提出:一、省城和各府厅州县应各设地方银行一所,"地方官绅及农商各会皆有提倡之责";二、各银行之组织一切照《公司律》中股份公司规

---

① 《四川谘议局决议第十一案呈请文》第21页。抬垫:系指到期未纳粮者由粮差垫出,谓之抬垫。以后粮差则向本户加数倍索还,"有垫银一两,还至十两者。粮差亦借抬垫多得之数,弥补其赔缴滥粮之数"(见周询:《蜀海丛谈》卷1,《田赋》)。

② 《四川谘议局第一次议事录·督部堂提议之案》。

③ 《四川谘议局第一次议事录·本局提议之案》。

④ 《四川谘议局第一次议事录·督部堂提议之案》。

则办理;三、各银行均以本地绅商为发起人,凡股东"均照《公司律》享有股东权利";四、各银行开业时均须照《公司律》拟定章程,并将资本呈请地方官查验,向布政使立案;五、各银行章程不得与《公司律》及银行通则相背①。

(三) 整理川汉铁路公司

川汉铁路公司开办已六年,但管理不善,"未开工以前即以岁费巨万,若不切实整理,前受之病,行且益深"。议员提出的整顿议案主要有如下内容:一、筹济股本。集股分官本、公利、抽租、募集四种,应以募集作为公司主要财源。二、修订章程。川汉铁路公司有商办之名而无商办之实,总理由官府选派不由股东公举,"其他一切用人行政多未遵照商律办理,出股份者不得商律上应享之权利"。因此应修订章程,"以期公司之组织完善而举商办铁道之实益"。三、清查账项。组织董事局,选派查账人,"监视出入,较量锱铢",以免滋生弊端。四、整理财政。现在公司寄放资本散存各处,毫无统一,开支每多浮滥,耗款甚巨,因此亟宜整顿,否则"丧资亏本,工废路危,后患实不堪设想"②。

(四) 文化教育

议员提议在成都教育总会设立通俗教育社,其主要事务是:一、办白话报章;二、出白话普通教科书;三、改良小说(包括评书、唱书等);四、改良戏本;五、改良宣讲书。另外,"对于现今列强趋势、国家前进审订通俗教育宗旨";"就吾国民族之特短列为细目,以资补救";"就吾国民族之特长列为细目,以便发挥"。又提出要搜求中国原有之书籍、戏曲等选用或改订,编辑翻译新书,或译文言为白话,禁止荒淫、荒唐、荒谬之书。他们想借此整顿社会秩序、消除邪术传播,以为"非仍从通俗

---

① 《四川谘议局第一次议事录·本局提议之案》。
② 同上。

教育着手,改良小说、戏曲、宣讲等类不足以遏乱源;然后一面以白话报章、白话普通教科书输入新知识,俾庸夫俗子渐受文明教育,不致阻挠新政,防害治安"①。这项议案也获得通过。

(五) 纠举、弹劾官员案

在四川谘议局第二届年会上,根据《谘议局章程》第28条规定,"本省官绅,如有纳贿及违法等事,谘议局得指明确据,呈候督抚查办",议员们提出了一系列纠举、弹劾不法官员的议案,如《纠举巡警道周肇祥违法案》提出,周肇祥自到任以来,"寻隙苛罚,滥使权力",以修理街道为名,偶有触犯,辄罚石板数十百块不等。而且"轻骑四出,夜无故入人家,声称拿赌,茫无所得,而人家已受其蹂躏者不一而足,是以省垣商民,岌岌不安"。公开斥责周肇祥"专横恣肆,败法滥权",要求川督"从严查办,以肃宪政,而惠蜀民"②。又如《纠举崇庆州牧张溥酷虐玩法案》,揭露张溥"任刑残酷,狱多冤滥",违法滥刑,诸如"满底抬榼""懒板凳""鸭儿浮水""塌背烧香""马鞭条子""吊高笼"等酷刑,其受刑者有"骨疼欲破,求死不得",有"号哭声嘶,汗出如沐",有"挂如死蛇,惨不忍睹",有"肉烂脂流","血流如瀑"。要求对这一酷吏"从严查办"③。

从以上谘议局各项议案可看到:第一,四川谘议局并不是地方大吏可以任意摆布的工具,新式士绅和资产阶级的政治代表取得了合法的地位和活动场所,并充分利用它为保护自己的利益而进行斗争。尽管政府竭力限制谘议局的权力,但它毕竟是经过大张旗鼓的公开选举而产生的机构,它独立于国家机器之外,具有立法权和监督行政的功能。它与地方官吏产生了一系列冲突和斗争,有的取得了一些成果。第二,谘议局同地方官吏的斗争逐步扩大了地方精英的权利和影响,一定程

---

① 《四川谘议局第一次议事录·本局提议之案》。
② 《蜀报》第1年第6期,"省治汇录"。
③ 同上。

度上限制了地方官吏的独断和专横,也为人民争得了一些利益。但也应看到,谘议局还缺乏广泛的社会基础,因此不可能在根本上打破地方政府和官员的专制。

七 地方秩序的新格局——地方自治

政治现代化是社会现代化的重要方面,人民能积极参与社会政治生活,常被认为是现代化的一种特色。人们不仅对涉及切身利益的生活事务和政治事件感兴趣,而且对他们所在的地区乃至国家的问题也表示了强烈的关心,他们的活动和注意力超出了家庭、朋友和家族而扩大到广阔的现实世界。清末的自治运动向政治现代化迈出了第一步。

四川在筹办谘议局同时,又据宪政编查馆奏订的《城镇乡地方自治章程》筹办"地方自治",设立"自治公所",以地方士绅为"乡董",以"议事会"为机关,"辅官治之不及"①。当时,地方自治问题已为地方士绅和立宪派所重视,把它看作是实行宪政之不可缺少部分,《蜀报》发表文章指出:

> 往岁地方自治章程已颁布矣,设城镇乡会以议政,议董事会以行政,上补官吏之不逮,下勖人民以有为,法至善也。然观于吾蜀,除通都大邑人民能自举其职而外,往往以官吏而侵自治之范围。指名选举者有之,反对议案者有之,甚至有不肖之乡绅与官吏联为一气,朋比为奸者有之。二三清流之士方将高举远引激而为厌世之思。夫民气之不申,公德之不立,乃吾国之所以衰弱也。②

所以他们把自治作为扩大绅权、跻身政治的重要途径,并借助自治机构向封建官府进行斗争。

---

① 《清末筹备立宪档案史料》下册,第726页。
② 叶治钧:《论国民对于国会之预备》,《蜀报》第1年第7期,"论著"。

四川实行地方自治首先设立了"全省地方自治局"。1908年,护理川督赵尔丰设立成都自治局筹备成都自治事宜,赵尔巽督川后于次年改名为四川全省地方自治局,内设法制、调查、文牍、庶务四科,"一切法令之解释,章制之编制以及各属筹办地方自治各事宜皆由该局考核主持"。以布政、提学、按察三使为总办,巡警、劝业、盐业三道为会办。该局收辑中外书籍及关于自治之各种章程条例,写成通俗文字,由川督"亲加核定,刊布闾阎,藉开民智"①。看来,在筹办自治之初是以地方官吏为主体的。

按照自治章程,各省应"先就省城设立自治研究所一处",由各府厅州县选送"品学较优、富于经验、素孚众望之士绅"入所学习,由"通晓法政人员"讲授各国自治制度及法理,毕业后即回原处分设传习所②。因此成都自治局于1908年成立通省自治研究所,招选各地士绅入所肄习,"教以中外政治及地方自治制度,俾人材有所养成"。赵尔巽到任后,"力加整顿",另筑新校,扩大名额,招士绅400余人。又鉴于"川省一百四十余州县,仅此数百学绅犹虑不敷分布,故又为之酌定通则,令所属各设一自治研究所,选绅授课"③。各自治研究所应习科目有奏定宪法纲要、法学通论、现行法制大意、谘议局章程及选举章程、城乡地方自治章程等。各州县自治研究所、传习所纷纷设立。叙永除选士绅赴省自治研究所肄习外,又"设县自治研究所于西城县文昌庙,考选自治员八十人,入所研究关于地方自治章则"④。内江士绅鉴于"苟不精心研究,何以立自治之基础?"在城中创设自治传习所,"以为将来之预备"。大足县设自治传习所,"调各区之合格人员力能公者入所研究,以

---

① 《督宪奏办川省自治研究所并设全省地方自治局折》,《四川官报》己酉第23册,"奏议"。
② 《民政部咨自治事拟先就省城设所选绅学习文》,《四川教育官报》戊申第7册,"公牍"。
③ 《四川官报》己酉第23册,"奏议"。
④ 民国《叙永县志》卷8,《杂记篇》。

期风气普开"①。汶川县将法政讲习所改称地方自治研究所,于每星期六、日两天授课,内容有选举、户籍、警察法等"与自治最有关系者",毕业后给修业文凭,"由该县存案,尽先委派公益事务"②。华阳知县也以"地方自治为当今要政",设立自治研究所,在华阳高等小学堂内开班,"出示招生"③。成都设立了四川宪政会,分研究、讲习两科,"讲习者,讲习学理;研究者,研究事实。必学理与事实融会贯通而后宪政乃能收其效。"④川省各州县先后成立自治研究所计 127 个,参加讲习的人不下数千⑤。

自治的重要事宜之一便是筹办审判厅⑥,四川成立审判厅筹办处,向各地饬发审判厅意见书,明确表明了审判厅设立之宗旨:

> 窃维立宪政体之精神,实在于立法、司法、行政之分立,故今日东西文明各国,莫不实行三权分立之制。所谓三权分立者立法、司法、行政各有权限,划清范围,不相辖制。立法之权在制定法律,司法之权在按照法律审判民刑诉讼,行政之权较为广大,凡立法、司法外之事务,皆可管辖办理。夫司法与行政分立,则司法官不得藉行政之权以擅行苛虐,行政官亦不得藉司法之权以滥用刑罚,力敌势均,各得其所,此实至善之制,亦即立宪国之所以为立宪国也。⑦

由此可见,审判厅之设立是仿西方三权分立,在当时情况下要真正三权分立是不可能的,但它的提出并企图实施,不能不说是政治现代化的一个重要进步。

---

① 《广益丛报》第 6 年第 23 期,"纪闻"。
② 《汶川县禀请褒嘉自治研究所各生一案》,《四川教育官报》己酉第 3 册,"公牍"。
③ 《四川官报》己酉第 16 册,"新闻"。
④ 《四川官报》己酉第 25 册。
⑤ 《辛亥革命回忆录》(七),第 152 页。
⑥ 光绪三十四年八月的上谕称:预备立宪第二年"筹办各省省城及商埠等处各级审判厅"(《光绪朝东华录》(五),第 5981 页)。
⑦ 《筹办审判厅意见书》,《四川档案史料》1984 年第 1 期。

意见书划分了川省各级审判厅的权限：一、各级审判厅专审民事、刑事诉讼，初级审判厅则兼管非讼事件，概不受理行政诉讼。行政官员在"其行政权限外为犯罪之事件者，仍归审判厅审判，本管官厅不得干涉"。二、凡初级审判厅判决之案件，如诉讼者不服，只能向地方审判厅上诉，不服地方审判厅判决，只能向高等审判厅上诉；对高等审判厅判决不服，只能向大理院上诉，"本省自治州县以及州县以上一切行政官厅，皆不能受理此种诉讼"。三、凡原由道府厅州衙门所判决之民刑案件，若当事者不服，限三个月内向高等审判厅上诉，"以高等审判厅之判决为有效。"四、巡警官厅于其管辖区域内之犯警罪者，可即决之，如其人不服而请求正式审判，巡警官应于24小时内将原案送交初级检查厅①。从以上规定看，凡已设立审判厅之地区，司法权似乎已趋向独立。而未设立审判厅之州县，衙门却"仍旧兼理民刑诉讼"。

根据《奏定各级审判厅试办章程》，审判厅分高、中、初级三等。1909年先设四川高等审判厅一厅，"管辖全省民刑上控事件"，内设民事科、刑事科两科，每科设两庭，每庭设推事两员，共民刑推事12员。又在成都、华阳、巴县各设地方审判厅一厅，"各辖其县重大民刑诉讼"。大力扩充法政学堂，"注重法学，养成完全审判人材"，设一审判员讲习所，"令其互相切磋，于中律西律之异同，民事刑事之区别，以及各种诉讼之章程"②。1910年又在其他地区次第兴办审判厅，筹办各属地方厅20处，地方分厅28处，附郭之初级厅48处，城治初级厅92处③。

从1909年开始，四川当局便指定各繁盛城镇筹备自治，并逐步扩大范围，各州县镇议事会、董事会便乘势而起，促进了川省自治运动的发展。1908年底，重庆绅商学界在当局支持下，成立重庆自治会，订简

---

① 《筹办审判厅意见书》，《四川档案史料》1984年第1期。
② 《督宪奏陈川省筹办省城及重庆商埠各级审判厅大概情况折》，《四川官报》己酉第22册，"奏议"。
③ 《蜀报》第1年第8期，"本省纪事"。

章 12 条。重庆府、巴县令、警局会衔出示,称:"朝廷预备立宪,各省均设立自治会,民智日开,程度渐进于文明。渝城为繁盛之区,自治要政未可因循,所幸绅商学界已各举绅董筹办,其局业经定,地方有人,实堪嘉慰。"①1910 年 7 月重庆成立城会及城董事会,选举议员 34 人,董事 4 人,名誉董事 7 人。同时开始筹备各镇、乡会,次年各镇、乡议事会、董事会先后成立,"镇设议事会、董事会,乡设议事会。乡董乡佐视居民人口多寡定议员,名额又由议员中互选正副议长各一人;董事会设总董一人,董事以议员二十分之一为额,名誉董事以议员十分之二为额;乡设乡董、乡佐各一人。除城区外,划全县属境为七镇十四乡"②。

地方自治较有成效者系 1910 年设立的成华城议事会,为成都自治机关,它的出现初步奠定了成都市政的基础。成华城议事会订立了许多行动规则,如《成华城议事会议事规则》《成华城议事会审查规则》《成华城议事会议事厅规则》《成华城议事会旁听规则》《成华城董事会办事规则》《成华城议事会董事会文牍任务细则》《成华城议事会区董任务细则》等。城议事会把全城分为六区,每区各设区董一人,从选民中推举,任期为两年,"区董皆承总董之委任,辅助总董以分理本区内一切应办之事"③。城议事会内分学务股、卫生股、道路工程股、农工商务股、善举权股、公共营业权股、筹集股、谘询股等④。城议事会有议员 60 人,内举董事 15 人,选出正副议长各一人,董事会设总董一人。成都、华阳下属镇乡设议事会、董事会,如华阳县属划为石羊、中和、太平、西河、隆兴 6 镇和得胜、永安、永兴 3 乡,均"依法选举,以符地方自治制度"⑤。

各州县自治机构基本上仿成渝两地而设。各地情况难一一叙明,

---

① 《广益丛报》第 6 年第 27 期,"纪闻"。
② 民国《巴县志》卷 17,《自治》。
③ 《成华城议事会区董任务细则》,《蜀报》第 1 年第 1 期,"专件"。
④ 《成华城议事会审查规则》,《蜀报》第 1 年第 1 期,"专件"。
⑤ 民国《华阳县志》卷 3,《法团》。

下面我们看一看统计。据1910年10月赵尔巽奏报:1910年夏成都、华阳两县将城议事会、董事会合并成立后,江北、简州、彭县等30县总计成立城会49处、镇会14处、乡会17处①。到1911年,据护理川督王人文奏:

> 川省已成立繁盛城会四十处,镇会十处,自夏间设置以来,于地方公益事宜类能典举。中等各城,则巴州、叙永厅、郫县等五十八厅州县均据禀报城会成立,余亦陆续竣事。各镇自治前已通饬各属,不分中等偏僻,全数筹备。或先办一二镇,以促进步。岳池、叙永、泸州等三十余厅州县所办镇会成立者,现已得一百三十三处。至于偏僻城厢及乡自治,虽未届筹备之期,亦多先行赶办,如盐亭、雷波等属之城会,简州、绵州、成都、新宁、梁山、资阳、绵竹、宜陇、宜宾、仁寿、荣县、大竹等州县之乡会六十七处,皆先后成立。计川省只已成立城会一百处,镇会一百四十三处,乡会六十七处。②

由此可见,清末自治机构在川省已普遍设立,成为地方统治结构和秩序变化的一个十分引人注意的现象。

自治局、自治会,城镇议事会、董事会等自治机构的设立,使大量地方士绅得以参预地方政权,使他们在地方政治生活中处于愈来愈重要的地位。各地议员、董事大体皆"依法选举,以符地方自治制度"③。中江自治会以得票最多者为议长,次多者为副议长,每年开议一次或数次,"凡本县政务及人民请愿事端皆得提议由议员公同表决,议长具禀

---

① 《四川总督赵尔巽奏四川第四届筹办宪政情形折》,《清末筹备立宪档案史料》上册,第793页。
② 《本任督宪护理督宪王令奏川省筹备宪政情形折》,《四川警务官报》第1年第3期,"奏议"。
③ 民国《巴县志》卷17,《自治》。

案移交地方行政官及公务官所照案执行"①。名山为选举谘议局议员成立选举事务所,"县绅李国光充所长";自治研究所、清理财政处、统计处次第成立,"县绅胡国燶、李国光、赵正和等分曹襄办"②。据日本学者西川正夫所撰《四川省简阳县县志管见（上）》一文的统计,简州议会共有议员 40 人,其中具有举人、贡生、监生、增生、秀才、副榜、武生、留学生、法政学堂毕业生、铁路股东、县志采访等各色头衔者达 24 名③。

城会、镇会、乡会等机构对社会生活的干预愈来愈多,一些城议事会甚至提出了建立武装的要求。1911 年 8 月巴县城议事会提出:"渝城为通商巨埠,水陆交冲,中外同处,精华荟萃,甲于全川。然人众复杂,良莠难分。"为维持地方治安,"城厢居民,俱谓非速办团练不可。"巴县城议会"为代表舆论起见,拟请妥实绅商,知兵之士,提倡此事。划分区域,俱首在训练多名,预为防守盘诘之用;次则按家派丁,讲习体育枪操,令一般人民知时事日艰,以振起尚武精神为宗旨,以保身家、卫地方为目的,自有成效可观。"④但这未得到当局批准。当时在上海、武汉等地已出现了"商团"这类武装组织,这是绅权提高的一个新阶段。川省在清末虽并未出现商人武装,但他们已提出了这方面要求,不能不认为是一个极大的进步。

实行地方自治是现代思潮冲击的结果,它打破了官僚统治的一统天下,反映了绅权的提高。地方自治是清末立宪的一个重要组成部分,是统治结构向现代演化和建立地方秩序新格局的一个明显标志。

---

① 民国《中江县志》卷 14,《政事下·创制》。
② 民国《名山县新志》卷 16,《事纪》。
③ 见《金泽大学法文学部论集·史学篇 25》(1977)。
④ 《巴县城议事会请办团练呈》,《四川保路运动档案选编》,第 291 页。

八 旧军事体制的变化

清王朝确立在长江上游的统治后,于成都驻扎满营,于各地驻扎绿营,以进行严密的军事控制。

成都驻防旗兵始于康熙五十七年(1718),初仅设副都统一员率之,至乾隆四十一年(1776年)平定金川后始设成都将军,初议驻扎雅州,后以"雅州地势逼仄,亦不足容满兵居住,始改驻成都"。在将军、副都统之下,设协领5员(其中满4、蒙1)、佐领24员(其中满16、蒙8)、骁骑校24员(其中满16、蒙8)、笔帖式2员、状大8名、前锋152名、拨什库144名、甲兵1296名、委甲兵240名(甲兵每人一马,故又称"马甲")、步兵400名(鸟枪手和弓箭手各200)、匠役96名(弓匠、铁匠、箭匠各32)、炮手48名。还有马4451匹,养育兵初144名,后增至288名。每年满营官俸、兵饷、马费需银20余万两,每月由藩库发给。"其初月饷尚堪自给,泊生齿日繁,而饷额不能扩增,于是多有数支子孙,共食其祖遗之一分马甲者。又因不准经营实业,相与习于游惰。"清中叶以后,"穷窭不堪者居多,因房屋为官给,甚有摘拆瓦柱,售钱度日,仅留住屋一二间以蔽风雨者。光宣之际改行新政,始奉命驰营业之禁,并设局为旗民筹生计,其旧日之编制训练及名目,均略有变更。然不久即鼎革矣。"[①]

绿营又称制营,驻扎川省者共80营[②],由提督统辖,下分四镇,每镇设总兵一员,分驻于川省东南西北四方。川东镇驻重庆府、川北镇驻保宁府、建昌镇驻宁远府、松潘镇驻松潘厅。又设副将8员:督标中营副将——总督之中军官,军标中营副将——成都将军之中军官,阜和协副将——驻打箭炉厅,马边协副将——驻马边厅(以上4协均直隶

---

① 以上见周询:《蜀海丛谈》卷1,《满营》。
② 原为83营,后竹峪关营、大昌营和嘉顺营裁,故未计入。

于提督),夔州协副将——驻夔州府,绥宁协副将——驻秀山县(以上两协隶于川东镇),懋功协副将——驻懋功厅,维州协副将——驻维州①(以上两协隶于松潘镇)。各营计都司、守备80员。都司守备以下,有千总、把总和外委,"各营就所辖境内,择其扼要及较为繁盛地方,分设汛所"。全川共设汛所358处,各营千总、把总、外委额缺共970员②。

绿营兵丁则分马兵、战兵、守兵三种,守兵之下"尚有余丁,则皆幼未成年者,仅食守兵饷之半数"。全川各营马、战、守兵共34300余名。各营兵额最多者达到500—600名,最少者仅200余名,平均每营约400人。每年春天或秋天,例由总督将在省城各营及省城外归提督统辖之各营官兵,调集省城检阅一次,然后总督即赴各镇总兵驻地,调集该镇所辖各营检阅,名曰"大阅"。过去兵丁皆用火枪,光绪初年参用洋枪,"海禁开后,外衅日及,而所演阵图,则年年皆循旧式,毫无改进。阵图以外,又分试发枪、射箭及刀叉等技。大阅之日,万人空巷,观者山积。盖不过循例举行,究其实际,直棘门霸上之儿戏而已"③。实际上只剩些面子功夫。及至太平天国时期,川省部分绿营调广西、江南作战,但此时绿营"兵气已趋疲苶。复值生活渐高,制兵之饷,不足自给,各兵遂多兼谋恒业,以资赡家。仅于检阅或操时,荷戈应伍,制兵已呈暮气"④。光绪年间,从绿营兵中挑选年青力强者编为所谓"精兵",省城10营,各镇总兵所在地数营,每营200人。

近代以后又出现了防军。咸同年间石达开率部入川和李蓝起义时,绿营腐败,难以抵御,骆秉璋带数营湘军入川围剿,故以后照湘军编制募集防军,每营官长兵夫共计五百数十人,每一统领多者辖十营,少则二三营,"视其人之勋望与需兵之多寡为断,故无一定营数"。各军之

---

① 维州在松潘和茂州之间,后裁。
② 周询:《蜀海丛谈》卷1,《制营》。
③ 同上。
④ 同上。

名多以创始统领之名定之,如提督周达武所成之军称"达字军""武字军";副将李培德(字寿堂)所成之军称"寿字军";道员安成仁(字仁山)所成之军称"仁胜军"。留驻边地各军则根据所驻地取名,如驻越西者称"定越军",驻马边者称"镇边军",驻雷波者称"雷威军",驻宁远者称"威远军"等。全省防军皆隶于总督,总督为正帅,提督副之。在总督侧设通省营务处,"综管防营军务、军械、军法等事"。同光年间全省防军共 30 余营,除驻边地各军外其余皆驻扎要塞,如江口、嘉定、泸州和重庆等地。光绪末各军改为续备军,分续备前、后、左、右、中等军,每军 5 营,驻边地各军仍按旧称。1907 年根据清廷令将防军改编为 301 员为一营,分设三哨,每营设长夫 20 名,全省共改编为 63 营。1908 年,由于各地民变日盛,将续备各营哨分扎内地各州县,"虽星罗棋布,较为周密。然以一营分驻数县,一军分驻十数县,往往哨官距管带二三百里,管带距统领又二三百里,交通不便,声气阻隔,遇重大事情发生,集合不易。防军力量,又失之涣散薄弱,有类制营之设汛矣"。①

庚子之后实行新政,整顿绿营,"汰弱留强",各营一律裁减兵额十分之二,至 1904 年春历次已裁马、战、守兵 16500 余名,尚存 16400 余名。锡良决定将全省现存兵额分作十成,除边地外,"腹地各营自本年起岁减一成,十年裁尽。专留此饷,以为拓办省外各府州巡警之用"。但松潘、建昌两镇标,马边、懋功、阜和三协,普安、峨边两营,"边防夷屯广轮数千里,地多穷僻,防营既难兼顾,巡警不易推行,一律裁完,空虚无备,应请按年裁减一成,二年后仍留所余各兵,以资绥辑"。按上述办法,边地绿营实际仅裁二成。另外,黎雅、阜右、泰宁、龙安等营,"在今日已无所事,仍并腹地十年裁尽"。② 鉴于绿营分年裁减,而"各标将弁无所事事",决定按两湖减兵裁缺办法,每一把总不足 30 人者即裁把总,每一千总不足 50 人者即裁千总,每一守备都司不及 100 人者即裁

---

① 周询:《蜀海丛谈》卷 1,《防军》。
② 《请分别按年裁减边腹屯防各绿营折》,《锡良遗稿》第 1 册,第 393—394 页。

守备都司,每一游击参将不足 300 人者即裁游击参将,每一副将不足 500 人者即裁副将,每一总兵不足 1000 人者即裁总兵,"所裁各缺即留为本省常备军"①。

锡良实际上并不想将川省绿营遽然裁减,其原因一是"川省风气嚣浮,民教调和不易,既多痞匪,加以骤裁多兵,咸嗟失职,地方何能谧安? 故必分年递裁,俾得徐图生计"。二是防少数民族变乱,"边地防夷,腹营拨藏之兵,势不能裁,应留已居其半"。锡良再次提出裁减办法:一、边境留防。松潘、建昌两镇及马边等营已裁二成,"仍留余兵以资镇压"。二、酌留腹营。军标右营裁,留左营;督标、提标各三营,均留中营裁左右营;重庆镇标三营留中左二营,裁右营。三、专立藏营。川省驻藏之兵按惯例应换防,但"道远粮难,徒有换防之名"。锡良提出按原定名额饷数设立专营,由驻藏大臣编定。四、分裁腹兵。经"迭次裁减,存兵本已寥寥",计腹营可裁之兵尚有 5000 余名,将按计划"裁竣"。五、缺出不补。除提督外,自镇将以下,"遇有升调事故,缺出不补,数年之后,兵裁尽而缺亦旋尽"。六、撤防归伍。从前分防汛地已是"饷薄兵倔,归于无用",经屡裁后往往一汛之兵仅余数名,因此不再作专汛,"设遇有事,由营派弁带兵驰往弹压"。七、就地并营。兵额按年减少,可就同镇、协、标以次合并。八、训练员弁。将部分候补员弁"随时拣送入官弁学堂,或拨入巡防各营,认真训练,量材器使"②。

到 1909 年,各营少者裁 50% 以上,多者裁 90% 以上,一般都在 80% 左右,甚至有的地方仅存营兵数人,可以说是名存实亡。仅以建昌镇为例,到 1910 年,腹地 40 营全行裁撤,其饷移助新军。在总督署设裁撤绿营处,于 1911 年春夏间"先将省城十营接收裁遣……边地各营,则改照防军编制。甫数月即值鼎革,遂并边营亦归消减矣"③。

---

① 《督宪咨明将门军门查照两湖成案裁撤营弁文》,《四川官报》甲辰第 27 册,"公牍"。
② 《绿营分别裁留折》,《锡良遗稿》第 1 册,第 578—580 页。
③ 周询:《蜀海丛谈》卷 1,《制营》。

在满营、绿营被新军取代的过程中，还曾一度编练常备军和续备军。岑春煊任川督时，援照山西练常备军办法，"设立四营，以资训练"，1903年岑调署两广总督，即"将所练常备军全数带粤"。锡良到任后，深感"营务废弛，武备空虚，不可不早为整顿"，又鉴于川省"内则伏莽未清，远则卫藏多故，幅员辽阔，兵力单薄"，决定"速行补募常备军数营"。令曾在袁世凯属下办理营务的山东候补道程文葆"统领川省常备全军，赶募督操，期成劲旅"①。1904年6月川省已成常备军中、前、左、右、后五营，又据清常备军章程，添练工程兵一队，"学习沟垒、电雷、桥梁、测绘各艺……分门试验，以备缓急之用"②。次年7月锡良上奏，川省已募常备军兵队五营、工程一营，因宁远"夷务紧要"，由高焙焜带两营前往督办，后又因巴塘事件，拨常备两营由赵尔丰带领出关平乱，故又新募步队一营。共计七营，兵员2583名③。

1903年11月锡良提出改练川省续备军，川省原有防练37营归并为30营，作为续备中、前、左、右、后、副六军，划分为东、南、西、北、中五路，每路一军，海军五营，各军由统将统领。中军驻成都为中路，前军驻金堂、汉州及保、顺、潼三府为北路，左军驻重庆、酉阳各属为东路，右军驻邛州、眉州、雅州、打箭炉为西路，后军驻泸州、叙府、资州为南路。由于"夷疆绵亘千余里，时虞出巢滋扰"，因此副军五营专防越西、马边、雷波、峨边、屏山五厅县。30营续备军共计兵员1.2万名④。常备军、续备军已有点现代军队的味道，如"操习新式枪炮，认真训练以成劲旅"⑤。1906年7月，川省遵练兵处各省续备军一律改为巡防队之令，将续备六

---

① 《派道员程文葆统常备全军片》，《锡良遗稿》，第1册，第345页。
② 《常备军添募后营并添工程队片》，《锡良遗稿》第1册，第412页。
③ 《奏陈川军情形请俟军务稍定再遵章编练折》，《锡良遗稿》第1册，第496页。
④ 《改练川省续备各军折》，《锡良遗稿》第1册，第359—360页；《奏陈川军情形请俟军务稍定再遵章编练折》，《锡良遗稿》第1册，第496页。
⑤ 《督宪通饬调续备军来省训练札》，《四川官报》甲辰第3册，"公牍"。

军改为巡防队,"所有营制饷章,一切照旧"①。

清季川省满营的衰败、绿营的裁汰以及防军、常备军、续备军的出现,都反映了旧军制不断向新军制的演变过程,从而为现代军队——新军的出现奠定了基础。

九 军事学堂的设立与新军的创建

四川编练新军的前奏是各种军事学堂的设立,首先为新军培养了一批军官。四川最早设立的军事学堂是四川武备学堂。1901年9月川省奉上谕:"现在整顿兵制,停止武科,亟应于各省会建立武备学堂以期培养将才,练成劲旅。"川督奎俊便于成都城北较场建造武备学堂,但未竣工便离任。岑春煊到任后,"查看督催",学堂于1903年1月完工,于是岑通饬各属"选择良家子弟"到成都,由他"亲加考试",录取"文理通顺,体干结实之文武生童贡监职员"共200名,又副取200名"以备日后报名补充缺额"。此外另取各营将弁十余名、成都驻防旗生20名。学员分为三科,速成科一年毕业,本科三年毕业,次课科二年毕业。聘日本总教习一员,副教习三员,汉文教习二员,翻译并助教四员②,学堂规模初具,1903年6月岑春煊奏请开学。

清末川省军事学堂的发展,主要在于锡良的提倡和推行,他曾提出了军事现代化的设想:"近今兵学日精,战术亦日新,中国武学初设,将弁犹少成材",因此要"广设武备学堂……重武以风天下。"③他认为军官应是懂得现代科技、全面发展的人,"今日之学生为他日之将校,凡战阵之步伐,行军之营垒,枪炮之准星表尺,子弹之飞路、落角,与夫天文地理算术测绘各科皆须切实讲习,而其精神尤在志趣坚定,品节安详,性情朴诚,时

---

① 《改续备军为巡防队片》,《锡良遗稿》第1册,第582页。
② 《前署部堂岑奏设武备学堂》,《四川学报》乙巳第5册,"公牍"。
③ 《遵旨密陈管见折》,《锡良遗稿》第1册,第432页。

时以忠君爱国为心,恳挚奋发有勇,知近则为四川军队之桢干,远则扬国威于尚武之世界"①。军事的现代化除了是为更有效地对内控制外,也有强国御侮的目的。如1904年锡良在上清廷的《遵旨密陈管见折》中,便以"列强之包藏祸心"而提出"抵制之策"②。他曾在对军事学员的训辞中说:"迩者国家振兴戎政,学堂者陆军之基础,今日肄业诸生一编入伍,即将来御侮将士也。然维学堂设立,乃朝廷卧薪尝胆有以出之,每读布告之文,真一字一滴泪;而吾数年来于财赋告匮之余与藩司惨淡经营而为之者,亦百姓一钱一滴血也。"③充分体现了他欲练成强大军队的苦心,这种苦心的动力显然是来自外侮。

锡良接办四川武备学堂,首先解决经费问题。武备学堂兴办时建校舍用银 6.4 万余两,常年经费需银 3.1 万余两,另聘教习需银 2000两,每年制购操服需银 5000 余两,合计约需银 4 万两。该款每年于盐茶道库拨银 1 万两,成绵道库拨 5700 余两,防剿经费项下拨 12500 余两,合计拨 28200 余两,尚缺 1.2 万两④。锡良还对学堂进行整顿,"训历各班学生,激发忠爱之心,勉以循规力学,进为干城之选,尚皆知立志向上,亦无嚣张跅弛习气"。定学堂宗旨为"以学问培其本原,以忠义激其性情,以赏罚鼓其志气",以改变川省过去"狃于积习,文人暗弱,羞军事而不为;武夫犷愚,更不学以无术"的状况。学堂内设总办、会办、监督、总教习各一员⑤,副教习三员,又有翻译帮教、汉文正副教习、算学分教习共七员。堂内仍分速成、本课、次课三科。速成科由各营保送都守以下官弁共 38 名,本课、次课招收"本省文武举监生童及官商客籍子弟"共 152 名。其功课较优者列为本课头班,其次为二班,每班 56 名。

---

① 《四川官报》戊申第 2 册,"新闻"。
② 见《锡良遗稿》第 1 册,第 431—432 页。
③ 《四川官报》乙未第 6 册,"新闻"。
④ 《武备学堂分班教课各情形折》,《锡良遗稿》第 1 册,第 364 页。
⑤ 总办为马汝骥(试用道),会办罗禹三,监督朱光忠(日本士官学校毕业),总教习松浦宽成(大佐),后由西原产之助(大佐)接任。

次课 40 名,录年龄较小、学问较浅者,专习中文和算法。合计三科四班,计学生 190 名。武备学堂于学生之外拟另设武备军营,"由各教习督率各学生教练,练成后,随入学生大队军操,藉以实施其各种战法。俟速成科卒业后,武备军愈练熟,即以此调各防营来省,饬由学生督率武备军就近更番训练,俾全省各营悉成劲旅"。课程分为外国和中文,外国功课又分为学、术两科,学科于讲堂讲授,有战术、兵法、地形、物理、化学、测绘、算学、兵器、军粮、军医及外国语言、文字等;术科于操场练习,有各种体操、步伐、阵法、炮队、马队、工程队、行军队、枪炮演放、测准、骑驭、游泳等。中文课分修身、经史、舆地、诸子、词章等六门,"均以有裨名教,有关兵事,凡增益机智者为主义"①。

武备学堂速成科头班学生于 1904 年 4 月毕业,按锡良"各学生应予随长录用及派各营充当教习教练军队"的指示,该批学生派赴防练各营②。1905 年武备学堂总办由盐茶道沈秉堃兼任,会办为陈宦,监督为王凯臣。此时已有一批由岑春煊送到日本士官学校的学生毕业回川,如周道刚、徐孝刚、胡景伊、张毅、徐海清、刘鸿逵等,均由川督派往武备学堂担任教习,将日本教习辞退。1908 年驻藏办事大臣联豫设陆军小学堂,咨调武备学堂和将弁学堂毕业生 14 人赴藏担任教练③。武备学堂毕业生除充实军官队伍外,还为川省其他军事学堂的建立提供了师资。

四川武备学堂开办后,四川又相继设立了其他一些军事学堂,如军医学堂、陆军小学堂、陆军中学堂等。1904 年 4 月锡良因"川省军医无人",在成都开办四川军医学堂,用重金聘"法国名医"罗尚德充教习,收

---

① 以上见《武备学堂分班教课各情形折》,《锡良遗稿》第 1 册,第 362—364 页。
② 《四川官报》甲辰第 23 册,"新闻"。
③ 《清朝续文献通考》卷 110,《学校十七》第 8693 页。

录学生30名①,由军队每营各派一人,"卒业回营,更番供送"②。1904年春锡良奏请设立官弁学堂,隶属于提督,其目的是为训练绿营军官,为川省练新军作准备③。入学资格为实任守备、千总、把总等,以后扩大为凡武官子弟皆可投考。共办三班,每班60名,分别于1905、1909和1911年毕业。课程分普通科学和军事学科,普通科学有数理化等,军事学科有典、范、令等④。

1906年5月,根据练兵处规定,川省应设陆军小学堂一所,学额300名,分三年收足。实际上由武备学堂备办,由成都将军通饬各属选送学生到学堂考试,先招收正课学生100名,附课学生20名,"作为头班学生,暂就武备学堂开办"。并拟在武备学堂附近另造校舍⑤。陆军小学堂总、会办由武备学堂总、会办沈秉堃、陈宦兼任,以后历有变换,最后为尹昌衡。陆军小学堂每年招生一期学生100名,共招五期500名,入学年龄为15—18岁。学堂"于应讲授之科学技术、应练习之场操野战,务须力求精进,造诣日深。"到1911年春,先后毕业学生两班,计180人,均送往第二、第四陆军中学堂继续学习⑥。

1906年5月,锡良又据练兵处陆军办法20条,仿两广总督岑春煊将广东武备学堂改为两广陆军中学堂办法,将四川武备学堂改为四川陆军中学堂,"专备本省小学堂毕业生升入"⑦。1906年四川兵备处以"振兴武备,亟应研究地图,所有布阵安营出奇守险,靡不于地图是赖",因而成立测绘学堂。拟先选取学生50名为一班,学习一年,实习半年,

---

① 《四川官报》甲辰第7册,"新闻"。
② 《总督部堂奏设军医学堂片》,《四川学报》乙巳第6册,"奏议"。
③ 《四川官报》丙午第18册,"新闻"。
④ 张仲雷:《四川的军事学堂与川军派系的形成和演变》,《四川文史资料选辑》第5辑。
⑤ 《武备学堂改陆军小学堂片》,《锡良遗稿》第一册,第581页。
⑥ 《本任督部堂奏陆军小学堂办事出力人员请奖折》,《四川教育报》辛亥第17册,"奏议"。
⑦ 《武备学堂改陆军小学堂片》,《锡良遗稿》第1册,第581页。

并以成都为中心分东南西北四路对全川进行测绘制图①,"每路派员生四班实略图分道测绘,先就武备学堂卒业生从北路成绵等属开办,俟测绘学堂卒业后续行测绘东南西三路,仍一面广储测绘之材,筹备仪器以求完全"②。1911年春四川官弁小学堂附设于官弁学堂侧,专招武官子弟入学训练,招一班计60人入学,总办为提中参将冯云汉。辛亥革命爆发,学堂停办③。

为新军的编练,除设立军事学堂外,还采取了以下措施:

1. 筹饷。1902午岑春煊将"新办计岸盐引内摊征饷项下专作常备军经费",1903年锡良为解决常备军经费问题,将盐道及官运局"本年未解银两,及以后所征之款,留作四川常备军饷"④。计岸官运每年余利30万两,其中20多万两充作常备军饷⑤。锡良计划"惟就原有之饷,练有用之兵"⑥。川省编练新军之时正遇川边用兵,使本来就十分困乏的川省财政又更为拮据,"巴塘变作,分道征募,远路馈运以视内地行师,遗恒倍蓰。现以经营善后,驻边者尚新旧八营,军需浩繁,急于星火。……就本省例应支放各款设法暂挪,以应其急,实已艰窘万分"。编练新军计需常年饷项50余万两,虽锡良感到"川省民力已竭,万难别事搜求",但仍将每斤盐加价一二文,"专为练兵制械之需"。另外又将原有团练经费挪用,"而嗣后按年裁兵节饷,或渐可腾挪分注,藉济新饷,裁诸无用之制兵,以供新练之劲旅"⑦。但锡良并未能改善饷需困窘的状况。

---

① 东路:成都、资州、泸州、重庆、夔州、绥定、酉阳;南路:成都、邛州、雅州、宁远、打箭炉、叙州、嘉定;西路:成都、茂州、松潘、懋功、五屯;北路:成都、绵州、保宁、顺庆、龙安。
② 《兵备处详遵议测绘学堂办法并章程文》,《四川官报》丙午第27册,"公牍"。
③ 张仲雷:《四川的军事学堂与川军派系的形成和演变》,《四川文史资料选辑》第5辑。
④ 《派道员程文葆统常备全军片》,《锡良遗稿》第1册,第245页。
⑤ 《筹办陆军新饷折》,《锡良遗稿》第1册,第540页。
⑥ 《改练川省续备各军折》,《锡良遗稿》第1册,第359页。
⑦ 《督宪奏编练新军筹饷折》,《四川官报》丙午第1册,"奏议"。

2. 制造武器。锡良鉴于"列强日逼,各地枪炮,以时革新,且将筹练新军"①,就任川督后便"锐意练兵,以枪炮为行军制器"②。1903 年"乃亟谋另建伟大之兵工厂,以精制造"③,以候补道章世恩为总办,并令其选带委员、学生、工人等 20 人赴欧美选购机器,并"考察工艺……博访勤求,具有心得"④。因四川机器局厂地狭窄,无处扩展,于是在成都东门外数里购地 400 余亩筹建新厂,于 1904 年 8 月落成,并安装新机器,所用购买机器、运费、修造厂房等项共用银 126136 两,从上海购买"机器局需用枪炮光胚洋钢等件",共用银 79229 两⑤。1905 年又拟整顿更换机器局设备,对机器"逐加考求,力从撙节,在于德国购置,订明分三期付银,两批交货"⑥。据《重庆商务之调查》称:"近年来进口渐见增多,大半系成都机器局及银元局所购。"⑦经改造后的机器局"调精通制造之大员总其事,并于江南、汉阳等地制造厂,遴调技师及娴习工匠百数十人来厂办理"。于造枪弹外兼制机关枪和各种新式炮,"每日出枪之数激增,所出枪炮虽视汉阳厂制者略逊,然已开川省之新纪元"⑧。1905 年造出新炮,在成都凤凰山试放,"速率从优,机械之细,以较沪厂制造无甚差别"⑨。1907 年试制日本新式速射山炮成功,射程达 6 里,口径 7.5 厘米,炮弹每枚重 12 磅,于是护理川督赵尔丰奏准设立炮厂,成批生产⑩。机器局除由官府拨款外,为解决资金不足的问题,又创设票捐局"发行奖券,通饬各属代售",这样,机器局

---

① 周询:《蜀海丛谈》卷 3,《锡清弼制府传》。
② 《四川官报》乙巳第 30 册,"新闻"。
③ 周询:《蜀海丛谈》卷 3,《锡清弼制府传》。
④ 《章世恩等留省补用片》,《锡良遗稿》第 1 册,第 550 页。
⑤ 《机器局购器建房报销片》《机器局采购枪炮等件报销片》,见《锡良遗稿》第 1 册,第 416、417 页。
⑥ 《奏添购机器分期交付银货片》,《锡良遗稿》第 1 册,第 501 页。
⑦ 《商务官报》戊申第 31 册,"参考资料"。
⑧ 周询:《蜀海丛谈》卷 3,《锡清弼制府传》。
⑨ 《四川官报》乙巳第 30 册,"新闻"。
⑩ 《四川官报》戊申第 8 册,"奏议"。

每月可得余利数万元,"即以拨供该厂常费"。机器局为新军提供大量新式武器,当时"除混成协所用悉新式枪炮外,即续备各军所持,亦崭然一新。而军械库中所储存者,亦较前充裕矣"①。

3. 派员考察和设立机构。1904 年锡良派员赴北洋考察练兵事宜,"自强之道,首在练兵,而操练事宜,日新月异,非互证参观无以广集思之"。川省"地方遥远,风气未开",而袁世凯在北洋"讲求戎政,于练兵一切规制备极周详,著有成效"②。因而可作为川省楷模。1905 年年底锡良上奏请设立督练处,"以为军事之枢纽",分为三处:兵备处,委布政使贺纶夔、候补道程文葆为总办,教练处,由兵备处兼管;参谋处,"俟得其人,即行派委"③。督练处后改称督练公所,仍分三处:教练处,专司训练调遣;兵备处,专司军械、军法、军医等事;粮饷处,专司核发全镇官兵薪饷等事。三处各设总会办,每处之下,又分科治事④。1906 年由于"川省创练新军,需材孔急",设立兵备处研究所,"专以研究军政为宗旨,以细译练兵处章程及北洋各种操法为主,以参考各国兵书为辅"。拟订了研究所章程 10 条,表明研究所之设是适应目前"兵学日精"的形势"储选人材"的需要。研究内容有陆军饷章、兵律、带兵规则、陆军礼节、战法学、地势学、测绘学、步兵操典、防守学、沟垒学、军器学等⑤。又设立军事讲习所,"选程度较优之校弁"入所肄习,"先后招弁目六百人,分别讲习训练,造就可谓亟矣"⑥。1911 年护理川督赵尔丰同意兵备处和教练处之请,设立陆军编译局,由尹昌衡任科长,每年拨款 1.2 万两作经费⑦。

---

① 周询:《蜀海丛谈》卷 3,《锡清弼制府传》。
② 《督宪咨北洋现派贺道前往考查练兵事宜文》,《四川官报》甲辰第 20 册,"公牍"。
③ 《遵练新军布置情形折》,《锡良遗稿》第 1 册,第 544 页。
④ 周询:《蜀海丛谈》卷 1,《新军》。
⑤ 《兵备处详设研究所章程文》,《四川官报》丙午第 11 册,"公牍"。
⑥ 傅崇矩:《成都通览·成都之军政》。
⑦ 《广益丛报》第 9 年第 7 期,"纪闻"。

1905年底至1906年初川省开始正式编练新军。四川编练新军之所以较迟,主要是因巴塘用兵,1905年7月锡良上奏表示:"一俟军务稍靖,即当统合旧有、新募常备续备各军,通筹兵力、饷力,从新挑选,酌量编联,另行奏明办理。"①是年底巴塘之乱平定,锡良立即着手编练新军,于1905年12月底上奏指出:

> 伏维强国之道,首重练兵。盖国无强弱,惟视兵为转移,此东西列邦所以汲汲扩张军备者也。……查川省地形险阻,屏蔽西藩,于秦陇为辅车之依,于吴楚有建瓴之势,非练有大枝劲旅,无以资控制而靖边陲。现在巴境底平,宁夷詟服,各军多已凯旋……此编练新军刻不容缓者也。②

锡良拟首先编练步队六营、过山炮队两营、工程一营、马队一营、军乐队一营,打算从陕甘选购马匹入川,"选练一二队,倘能得力,再行扩充"。各营军官"均择学堂出身曾习陆军者慎加遴选"。根据清廷颁布之新军章程,马、炮、工程各营隶于镇统之下,川省编练十营,未足一镇之数,当不设镇统,而设防统两员分率步、马、炮、工各营。第一协由步队三营、过山炮队一营、马队一营组成,其中步队系就原有常备军并改,驻扎省城,委候补道程文葆统领;第二协由步队三营、过山炮队一营、工程队一队组成,委候选内阁中书陈宦统领,驻成都城外凤凰山,决定在营舍造好后,"即赴川北一带按格选募,以一府编为一营"③。新军士兵素质较之旧军提高许多,士兵除由原常备军内挑选外,"悉由各州县征集,皆系民籍中精壮识字之人,或各地中小校肄业者"④。

1907年调候补道朱庆澜到川督办军务,次年练成一镇,称陆军十七镇,由朱任统制。至1909年川省新军"规模始行大备",全镇官兵计1

---

① 《奏陈川军情形请俟军务稍定再遵章编练折》,《锡良遗稿》第1册,第497页。
② 《督宪奏遵练新军布置情形折》,《四川官报》丙午第1册,"奏议"。
③ 同上。
④ 周询:《蜀海丛谈》卷1,《新军》。

万员。步兵分两协,设协统二;每协分两标,共设标统四;每标分三营,共设管带12,每营分三队,每队分三排,步兵共6000名。此外,设骑兵、炮兵、工兵、辎重四团,每团二营,又共4000名,合计1万。协统、标统多自外省调用,或由日本士官学校毕业生充任,如留日士官生周道刚、刘鸿逵、徐孝刚等派充步标、炮标统带[①]。

清末军事体制的变革中,现代新式军队逐步取代了传统的旧式军队,兵源逐步由八旗子弟和世袭绿营子弟改为招募来的青年,许多有文化的青年进入军队。军事学堂的设立使新知识得到传播,从而使军队中的个人素质、思想结构也发生了明显的变化。因此,当辛亥革命的历史大变动时刻到来时,他们中许多人做出抉择,参加了反清斗争。

十　田赋的负担及其征收

明末清初,由于战乱,政府对川省的田赋征收基本停顿,局势稳定后,朝廷便着手恢复和整理对田赋的征收。清前期在财税方面最重要的改革,恐怕就是"摊丁入亩"了。摊丁入亩是传统社会赋役制度发展的终结,它的特点是将人丁的封建负担摊入地亩,使之与赋税一元化。帝国晚期由于经济结构的变化、城镇商业的兴盛,大批难以维持生计的农民成为自由劳动者,增加了丁口管理的困难,加之雍正后各省库款亏空甚多,这更推动了赋役制度的改革。

雍正年间全国大多数地区相继实行了摊丁入亩的改革,此项政策四川实施较早,雍正四年(1726)清廷题准摊丁入亩时便指出:"四川所属丁银向系以粮载丁征收,经年以久,惟威州等十一州县系丁地分征,自五年为始,亦令以粮载丁。"[②]又据史料称:"按丁随地起之例,广东、四川诸省先已行之,至雍正元年,准抚臣之请行于

---

① 傅崇矩:《成都通览·成都之军政》。
② 《大清会典事例》卷157,《户部·户口》。

畿辅，而各省亦多效之。"① 由此可见川省"以粮载丁"由来已久。摊丁入亩按其摊征方式可分为两大类，即全省通融均摊与各州县分别均摊，四川属于后者。这种摊征方式是将各州县丁银均摊入该州县的地银（粮）中②，每地银（粮）一两（石）所摊征的丁银必然多寡不一（因为各州县的地赋银或粮数，及摊征丁银数有很大差距），川省是每粮0.052石至1.96石不等算一丁，征6升③。摊丁入亩的实行，使赋役负担较之以前均平，过去无寸土的佃农也要交纳丁银，而现在是田多者多交，田少者少交，无田者免交。许多无地的劳动者不但摆脱了丁银的负担，而且有了较多的行动自由，丁多地少的自耕农负担也相对有所减轻。

明季，由于川省在册的耕地总面积和人均耕地在全国来说相对要少，因而田赋负担也较轻。如明万历六年（1578）四川全省征米麦共计仅1028545石④，故史称"正供之额，合全蜀计之，其原不过南浙一郡县耳"⑤。清初，由于川省经济残破，赋额较明季更为减

---

① 《清朝文献通考》卷19，《户口考一》，第5026页。
② 川省田赋合粮银、条银、丁银三者统称地丁，是为田赋正供。如内江县中有中田183275.76亩，每亩载粮0.008石；下田144494.90亩，每亩载粮0.00633石；中地1612107亩，每亩载粮0.004石；下地214997.49亩，每亩载粮0.0025石。又每粮一石应征丁条粮银2.002812两，则其粮额之计算当如下：

中田 183275.76×0.008　石＝1466.21石
下田 144494.90×0.00633＝ 915.09石
中地 16121.07×0.004　石＝ 644.48石
下地 214997.49×0.0025　石＝ 537.49石
　　　　　　　　　　　　　　3563.27石

此3563.27石即为内江县以石为单位的粮数额。若再乘以每粮一石应征丁条银数，即以2.002812×3536.27＝7136.56两，此7136.56两即为内江县以两为单位之现行粮额数（参见彭雨新：《川省田赋征实负担研究》，第16—17页）。
③ 王庆云：《熙朝纪委》卷3。
④ 雍正《四川通志》卷5，《田赋》。
⑤ 康熙《四川总志》卷10，《贡赋》。

少。顺治十八年(1661)四川征银 27094 两,征粮 928 石①,当时川省民田赋粮每石折银 4 钱,因此 27094 两折粮约 67735 石,加上 928 石的征粮不过 68663 石,只相当于万历六年的 6.6%。川省田赋之所以如此之轻,其重要原因之一是耕地隐匿现象十分严重(可参见第二章有关部分),清政府无法核定真实的耕地数。从顺治到康熙,川省在册耕地面积增加较多,但田赋额增加甚微。如康熙二十四年(1685)耕地面积较顺治十八年增加 537768 亩,即增加 45%,而康熙二十四年的赋银只较顺治十八年增加 5118 两,即增加 18%;赋粮只增加 287 石,即增加 30%②。可见田赋总额的增长率低于垦田面积的增长率。到康熙四十九年(1710)四川征钱粮仅 202300 两,"甫及原额十分之一"③。

川省田赋如此之轻,还在于康熙时期清政府有意实施的一种优待政策。康熙曾在上谕中称:"今四川之荒地,开垦甚多,果按田起课,则四川省一年内可得钱粮三十余万,朕意国用已足,不事加征。"④康熙曾告诫初任四川巡抚的年羹尧,不要立即清丈田亩,"为巡抚者,若一到任即欲清丈地亩,增加钱粮,即不得民心矣"⑤。所以到雍正时期虽经清丈,"赋入加增,而起科仍从轻则"⑥。即使到实

---

① 《清朝文献通考》卷 1,《田赋考一》。
② 鲍晓娜:《清代前期四川地区的田赋》,《西南师范大学学报》1987 年第 4 期。
③ 原额为 1616600 两,《清朝文献通考》卷 2,《田赋考二》,第 4868 页。
④ 《清朝文献通考》卷 2,《田赋考二》。
⑤ 《圣祖仁皇帝圣训》卷 46,《饬臣工》。
⑥ 佚名:《四川财政考》,第 1 页。

施摊丁入亩,田赋额仍未达到万历年间的水平,雍正七年(1729)川省在册耕地为45902783亩,总赋额为656426两,以此与明万历年间田赋相比,其比率见表6-12。可见,就田亩数看,雍正七年已达万历的3.4倍;但就赋额来说,雍正七年仅为万历的40.6%。

表 6-12

时期 亩数和赋额	明万历额(A)	雍正七年额(B)	$\dfrac{B}{A}$
总亩数(亩)	13482776	45902783	3.4
总赋额(两)	1616600	656426	0.406

资料来源:彭雨新《四川清初招徕人口和轻赋政策》,《中国社会经济史研究》1984年第4期。

表 6-13

时期 分类	银(两)				
	顺治十八年	康熙二十四年	雍正二年	乾隆十八年	乾隆三十一年
田赋数	27094	32211	225535	659075	660801
每亩平均银粮数升降百分比,顺治十八年=100	100.00	82.61	47.83	60.87	60.84
四川田赋占全国总数百分比(%)	0.13	0.13	0.86	2.23	2.21
田赋升降百分比(%),顺治十八年=100	100.00	118.89	832.42	2432.55	2438.92
每亩银数粮数	0.0023	0.0019	0.0011	0.0014	0.0014
时期 分类	粮(石)				
	顺治十八年	康熙二十四年	雍正二年	乾隆十八年	乾隆三十一年
田赋数	928	1215	57119	14329	13440

续表

时期 分 类	粮(石)				
	顺治十八年	康熙二十四年	雍正二年	乾隆十八年	乾隆三十一年
每亩平均银粮数升降百分比,顺治十八年=100	100.00	87.50	337.50	37.50	37.50
四川田赋占全国总数百分比(%)	0.01	0.03	1.21	0.17	0.16
田赋升降百分比(%),顺治十八年=100	100.00	130.93	6155.06	1544.07	1448.28
每亩银数粮数	0.0008	0.0007	0.0027	0.0003	0.0003

资料来源:根据梁方仲《中国历代户口、田地、田赋统计》乙表66、乙表67、乙表68、乙表69、乙表70、乙表71、乙表72、乙表73、乙表74资料整理。

清代四川田赋历年有所变化,田亩也有所增加,关于其变化情况及相互关系,见表6-14和表6-15。我们可以看到,川省在全国田赋中所占比例甚小,顺治十八年至康熙二十四年25年间田赋银仅占0.13%,田赋粮只占0.01—0.03%,几乎是无足轻重。到乾隆三十一年,册载耕地46007126亩,占全国(741449550亩)的6.2%[①],但田赋银仅占全国的2.2%,赋粮仅占0.16%。乾隆三十一年册载耕地面积较之顺治十八年增加了38.7倍,但同期赋银从27094两增加到660801两,只增加了24.4倍,因此每亩平均赋银从0.0023两下降到0.0014两,下降了39%。可见川省田赋在清前期还有减轻的趋势。

表 6-14

年 代	册载耕地		赋 额	
	面积(亩)	估种地(石)	赋银(两)	本色粮(石)
顺治十年(1653)以前			—[1]	
顺治十一——十六年(1654—1659)			5700[2]	

---

① 梁方仲:《中国历代户口、田地、田赋统计》乙表74。

续表

年　代	册载耕地		赋　额	
	面积(亩)	估种地(石)	赋银(两)	本色粮(石)
顺治十八年(1661)	1188350		27094	928
康熙十年(1671)	1539338	1663	39356	9114
康熙二十四年(1685)	1726118		32212	1215
康熙四十九年(1710)			202300	
康熙六十一年(1722)	20544285		302612	13969
雍正二年(1724)	21503313		226991	66345
雍正五年(1727)	22323138		339227	
雍正六年(1728)	45902788	6920	657297	11451
乾隆十八年(1753)	45957449		659175	14329[3]
乾隆三十一年(1766)	46007126		660801	13440[4]
嘉庆元年(1796)后	46348646		666578	28714
嘉庆中期[5]	46979291	7083	675883	15972
道光元年(1821)			768537[6]	13519
道光二十年(1840)			768902[7]	13466
咸丰元年(1851)	46381939			
同治十二年(1873)	46383462			
光绪十三年(1887)	46417417			
光绪二十三年(1897)—光绪末	47062495		769238[8]	13455

注:[1]尚未正式开征,清军粮饷恃秦中召买转输入蜀。

[2]当时只有长江以北为清完全控制,故课赋范围仅及保宁、顺庆、龙安、潼川4府州。

[3][4]粮充本省经费。

[5]《嘉庆重修一统志》称,是年耕地53667028亩,赋银667228两,米13519石,杂粮1295石。

[6][7]表列赋额包括正耗银数。

[8]表列赋额包括正耗银数,其中正赋669131两,一五火耗银100107两,遇闰年另增闰银23290两。

资料来源:鲁子健编《清代四川财政史料》上册,第755—756页。

从四川省内部来看,田赋的分布和分配都是极不均衡的,从表6－15中可见各府直隶厅州的赋额和承担比例,从表6－16中可见各府直隶厅州平均每亩承担赋额,从表6－17中可见各州县平均每亩征银轻重程度。

表 6－15

名次	地区	田赋数额（两）	占全省比例（％）	名次	地区	田赋数额（两）	占全省比例（％）
1	成都府	95802	14.7	15	忠州	16147	2.4
2	潼川府	80121	12.2	16	夔州府	11228	1.6
3	重庆府	60012	9.2	17	龙安府	11194	1.5
4	顺庆府	54639	8.4	18	叙永厅	5809	0.8
5	叙州府	52037	8.0	19	酉阳州	4844	0.6
6	嘉定府	45426	6.8	20	宁远府	2369	0.3
7	绵州	37420	5.6	21	太平厅	1168	0.2
8	绥定府	34885	5.3	22	懋功厅	919	0.1
9	资州	34557	5.2	23	茂州	691	0.1
10	邛州	28676	4.4	24	理番厅	584	0.1
11	保宁府	27548	4.2	25	石柱厅	554	0.1
12	泸州	24478	3.6	26	松潘厅	192	0.0
13	眉州	22459	3.3				
14	雅安府	17493	2.5		共计	648802	100.0

资料来源:根据嘉庆《四川通志》卷63,《食货·田赋下》,第3－38页资料整理。

表 6－16

地区	耕地面积（万亩）	田赋总额（万两）	平均（两/亩）	地区	耕地面积（万亩）	田赋总额（万两）	平均（两/亩）
成都府	681	9.58	0.0141	潼川府	260	8.01	0.0308
重庆府	1157	6.00	0.0052	绥定府	217	3.49	0.0161

续表

地区	耕地面积(万亩)	田赋总额(万两)	平 均(两/亩)	地区	耕地面积(万亩)	田赋总额(万两)	平 均(两/亩)
保宁府	255	2.75	0.0108	眉 州	103	2.25	0.0218
顺庆府	244	5.46	0.0224	邛 州	146	2.87	0.0197
叙州府	279	5.20	0.0186	泸 州	153	2.45	0.0160
夔州府	84	1.12	0.0133	资 州	305	3.45	0.0133
龙安府	63	1.12	0.0178	绵 州	289	3.74	0.0129
宁远府	8	0.24	0.0300	忠 州	158	1.61	0.0102
雅州府	40	1.75	0.0438	酉阳州	49	0.48	0.0098
嘉定府	150	4.54	0.0303	叙永厅	26	0.58	0.0223

注:直隶厅因耕地和赋额不清,故未列入。

资料来源:嘉庆《四川通志》卷63,《食货志二·田赋下》。

表 6—17

按税率轻重排列的州县	上田每亩征银(厘)	中田每亩征银(厘)	下田每亩征银(厘)
以川东南如永川、巴县、江津、江北、合川、壁山、铜梁、长寿等县为最轻。	6.88—10.84	6—9.49	5—8.13
以川西如温江、成都、华阳、灌县、新津、崇庆、新都、双流、彭县、新繁、崇宁等县为次轻。	18.16—24.1	14.05—18.6	11.12—14.7
以川东如万县、忠县、渠县、奉节、巫溪、云阳、梁山、丰都等县为轻重。	15.67—29.17	13.71—27.5	11.75—23.57
以川南如宜宾、南溪、江安、筠连、泸县、古宋等县为次重。	24—46.58	16—31.05	9.6—18.63

续表

按税率轻重排列的州县	上田每亩征银（厘）	中田每亩征银（厘）	下田每亩征银（厘）
以川北如三台、中江、射洪、梓潼、剑阁、广元、江油、阆中、昭化、万源、通江等县为尤重。	35.69—60.83	18.5—63.2	12.84—54.19
以洪雅、夹江、青神、丹棱、名山、峨眉等县为最重。	50.44—84.92	33.63—78.67	26.18—50.8

资料来源：彭雨新《四川清初招徕人口和轻赋政策》，《中国社会经济史研究》1984年第2期。

各表的统计说明，各地负担数额相差甚为悬殊，多者如成都府，负担了全省田赋银的14.7%；而少者如宁远府，仅占0.3%。这反映出各地区的耕地面积、人口疏密、贫富程度等的差距。各府直隶厅州的田赋起征点是很不均匀的，重庆府最低，每亩征率平均为0.0052两，最高为雅州府和潼川府，每亩征率平均为0.0438和0.0308两。关于重庆、潼川府轻重不一的情况，雍正七年川督宪德的疏中称："至重庆属巴县等处，上田征银不满一分，似属过轻，但各地方地脉浅薄，不及他处，应仍照旧征收。"显然，这是有意维持历史上形成的薄赋状况。潼川府过去即征赋率较高，"潼川州中田每亩丁粮条银六分五厘零，下田每亩丁粮银五分八厘零，中地每亩丁粮银五分五厘零，下地每亩丁粮银三分九厘零，较之他属实属过重"①。因此降低起征额，尽管下降幅度已达29%，但由于历史的原因，仍较他处为高。川省田赋的轻重不一，雍正时曾作过较普遍的调整，"原重之田地宜令与接壤地方相等，比照科算，原轻之处亦应按则增添，不致小民偏枯委曲"②。实际田赋增加者并不多，而经核实后减赋的有潼川州、遂宁、绵州、江油、通江、屏山、叙永厅、九姓

① 嘉庆《四川通志》卷62，《食货·田赋上》。
② 同上。

司、雅安、名山、荥经、芦山、峨眉、夹江等14州县厅和土司,共减银22876两①。雍正八年这种调整继续进行,以"适中"为原则②,由户部议准,成都等20州县上田每亩以0.046—0.084两起科,中田每亩以0.036—0.078两起科,下田每亩以0.022—0.058两起科。而新增之上地,每亩以0.0105—0,013两起科,中地每亩以0.00705—0.0089两起科。原有之中地每亩以0.017—0.042两起科,下地每亩以0.0078—0.026两起科③。调整后的川省田赋并没有根本改变轻重不一的状况,从总体来看,东部赋额偏低,中部和西南部偏高。

为什么会出现田赋的这种轻重不一的历史现象呢?川督宪德称:"皆缘向来招垦止约略块段,估种认粮,是以粮轻之处科则既轻,复有欺隐,计其粮赋输纳无多;而粮重之处,因其亦有欺隐,虽依重则输纳,亦习为固然。"④关于各地赋额轻重不均的状况,清末民初亦有人予以评述,周询在《蜀海丛谈》中的分析颇有道理:

> 明末清初,张献忠由东北入川,所过屠戮,民无孑遗,至成都未久,即败溃死,故西、南两路多得保全。清顺治、康熙间,始招湖北、广东、江西、福建等省人民入川开垦,且有强迫而来者。准其随意插占,纳数亩之粮,即可坐耕数十亩之地。此后即有转售,而粮仍旧额,割售者亦按其原纳粮数分拨。有清二百六十余年间,从未清丈,故其纳粮科则,亦与有清相终始。西、南两路,则因未经浩劫,明代粮册犹存,故清时仍按明代科则征收。畸轻畸重之病,迄未加以整理。⑤

关于张献忠是否屠蜀,史学界多有评论和考证,这里且不论,但四川东

---

① 嘉庆《四川通志》卷62,《食货·田赋上》。
② 参见《清朝文献通考》卷3,《田赋考三》第4877页。
③ 同上。
④ 嘉庆《四川通志》卷62,《食货·田赋上》。
⑤ 周询:《蜀海丛谈》卷1,《田赋》。

部较之西部和南部兵燹损失为重,这倒是历史事实。清初重新开发川东,为招徕人口和垦荒,定赋额极低,而且长期不变。但四川西部和南部清代征收的田赋额基本上沿用明制,保存了过去的负担。因此,虽然全川的征赋比明代大大减轻,但有些地区得到的实惠要少一些。

从表6—14可见,从雍正六年到清末川省正赋变化甚少,仅从65.7万两增至66.9万两。川省田赋"只地丁一项为正供,然科则极轻"①,这种田赋额"按粮载丁,其取诸民也,大抵三十而税一耳"②。也就是说农民所纳田赋不过是其所产的3%左右,这较之中国历史上"十五而税一"的"德政"还轻了许多。直至乾隆中期,除田赋外,再加上其他征收,川省的赋税总额也并不繁重。乾隆中期川省地丁银(田赋)、关税、杂税银、契税银、盐税银共计约176—180万两。乾隆中期,川省人口已达2000多万,"以彼时全川人口计之,每年每人担负平均不过一角"③。但到清后期,这种状况却发生了很大的变化。

十一 清代蠲政

蠲免田赋是清政府在地方施政的一项重要内容,它既起着维持社会运转、社会再生的作用,又是朝廷显示其统治权威、布施"德政"的重要措施。特别是在所谓"盛世",这种蠲免于政府财政并无太大影响,但于地方却获益不少,起到了维持社会安定的作用。

清代蠲免主要是在这样的情况下进行:

第一,为标榜盛世、庆祝皇帝生辰、登基庆典等。如顺治八年

---

① 周询:《蜀海丛谈》卷1,《岁入岁出》。关于四川清代田赋额历年略有增减,说法也不尽相同。《蜀海丛谈》称68万余两;《四川款目说明书》据《赋役全书》称66.9万两,遇闰加征银2.3万两;宋育仁主纂的《四川通志》(未刊)称每年正银66万余两,遇闰则征正银69万余两。

② 佚名:《四川财政考》,第1页。

③ 周询:《蜀海丛谈》卷1,《岁入岁出》。

(1651)顺治帝亲政,于是"颁诏大赦天下",将全国由万历年间加派地亩钱粮免三分之一①。乾隆四十二年(1777)乾隆帝为"恭祝圣母九旬万寿之年,再溥恩施一次",将川省次年地丁钱粮共 692300 余两"全行蠲免"。乾隆五十五年(1790)因届乾隆帝 80 寿辰,谕令川省从次年起分三年各府直隶州地丁钱粮实行轮免,蠲免总额约 672000 两,约等于川省一年应征地丁钱粮数。乾隆六十年(1795)为庆贺乾隆登基"周甲"和传位嘉庆,又下旨轮免。川省按乾隆五十五年例,从嘉庆元年始分三年免完,总额为 672750 两,亦等于川省一年应征地丁钱粮数②。

第二,是为所谓"布德行仁""勤恤为先""爱育苍生"及与民休息等。如康熙二十五年(1868)康熙帝下谕"与海内元元共图乐利,弛征减赋,惟频涣恩施,俾万姓得沾实惠"。川省康熙二十六年应征地丁各项钱粮"俱着蠲免",上年未完钱粮亦予以豁免。康熙四十二年(1703)又"更施恩泽",川省次年应征地丁各项钱粮"通着蠲免"。康熙四十九年(1710)又下谕"思沛大恩以及吾民",将川省次年应征地亩银、人丁银及历年旧欠全部蠲免③。

第三,是因军事目的而动用民力,以后予以补偿。如雍正六年(1728)川省办理西藏、乌蒙各路军糈,动用崇庆州仓谷碾运三千余石,于是将该州次年"额征钱粮全行蠲免"④。乾隆十四年(1749)由于川省"军需一切供亿输挽有资民力",决定乾隆十三和十四年(1748—1749)两年地丁钱粮概行缓征。列在一等的茂州等 14 州县因"地居冲要,差务殷繁,承办夫米甚多",蠲免一年钱粮;列在二等的温江等 43 州县厅"办米出夫稍次,或有派往出口站夫,或当北路孔道,差务亦重",酌免一年钱粮的十分之七;列在三等的乐山等 22 州县、列在四等的隆昌等 53

---

① 《清世祖实录》卷 52,第 12—14 页。
② 嘉庆《四川通志》卷 73,《蠲赈》。
③ 雍正《四川通志》卷 13,《蠲免》。
④ 同上。

州县,"或粮由舟运,人力稍省,或办夫而不办米,办米而不办夫",三等酌免一年钱粮的十分之五,四等免十分之三。乾隆三十七年(1772)又以进剿小金川"粮运转输不无稍资民力",下谕按乾隆十三年例"分作三等以次办理,全行蠲免"①。乾隆四十一年(1776)又以用兵金川而动用民力转输,将全川上年缓征钱粮分等减免②。

第四,是因自然灾害。清初威、茂地震,"压死军民无数",川督"特疏请蠲,地方赖以守辑"③。乾隆元年南溪、纳溪、合江、九姓司、永宁等因"偶遇风雹被灾",于是将受灾各地"本应征钱粮概行蠲免,倘有已经完纳者,准抵明年应纳之项"④。咸丰六年(1856)黔江地震毁田1356亩,"时署县同书禀请上宪,每年免征地丁条粮银二十二两三钱四分零四毫"⑤。同治十一年(1872)射洪遭水灾,当年免应征津捐钱72两,免应征捐输银1000两;次年复被水害,再免津捐银60余两,免捐输4万两,并将来年应征捐输银全免⑥。光绪二十二年至二十三年(1896—1897)川东大灾,川督鹿传霖便奏请"停缓开征",川东太平、东乡、奉节、万县、酉阳等22厅州县地丁银"展限半年",并请将酉阳捐输1000两全免,秀山减1200两,黔江减500两,彭水减700两,大竹减4000两⑦。

第五,是因地方发生动乱。如嘉庆元年(1796)因太平、东乡、新宁等"教匪滋事",各处"被贼滋扰,召募乡勇堵御并运送军粮,耕作不无失时",于是将以上三地次年应征地丁钱粮"普行豁免"。嘉庆二年又因"夔州府所属地方复有教匪阑入",于是免征次年奉节、巫山、云阳、万县、开县、大宁6县地丁钱粮。嘉庆三年因长寿等16州县"被贼滋扰",

---

① 嘉庆《四川通志》卷73,《蠲赈》。
② 嘉庆《四川通志》卷首之七,《圣训七》。
③ 康熙《四川总志》卷36,《艺文·碑记》。
④ 嘉庆《四川通志》卷首之三,《圣训三》。
⑤ 光绪《黔江县志》卷3,《食货·田赋》。
⑥ 《射洪县史志资料》1985年第2,3期,第97页。
⑦ 《川督鹿奏赈务完竣请缓征钱粮折》,《渝报》第10册。

本年地丁钱粮"一体宽免",相邻的阆中等 17 厅州县缓征。嘉庆七年(1803)又以"川省地方连年教匪滋扰",于是将界连陕、楚之大宁、太平、广元、通江、南江等 5 县,"本年地丁正耗钱两全行蠲免"。另外奉节等 8 州县免十分之五,江北等 12 厅州县免十分之三①。

从历史记载看,较大规模的蠲免(免一县以上)到嘉庆八年(1806)以后就基本没有了。民国《乐山县志》称:"乾隆六十年内,蠲政共十三次。嘉庆七年,亦称川民急公好义,犍、荣、威蠲免十分之四,乐、峨、洪、夹蠲免十分之三,迩后无闻。"②又据民国《巴县志》称:"前清康、雍、乾、嘉之际,君与民皆足于用,故宽恤之政数见。……迄后外患内忧相继环迫,司农仰屋,杼轴其空,蠲租赐复,史绝书矣。"③民国《荣县志》也称:"自康熙以至乾隆,凡蠲减者十八次;嘉庆间,酌免者一,自后绝书矣。"④近代以后由于清政府财政枯竭,虽然时有一些局部的少量蠲免,但大规模的蠲免已无力进行,而且日益靠加重地方赋税来维持财政。

雍正和嘉庆《四川通志》所载全省性蠲免和一次蠲免 20 州县以上者,顺治朝 1 次,康熙朝 4 次,雍正朝 1 次,乾隆朝 8 次。从顺治到嘉庆计达 176 年,仅就次数来看并不多,但规模是相当大的。仅康熙二十六年、三十三年、四十三年、五十年,雍正八年,乾隆十一年、十三年、三十六年、四十三年、五十六年,嘉庆元年 11 次蠲免,总计达 436.3 万多两,约相当于川省一年田赋总量的 6.7 倍。

表 6—18 是雍正和嘉庆《四川通志》所记载的从顺治八年至嘉庆九年(1651—1804)的 31 次蠲免情况统计。

---

① 嘉庆《四川通志》卷 73,《蠲赈》。
② 民国《乐山县志》卷 7,《经制》。
③ 民国《巴县志》卷 4,《赋役上·田赋》。
④ 民国《荣县志》,《食货七》,第 8 页。

表　6－18

蠲免原因	蠲免次数	所占百分比（%）	涉及州县数	平均每次蠲免县数
皇帝庆典,布恩百姓	5	16.1	615	123
标榜盛世	2	6.5	270	135
念民艰苦,布德行仁	3	9.7	405	135
用兵提供军需民力的补偿或表彰	6	19.4	568	95
自然灾害	1	3.2	7	7
地方"被贼滋扰"	14	45.1	204	15
计	31	100.0	2069	67

可以看出,清政府搞庆典、施"德政"(前三项)的次数不多,但规模很大,基本上都是全省性的,如顺治亲政、康熙在位50年、"圣母九旬万寿"、乾隆80寿辰、乾隆在位60年等。因用兵提供军需、民力的补偿占的比重也较大,涉及的州县多。特别是乾隆时期几次用兵金川,川省提供了大量的物力和人力支援。地方"被贼滋扰"的蠲免都在嘉庆时期,次数最多,占45%,但蠲免却是局部性的,规模也不大。令人深思的是,因自然灾害的蠲免所占比重最小,嘉庆《四川通志》中只见记载一次,而且仅七个州县。而嘉庆以前四川所遭受的各种自然灾害不下数十百次。可见,清代蠲免并非如我们过去所认为的那样主要是因受灾的补救政策,而主要是中央政府在全国显示其统治权威和维系民心的一个手段,而应付自然灾害主要是通过各地济赈和仓储来完成的。

十二　历次加征和清末财政

在嘉庆以前,川省除田赋外的加征只有两次,一次是雍正间征火耗银用于养廉银,一次是乾隆末加征津贴作为镇压白莲教起义军饷。但近代以后由于社会动乱,用度浩繁,而财政支绌,因此赋税日益加重。

历次加征情况简述如下:

1. 火耗、养廉银。康熙时期曾禁收火耗,雍正年间以文官俸银过少,乃下诏加各省文官养廉银,由各省就地筹措,如川督年给养廉银1.2万两,州县官则给一千至数百两不等。川省于是奏请每地丁银一两,加征火耗银一钱五分,年可得银10万两①,与全省所需养廉银之数相符,此为川省第一次加赋。

2. 津贴。乾隆末,"白莲教起,饷糈无出,部议由川省按地丁照一倍完纳,以供支用"。这次加征名曰"津贴"。当时川督以边远各州县"地方硗瘠,底粮亦略重",奏请梓潼、广元、茂州等34厅州县免加获准,故全省地丁年收68万余两,而津贴全省征收54万余两②,此为川省第二次加赋。

3. 捐输。太平天国时期,川省"军事孔亟,额征不足以给饷需",川督骆秉章于同治元年(1862)奏办捐输"以济军用",征收办法是"按粮多寡摊派,责成有司督绅征收"。具体征解办法是:"量民力,较岁丰歉,预算一定之总额,分配于各属。区别等级,定期纳付。"边瘠之地如峨边、城口、松潘、理番等23厅州县不任捐输。捐输随田赋加征,总数180余万两,超过田赋两倍以上③,此为川省第三次加赋。

4. 新捐输。辛丑条约规定赔款4亿两,清廷饬由各省筹解,川省每年派银220万两。为筹备此项开支,除盐税每斤加收钱三文、肉厘每只猪加收钱200文、税契加解两倍和烟酒税加收一倍外,又加派捐输银100万两,名曰"新捐输",由布政使摊派到各州县④,此为川省第四次加赋。

5. 契税。清代川省凡有购买田宅者成交之后,其契约须呈本地方

---

① 《四川款目说明书·地丁说明书附火耗》。
② 周询:《蜀海丛谈》卷1,《田赋》。
③ 《四川款目说明书·捐输说明书》。
④ 周询:《蜀海丛谈》卷1,《田赋》。

官,故有契税之征。契税各地轻重不一,但大多是每契价银百两征税银二两左右,即征成交额的 2% 左右。乾隆以前全省共解银 2.8 万余两,乾隆末因用兵需费加解 5 万两,合原定之数共 7.8 万余两[①]。光绪二十二年(1896)加派银 10 万两,是为"酌增";二十七年(1901)加银 30 万两,是为"新加"。新旧合计 48 万余两[②]。

6. 肉厘。甲午战后规定每猪一只加收肉厘钱 200 文,每年可征银 50 万两,辛丑之后每只猪再加抽 200 文,每年亦收 50 万两,两项相加,合收银 100 万两[③]。

7. 盐税。清末川盐先后加厘五次,第一次曰旧加厘,每斤盐加价二文,岁可增收银计 40 余万两;第二次曰新加厘,加价和增收数与第一次同;第三曰赔款加厘,每斤盐加价三文,岁增收 60 余万两;第四次曰新军加厘,除办盐道计岸官运年增收 100 万两外,又每斤盐加价二文,岁增收 40 余万两;第五次曰抵补土税,光宣之际因禁烟停收土税,遂每斤盐再加价四文以抵补,岁收银 90 万两。川省盐税厘清末年收银 630 余万两[④]。

8. 其他新增杂税。酒税:1904 年始征,视酒好坏每斤征三至十文不等,每年全省收银约在 90 万两;糖税:1907 年始征,每斤糖抽十文,全省岁收银 30 万两;油捐:光绪末始征,每油一斤约纳捐钱十文,全省年收银 30 余万两;烟税:清末加抽三次,第一次照原税率加收十分之三,第二次又加收十分之二,第三次因筹庚子赔款又照原加各数再加收一倍[⑤]。

从上可见,虽然川省田赋较轻,但由于历次加征,人民实际负担已

---

① 周询:《蜀海丛谈》卷 1,《契税》。
② 《四川款目说明书·契税说明书》。
③ 周询:《蜀海丛谈》卷 1,《肉厘》。
④ 周询:《蜀海丛谈》卷 1,《盐税》。
⑤ 周询:《蜀海丛谈》卷 1,《关税及烟酒糖油税》。

增加不少,1903年四川布政使称:"各属津捐率按正粮加至六七倍,多者犹不止此。"①据日本学者西川正夫对合州、大竹等14州县田赋、正粮、津贴、常捐输、新捐输的数额及比例的统计②,清末所征收的田赋附加税普遍超过正粮几倍乃至十几倍之多。

在清末影响最大的一项额外征收恐怕莫过于川路租股了,具体办法是:"凡业田之家,无论祖遗、自买、当受、大写、自耕、招佃,收租在十石以上者,均按该年实收之数,百分抽三。"③铁路公司凭借官府进行强制性征收。抽收租股最低者也为田赋的165%以上,最高的荣昌租股与田赋之比达到882%。总的来看,以川东地区征收的比例为高。④ 除征收租股外,同时实行购股、官股、土药股和盐茶股等形式来筹集路款。

1908年租股约152万两,占集股总额189万两的80.4%,其次是土药股和购股,分别占10.9%和3.7%。1909年租股绝对数额虽较上年小(134万两),但比例却略有上升,约占当年集股的1.4%,说明租股实际成为川路股款的主要来源。迄1911年川路股款共计筹集1670万两⑤。

到清后期,川省地区财政收入和支出都迅速增加,由于新政的实施,地方政权机构的扩张,加重了地方政府的开销,表6—19是1911年全省的岁入岁出统计。

---

① 光绪二十九年六月十八日四川布政司札,见巴县档案。
② 西川正夫:《四川保路运动——ゐの前夜の社会状况》,见东洋文化研究所纪要第45分册,昭和43年3月。
③ 戴执礼编:《四川保路运动史料》,第35页。
④ 根据鲁子健编:《清代四川财政史料》上册,第798—799页资料制作。
⑤ 戴执礼编:《四川保路运动史料》,第171页。

表 6-19

岁入		岁出	
项目	数额(万两)	项目	数额(万两)
地丁	68	文武官员俸银、养廉银	13+
火耗	10	京饷银、东北饷银	50+
津贴	54	甲午赔款	60+
捐输	190	庚子赔款	220
新捐输	100	甘肃、新疆协饷	200
盐款	630	贵州、云南协饷、代解赔款	100+
契税	310+	各州县公费银	110
厘金	70+	将军督抚等府公费银	40+
肉厘	110+	制营、满官兵饷	100
酒税、烟税	100	防剿经费	140
糖捐、油捐	60+	新军第17镇饷项银	150+
关税、杂税	10	成渝两地警费	40
		弥补摊捐各用银	70+
		全省各局所经费	250
		学校经费	70
		其他费用	10
计	1712+	计	1633+

资料来源:周询《蜀海丛谈》卷1,《岁入岁出》。

注:有"+"者系有余数,如"60余万两"作60+,总计项余数未计在内。

清末川省总收入是1700多万两,总支出是1600多万两,可见收支是大体平衡而且略有盈余。据《蜀海丛谈》称:"辛亥鼎革时,藩库存银至四百余万两。此外盐运使库、官运局库、川东道库,亦毕丰盈,惟均被抢提一空,无从得其确数耳。"①这种财政平衡是以加捐加税来实现的,

---

① 周询:《蜀海丛谈》卷1,《岁入岁出》。

因而加重了社会矛盾和社会冲突。

清后期川省的财税制度也发生了一些变化,咸丰末设厘金总局,光绪间设盐运总局,清末又废止各州县征收契税而统一由新设的经征局征收,开始建立预算制度,等等。这些都表明川省开始有了独立的征税机构,地方税收也逐渐脱离州县而形成专门系统,反映了政府机构向专门化的发展和具有了一些现代国家行政的特征。

第七章　从传统教育到现代教育

明末清初的长年政治动乱和军事行动,也造成了长江上游地区教育和文化的极大摧残。随着地方经济的恢复,政治的相对稳定,教育和文化也日益复苏,其重要的标志之一,便是各地书院的广泛建立,这些书院,既是地方培养科举人才的基地,也成为近代维新知识分子的发源地。

和全国一样,现代学堂大规模的兴起是在20世纪初,这对地方的政治、经济和文化等方面皆造成了深刻影响,极大地推动了社会现代化的进程。清末新政的推行,为现代学堂的兴起创造了机会,清王朝利用政权的力量促成了中国教育制度的巨大变革,本章拟就有关问题进行深入的探讨。清末现代学堂的兴起,体现了当时社会变革和发展的趋势,为现代教育的发展奠定了基础。现代学堂逐步取代科举书院的过程,就是大量士绅转化、知识精英地位逐步提高、西方文化大量传播、现代知识分子群出现并趋于革命化的过程,从而对社会造成了广泛深入的影响。

一　文化教育的逐步恢复

明末兵燹战乱,长江上游百业凋零;清初吴三桂叛清,上游又成战场。不仅财货俱毁,而且史籍也荡然无存。当时著名的寺庙道观无不化为瓦砾场,里面所藏的书籍、文物、法器、经典、壁画等多被焚毁,世家大族、书院收藏的图书和刻版也同遭厄运。本来就是四塞之邦的上游在文化上更是一蹶不振,书院少、书籍少、人才更少。

清前期,在恢复生产和安定人民生活的同时,文化教育也有相应的复苏,最明显的标志就是各地书院的大量恢复和新设。康熙四十三年(1704)当时的四川按察使刘德芳创办锦江书院,地点在文翁石室旧址,成为当时四川省立的最高学府。创办锦江书院的目的在于培养人才,振兴蜀学,正如刘德芳所称:"今建此书院,延访贤士,可为人师者主其席……日与诸生揖让讲习乎其中,且以继石室之流风于无穷,俾后之周览学舍,自文翁以来,上下千百年间,其间之延而废,废而兴者。"①锦江书院作为"为通省作育人才之所"②,师资和毕业生质量都较高,学额规定正课50人、附课50人、外课人员无定。康熙六十年(1721)提学使方觐扩大书院规模、增修学舍、增招学生。乾隆三十九年(1774)川督文绶进一步将书院扩大,购学田地产。嘉庆二十四年(1819)川督蒋攸铦整顿书院,制订《锦江书院条规十条》,加强书院管理和诸生考核。道光二十八年(1848)学生达到150人,其中正课60人、附课60人、外课约30人。咸丰七年(1857)正附课学生达148人,加上外课学生总数在200人左右③。锦江书院历史悠久,虽无突出建树,但对文化还是有所贡献的。

书院是地方人才中心和文化中心,南充《南池书院记》称:"古者家有塾、党有庠、术有序、国有学,教万民而宾兴之。盖学校者,教化之资也。"④各地把书院之设视为培养人才的必要途径,乾隆三年(1738)重庆知府李厚望捐建东川书院,其书院记曰:"李公祖于乾隆三年来守渝,下车数月,政清民和,将欲美其风俗而以士为倡,顾子弟之向学者少,叹曰:此非士之过,正在无此为教之地耳。……今诚欲教育诸士使其为才

---

① 《锦江书院碑记》。
② 《锦江书院纪略》。
③ 《四川大学校史稿》,第4—6页。
④ 嘉庆《四川通志》卷80,《学校志五·书院》。

且良,其在建书院乎?"①道光五年(1825)芦山新任知县余昆墟"见书院空虚,无人诵读",于是"亟思恢复之,以宏造就。于是多方策划,示期考试,获生童应试百余人,选定正副外课名数,并设每月课甲乙升降提补条规,以为激励劝勉法"②。

到嘉庆中期,川省计有书院160所,另据不完全统计,还有义学31所、乡学2所、社学2所。书院的分布见表7—1。

表 7—1

府直隶厅州	书院数	各属书院分布
成都府	18	府属2、成都1、华阳2、双流1、温江1、新繁1、金堂1、新都1、郫县1、灌县1、彭县1、简州1、崇庆1、新津1、汉州1、什邡1。
重庆府	18	府属2、巴县1、江津1、长寿1、永川1、荣昌1、綦江1、南川1、铜梁2、合州1、涪州1、大足1、璧山1、定远1、江北1。
保宁府	8	府属2、苍溪1、南部1、广元1、昭化1、南江2。
顺庆府	9	府属1、南充2、蓬州1、营山1、仪陇1、广安1、岳池1、邻水1。
叙州府	20	府属2、宜宾2、庆府1、富顺1、南溪1、长宁2、高县1、筠连1、珙县1、兴文1、隆昌1、屏山1、马边1、雷波1。
夔州府	9	府属4、巫山1、云阳1、万县1、开县1、大宁1。
龙安府	4	府属1、江油1、石泉1、彰明1。
宁远府	5	府属1、冕宁1、盐源2、越西1。
雅州府	5	府属1、名山1、荥经1、天全1、清溪1。
嘉定府	13	府属1、乐山2、峨眉1、洪雅1、夹江3、犍为2、荣县1、威远2。
潼川府	11	府属1、射洪1、盐亭1、中江1、遂宁1、蓬溪2、安岳2、乐至1。
绥定府	4	府属1、东乡1、新宁1、渠县1。
眉　州	6	眉山2、丹棱2、彭山1、青神1。
邛　州	3	邛州1、大邑1、蒲江1。

① 嘉庆《四川通志》卷80,《学校志五·书院》。
② 民国《芦山县志》卷5,《学校。》

续表

府直隶厅州	书院数	各属书院分布
泸 州	4	泸州1、纳溪1、合江1、江安1。
资 州	4	资州1、资阳1、内江1、仁寿1。
绵 州	7	绵州1、德阳1、安县1、绵竹2、梓潼1、罗江1。
忠 州	4	忠州1、丰都1、垫江1、梁山1。
西 阳	4	西阳1、秀山1、黔江1、彭山1。
叙 永	2	厅属2。
石 柱	1	厅属1。
茂 州	1	汶川1。
计	160	

资料来源:根据嘉庆《四川通志》卷80,《学校志五·书院》整理计算。

从表中可见,川省基本上每个州县都有书院一所,有的府治达到两三所。各府直隶厅州数量相较,以叙州府书院为最多,达到20所;其次是成都和重庆府,各18所。160所书院由士民办者仅7所,其余皆为官府创办,这说明川省的教育主要是由官府来推动的。义学、乡学、社学数量不多,而且许多义学仍为官府倡办。在这160所书院绝大多数是乾隆年间所建,见表7—2。乾隆时所设为95所,占59.4%。这反映了乾隆年间由于政局稳定、经济发展,在文化教育方面也有了相应的进步。

表 7—2

时代	明及明以前	顺治	康熙	雍正	乾隆	嘉庆	不详	计
数量	14	0	22	5	95	13	11	160
百分比(%)	8.7	0	13.8	31.2	59.4	8.1	6.8	100.0

资料来源同表7—1。

四川于顺治八年(1651)开始科举考试[①],乡试录送名额有限,顺治

[①] 见《清秘述闻三种》(上),第14页。

二年(1645)定各直省每额中举人一名,许送应试生员 30 名。乾隆九年(1744)定四川为中省,每额中举人一名,准录送应试生员 60 名①。乡试中额亦有规定,顺治二年定四川为 84 名②,按当时四川的在册人口数和纳赋额,这个名额并不算少。以后名额迭有增减,见表 7—3。

表 7—3

年份	顺治二年	顺治十七年	康熙三十五年	康熙五十年	乾隆九年	嘉庆二十五年	同治元年	同治九年
中额	84	42	56	67	60	80	92	93

资料来源:王德昭《清代科举制度研究》第 63 页。

从顺治八年到嘉庆十七年(1651—1812)161 年间,川省计出进士 332 名,举人 3913 名,共 4245 名,其时间分布见表 7—4。

根据嘉庆《四川通志》的记载,从顺治八年至嘉庆十七年,平均每年四川出进士 2 名,举人 24 名。从进士的年均数看,川省在康熙以后有所发展,由年均 1 名到嘉庆时年均近 4 名。从举人的绝对数看,以乾隆时为最多,有 1755 名;其次是康熙朝,有 1058 名。但从年均数看,以雍正朝最高,年均 33 名;其次是乾隆朝,年均 29 名。

表 7—4

年代	顺治		康熙		雍正		乾隆		嘉庆		计	
统治时期	10 年[1]		61 年		13 年		60 年		17 年[2]		161 年	
分类	总数	平均	总数	平均	总数	平均	总数	平均	总数	平均	总数	平均
进士	15	1.5	63	1.0	32	2.5	160	2.7	62	3.6	332	2.0
举人	253	23.3	1058	17.3	431	33.2	1755	29.3	416	24.5	3913	24.0

注:[1]顺治八年川省始开科举士,故顺治按 10 年算。[2]该统计至嘉庆十七年止,故嘉庆按 17 年算。
资料来源:据嘉庆《四川通志》卷 122,《选举志一》至卷 129,《选举志八》所列资料统计。

---

① 《政典类纂》卷 193,《选举三》,《文科·录送乡试》。
② 《政典类纂》卷 193,《选举八》,《文科·乡试中额》。

实际上,表7—4关于四川进士的统计还不完全,特别是嘉庆十七年后缺,现根据李朝正《清代四川进士征略》中有关资料,整理、统计成表7—5。

表 7—5

时代	顺治	康熙	雍正	乾隆	嘉庆	道光	咸丰	同治	光绪	计
统治时间	10[1]	61	13	60	25	30	11	13	31[2]	260
进士数量	16	65	29	162	94	108	45	76	185	780
年平均数	1.6	1.1	2.2	2.7	3.8	3.6	4.1	5.8	6.0	3

注:[1]顺治八年川省始开科举士,故顺治朝按10年算。[2]光绪三十一年废科举制,故光绪朝按31年算。

据此我们进行一些分析:

第一,从时间上看,整个清代我们统计到川省有进士780人,其中顺治16人,占2%;康熙65人,占8.3%;雍正29人,占3.7%;乾隆162人,占20.8%;嘉庆94人,占12.1%;道光108人,占13.8%;咸丰45人,占5.8%;同治76人,占9.7%;光绪185人,占23.7%。可见光绪、乾隆、道光三朝所出进士最多。从各朝进士的年均数看,基本呈直线上升趋势,清前期年均1—2个,中期2—3个,后期5—6个。固然,科举考试有种种弊端,但在传统社会,科举考试毕竟是衡量一个地区文化发展、人才质量和人才数量的重要标准之一(沿海、江浙地区文化发达则相应科举人才多便是明证)。因此,我们可以说,清代四川进士中额随社会的发展不断增多,特别在同光之际川省风气相应开化,更促进了这种发展趋势。

第二,从地区分布看,进士的分布在川省是极不均匀的,多者达30个,少者仅一两个,有的州县甚至整个清代未出进士。多者如成都29个、华阳30个、涪州30个、巴县22个、宜宾和富顺各23个、营山21个,一般来讲这些大多是交通比较发达、风气较开的地区。成都、华阳为川省政治、经济和文化中心自不待言,巴县、宜宾、涪州为水路交通要道,富顺是经济发达区域。而进士少的地区相较而言要封闭一些、文化落后一些,例如清溪、屏山、会理、定远、长宁、彰明、汶川、酉阳、古蔺等,这些州县在有清几百年间进士仅一两个,这绝非偶然,反映了这些地区交通、经济、文化的不发展。为进一步了解分布情况,我们还可大概进行一下归类,见表7—6。

表 7—6

进士数	0	1—5	6—10	11—15	16—20	21—25	26—30	计
厅州县数	28	62	33	9	2	5	3	142
百分比(%)	19.7	43.7	23.2	6.3	1.4	3.5	2.0	100.0

资料来源:同表7—5。

整个清代没有出一个进士的有28个厅州县,它们是广元、昭化、蓬溪、高县、筠连、马边、雷波、大宁、平武、石泉、冕宁、盐源、越西、名山、芦山、天全、峨边、东乡、新宁、合江、九姓司、茂州、黔江、叙永、松潘、理番、懋功、太平,在142厅州县中占19.7%。这些大都是比较偏僻和贫瘠的地区,文化十分落后。进士1—5个者有62个厅州县,占43.7%。10个进士以上的州县不过19个,20个以上的不过8个。这大致是与川省文化教育的程度相适应的。

举人和生员则是士阶层的主要部分,按清代定制,川省举人每年定额60名,后经川督历年争取,增至90—100余名。生员取额约为举人的20倍,清末全川为1966名,其地区分配如表7—7。

表 7—7

府直隶厅州	出员名额	府直隶厅州	生员名额	府直隶厅州	生员名额	府直隶厅州	生员名额
成都府	265	龙安府	54	眉 州	44	忠 州	50
重庆府	198	宁远府	54	邛 州	51	酉阳州	38
保宁府	126	雅州府	53	泸 州	68	叙永厅	26
顺庆府	137	嘉定府	111	资 州	89	检潘厅	4
叙州府	154	潼川府	147	绵 州	85	石柱厅	6
夔州府	90	绥定府	99	茂 州	17	总 计	1966

资料来源:Decennial Reports,1891,Chungking。

从表可见,各府直隶厅州生员名额相差甚多,成都府多达 265 名,重庆府 198 名,而名额少的直隶州不足 50 名、直隶厅不足 10 名,其名额多少大致是与该地区政治、经济、文化、人口和承担赋额等情形相一致的。

二 文化教育的新变化

19 世纪 70 年代后,上游地区文化开始出现生机。同治时,成都书局开始重刻武英殿版《史记》《汉书》《后汉书》《三国志》《五代史》等史籍。同治十二年(1873)张之洞简放四川学政,注意发展文化教育、大力选拔人才,"所取士多隽才",造就蜀士甚多。张之洞鉴于"蜀士多聪敏有才智,而习尚浮谲,专以时文帖括苟取科名为事,凡经、史、子、集四部之书,多束而不观"。然有向学者却"苦无师资,茫然不得其塗径,棚场亦较他省为多弊"。于是决定从改造学风入手,"首励以廉耻,次勉以读有用之书,并以全力剔弊摘奸,卒成蜀省一代学风焉"①。

同治十三年(1874)春,在籍工部侍郎兴文县薛焕等 15 位士绅上书川督吴棠、学政张之洞,请建书院以振兴蜀学。在张之洞的竭力提倡和主持下,于次年春在成都设立尊经书院,由薛焕任院长。第一批选入的有富顺宋育仁、井研廖平、绵竹杨锐、广汉张祥龄、名山吴之英等 12 人。后又从全省"选高材生百人肄业其中,延聘名儒分科讲授"②。张之洞又"手订条款",写了《创建尊经书院记》作为书院授学之准则,力图培养一批有用的人才,以化陈俗,以收到"一人学战,教成十人;万人学战,教成三军"的功效。张之洞又鉴于"边省购书不易",自己捐俸购"置四部书数千卷,起尊经阁",作为藏书楼。又撰写《輶轩语》和《书目答问》二书,"意在开扩见闻,一指门径;二别良楛;三其去取分类及偶加记注,颇

---

① 张秉铎:《张之洞评传》,第 219 页。
② 《张文襄公年谱》卷 1,第 18 页。

有深意,非仅止开一书单也"。张之洞还时常到书院授课。又开办书局,"刊行经史、小学诸书,公扩而大之,流布坊间,资士人讲习"①。

光绪二年(1876)张之洞任满奉调回京,由海南谭宗浚继任四川学政,张在回京途中致谭的信说:"身虽去蜀,独一尊经书院,倦倦不忘……他年院内生徒,各读数百卷书,蜀中通经学古者,能得数百人,执事之赐也。"张还向谭推荐了杨锐、廖登廷(廖平)等五少年,"此五人皆美志好学,而皆少年,皆有志学古者,实蜀士一时之秀,洞令其结一课互相砥砺,冀其他日必有成就,幸执事鼓舞而教育之,所成必有可观"。蜀学和尊经书院诸生给张之洞留下了良好的印象:"蜀中人士,聪明解悟,向善好胜,不胶己见,易于鼓励,远胜他省,所望不以此言,视为规瑱,引申触长,异日成就,必有可观。"②张之洞为尊经书院的创立、学规的制定、学风的养成、人才的造就等方面都做出了贡献,1909 年张之洞逝世,川督赵尔巽转四川在籍翰林伍崧生等的奏折中说:"教泽所及,全川化之。迄今学校大兴,人材蔚起,文化之程,翘然为西南各省最,盖非该大学士陶熔诱掖之力,断不及此。"以上说法虽出于溢美,但也的确反映了张之洞对蜀学发展的贡献。

光绪四年(1878)湖南湘潭王闿运应聘入川主讲,次年,王闿运将学生的优秀文章汇集,刊刻《蜀秀集》,以后,尊经书院又先后刻印了《尊经书院初集》《尊经书院二集》和《尊经书院三集》。又创办尊经书局,刻印了王闿运的《尔雅注疏》《古文尚书》等,以后相继印行书籍百余种,几万个版片,这对上游文化发展都有相当的影响。尊经书院强调"经世致用",因而学风较活跃,学生们热衷于议论时政,臧否人物,抨击揭露昏庸贪鄙之官吏。王闿运主讲尊经书院时,以经、史、词章等实学来教化学生,分经授业,严格要求,力挽学界颓风,使学界风气大变。据称:王

---

① 《张文襄公年谱》卷 1,第 19、18 页。
② 《致谭叔裕》,《张文襄公全集》卷 214,《书札》。

闿运"实来不数年,蜀才蔚起,骎骎乎与两汉同风矣"①。"今之尊经,追隆两汉……缙绅之士皆户而进,鸿生钜儒接踵而兴矣!"②培养了许多人才,先有刘光第、宋育仁、杨锐、廖平、骆成骧等,继则有吴玉章、向楚、蒲殿俊、吴虞、尹昌衡、杨沧白、黄复生等。

  19世纪末维新思想的传播无形地冲击着上游社会生活的各个方面,人们逐渐认识到旧教育制度的腐败落后,对那种埋头故纸堆、皓首穷经的科举老路发生了怀疑,日益感到改变旧教育制度的迫切性。《渝报》第8册载《川东建置中西学堂述义》中称:"中西款后,天子赫然维新百度,明诏各行省设学堂,以艋天下士。先于京师立官书局,以树之帜志,以风动四方,自是新学之议遍天下。"即如史籍所记述的:"当欧亚互市,海禁大开,苟学术不求新知,将何以挽时艰而期实用?"③于是,逐步出现了第一批新式学堂,光绪二十二年(1896)川督鹿传霖奏设中西学堂④。中西学堂宗旨是"培植人材,讲求实学,博通时务",仿京师同文馆办理。拟定章程20条,规定选12—15岁(最多不超过20岁)"口齿灵便,质性聪明"者入学,学额30名,英、法文各15名,学习用品、衣食生活用品等均由学堂供给,聘洋教习授课,分讲英法语言、地理、测算、各国历史等。学堂内制定了严格的纪律,"堂内上下人等,均不准吸食洋烟,饮酒赌钱宿娼等事,犯者分别撤换"⑤。重庆亦设川东中西学堂,购上海江南机器局所出西学书籍⑥。另外成都还设有算学馆,江津设有西文学堂、算学堂,合州书院附设数学班,遂宁设经济学堂,彭县办经济学舍,荣县设新学书院,蓬溪设崇实学堂,广安设紫金精舍、官立学堂等。原有的书院也相继修改章程,除了讲读经史之外,还加进了天文、

---

① 《四川承宣使者易佩仲序》,《尊经书院初集》。
② 《四川成绵龙茂兵备使者福山王祖源序》,《尊经书院初集》。
③ 民国《重修什邡县志》卷6,《学校》。
④ 《前署督部堂岑奏奖学堂教习片》,《四川学报》乙巳第6册,"奏议"。
⑤ 《成都中西学堂章程》,《渝报》第8册。
⑥ 《渝报》第13册,"本省近闻"。

地理、中外交涉、商务、测算等科目,考试改用策论。当时外国教会还在上游地区开办了几百所学校,这些都为20世纪初现代学堂的兴起奠定了一定的基础。

三 新知识分子的造就——留学日本

20世纪初,留日热潮遍及全国,僻处腹地、历来闭塞的上游地区,留日也蔚为风气。满怀热情的青年学子们,赴日者络绎不绝,其数量之多,在全国亦名列前茅。这样一批受过西方资产阶级教育的青年学生,对现代政治、经济和文化都造成了极大影响。

四川首批学生留日是在1901年。当时日本陆军大尉井户川辰三要求聘日人为川省武备学堂教习,并请选派学生到日留学。川督奎俊鉴于本省设学堂"收效尚缓,不若就学彼国之易于精进也"。决定先从省城书院及中西学堂中选"聪颖端谨,年在二十内外"学生22名赴日留学①。川省因之成为各省表率②。1901年9月16日清政府发布派遣留学生谕旨,称:"造就人才,实系当今急务,前据江南、湖北、四川等省选派学生出洋肄业。著各省督抚,一律仿照办理。"③

首批留日学生数量虽不多,但影响甚广,上游因此而"风气渐开,士知墨守为非"。各地士绅和学生在成都创设游学公会,积极准备集资游学日本,"期于速成师范为学堂教习之用"。1902年8月四川学政吴郁生奏订派遣留学生计划:"岁以十人为限,学以三年为期,前者毕业,后者继往",这样"冀以培才之法寓诸兴学"④。实际上选派留学生的人数

---

① 《前督部堂奎奏派学生赴日本肄业片》,《四川学报》乙巳第2册,"奏议"。
② 如邻省留学日本多受四川影响,同盟会陕西分会主要负责人之一井勿幕便是得知四川有学生留日后,于1903年冬"以数金冒险从蜀人士赴日本"(孙志亮:《井勿幕事略》,见《三秦近代名人评传》)。
③ 《光绪朝东华录》(四),第4720页。
④ 《前提督学院吴奏闲款选派游学折》,《四川学报》乙巳第2册,"奏议"。

远非"岁以十人为限"。1904年5月,川省一次便送往日本160余人。

为了进一步给留学日本创造条件,1904年1月吴郁生奏请设立东文学堂,拟就成都原中西学堂学馆旧舍,延聘教习,考选举贡生监60名,于12月开学,然后"选其学行兼优者咨送出洋"。东文学堂监督(即校长)徐炯又"自尽义务"设东游预备所,"其内容专以研究东文为目的,作他日游历日本之先资"①。1905年川省学务当局又成立游学预备学堂,主要为出国预备生补习中国文字、外国语言和普通学科。预备学堂开设之初暂附于通省师范学堂,分日文、英文两班,每班以50人为限。川督锡良通饬各属,凡留学者皆须到该学堂学习,规定"凡欲入高等以上学校及各专门学校者必有中学堂以上毕业之程度,且通习彼国语文方为及格"②。同年重庆士绅设东文速成学堂,日本人小野和暨矶畸参与组织并担任教习,学生"直接日本教习之日语讲解",毕业后"可领官费留学日本"③。1906年资州廖筱波办东游预备学校,聘日本学士名川彦讲授日文和算术,另外还开有地理、历史、国文、体操、修身、图画等课程。同年,四川旅沪学生同乡会在上海设立留学预备科,为川人预备出洋和入沪各学堂而设,其课程是"从上海各大学中参酌选择其最善之教科书",以达到书写英文信札和语言交涉的程度④。

由于这一系列有利因素,1904—1905年间川省留学日本达到高潮,据1905年1月统计,当时已有留日学生393名(已归国者未计在内)。

四川百余县几乎每县都有留学生,北自松潘、茂州,南到西昌、雷波,西起雅安、天全,东及巫山、石柱,无论是繁盛之区,还是偏僻之地,

---

① 《四川官报》甲辰第32册,"新闻"。
② 《总督部堂通饬各属游学生须赴游学预备堂肄业札》,《四川学报》丙午第3册,"公牍"。
③ 《广益丛报》第4年第7期,"纪闻"。
④ 《广益丛报》第4年第12期,"新章"。

留日热潮几乎触及上游每个角落。1906年川省留日学生达到最高峰，约有800人。表7-8是清末历年川省在日留学生数的统计。

表 7-8

年代	人数	资料来源	备注
1901	22	《前督部堂奎奏派学生赴日本肄业片》，《四川学报》乙巳第2册，"奏议"。	这是四川派出的第一批留学生。
1902	16	《清国留学生会馆第二次报告》。	
1903	57	《留学日本人数籍贯考》，《东方杂志》第1年第2期，"教育"。	据《清国留学生会馆第四次报告》为56人。
1904	332	《清国留学生会馆第五次报告》，《东方杂志》第1年第7期，"教育"。	
1905	393	《四川游学日本诸生调查表》，《四川学报》乙巳第8-11册，"表"。	这个统计截至1905年1月底。其中官费191人，自费198人，公费4人。据统计，这时川省留日归国者27人。这即表明，至1905年1月底，川省学生先后到日者计420人。
1906	800	四川旅沪学生同乡会：《留学预备科简章叙》，《广益丛报》第4年第12号，"新章"。	以后几年的留日学生数字不详，但从1907年川省留日学生发布的《敬告蜀中父老意见书》可知，至1907年"以吾蜀留东瀛者来去合计已千人以外"。
1911	300+	《本司详遵札议复留日官费学生于五校外请以四十五名暂定限制文》，《四川学报》辛亥第30册。	其中官费58名，余皆自费生。自费生有二分之一学法政。

1906年以后四川留日学生的具体数字由于缺乏资料，目前尚不清楚，但据日本《学制五十年史》附录之一《各省官费自费毕业学生姓名表》可知历年四川留日毕业生人数。1908年10月至1909年8月：148

名;1909年8月至1910年7月:85名;1910年7月至1911年8月:74名;1911年至1912年:42名①。累计349名。另外据《国风报》第1年第16号,1910年全国官费生1347名,其中四川71名;津贴生64名,其中四川1名。

作为一个内地省份,留日学生如此大量增加是十分惊人的。当时留日学生较多的省是:地处京畿的直隶、九省通衢的湖北、天下风气之先的湖南以及沿海的江苏、浙江,然历来闭塞落后的川省却能跻身留日学生众多省份行列,的确值得研究者认真注意。1906年全国留日学生达到8000余人,这是历年最高数字②,但川省独居800,占十分之一③。

川省留学生到日后,官费生按计划送入各校,自费生则自谋出路,选择范围较广。有的学生或速出速归,或时常换校,或一人在数校上课,甚至有的根本未备案登记,因而在日本的情况很难掌握。根据现存材料,尚可见到1903年、1904年、1905年较确切的以及1906年部分川省留学生在日本的分布情况。

再综合各种材料,大致可了解川省留日学生以下四方面情况:

第一,学习师范者甚多。这是与川省当局推行新政,竭力兴办现代学堂分不开的。锡良决定首先从师范入手,解决师资困难,令广泛设立师范传习所和逐步设立各级师范学堂,同时令各州县集资选士,赴日本学习师范速成科,"以明教授之法"。选派学生的标准是"品行平正,可充学务"者,"各州县所选之人,先令取保加结,申送该管府厅直隶州",并对其"严加考验"④,翌年5月,留日速成。师范生取齐,计160余人,其中包括南充张澜等官费生139人(各给经费300银元)、自费生19人、

---

① 《中国留学教育史料》(一),第429—582页。
② 实藤惠秀:《中国人留学日本史》,第39页。
③ 据《吴玉章回忆录》,四川留日学生"最多的时候选二三千人",目前尚无材料证明。
④ 锡良:《办理川省学务大概情形片》,《锡良遗稿》笫1册,第371页;《四川官报》甲辰第2册,"公牍"。

备取生 8 人①。当时日本宏文学院专为中国设速成师范,故这批留学生大多进入该校学习,以后该校专门设立了四川速成师范科班②。据统计,至 1905 年 1 月止,先后在日本宏文学院学习的四川留学生计 198 名③。但 1905 年以后学师范者陡然减少,宏文学院的四川学生由 1905 年的 180 人减至 1906 年的 6 人,这表明 1905 年以后川人很少再进师范。这主要是因川省师范传习所和师范学堂广泛开办,师资问题已相对缓和。

第二,学习实业是当时的热门。20 世纪以来,川省上下形成了一个举办实业、振兴工商的高潮,当局不仅采取诸种奖励和支持措施,而且开办各式实业学堂以培养实业人才,同时选派留学生赴日学习实业。如 1905 年四川劝工局为提高玻璃制品质量,资送 20 名学生赴日学习制盘、盂、瓶、碗、灯等各项工艺。同年,川省为开办农工商实业学堂,又选送官费生 29 名到日,其中学习师范 4 名、铁路 4 名、农业 7 名、工业 14 名④。工业又分学机械、应用化学、电气机械、采矿冶金、机织、染织、造纸等。一些工厂、公司也遣人赴日学习,如 1904 年川南输新书局两次派学生到日本"学习外国书局种种办法及当今学校注重图书等事",学习印刷机、排印、铸刻等各项工艺⑤。在各类学校各种专业中,学铁道的学生又占了相当的数量。1903 年四川获准设立川汉铁路公司,由于本省无技术人才,所有勘路、估价及一切管理修造之法,不得不聘用洋人,锡良认为"借才异地终非长局"⑥,所以主张多派留日学生学习铁道,1906 年达 48 名。据 1909 年统计,仅成都府所属留日学生学铁道者

---

① 《四川官报》甲辰第 10 册,"公牍"。
② 实藤惠秀:《中国人留学日本史》,第 46—47 页。
③ 据《四川学报》乙巳第 8—11 册"表"统计。
④ 《奏派学生出洋学习实业片》,《四川官报》乙巳第 28 册,"奏议"。
⑤ 《广益丛报》第 2 年第 29、30 期合刊,"纪事"。
⑥ 《四川官报》甲辰第 10 册,"公牍"。

就达36名①。

第三,自费留学生占较大比例。公费生由当局选派,遭到各种限制,但当局为自费留学大开方便之门,这样,一大批满怀爱国热情、决心向西方寻求救国真理的有志青年得以东渡到日。邹容"辛丑出扬子江,旅上海,以壬寅游海外"②;杨维忍痛抛下孤母,暗买舟出川赴日,"家人赴河干阻益力,有老婢挽缆不释,则取斧断缆放舟竟去"③;吴玉章等一行九人于1903年元宵节"好像唐僧取经一样,怀着圣洁而严肃的心情,静悄悄地离开故乡,挂帆而去"。他们到日后,向川人写了《劝游学书》:"庶几,东海渴鲋,得杯水而亦苏;万里飞鹏,遇雄风而愈奋"④,扣动了许多青年学子的心扉。据1905年锡良奏称:川省"自风气盛开,东游相继,官费而外,自费游学者,不少四五百人"⑤。

第四,学习的兴趣广泛。留日学生大多为有志之士,他们刻苦钻研,伏案终日,凡以为有用的知识都渴望吸收。如法政、商业、铁道、师范、警务、英语、工业、染织、数学、水道、体育、造纸、印刷、机械、物理、陆军、测量等,几乎无所不包。值得一提的是,许多学军事的学生,希望"毕业后回国带兵,革命救国"⑥。1905年,在成城学校、振武学校、警务学堂、警监学校、预备陆军学校学军事的学生计达91名,他们中许多成为川省辛亥革命的军事骨干。

四　发展现代教育政策的实施

20世纪初,对上游地区历史影响极为深远的是现代教育的兴起。

---

① 傅崇矩:《成都通览・东洋留学生姓名表》。
② 邹容:《革命军・自序》。
③ 民国《叙永县志》卷3,《人物篇・革命先烈附传》。
④ 《吴玉章回忆录》,第17,22页。
⑤ 《四川官报》乙巳第28册,"奏议"。
⑥ 《辛亥革命回忆录》(三),第2页。

1901年9月清政府发布上谕,决定全国建立大、中、小学堂和蒙养学堂,要求"将各省所有书院于省城均改设大学堂,各府厅直隶州均改中学堂,各州县均改设小学堂,并多设蒙养学堂"①。1903年清学部制定了各级各类学堂章程,统一全国学制,一个办学热潮便在全国迅速兴起。川省当局也认识到,当今"非以学战自强,争存于优胜劣败之会",要使"二百二十万方里之地,六千八百七十余万人民胥有文明灌输之一日,庶不至为他族所持"②,对清廷兴学育才的命令立即做出反应。1902年11月川督岑春煊以"川省僻在偏隅,兴学尤为急切",设立川省学务处,四川现代学堂自此开始兴办。锡良就任川督后,于1903年11月通饬各府厅州县赶办学堂,如有"玩泄固执之辈,虽朝夕督责,犹多漫不经意;今再宽以岁月,必付坐忘;迨开学届期,依然如故……无论官绅,定予严处,断不宽贷!"③在兴学过程中,当局采取了以下措施:

第一,造就师资。这是办学的首要问题,当时办学者"半拘书院旧习,其于学校管理、师范教育之法,多未谙究"④,不能适应现代学堂的需要。于是一方面派留学生赴日学师范,一方面在各州县设立师范传习所,规定"凡授徒者,皆须到所讲习"。1906年之后又在全省普设初级师范学堂,1909年又开始对塾师进行改造。这一系列措施为现代学堂提供了大量师资。据统计,1907年全川教师计12089人,其中在初小任教者9194人,占总数的76%⑤。表7-9是1908和1909年川省教师的构成。

---

① 《光绪朝东华录》(四),第4719—4720页。
② 《学务处详文》,《四川学报》乙巳第1册。
③ 《四川学报》乙巳第3册,"公牍"。
④ 《四川学报》乙巳第2册,"公牍"。
⑤ 清学部总务司编:《第一次教育统计图表》,"四川",第1—2页。

表 7—9

教师学历 任教学堂	本国毕业		外国毕业		未毕业、未入学堂		外国人		计	
	1908	1909	1908	1909	1908	1909	1908	1909	1908	1909
专门学堂	15	15	41	49	11	18	10	9	77	91
实业学堂	17	38	10	17	19	16	2	14	48	85
优级师范学堂	6	3	5	20	7	11	6	16	24	50
初级师范学堂	13	47			12	36	11	5	36	88
普通中学堂	248	227			146	142	30	7	424	386
高等小学堂	1105	1122			638	603	1	1	1744	1726
传习所等	18	22			15	14	1		34	36
初等小学、蒙养院等	9337	10610							9337	10610
计	10759	12084	56	86	848	840	61	62	11724	13072

资料来源:清学部总务司编《第二次教育统计图表》,第 32、34、36 页各表;《第三次教育统计图表》,第 32、34、36 页各表。

到 1909 年,全川教师总数已达 1.3 万人,其中本国师范培养的 1.2 万人,占总数的 92%。留学生回国和外国人任教者各占 86 人和 62 人。这时川省教师奇缺的现象已基本缓和,据该年四川视学调查学务报告称:由于"外洋留学及本省高等师范各学堂毕业者接踵,故教职员尚不缺乏"①。

第二,延聘外国教习。川省在大兴师范教育的同时,亦聘请一些外国教习入川授课。早在 19 世纪末便有不少日本人到华办学,但全国范围内招聘日本教习却是 1905 年以后的事。由于日本人授课效果与派遣留日相近,而且费用较省,文化也比他国较少隔膜,因而招聘日本教习渐成风尚。川省除由官方派人赴日聘请教习外,也有通过留日学生介绍或代聘的。除官办学堂外,公立、私立学堂也有聘日本教习的。目

---

① 《四川教育官报》己酉第 7 册,"报告"。

前已知历年入川的日本教习79名,英、美、丹麦等国9人①。

川省所聘外国教习大多有真才实学,因为川省延聘教习比较慎重,学务处规定:"聘用外国教员,须查明某人系在某国某校出身,有无卒业文凭,现由何人介绍,拟订明功课若何,期限若何,俸给若何,各项权限逐一声明。"②这些日本教习分布较广,不仅在成都、重庆等大城市,而且散布到偏僻之地,对开通风气、传播现代西方文化知识起到了积极的作用。如重庆府中学堂的理化教习藤川勇吉"对理化有充足的专业知识,又富有责任感",据他的学生回忆:他"整整教了我们五年的理化,印象最深"③。重庆东文学堂"东洋教习数人皆极热心,身任义务,将使普通学问与游学该国无异"④。

第三,广筹学款。如果说师资解决还算顺利,那么筹集学款却不尽如人意。辛丑条约之后清政府面临十分严重的财政危机,战后巨额赔款分摊各省,地方本就难以应付,加之举办新政动辄需钱,川省也是"库储奇黜,民困未苏",办学经费成为最难办的问题。1903年1月川督岑春煊便令提货厘、票厘各局盈余作为学务经费;5月奏请"确查各书吏每年所得钱粮契税各项羡余,究竟岁入若干,一律充作学堂经费"。同时又奏请将成都锦江书院裁撤,将书院经费用于办省城高等学堂⑤。各州县也纷纷仿效办理,如涪州"以书院、宾兴、学田、肉厘、契底等归入劝学所,为官办学务之专款"⑥。灌县为学务还专设了筹款局,过去的学田、卷费、月课、宾兴、书院、义塾诸产皆作为办学经费,又酌提神田、

---

① 根据《四川通省外国官员商民统计表》(宣统元年)、《四川学报》《四川教育官报》等资料综合整理。
② 《四川学报》乙巳第12册,"公牍"。
③ 陆殿舆:《清末重庆府中学堂》,《四川文史资料选辑》第13辑。
④ 《广益丛报》第3年第2期,"纪事"。
⑤ 《四川学报》乙巳第1册、第2册,"公牍""奏议"。
⑥ 民国《涪陵县续修涪州志》卷5,《建置志·书院》。

庙会、附加税、捐票厘等①。江油县为办初等农业学堂加征船筏税②。巴县则将已收昭信票未上缴部分作为学堂经费③。筹款可以说是五花八门,如重庆高等学堂曾发放彩票 5000 张,以充学款;成都军医学堂学生伙食由续备六军每营每月扣正勇口粮一分供给④。

同时,提倡民间筹款办学,1904 年《四川官报》发布《劝办学堂说》:"今但求富户贫户,仍照从前所出的学费,一富户转劝各富户,一贫户转劝各贫户……不分界限,不讲多寡,或富户便浑全自立蒙学,把本乡应占的神会、庙业、斗秤及书院、义学的旧款让出,全给与贫户办蒙学,贫户又加以应自出的学费,零星凑集,便成巨款。"⑤由于当时兴学蔚为风气,许多士绅也热心助学,捐款者实属不少;当局对助学者予以褒奖,迎合了一般士绅求誉的心理,凡捐房地产值银 1000 两以上或现银 1000 两以上者,均奏请皇上嘉奖,并在本籍建坊表彰。

川省通过各种途径为办学筹措了必要的资金,1908 年学款 230.8 万两,1909 年 257.8 万两。官款拨给占 30%以上,公款亦占 30%左右,学捐仅占 5—6%,并不像人们所想象的那么多。学款筹集总数居全国第一⑥。但由于川省学堂和学生人数众多,学款入不敷出。

1907 年川省学务收支大体平衡,但人均支出较低;1908 和 1909 年支出大增,由 144 万两增加到 372—390 万两,收支赤字严重,1908 年的赤字数占总收入的 61.2%,1909 年占 51.4%。当然,同期学生人均款数有较大增加,由 1907 年的不足 6 两发展到 11—13 两,说明了学务的发展⑦。

第四,严定奖罚。川省自来风气闭塞,办学所受阻力甚大,"兴学要

---

① 民国《灌县志》卷 9,《教育表》。
② 《四川教育官报》庚戌第 3 册,"公牍"。
③ 巴国《巴县志》卷 7,《学校》。
④ 《广益丛报》第 2 年第 30、31 期合刊、第 4 年第 9 期,"纪闻"。
⑤ 《四川官报》甲辰第 4 册,"演说"。
⑥ 见《第二次教育统计图表》《第三次教育统计图表》。
⑦ 据《第一次教育统计图表》《第二次教育统计图表》和《第三次教育统计图表》。

政,热心提倡者固不乏人,而顽固官绅尚复疑沮"①。各州县对于办学"深明体要,布置合宜者固不乏人,而敷衍因循者亦正不少,甚至文告频频,漫不加察"②。当局采用了比较切实的措施,把兴办学堂作为考核官吏的重要内容之一,即使是那些"庸妄顽劣,仇视学务者",也不得不"稍稍改其方针"③。1905年10月川省学务处上书川督,指出:"现在科举既停,专办学堂,尤当整齐划一,非严加甄察不足以示劝惩。"请对各属官吏办学情况分别予以奖罚,计有简州、什邡等15个知州、知县受奖;计有郫县、绵州等11个知州、知县受罚④。

1906年锡良又以邛州知州方旭"学识明通",对兴学"苦心诱掖,洵能不愧表率";开县知县邹宪章"通知学意,选刻经史教科各书最多,所办学堂规则亦甚完密",特奏请传旨嘉奖;而署仪陇知县黄羹钧到任一年,一校未办,"实属玩视要政",将其议处;剑州知州茹汉章"于学务毫无整理",将其免职;阆中知县赖以治"办学固未得法",将其降职,"以示惩儆"⑤。1909年,鉴于胡峻、吴嘉谟等七人办学有功,川督奏请奖励,"赏加升衔"⑥。1911年川督又奏请奖励办学有功人员,计给予五品功照者37人、六品功照者134人、蓝翎功照者7人,计178员⑦。

锡良任川督期间,基本奠定了发展现代教育的基础,西方有研究者认为:"锡良不仅按照他自己的方式——发展'民族主义'——去抵御外国,他还仿照西方建立了他的'文化主义',以此使中国人保持信心。

---

① 《四川官报》乙巳第28册,"奏议"。
② 《四川学报》丙午第1册,"奏议"。
③ 《广益丛报》第5年第8期,"卒论"。
④ 《学务处总理冯详请总督部堂记各属办学各员功过一案》,《四川学报》乙巳第12册,"公牍"。
⑤ 《四川学报》丙午第1册,"奏议"。
⑥ 《学部会奏议覆川督奏办学员绅胡峻等请奖折》,《四川教育官报》己酉第4册,"奏议"。
⑦ 《四川教育官报》辛亥第29册,"报告"。

锡良中西结合最明显地体现在他的教育政策上。"①的确,清末四川当局积极兴学之举动顺应了历史发展要求,促进了川省教育的现代化。于是,在20世纪的头十年间,川省出现了一个兴学高潮,官府督促、士绅热心、各界响应。这种状况正如史籍所称:"学校之起,震于世变,奉欧西为先,进而欲以企图富强。当清末外侮迫棘日,朝野上下,号为开通,前识者莫不呼号奔走,曰学校。"②出现了"公私各学校亦蔚若运兴"的局面③。

五 推动现代教育的机构和组织

在川省官绅的通力合作下,一些推进学务的机构和组织相继出现,兹简述如下:

学务处 1902年底由署川督岑春煊设立,处理各属学务文牍,筹拨各项学费,购运学堂应用图籍仪器,随时派员巡查各属学堂④。锡良到任后,委邛州知州方旭提调学务,后又派按察使冯煦任学务处总理,主持全省学务。学务处设立后,便严饬各道府厅州县赶办学堂,要各属将办学情况上报,并派员调查各州县学务人员,记功过,若有阻挠延宕的士绅"必加惩办"⑤。学务处制订了《核定坐查专章》对各属学堂和教师进行考核,规定"无论公私学堂,凡学校管理教员及办事人等嗜好(按:指吸鸦片)不除者立即据实禀候专札,饬令更换"⑥。学务处开办之初由四川学政主管,1906年清廷令各省学政改为提学使司,遂归提学使司主管。翌年,提学使司通饬各属派视学分区巡视学务,分查六区:

---

① Des Forges, *Hsi-Liang: A Portrait of a Late Ch'ing Patriot*, pp.108—109.
② 民国《华阳县志》卷3,《建置》。
③ 民国《巴县志》卷7,《学校》。
④ 《前署部堂岑奏设学务处片》,《四川学报》乙巳第1册,"奏议"。
⑤ 《四川官报》甲辰第3册,"演说"。
⑥ 《四川学报》乙巳第1册,"章程"。

一、成都府属,二、绵龙茂属暨松潘等处,三、建昌道属,四、川东道属,五、川北道属,六、永宁道属。规定"各该区内之学务,省视学有切实救正之责任"①。1906年根据清学部之令,将学务处改为学务公所,设议长一人,议绅四人,由翰林院编修胡峻任议长。胡1909年病故,由周凤翔接任。

官书局　1903年初学务处督办张鸣岐上书岑春煊,指出东南各省"风气日辟,译著之新图新籍月异",而川省"僻在远方,运路既艰,以致书坊所售之新籍新图寥寥无几",运进川省者售价甚昂,不利川省教育和文化的发展。岑也认为:"惟有廉价广布有用之书,俾向来锢蔽者多读新书,则可以识新理之精微;误入歧趋者多读新书,亦可以捐从前之孔见。"于是在成都设立官书局,装备活字铅版一副,石印机一副,"凡有新图新书"经学务处检定可发给各属学堂使用者,"即交该书局刷印发售,庶免购诸外省,以致运费太重,价值过昂"。官书局开办费用暂由盐道库款借5000两,以后由学务处拨还,常年经费则由印书、售书之费补贴,原锦江和尊经两书院书局裁撤,所存书籍、版片归官书局②。

学务局和劝学所　学务处成立后,一些州县相继建立类似下属机构。学务处曾案呈川督,指出"兴办学务,以整齐画一为归,设局稽核以定一县之办法"。如渠县1905年将宾兴局裁撤,把该局款项移作办学,在考棚设学务局,内分编辑、文报、调查、杂务四所③。但各地主要以劝学所作为主持学务机关,1906年清廷明令全国各府厅州县设立劝学所,每府厅州县划为若干学区,每学区设劝学员,川省各地劝学所便普遍设立起来,四川140余厅州县皆设劝学所,并设有宣传兴办学堂的宣

---

① 《四川教育官报》丁未第9册,"公牍"。
② 《学务处督办张详前总督部堂岑请设官书局一案》,《四川学报》乙巳第11册,"公牍"。
③ 民国《渠县志》卷3,《教育志中》。

讲所①。1909年川省设劝学所145处,劝学员千余;宣讲所392处,宣讲员300余。各地劝学所大多能认真履行职责,如达县劝学所把全县分为五个学区,设劝学员五人"分区劝导各乡场设学董,谋教育之普及"②。这些劝学所在辛亥革命之后成为各州县教育局的前身。

学务调查所 1904年底成立,考选各种教职人员入所讲习,以备派往各地调查学务③。调查的职责是"已办者复核之,甫办者督催之,未办者咨请严饬之"。所内分预修科、审定科、收发科、录事科、庶务科等各部门,除敦促办学外,还印行各种教科书,详审各州县申送的学堂章程,登记出洋留学人员和到省外求学者。调查所人员要求思想开通、热心教育,在所内必须研究教育法、管理法并轮流赴学堂听课④。

四川教育协会 1905年成立,制订章程,规定"本协会以宣广朝廷兴学之意而实行于地方为宗旨"。其主要任务是在全川学界内"一交通志意,二协力维持,三互为规勉,四共同研究,五推广联合"。凡会员者,一、无论"在乡、在朝、旅居他省他国,皆当于四川教育界之事践尽其责任";二、都必须"以爱诚相结";三、会员有过失经规劝不听者,"不认其为会员"。为加强会员联络,在成、渝两地设通信转站,成都设于高等学堂,重庆设于广益报馆,"有须遍告之事,重庆、成都两处就近函转各府会员,由其分属遍布"。凡担任教员、学员或有"激发忠爱,真有志于教育之事"的川人皆可为会员。协会还拟在成、渝两地各设讲习所一处⑤。

私塾改良会 设立时间不详,估计为1905年。1906年初,川省私塾改良会发布"教员应尽之义务"的通告,对教员的管理、授课等都做了

---

① 《第二次教育统计图表》第41页,《第三次教育统计图表》第41页。
② 民国《达县志》卷13,《学校门》。
③ 《四川学报》乙巳第2册,"奏议"。
④ 《调查所开办简章》,《四川学报》乙巳第1册,"章程"。
⑤ 《四川教育协会总章》,《四川学报》乙巳第3册,"附编"。

明确地规定,如"每日学生自到馆以至放学,教员须刻刻留心管理";"讲课时先须将原文读两三遍,必须字字清楚著实,然后逐字逐句用俗语细讲";"讲书须有精神,须活泼,须有垫铺、有譬喻、有引证"①。1909年川省学务公所认为"教育欲期普及必自改良私塾",令各地就劝学所设立私塾改良会,限三个月办成。各地私塾改良会召集私塾师考试,合格方准"收徒授课",那些"文理欠通及兼习堪舆、星卜、巫道等人",不准充当塾师。乡间则组织分会,"就适中之地集本区私塾师于星期日研究教育管理,改良合符要求者准予挂私立小学堂名牌"②。

学务综核所 1905年12月由学务处令各府厅直隶州设立,是介于省学务调查所和各州县学务局(劝学所)之间的机构。其职责是:凡学务处发与调查所关于学务之文件,由综核所转发所属之学务局(劝学所),"庶免宕延"。各州县办学一切报告按月申送综核所,由综核所"分别核实,按季汇送调查所"。综核所设正董一人,副董三人,并派一副董常住省城调查所③。

教育研究所 1905年成立,专门研究有关发展教育问题。成立当年便举行了九次会议,主要研究的问题有:戏剧改良、教科书的审定、议设游学预备学堂、改良教科书、派调查员调查学务、开办速成师范、设体育学堂等。并要求学务处设六所四科,六所即综核所、编译所、调查所、研究所、裁判所和学报所;四科即学课科、学制科、审定科和游学科④。1906年头两月研究所开会六次,提出议案若干,如开办实业学堂、商学堂,推广半日学堂,设私塾改良会,拟开工业研究会,筹设自制仪器标本,拟集合省城各学堂中外教习商议编定讲义,拟设教科书编纂所,定调查员制服与徽章,

---

① 《四川学报》丙午第2册,"附编"。
② 《四川教育官报》己酉第8册,"公牍"。
③ 《学务综核所纲要十则》,《四川学报》乙巳第16册,"章程"。
④ 《四川学报》丙午第1册,"研究汇录"。

设数学改良会等①。1905年底重庆也设立学务研究所,每两星期开会一次,约集各学堂教员相互讨论,"以综核各属之学务"②。

四川教育官练习所　1907年建立,以"为教育行政官补充识力为宗旨",即提高教育管理人员的水平。凡学务公所人员、学堂监督、教员皆可入所听讲,主要学习两方面内容:一、教育政令,如关于兴学谕旨、学务紧要奏折、奏定各学堂章程、奏定学部及各省学务官制、奏定劝学所章程、奏定视学章程、日本各学校令、日本文部省规则及地方教育行政、日本文部省视察谈、欧美各国教育行政之大要;二、教育概要,如教育学、教育原理、教授法、管理法、心理法、教科书编纂法、学校卫生学、中国教育史、外国教育史以及经济、伦理、论理、哲学、文学、语学、历史地理学、法学、数学、化学、物理学、博物学、图画学、音乐学、手工学、体操学、农学、工学、商学等。每周学习三次③。

小学教育研究所　1908年设立,其宗旨是"为整顿省城内外初等小学教育,以期学制划一,教育改良管理适当"。其章程规定"凡关于城厢内外小学教育皆有扶持指导之责"。要求各城区小学教员每星期到所听讲一次,一年毕业,科目有教育原理、心理学、地方制度、教育行政、经济大意、理科概要六部分④。1910年学务公所又另办小学教育研究所,以研究"初高两等小学进行之方法"为目的。在所内设小学一班,以便"在所研究各员均可随时随事实行讲习"⑤。研究所提出的小学教育方针是:一、教授之内容须择其与生业有直接关系者;二、学艺贵在陶冶品性;三、德育、体育不宜偏重;四、以适用为主;五、轻分量而重品质;六、说理不多而讲演务期明切;七、课余引导学生唱歌以愉快其精神⑥。

---

① 《四川学报》丙午第2册,"研究所条议"。
② 《四川官报》丙午第1册,"新闻"。
③ 《四川教育官报》丁未第12册,"章程"。
④ 《小学教育研究所章程》,《四川教育官报》戊申第12册,"章程"。
⑤ 《蜀报》第1年第2期,"纪事"。
⑥ 《四川官报》己酉第6册,"新闻"。

上列关于发展现代教育的机构和组织十余种,全川计有上千个相应基层组织。另外,还有教育会这个重要的社团对推动川省现代教育发挥了极大作用(这将在后面叙述)。这些推行教育的新机构的大量出现,除了反映出现代教育兴起的历史趋势外,还体现了社会组织的更新,即旧的社会组织逐渐被新的社会组织所取代,社会组织的功能也由传统向现代转化,说明了社会的进步。社会组织因有专节分析,这里拟不赘述。

六 现代普通教育

清末川省各类现代学堂发展起来,普通学堂方面有高等、中等、高小、两等、初小、蒙养、半日和女子学堂等;师范学堂方面有优级师范完全科和选科、优级师范专修科、初级师范完全科和简易科、师范传习所等;专门学堂方面有法政、医学、艺术学堂等;实业学堂方面有高、中、初等农业学堂和工业学堂等。表7-10是1908和1909年四川学堂概况统计。

表 7-10

类别	1908		1909	
	学堂数	学生数	学堂数	学生数
中学堂	51	5323	49	5732
高等小学	221	10694	235	13875
两等小学	360	16108	363	19229
初等小学	8014	233770	8995	290830
蒙养院	3	226	4	383
半日课堂	159	4738	203	6352
女子学堂	84	2838	146	4642
高等学堂	1	189	1	246
法政学堂	4	1057	5	1179
医学堂	3	209	1	20
艺术学堂			3	66

续表

类别	1908		1909	
	学堂数	学生数	学堂数	学生数
中等农业学堂	1	140	1	157
初等农业学堂			4	184
高等工业学堂	1	219	1	239
中等工业学堂	1	189	1	204
初等工业学堂			2	68
实业预科	5	185	5	178
优级师范完全科			1	224
优级师范选科	1	287	1	271
优级师范专修科	1	352	1	59
初级师范完全科	5	294	8	505
初级师范简易科	1	21	10	512
师范传习所	8	291	18	602
共　计	8924	277130	10058	345757

资料来源:1908年见《第二次教育统计图表》"四川",第1—5页;1909年见《第三次教育统计图表》"四川",第1—5页。

统计说明1909年川省各类学堂已达万所,学生34.5万多。下面首先看看普通教育的发展。

现代学堂是从高等、中等再到初等这样由上至下扩展的。1902年初川督奎俊仿京师大学堂之成例,将尊经书院、锦江书院和中西学堂合并扩展,改为四川通省大学堂,除锦江书院的校舍拨给成都府中学堂外,教职员、学生、经费、图书、档案设备等全部归入四川通省大学堂[①]。开办四川省城大学堂需经费约4.7万两,尊经、中西两书院仅有经费1.6万两,其余由官库拨给[②]。是年底继任川督岑春煊按清廷各省大学

---

① 《四川省城高等学堂档案》第13卷。
② 《前督部堂奎前学院吴令奏改设省城大学堂情形折》,《四川学报》乙巳第1册,"奏议"。

堂改高等学堂令,改四川通省大学堂为四川省城高等学堂,由胡峻任首任总理。1903年11月高等学堂开学,"各属学生到者已三百余人"①。学堂内分为师范科、普通科、正科和体育科。一、师范科,包括速成和优级。速成师范科主要为解决师资困乏而设,"速成师范系并三年学科为三学期,既经毕业,给予证书,俾各回籍传习,用以权时济急"②。1905年6月72名学生毕业,当时四川通省师范学堂已开始招生,故不再继办。优级师范科是"择诸生中经、史、算学素有根柢者,特编一班"③,学生年龄较大,先入学公共科一年,再升入正科,三年毕业,共只办过一班。二、普通科,即预科。该科学生先入校一年,再升正科,该科共办5年,有10班学生毕业。三、正科,即本科,1908年正式开办,学生主要来自普通科和附设中学堂。分为文科(包括经济、文史、政法、财政等)、理科(包括物理、化学、数学、农工等)、医科(后未正式开办)三类。四、体育科,主要为培养中小学体育教员而设。

高等学堂内规则严密,《全堂通则》规定:"堂内师生员役,严禁吸食鸦片,犯者无论何人,立即分别辞退撤换。"学堂内提倡踏实、朴素作风,"学生衣服禁用绸缎,务宜崇尚质朴,不得好为新异"④。

据统计,1907年四川高等学堂有教员22人,学生229人,已毕业学生235人;1908年有学生189人,1909年246人⑤。作为四川的最高学府,又是最早开办的现代学堂之一,影响很大,成为全川办学的范例。

1905年前后四川开始创办中等教育。1903年颁布的《奏定中学堂章程》规定各府须设中学堂一所。川省陆续建立的普通中学有成都府中学堂、淑行女子中学堂、分设中学堂、成都县立中学堂、华阳县立中学

---

① 《锡良遗稿》第1册,第523页。
② 锡良:《省城高等学堂现办情形片》,《锡良遗稿》第1册,第523页。
③ 同上。
④ 《四川大学校史稿》,第21页。
⑤ 见第一、二、三次教育统计四川部分。

堂、客籍中学堂、重庆府中学堂、顺庆府中学堂、叙永永宁中学堂、资州府中学堂等。成都府中学堂1905年成立,首批便招收学生120名,以后每年招两班,民初改为成都联合中学校;分设中学1907年成立,为高等学堂附中,每年招学生90名,郭沫若、李劼人、王光祈等皆毕业于该校;重庆府中学堂就原川东书院改设,许多名人如梅际郇、杨沧白、张培爵等都曾在该校任监督或教员;客籍学堂于1905年专为官商子弟而设,设立之初有高等学生80名、中学学生100名,并附设高等小学,学额100名。

据统计,1907年川省中学堂48所,教员366人,学生5074人[①],1908年达到50所,学生5323人,教员424人[②];1909年50所,学生5828人,教员386人。1909年中学分布见表7—11。以重庆府和成都府中学为最多,大多数府直隶厅州仅一所,而松潘、懋功、石柱、酉阳、顺庆等府厅无中学堂。

表 7—11

府直隶厅州	所数	府直隶厅州	所数	府直隶厅州	所数	府直隶厅州	所数
省　城	4	雅州府	1	重庆府	10	潼川府	1
成都府	6	宁远府	1	夔州府	4	叙州府	4
绵　州	1	嘉定府	1	绥定府	2	叙永厅	1
龙安府	1	眉　州	1	忠　州	2	泸　州	1
茂　州	1	邛　州	1	保宁府	2	资　州	5

资料来源:《第三次教育统计图表》"四川",第17—18页。

川省在开办现代教育同时十分重视教育的普及,即各地区以发展小学教育为中心,表7—12是1907—1909年四川小学教育发展概况。

---

① 《光绪三十三年京外学务一览表》。
② 《第二次教育统计图表》,"各省",第37页。

表 7－12

分类	1907		1908		1909	
	学堂	学生	学堂	学生	学堂	学生
高等小学	244	11560	221	10694	236	13965
两等小学	268	15970	360	16108	369	19491
初等小学	6926	203980	8022	233770	9132	294650
蒙养学堂			3	226	4	383
半日学堂等	160	4725	159	4738	203	6352
共 计	7598	235335	8765	265536	9944	344841

资料来源:清学部第一、二、三次教育统计四川部分。

从表可见,1907—1909年川省差不多每年增加千余所小学、3万多学生。1907年有小学7500多所,1908年8700多所,1909年近万所。小学生也由1907年的23.5万发展到1909年的33万多人。小学堂中以初等为主,如1909年的9944所小学中,初小9132所,占92%;33万小学生中,初小学生29.5万,占88%。

川省同时又大力推行对贫民的教育,半日学堂和夜校在各地相继出现。1904年重庆府太守晓谕全属举办半日学堂,"专教贫苦子弟之无力入学及无暇入学者,务以开农工商者普通之知识"。重庆教育讲习会发起举办重庆府半日学堂,并准备"渐次扩充,以期教育普"。讲课分上午、下午、夜晚三班,学堂不收学费,学习用品也由学堂供给,由保人出具保证,经查验合格即可收入,学生不拘年龄。教学内容以"切实有用"为目的,分识字、习写、算学、文法四方面。重庆府同时令各属办"四字讲社",即每日讲四个字,凡不能入学堂者皆可到社听讲,"俾教育普及人人有谋生之作用"①。1904年泸州建立半日学堂,用白话文发布招生广告,说明了办学对象、目的和教学内容:"名为半日,怎么叫半日?

---

① 《广益丛报》第2年第28、29期合刊,"奏牍"。

只因这些苦人,半日去谋衣食,半日来堂听讲……只要专心来学,不取学钱。……我们讲的与从前学堂不同,不专求背诵,先与他讲些圣训,使他知道孝悌;然后讲些字义,讲些算法,讲些为人处世的道理,讲些现在中国的大势,要使这些人,个个都晓得中国的事情。"①到1907年底泸州计有半日学堂六所②。达县设立半日学堂也是由于城中贫苦人家子弟"每困于教育费用,无力读书,至成童后犹目不识丁者十居七八焉"③。川督锡良也在全省提倡半日学堂,于是全川所设甚多。

1905年又在成都设立补习学堂,堂不分等,教不专科,来学者不寄食宿,不限年龄,不定毕业期限,不拘入学资格。分四部十五科:第一部,文学经学、国文科、教育心理科、历史地理科、法制经济科;第二部:理学、教育科、物理化学科、博物科;第三部,语学、练习官话科、英语科、法语科、德语科、日语科;第四部,艺学、图画科、音乐科、体操科④。以上各部各科学生可自由选择。

普及低等教育影响最大的措施是对旧的私塾进行改造。1907年泸州招集各塾师到讲习所修业,四个月为期,毕业给凭,"凡得凭者,即准开馆授徒",并可择优派往官立、公立小学充当教师。各区均设立了私塾会⑤。1909年8月学务公所令各属三个月内一律成立私塾改良会,以培养和考核塾师。是年12月清学部拟定《简易识字学塾章程》,要求各省制定推广改良私塾办法,凡举办不力者轻则记过,重则提请督抚参撤⑥。同时川省也制订了《改良私塾简章》,其宗旨规定:"为图教育普及起见,各属地方官绅务宜协力实行,俾私塾一律改良",以补学堂的

---

① 《四川官报》甲辰第29册,"演说"。
② 《四川官报》戊申第1册,"公牍"。
③ 民国《达县志》卷13,《学校门》。
④ 《四川官报》丙午第16册,"公牍";《四川学报》乙巳第15册,"章程"。
⑤ 《四川官报》戊申第1册,"公牍"。
⑥ 舒新城编:《中国近代教育史资料》中册,第448页。

不足①。这更加快了改良私塾的步伐,如合江私塾改良会以知县为会长、县视学为副会长,"令各区之私塾师于每星期就本区附近之初等官小学堂校长处研究教法及管制规则,年终由视学召集到城甄分,择其文理通顺谙悉教法,给予凭照,许其教授,与各官立初小之校长一体待遇"②。

在改造私塾的基础上,又普遍设立简易识字学塾,这是专门为年长不能入学堂及贫寒无力就学者而设,每日授课二三小时。有的使用"二部教授法",即按上半日、下半日分班,并设有夜校。简易识字学塾的设立采用各种形式,如小学附设、就祠庙公所设等。1910年梁山有简易识字学塾41个,学生700余人,灌县在各区初小附设简易识字学塾28个;1911年广安私塾改良者20余个,就私塾改设简易识字学塾40余个③。据1911年统计全川共有16314塾,学生245487人,居全国之冠④,学塾数和学生数都是第二位直隶省的三倍多。当然,这些简易识字学塾有的条件相当简陋,但其目的是为下层群众所设,而且实行免费教育,这在客观上为普及教育推进了一步。

七 师范教育和法政教育

(一) 师范教育

1903年,锡良鉴于"顷岁以来,朝廷锐求兴学",而"川省学堂办成绝少",决定首先从师范入手,"恪守钦定章程,分年筹办,总期乡僻向风

---

① 《改良私塾简章》,《四川教育官报》庚戌第3册,"章程"。
② 民国《合江县志》卷3,《教育》。
③ 《四川教育官报》庚戌第18册、第8册,辛亥第24册,"公牍"。
④ 《教育杂志》第3年第6期,"记事"。其次是直隶4160塾,69405人;河南2500余塾,59000余人。

奋跃,官私蒙塾繁兴,植之基而探其本"①。首先是广泛设立师范传习所,通饬各州县设启蒙师范讲习所一处,每所额定150人,僻苦地方酌减,一律十个月毕业。凡是"在乡村镇市教授蒙馆为生",而且"品行端谨,文理平通",年在25—50岁者,均可入学作为官费师范生。正额之外还可设旁听生,"乡间老生寒儒有欲从事教育者应听其入所观法,随班听讲"。凡得结业证者,准其在各乡村市镇开设小学或任两等小学教员。待各地师范学堂设立之后,传习所可渐次裁撤②。到1905年全川共开办师范传习所110所③。是年7月,成都师范传习所学生毕业,计有成都、华阳、简州、崇庆、蒲江等17州县学生333名④。长寿县于1903年就书馆开设师范传习所,一年毕业,此后陆续开办初小100所;达县于1907年开办初级简易师范一班,招生几十人,两年毕业,作为办学师资⑤。当然,各州县情况参差不齐,这里不一一详举。

　　1905年秋,学务处筹集经费创办通省师范学堂,将原成都府试院改建校舍,"计能容学生五百人"。在日本聘教习两人和购置图书、标本、仪器若干⑥。次年春正式开学,第一任监督为华阳举人徐炯,下设教务长、庶务长、斋务长及学监主任。学务处订《通省师范学堂简章》,规定管理员"须深通学务之人",教员则"必慎选延充"。学生由各属保送,大县三四人,中县二三人,不论举贡生监,年在18—40岁、品行端正、无嗜好、无疾病者,定为官费。有自费旁听的则不限额、不拘年龄。各地每送官费生一名,自筹款银60两⑦。共招生360人,分简易、初级、公共三科,每科分两班;简易科两年毕业,初级与公共科均三年毕业。

---

① 《办理川省学务大概情形片》,《锡良遗稿》第1册,第371页。
② 《师范传习所章程》,《四川学报》,乙巳第2—3册,"章程"。
③ 《四川学报》乙巳第3册,"公牍";《四川官报》乙巳第28册,"奏议"。
④ 《四川学报》乙巳第16—18册,"表"。
⑤ 民国《长寿县志》卷7,《学校》;民国《达县志》卷13,《学校门》。
⑥ 锡良:《改设通省师范学堂片》,《锡良遗稿》第1册,第524页。
⑦ 《四川官报》乙巳第28册,"奏议";《四川学报》乙巳第9册,"章程"。

公共科毕业后入优级班,三年毕业,先办史地、数理两类,后又招英语、博物两类①。1906年7月又添设二年毕业的选科师范生200名②。据1908年统计,通省师范共有学生342名,其中优级60名、初级109名、预科(简易)173名③。

1906年清学部订《优级师范选科简章》,要求每省设优级师范选科一所,学生名额不得少于200人,招收曾由师范简易科毕业或在中学两年以上者,若学生不够此条件,则令先入预科。是年9月四川便成立优级师范选科学堂,先招生两班,一班为简易科,一年毕业;一班为预科,一年半毕业,然后升入本科。本科先后设有理化、史地、数学、博物等班,共毕业学生271人。1909年清学部令停办选科,于是就该校改办初级师范学堂④。

除省城外,各地也相继开办师范学堂。泸州在1901年便创办川南师范学堂;1906年重庆设川东师范学堂,1910年学生170余人⑤;1909年提学使司计划在川西、川北两处各设初级师范一所,分别由建昌道和川北道管辖,"其经费亦援照川南、川东两处办理"。原成绵龙茂道(1908年改名川西道)也于是年设川中师范学堂⑥。据不完全统计,目前有名可查的清末川省师范学堂有20余所。另外,一些学堂还附设师范班或师范馆,都扩大了师范教育的范围。

四川师范教育最盛的时期是1904—1906年,以后由于教师缺乏的问题缓解,师范传习所和一些速成师范科相继停办,在校师范生逐渐减少。表7—13是1907—1909年四川师范学堂统计。

---

① 《第一次中国教育年鉴》丙编,"教育概况"第226页。
② 《四川官报》丙午第15册,"新闻"。
③ 《四川通省师范学堂档案》第1卷。
④ 《第一次中国教育年鉴》丙编,"教育概况",第226页。
⑤ 《四川教育官报》庚戌第10册,"公牍"。
⑥ 《本署司札筹川中区师范学堂经费文》,《四川教育官报》庚戌第1册,"公牍"。

表　7－13

年代	1907			1908			1909		
类别	优级	初级	计	优级	初级	计	优级	初级	计
学堂数	1	28	29	3	6	9	2	18	20
教员数	28	109	137	24	36	60	50	86	136
学生数	632	1722	2354	678	285	963	554	829	1383

资料来源:《光绪三十三年京外学务一览表》,清学部编第一、第二、第三次《教育统计图表》四川部分。

1907年全川共有29所师范学堂,学生2354人,但第二年即下降到9所,学生仅963人;1909年虽有所回升,但仍未达到1907年的数字。总的来看1907年后的师范教育有所萎缩。

(二) 法政教育

清廷在宣布实行新政后,对官制进行了一些改革,使人们对法政逐渐发生兴趣;另外,戊戌变法之后,由于维新思潮的传播和影响,人们已强烈感到政治变革的必要,于是有意愿去钻研政治和法律方面的学问,四川留日学生中在法政大学、早稻田大学、经纬学堂等学校学习法政科的就有相当的数量。1905年以后,实行宪政的呼声在全国上下愈来愈高,法政学堂于是应运而生,在全国普遍设立起来。

1905年清廷政务处令各省仿直隶设法政学堂,次年学部通咨各省:"现在各省举办新政,需材甚殷,裁判课税人员尤非专门之学不能胜任",废科举后,"举贡生员苦无求学之地"。因此必须设立法政学堂"以培有用之才"[①]。于是,川省首先将课吏馆改为仕学馆,分刑律、教育、警察、财政、外交五科[②],不久又将仕学馆改为法政学堂(后称官绅两班法政学堂),选各府厅州县凡年在40岁以下有中学根柢者入学,首批共60

---

① 《学部通咨各省设立法政学堂文》,《四川学报》丙午第7册,"公牍"。
② 《前督宪锡奏川省改设法政学堂一折》,《四川官报》丁未第6册,"奏议"。

员,"专聘教习分科教授,以二年为毕业",由周善培任监督①。该法政学堂仿直隶和湖北而设,其学堂章程宣称:"本学堂不惟启导官智,尤以矫正官习,植养官德为主"。教学分为两部分,一是"研究已行之法律",如大清律例、大清会典等;二是"研究法律之原理",即西方及日本"已行而适合于中国之律"。学制分为本科和选科。本科的课程有:大清律例、大清会典、法学通论、宪法、刑法、民法、商法、刑事诉讼法、民事诉讼法、裁判所构成法、国际公法、国际私法、经济通论、货币学、银行学、财政学、政治学、行政法、监狱学、警察学。后本科分为官绅两班,各 60 名。官班取"府厅州县及佐贰杂职各三十名",绅班取"举贡生监及曾任或有京外官职者"。年龄皆限于 45 岁以下,学制二年②。绅班分为别科、讲习科两种,讲习科甲乙两班于 1908 年毕业。1909 年又续招别科、讲习科各一班,每科各 150 名③。1910 年初绅班又毕业 244 名,其中最优等 34 名、优等 66 名、中等 98 名、下等 38 名,最下等 8 名④。官绅两班法政学堂中实行奖罚制度,官班最优等者,由川督考查"果系才志过人,学绩优异者",予以上奏请奖,并"先行委署",授给实职。官班中等者"立予差使"。绅班优等者"酌派襄办地方公事"。若毕业不及格者,官则"罚咨遣回籍",绅则"不给凭,追缴学费"⑤。

1907 年 11 月成都设立公立法政学堂,"考选士绅入堂肄习,授以法政必要科学"。首先开办讲习科甲班,次年开办乙班,"均系参照官立法政学堂学科认真教授"。1909 年 5 月甲班学满三学期毕业,学生 46 名,其中最优等 5 名、优等 18 名、中等 20 名、下等 3 名。1910 年 1 月乙班学满三学期毕业,学生 173 名,其中最优等 1 名、优等 31 名、中等 125

---

① 《总督部堂开办法政学堂委周道善培监督札文》,《四川学报》丙午第 10 册,"公牍"。
② 《四川法政学堂章程》,《四川学报》丙午第 11—12 册,"章程"。
③ 《四川官报》己酉第 23 册,"新闻"。
④ 《四川教育官报》庚戌第 2 册,"公牍"。
⑤ 《四川法政学堂章程》,《四川学报》丙午第 11—12 册,"章程"。

名、下等16名。因"筹办地方自治在在需才",甲乙两班毕业学生按等予以奖励①。

1907年又开办宪政讲习科,作为川省"遵旨预备立宪之第一日"。护理川督赵尔丰亲临开办仪式上发表训词,称"方今朝廷殷殷求治,锐意自强。其自强之精神,既专注于立宪。而宪政之妙用,若非亟亟讲习无由洞悉本源"②。

1908年6月"以法政学会共同团体之力",川省再设法政学堂一所,"以储宪政人才而为官立辅助"。1910年计有学生300余名,聘请官绅两班法政学堂教员授课,"均照学部新改法政学堂课程办理"。讲习科一年半毕业,别科三年毕业。并咨请学部立案,准给毕业生"照奏设绅班法政学堂之案一律给予奖励"③。

成都之法政学堂的情况这里不一一列举,据《蜀报》称,迄1910年底,"省城公立法政学堂骤致发达,至十四五堂之多"④。到辛亥革命爆发,成都之法政学堂"几及二十堂"⑤。

重庆也于1908—1910年间先后设立了官立法政学堂、川东法政学堂、公立法政学堂、川东官弁法政学堂、官吏法政学堂等,有的学堂学生多达六七百人⑥。另外,其他州县也有法政学堂出现,如泸州的川南法政学堂等⑦。

清末众多法政学堂的出现,既是当时实行宪政的需要,亦迎合了人们急于做官的心理。这些学堂绝大多数属于公立,趋势而起,很难保证教学质量,人们视入法政学堂为做官的台阶,"办学者无不利市十倍,入

---

① 《四川教育官报》庚戌第6册,"公牍"。
② 《四川教育官报》丁未第11册,"论说"。
③ 《学部札法政会公立法政学堂核准立案文》,《四川教育官报》庚戌第7册,"公牍"。
④ 《蜀报》第1年第8期,"本省纪事"。
⑤ 《教育杂志》第4年第1号,"记事"。
⑥ 《广益丛报》第9年第6期,"纪闻"。
⑦ 民国《泸县志》卷4,《教育志》。

学者如到终南捷径"①。特别是当时又举行所谓"法官考试",更刺激了人们入法政学堂的迫切心情。1910年9月川省法官考试第一场,投考者400多人②。正如时论所指出的:"学堂之骤增,乃以去年法官考试诱之于前,而未来之文官试验促之于后。"③当时便有人批评道:"有完全之法律知识而后可以为法官,且必宿学有根柢而后可以与考试。今欲与法官报试而待准备,是临渴掘井之伎俩耳,其成效可知。至准备而期以两个月,则直世俗所谓上轿缠足者。果此等而能考试,则三年之别科,五年之专科,可以不设矣。"④郭沫若在回忆录中也不无嘲弄地说:"……不少的私立法政,要算把中国人的投机心理,做官热,表示得更为尽致。周围只有二十二里路的一座成都城,在反正以前我们初到的时候,已经包含有了好几座私立法政学校,在反正以后的头一二年间,有一时竟陡增至四五十座之多。三月速成,六月速成,一年速成,当时学界制造法政人材真是比花匠造纸花还要脚快手快。"⑤

不过,也应当承认,这些法政学堂的设立对普及宪政知识是有促进作用的,如"川省法政学堂自开办以来,颇形发达,凡绅民智识既渐开通,而教育精神当力求进行"⑥。四川还成立了法政学研究会,由刘彝铭任会长⑦。日本早稻田大学政治经济专科毕业生、通省法政学堂教员魏云泉曾在"两广公所法政学堂内演说法政学要论及现在社会学、个人人格学,证以中西历史,洋洋洒洒,颇为切至动听"⑧。这些都的确启迪了民智,推动了政治现代化进程。

---

① 《教育杂志》第4年第1号,"记事"。
② 《蜀报》第1年第3期,"纪事"。
③ 《蜀报》第1年第7期,"本省纪事"。
④ 《蜀报》第1年第2期,"批评"。
⑤ 郭沫若:《反正前后》,《郭沫若选集》第1卷上册,第179页。
⑥ 《四川教育报》辛亥第30册,"公牍"。
⑦ 《四川教育官报》庚戌第7册,"公牍"。
⑧ 《广益丛报》第9年第8期,"纪闻"。

八　实业教育

1901年7月,刘坤一、张之洞在会奏变法第一折中便提出各省设农、工、商、矿等专门学校,以培养实业人才。1903年管学大臣张百熙等奏定《学务纲要》,要求各省速设实业学堂。同年又颁布了《奏定实业学堂通则》,将实业学堂分为实业教员讲习所、农业学堂、工业学堂、商业学堂、商船学堂、水产学堂、艺徒学堂等类。清廷又连续颁布了《奏定中等农工商实业学堂章程》《奏定高等农工商实业学堂章程》《奏定实业补习普通学堂章程》《奏定实业教员讲习所章程》《奏定艺徒学堂章程》等,在全国广泛推行各级各类实业学堂。锡良在川省推行新政,大力举办各种实业、发展商务,急需各类人才,也认为"农工商实业学堂同为方今亟务,有百益而无一弊"[1]。于是采取了许多切实措施创办实业学堂。

(一) 农业学堂

1905年春,锡良便决定开办农业学堂,选送七名学生赴日学习农业,以作为师资[2]。翌年,四川中等农业学堂便在成都设立,"教授农业上必需之知识,应有之艺能,用中国之成法,参东西洋之新理,使学者实能从事农业为宗旨"[3]。学生皆由城乡公立、私立小学堂调取,不征学费。学堂内分预科和本科,学制分别为二年和三年。预科课程有修身,算术、国文、外国文、理化、博物等十门;本科分农业、蚕业、林业三门,教学分讲义和实习两项。1908年学堂规模进一步扩大,计有礼堂、讲堂十间,楼房一所十四间,以作为贮藏仪器和试验之用,又仿照日本办法,修筑蚕室20间,"下可得温度,上可透空气,其储桑、烘茧、缫丝、养蚕各

---

[1] 《四川官报》乙巳第28册,"奏议"。
[2] 《锡良遗稿》第1册,第525页。
[3] 《农工商部统计表·农政》(光绪三十四年)。

室俱备",还有藏书楼三间、标本室五间、体操场两区、教员室一院、自习室26间、参考室五间、寝室40间、食堂20间、接待室五间、职员办公处二所、盥洗室一间以及浴室、厨房、杂役休息所20余间。在学堂西南隅设桑园,城东门外设试验场,占地220余亩。规定学生预科年龄15—18岁,本科18—24岁,需体质坚实无疾病、志向坚定品端无嗜好、高等小学毕业者方可入学。1908年全校学生220名,其中本科100名、预科120名[①]。

从1908年开始,各府州县的农业学堂陆续出现,有官府创办、有官倡民办,有民间自动集资开设。1909年以后由于预备立宪的促进,农业教育进一步发展,过去当局有时还以"章程不合""条件不具"等因拒绝了一些地区设立农业学堂的要求,这时却基本没有限制了。

辛亥革命前各地陆续建立的一些农业学堂,有的办有成效,有的形同虚设,有的筹备半途而止,有的甫办辄停,因此学堂、学生和教员数均很难有一个明确的统计,所以官方统计总较实际数要少。据清学部1907年统计,川省该年有农业学堂5所,学生141人,教师16人。1908年有中等农业学堂一所,学生140人;实业预科5所,学生185人;初等农业学堂不详。1909年仍有中等农业学堂一所,学生157人;初等农业学堂4所,学生184人[②]。

我们根据各种资料进行综合整理,编制出表7—14。

表 **7—14**

年代	已知创办开学的		拟办而结果不明的		计
	中等	初等	中等	初等	
1906 1907	1	1			2

[①] 《四川通省中等农业学堂续订章程》,《四川教育官报》戊申第3册,"章程"。
[②] 见清学部编:第一、二、三次《教育统计图表》四川部分。

续表

年代	已知创办开学的		拟办而结果不明的		计
	中等	初等	中等	初等	
1908	1	6	1		8
1909		6	2	2	10
1910	1	7	1	4	13
1911	1	8		4	13
不详		1			1
计	4	29	4	10	47

资料来源:《四川教育官报》《广益丛报》《成都商报》《第一次中国教育年鉴》《第三次教育统计图表》。另参见王笛《清末民初我国农业教育的兴起和发展》(《中国农史》1987年第1期)附录二"1896—1916年全国农业学校一览表"。

1906—1911年六年间,全川已知设有农业学堂33所,已知筹办而结果不详者14所,计47所,以1910和1911年两年创办最多。这些农业学堂亦成为清末农业改良的重要组成部分。

(二) 工商学堂

1906年四川学界始定开办工业学堂,"现今世界各国所最注意者,曰实业,曰军事,曰教育。而教育、军事两者,又以实业为取给之源。……今拟省城先设一中等工业学堂,以为阖省之模范,并为将来高等工业学堂之基础"[①]。1906—1911年六年间,先后设立有铁道学堂、四川中等工业学堂、四川实业学堂、四川官立实业学堂、商业学堂、艺徒学堂、财政学堂、实业教员讲习所等各类工商学堂,兹分述如下:

1. 铁道学堂。由于川汉铁路公司的开办,需要铁路建筑人才,"路线绵延数千里,造端宏大,费巨工难;修造管理,在在需人。入手之始,既未可借用楚材,专门之家,复更难求之蜀产。苟非广为造就,则轨政

---

① 《光绪三十二年研究所第二次会议》,《四川学报》丙午第2册,"研究所条议"。

大兴之际,得不虞才乏乎?此铁道学堂之所由设也"①。川省于1906年开办四川铁道学堂,"分科教授,逐渐推广"。分为铁路本科和建筑专科两项,铁路本科又分为预科和正科,均三年半毕业,计七年;建筑专科亦分预科和正科,预科一年半毕业,正科三年毕业②。到1909年,学堂之业务班、测量班、本科三年班和建筑甲班先后毕业,经公司派赴宜昌工程任用。

1909年铁道学堂订立章程18则,计176条,作为高等学堂办理,以"造成高等工程师"为目的。根据学部规定,高等学堂不设预科。根据各厅州县租股数分地方为大、中、下三等,大县三名、中县二名、下县一名。另凡认铁路股万金以上者准自送学生一名。至于其他学校报考之学生,"不拘地方定额,只凭学生学力者"。决定从次年起,由各府厅州县中学堂毕业生"升送考选"。1910年铁道学堂在校共计七班③。

2. 四川实业学堂。赵尔丰督川后,便会同各司道反复筹商,皆认为实业为川省商矿枢纽,"提倡实业尤以商矿为注重要点"④,于1907年设四川实业学堂,附设于商矿局,以此提高川省工艺水平。所定学科"皆就川省固有之原料"而设立,共有四科。(1)窑业科,川省已设有陶瓷厂,但收效甚微,因此川省陶瓷要"再求精深则非藉资学力其奚以济?"因而设窑业科以培养陶瓷人才。(2)染织科,由于"外洋于染织一业,精益求精",要抵制洋货,"则川省丝业之前途非亟求改良染织不可"。(3)采冶科,"川矿之富,各国艳称",但查矿和冶炼缺乏专门人才,因此"采冶学之不容稍缓"。(4)理化科,由于川省一系列现代工业的开办,急需实用化学知识,所以"化学一科为用最广大"⑤。设预料(二年)

---

① 《护督部堂训铁道学堂毕业学生词》,《四川教育官报》戊申第1册,"论说"。
② 《学部札随时筹定本省铁道学堂办法文》,《四川教育官报》己酉第9册,"公牍"。
③ 《四川教育官报》庚戌第5册,"公牍"。
④ 《四川教育官报》戊申第2册,"奏议"。
⑤ 《农工商部、学部会奏议四川实业学堂办法章程折》,《四川教育官报》戊申第2册,"奏议"。

和本科(三年)。

  3. 四川官立实业学堂。1907年四川全省矿政调查局、商务总局创办四川官立实业学堂,选聘教员,购买器械,订立简章12条,宣称"本学堂宗旨以就四川之原料造成完全实业之人才"。三年毕业,第一年为预备科,第一、第三年为实习科,学额暂定120名。招考学生年龄在15—18岁、文理通顺、算术演熟者①。

  4. 四川中等工业学堂。1908年川省根据《奏定中等工业学堂章程》及《管理通则》,"参酌地方情形办理",在成都设立四川中等工业学堂,原四川官立实业学堂归并。所设各学科均系"就四川工业中应备之科目先行设置"。分预科和本科,预科二年,毕业后升入本科,本科最初开办有电气科(其中分电气化学分科和电气机械分科)和染织科(其中分色染分科和机织分科),学制三年。学堂开学后,又鉴于"应用化学为各科要素",添设应用化学选科。又以川省为硫酸、硝酸原料产地,因而"特酌参情形,增设此科……专习硫酸、硝酸等药品科目"②。1909年又改设矿业科,开设岩石地质学、采矿学、冶金学、矿山测量等课程。学堂内设立陶瓷试验场,聘日本技师黑田政宪作指导,并在巴县、达县等地采购原料,运回烧制瓷器③。

  5. 商业学堂。1906年四川学界便有设立商业学堂之议,认为"吾蜀物产宏富,尤须研精商业,以免外人垄断"。由于四川商业"以重庆为总汇",于是由学务研究所致函重庆绅商筹办,开办经费由渝商筹集,成渝两地总商会"均有担承此事之责任,应请其协同办理"④。1909年初,由在籍内阁中书吴季昌等倡议,在成都开始筹建中等商业学堂,决定借小学教育

---

① 《四川教育官报》丁未第9册,"公牍"。
② 《四川中等工业学堂章程》,《四川教育官报》己酉第1—2册,"章程"。
③ 《四川教育官报》己酉第9册,"公牍";第10册,"章程"。
④ 《四川学报》丙午第2册,"研究所条议"。

研究所兴办,"造就贸易之人才"①。同年,宜宾商界人士"仿效省城",创办宜宾商业学堂,推举赵熙作监督,至1911年办了三班,学生近100名②。1909年年底重庆府提出"该府以郡城为通商大埠,先行筹办中等商业学堂,自是因地制宜要着"③,随后由商会协助,筹备款项,以便兴办商业学堂。

1910年初,成都商务总会因为"川省商业需才,筹办各级商业学堂一时难以成立,拟先采用速成教授之法",设立商业传习所,"招生教授,毕业以应急需"。报名者多达600余人,收录200余人,于春季开学后,尚有人由远道赶来,"纷纷请求补考"。各地士商又提出领讲义"自行研究",这充分表现了广泛的社会需要。但由于校舍狭小无法扩大招生,于是仿照日本商科校外生办法,发行商学讲义,在商业讲习所设讲义部,由各教员担任编纂。凡领购讲义者作为校外生,凡考试及格者给予毕业证书④。商业讲习所以六个月为一学期,三学期毕业,凡学满期者可到讲习所接受考试⑤。

1911年乐山以"盐、丝、白蜡皆该县出产大宗,煤矿亦颇媼富",农工商业"固皆可酌量兴办",因而筹办初等商业学堂,以"讲求商学",预计每年需款1610两⑥。

6. 艺徒学堂。1908年,"仿外国徒弟学校之意",在成都设艺徒学堂。其目的是"为教授粗浅工艺,发达贫民生活之程度,兼以补助实业教育",所以在授课上"专择其与生业有直接之利益者"。学制为二年。所收大多为贫民子弟,凡年龄在12岁以上、读过一二年书者均可入学,不收学费。学堂课程很重视应用,如修身课则"选择有关工商业道德教

---

① 《四川教育官报》己酉第3册,"公牍"。
② 《清末宜宾商业学堂》,《宜宾文史》总第14期。
③ 《重庆府详筹办中等商业学堂一案》,《四川教育官报》己酉第12册,"公牍"。
④ 《督宪拟劝业道详商业讲习所发行商学讲义文》,《成都商报》第1册,"公牍"。
⑤ 《四川商业讲习所发行商学讲义章程》,《成都商报》第1册,"专件"。
⑥ 《四川教育官报》辛亥第29册,"公牍"。

之";国文课则"选择关于工商业应用文教之",如日用品名称、度量衡、货币等;算术课则教珠算、应用题、物价等。另外还开有金工、木工、染织工等课程。学堂备有各种器具以供学生实习,毕业后准其"自设铺面制器发卖以便谋生",年龄较大技术熟练者则可"择优派充本学堂教习"①。

一些州县也设立艺徒学堂,如1910年涪州于官立高等小学堂附设艺徒学堂,"以教青年失学子弟,俾得谋生有资"②。1911年长宁拟设艺徒学堂,将"该县禹王宫、万寿宫、王爷庙等处庙租提作艺徒学堂经费"③。

7. 财政学堂。1909年成都设立财政学堂,"宗旨在养成财政通才,务使研究学理,明体达到,足备任使"。分中等科、高等科和别科三种。中等科学制三年,毕业后入高等科,学制亦三年。别科则招收"已入仕途及举贡人员",学制也为三年。学堂还另设税务专科和银行讲习科,"以养成税务、银行之实践人材,以备税务处及银行之任使"。中等科每年招100人,别科亦招100人,税务专科和银行讲习科学额"临时酌定"。招选标准是16—25岁、品行端正、高等小学毕业者。所设课程有理财史、财政学、统计学、商法等④。

8. 实业教员讲习所。根据奏定学堂章程规定,各省应设实业教员讲习所,"以为扩张实业学堂之基"。1910年春,川省因兴办实业学堂缺乏师资,于是创办实业教员讲习所,先后开设简易科和完全科,就原补习学堂校址改设。订立章程七条,规定"以教授关于农工商三项实业,养成各府厅州县实业教员为宗旨"。教学内容"以用本省之所长补本省

---

① 《艺徒学堂章程》,《四川教育官报》戊申第11册,"章程"。
② 《四川教育官报》庚戌第9册,"公牍"。
③ 《本司札长宁县视学禀筹办实业艺徒学堂文》,《四川教育官报》辛亥第29册,"公牍"。
④ 《财政学堂章程》,《四川教育官报》己酉第7册,"章程"。

之所缺为准"。学额240名,分三班,每班80名。学制一年,毕业后"由提学司按其程度等差派赴各属实业学堂充当教员或升入完全科肄业"①。

9. 其他工业学堂。除上举主要的工业学堂外,清末各地的工业学堂也为数不少,如1908年成都有人拟办女子工科师范;1910年机器总局设机器学堂;同年,潼川以属境多产桑棉,拟设预科工业学堂,以染织为主;同年三台县也"因地制宜",从染织科入手筹办实业学堂;同年江北厅则以"矿产最富",拟设初等工业学堂,"以矿物学为主,以电气化学机器等科补其缺";1911年大足在原艺徒学堂基础上筹办初等工业学堂;同年会理设初等工业学堂,对采矿、皮革、木材、毛织等生产"加以学理",从而"讲求其化学制造之法则"②。

据1910年不完全统计,清末川省有工商学堂15所,已筹办而结果不明者4所,计19所。其中工业学堂13所,商业学堂6所。工业学堂包括铁路、建筑、电气、机械、织染、化学、窑业、采冶等各个学科。

九 川边少数民族的启蒙教育

20世纪初,清政府对川边藏族地区进行改土归流的同时,在川边地区广泛兴办学堂。川边界于川藏之间,南接云南,北连青海,地处高原。1904年英军侵藏,迫签《拉萨条约》,清廷鉴于"西藏情形危急",于是年12月令"经营四川各土司,并及时将三瞻(按:即指瞻对)收回内属"③。1905年春巴塘事件发生,整个川边震动,清政府在平定川边动乱后,乃命赵尔丰为川滇边务大臣,主持改土归流,逐步废除了土司统治机构,在川边建

---

① 《本署司详筹办实业教员讲习所文》,《四川教育官报》庚戌第3册,"公牍"。
② 以上见《四川教育官报》戊申第6册、庚戌第1册、庚戌第2册、辛亥第31册、辛亥第32册,"公牍"。
③ 《光绪朝东华录》(五),第5273页。

立道府厅州县各级政权组织,并对社会进行了一系列的重大改革,兴学就是其中首要内容之一。为什么清政府急于在川边兴学呢?

第一,为加强对川边藏民的统治。改土归流之后,由于藏民不懂汉文,汉民不通藏语,彼此交往依靠"通人"(即翻译),经常"传达讹错,致误事机,甚且有意倒颠,藉端播弄番情,每致不洽,弊窦防不胜防"①。这显然不利于清政府对川边的控制和推行各项政策。另一方面,先从办学入手,以思想文化为武器来解决控制川边的诸项困难,这即是采取武力于先,教化于后的办法,以作长治久安之计。

第二,抵御英国对西藏和四川的渗透。自英国武装侵略西藏后,川滇等省受到严重威胁,赵尔丰平定川边、改土归流后,清廷即发布上谕:西藏"为川蜀藩篱,与强邻逼处,而地方广漠,番民蒙昧。举凡练兵、兴学、务农、开矿、讲求实业、利便交通以及添置官吏、整饬庶政诸大端,均应及时规画,期于治理日益修明。"②十分清楚,由于西藏形势危急,清政府竭力使川藏连为一气,以巩固川边进而抵御英国对西藏的觊觎。

第三,在川边推行新政。1903年以后,新政的潮流触及川省各个角落,而川边地区仍闭塞落后。1905年锡良奏称:"巴、里两塘距省过于辽远,究属鞭长莫及",请将提督移住川西,以"次第振兴"各项新政③。改土归流之后,清政府便在川边兴学、开矿、招商、移民屯垦、征收赋粮、通令讲究卫生、修筑桥梁道路、架设电线、铸造藏洋等。

总而言之,20世纪初清政府在西藏、川边皆尚未建立巩固的统治机构和行使有效的统治权,英人觊觎,边民叛乱,危机四伏。历史证明,仅靠武力是难以解决川边问题的,清政府因而改变统治方法,武力之外辅之以经济、文化等手段,这应该说是一个进步。

川边学堂从1907年底开始出现,至1911年清王朝覆没的五年时

---

① 《四川教育官报》丁未第9册,"奏议"。
② 《清德宗实录》卷587,第4—5页。
③ 《清德宗实录》卷549,第1页。

间里,有了很大的发展。历年设立学堂的情况如表7-15。

表 7-15

年代	学堂数	学生数	教员数	资料来源	备注
1907	2	60	40	《关外学务一览表》,《四川教育官报》己酉第1册。	仅巴塘一地。
1908	34	1038	37	同上。	分为中区(巴塘)、东区(里塘)、南区(乡城)、西区(盐井)四区。
1909	39	1500+		《教育杂志》第1年第11期,"记事";《广益丛报》第7年第23期,"纪闻"。	为1909年7月的统计。
1910	122	3100+	122	张敬熙:《三十年来之西康教育》第1编,第27页。	兴学区域有所扩大,如北路之格登科(今邓柯里)、西路之江卡(今宁静)、乍丫(今察雅)、察木多(今昌都)等。
1911	200+	9000+		《成都商报》1911年4月1日。	仅巴塘、里塘、定乡、盐井、河口、稻城六处统计,其他地区不详。但可知学务已向南、北、西路扩展。

从表可知,这期间学堂数和学生数递增十分迅速,兴学地区也由局部几乎扩展到整个川边。川边教育之所以在短短几年时间里取得如此明显的进步,是由于采取了一系列切实的措施。

(一) 设藏文学堂

1906年12月成都藏文学堂开学,是为川边地区学务发展的前导。

藏文学堂章程明确规定"与其他普通学校不同",它的宗旨是"以铸造边徼办事译员与各种实业教习"。专门培养经营和开发川边的人才。学制二年。藏文学堂课程完全是根据川边实际情况开设的,藏文和英文占了很大的比重,这是因为当局认为"藏语以开化土种,英语以交通外务"。规定"必二者娴熟足用乃可卒业"。国文、历史、地理课的开设,也都是为满足经营川边的需要,以保证"改土归流之后所赖以灌输文明"。学堂要学生洞悉川边地区的古今历史和地理,在教学中反复讲明这一地区是中国的故有领土,必须纳入清中央集权的统治范围之中。如历史课讲古来由蜀通印度之故事、川滇藏与中原之关系等,地理课讲川边、滇边、藏卫、青海之关系,将来设行省之界画、川西铁道之计划等①。藏文学堂为川边培养了大量的办学师资,1908年12月第一届学生毕业共93名,次年春分别派遣到川边②。

(二) 设立关外学务局③

为了使川边有一个统筹全局的兴学机构,1907年9月赵尔丰奏设关外学务局,因为学堂"当兹创办伊始,经营擘画,条理万端,尚无以挈其纲领……拟于炉城择地设立学务局一所,以为总汇"。负责筹拨学费、考查规制、采购图书仪器、聘请教员和派员劝学等事宜,由吴嘉谟担任总办。为提高办事效率,一切文牍统由关外学务局拟稿直接呈送赵尔丰核看,这样则"枢纽较灵,庶可省繁牍而归简捷"④。打箭炉为内地赴关外必经之地,赵尔丰令打箭炉厅府,凡有关川边学务物资运送、关外人员的接待"均关紧要,亟应妥为筹画,以免阻滞",关外学务局购运图书、仪器到厅即予

---

① 《四川藏文学堂章程》,《四川学报》丁未第1册,"章程"。
② 《清朝续文献通考》卷113,《学校二十》,第8716页。
③ 过去,打箭炉以西叫"关外",出打箭炉西行称"出关"。
④ 《护督部堂奏筹设关外学务局折》,《四川教育官报》丁未第10册,"奏议"。

速运出关①。促使地方当局为关外学务局的工作创造一定的条件。

(三) 派劝学员在川边各地劝学和调查

关外学务局设立后,立即派劝学员遍历巴塘、里塘、乡城、盐井、稻坝、中渡、贡噶岭各地劝办学堂。制订了《四川新订关外学务调查专章》,学务局在"办学之先"便"逐村调查";学堂初步开办以后,又"逐校调查,以谋改良",凡有人居处"均应遍历"。调查以"演说劝导为先务"②。调查人员奔走于村寨之间,督促当地头人、官吏办学;对已开办的学堂,则予以抽查,测定教学水平及效果。

(四) 广筹边学经费

学堂开办之初,先从边务经费中拨银3万两,以后关外学务局经费无固定收入,随拨随支,平均每年需费用约5万两,而实际得款不过2万两,经常出现经费支绌的情况。1911年4月,赵尔丰又由"边务经费项下拨库平银六万两,以资推扩办学之用"③。除政府拨款外,还靠一些其他收入作补充。一是战争缴获物之变价。如1907年赵尔丰剿办巴塘、定乡、稻城、贡噶岭等处,所获物资除发还投诚者外,无人认领的即变价处理,得银1万两作为修建学务局和学堂之费。次年又将各处铜器运至内地变价,得银2.39万两,先后发交成都、华阳的商号生息,作为补助关外学生衣鞋帽之费④。另一项是捐助的收入。当局规定:"凡地方有愿助产业兴办学堂者",都必须"转告地方官长旌奖以彰善念"⑤。当时捐款助学者屡见不鲜,此不赘述。

---

① 《四川教育官报》丁未第10册,"公牍"。
② 《教育杂志》第1年第9期,"章程""文牍"。
③ 《宣统政纪》卷50,第37—39页。
④ 《将缴获匪物变价作为学堂经费片》,《赵尔丰川边奏牍》,第98页。
⑤ 《四川新订关外学务调查专章》,《教育杂志》第1年第9期,"章程""文牍"。

(五) 奖励边学教师

川边办学之始,赵尔丰以"关外办学以求才为最难,欲使人才乐于效用,惟恃奖劝之公,以资激劝"。凡在川边办学三年左右"教育确有实效者",由川督"随时奏请给奖"①。当时在川边办学十分艰辛,痛苦荒凉,饮食不便,冰天雪窟,寒冻难支,所以"非素具热心,不辞劳瘁者,不能胜任"。1910年8月赵尔丰以"办理学务人员,迄今已满三年,而化梗顽为良善,成绩优著,不无微劳",上奏请奖边学人员。总办吴嘉谟赏加三品衔,其他教员亦分别给奖。这些人员于办学十分尽职,如总办吴嘉谟"不以蛮地瘠苦,热心毅力,选委员,延教习,购堂器,欣然出关",并"督同劝学员等奔驰于冰天雪地之中,周历遐荒,多方劝导"②。另外据当地人回忆,"汉籍老师们吃苦耐劳,循循善诱,因之教育进步很快。"③

(六) 强迫和优待相结合,鼓励上学

兴学之初,当地人对学堂茫无所知,进行消极对抗。如1909年7月朱窝土司俄朱呈文川边大臣:"饬令小的属下百姓开办学堂一事……传知各村,晓以大臣保赤之苦衷,开学之公益。劝导再三,不料各村百姓不惟不知大臣美意,反言:'……倘如定要我们儿女之学读书,我们当父母者,宁肯扑河而死'等语……势难勉强开导。"④有的则将自己子弟藏匿山寺、牧区,有的地区"向官吏递禀求免办学"⑤。于是当局采取了半强迫办法,规定凡是学龄儿童者必须入学,若不进校,罚其家长。但当地人都视上学为负担,"每以幼童入学堂为当差与支乌拉等,甚至有雇贫家子弟顶替

---

① 《赵尔丰川边奏牍》第99页。
② 《关外办学人员三年届满择优请奖折》,《赵尔丰川边奏牍》,第100—101页。
③ 格桑群觉:《赵尔丰对川边的统治及措施》,《四川文史资料选辑》第2辑。
④ 张敬熙:《三十年来之西康教育》第1编,第79页。
⑤ 《四川教育官报》己酉第2册,"附编"。

者"①。有的则贿赂教师放回学生。针对这种情况,学堂教学"从浅入手,先教以汉语官话及中国浅近文字,并优待学生,使蛮民审资观感。去年春番民等见学堂未征学费,而子弟能知汉语……又见给予冠履衣服,加以礼貌,疑虑渐释……愿将子弟送学"②。学生入学不缴学费,所有书籍、纸笔、墨砚等皆由学堂供给,并发给衣裤帽等汉式男女服装以及日常生活用品,在学堂时免费供应饭食。凡学生皆免除其徭役,每期考试较突出者,另有特别优奖③。赵尔丰指示学务局,凡在小学毕业考上第一名,学生家庭免支"乌拉"差役三年,考第二名免二年,第三名免一年。其余前七名给物质和银牌奖励。由于上学不增加任何负担,而且得到许多便宜,许多人消除了疑虑,踊跃送子上学。

在川边藏族地区"办学教导之力,实觉内地十倍其难"。但由于采取了一系列切实的措施,取得了一定的成绩,"纵横数千里,开草昧而输以文明……群皆欢欣鼓舞,兴学之功,显著成效"④。1908 年的办学区域仅限于边务大臣的辖境,划为巴塘(中区)、里塘(东区)、乡城(南区),盐井(西区)。校舍均暂借庙宇、喇嘛寺及叛民充公的宫舍改用,主要分官话学堂和初等小学两种。官话学堂规定每校三四十人,各校由村头人轮流充当学董。官话学堂成立在二学期以上较有成效者,可呈报关外学务局改称初等小学堂。

随着川滇边务大臣管辖范围的扩大,兴学区域也逐步发展,1910 年划为八区⑤。这时教师十分缺乏,乃由成都延聘师范生,前后两批,共 40

---

① 《成都商报》1911 年 4 月 1 日。
② 《清朝续文献通考》卷 113,《学校二十》,第 8716 页。
③ 民国《理化县志稿》卷 3,《政务》。
④ 《关外办学人员三年届满择优请奖折》,《赵尔丰川边奏牍》,第 100 页。
⑤ 八区划分如下:1.中区——巴塘、得荣;2.南区——定乡、稻城;3.西区——乍丫、察木多、贡县;4.西二区——盐井、江卡;5.北区——白玉、武成、同普;6.北二区——德格、邓柯、石渠、甘孜;7.东区——里塘、河口;8.东二区——打箭炉。

余人。1910年又派遣成都藏文学堂毕业生70余人出关,担任教师①。1911年关外学务局又在炉城设立一师范传习所,"招集川省西南两道明白子弟暨川省藏文毕业生,并炉厅附近道藏语而兼识国文者,入所讲习"。决定办两班,每班40人②。当然,由于关外条件艰苦,内地学生很少愿意前往,当地培养的教师也很有限,师资的缺乏,无疑影响了新学堂的建立。

当然也应该指出,由于当时清政府的民族歧视政策,不尊重藏族人民的民族习俗和忽视当地具体情况,在兴学过程中也引起了许多矛盾和冲突。但是总的来看,清末在川边推行学堂教育在客观上促进了川边藏族地区文化和生产的发展。

十 现代教育发展程度估计

四川现代教育从1902年倡始,1903年开办,以后逐年发展,到1910年达到高峰,该年全省学堂11387所,学生441738人,发展速度可谓相当快。无论在经济发展、交通发达还是经济落后、交通闭塞的地区,都普遍设立了新式学堂。1909年全川9995所学堂,平均每个厅州县七八十所。当然,学堂的分布在各地区是很不均匀的,多者二百余所,少者仅几所、十余所。一般来说,经济和交通较发达的地区教育发展程度也较高,反之亦然。如成都县131所,华阳县170所,巴县多达229所;而理番厅仅6所,汶川10所,松潘12所。据统计,1909年现代学堂在百所以上的有30个州县。

其中以涪州现代学堂为最多,达360所,学生1.1万人。有200所以上学堂的还有仁寿、巴县和梁山。我们可以注意到,也有经济和交通闭塞落后而学堂较多的州县,如梁山、盐亭等。这恐怕与地方当局的实力推行

---

① 《清朝续文献通考》卷113,《学校二十》,第8716页。
② 张敬熙:《三十年来之西康教育》第1编,第51—52页。

有关。

为了进一步了解川省现代教育的发展状况,以下作一些抽样分析,见表7—16。

表 7—16

区域	地区	人口数	学堂数	平均多少人一所	学生数	学生占人口比(%)
经济中心区	成都县	266436	131	2034	4680	17.6
	巴 县	990474	229	4325	7432	7.5
次经济中心区	眉 州	360300	59	6107	1736	4.8
	泸 州	725168	119	6094	4357	6.0
近边缘区	安 县	199208	53	3759	1656	8.3
	苍 溪	150811	35	4309	846	5.6
远边缘区	越 西	62918	18	3495	871	13.8
	清 溪	115346	61	1891	1797	15.6

资料来源:人口数见施居父主编《四川人口数字研究之新资料》,为1910年的统计;学堂、学生数见《第三次教育统计图表》,为1909年的统计。

从表中我们可以发现这样一种状况:在经济和交通发达地区,学堂和学生的绝对数字较高,但人均数有时却低于落后地区。如远边缘区的清溪不但学堂密度高于近边缘区、次经济中心,而且高于经济中心的成都;清溪学生占人口的比例在上列各州县中,也仅低于成都。从总体情况来看,次经济中心区学堂密度还低于近边缘区。这种情形的出现,是由于一般经济发达地区人口都较稠密,虽然从地区文化的角度看教育水平较他处为高,但按人均数却显得较低。

如果要对清末四川现代教育发展程度有个总体评价,那么必须进行比较,先见表7—17。

表 7—17

(指数 1910＝100)

年度	四川				全国				四川占全国比(%)	
	学堂数	指数	学生数	指数	学堂数	指数	学生数	指数	学堂	学生
1902			140	0.03			6912	0.5		2.0
1903	28	0.2	1550	0.4	769	1.8	31428	2.4	3.6	4.9
1904	170	1.5	6308	1.4	4476	10.5	99475	5.3	3.8	6.3
1905	2793	25.0	73291	16.6	8277	16.1	258873	20.1	33.7	28.3
1906	4897	43.0	145876	33.0	23862	55.9	545338	42.4	20.5	26.7
1907	7793	68.4	244538	55.4	37888	88.7	1024988	80.0	20.6	23.9
1908	8934	78.5	276907	62.7	47995	112.4	1300739	101.2	18.6	21.3
1909	10057	88.3	343938	77.9	59117	138.5	1639641	127.6	17.0	21.0
1910	11387	100.0	441738	100.0	42696	100.0	1284965	100.0	26.7	34.4
1911	11085	97.3	320340	72.5	52500	123.0			21.1	

资料来源:〔1〕四川,1902—1909 年见清学部第一、二、三次《教育统计图表》。1910 年见《教育杂志》第 2 年第 11 期,"记事·本国之部";《蜀报》第 1 年第 4 期,"纪事"。1911 年见《四川政报》第 191 册;《视察第五区学务总报告》,《教育公报》第 1 年第 5 期,"报告"。

〔2〕全国,见王笛《清末近代学堂和学生数量》,《史学月刊》1986 年第 2 期。

注:表中某些年份四川所占比例过高,如 1905 年学堂数占全国总数 33.7%,1910 年学生数占全国总数 34.4%,可能是统计数字或统计方法上存在一些问题,但目前无其他更令人信服的解释,只好暂且存疑。

第一,从学堂的设立看。1903 年川省各学堂仅占全国的 3.6%,1904 年以后出现了猛增的趋势,一年间由 170 所上升到 2793 所,增加了 15 倍多。1904 年指数仅 1.5,1905 年即达到 25.2;而同期全国只从 8.5 上升到 13.1。以后学堂设立稳步上升,于 1909 年达到万所,1910 年达到最高峰 1.1 万所。而全国学堂的大幅度增加是在 1905 年以后,1906—1907 年从 8277 所上升到 37888 所,增加了 458%。同期川省学堂只增加 249%。从全国的情况看,1909 年是学堂设立的高峰。把清末川省设立学堂数量与同期的其他省份比较,可见川省是名列前茅的。

以1907年为例,当年川省共有学堂7793所,仅次于直隶省(8723所)居全国第二,占当年全国学堂数的20.6%。1909年川省学堂达10057所[①],也仅次于直隶(11201所)居全国第二,占当年全国学堂数的17%。

第二,从学生的数量看。学生数量的增长同学堂数量的增长是相应的。1902年四川在校学生仅140人,占全国学生数的2‰;1904年达到6308人,占全国学生数6.3%;1905年学生猛增至73291人,较之上一年增加十倍多,占全国学生数的28.3%。发展指数从1.4上升到16.6。之后便是持续上升,到1910年达到最高峰,而全国学生最多是在1909年。

再把川省学生数与其他省比较,1907年川省学生24.45万,占当年全国学生的23.9%,居全国之首。学生数居第二位的直隶为16.4万,与川省也相差甚远。一些经济较发达的沿海省份,如江苏、浙江不过三四万,广东不过七八万[②],其他省份则更难与之相比。1909年川省学生达到34.4万,占全国21%,比居第二位的直隶省多10万。相邻的湖北在经济方面大大发达于川省,但学生也仅9.9万[③]。

下面再以1909年为例,列出全国学堂数量前七名的省份进行比较,见表7-18。

表 7-18

省 别	人口数(千人)	学堂数	平均多少人一所(千人)	学生数	学生占人口比例(‰)
直 隶	29400	10834	2.7	242247	8.24
奉 天	4725	2707	1.7	106867	22.62
山 东	37438	3919	9.6	59217	1.58
陕 西	8473	2491	3.4	59196	6.99
河 南	21010	3536	5.9	90824	4.32

---

① 若加上其他教育机构共10661所(见《第三次教育统计图表》)。
② 《第一次教育统计图表》,第17-18页。
③ 《第三次教育统计图表》,第1-2页。

续表

省 别	人口数(千人)	学堂数	平均多少人一所(千人)	学生数	学生占人口比例(‰)
湖 北	34330	2735	12.6	99064	2.89
四 川	43800	10057	4.4	343938	7.85
全 国	406186	59117	6.87	1639741	4.04

资料来源：[1]人口统计见《光绪三十三年京外学务一览表》，假定1907年与1909年人口数相同。其中四川人口数见施居父主编《四川人口数字研究之新资料》第10表。

[2]学堂和学生数见《第三次教育统计图表》，第10—13页。

从人口平均学堂数看，川省次于奉天、直隶、陕西，居第四位，平均4400人有学堂一所，高于全国平均数（近7000人一所）。从学生占人口的比例看，川省次于奉天、直隶，学生占人口的7.85‰，大大高于全国平均数（4‰），这从另一角度说明了四川现代教育的发展。

教育的发展不仅要看到学堂的绝对数量，还应考察学堂的规模大小，表7—19是学堂数前七名的省份学堂规模的比较。

表 7—19

省别	学生数	学堂数	平均每校学生数	省别	学生数	学堂数	平均每校学生数
四川	343938	10057	34.2	陕西	59196	2491	23.8
直隶	242247	10834	22.4	河南	90824	3536	25.7
奉天	106867	2707	39.5	湖北	99064	2735	36.2
山东	59217	3919	15.1	全国	1639641	59117	27.7

资料来源：同表7—18。

从总的情况看，全国学堂的规模都很小，平均每校不到28人。奉天比例最高，平均每校也不足40人；其次是湖北，为36人；四川居第三，为34人。可见，虽然清末四川现代教育在全国说来发展较快，但程度仍然不高。

清末现代学堂开办的形式有官立、公立和私立三种，其各自的数量和比例见表7-20。

表 7-20

地区	年度	官立		公立		私立		共计	
		数量	%	数量	%	数量	%	数量	%
四川	1903	19	67.9	7	25	2	7.1	28	100.0
	1906	1531	31.3	3254	66.4	112	2.3	4897	100.0
	1909	2471	24.6	6561	65.2	1025	10.2	10057	100.0
全国	1903	516	67.1	164	21.3	89	11.6	769	100.0
	1906	7596	31.8	13574	56.9	2692	11.3	23862	100.0
	1909	14301	27.3	32254	61.6	5793	11.1	53348	100.0

资料来源:清学部编第一、二、三次《教育统计图表》。

从表中我们可看到:第一,四川同全国一样,现代学堂设立之初是以官办为主,1903年占总数的68%,这表明了在学堂设立之初官府的主导作用。当风气尚未开化、民间尚无力办学之时,通过国家政权的途径为现代学堂的设立开辟了道路。第二,随着风气日开,民间办学者日多,发展更为迅速,公办学堂的比例明显增大。1903年仅占总数的25%,1906年即上升到66.4%,1909年仍占65.2%。其比重较之全国要大,全国公立学堂比重最高是61.6%。第三,私立学堂在川省所占比重一直不大,1903年占7.1%,1906年仅2.3%,远远低于公立学堂,反映出川省士绅和知识分子一般尚无财力独立办学。全国私立学堂所占比例高一些,一直都维持在11%左右。

我们称20世纪初开办的学堂为现代学堂,是因为一般说来,这些学堂具有了现代性质,学堂内普遍开设新的知识课程,如声光化电之学、外语、世界历史地理等。如《奏定中学堂章程》就明确规定:讲授世界历史要求讲授先就日本、朝鲜、安南、暹罗、缅甸、印度、波斯、中亚细亚诸小国讲其沿革大略,详于日本、朝鲜、暹罗、安南、缅甸,而略于余国;详于近代而略于古代,五十年内应尤详,"表示以今日西方东侵东方诸国之危局","使得省悟强弱兴亡之故,以振发国民之志气"①。许多学堂内部也的确萌发了一种新的精神,如重庆东文学堂"注重精神教育,一洗奴隶腐败之风,凡来学者无论学年久暂,皆必使知国民之责任,完其个人之资格而后已"②。

一些学堂内部逐步形成了追求新学的风气,如四川高等学堂有许多外国人担任教习,授课颇受学生欢迎。据统计,先后在高等学堂任教的外国人不下 20 人,对传播新知识起了很大作用。如美国人霍夫曼(Hofman)讲英文用《羌伯氏读本》(Chambers Readers),文法用《纳氏文法》(Nesfield's English Grammar)。学生对学外语很热心,校内有英语会话组织——英语俱乐部,由师生共同组成,每两周开会一次,有对话、说故事、辩论等。化学由英人华林泰讲授,其化学知识丰富,实验熟练,颇受欢迎③。

许多学堂在内部管理上也日益现代化,有章可循,有法可依。如四川高等学堂关于教师、教学、学生、书籍、实验等都有规则,计 14 种,即《全堂通行规则》《职员规则》《学生规则》《请假规则》《考试规则》《讲堂规则》《自习室规则》《寝室规则》《储藏室规则》《藏书楼规则》《仪器标本陈列室规则》《操场规则》《各室规则》《理化实验室规则》。川省学务当局在考试上还制定了一套规章,1909 年制定各学堂历期历年考试通用各表式及条例,规定各学堂临时考试每月一次,学期考试每半年一次,学年考试每年一次,最后有毕业考试,通过者授予文凭。另外,每学期旷课十小时者应减每学期考试平均分数半分,依此递加。毕业考试则是综合十学期或八学期内所上各课分科测验,最后总计各科平均分数,80 分以上为最优,70 分以上为优,60 分以上为中,不满 60 分为下,不满

---

① 舒新城编:《中国近代教育史资料》中册,第 509—510 页。
② 《广益丛报》第 3 年第 2 期,"纪事"。
③ 陆殿舆:《四川高等学堂纪略》,《四川文史资料选辑》第 20 辑。

50 分为最下等①。可见学堂管理正日趋规则化。

1910 年以后,国内社会动荡、政局不稳、风潮迭起,清政府已无暇顾及办学,现代教育已难以发展,及至民国初年,川省连年军阀混战,学务更是一蹶不振。1915 年北洋政府教育部调查川省学务称:"四川自前清提学使成立后,教育事业蒸蒸日上……群亦争相砥砺,县官玩视学务即行撤换,一时学风丕变。"而民国后由于措施不力,"教育遂日渐退化"②。如彭县在 1922 年共有学校 48 所,而其中 34 所是 1903—1911 年间设立的,"后此十年之推进"不如"前此九年之始兴"③。原颇有声势的关外学务也无人顾及,据 1912 年《教育杂志》报道:"省中之变,关外学务为之一阻,及至今日,竟有解散之势,究其原因,以川中不发款项,全边办学人员,遂各萌退志。……如此则边外学务必难继续开办矣。"④赵尔丰在革命中被杀,但民初的川省风云人物们在经边的许多问题上尚不及赵富有远见,这倒是一个历史的悲剧。

现代教育的兴起是近代历史上一件具有深远影响的大事,现代学堂逐步取代旧式书院、学塾的过程,是风气日开、人才辈出的过程,是社会现代化具有重要意义的一步。

---

① 《四川官报》己酉第 20 册,"公牍"。
② 《教育公报》第 3 年第 6 期,"报告"。
③ 民国《重修彭山县志》卷 4,《学校篇二》。
④ 《教育杂志》第 4 年第 4 期,"记事"。

第八章 社会组织及其功能的变化

传统地方秩序的稳定，经常是依靠各种自发的社会组织。正如我在第六章里指出的，清代的小政府，给地方士绅提供了在地方发挥作用的重要机会，他们参与地方仓储的管理，热心赈济和慈善事业等。由于长江上游地区是一个移民社会，他们来到一个陌生的地方开辟新生活，难免会与土著发生摩擦，因此，建立自己的组织——同乡会，相互依靠和帮助，一致对外，就变得十分必要。他们的组织，在地方经济、社会和日常生活中，都十分活跃。当然，传统的宗族组织，在地方秩序的稳定中，也起着重要作用。

在长江上游地区，还存在着各种政治的、经济的，以及宗教的组织。在清代，民间秘密社会组织广泛散布，包括游民的团伙啯噜、袍哥，以及各种被官方定义为"邪教"的大众宗教集团，它们成为与政府对抗的力量。清代长江上游地区，商业有了十分显著的发展，长途贩运兴盛，地方交易频繁，各种经济组织，包括会馆、行会、商帮等，成为商业活动中必不可少的角色。在近代，它们还逐步演变成为商会。它们与晚清出现的农会、教育会，还有官方推动的警察等等组织和机构一起，积极参与了社会的改良运动。

一 地方仓储

传统社会为应付一些意外事件和不时之需，往往有一些传统的社会机构和措施，这些措施是社会功能运转和社会生活的重要部分，仓储就是清代一项重要的社会措施。经过清初社会经济的恢复和休养生息之后，肥沃的土地和适当的人口,使长江上游地区成为当时全国首屈一指的产粮地,粮食结余甚多。这些余粮一方面大量以官运和商运形式输出(参见第四章有关部分),一方面在产粮地就地储存,这就带来了清前期上游地区仓储的空前发展,并对当时社会生活产生了极大的影响。当时是省建永济仓,府建丰裕仓,州县有常平监仓,乡镇设社仓、义仓,边远地区置营屯仓等。从其性质看有官立和民立两种,并分别表现了不同的功能。对地方影响最大、关系最密切的是常平监仓、社仓和义仓。

常平仓和监仓由官设,主要为平易谷价,"谷贱时增价而籴以利农,贵时减价而粜以便民,具纯全平价之性质"[1]。由地方官管辖,遇谷价不平时,及时粜籴,并出陈易新,秋收定限还仓。顺治十四年(1657)令"各省修葺仓厫";康熙四十三年(1704)准四川大州县贮谷6000石,中州县4000石,小州县2000石;雍正三年(1725)准四川、江西、湖北、湖南各贮米5万石。雍正初川省贮米42万石,清廷令再购60万石,每年买20万石,三年使仓储达百万石,所需银6万两于夔关及盐茶盈余银内动支。雍正七年(1729)定川省常平仓应贮谷103万石[2],但以后有所变化。乾隆十三年(1748)清廷额定川省常平监仓额储185万石[3]。到嘉庆十七年(1812)川省各常平监仓共储谷约293万石[4]。

常平监仓谷的主要来源一是由政府拨帑银,二是开监谷例。开监谷例于雍正七年在川实行,即准俊秀纳谷入国子监为监生,所捐谷加储于常平仓厫,故常平仓又称常平监仓。初开捐纳时俊秀纳谷踊跃。乾隆时平定金川仓谷大量碾助军糈,于是靠各地捐纳补仓。因川省捐谷甚多,所以未出现江浙、山东、陕甘等按亩按粮摊派仓谷的情况。乾隆以后常平监仓实以监谷为主体,如巴县、眉州、大足捐监仓的比重分别

---

[1] 《绵竹县仓储善后规约》,见民国《绵竹县志》卷2,《建置》。
[2] 嘉庆《四川通志》卷72,《食货·仓储》。
[3] 《清史稿》卷121,《食货志二》。
[4] 据嘉庆《四川通志》卷72,《食货·仓储》第11—29页总计。

占到73％、86％和99％①。

社仓是乡村的主要公共储粮形式。康熙十八年(1679)户部题准乡村设立社仓,市镇立义仓,公举本乡人管理,"出陈易新,春日借贷,秋收偿还,每石取息一斗"。雍正二年清廷令整顿各地社仓,规定社仓由民间自行管理。乾隆三年(1738)令四川建社仓,将粜卖常平仓谷价银除买补实仓外,余银均买作社粮,"以为民倡"。合计新旧谷49570石,照常平仓例每谷400石建廒一间。乾隆五年奏准四川提标五营各兵食米用公费买谷存仓,次年"川省社粮已积至一十一万四千七百余石"②。乾隆八年(1743)以杂税银3万两、地赋银12万两采买米谷,交沿江州县地方官收贮。乾隆四十八年(1783)署川督奏请酌留未经变价之义谷"存贮民间,以资接济"③。嘉庆十七年川省社仓储谷156万石④。

社仓谷的来源或由州县动拨常平监仓谷,或由绅粮捐助,政府根据捐助多寡予以奖励。如资阳创办社仓,由知县先后捐廉1100石,教谕和典史捐谷20石⑤。乾隆十五年(1750)经川督策楞奏准,将俊秀捐监超额之溢谷改归社仓收贮。许多社仓置有仓田,收租取息,如金堂县"仓谷积至千余石,未遇年荒,凭众议置田产,以广生息,不准别项公事挪移"⑥。

社仓属民办性质,分设于各乡村,"春贷秋偿,滋生羡息,听民自便,以补常平之不及,具纯全利农之性质",即是说社仓起着补常平监仓不足的作用,而且可以有息借贷,以解决农民的不时之需。社仓存谷出入由社首决定,但地方官有"稽查之责"。社首由地方选举,一般是"品行

---

① 鲁子健:《清代四川的仓政与民食问题》,见《四川历史研究文集》。
② 乾隆六年十月二十九日《吏部尚书协理户部事务讷亲等题本》,转引自鲁子健上揭文。
③ 嘉庆《四川通志》卷72,《食货·仓储》。
④ 根据嘉庆《四川通志》卷72,《食货·仓储》第11—29页资料累计。
⑤ 咸丰《资阳县志》卷6,第12页
⑥ 《金堂县社仓众议规条》,见同治《续金堂县志》卷8。

端方"和"家道殷实"者,如绵竹县社仓规定社首有田产百亩以上者方能当选。社首一般三年一换,"以杜欺弊"。各地在借贷方式上都有一些具体规定,如绵竹社仓要求:春贷之时留半数以防秋歉,借出谷限期秋收清还,贷户谷数、姓名皆列榜公布①。登记册每社两本,一由社首收执,一由县署存档。

各地的常平监仓系由当局规定定额,社仓则视各地情况自定。那么常平监仓和社仓的仓储对社会经济和社会生活会有多大的作用呢?以嘉庆十七年成都府各州厅为例,先看表8—1。

表 8—1

州 县	常平监仓额(石)	社仓额(石)	计(石)	人口数	人均占有量(石)
成 都	95000	15291	110291	386397	0.29
华 阳	115000	7120	122120	389656	0.31
双 流	32000	34208	66208	181797	0.36
温 江	42000	17384	59384	270998	0.22
新 繁	32000	30046	62046	222658	0.28
金 堂	50000	18795	68795	222808	0.31
新 都	28000	38419	66419	177458	0.37
郫 县	40000	8960	48960	236659	0.21
崇 宁	20000	23219	43219	183570	0.24
灌 县	22993	17131	40124	251266	0.16
彭 县	28000	84214	112214	230418	0.49
简 州	24000	10359	34359	256536	0.13
崇 庆	38000	54784	92784	228565	0.41
新 津	39000	7659	46659	193581	0.20
汉 州	32000	13980	45980	229485	0.06
什 邡	20000	75125	95125	174652	0.54
计	657993	456694	1114687	3836504	0.29

资料来源:仓储数见嘉庆《四川通志》卷72,《食货志·仓储》;人口数见嘉庆《四川通志》卷65,《食货志·户口》。

---

① 《绵竹县仓储善后规约》,见民国《绵竹县志》卷2,《建置》。

从仓储数字看,以华阳、成都为最多,有 11 至 12 万石①;灌县为最少,仅 4 万石。从仓储人均数看,以简州最低,仅 0.13 石(合 14 斤多);什邡最高,为 0.54 石(合 60 斤)。成都府平均 0.29 石(合 32 斤),按稻谷加工成米率 70% 算,32 斤谷折米 22.4 斤。这即是说全部仓储可供成都府的 380 余万人口食用半个多月。从整个川省看,嘉庆十七年川省常平监仓储谷约 293 万石,社仓 156 万石,计 449 万石;同年川省共有人口 2070.9 万,仓储人均粮食 0.22 石。可见,一旦出现大规模灾荒或其他意外情况时,仓储能量的发挥还是有限的。

从雍正初至光绪末川省常平监仓和社仓各时期按人口计算的储量见表 8—2。

表 8—2

时　期	常监社仓储谷数 (石)	总人口数 (万人)	人均仓粮数 (石/人)
雍正初	420000	204.7	0.21
雍正十一年(1733)	1029800	252.7	0.41
乾隆三年(1738)	1231582	326.7	0.38
乾隆三十一年(1766)	2756955	715.1	0.39
嘉庆十七年(1812)	4488590	2070.9	0.22
咸丰七年(1857)	1297662	2931.4	0.04
光绪三十一年(1905)	436690	4246.8	0.01

资料来源:储谷数见鲁子健上揭文,人口数见第二章有关部分。

注:雍正十一年人口数以雍正六年数代,乾隆三年人口数以乾隆元年数代,乾隆三十一年人口数以乾隆三十六年数代。

嘉庆中期是川省常平监仓和社仓储额最高的时期,但从人均计算则以雍正末期最高,为 0.41 石。乾隆时期维持在人均 0.38 石左右。但在近代仓储额大幅度下降,咸丰时期人均仅 0.04 石,为雍正末的 10%,为乾隆时期的 11% 左右。到光绪末常平监仓和社仓的储额绝对

---

① 此不包括省城存谷。成都有丰豫仓、丰豫分储仓、内城永济仓、常平仓等,清末储谷 140 余万石(见傅崇矩:《成都通览·成都之城内仓厫》)。

数仅及嘉庆中期的 9.7%。

为补常平监仓和社仓的不足,地方另外还设有义仓、积谷仓等。义仓由官民合办,"为赈济饥馑而设,具有慈善赈恤之性质"①。仓首由公选,条件与社仓同。义仓一般自有田产,所收谷存入义仓,若遇灾荒,或全行赈济,或减价平粜。积谷仓之设为川督丁宝桢于光绪三年(1877)倡办,据刘行道《川东赈荒善后策》称:"蜀中自丁丑大饥,丁文诚公倡行积谷之法,每一里或一聚于丰岁所收取百分之一共建一仓储之,公举一人掌之……民自理,官不过问。"②但实际上由官民合办,作为预备仓。如绵竹积谷仓"备兵荒灾歉粜赈之需,兼有常平义社之性质,官首同负完全之责任"③。积谷仓首亦由公举,若有仓谷霉烂等情形,由仓首赔偿。

关于仓政在地方的具体实施情况,我们以绵竹和巴县为例。绵竹有常平仓一所,共 45 间,额贮谷 1.3 万石,民初实存 1290 石。有社仓一所,共 72 间,贮社谷 25289 石。此仓原分贮四乡,嘉庆初移县城常平仓,"以便稽查"。道光二十九年(1849)奉文清厘仓库,计亏短 1302 石,由知县"饬令社首全数弥补清楚"。民初社仓实存 18985 石。义仓系嘉庆二十一年(1816)知县沈镶"奉文劝民捐设",用以"预备饥荒赈济",县内绅粮捐钱前后买水田 199 亩,每年收仓斗租谷 476 石。在县城修义仓一座,共五廒,额设仓夫一名,后因仓满谷多,故又添仓三间。道光四年(1824)以后,鉴于"每逢荒歉,或全行篇赈,或减价平粜,数有不足",知县复倡县绅粮户等乐捐补足原数。至道光二十九年实存仓斗济谷 7828 石,历年增修仓廒 13 间。但民初义谷实存仅 202 石。积谷仓于光绪四年奉饬开办,"按粮摊收",民初实存 3352 石④。

在巴县,雍正八年重庆知府设丰裕仓,采买谷四千石,建 31 廒贮

---

① 《绵竹县仓储善后规约》,见民国《绵竹县志》卷2,《建置》。
② 《渝报》第4册。
③ 《绵竹县仓储善后规约》,见民国《绵竹县志》卷2,《建置》。
④ 民国《绵竹县志》卷2,《建置》。

存。到乾隆二十五年(1760)实贮谷10225石,其后贮数无考。常平监仓于康熙四十五年(1706)建,到雍正八年共有仓房34间,额存11133石;乾隆元年(1736)共38间,贮9636石,同治时实贮谷29320石[①]。咸丰八年川东道清厘丰、常、监三仓,发现"耗折尤多,所存留者不及十分之二",三仓合计原额84109石,但实存13800余石,减少70200余石之多,于是请另筹谷以补原额。社仓设于乾隆元年,贮谷1484石。乾隆十九年(1754)巴县劝县属12里绅民就各里甲建仓,分贮捐谷5005石。到乾隆二十五年共贮9927石[②]。嘉庆十六年重庆府请设立济仓"储谷石以备荒歉",同治九年(1870)以前由官辖,之后改为绅管。光绪十一至二十六年(1885—1890)共四次动拨计10400石,皆办理平粜。巴县还建有义仓,设立时间无考,嘉庆二十五(1820)与社仓合并。另外还有"八省积谷",此系咸丰八年因战乱"震荡全川",川东道以"重庆商务大埠,户众人稠,警耗一来,全城数十万人坐困需食",而常平监各仓储备有限,"不足以备食",于是禀请川督"筹备积谷",决定抽收房租,附加货厘"以供采买"粮食,"买足市斗仓三万石即将附加停止"[③]。其谷交八省客绅管理,所以称八省积谷。

嘉庆以后,由于局势动荡,仓政也发生了一些变化。川陕白莲教起义期间,清政府令全川各州县将散设各乡的社仓积谷全部移贮县城,存于常监仓。战乱期间仓谷或毁于兵火,或拨作兵饷,或挪为团勇口粮。在咸同之后,各地仓储的作用实际已有改变,即以"备荒"为主转向军事和地方开支为主。如江津常平监仓于道光七年"奉文拨西宁兵米",咸丰三年出粜2.4万石"筹办广西军饷";长寿于道光十七年和咸丰三年各出粜1.4万和1.5万石,以"抵兵饷"。嘉庆二十三年出社仓谷1370石用于团勇口粮;綦江咸丰四年因"黔匪杨隆喜滋事",拨社仓谷2000

---

① 同治《巴县志》卷2,《政事志·积贮》。
② 同上。
③ 民国《巴县志》卷4,《赋役下·附仓谷》。

石用于设防的团勇口粮①。咸丰三年和七年(1853、1857)清政府曾三次令"采济军饷",动拨仓谷达163万余石,并"未能筹款买补"②。

在巴县档案中记录了重庆府12个厅州县嘉庆至光绪间常平仓、监仓、济仓和社仓的储粮和支出情况,其中已知的74次支出形式分类见表8-3,已知的80次仓储用途分类见表8-4。从仓储的支出形式来看,有偿支出占44.6%,其中以出粜为最多,共28次,占39.8%;无偿拨付占37.8%,其中以官府动拨最多,共22次,占29.7%;意外损失13次,占17.4%。从仓储用途看,清后期的所谓仓储,其主要功能是应付中央和地方政府的不时之需,起着地方财力物力储备的作用,特别是在用兵之时,各地仓储担负着提供粮饷的责任。在表8-4所列70次用途统计中,军事目的为18次,占25.7%;上方调拨16次,占22.9%,这两项基本上占动用的二分之一。除去损失的14次(占20%)外,用于地方的已经不多,特别是用于灾害救济的比例并不大,共仅9次,占12.9%。地方政府的许多临时开支往往是由仓储支付的,如维持地方治安的团勇口粮、地方修建费用等。

表 8-3

分类	支出形式	次数	所占比例(%)
有偿	出粜	28	37.8
	县买	1	1.4
	借出	4	5.4
	计	33	44.6
无偿	官府动拨	22	29.7
	县提取	2	2.7
	赈济	4	5.4
	计	28	37.8

---

① 见巴县档案光绪朝内政卷。
② 《刘文庄公奏议》卷8,第2-5页。

续表

分类	支出形式	次数	所占比例(%)
损失	贼抢	1	1.4
	民变焚毁	3	4.0
	短折	5	6.8
	社首动用	4	5.4
	计	13	17.4
总计		74	100.0

资料来源:巴县档案光绪朝内政卷财政卷。

表 8-4

分类	用途	次数	所占比例(%)
用于军事	兵米或军饷	18	25.7
上方调拨	接济京仓	1	1.4
	易银上解	2	2.9
	奉文动拨	13	18.6
	计	16	22.9
地方使用	团勇口粮	8	11.4
	修建	4	5.7
	转储他仓	1	1.4
	计	13	18.6
社会救济	灾害济赈	9	12.9
损失	霉变	4	5.7
	贼抢	1	1.4
	民变焚毁	3	4.3
	借出未还	3	4.3
	社首挪用	3	4.3
	计	14	20.0
总计		70	100.0

资料来源:同表8-3。

第八章　社会组织及其功能的变化　425

到清后期,仓谷以乐捐为主的形式已经改变,许多地区已变为科派,如巴县为重修仓政,规定仓谷"随粮附加,条粮一两,捐纳市斗谷四石,以补原额"①。眉山嘉庆时期设置义仓也"按粮摊征谷本"②。光绪初丁宝桢鉴于"从前义仓大半归于乌有",通饬全川摊捐积谷,规定每粮户收谷一石者派谷一升,"以次迭推,百分捐一"③。这反映了经济情况的恶化。这种恶化也表现在各地储额大幅度下降上,据统计,光绪时期一般储存都仅在原额的 15% 以下(参见本书第二章表 2-36)。到 20 世纪初各仓更是"什九空竭"④,以致遇灾赈济也不得不靠外省和各处募捐。随着社会动乱的加剧、政府财政的日益崩溃,地方仓政也逐渐衰落。

二　地方赈济与慈善事业

传统的灾荒赈济一般有恩赈、官赈、义赈和民赈四种形式:"宫廷之轸恤、国帑之颁布曰恩赈;大库之筹拨及各厅州县之社仓曰官赈;各县官绅之任救、士大夫之捐集曰义赈;各城乡绅富自其地募输成款、官督民办曰民赈。"⑤赈济方法亦有四种,即以钱、以米、以粥和免费或平粜供应。从目前所见到的材料看,以施粥和平粜最为普遍。

清初,川省在"大兵之后,凶年饥馑,瘟疫频仍,少保公(按:指川督李国英)捐资普济,施药饵并米粥,所全活者亿万人"⑥。绵竹"频年岁旱,米价增三倍",地方官绅呈请"赈粜之外,倡捐助赈",开办粥厂,"减

---

① 民国《巴县志》卷 4,《仓储》。
② 民国《眉山县志》卷 3,《食货》。
③ 《皇朝道咸同光奏议》卷 32,第 12—13 页。
④ 锡良:《奏夔绥等府荒旱折》(光绪三十年六月二十四日),《锡良遗稿》第 1 册,第 414 页。
⑤ 刘行道:《川东赈荒善后策》,《渝报》第 4 册。
⑥ 康熙《四川总志》卷 36,《艺文·碑记》。

价日售米麦及小麦芋麦面饼,乡场亦多捐米麦于本场",于是"全活甚众"①。光绪二十三年(1897)川东受灾,重庆城于"严冬施粥",在朝天门、临江门、南纪门"分设三厂,日给一餐,凡五十日竣事"。除官拨部分米粮外,重庆"各帮商董及本郡绅粮亦各量力捐助"②。下面以光绪初的射洪县为例,较详地介绍地方赈济情况。

光绪三年(1877)射洪夏秋大旱,次年又春旱,粮食歉收,出现饥馑,民心惶惶。知县尹莘"议举粜赈",以县教谕周道鸿、训导杨甲秀、捕厅吴人镜等劝募督办,"募有成数,即于城内各街及附城五六里处躬亲执册挨查,分次贫、极贫注明丁口,定期榜示。极贫者施与干粥,次贫者与平粜"。在考棚置灶十眼,借锅借缸,以两人总办柴米,每日轮派两人司米监视,分东、西、南、北、河街五所散粥。每日晨教谕、捕厅至粥厂督率各牌头、甲长,分别验牌,验毕每丁给干粥一大瓢,"发粥倾刻而毕,毫无紊乱"。然后点发乞丐、游民。施粥两月,极贫者与游乞"均沾实惠"。参与施粥之水火夫,每人每日准食粥一顿,各给工钱30文。粜局团首及粥厂团首、甲长只有烟茶,并无食费。除施粥外,同时平粜。次贫者按丁口每名给一总票,两月内有效,逢三六九日持票赴粜局买米,每升米较市价低40文钱。县城择祠庙设东、南、西、北四局卖米,每局选派团首六人分管钱、账、验票、填戳、给签、量米。卖毕报明总局核查。此次粜赈完后,知县尹莘禀省,丁宝桢对教谕、训导、捕厅各员深表嘉许,谕示各记大功一次。并对出资钱150串以上者给予五品功牌,捐钱一千者奖大金花一对、红花绫六尺③。

赈济的钱谷来源是多方面的。第一,地区设义田用以临时赈济,如达州"境环万山,岁常苦旱……时川东多流民,官廪不给,逐厘剔腴田之

---

① 民国《绵竹县志》卷14,《慈善》。
② 《渝报》第6册,"本省近闻"。
③ 《射洪县史志资料》1985年第2、3合期,第84页。

被隐占者,为义产以赡之,全活甚众"①。据有关史料载:"四川前买义田,遍及百余州县"②。过去四川"旧有义田,积储备赈,谷多则变价添置良田。"道光时川督定以三千至一万为额,"溢额者出粜,价存司库,以备凶岁赈恤之用"③。可见置义田作为地方自救是极为普遍的。

第二,官绅义捐。光绪二十二年(1896)川东地区阴雨连绵成灾,波及地区有夔府、绥定、忠州、石柱、重庆等府直隶厅州。夔府所属大宁"因子种缺乏且流亡未及耕蓄",除官拨款"赈恤"外,士绅义捐五千"为该邑添办积谷";同时酉阳亦被灾,除"恩赈及官绅互赈外",州府还"电请江苏绅士严君携十万金来酉加赈"④。此次川东受灾共收京外同乡绅官捐款四万两,皆"散放各属";后又将八千两余款分放受灾尤重的大宁等地"购谷建仓"⑤。1902—1903年长江上游普遍受灾,重庆府在"各处募集各捐易钱共得二万二千余串,且动拨济仓谷石,迅予散放"⑥。各地官绅纷纷捐款,京官刑部主事刘家璠捐银1.2万两,中江一品荫生雷心仁捐银1.2万两,新疆候补知府刘兆松捐银1.3万两作为赈款,他们也分别受到褒奖⑦。因为"灾赈孔殷",当时署川督岑春煊便"捐廉银二千五百两",并"电请京外官僚筹垫巨款,以应其急,广集义赈",共得捐款30余万两。川籍京官乔树楠、费道纯也"轸念乡邦,各募义赈银一万二千余两"。乔树楠后又在京"邀集同志,劝办赈捐,累次汇寄来蜀"⑧。

---

① 《清史稿》卷477,列传264,《陈庆门》。
② 《清史稿》卷365,列传152,《觉罗宝兴》。
③ 《清史稿》卷380,列传167,《戴三锡》。
④ 《渝报》第2册,"蜀时近闻"。
⑤ 《渝报》第7册,"本省近闻"。
⑥ 《查明被灾各属来春毋庸接济折》,《锡良遗稿》第1册,第377—378页。
⑦ 《锡良遗稿》第1册,第370、401—402页。
⑧ 《疆臣京职捐赈奏请奖叙片》,《锡良遗稿》第1册,第380页。

第三，官府拨款。这是灾荒赈济的主要途径。在 20 世纪初长江上游大灾荒时，川省开办赈、常等捐，设筹赈总局，"远赴秦陇采运谷麦，接济川北"。1902 年冬春之后，"赈粜并举，而辅以煮粥、施药等事"。此次受灾最重者，有潼川府、顺庆府、保宁府、资州等 20 余州县，"米价奇昂，三倍平日"，人民靠赈济为生。到 1903 年"办赈粜者，几遍通省。川民蕃庶，中小之邑，穷黎率至一二十万，全恃官赈以延生命，每处由局拨发银、粟动十数万"①。合州因"居民田土、房屋均被冲塌，并淹毙人口，灾情甚重"，清廷下谕"著锡良迅即拨款赈济，严饬该州知州核实散放，以恤灾黎"。由官拨赈银 8800 余两。1903 年夏，绥定府的东乡、城口、太平、达县，重庆府的江北、巴县、铜梁、定远，顺庆府的南充、蓬州、岳池，保宁府的南部、阆中、广元，嘉定府的乐山、峨眉等厅州县先后都遭受水灾，当局"或派员赍银前往，或饬就近拨动仓储捐款，查审灾户，分别等差，立时赈抚"②。1904 年长江上游地区又大旱，波及 6 府、2 直隶州计 61 州县，清廷在接灾报后，谕令"所有被灾地方，著拨给帑银十万两，以资赈抚。并准其展办赈捐，宽筹款项，遴选妥员，赶紧赈济"③。

如果说赈济是对地方的临时性救济，那么慈善事业则是地方的常设救济机构。在传统社会，一般由地方士绅设立一些慈善组织，以解决贫孤鳏寡废疾者的生活问题。这些事业也受到官府的支持和资助，但主要经费由民间募集。这些慈善机构成为地方士绅参与社会活动的一项重要内容，也是传统社会功能的一个重要组成部分。

慈善组织名目繁多，一般有官办和民立两种，如清末成都官办有掩骼骨(所)、幼孩婢女迷失所、幼孩教工厂、乞丐各路工厂、苦力病院、废病院、牛痘局、育婴堂、采访局、利民局、济良所、军人病院、戒烟总会等；民立有孤老院、慈幼堂、捞尸会、盂兰会、施棺木(所)、施义地(所)、栖流

---

① 《川省赈务完竣拟保尤为出力各员绅折》，《锡良遗稿》第 1 册，第 381 页。
② 《查明被灾各属来春毋庸接济折》，《锡良遗稿》第 1 册，第 377—378 页。
③ 《赈灾拨款情形折》，《锡良遗稿》第 1 册，第 417 页。

所、育婴公社、中立公社(戒烟)、普益公社(戒烟)等①。关于地方慈善组织的情况,下面且以绵竹和巴县为例详加考察。

清代绵竹慈善组织有养济院、恤嫠育婴局、栖流所和覆露亭等。乾隆十二年(1747)绵竹知县禀请设立养济院,地方士绅共捐银 125 两置买田地,收养孤老五名,月给银四钱。之后历年扩展,"添补田地益广,蓄积益饶",拥有田地 310 亩。嘉道时又经修缮,有房屋共 22 间。嘉庆中期有孤老 36 名,月给钱五百文。道光时增至 94 名,"维时甚虑,穷厄者有加无已,而租息只有此数,若任意养难乎为继,遂罢加增之请,预筹撙节之方,永以九十六名定为额数"。实际上住院穷老仍有增加,民初时已达 374 名,每名每月给米五升②。恤嫠育婴局于光绪十五年(1889)由绵竹知县创立,契底的三分之一作为恤嫠育婴经费③,规定凡年在 30 岁以下贫困新寡,"由邻保禀报查核取结",每名月支"恤钱"800 文。贫婴每名月支"育养钱"600 文。到民初,养贫寡 64 名,贫婴 70 名。光绪四年(1878)绵竹知县在城南门和北门各建一栖流所,各置看司一名,"以为薄暮乞丐流民归宿之地,昼则听其自出叫化"。后南门一所改为教养工厂。次年,有邑绅见县中常有"尸骸暴露",于是共同"禀县捐建此亭",赐名"覆露亭"④。

在巴县,有养济院、育婴堂、体仁堂、体心堂、存心堂、至善堂、乐善堂、天王堂等地方慈善组织。从其所施的对象看,大体可分为临时赈济资助、长期抚养孤独鳏寡和育婴三种类型。许多"堂"的组织都属于临时赈济资助性质,如安置无家可归者、掩埋无名死尸、购置义冢等。清代巴县先后出现过近十个这类组织,如康熙年间建立的天王堂(咸丰十年重建)在城内"设立义学、医馆、顾病所、恤孤院各项事宜"。在城内各

---

① 傅崇矩:《成都通览·成都之慈善事业》。
② 民国《绵竹县志》卷 17,《慈善》。
③ 契底:凡购田房者每价钱 100 千捐串底钱六文,称为契底。
④ 民国《绵竹县志》卷 17,《慈善》。

门又"各建栖流所数处,每年施棺木、送棉衣,复请医士多人分往川东地方普送药饵,不取分文"。重庆南纪门外大路地陷数十丈,天王堂捐银1600两修复,后士绅又捐银千两"设厂施粥","仁慈哀矜,乐施好善,往来行人感戴无既焉"①。

长期抚养孤独鳏寡的组织如养济院。巴县从雍正十三年(1735)起办理养济,以解决社会上许多孤老无力自存问题。一方面支销部分地丁银,另一方面由地方士绅捐银或田产,以生息或收租所得收入定期资助孤贫。每养孤贫一名,年给米、布、棉共折银2.49两,原额32名。乾隆二年(1737)改为孤贫每名日给银一分,次年知县建养济院②。同治五年(1866)县署拨银一千两,增加名额33个,以后商民又捐银一千两,再增33名。光绪年间川东道黎庶昌捐银五百两,知县周兆庆捐银一百两,再增20名。各次所捐银两均发商生息③。

育婴机构如育婴堂、育婴所等。过去弃婴现象十分严重,于是出现了相应的社会机构。巴县育婴堂于乾隆十二年(1747)开办,同治初又在全县设育婴所。育婴所由县署集绅捐募办理,"名曰推广育婴,补助贫民"。贫民自养月给钱二至三千缗。初购置田租357石,后增至452石,铺房四间。又附加契税千分之一,合计年收入约五千元。各所内设主任兼事务一人,乳母三四人,看护二三人,"收养贫民及遗弃之男女婴孩,由乳母平均给养",以三年为期,"期满交亲属领归",无亲属者由所养至六岁,送入学堂或工厂习艺。定额城内100名,全县三里共18堂各20名,共计可达460名④。

表8—5是巴县清代所立各种慈善组织统计。表列各类慈善组织共19种,若加上18处育婴所,共36所。从表中可见,慈善机构大多由

---

① 同治《巴县志》卷2,《政事志·恤典》。
② 同上。
③ 民国《巴县志》卷17,《慈善》。
④ 同上。

地方绅商倡设而且负责管理。个别组织虽由地方官倡办,但多由绅商资助,由政府固定拨款者甚少。从这些慈善组织的社会功能看,多是救济贫孤、掩埋死尸、施药施衣等;从设立的时间来看多在近代。上列36个慈善机构,道光以前设立的仅五家。近代以后这种带救济性质的慈善组织频繁出现,一、表现了地方士绅更广泛地参与社会活动和干预社会生活;二、受到传教士在上游举办的许多慈善事业的影响;三、与社会问题的增多,社会情况的恶化有关。因此地方慈善组织的增多,对保持社会的稳定是有一定的作用的。

表 8-5

名称	设立时间	地点	初设时资财	设立人	功能
天王堂	康熙年间	定远坊			设义学、施棺木、医馆、顾病所、恤孤院、栖流所、棉衣、药品、修路等。
养济院	乾隆三年	石马槽	官府拨款	知县王裕疆	定期给孤贫银,原额92名,后增86名。
体仁堂	乾隆四年	潮音寺	9000两	士民韩帝简等人	置义冢、建白骨塔、收殓暴骸。
育婴堂	乾隆十二年	千斯门	1400两	知县张松等倡	雇乳母抚养遗婴。
敦义堂	乾隆十八年	朝天观	2800两	监生彭元臣等	放置棺木。
培德堂	道光十二年	较场口		士绅孙右廉等	设义学、置棺木、葬无主尸骨等。
保赤所	道光二十年	南纪门内	州县捐银	知府徐泽淳倡	收养12岁以下幼孩。
体心堂	道光廿一年		100余两	知县毛辉凤	施药、掩尸、印善书、养孤老、送棉衣

续表

名称	设立时间	地点	初设时资财	设立人	功能
存心堂	道光廿四年			邑人傅中和等	设义馆、救溺水、设救生船、施茶舍药、济米、医病、养孤老节妇。
至善堂	咸丰九年			官绅十多人	设义学、送儒书、收字纸、施棺板、埋白骨、立医所、送药、施茶、散棉衣、济米粮、置救生船、建丐留所、保节堂等。
乐善堂	同治二年	通远门外	850两	重庆各首事	议义学、收字纸、送医药、殓白骨、施棺板、散棉衣、济米粮、养孤贫。
育婴所	同治初	共18处	357石田产	县署集绅捐募	推广育婴、补助贫民，计额定460名。
保节堂	同治五年	设于至善堂	7000两	知县黄朴	额养节妇72名，按月每名给薪米银一两。
善善堂	同治九年	东水门坎	年收9500元	京缎匹头帮	养孤老200名，救济女婴230名。
保节院	光绪三年	连花坊		杨季曾等	养节妇120名，节妇子女160名。
培善堂	光绪四年	鹅项岭	70石田产	商绅捐资设立	养孤老、施棺、施药。
养济堂	光绪十七年	金紫门	年收3100元	绅商捐资	养孤老、施棺、施药、掩埋路尸。
尊德堂	光绪廿四年	海棠溪	年收2100元	曾伯阳等捐资	养孤老100名，设医院、病院、送诊送药、施棺板、殓埋浮尸。
残废所	清末	天镫街		绅民捐资	收无力自养的残废男女，月给口粮。

资料来源：同治《巴县志》卷2，《政事志·恤典》；民国《巴县志》卷17，《慈善》。

三　移民社会与宗族

在传统社会,宗族对社会生活的控制是十分严密的。以血缘关系为纽带,以封建宗法关系为准则,以大家族心态为基础,形成了人们社会生活的单一模式。虽然宗族的结构是稳定的,然而明末清初社会动荡,人口大迁徙,宗族受到剧烈的冲击。但是,移民在长江上游地区定居之后,本身具有的活力因素使他们的家族繁衍滋生,不但奠定了生存的经济基础,而且获取了相应的社会地位。

在民国《云阳县志》中,保存了比较完整的关于移民的记载,我们且以云阳作为个案,进行一些分析。先看几条有关云阳大族繁衍和发展的史料：

> (胡德荣)曾祖正临自长沙迁梅子甲,力农殖产,买慈竹园,居之数世。嘉庆初,德荣随其祖母挈家回湘,避教匪之乱。……乱定复来,举债颇众,生计不给,乃渐习为贾,移家盐场,贸迁啬积,既清宿负,仍有羡金,购卤买田,日益完富。性耿介有干略,辞貌温雅可亲,自盐场及县城公事,官士常推举管领。每士商集会,皆虚己待其衡决。

> (陶启潢)幼有至情豁达伉爽,不肯为甋琐之行。初尝为儒,经教匪乱,家荡然无余物,人亦鲜恤其贫者,乃毅谋自立,改业煤矿盐笕。以只身入市,不数年遂阜其家,富为一乡最。……陶氏族自乾嘉间入蜀,繁衍至数千口。启潢捐千金,修祠纂谱,置户长、族长、房长以统摄之。

> (郭在凤)其先湖北黄冈人,乾隆中,来云安场,业盐井致富。

陶氏和郭氏成为地方上举足轻重的家族,当地史志称：

> 县北云安盐场,其大姓曰陶、郭,皆湖北黄冈人,迁蜀后俱业盐灶煤矿,世食其利,浸以润家,田庐卤井资皆巨万。咸丰初,东南丧

乱,淮楚运绝,朝议以蜀盐济楚,连樯下驶。云安盐值骤高,场商益饶,而陶、郭两氏又最诸商。当是时盐场股赈,为县北一大都会,金钱充牣,坐致四方之货,水陆辐辏,琛赆交错,灶户豪侈,亭榭与马声伎锦玉之玩,拟于维阳盛时。①

移民的世家大族大多经历了胡、陶、郭等氏族的发家轨迹,即以一介平民入川,或业农,或经商,或开矿,渐渐积累资金,清中期后达到"日益完富"的地步,并取得了相应的社会地位。如裴超凤"先世家楚之武陵,自祖正己公始来川……裴世业农,逮公始以盐荚起家……咸丰三年捐三百余金,买谷入公,收贮为荒岁赈济饥人资。众义之,公举议叙,恩赐八品顶戴"②。又如谭锡奎"原籍湖南茶陵州,先世流徙至县,贫无藉,弟兄三人为汤溪煤矿供凿运之役……由是殖产日沃,遂为富人"③。如此等等,不胜枚举。

关于云阳氏族的发家轨迹,日本学者西川正夫在其《四川云阳县杂记——清末民国初期的乡绅》一文中有较深入的研究④,他在文末所附《郭氏世系表》《彭氏世系表》和《涂氏世系表》中,勾画了云阳氏族的发展概况。郭氏于乾隆中从湖北黄冈只身入川,到光绪时已历六世。不仅家族繁衍、家资丰厚,而且取得了相当的社会地位。如族中或有人当"灶户甲首",或"选用都司",或取有功名,或留学日本,或任省谘议局议员,或当铁路分公司股东会会长等。彭氏家族也是如此,先祖彭自圭于乾隆中由湖北大冶来川,到同光时历五世,其后世也多有任"同知""守备""视学""训导"等职者。涂氏家族的发展则更为人们瞩目。涂开盛、涂开宁兄弟于雍乾间入川,生"懋"字辈5子;第三世"德"字辈12子(乾嘉时期);第四世"大"字辈已有32子(道光时期)。"大"字辈中仅大封、大选、大扬、大科、

---

① 以上见民国《云阳县志》卷27、卷25、卷26、卷23。
② 咸丰《云阳县志》卷11。
③ 民国《云阳县志》卷26,《士女·耆旧二》。
④ 见《金泽大学文学部论集·史学科篇》第7号(1987)。

大举、大学六子所生第五世"起"字辈有 15 子(道光时期);此 15 人繁衍的第六世"宗"字辈有 36 子(咸丰时期);第七世"传"字辈 41 子(同光时期)①。这些都仅是见于族谱的男性,女性未计在内。到民国时期,云阳涂氏"始以一二人之播越,历十世二百年之久,有二千三百九十人,现存者一千二百九十六人"②。

从西川正夫论文的各图表中,我们还可发现一些问题,一是大族间多有相互通婚,如郭氏与涂氏、彭氏与涂氏、郭氏与彭氏都有婚姻关系,通过这种大家族的通婚,既调和了彼此间利益,又壮大了在地方上的势力。二是由于不断地析产分居,使家族资产始终维持在一定的水平上而不能继续发展,有的甚至衰落下来。如涂德仁商农兼营,"赤手兴家,岁入五百余石,五房(按:即大兴、大春、大鸿、大林、大照)各受百余石田谷,体元(按:即涂德仁)公卒,不数年各房渐中落"。许多大地主由于这样析产分居变为中小地主,而中小地主却因此降为自耕农的也不鲜见。所以,过去难以产生有大规模田地的经营地主,这恐怕是重要原因之一。而在前现代欧洲,家族为了保持其地位和财产,将其家产的主要部分传给长子或其中一子,因而不乏历若干世的巨富。两相比较,其中所反映的内容倒是颇值得玩味的。

另一位日本学者山田贤在《清代的移住民社会——嘉庆白莲教起义基础的考察》一文中指出,流民从家乡游离出来,进入诸如云阳这些地区后,开始时是同乡间相互依托,形成同乡村落,后又逐渐发展成为一个个"家"所组成的"家族",最后演变为聚族而居的大的血缘亲族集团——宗族,原来家乡已经分散、解体了的宗族组织,此时又恢复建立起来。他们在经济基础巩固之后,修建宗祠、设置祭田、编纂族谱等③。这些宗族主成为移民社会中的新地主,他们大量开垦荒地、兼并良田,

---

① 据《涂氏六大房"略历"》,见西川正夫上揭文附表。
② 《云阳涂氏族谱》卷 20。
③ 见《史林》第 69 卷第 6 号(1986 年)。

并以他们为核心在河川平原地区形成了新的经济社会中心——场镇等。他们与同乡客商把持水运要冲、专利经济,通过同乡组织(主要是会馆,关于会馆下面有专节讨论,此不赘述)取得一定的经营特权和社会地位,从而在地方形成了一个个强有力的势力网。

云阳的氏族来自鄂、湘、赣、闽、皖、粤、陕、豫等省,大多是康雍乾时期移入的,表8—6是云阳氏族来源统计,表8—7是云阳氏族移住时期统计。

表 8—6

来自地区	数量	占比例(%)
四　川	13(其中云阳2)	7.3
湖　北	83	46.6
湖　南	41	23.0
江　西	12	6.7
福　建	7	3.9
安　徽	3	1.7
广　东	3	1.7
陕　西	1	0.6
河　南	1	0.6
不　详	14	7.8
计	178	100.0

表 8—7

移住云阳时期	数量	占比例(%)
土著(云阳)	2	1.1
明及明代之前	34	19.1
顺治时期	7	3.9
康熙时期	36	20.2
雍正时期	12	6.7
乾隆时期	54	30.3
嘉庆时期	14	7.9
道光时期	4	2.2
不　详	15	8.4
计	178	100.0

资料来源:吕实强《近代四川的移民及其所发生的影响》(台北近代史研究所《近代史研究所集刊》第6期)。这是吕氏根据民国《云阳县志》卷23有关资料整理的,百分比由笔者算出。

清代云阳有氏族178个,云阳土著从见于记载的氏族比例来看,仅占1.1%,加上川省其他地区移住者,也不过占7.3%,这即是说外省移民达92.7%。其中以两湖为最多,湖北83个,湖南41个,两者相加占将近70%。从移入的时间来看,80%是清以后移入的,其中又以康熙和乾隆时期最多,两朝计移入90个,占全部氏族的1/2。

像云阳这种清代移民占氏族绝大部分,在长江上游地区是十分普遍的,如南溪县72个氏族中除2个来源不详外,其余70个分别来自鄂、湘、赣、粤、苏、皖、浙、闽、桂9个省,其中绝大多数是两湖移民,有59个氏族,占82%。其移入时间主要是清初,顺康两朝有49个,占68%[①]。

应该指出的是,长江上游地区的宗族大多是清代以后重建的,因此较之其他省区,宗族的历史和规模都是逊色的。人口变化常会带来群体、社会体系和次体系的制度化关系的重新建构,川东地区是移民的集中地,下面我们将重庆地区(川东)和成都地区(川西)的家庭结构进行一些比较分析。

表8-8是嘉庆中期和清末重庆地区与成都地区的家庭规模统计。

表 8-8

时期	分类	重庆地区		成都地区		全省
		重庆府	巴县	成都府	成都县	
嘉庆中期	户数(万)	69	7.6	116.6	7	510
	人口数(万)	234	29.9	383	38.6	2071
	平均每户(人)	3.4	2.9	3.3	5.5	4.1
清末	户数(万)	135.8	19.1	82.4	5.3	914.1
	人口数(万)	692.7	99	412.1	26.2	4414
	平均每户(人)	5.1	5.2	5.0	5.0	4.8

资料来源:根据嘉庆《四川通志》卷65《食货志·户口》和施居父主编《四川人口数字研究之新资料》第10表计算。

---

① 民国《南溪县志》卷4,《礼俗下》。

移民运动使大家庭解体,也破坏了宗族结构。嘉庆时期全川家庭都较小,户均仅 4.1 人,这显然是人口迁徙的结果,一方面是小家庭有利于迁徙,另一方面是迁徙拆散了大家庭。而重庆这种现象更是十分明显,重庆府户均 3.4 人,而巴县仅 2.9 人。这种家庭规模甚至小于现代社会,是极不正常的。可见当时的确有大量只身进入上游的移民聚集在重庆地区。成都地区的人口也因二次迁移(即以川东为中转再到川西)变动较大(但成都城市的人口相对稳定,城乡平均每户达 5.5 人)。大家族的迁移十分困难,因而割裂了许多宗族,正如同治《巴县志》中所载《刘氏族谱序》称:"盖人处乱世,父子兄弟且不能保,况宗族乎?"所以清代的重庆是"求一二宋元旧族盖亦寥寥"[①]。即使有少数大家族迁移到重庆,也往往因人口膨胀、耕地不足而析产分居,部分进行二次迁移。特别是那些进入城市的移民,在同土地分离的同时,实际上也就是同宗族分离。城市生活的特点之一,就是劳动场所与居住地的分离,由于白天生活的大部分时间是劳动,而劳动场所又是相互分离的,这就使各个家庭成员的生活空间出现了分离倾向,因而带来了这样的结果:家庭观念的变化和习俗制约的减少。城市生活的流动性,人口结构的复杂性,加之同籍会馆的互助功能,都推动了人们与宗法关系的疏远。乾隆时期的重庆城便已是"万家烟聚",而且"附郭沿江之充募水手者,千百成群,莫辨奸良"[②]。在这种情况下,移民对社会组织的依赖远比宗族组织更为重要。

近代以后,长江上游地区家庭结构有所扩大,即由小家庭向较大家庭发展。重庆地区由嘉庆中期的户均 3.4 人扩大到 5.1 人,巴县由 2.9 人扩大到 5.2 人,家庭规模扩大了一倍。这说明了由迁移造成的人口大流动基本停止,一些大家庭和大家族正在形成。这里出现一个问题:按照现代化理论,随着社会向现代的发展,家庭结构会逐渐由扩大化家

---

① 同治《巴县志》卷 1,《风俗》。
② 乾隆《巴县志》卷 2,《建置志·坊厢》。

庭向核心家庭演变,为什么重庆的家庭却出现了逆向运动呢？这是因清前期重庆的小家庭是人口迁移造成的非正常结果,而以后家庭的扩大只是一种"恢复"过程。而且当时现代化进程十分缓慢,尚不足以对家庭结构造成明显的影响。

在传统社会,人口流动极少,人们世世代代固居一隅,这有利于宗族的发展。宗族作为一个社会共同体,与其所有成员结成了一定的权利义务关系,亦成为人身束缚的工具。在宗族社会中,以血缘关系为纽带的伦常秩序根深蒂固,但明末清初的战乱和大规模移民,导致了这种严密的宗法制的破坏。

四 啯噜——游民的帮伙

在长江上游地区,清代是秘密社会组织活动最为频繁的时期,啯噜、袍哥、白莲教、神拳教以及它们的分支或变种,诸如青莲教、江湖会、龙华会、灯花教、红灯教、顺天教、无生门教等,还有穿行草野的红钱客、黑钱客、刀客、烟客、毛牯锥、马娃子等各种"流匪",名目繁多,成分复杂,出没在长江上游地区各个角落。它们的活动方式、内部组织结构、语言以及装束等都各有特点。它们中既有反对异族统治的壮士,亦有"打富济贫"的豪杰,还有骚扰百姓的"盗匪"。它们始终是作为社会机体的异物而存在的。

据目前掌握的材料看,啯噜最早出现在雍乾之际,先主要活动在川陕鄂交界的巴山老林地区,乾隆初年便有不少关于啯噜的记载。如邱仰文《李蔚州先生墓志铭》称,由于啯噜的活动,致使"狱讼繁兴,囹圄充积"[1];绵竹知县安洪德《除毁贼象碑记》称:"……年年啯噜匪类假借神会,聚集谒之(按:指谒张献忠塑像),求伊冥佑,相谋而为恶也"[2];乾隆

---

[1] 《国乾文汇》乙集,卷1。
[2] 转引自张力:《啯噜试探》,《社会科学研究》1980年第2期。

《江油县志》称:"蜀匪啯噜其极,则明季张贼之忧也。"乾隆中叶以后,史料上所见的啯噜活动更多。乾隆三十五年(1770)啯噜在陕西紫阳一带活动,"出没不测";四十五年(1780)啯噜在陕西平利、汉中、兴安以及四川东部的梁山、垫江、太平、綦江和大竹等县活动①。乾隆四十六年南川知县禀称:"卑县防汛外委李文龙带领兵役轮查县属东路,闻有啯匪百余人在贵州婺川县杀伤盐客数人,经婺川县兵役追至贵州地方会拿,又被杀毙汛兵一名,并伤差役。"于是清兵于"各隘口堵截严拿",并在与南川交界的涪州、綦江等处"一体预派兵役会截督拿"②。可见啯噜的活动已使当局深为不安。乾隆四十七年,为了严厉镇压啯噜,清政府订立《川省啯匪专条》,规定在场市抢劫和在野拦抢惩办办法,其在场市抢劫者,"凡五人以上不论得财不得财,为首斩决,为从绞监候;若拒捕夺犯伤人者,为首斩决枭示"③。同年,重庆府将啯噜"为首各犯,均改拟凌迟,家属缘坐,随同从犯俱拟斩决在案"④。

嘉庆初由于白莲教的兴起,大量啯噜加入其中,如严如煜说:"川省之啯匪自达州倡乱,各匪潜相附从。近闻教匪亦逸至蜀中,则匪中添生力徒卒,而总以教匪名矣。"⑤嘉庆五年(1800)白莲教蓝号冉天元等部入川时,吸收了不少啯噜子,队伍从三四千很快扩至五万余⑥。陕甘总督德楞泰曾写诗一首,曰:"嘉陵失守贼夜渡,裹胁啯匪不知数。欲涉白水直趋甘,幸有雄师扼前路。"⑦嘉道之后,啯噜作为一个秘密社会组织逐渐分化,除加入白莲教外,其主体部分日益与哥老会(袍哥)合流,到清

---

① 乾隆四十六年六月二十四日重庆府札。见巴县档案。
② 同上。
③ 乾隆四十七年二月二十七日重庆府札。见巴县档案。
④ 同上。
⑤ 严如煜:《平定教匪总论》,《三省边防备览》,《艺文》。
⑥ 《剿平三省邪匪方略》正编,卷157。转引自蔡少卿:《中国近代会党史研究》,第210页。
⑦ 转引自张力上揭文。

后期几乎为哥老会所取代。

下面兹对啯噜的形成、内部组织结构及特点等方面进行一些分析。

(一) 啯噜的来源及成员组成

关于啯噜的来源有不同说法,一是由"轱辘"音转之说。此说认为,彝人在作战冲锋时,从山上一拥而下,口中长呼"轱辘",后来汉人转以"轱辘"形容速度之快,啯噜因此得名。但此说难以解释的是,啯噜产生于川陕鄂交界的老林地区,而彝族地区出现啯噜是在嘉庆之后,因此,很难找到彝人与啯噜得名间的必然联系。一是"孤娄"音转之说,少无父为"孤",贫不能为礼谓之"娄",唐宋及明清均有收养"孤娄"的机构。啯噜最初成员多是无父无家的少年,贫困无以为生,遂相约袭击大户豪门,自称"孤娄子"。作案后官府围拿,禀报写为"啯噜",以后孤娄子也就以啯噜子自称①。

啯噜主要为外省入川流民和本地无业游民组成。乾隆八年(1743)川抚纪山奏称:"川省数年来,有湖广、江西、陕西、广东等省外来无业之人,学习拳棒,并能符水架刑,勾引本省不肖奸棍,三五成群,身佩凶刀,肆行乡镇,号曰啯噜子。"②次年御史柴潮生也奏称:"四川一省,人稀地广,近年以来,四方游民多入川觅食,始则力田就佃,无异土居,后则累百盈千,浸成游手。其中有等桀黠强悍者,俨然为流民渠帅,土语号为啯噜;其下流民听其指使,凡为啯噜者,又各联声势,相互应援。"③严如煜《三省边防备览》也称:"川省之啯匪,其源不同。川中膏沃,易以存活,各省无业之民,麇聚其间,好要〔邀〕结朋党,其头目必材技过人,众乃共推之。"④本地破产贫民也加入啯噜,以窃掠为生,如乾嘉间川督官

---

① 见张力上揭文。
② 《清高宗实录》卷203,第24页。
③ 乾隆九年十一月初六日御史柴潮生奏。转引自蔡少卿上揭书。
④ 严如煜:《三省边防备览·艺文》。

多所奏:"川省五方杂处,游手最多,往往结党成群,流荡滋事,日久即成啯匪。"①另外,散兵游勇也是啯噜的来源之一,"四川自金川木果木之败,逃兵与失业夫役、无赖游民散匿剽掠,号为啯匪"②。

刘铮云根据台湾所藏清档中地方官关于啯噜活动的各种奏报,对乾嘉时期的 59 伙计 165 名啯噜进行了计量分析③。第一,在 165 名啯噜子中,川籍占 87 名,为总数的 52.7%。外省占近 1/2,其中湖南 38 名,占 23%;贵州 16 名,占 9.7%;以下是湖北和广西,分别占 8.5%和 6.1%。其实,可以断定在 87 名川籍中,有相当部分亦为先前的移民。第二,在 165 名啯噜子中有 96 人身份不详,在已知身份的 69 人中,破产失业者比例最高,有 44 人,占已知身份者的 63.8%;其次是雇工,有 15 人,占 21.4%;再次是船工,有 5 人,占 7.3%。其他如小贩、商人、手工业者、和尚等为数不多。在 69 人中无一兵勇,可见散兵游勇加入啯噜者较少④。第三,在已知年龄的 149 名啯噜子中,50 岁以上者仅 2 名,占已知年龄者的 0.3%;41—50 岁的中年也不过 12 人,占 8.1%;14—40 岁的有 135 人,占已知年龄者的 91.6%。而其中 14—30 岁的青少年即有 97 人,占 65.1%。可见啯噜子的成员主要是年青人,难怪严如煜称啯噜子为"不能谋衣食"的"无赖恶少"⑤。

(二) 啯噜的活动特点与活动区域

啯噜活动的特点概括地讲,即是规模小、出没无定、聚散无常、窃盗为生,这在清代的档案文献中有较详的记载。据巴县档案中乾隆三十

---

① 嘉庆十年三月二十九日四川总督勒保奏。转引自蔡少卿上揭书。
② 《清史稿》卷 345,列传 132,《英善》。
③ Cheng-yun Liu, "Kuo-Lu: A Sworn-Brotherhood Organization in Szechwan," *Late Imperial China*, vol. 6, No. 1(1985).
④ 但可见到其他有关散兵游勇加入啯噜的记载,如嘉庆十年一月初八日重庆府札中便称所追捕的啯噜中,"内有崔长子曾受军功顶戴,王帽顶、汪小六曾充乡勇"(见巴县档案)。
⑤ 严如煜:《三省边防备览》卷 11,《军制》。

九年(1774)《巴县正堂告示》称:"陆路啯匪成群结队,散布市场,拘摸剪绺,抢夺拒捕。一经查拿,伙党混杂于追捕之中,递送原赃,指引出路;脱逃之后,仍然聚集。"啯噜"每凡一出,若不偷窃得手,断不分散",各处"腰店"(四川俗称,即小客栈)多属其"窝家",也于"孤庙随便歇宿"。乾隆四十七年(1782)重庆府的札文也说:"至于近年川省啯匪肆扰,立有棚头名号,结党蔓延多至百十人。"① 嘉庆十年(1805)重庆府札文对啯噜活动的特点更有较详描述:

> 访得白土坝有土棍李应喜窝留匪类,扰窃天福镇、柳树坨、洋溪镇一带,有客长邝兴祥聚赌招匪,并有匪徒李猴子等在天福镇关〔帝〕庙内聚集结盟等事。……当拿获邝兴祥并李应喜之弟李应先、雇工薛以富、伙匪梁子贡审讯。据李应先供认,伊兄李应喜窝留匪类李猴子、卢帽顶等,共有五六十人。……又据梁子贡供:伊系李应喜干子,有匪三股,一股系卢帽顶为掌年,带匪二十余人;一股系李猴子、李应喜为掌年,带匪三十余人;一股邓小九为掌年,带匪二十余人,俱系结盟。时聚时散并无定所,往来于每郡连界之处,绺窃滋扰。②

可见这些啯噜每一小帮仅二三十人,每一大帮不过五六十人,而且时聚时散③。据刘铮云对 59 帮啯噜的研究,有一半以上的啯噜帮都不到 20 人,有三分之一不足 50 人,超过百人的仅 3 帮。

根据刘铮云在上面提到的计量研究提供的数据,我们可作以下分析:第一,四川是啯噜活动的中心地区,在有啯噜案件的 14 个府直隶州中,四川占 9 个;在 59 次啯噜案件中,四川有 48 次,占 81.4%。第二,清代以"冲""繁""疲""难"四字的组合来定州县等级(这四字所表达的

---

① 乾隆四十七年二月二十七日重庆府札。见巴县档案。
② 嘉庆十年正月初八日重庆府札。见巴县档案。
③ 另据光绪《重修长寿县志》称:"啯匪潜滋,川北川东为甚,自五六十人至一二百人不等,或聚或散,忽东忽西。"虽帮伙稍大一点,但基本特点仍相同。

意思和划等方法参见本书第六章有关部分),凡有"疲"字的州县未见有啯噜案件,可见啯噜选择的目标一般不在贫穷地区,而"冲"——交通要道是啯噜经常出没之地。第三,啯噜的活动主要是在川东经济条件较好的地区,而以川陕鄂的巴山老林贫瘠区作为大本营。有60%以上的啯噜案件发生在长江上游的核心地区。

各地市场是啯噜经常光顾的地方。严如熤称:当时啯噜"各习拳棍刀枪,以资捍护,或夜劫富民,或昼抢场镇"①。嘉庆十年八月巴县兴隆场场约便禀报:"每逢三六九场期,近有不法啯匪,往往在于各场肆行攫窃,受害难言。……现值各处掠毁盐店,肆闹不宁。"②由于地方政府控制的无力,啯噜的活动几乎是有恃无恐,甚至带有半公开的性质:"每于州县赶集之区,占住闲房,时于集上纠众行强,酗酒打降,非赌即劫,杀人非梃即刃。"③

另外,啯噜的帮规、内部结构、外貌也有其特点。如组织内部"其长曰老帽、曰帽顶;其管事之人曰大五、大满;其兄弟辈所带之龙阳曰干儿,呼各兄弟曰伯、曰叔,伯叔相遇,不敢亵语,如犯之,拔刀相向,甚于调其妻妹"④。又规定,凡外出活动时若"遇兵役追捕,不许散党。如事急众议散去,则各逃如窜;如未议而一二人先散者,众议共戮之。以此其艺既精,其党亦固"⑤。可见其帮规还是较严格的。啯噜子内部还"各有记号",即有割辫与不割辫之分:"其割辫伙内,成群结拜。割下之发,烧灰之酒共饮,各护其党。其朋头因欲出头露面,故不割辫。"⑥在操械上也有所讲究,李调元《续函海·榜样录》称:"蜀中啯噜多于裹脚中带蛮刀,刀长者曰黄鳝尾,短曰线鸡尾,象其形也。手执木棍,斗则将刀

---

① 严如熤:《重刻三省边防备览序》,《三省边防备览》,《序》第2页。
② 嘉庆十年八月二十六日正里四甲兴隆场场约周联章等禀。见巴县档案。
③ 《骨董琐记全编》,《骨董三记》卷4。
④ 严如熤:《三省边防备览》卷12,《策略》。
⑤ 严如熤:《重刻三省边防备览序》,《三省边防备览》,《序》第2页。
⑥ 《戡靖教匪述编》卷1。

安棍头,即为矛。"清政府为了断绝啯噜的兵器来源,严令各处铁匠"取具保结",不得擅造春秋刀、鲫鱼刀、鳝尾刀、偏库刀、黄瓜米刀、洗手刀、剑刀、大小腰刀、夹把刀、茅草尖刀、龙头刀、凤尾刀、锋钩刀和马棒尖刀等。①

虽然有些啯噜曾卷入农民起义以及后来与哥老会合流,但嘉庆以前啯噜的活动恐怕还是以打家劫舍为主。从目前所见到的资料看,还没有发现它有明确的反清宗旨,也非以"杀富济贫"为其目标。因此有研究者把它列入农民的反清运动并予以拔高或溢美,至少目前看来是缺乏依据的。

五 袍哥——四川的哥老会

袍哥是中国历史上长期存在的一种秘密社会组织,"袍哥,即烧香结盟之会党也,流于匪类者谓之会匪,普通之名词皆称袍哥,或曰袍几哥,又曰帽顶"②。可见清代袍哥又有"会党""会匪""帽顶"之称,另外还普遍称之为"哥老会"。关于哥老会的来源一直是模糊不清,因而历来颇有争议,但哥老会与啯噜有某种渊源关系似乎也有蛛丝马迹。如啯噜和哥老会的首领也多称老帽、帽顶,清人和近人也多称两者产生于四川。同治时湖南巡抚刘昆曾奏称:"数月以来,臣详查卷宗,细加考究,哥老会之起,始于四川,流于贵州,渐及湖南,以及于东南各省。"③左宗棠则更直截了当地说:"盖哥老会者,本川黔旧有啯噜匪之别名也。"④李榕也指出:"窃按蜀中尚有啯噜会,军兴以来,其党多亡归行伍,十余年

---

① 嘉庆二十三年五月初八日铁匠赖成德等八人结状。见巴县档案。
② 傅崇矩:《成都通览·成都之袍哥话》。
③ 《请饬在籍大员帮办团练折》,《刘中丞奏稿》卷2。
④ 《刘松山剿除绥德州叛卒收复州城折》,《左文襄公奏稿》卷31。

勾煽成风,流毒湘楚,而变其名曰江湖会。"①清末傅崇矩也认为:袍哥"南路谓之棒客,北路谓之刀客,东路谓之啯匪,省垣亦谓之棒客"②。可见哥老会有可能是从啯噜演变而来③。下面兹就哥老会的蔓延扩散、成员及内部结构分别进行分析。

(一) 哥老会的蔓延发展

哥老会的渐炽是在嘉庆以后,到咸同年间"会匪"势力迅速蔓延,川省"无虑数十百股"④,在李、蓝起义军中和清军营勇中即有大量哥老会分子。哥老会经常"开山"纳徒,"会党之增加党类,必在开山结盟时,开山一次,新入会者辄数十百人,如是不已,会党安得不多? 其开山必在深宵僻地,又有衙蠹为之牒蒙,盖似不易察。然每开山,少者人以百计,多以千计,来程至数百千里"。在集会之前,"大约皆借期会或生辰燕会为名,发布红柬,遣人邀请"⑤。在光绪年间已形成"会匪啯匪,所在皆有","江湖豪杰,并州联业,聚众开山,远近景从……公口码头,不可胜数"的局面。特别是在川东地区,哥老会与烟贩、盐枭合作,"出没于巴、江、涪、合、夔、万一带,动辄号召一二千或数百人,均置有枪炮器械炮船,拒敌官兵"⑥。在永川,"县属匪徒日多,实由城乡公口林立,几不知

---

① 李榕:《禀曾中堂李制军彭宫保刘中丞》,《十三峰书屋・批牍》卷1。
② 傅崇矩:《成都通览・成都之袍哥话》。
③ 蔡少卿即持这种观点,参见他的《中国近代会党史研究》。关于袍哥的来源还有另外一种说法:康熙九年(1670)郑成功的部将陈近南奉郑之命入川,在四川雅州开精忠山并"取诗经同袍同仇之意,称为袍哥";又为警惕国人勿忘根本,内部又互称汉流"(见王蕴滋:《辛亥革命回忆录之一》,转引自隗瀛涛、何一民:《论同盟会与四川会党》,《纪念辛亥革命七十周年学术讨论会论文集》上册)。
④ 朱批奏折,光绪二十八年九月十六日署四川总督岑春煊奏。
⑤ 《四川谘议局第一次议事录・解散会党案》。
⑥ 见蔡少卿上揭书第252—253页所引民国《重修大足县志》、民国《江津县志》和《丁文诚公遗集》。

为法所必诛,相习成风"①。哥老会分支孝义会在新宁、开县及附近地区活动,"县人附合之,以芭蕉场、峡口场、天生场诸处最盛"②。

清末,哥老会在长江上游已形成网络,据补用州判王朝钺禀请查灭四川会党码头称:

> 窃四川会党之风甲于天下,而拉榝抢劫之匪即出于会党之中。一朝犯案,悬赏通缉,又恃有当公之会党包庇调停,羽翼遍川,实难惩治。擒其渠者,而小者又大,犁木未坏,弯树重生,诛不胜诛,良可浩叹。查川省会党以西南为最,东北次之,各属乡场市镇……各有码头。③

可以说哥老会在当时已经形成了最有势力的秘密社会力量。据刘师亮统计,哥老会从嘉庆中到清末约百年时间内,在各省共开山堂36个,川省即占16个。所以说"各省汉留之盛,莫过于四川"。清末仅是"省会一区,仁字旗公口至三百七十四道之多,礼、义两堂不与焉。至乡区各保与夫临路之腰店,靡不设有公口,招待往来者,日不暇给,故民间有'明末无白丁,清末无侄子'之谣"④。

(二) 哥老会的成员背景

参加哥老会者多为下层,"其组织法,先询其人之身家己事。如身家清、己事明、不为群众遗弃者,即业惊、培、飘、猜、风、火、爵、耀、僧、道、隶、卒、戏、解、幻、听等均能入会"。他们"或作侦探,破彼方之秘密;或司传达,使各方之联络;或任调查,明各方之消息,均于汉留有绝大补益"⑤。这批人在反洋教和反清斗争中起着重要作用,如余栋成反教起

---

① 《四川官报》辛亥第9册。
② 民国《宣汉县志》卷10,《历代兵事》。
③ 《辛亥革命前十年间民变档案史料》下册,第792页。
④ 刘师亮:《汉留史》,转引自隗瀛涛、何一民揭文。
⑤ 刘师亮:《汉留全史》,转引隗瀛涛、何一民揭文。

义哥老会便是主要的推动力量①。失去生计、没有牵挂的"会匪"也往往敢于与清军武装对抗,如嘉定彭大老圈、彭山"首匪"戴福和、贵州"在逃巨匪"老沙、老珊等,"四路勾结,党与众多,均有洋枪快炮,聚散无常。聚则纠集成队,散则分处潜伏,每盘踞于洪雅、丹棱、夹江所管之中杠山中。此山与雅安、名山、芦山地均接壤,绵亘约二百五六十里,广二十余里,高十数余里,菁林茂密,人户稀少。……动聚悍匪百数十人不等,仗持快枪利器,差团莫敢撄锋,以故四出抢劫无忌"②。

哥老会中也不乏士绅、地主,"初由不法匪类结党横行,续而绅富相率效尤,亦各立会名,以图自保"③。有的"绅粮"则"名为借此保家,实则广通声气,以自豪恣"④。以至川省有"一绅、二粮、三袍哥"的说法。到清后期,哥老会还卷入了不少知识界的成员,如灌县崇义镇的"舵把子"张捷先即是小学校长,他与郫县新场总舵把张达三同称"房谋杜断",都是保路同志军首领⑤。江津留日东斌学校学生王稚峨是"县中哥老会掌旗大爷"⑥。

哥老会势力甚至渗入到清兵勇之中,王闿运《湘军志》称:"哥老会者,本起四川,游民相结为兄弟,约缓急必相助。军兴,而鲍超营中多四川人,相效为之,湘军亦多者。"⑦左宗棠也承认,"鲍超籍隶四川,而流寓湖南最久……所部多悍卒,川楚哥老会匪亦杂厕其间"⑧。在左宗棠所部有"蜀军十营,官弁勇丁,无一不系会匪。全军哨弁见营主,营主谒统

---

① 参见蔡少卿上揭书第248—259页。
② 《辛亥革命前十年间民变档案史料》下册,第795页。
③ 《四川谘议局第一次议事录·解散会党案》。
④ 《四川官报》辛亥第9册。
⑤ 房指张捷先,杜指张达三。
⑥ 吴晋航:《四川辛亥革命见闻录》,《辛亥革命回忆录》(三)。
⑦ 《湘军志》,《湖南防守篇》第25。
⑧ 《附陈鲍提督所部仍请由该员自为主持片》,《左恪靖伯奏稿》卷25。

带,皆莫不以大哥呼之,而未闻有称大人者,此蜀产之〔深〕根固蒂也"①。可见,哥老会真是无孔不入,"入会者自绅商学界、在官人役,以及劳动苦力群、不逞之徒,莫不有之"②。如此广泛的社会背景为它的长盛不衰奠定了基础。

(三) 哥老会组织特点及结构

哥老会在长期发展过程中,形成了其组织特点和结构,演变出许多分支:

> 川省下流会党,千流百派,而大别不过两类。甲类为江湖会,乙类为孝义会。江湖会起最早,纠结日久,多亡命无赖及不肖绅衿,常为乡里所苦,于是孝义会起而敌之。其初由乡里有籍之民,互相结集,以抵御江湖会之侵扰,既而手滑势急,羽附日杂,其为患遂与江湖会无异。而各会党中又自分两类:一种各有正业,特借入党以联声势而为缓急之恃者;一种别无正业,而专以不法行为为业者。③

可见,川省哥老会分江湖会和孝义会,江湖会出现于前,孝义会产生于后;哥老会成员分有"正业"和"无正业"两种,即有的是以入会为护符而有的是以入会为生计。这有可能就是所谓哥老会的清水皮与浑水皮之别,"清水皮者,树党结盟,自雄乡里,专尚交游,不事劫掠;浑水皮则良莠不齐,大率藏垢纳污,敢于触法犯禁"④。但据有的史料称哥老会还有"西会、成会、四义会、大义会、少英会等名目,各有码头,各有公口名片、大小图章"⑤。这可能又是江湖会和孝义会的各种分支。四川哥老

---

① 宣统三年八月初三日龚宝琛致盛宣怀函。见《辛亥革命前后——盛宣怀档案资料选辑之一》第 161 页
② 《四川官报》辛亥第 9 册。
③ 《四川谘议局第一次议事录·解散会党案》。
④ 《四川官报》辛亥第 9 册。
⑤ 《辛亥革命前十年间民变档案史料》下册,第 792 页。

会又分为"仁、义、礼、智、信五堂,仁字辈最大称太爷,信字辈最小"①。

哥老会各不同的分支、派别和帮别称为"山堂",每堂内部各有等级、帮规。李榕曾描述过哥老会的内部结构:

> 每堂有坐堂老帽、行堂老帽。每堂八牌,以一二三五为上四牌,六八九十为下四牌,以四七两字为避忌,不立此牌。其主持谋议者号为圣贤二爷,收管银钱者号为当家三爷。内有红旗五爷专掌传话派人,黑旗五爷掌刀杖打杀。其聚党行劫者谓之放飘,又谓之起班子,人数多寡不等。②

以上所称的"牌",实即"爷",即哥老会的等级,由于忌讳四、七③,因此哥老会内部只有大爷、二爷、三爷、老五、老六、老八、老九、老幺。大爷又称为龙头大爷,舵把子等,具有家长式的权威;二爷一般为出谋划策的军师;三爷则为日常当家者,"公口名目不一,或置有产业,或备集金钱,皆推第三人当家,又谓之桓侯,主管接待结纳等事"④。五爷则有红旗管事、黑旗管事之分,前者负责议事,后者负责行事。哥老会内人等皆有结拜关系,其结盟章程名曰"海底书","总以孝义仁敬四字为大纲"⑤。

哥老会各山堂、公口之间均有相互照应,将保护和接待同党视为当然,"凡远来会党以及犯案棒匪,身边必携有该匪本处公口名片,每至一处,即出片拜问各码头管事,该管事即代为招呼栈房,每日缴用取公项之钱为应酬,妥为保护。如案情重大者,临别时恐被盘诘,更须选派拜弟多人护送潜行,所以犯匪逃逸无处不可栖身者,职此故耳"⑥。这样即形成了一个较严密的自我保护网。据时人回忆,凡哥老会成员每到

---

① 《辛亥革命回忆录》(三),第6页。
② 《禀曾中堂李制军彭宫保刘中丞》,《十三峰书屋·批牍》卷1。
③ 因四字意"事"或"死",七字音近"截",均视为不吉。
④ 《四川官报》辛亥第9册。
⑤ 傅崇矩:《成都通览·成都之袍哥话》。
⑥ 《辛亥革命前十年间民变档案史料》下册,第793页。

一处,由当地码头酒饭招待,同时送钱给首领,"兄弟伙"需钱时分等支取。所以当时有"望屋吃饭"的说法。即是说只要有人居住之地,即有饭吃钱用①。

哥老会组织内部帮规严密,谁违犯规则即按律惩治,所以有句黑话是:"三刀六个眼,自己找点点。"②辛亥革命前,哥老会在郫县新场商讨反清事,"大会在新场乡下野寺中整整举行了一夜,巡风望哨达数十里之遥,真有些威风凛凛,杀气腾腾。许多鸦片烟瘾的老大哥,呵欠流泪,危坐终宵,不敢擅离香堂"③。清末,哥老会许多山堂都参加了反清斗争,并接受了资产阶级革命派的纲领,如参加保路运动的哥老会头目即号称十二统领④,从而为这个秘密社会组织的活动赋予了新的内容。

六 从"邪教"到"神拳教"

乾嘉以后,白莲教、青莲教、灯花教、红灯教(以上均被统治者称为"邪教")、神拳教等接踵出现,与这些反清反洋教的秘密会社同时活动于长江上游广大地区的还有不少打家劫舍的"匪类"。

(一) 白莲教和青莲教

白莲教很早就传入长江上游,乾隆初即在川东北诸县活动,"乩坛几遍乡里",到处传"扶乩飞鸾"之术⑤。乾隆末,河南白莲教首领刘松命乾陇等入川传教,在城口、东乡、达县、太平、大宁、巫山、奉节、云阳等地发展教徒,"教匪四川为多,其裹胁川民亦众"⑥。川陕鄂交界的巴山老

---

① 同上。
② 陈书龙:《四川袍哥与辛亥革命》,《辛亥革命回忆录》(三)。
③ 王蕴滋:《同盟会与川西哥老会》,《辛亥革命回忆录》(三)。
④ 吴晋航:《四川辛亥革命见闻录》,《辛亥革命回忆录》(三)。
⑤ 见张力:《四川义和团运动》,第35页。
⑥ 道光《夔州府志》卷21,《武功》。

林地区是白莲教活动基地之一,这些地区政府控制无力,"山内村落绝少","往往岭谷隔绝",若有"匪徒窃劫,难资守望之力,孤掌难鸣,不敢与匪徒为难"①。关于白莲教的传教方式,据严如熤称:"教匪之煽惑山民,称持咒念经,可免劫杀,立登仙佛。愚民无知,共相崇信,故入教者多,其实别无伎俩。"一般用一些迷信手段招引入教,诸如"驱鬼役神,剪纸撒豆之术"等。据说也有强迫入教的,白莲教"窜匿山中,遇丁壮辄裹之,反缚,令负粮跟走。惘惘行山谷中十余日,去乡已远,渐释其缚,逼令刺杀所掳之人,以坚其心"②。白莲教还以戏曲形式传播"邪经",如多用昆曲中的"清江引""驻云飞""黄莺儿""白莲词"等曲名"按拍合板",宣传经卷;也有如梆子腔戏,"多用三字两句、四字一句,名为十字乱谈";还有诸如民间打拾不散、打莲花闹等名目宣教者③,白莲教之首领称老长柜、少长柜、掌教元帅、领兵元帅等,"妄称掌教元帅,则真教也;其妄号领兵元帅,则痞徒之出力格斗者"④。

青莲教是白莲教系统的一个教门,在湖南称斋教(史书中称"斋匪")、在四川称龙华会,道光前后在川陕鄂地区便很活跃,以后又深入腹地。道光八年(1828)即有教首尹正、刘日瑚在华阳一带传教,传有《十参四报经》⑤。道光九年(1829)南川县韦绍闲弟兄与罗声虎弟兄等赴云南开化府经商,遇同乡陶月三"传以符水治病术","只用清水一碗,烧燃檀香,在水碗上画符念咒。吃水之人,即有神附体,自能打拳弄棒,名为少林神打,男女皆可学习"⑥。此教名"少林青主教",即青莲教。韦、罗回南川后便广为传授,"从习日众,皆赤贫无赖,遂倡亲联〔青莲〕教"⑦。

---

① 严如熤:《三省边防备览》卷12—13,《策略》。
② 同上。
③ 黄育楩:《破邪详辩》。
④ 严如熤:《三省边防备览》卷12—13,《策略》。
⑤ 《清宣宗实录》卷137,道光八年六月己丑。
⑥ 道光九年二月二十八日四川总督戴三锡折。转见张力上揭书第36页。
⑦ 民国《南川县志》,《前事志》。

道光中期，青莲教由长江上游向中游传播。据湖南长沙府知府吕恩湛、永州知州江蓝、同知姚熊飞称，道光十五年(1835)有成都府人王又名来至武冈州算命，王称有青莲教坐功运气，是金丹大道，可以祛病祈福，成佛成仙。凡拜王为师者需"誓食长斋"，传授坐功运气之术，供奉无生老母，并传及龙华经一本，《上靠定》经文、《众生起上》忏悔经文各一纸，并有坎卦图章一个①。此事在《武冈州志》上亦有记载，只是年代稍有不同："王又名者，四川成都人，道光十年，以青莲邪教诱愚民，言习其术，可以成仙佛。"②道光中期以后，青莲教渐在华中及西南各省建立了统一组织，"分五旗籍……独四川者为黄旗，尊其教之所自出也"③。

青莲教内部又有青家、红家、黑家之分，青家吃斋，红家不吃斋，黑家则从事武力活动。他们奉达摩祖师、无生老母，又称五行十地佛教。有三饭五戒，运气坐功，宣扬水、兵、刀、火等大劫即将来临，入教可免灾，以此吸引民众。五行十地中，五行又分先天五行和后天五行。先天五行是法、精、成、秘、道；后天五行是元、微、专、果、真。此外又分温、良、恭、俭、让五德。先天五行内有五人总持教内事，后天五行和五德分掌外十地教区事项。首领人物称依法子、依精子、依成子等，即于每行之前加一"依"字，然后又尊称为"子"。道光时，长江上游的青莲教中心人物是依微子李一原④。

(二) 从灯花教到神拳教

川陕白莲教起义失败后，长江上游的白莲教、青莲教便改头换面继续活动，先后有灯花教、红灯教、无生门教、顺天教、神拳教等名目出现。

---

① 道光二十年湖南布政使司札，见巴县档案。经文"上"字是言太上无极，"靠"字是言告人不可为非，"定"字是言人有定志；"众生启上"是言众人启告太上，忏悔过恶，又称"五报十忏上靠定"经语。坎卦是取坎填离之意。
② 《武冈州志》卷1，《大政记》，转引自蔡少卿上揭书第190页。
③ 《复李筱泉制军书》，《养晦堂文集》卷8。
④ 见喻松青：《明清白莲教研究》，第72页。

咸丰时期,青莲教首领刘仪顺转移到贵州石阡、正安一带,"以药为灯草,集众燃之,作胡语,有顷,灯焰皆作鱼龙鸟兽形",于是刘称"此天欲兴我,故有此意",人们"信而从之,是为灯花教"①。灯花教即燃灯教,在乾隆前期的清文献中即已出现,它与无生门教等同源于白莲教,只是各地名称稍异。据《当阳被难记》称,嘉庆时"有灯花教者,诱男女为徒,燃灯拜之,灯上或见金龙、见金莲。拜久则闭目存神,若有一灯惝恍相照,谓为真阳发光……能普照大千世界,仙果成矣"②。灯花教便是利用人们的虚幻感应来结徒纳众的。

咸同之后,灯花教渐演变为红灯教,同治年间,高德芳即在屏山与马边交界处传授红灯教,至光绪初红灯教教徒已活动于川西、川南多数州县,据《灌记初稿》载,同光之际灌县红灯教教徒李三少、余道士"往来温、彭、崇、灌中,以照光拜灯拳勇各术煽惑愚民,复假鬼神谈隐秘,人多信之"。光绪六年(1880)的渠县令告示称:红灯教徒"始而茹素诵经,匪徒乘机相诱。继则甘心受惑,聪明误用不疑。借焚修为忏悔,谓可超升。信清净为波罗,忘思仙佛"。《万县志》记载,光绪十七年(1891)红灯教徒崔英河在万县授徒,"初以符咒为人治病辄效,人多信之,号曰崔神仙"。当时下层民众中盛传"崔英河得过无字天书,能把豆子的灯花拜成筛子大",因而信者益众,聚数千人③。

20世纪初,又有无生门教教徒潜往灌县、郫县、彭县、金堂、崇宁、双流各处活动,"每人给票单一张为记,票上写梧花王行军号令及制度字样。又"刻板印刷多张,分布同事,散给入伙的人。临时以票为符,以'天德'二字为见面口号,以'天地人和'四字为起事日轮日口号,人齐之时,点香为号"④。而川北各县如南充、三台、太和镇等则有顺天教活

---

① 《播变纪略》,见《近代史资料》1958年第3期。
② 转引自张力上揭书第37—38页。
③ 见张力上揭书第38—39页。
④ 《无生门教首要苏子林等供词》,《辛亥革命前十年间民变档案史料》下册,第782页。

动,以花布缠头,旗帜是红心青边,教徒衣上书有"顺天教义兵神勇"字样。他们"始而打毁教堂,搜杀教民;继则无论民教,以打富济贫为名,择肥而噬,肆意掳杀;城内军火搜括一空,广招流亡编列营棚。每棚十二人"。首领(称大将军)李青山、瑞玉堂、王泗河等招集铁匠广造军械,"每日或三五十人一队,或一二百人一队,出城打粮,蹂躏不堪",仅几天便"聚有人一二百棚之多"①,即二千余众。另外还有所谓"拈香烧会","其始无赖子弟结党联盟,不必皆匪,而一啸即聚,有令必行,则人人可以为匪"②。

20世纪初长江上游的神拳教——义和拳活动频繁,曾有多次震动全川的大起事。据陶成章《教会源流考》称:"神拳教,一名义和拳。庚子以前,大盛于山东、直隶之间。现于二处之势稍衰,反大盛于四川。"③义和拳之所以在长江上游兴起,既是受北方义和团余绪影响,亦为与本地秘密会社相结合的产物。如义和拳在许多方面与啯噜颇为相似,北方义和团以"坛"为单位,而义和拳却采啯噜棚习惯,以"棚"为组织单位,每棚人数不等④。每一棚又叫一碗水,可进行"端水碗""符水治病"等,这又具有红灯教的特点⑤。

1900年川黔边境有人操"义和拳邪术",贵州桐梓陈秀俊到綦江青羊市,由附生补禀出贡充当青羊市场保正,陈秀俊令保内团民杨玉峰、封百川等分棚操练,自称统领,以杨连峰为元帅、封百川为文案。"每遇操期,辄指前代名将附体,收为弟子,即以小说书中荒诞不经之姓名,奉

---

① 光绪二十八年九月八日重庆府为顺天教起事札文。见巴县档案。
② 《掌陕西道监察御史王乃徵奏川省拳会复炽请严课吏治折》,《辛亥革命前十年间民变档案史料》下册,第754页。
③ 见萧一山:《近代秘密社会史料》。
④ 巴县档案记载是每棚11人,而另有资料称每棚不得超过百人,满员又觅地另设,选"朴诚而奉教久者,得为棚长,掌水碗"(见民国《犍为县志》,《杂志二·丛谈》)。
⑤ 参见张力上揭书第46页。

为师承,念咒入魔,舞弄拳棒,称为神力,恃以横行。"①次年,江津、南川有人"操习神拳",据江津李市场民人周益三供认:他在市场充当牛经纪,"有南川县游牛贩来场,央伊代买牛只。闲谈间,游牛贩遂向伊耳边吹念数遍,伊即昏迷倒地,不一阵果然起身打拳,众皆诧异。据游牛贩称,伊所习咒语,演习四十九日,可以飞檐走壁;演习一百二十日,枪炮不能进身"②。到1902年义和拳已遍及全川,而且名目甚多,其头目称"顺天灵祖、活孔明、活土地、活观音之类,不一而足"。但没有严密的组织,往往"数十人或数百人便图起事",一旦清兵进剿,"则又不耐一战,弃械狂奔,混入居民"③。由于清政府的严厉镇压,1902年后义和拳便只有零星的活动了。

(三) 各种草莽

在长江上游地区,到处是崇山峻岭,陆路交通不便,不少失去生计的贫民落草为寇,以盗窃为生,穿行于名山大川、穷乡僻壤,往往使清军、乡勇都莫之奈何。另外,长江上游地方经济独立性很强,草寇偏居一隅,便能长期生存。独特的地理环境和经济结构,创造了草寇活动的有利条件。由于长江上游地区各种秘密会社甚多,加之其所固有的流氓无产者劣根性的存在,因而往往鱼龙混杂,"会""匪"难分,两者固不相同,但经常也合二为一。

草莽中人有各种类型,如乾隆时期川东即多有留宿娼家、开赌招集棍徒、抢夺商民的"匪类"。这些人"三五成群,无恶不作,暮夜穿窬,日抢夺场集市镇",赃物到手,则"坐地分用",致使"商民饮泣吞声"。这些人起初是游手好闲、吃喝嫖赌,在"家业倾尽"后,由于"迫于饥寒"而走上"鼠窃狗盗"的道路。他们若"偶一得手即为得计,从此肆无忌惮,纠

---

① 光绪二十六年十二月十六日四川总督奏折。见《义和团档案史料》下册,第922页。
② 光绪二十七年八月十六日重庆府札。见巴县档案。
③ 署四川总督岑春煊奏折,《辛亥革命前十年间民变档案史料》下册,第746页。

伙逞强,无所不至"。一般窝赌窝娼为其"聚集之处",这些地方"嫖妓引诱,赌博招留","销赃灭迹多在于此"①。在各航运要道,则有不少"匪船"。每在黑夜,或三五人,或七八人,"驾一小艇紧傍商船之侧,钻舱行窃"。如果被人发现,则"逞强拒捕,顺流而去"②。

嘉庆时期,在川陕鄂的巴山老林地区活动着红钱客、黑钱客、毛牯锥、马娃子等类草寇。黑钱客"为鬼为蜮,换包设骗,行踪诡秘,多以术愚人";而红钱客则"执刀持枪,白日市廛地方,绅耆保正无敢过问。兵役获其伙犯,中途拦截,名曰挞炮火";毛牯锥、马娃子为"匪类"有意培养的少年同党,"匪类"先是"掳十数岁小孩,教以击刺。稍大者号曰毛牯锥,次者号曰马娃子。此辈幼小无知,以杀人放火为顽戏,便捷轻锐,如锥如马,故以为名"③。

道光时期川东南一带活动着烟客和刀客"两种匪徒"。所谓烟客,即"从雅州等处前往云南贩买鸦片者";所谓刀客,即"自带刀械,好勇斗狠、以抢烟为利者"。他们的团伙都人数众多,"皆各千百为群,制有抬炮、鸟枪,彼此路遇,互相仇杀,横尸草野,无人过问,亦无报官涉讼情事"。烟客一般不"扰害居人",而刀客于抢烟之外,往往掳乡中殷实民户,"勒令出钱取赎",起初只掳男口,后来也殃及妇女。④

每逢市集、迎神赛会、庙会之时,便是草寇活动的好机会:"无论城乡会戏一开,经旬累月,百里内之来观者,盈千累百。"这个时候往往是"良、匪混杂,皆以看戏为名,兵差无从稽查,团保亦难盘诘;盗匪成群,结党混迹其间,同谋不法,比比皆是"。这些草寇的武装足与清兵、团勇抗衡,"其盗薮州县,则戏场内匪类麇集,刀枪林立,更无人敢于过问。因此而匪党日多,匪风日炽,其传染迄无休息",以至于各"戏场近处,或

---

① 乾隆三十九年七月巴县正堂告示。见巴县档案。
② 同上。
③ 严如煜:《三省边防备览》卷12,《策略》。
④ 道光二十三年四川总督宝兴奏折。见巴县档案。

城或乡之被抢劫、被捉赎者不知凡几"①。特别是到了清末,由于人口过剩、灾害频繁,失去生计者暴增,纷纷落草为寇②,成为当时无法解决的严重社会问题。

杨庆堃根据嘉庆至宣统的清实录统计了1796—1911年115年间在中国发生的民变事件,其中四川与全国的统计见表8-9。表中所列川省277次动乱中,既包括民众反清,也有秘密会社活动,恐怕还有草莽的扰害,下表勾画出19世纪长江上游民变的发展趋势,从表中可见咸丰年间和20世纪初是两个发展高峰。

表 8—9

年代	四川		全国		年代	四川		全国	
	次数	指数	次数	指数		次数	指数	次数	指数
1796—1805	13	100	107	100	1856—1865	75	577	2483	2321
1806—1815	14	108	131	122	1866—1875	26	200	1020	953
1816—1825	4	31	117	109	1876—1885	29	223	391	365
1826—1835	10	77	206	193	1886—1895	18	138	315	294
1836—1845	16	123	258	241	1896—1911	55	423	656	613
1846—1855	17	131	959	896	计	277		6643	

资料来源:C. K. Yang, "Some Preliminary Statistical Patterns of Mass Actions in Nineteeth-Century China."

注:指数由引者算出,1796—1805=100。

为什么清代长江上游地区会出现如此频繁的秘密会社和"匪类"活动呢?我们可从社会学的角度进行一些分析:第一,"结构性助长"因素,即社会结构的影响。清王朝所实行的民族和阶级压迫政策,使汉族和满族之间、被统治者和统治者之间的矛盾不可调和,致使不少受压迫的汉人以秘密活动的方式进行反抗。在一个专制、高压、充满民族矛盾的社会结构中,必然形成与这个社会作对的组织。第二,"结构性紧张"

---

① 光绪二十八年十月四川布政司按察司通饬及崇庆州禀。见巴省档案。
② 清末禁种鸦片,过去以此为业者亦有不少流入"盗匪"。

因素,它表现在实际或潜在的经济剥夺、大规模的移民或人口的迅速大量增加、政府的控制削弱之后。乾嘉以后长江上游人口的剧增、地方统治的腐败等,人民的生活和生存受到威胁,在这种情况下容易出现反社会的集团。第三,"概念化信念的增长"因素,结构性紧张的形势具体化到个人,使他们把某些情绪——如偏见和敌意——针对到某些具体的对象上,如士绅、地主、官吏乃至一切他们不满的人。第四,"社会控制机制"因素。社会控制是每一个社会制度的连续性功能,当控制机制减弱并即将瓦解时,人们就可能对这个社会制度失去信心,就会出现各种形式的内乱。第五,"催发"因素,这是集体行动的点火器,它创造了社会敌对活动的具体环境,例如一次征税、一次灾荒、一次冤狱等,都会使人们的不满转化为行动。

因此,秘密社会和"盗匪"的活动实际上是社会功能紊乱、失调的反应,亦是社会控制无力的表现,是过渡和动荡社会的一种必然结果。

七 传统社会组织——会馆、行会和行帮

人们生活在整体社会之中,这个整体社会包括了各种人的团体,如家庭、地区社会组织、派别、帮伙和社团等,它们在一些更大的集合体中盘根错节地存在,其成员感到他们之间联系紧密,并相互支持。成员之间的联系大大超过他们与外界的联系。在传统社会,人们所设立的传统社会组织,按其在社会中的位置,分别在一定程度上发挥着影响、支配着社会,会馆、行会和行帮就是这样的主要组织。

(一) 会馆

会馆始于明朝而盛于清朝,在长江上游地区十分普遍,大多数州县甚至乡镇都有会馆。长江上游地区会馆特别多与大量的移民有关,由于客居在外,他们对本乡本土怀有的情感导致他们以同乡的形式

联结在一起。同籍人设立会馆，既有感情上的原因，亦是实际上的需要。移民入川难免有许多客观困难，而且不免与土著发生矛盾和摩擦。为生活的需要，为维护自己的利益，他们建立了会馆这种同籍的社会组织。这种社会组织有以下三个特点：一是由流寓在外的客籍居民创办的；二是有严格的地域划分，即本乡本土人——小自乡镇、大至省——的结合，对外具有排斥性；三是其内部供奉本籍尊崇的神祇或先贤。

按照习惯，各省在长江上游的会馆都普遍建有宫、庙、祠之类的建筑，诸如朝天宫、帝主宫、万寿宫、禹王宫、护国祠、寿佛宫、太和宫、忠义宫、万寿宫、天后宫、武圣宫、三元宫、长沙庙、南华宫、天上宫、列圣宫、古南宫、崇圣宫、威灵宫、昭武宫、福禄宫等①。这些宫、庙、祠等都是会馆的主体建筑，在地方志中往往在某某宫、庙、祠下注明是某某会馆，如真武宫"即常（德）澧（州）会馆"，列圣宫"即浙江会馆"，三义宫"疑系陕西会馆"，濂溪祠为"永州会馆"②，关圣宫系"楚籍人公建，故曰湖广馆"，天后宫系"粤籍人公建，一曰广东馆"，天上宫系"闽人公建，一曰福建馆"，万寿宫系"赣人公建，一曰江西馆"③，威灵宫"即黄州会馆"，昭武宫"即抚州会馆"，玉皇宫"即常德会馆"④，帝主宫为"黄州会馆"⑤，南华宫为"清道场会馆"，南华宫、万寿宫为"新市镇会馆"，"广东馆，名南华宫"⑥，等等。表8-10列出各省会馆建筑名称及供奉的神祇先贤。

---

① See Ping-ti Ho, "The Geographic Distribution of Hui-Kuan in Central and Upper Yangtze Provinces", *The Tsing Hua Journal of Chinese Studies*, Vol. 5, No. 2 (1996).
② 咸丰《开县志》卷9。
③ 民国《中江县志》卷4。
④ 嘉庆《梁山县志》卷7。
⑤ 民国《云阳县志》卷21。
⑥ 民国《绵竹县志》卷12。

表 8-10

会馆名称	主要建筑	供奉的神祇或先贤
江西会馆	万寿宫	许真人
福建会馆	天后宫、天上宫、天妃宫、庆圣宫、福圣宫	天妃
贵州会馆	南将军庙、黔阳宫、惠民宫、黔南宫、黔西宫、荣禄会	关帝、南大将军、黑神
广东会馆	龙母宫、南华宫、六祖会	关圣帝君、六祖
陕西会馆	三圣宫、三元宫、三义宫	刘备、关羽、张飞
湖广会馆	禹王宫、王府宫、关圣宫、全义宫、楚蜀宫、湖广馆	大禹
湖北会馆	帝主宫、齐安宫、威灵宫、靖天宫、江陵庙、湖北宫	大禹
湖南会馆	寿佛宫、太和宫、长沙庙、真武宫、濂溪祠、岳常澧会馆、衡永宝会馆、玉皇宫、威远宫、宝善宫	大禹
山西会馆	朝天宫、武圣宫、山西会馆、古南宫、玉清宫、文武宫、三官祠、三义庙、崇圣宫	关帝
广西会馆	万寿宫、昭武宫、轩辕宫、萧公宴公庙、洪都祠、文公祠、仁寿宫	文天祥
河北会馆	忠义宫	
浙江会馆	列圣宫、浙江公所	
八省公所	福禄宫	

资料来源：根据 Ping-ti Ho,"Geographic Distribution of Hui-Kuan"所列资料整理。

据有的研究者对四川有 4 所会馆以上的 85 个县所做的统计，共有会馆 727 所，其中直称会馆的 174 所，以宫名馆的 471 所，以祠名馆的 20 所，以庙名馆的 62 所。会馆最多的为屏山县，城乡共计 52 所；其次为灌县，城乡共计 37 所；再次为绵竹县，城乡共计 36 所；复次为威远县，城乡共计 34 所；什邡县城乡 28 所；华阳县乡镇

23所(城内会馆计入成都)①。

关于会馆的内部结构及功能,从巴县档案中保留的嘉庆《浙江会馆碑文》可窥一斑。据碑文称,浙江人在重庆贸易以磁器为最,杂货次之,为保本籍商人之利,于是"齐集公所,从长酌议",并刻碑以"共劝厥志","即守前人创业维艰之意"。规定了以下条文:1.议公信。为"避独行病商之弊",凡磁货投行发售,本行厘金减半,本客粗磁每子(子:系磁器计量单位)三厘,细磁每子一分九厘,"照数归公,以资公用"。若有差徭杂费则"归行承办"。并在公项内每年每帮给银二百两,"免其侵移客本之患"。2.议别帮,磁货不议。向来江浙磁货与河南、湖北、川省一体,自乾隆末"絮辞前规,分开彼此",今后仍按旧规。凡有磁帮公事,"无分江浙,合而为一,永以为好"。3.议公所。结算之后如有盈余,"存于各司栈,代理生息,以作修葺置业守成之举"。4.议过江。水客无论粗细磁器仍纳厘金,"每子银六厘"。5.议阳奉。凡阳奉阴违者一经查出,"另罚修葺码头",罚银"每磁一子二分以充公用"②。

从以上会馆碑文条款可看见,会馆在当时发挥着工商行会的作用。首先,《浙江会馆碑文》是由"磁帮众商公建",显然,重庆的浙江会馆实际上是与磁帮融为一体的。也就是说,既是地域观念的组织,又是同业的组织。其次,碑文表明了同籍商人联合以对付其他商人的一种策略,这实是传统商人的一种封闭行为,但同时也避免了同籍同行的内部纷争,协调了各自的利益。有的学者完全否定会馆与行会合而为一这种情况,把地域观念的组织和同业的组织截然分开,显然是值得商榷的。

---

① 吕作燮:《明清时期的会馆并非工商业行会》,《中国史研究》1982年第2期。其实会馆最多者应为云阳县,城乡共计53所(见民国《云阳县志》卷21,《祠庙》)。另外绵竹的统计系误,应为31所(见民国《绵竹县志》卷12,《典礼·会馆》)。

② 嘉庆六年仲夏月磁帮众商士公建《浙江会馆碑文》,见巴县档案。

下面以绵竹为例对地方会馆进行一些分析,表8－11是绵竹会馆统计,表8－12是设立时间分布,表8－13是省籍分布。

表 8－11

会馆名	设立时间	地点	会馆名	设立时间	地点	会馆名	设立时间	地点
江西馆	康熙九年	城内	陕西馆	道光元年	广济场	湖广馆	嘉庆二十四年	马尾场
陕西馆	乾隆九年	城内	湖广馆	嘉庆二十三年	广济场	陕西馆	嘉庆二十四年	马尾场
湖广馆	清初	城边	江西馆	光绪七年	广济场	广东馆	光绪六年	马尾场
福建馆	道光十九年	城内	湖广馆	嘉庆元年	土门场	陕西馆	道光二年	拱星场
广东馆	乾隆七年	城外	江西馆	乾隆五十八年	遵道场	湖广馆	道光年间	拱星场
湖广馆	道光二十五年	富新场	陕西馆	道光七年	遵道场	江西馆	道光年间	拱星场
广东馆	嘉庆十四年	富新场	陕西馆	康熙年间	遵道场	广东馆	咸丰三年	拱星场
江西馆	道光初年	富新场	广东馆	嘉庆五年	遵道场			
陕西馆	乾隆年间	富新场	陕西馆	道光十七年	汉王场			
南华宫	咸丰年间	清道场	湖广馆	乾隆四十五年	汉王场			
南华宫	康熙五十三年	新市镇	广东馆	乾隆十二年	汉王场			
万寿宫	雍正五年	新市镇	江西馆	嘉庆十三年	汉王场	计		31

资料来源:民国《绵竹县志》卷12,《典礼·会馆》。

表 8－12

时 期	顺治	康熙	雍正	乾隆	嘉庆	道光	咸丰	同治	光绪	宣统	计
会馆数	0	4	1	6	7	9	2	0	2	0	31
所占比例(%)	0.0	12.9	3.2	19.3	22.6	29.0	6.5	0.0	6.5	0.0	100.0

资料来源:同表8－11。

表 8－13

省　籍	江西	陕西	湖广	福建	广东	计
会馆数	7	7	8	1	8	31
所占比例(%)	22.6	22.6	25.8	3.2	25.8	100.0

资料来源:同表8－11。

绵竹为长江上游会馆较多的县之一,计31所。其中县城5所,其余分布在各乡场。乾嘉道时期为设立会馆盛期,在31个会馆中,本期设立者22个,为总数的71%。这是因为经过清前期大规模移民后,到中期移民在各地已基本定居,于是在外籍聚居地普遍设立了会馆。从绵竹的会馆看,以湖广和广东籍最多,各8所;其次是江西和陕西,各7所,福建1所。这说明当时的移民以两湖、广东、江西、陕西为主。

在各省的移民中以湖北为最多,据统计,四川的湖北会馆共达172所,而全国的湖北会馆总计219所,四川占了78.5%。在川省的172所湖北会馆中,大部分在川南,计86所;其次分布在成都府中心地区的有42所,其中最早的一所设于康熙十一年(1672),其余多设于18世纪;再次是分布在成都府四周及西南部28所,亦多在雍正至嘉庆年间所建;而分布在川东的最少,仅8所①。这可能与移民的二次迁移有关。

会馆的设立,起初主要目的是保护各省间往来贩运的商人和远离家乡移民的权益,但后来会馆逐渐发展为在政治、宗教、社会各方面都有相当影响的机构,各会馆都有"首事"与地方官进行公务联系、参与当地税捐征收、消防、团练、重大债务清理、赈济款项的筹措和发放、育婴堂和其他慈善事业的管理、济贫和积谷等,移民愈来愈多地参与地方事务,在许多城、镇、乡,地方事务若没有会馆首事的参与,是难以进行的。如大竹县的两湖、广东、江西、福建五省移民建五省公所,"地方公务,即由公所办理"②;道咸时期的犍为县"各场承办地方公务,有五省客长之目"③。

关于会馆内部的活动以重庆的云贵公所为例:云贵公所每年推选"诚实干练会员二位——每省一位——充任会馆首事,负责照料会馆

---

① 苏云峰:《中国现代化的区域研究——湖北省》,第53页。该统计很不完全,从表8—11可见,仅川东的云阳一县即有湖广馆8所,即使与湖南各折半算,湖北会馆也有4所。
② 民国《大竹县志》卷2。
③ 民国《犍为县志·居民志》。

公务,经管账目等事"。会馆财产及义地所有收益均按数拨为祭祀办会费用,有余则"存放同乡商家按定率生息",并接受两省同乡捐助以"作为基金"。会馆每年春秋两次祭祀关帝及南大将军,推选德高望重会员主祭,同时祭祀乡贤,会员均请参加。已故会员如其生平未经严格考核,"其神主不得立于会馆供奉已故会员之厅堂"。会馆置有义地"专为安葬两省亡故同乡"。凡到重庆经商的云贵同乡若受本地行商欺诈,"可向首事说明经过,首事定为主张公道"①。各省会馆聚会都相当频繁,如重庆江西会馆一年聚会多至二百次,湖广会馆在二百次以上,福建会馆在百次以上,其他各会馆也有七八十次。各会馆还有定期的庆祝日、宴会等②。

会馆是各类社会集团中的一种。一些集团是建立在相似一致基础上的,这些集团的语言类似、习惯类似、定居地方类似、信仰类似等等;另一些集团是建立在劳动分工一致,即同一集团的人互相依赖的基础之上。会馆是两种兼有的社会集团,造成了一种非常强烈的一致感,一种密切而深刻的利害关系,一种彼此视为同类的关系。这些小集团成为社会生活和经济生活赖以发展的要素。但也应当看到,由于会馆的普遍设立,导致了各省移民彼此的隔阂和分离,融合过程非常缓慢。由于这种社会组合的特点,使各省的移民及后代保持着相当的特有素质,因而对社会有一定的割裂作用。不过从另一方面来看,会馆的设立加强了人们横的社会联系,促进了同籍移民的互助,使他们比较能够承受社会压力和意外打击,从而在一定的社会范围内获取必要的生存空间,并缓慢地发展相应的社会事业。

(二) 行会和行帮

城市社会是一个人口密集的系统,它要进行正常的运转,人们要进

---

① 光绪十八年《云贵会馆章程》,见巴县档案。
② Decennial Reports, 1891, Chungking

行正常的活动,就必须有相应的配合方式,要求一种系统化的秩序,以整合各种特殊功能管理,这种需要就促使了城市各种社会组织的出现。其实,任何具体的社会组织系统都是经济体,同时它又是适应性的社会结构。行会制度是传统城市中的主要经济形式之一,在帝国时代,城市组织总是在某种程度中模仿农村的组织。随着"舍本逐末"的农村人口大量涌入城市,随着城市工商业的稳定,城市手工业作坊和铺户贸易有了显著的发展,对农村基层政权进行模仿的行会也就出现了。它们逐渐具有了某些与工商业者利益相联系的经济职能,起着在手工业者间、商人间消除内部竞争的作用,也防止外来竞争者在本区域内侵犯其利益,扰乱当地商品经济的既成秩序。下面以重庆的行会和行帮为例进行一些分析。

  清代在重庆存在着许多同业行会,制定有严格的行规。如搬运夫行为维持朝天门码头的生意和秩序,防止"无聊流痞混聚码头恃强抢搬",于嘉庆中期制定了如下条规:1.推举"年力精壮、忠实才干"者为"领首";2.领首每日在码头照管,一遇货物拢岸,随即派搬运夫上船,"轮挨次搬运,不得恃强争夺";3.领首负责查点货物,4.领首置买雨篷,以遇雨遮盖货物;5.搬运夫所抬货物从码头至各行栈,路途若不远,不得歇肩,以"杜其掏摸",以及避免"拥塞官街";6.搬运货物工钱"原有定规,不得以天时晴雨早晚任意勒索";7.领首不得恃权"侵蚀散夫血汗";8.码头每逢官员往来,一切差务仍照旧规;9.每日搬运货物从辰至申时,这期间不得"推诿不运",若因此造成客货堆积码头,损坏遗失由"领首赔还"[①]。

  道光年间,重庆城烟帮又订《担子公议章程》,规定凡入会者,只准有烟担子一副,若新添烟担子一副,要缴"庄银四两";未入会的烟担子上街,要出厘金一千文。烟担子上街若"乱卖","紊乱章程",一经查出

[①] 嘉庆十六年四月二十八日抄粘条规。见巴县档案。

则罚戏一台,酒席四桌①。重庆川、茶两帮力行分帮亦订运货章程,"以杜争竞"。因为过去两帮力行因"争运客货""互斗横讼",为免纠纷而达成协议,互划运货区域②。道光年间重庆众商又就度量衡订立"程规",由"客帮爱集同人公议整理旧规",若有违反,则"照公议章程受罚"。其中对"银水平砝""斗斛""时市议价""行主提盘""课差"等作了明确规定③。重庆进出货物主要靠船运,是各地船只和船夫汇集之处,以此为生者无计其数,于是各船帮林立。按清官府规定,各船帮都应支河差,各船帮一般以缴钱作抵。但有差役乘机勒索船户,"明分肥囊,扰累难堪"。为杜这一弊端,重庆八省局绅于嘉庆初公议了大河、小河差役及征钱办法④。重庆城还分布着许多同业公会,一般冠之以某某公所,如八省公所(棉花)、同庆公所(棉纱)、酒帮公所(酒类)等⑤。另外重庆的轿夫、挑夫、搬运夫等虽未建立公会,但也有相应的机构,如轿夫都属于轿行,全重庆计有35家⑥。

从上述行会、公所和行帮看,有以下若干特点:第一,协调同行之间的利益。如重庆码头搬运夫的行规即规定推举年轻力壮者作为"领首",以避免各搬夫互相排挤,各"恃强争夺"。第二,维护本行信誉。如搬运帮条规明定运价,不得"任意勒索"。第三,应付官差官役。如重庆《八省局绅公议大河船帮差务条规》和《八省局绅公议下河船帮差务条规》便规定了大河、小河差役及征钱办法。各船帮统一行动,以免官差勒索。如下河船帮中的犍富盐帮"遇兵差每盐一载收钱一千文,按船大

---

① 《渝城烟帮担子公议章程行单》,见巴县档案。
② 见巴县档案道光财政卷二。
③ 同上。
④ 嘉庆八年三月二十四日《八省局绅公议大河船帮差务条规》,见巴县档案。
⑤ Decennial Reports,1892—1901,Chungking. 各公所都有专门经营的种类,如八省公所,棉花;同庆公所,棉纱;绸帮公所,丝货;买帮公所,棉花;纸帮公所,纸张;书帮公所,书籍;行帮公所,棉花;酒帮公所,酒类;河南公所,杂货;盐帮公所,食盐;糖帮公所,食糖;扣帮公所,纽扣等。
⑥ Decennial Reports,1892—1901,Chungking.

小算派"。夔澧帮"有兵差系各船户委议会首代办"①。第四,以规章形式的强制性办法,限制行业内部的竞争。如重庆烟帮规定凡入会者,只准有烟担子一副,并划定卖烟区域,不得"乱卖",违犯则予以处罚。

近代以后,传统的经济结构发生了一定的变化,由于外贸的影响,那些与外贸密切相关的行业兴盛起来,如棉纱、票号、土货帮等。而彼此隔离和排斥的行会和行帮已不能适应时代发展的需要,因此,它们的变化已成为历史的必然。

八 商人团体——商会

现代社会有一个十分重要的特征,即由"公社"的社会变为"社团"的社会,人们逐渐摆脱家庭和家族的羁绊而走向社会,因群体利益变得愈加重要,社团在社会上大量出现了。"不固团体,安有文明之社会?"清末处理"地方上之特别会事"②的社团的出现,充分表现了社会的演进。在清末长江上游社会中影响最大的社团,除保路同志会外,恐怕就莫过于商会了。

甲午战后,由于维新思潮的兴起,各地学会纷纷成立,当时虽并不乏设立商会的鼓吹,然而并未出现。原因大概有二:一是在通商各埠都存在着中国传统职业性的行帮、商帮,如重庆的八省会馆,广东的七十二行,奉天、天津、烟台等地的公议会等,它们对建立新的商人组织并无迫切愿望;二是中国商智未开,商人各行帮、各业以及同业之间联系不多,隔阂甚深。1903年商部设立不久便上奏朝廷,指出"今日当务之急非设立商会不为功"。外省各业商人有能筹办商会者,"应责成该处地方官,该商等会章呈案,时即行

---

① 嘉庆八年三月《八省局绅公议下河船帮差务条规》,见巴县档案。
② 傅崇矩:《成都通览·成都之文明社会》。

详报,督抚咨部不得稍有阻遏,以顺商情"①。又制定了《商会简明章程》26 条,规定"凡属商务繁富之区,不论系会垣、系城埠,宜设立商务总会,而于商务稍次之地,设立分会"②。

由于长期受专制政权的压制,商人们起初对设立商会畏缩不前,反应颇为冷淡,重庆总商会的设立就很有代表性。川东道和川东商务局在奉令建立重庆商务总会以后,便"逢人开导"。为赢得商人信任,制定了《严惩倒骗章程》,"各商等始欢欣鼓舞",但是"一经言之商会,非因事体繁难,艰于虑始;即或别存意见,恐有捐摊,兴办迟迟"。川东道也因而叹曰:"窃闻非常之原,黎民惧焉,固亦人情之常。然未有若此兴商会该商民等畏缩、因循如此之甚者也。"川东道、川东商务局会同重庆府、巴县知县,传集各帮商人开会,"将华商素习涣散之敝害,将兴办商会之利益演说数番,该商等始知所感奋,骎骎有振兴之机"③。又饬令重庆商人"公举商董,每帮二人,以便会议商务,统限一星期内回复"④。因过去重庆有关商务等事例由八省首事负责,于是官府便依靠他们来达到设立商会的目的,"今欲兴办商会,不能不先用八省首事"。另外,又由各行帮公举"素晓商务,办事稳妥者八人",会同八省首事作为重庆商务总会会董,各帮又举帮董一二人,公推李耀庭(正荣)为总理,于 1904 年 10 月 18 日开会正式成立重庆商务总会,订立章程 16 条,并将总理、协理、会董报川督转商部立案⑤。当时担任商务总会的"总理、协理、会董、帮董诸名皆商界时望也"⑥。

---

① 《商部奏劝商会酌拟简明章程折》,《东方杂志》第 1 年第 1 期。
② 《东方杂志》第 1 年第 1 期,"商务"。
③ 《川东道川东商务局申报重庆商务总会开会日期并拟定会章禀》,《四川官报》乙巳第 1 册,"公牍"。
④ 《四川官报》甲辰第 21 册,"新闻"。
⑤ 《川东道川东商务局申报重庆商务总会开会日期并拟定会章禀》,《四川官报》乙巳第 1 册,"公牍"。
⑥ 民国《巴县志》卷 13,《商业》。

重庆总商会是上游第一个商会,在全国也是较早设立的总商会之一,起到了开风气的作用。成都"据长江上游,百货骈集……实为商务发源之所",官绅皆认为设立商会为当务之急,于1905年9月召开会议、制定会章,成立成都总商会。按章程规定,由各商推举会董,再由会董公推总理、协理,但由于"风气初开,商情涣散,各处设立商会全赖官为提倡",因此先由商务总局札委盐商、候选知府舒巨祥为总理,银号老板、补用知府乔世杰为协理,一年期满再按定章另行推举[①]。川督锡良在成立会上称:"川省地大物博,是极好商场,深愿商情发达",要使官商"同心合力,加意讲求,将昔年腐败情形,一一重新整顿"。锡良保证"大凡有益于商之事,官场力所能到者,定必保护维持"[②]。

在成渝两地总商会的影响下,其他地区的商务分会也陆续设立。1910年为进一步扩大商会的影响和作用,通省劝业道又令:凡是"商务繁盛"之村、镇、乡都应设立商务分所,隶属于本厅州县商务分会,由分董主持,分董"以商界认为公正殷实者为合格,不问其有无官职"。商务分所的主要事务有:1.就本地现有之商业研究联络整顿并保护之方法;2.就商界旧有之陋习流弊设法改革;3.就本地之土产及相宜之制造设法提倡;4.输入之外货设法仿造;5.商人有困苦纠葛秉公代为解免;6.调查、报告本区之商业及各种产业情况[③]。

各地的商务分会、分所基本上都是在过去商帮的基础上设立的,如重庆布帮"人众事繁,急宜兴设商会以结团体",于1908年公举葛同泰为协董、陈忠元为分董,"拟定规则,呈局核定,并谕各贩商向总董处报名",当时报名入会者便有六百余家[④]。成都花帮也由于售卖花木"近颇发达,惟同业不相联结,致关于种植销售等事未能互相研究,日图改良",于是设

---

① 《四川官报》乙巳第27册,"公牍"。
② 《四川官报》乙巳第21册,"新闻"。
③ 《成都商报》第2册,"公牍"。
④ 《广益丛报》第6年第15期,"纪闻"。

立"琼瑶分会",拟规则 12 条,"呈由商务总会移劝业道立案",并公举分董和协董①。1910 年成都票帮 13 家、帐庄 21 家也因"营业性质相同",遂欲"两帮合力设一分会,以联团体而谋公益",定名票帐帮联义分会②。清末经成都总商会提倡,成都各商帮都组成了分会,"不似以前之漫无团体也"③。泸州商会于 1910 年设立,定名泸州商务分会事务所,由盐、糖、白花、银钱、斗载、药材、南货、山货、白纸、粗纸、当商、酒商、锅铁、竹木、炭、叶烟、绸缎、苏货、油麻、金叶等 22 帮组成,每帮各推一人作为会董④。同年越西设商务分会,由油、钱、布、纸、木、皮、盐、药、茶、酒、杂货等 12 帮组成⑤。同年郫县也鉴于"各属商务分会均已次第成立,郫邑为附省就近之区,若不早为组织,则商情仍前涣散,商务难期发达"。于是该县的米、油、烟、木、钱、纸、布、叶、麻、绸、缎、干菜、当商、银号等各商帮"分期招集各帮投票选举会董",组织商务分会⑥。此外,合州商会由药材、绸缎等 16 帮组成,南充商会由匹头、山货等数十帮组成,中江、南川商会由 18 帮组成等⑦,兹不一一列举。

从 1904 年长江上游出现第一个商会,迄清末商会已有相当的发展,表 8－14 是川省历年设立的商会统计(商务分所未计在内),可清楚看到川省商会的发展趋势。

---

① 《成都商报》第 2 册,"新闻"。
② 《成都商报》,第 2 册,"新闻"。
③ 傅崇矩:《成都通览·成都之各商帮》。当时加入商会者有 67 帮。
④ 民国《泸县志》卷 2,《治制志》。
⑤ 《成都商报》第 2 册,"新闻"。
⑥ 《成都商报》第 3 册,"新闻"。
⑦ 见民国《新修合川县志》卷 23、民国《南充县志》卷 6、民国《中江县志》卷 14、民国《南川县志》卷 2。

表 8—14

年度 地区	1902	1903	1904	1905	1906	1907	1908	1909	1910	1911	计
四　川	0	0	2	1	0	1	1	48	33	12	98
全　国	4	3	22	41	108	64	86	175	180	110	793
四川占全国%	0.0	0.0	9.0	2.4	0.0	1.6	1.2	27.4	18.3	19.0	12.4

资料来源:《中华民国二年第二次农商统计表》《中国年鉴第一回》。

1909年以前,川省商会发展缓慢,而在1906年由于收回利权和清廷奖励工商的推动,全国设立商会便已成风气,但川省竟无一会新设,而该年全国设立商会108处。1909—1910年川省商会陡增,仅两年就设商会81处,迅速超过其他省份。到1911年川省商会数名列第一,占全国商会总数的12.4%。

关于商会的功能和活动范围可从商会章程中得到一些了解,例如《四川成都总商会章程》便规定了如下条款:1.惩倒骗。因商界"倒骗相习成风,商务因之减色",倘有奸商倒骗,一经查出,便从严治罪。2.保行商。行商跋涉山川,时遭掳掠,"不惟囊金无存,抑且身命不保"。总商会应敦促各州县及水陆各营,密为保护,严缉匪犯,"如地方官意存敷衍,由商务总局禀请撤参,以重商政"。3.昭诚信。对商品作伪者从重惩罚,"以示儆愧,以免效尤"。4.兴制造。应随时考究物产,何者利于行销,何者宜于改制,若商人中有"精求物理制作新颖者,必与力为表扬,以为研求商学者劝"。5.备书报。本着"欲开利源,先开智府"的宗旨,收集商务报、商务新书、货物表、海关贸易册等,并编印商业杂志,"以养商人普通之智识"。6.卫商业。有窃用他人商标、招牌者,一经查出,勒令更换,并从严罚办。7.除讼累。商人有银钱纠纷者,由商会议结。8.惩败类。对任意挥霍、耗用他人资本者,由商会追查。9.奖有人。对利用资本经营卓有成效者应当格外优待。10.广联络。成都为长江上游百货辐辏之地,商会应与各省各埠商会联络一气,以便随时查明内外商情。11.结团体。由于"商情涣散,官民隔阂,故商务不能振兴",商会应使官商一气,商民亲睦。12. 列商品。各地产品应罗致陈列,"俾各商留心考究得以推陈出新"①。由此可见,商会较之过去行业封闭的行会和行帮已有了很大的发展,从商业活动的各方面打破行业区分,以推动工商业和保护商人的切身利益。

商会在社会生活中起着越来越重要的作用,主要表现在以下几方面:第一,设立商事裁判所。商事裁判所设立后便直接干预了社会生活和经济生活。根据《商会简明章程》:"凡华商遇有纠葛,可赴商会告知,总理定期邀集各董,秉公理论,从众公断","华洋商人遇有交涉龃龉,商会应令两造,公举公正人一人,秉公理处,即酌行剖断"②。商会处理大量商事纠纷,成为商人参与社会管理和实现地方自治的第一步。1907年8月成都总商会设立成属商事裁判所,公拟裁判所章程101条,从10月21日开判至1908年1月23日仅60余天,便先后裁决商事诉讼23起,"解决各节尚属明白平允,极得两造诚服,商众翕然称便。其始不愿认裁判经费者,今则争先恐后愿认经费"。该所还裁判中外商事纠纷,如渝商与法商涉讼,由巴县传讯,但法商拒不到案,法驻渝领事也出面干涉,不准地方官审理,后同意由商事裁判所解决③。重庆总商会则设商事公断处,每遇处理各帮纠纷时,"重庆知府或亲往参加,或派员出席,并担任监督,商会会长和本帮的帮董则为主要的仲裁者,处理办法决定后,则由知府交给巴县县堂执行,商民莫敢违抗"④。

第二,推动工商业。1906年成都总商会便倡立自来水公司⑤,1910年成都总商会鉴于"成都为川省业所汇,而进步颇迟",准备设一纺织工场,特请毕业于日本西京高等工业学堂机织科的杨善庭前往日本考

---

① 《四川成都总商会章程》,《四川官报》乙巳第 21 册,"专件"。
② 《东方杂志》第 1 年第 1 期,"商务"。
③ 《商务局详商事裁判所著有成效请咨部立案文并批》,《四川官报》戊申第 3 册,"公牍"。
④ 《重庆工商史料选辑》第 5 辑,第 128 页。
⑤ 《成都日报》第 178 号(光绪三十二年六月二十八日)。

察,"即行订购机器,招股开办"。其用款暂由"商会筹垫,俟将来公司成立再为拨还"①。总商会还负责商业注册登记,1908年年底成都总商会饬各地商家分别向总会、分会或商务分所注册,分商号注册、公司注册、凭据注册三种②。此外,商会还采取许多保商措施,考察商情,召开商品展览会等。

第三,整顿市场。即通过商会来力除商弊,防治奸商。如川北丝业为大宗,在成都贸易者川北绸帮占多数,于是西充、盐亭、南部三县商人组织丝业商务分会,规定凡从事丝业者"均须入会报明登簿所织成品",织品"精进者有奖,作伪者有罚,大尺分量,皆归一律"③。成都铁货帮设立商务分会后,"规则订明",凡铁货需经商务分会"公议定价,方准发卖",以此杜绝"泛售低货"的现象④。奉节县商务分会则"以市面使用纸币漫无稽考,遂致伪币迭出,莫可究诘,大为商业前途之害",便通知各商:凡市面使用纸币,"均须盖过商会图记,方准通用,否则以私币论。用示限制,而维币政"⑤。

第四,兴商学。如成都总商会组织"现行法令研究会",每星期一三五晚上"集合商界同人研究关于商界紧要法令",所研究有《商律》《自治章程》等,"每夜听讲者尚有一百数十人之多"⑥。合州商会附设艺徒讲习所,招生50名,加上合州丝厂10名,共60名,分为甲乙两班⑦。人们已逐渐懂得,兴商必开商智,开商智必兴商学,各地商会开办商学者实属不少。

---

① 《蜀报》第1年第7期,"本省纪事"。
② 《商务总局详定成都商务总会商业注册章程》,《成都日报》光绪三十四年十一月初五日。
③ 《四川官报》戊申第29册,"新闻"。
④ 《成都商报》第2册,"新闻"。
⑤ 《成都商报》第4册,"新闻"。
⑥ 《四川官报》戊申第29册,"新闻"。
⑦ 《成都商报》第3册,"新闻"。

第八章　社会组织及其功能的变化　475

第五,参与政治、社会活动。商人通过商会逐步控制了一些城镇的组织机构,并维护社会治安,为保护商权参加各项争取民权活动,或禀请政府实施有利于商人的政策,或集体抵制洋商,为扩展商务经常参加各种博览会,还提倡戒烟、组织消防、开办学堂等。商会成为表达其阶级意识、从事政治和经济活动的最好场所。在保路运动兴起后,商会起了重要作用,如成都商务总会的机关报《四川商会公报》1911 年 8 月 31 日发表《论今人心既失,祸机已伏,警告政府欲挽大局,宜从根本上解决》的文章,表示了"愤气弥殷,相与警告,誓死吁争"的态度。

据 1912 年统计,全川当时计有商会会员 30655 人,会董 1841 人。他们每年会议两千多次,议事四千多件①。随着商人团体队伍和力量的壮大,他们已渐趋于"四民之首"的地位,逐步感到了自己的能量,认识到自己的历史使命。从当时精英的言论中,我们至少可以看到:第一,僻处一隅、过去十分闭塞的长江上游地区的精英已能够从这个封闭的地域中跳出,而看到整个世界大势,深刻地认识到这是"中外交通""际会风云"的时代,是英雄造时势的时代;第二,由于经济实力和社会地位的提高,他们已感到了自己在这个变革时代所起的特殊作用,把自己的活动视为"四百兆富强基础",具有"创新世局"的宏伟气魄;第三,他们从当时中国所处的局势出发,为了中国和自己的切身利益,继承了改良思想家商战的思想和口号,要"补塞漏卮",要"挽回大局",要"各保利权";第四,他们已经以领导者和组织者姿态出现在历史舞台上,相信自己具有"登高一呼"而"唤醒四百兆同胞"的能力;第五,具有强烈的爱国热情,把祖国的兴亡与自己的命运联系在一起,用"天下兴亡,匹夫有责"来勉励自己,而立志要与"欧美争一点雄心"②。

随着商人团体活动范围的扩大,他们已不满足于分散的商会活动而有了进一步联合的要求。1911 年 3 月四川各城镇商会推举代表集

---

① 《中华民国二年第二次农商统计表》,第 178 页。
② 上引自《广益丛报》第 5 年第 4 期"纪闻"栏所载重庆总商会会所中所挂的楹联。

会于成都,成立四川商会联合会,其目的是"组合大群为商事上谋扩公益之计画"。联合会要求全省绅商"高瞻远瞩,审世界之趋势,拓社会之心理,将使全蜀商团人人皆有弧矢,四方经营,八表之志,则民业日殖,国富日增,即凡农之所生、工之所成,亦将与商业相演而递进"。联合会号召绅商奋起"商战",力挽利权,以固国基,指出"自欧亚大通,商战日烈,觇国是者往往以商力之厚薄,卜国民生计之盛衰,即以民业之盛衰定国家势力之强弱。生存竞争群者优胜,以故东西各国自人民以上至政府,心之所营,目之所注,类汲汲从事于商业之一途也"①。这充分说明了商人团体正向更高的阶段发展。

商人组织的演变充分展示了社会发展的历史趋势,标志着社会组织发生了一个大的飞跃,即由传统组织向现代社会组织的转变。商会由官方倡导,初以官商之间的纽带出现,继而成为绅商政治经济活动的场所,对当时的社会生活各方面皆产生了深刻的影响。

九 各种社团和组织

长江上游地区现代社团的出现是在戊戌时期,在改良变法思潮的冲击下,为探求社会变革的道路,一批知识分子开始形成一定的群体意识,进而需要在组织上联合起来,以实现自己的政治抱负。其中最有影响的社团就是1898年宋育仁等在成都设立的蜀学会。20世纪初随着现代化进程的加快,现代社团组织也大量成立,除商会之外,农会、教育会及其他社团也纷纷出现,下面兹分别介绍。

(一) 蜀学会

蜀学会总会设于成都,各府厅州县设分会,制定《蜀学会章程》。宋

---

① 《四川商会联合会开会训词》,《成都商报》1911年3月31日。

育仁等"约集同志,联为此会",是为了"经世致用",在此存亡之秋以济时艰,入会者都应"讲求气节"。他们认为对于西学应该"无分中外,各求折衷至当",不应是彼非此。学会章程规定:"学会原为发扬圣道,讲求实学……今为分门别类,皆以孔子经训为本。约分伦理、政事、格致为三大类:伦理以明伦为主;政事首重群经,参合历代制度,各省政俗利弊,外国史学、公法、律例、水陆军学、政教农桑各务;格致统古今中外语言文学、天文地舆、化光声、电气力、水火汽、地质、全体动植、算、医、测量、牧畜、机器制造、营制、矿学。"这种既要发扬"圣道"、恪守"孔子经训",又要学习西方的矛盾心理,说明了他们还不可能从传统的藩篱中完全解脱出来。蜀学会还主张注意"政事",对于历代制度、政俗利弊,皆应考求。还努力振兴"蜀学",规定"学会以集讲为主,推广学堂之意即寓其中"①。蜀学会每月开会两次,各抒己见,切磋思想,交流新书新报,传播中外新闻。蜀学会为促进川省维新思潮的传播起到了积极的作用。

(二) 农会

随着 20 世纪初农业改良的发展,人们认为"农务总会设立诚不可缓,盖欲开通智识,改良种植,联合社会,必视此为权舆"。于 1908 年成立了四川农务总会,其宗旨是"为公益起见,故其组织在使农民日求进步,去习惯之弊,为集合之谋"。总会设总、协理各一名,董事 50 名。农务总会每年二月开大会一次,各地会员届时到会报告"去年所办事宜,筹议本年一切应兴革事宜"。报告及筹议事项皆列表登报公布。农务总会的主要事务有:1.调查土壤、气候、肥料、耕稼、播植、收获诸法,调查粮食、蚕桑、森林、畜牧、水产、渔业的出产以及销售情况,按月填表登报,以促进改良;2.劝导绅商设立森林、开垦、畜牧、蚕桑各类公司等;

---

① 《蜀学会章程》,《蜀学报》第 1 册。

3. 设农业学堂、试验场,将中国旧农书和外国农书翻译成白话文刊布,并购置农业器械等①。

　　1909年赵尔巽到任后,"迭饬局道筹议,按照定章参酌地方情形量为变通,拟定分会规则,通饬各属筹设"。于是各地陆续成立农务分会②。各市集设立分所。1909年川省共设立分会46处,会员746人;1910年四川农会基本普及,计有农务总会一处,农务分会114处,农务分所711处,计826处。农务分会会员1955人,农务分所会员1691人,计3646人。其中荣县、仁寿、渠县、丰都的农会组织达四五十处③。因此,农会在清末可以说是与商会并驾齐驱的重要组织。

　　各农务分会对本地区农业发展起了促进作用。如巴县农务分会积极进行调查、教育和试验活动,并设演说场,开品评会,咨询答复有关农业事宜,代诉农民之冤屈,开办农事试验场四处。各区派有农董"以担督率责任";各场派有农业调查员,"以担调查责任"④。东乡县"借农务局作为学堂,招集农家子弟研究农业,分赴各乡或兴水利,或讲畜牧,或精树艺"⑤。劝业道也通过各劝业分所和农务分会调查"所有植物中害虫种类及灭除方法"⑥。各州县的农会大多设有农业试验场等机构。

(三) 教育会

　　由于现代教育的兴起,教育组织相继出现,教育会便是其主要形式之一。1906年7月清学部颁布教育会章程,令各省组织教育总会,于是成都学界闻风而动,于次年在四川学务公所建立四川教育总会,制定章

---

① 《四川农务总会章程》,《四川教育官报》戊申第2册,"章程"。
② 《护督宪王人文奏川省办理农林工业情形折》,《广益丛报》第9年第7期。
③ 《四川第四次劝业统计表》第8表。
④ 《巴县延大令农务分会年终开会演说》,《广益丛报》第8年第30期,"纪闻"。
⑤ 《四川官报》丁未第16册,"公牍"。
⑥ 《四川官报》庚戌第24册,"新闻"。

程47条,规定"凡关于全省教育事宜均有扶持利导之义务"。凡是川省各学堂监督、堂长、教员、管理员、从事学务人员或在学界素有声誉者皆可成为会员,凡以财力赞助教育会可任名誉会员。总会设会长一名"总理全会事宜",副会长一名"协理全会事宜"。正副会长必须有如下资格方能当选:本籍、学界素有声誉、办学有经验、于学界有功、品行端正、25岁以上等。教育总会每年年中和年底开大会二次,2、4、6、10月开常会四次。若有特殊事宜可开特别会议。并决定在各属推广教育分会,"以期统一联合"①。表8-15是1908—1909年川省教育会的统计。

表 8-15

分 类	1908		1909	
	四川	全国	四川	全国
处 所 数	42	506	65	723
正会长数	44	508	66	721
副会长数	44	503	64	689
会 员 数	6304	30247	9012	48432
经费(两)	5512	104251	7337	145188

资料来源:清学部编第二、第三次《教育统计图表》。

1908年川省有教育会42处,会员达6304人;1909年发展到65处,会员9012人。与其他省相较,1908年川省教育会数次于山西(75)、河南(59)、直隶和江苏(各47)居第五位,占全国的8.3%。会员数则居全国第一,占全国总数的20.8%。1909年川省教育会数次于山西(88)、直隶和河南(各69)居第四位,占全国总数的9%;会员数仍居全国之首,占全国总数的18.6%。

(四) 保路同志会及各地协会

1911年的四川保路运动中出现了全川性的保路同志会和各地协

---

① 《四川教育总会章程》,《四川教育官报》丁未第11册,"章程"。

会,它们虽然只存在几个月,但对清末的四川政局却有极大的影响,成为清末存在时间最短、最富群众性的全省性组织。清廷宣布铁路收归国有以后,6月川路公司股东会及各团体组织保路同志会,"同志会成立之初,诸君子奔走狂呼,夜以继日,其热潮不可谓不烈也"①。四川保路同志会成立后,便发布了《保路同志会宣言书》《讲演部启事》《致各府厅州县有司启》等文告,号召全川民众"破约保路",要求各府厅州县的自治会、城会、县会、教育会、农工商会、股东分会等团体组织保路同志协会,当时各地民众"争起入会,惟扰若狂"②。不到半月入会者达数万人之多,20天后"会员名册不下十万众",以致"平日号为爱国者,当无不入其彀中"。在四川保路同志会成立后不到2个月,"各地同志会之成立十已八九,全川人民联络一气"③。到9月初全川已有76个州县成立了保路同志协会,加上乡镇和女界保路同志会,全川共计达98个④。这种大规模的群众性组织能在短期内广泛出现,充分说明长江上游地区那种在地理和心态上的封闭正在被打破,人们在逐步跳出个人利益的圈子,从群体利益出发去争得自己的权利。

人们结成群体或社团都是具有明显的目的和意义的,一些群体能满足"工具性需要",也就是说能完成一个人单独做不到或难以做到的事,这种群体一般来说比个人能更有效地达到目的。有的群体则主要是为了"表意性需要",即是说能满足其成员感情上的需要,通常是为了互相支持和完全的自我表现。从长江上游现代社团的出现看,是以"工具性需要"为主但往往又兼具"表意性需要"的特征。现代各种社团大量出现,人们在社会中的活动愈来愈频繁,活动范围和人际交往愈来愈

---

① 《西顾报》辛亥闰六月初八日。
② 李稷勋:《四川商办川汉铁路宜昌工场志痛之碑》,转引自隗瀛涛:《四川保路运动史》,第219页。
③ 《四川保路同志会报告》第6号、第11号、第31号。
④ 《四川大学学报》1983年第3期,第32页。

广泛,获得的信息愈来愈多,思想的变化愈来愈快,因此,人和社会的现代化就愈来愈显著。

十　沟通和联络机构

社会的发展愈来愈要求彼此的沟通,因此它需要相应的沟通和信息传播的工具。在现代邮政兴起之前,官信由驿站递送,民信则靠民信局。民信局在长江上游出现是近代以后,其业务范围的扩大,逐步使民间信息不通的状况有所改善,也为现代邮政的兴起奠定了基础。

长江上游的民信传递以重庆为中心,19世纪末重庆有信局16处,其中3处是汉口设于重庆的分处,主要办理往来于重庆、汉口间的邮件,其他各信局则办理往来于四川、贵州、云南、陕西、甘肃各省的邮件。以重庆为辐射中心形成了一个邮件发送网,东通汉口、宜昌,西越打箭炉,南及云南昭通,北抵广元。在四川境内通往48处重要城市和乡镇,在省外则远及贵州的遵义、贵阳,陕西的洋县、江口镇、略阳、西安、三原,甘肃的秦州、兰州,云南的老鸦滩、昭通、东川等。信局起着沟通长江上游地区内部以及与外界联系的重要作用。当时东路以水路发送为主,每月六次,平均约五天一次;南路和北路发送以陆路为主,南路每月多者发送至九次,平均三天多一次,这算是较为频繁的。三家设于汉口的总局,则能够把信件、包裹等物品由重庆转寄沿海各地[①]。

每个信局由一位经理掌管,下设董事、管账、供事、脚夫等,信局受理邮件后,管账者登记做成清单,装入邮物封囊,由脚夫发送于各地。凡上行由汉口、宜昌到重庆,陆路行一昼夜,经二驿,约200里,从汉口到渝速则需14天,迟则30余天;从宜昌到渝需9—15天。自重庆下行到汉口则各局自有小船或雇小船顺流而下,每船载十余担,可容一二

---

① 〔日〕东亚同文会编:《支那经济全书》第6册,"邮政"。

人，除信件外加搭包裹五六十斤，值银限在千两以内。信件由油纸封包，外罩防水口袋。到达目的地后将船卖掉，信差和船夫由陆路返回重庆。各信局还办理票类及现金汇兑业务，票类发送之料金（即汇费）省内为额面的 6‰，省外为 8‰。凡由上海发来的期票，每千两收制钱 1600 文，汉口、沙市发来的收制钱 1000 文，宜昌发来的收制钱 300 文。凡发往上海的期票每银千两收制钱 1200 文，发往宜昌或汉口的收制钱 600 文，发往沙市的收制钱 600 文。若由重庆汇至成都、嘉定、叙府等地，每千两收汇费约 6 两；由重庆汇至昆明、贵阳等地，每千两收汇费约 8 两。有的信局一年间所办理的汇兑高达 300 万元之巨①。

当时总局设于长江上游的各信局中以麻乡约民信局规模最大。麻乡约在设立轿行时即兼营送信业务，同治五年（1866）首先在重庆设立了总局，随后又在成都、嘉定、泸州、贵阳、昆明、打箭炉等处设立了分局，并按路线远近、行程难易，规定了信资、日程、寄递方法和每月寄递次数。递送邮件的日程和信资分为正站（即平信）、快站（即快信）两种。快站的信资面议，快站信中有"火烧信"和"么帮信"，火烧信是烧去信封的一角，加急快递，火速送到；么帮信是外用数层油纸包封，避免雨水浸湿，特派急快跑信夫头郑重专送。麻乡约的信用好、声誉高，重庆的大票号、自流井的大盐号多托其投递快信。麻乡约民信局快站日程较正站通常提前二分之一，特殊情况可提前三分之二时间。快递方法通常是日夜步行，如昆明到贵阳 7 昼夜，昆明至叙府 12 昼夜，有时则雇马帮日夜兼行，如重庆至昆明 15 昼夜，昆明至会理三天半②。

1896 年清政府开始在全国兴办邮政，该年 3 月总理衙门在议办邮政折中，提出将北京、天津、牛庄、烟台、重庆、宜昌、汉口等 24 处"所设之寄信局，统作为邮政局"，然后即在附近处所随设分局，又具体规定：

---

① 以上见〔日〕东亚同文会编：《支那经济全书》第 6 册，"邮政"；Decennial Reports, 1891, Chungking.

② 《西南民间运输巨擘"麻乡约"》，《四川文史资料选辑》第 7 辑。

"重庆一处之邮政局暂时只寄零件信函,不代寄总包,如民局欲将信包转寄他处,即须自己送赴宜昌交彼处邮政局代递。"①1897年7月大清邮政局开办宜昌至重庆间陆路邮件递送,从那以后保持了定期业务,由重庆每周运出邮件一次②。1898年总税务司赫德向总理衙门提出:"京中各部院系与各省督抚将军等有来往之公文等件,各直省大宪系与各属员有来往之公文等件,是以应有寄递公文之法",即用邮政代替驿站。邮寄办法作了具体规定,其中四川公文来往寄法如下:"京中各衙门所有文函等类欲交四川总督、将军等,如交于台基厂总局,可于二十八日内送至重庆邮局交由关道转寄成都府投递。四川总督、将军等文函等类欲寄交京中各衙门,亦可交由重庆邮局于十七日内送至京中投递。"③以后,相继在长江上游重要地区设立了邮政副总局、分局、代办局等。

1901年大清邮政已在叙府、嘉定、成都和保宁设立分局,开办了由重庆通往上述地区的定期邮差业务④。据1902年夏赫德致清外务部的函附件中称,当时长江上游地区通邮情况如下:

> 由四川之重庆,河路至保宁,途经顺庆,业已通行。自保宁旱路至西安,途经宁羌、凤县、凤翔府,并由宁羌至汉中,尚拟开办。……并由重庆顺江路至成都,途经叙州、嘉定,业已通行。成都至保宁,途经潼川,并由成都至中坝镇,均已开办。并由中坝至松潘,途经龙安,又自嘉定至打箭炉,途经雅州,尚拟开办。又由叙州至云南蒙自口岸,途经昭通、东川,除东川至云南尚未开办外,其

---

① 《总税务司赫德通令第709号附件》(1896年4月30日),《中国海关与邮政》,第81—84页。
② Decennial Reports, 1892—1901, Chungking.
③ 《赫德致总理衙门申呈京字第3626号》(1898年11月14日),《中国海关与邮政》,第92、94页。
④ Decennial Reports, 1892—1901, Chungking.

余业已通行。①

另外,云、贵、川三省的相互通邮也逐渐发展,"由贵阳至常德,途经贵州之镇远、湖南之沅州;又至重庆,途经贵州之遵义;又至云南之曲靖,途经贵州之安顺,此三路尚拟开办"。"由云南迤北至重庆,途经东川、昭通、叙州,除东川至昭通尚未开办,其余业已通行。"②

在一些重要城市设立了总理邮界司,据《光绪三十年份邮政节略》称:"按中国建设督抚之意,相地专设总理邮界司八员,各员分地驻扎,统辖一省或数省之邮务。"全国设立总理邮界司八处是:北京、奉天、上海、汉口、西安、成都、云南和广州,其中"成都总理邮界司,驻扎成都,统辖四川全省邮务,其内分有重庆邮界及成都副邮界"③。

地方政府把发展现代邮政视为要政,予以支持和保护,1904年川督通饬保护邮政:"邮政之设,原为裕国便民,自奉特旨开办以来,风气日开,愈推愈广,所有设局处所照章由地方官实力保护。……俾得推行无阻,借以挽回利权。"④1902—1911年十年间,长江上游地区邮务的发展十分显著,1901年只有一个总局和四个分局,1911年已有邮局和代办处400多所,除平信外,还有日夜快信路线达1.5万里以上,"各重要地区间的投递时间已减低到最低限度"。重庆至成都间信件平均三天半到,重庆至汉口间12天,重庆至云南间15天。邮件量也大增,1910年寄送轻量邮件850万件,包裹9.3万件,共重28.4万公斤。一些较偏僻的地方也开通了邮路,1910年开辟到峨边、理番和懋功各地。次年建立了经由巴塘到察木多和拉萨的邮路,相距2000公里的汉口和打箭

---

① 《赫德致外务部申呈第274号附件》(1902年7月3日),《中国海关与邮政》,第108页。
② 同上书,第109页。
③ 《中国海关与邮政》,第131页。据1909年11月20日《署总税务司裴式楷致邮传部节略》附件称:成都邮界"归成都邮务长管理,括有重庆分界(现拟将万县分界归该邮务长管理,以便统辖四川全省邮政)"《中国海关与邮政》,第190页)。
④ 《督宪通饬保护邮政札》,《四川官报》甲辰第29册,"公牍"。

炉也因而"由一长条日夜邮务的链联接上了"①。

到清末,一个邮政网在长江上游地区已初步形成,各府厅直隶州及主要城市都有邮务往来,据 1910 年的统计,清末已设立邮局计 68 处,其中兼汇兑的 42 处,信箱 344 个。成都和重庆设邮政总局,万县设副总局。除茂州、宁远、眉州、酉阳和一些直隶厅外,邮局都有兼作汇兑业务的,说明了当时商业发展的普遍需要。从邮局的数量看,当时长江上游的两大经济中心成都府和重庆府最多,分别为 11 处和 14 处,信箱各 41 个。②

在现代邮政兴起的同时(甚至更早),长江上游的电报业也发展起来。光绪十年(1884)电报从湖北宜昌延伸到奉节而达重庆,这是长江上游开通的第一条电报线路,奉节、万县、重庆等电报局相继建立,很快沟通了与省外各重要城市的联系。光绪十二年(1886)成渝电报线路架通,设立了泸州和成都电报局。20 世纪初川藏电报逐渐开通,1904 年由成都通至打箭炉,1905 年通至河口,1906 年在昌都、巴塘、理塘分别设立电报局③。

川边改土归流后,清政府决定将电报延伸至西藏,但困难重重,据边务大臣赵尔丰在 1908 年称:"巴藏相距五六千里,中间安设电局,须八九处。若在僻路,姑无论野番难与共处,往往千余里无人烟,无粮无水,万难设局稽查,捍线尤属不易。"提出仍在官路安设电线,请邮传部派员勘查线路,"川藏电线,关系紧要,必须亟修,以通声气"④。1908 年拟定成都—雅炉—里塘—巴塘—察木多—拉萨线路,以"联川藏为一气",首先派员查勘巴塘至察木多线路,"所过尽属蛮荒,经大雪山,峰严峻险,积雪终年,烟瘴岚气,旅行视为畏途,数月之久,方竣厥事"。到

---

① Decennial Reports,1902—1911,Chungking.
② 《四川第四次劝业统计表》第 44 表。
③ 《川边季刊》第 1 卷第 1 期,第 242—243 页。
④ 吴丰培编:《赵尔丰川边奏牍》,第 107—108 页。

1909年"川藏官电"已成2700里①。

现代邮政兴起之后,传统的民信局逐渐衰落。清政府对民办通信事业是既允许其存在,又加以限制;许多邮局都采用了民信局的邮路,但日益将其取代。由于有了现代邮政,人与人、社会与人、社区与社区之间的沟通和联系愈来愈多、愈来愈快,对日常生活和经济生活都产生了深刻的影响。

十一 社会管理和控制机器

20世纪初,随着经济、政治和文化教育向近代的发展,社会管理和社会控制机器也开始向现代转化,其重要标志就是警察的兴起。在传统社会中,宗教或其他集团可以包揽一切,并且具有无所不及的功能,这种现象已不能继续下去,像警察这种具有专门化功能的组织出现,对社会的管理是必不可少的。

在川省未办警察之前,成都设有保甲局,分东、西、南、北四门四区,每门为一分局,各区内分段管理。此外成都、华阳两县设有街班,以差役充任;又设有海察,以制兵充任,亦均分段负责。街班、海察"虽亦负有市面治安之责,然若本管官督察稍疏,则不免包庇奸宄,转为民害"②。此外各繁盛之府厅州县亦有保甲局之设置,只是规模大小不同而已。

1902年清廷令各省开办警察,指出直督袁世凯的奏定警务章程"于保卫地方一切,甚属妥善,着各省督抚仿照直隶章程奏明办理"。署川督岑春煊到川之后,鉴于"其户口之稠、伏莽之众,民教交涉之繁",认为"举办警察尤为刻不可缓之务",便积极开办警政。然而各地官吏和兵卒"于警察之学,概乎无闻,聚此等官吏兵卒而畀以实行警察之权,

---

① 《清朝续文献通考》卷373,《邮传十四》第11193页。
② 周询:《蜀海丛谈》卷1,《布政按察提学三司盐茶巡警劝业三道》。

是名为托以治安,实则速其扰乱"。因此必须训练警察。于是按京师、直隶设立警察学堂前案,创办四川通省警务学堂,"挑选文武员弁入堂肄习,期在造就速成警员"①。选入警务学堂者皆为"年轻体壮,粗通文理,朴实耐劳者",计150名。速成三个月毕业,于1902年12月正式开学。计划于次年夏秋之际招收第二班学生,"更授以精深之法,以期推广于府州县"②。据警务学堂历年毕业人员名单记载,从1902年开办到1908年,警务学堂共毕业学生七班,其中头班67名,二班72名,三班37名,四班35名,五班45名,六班74名,七班61名;另外还有警察卒业特别官绅班35名,警察卒业特别新班20名,警察卒业绅班之续班63名,以上总计509名③。凡警务学堂毕业生先由警察总局发给临时文凭,先在省局见习一月,然后分发各地实习半年,期满后报请总督衙门换发正式文凭并分配工作。

在创办四川通省警务学堂同时,岑春煊着手建立警政,委成绵龙茂道沈秉堃兼警局总办。岑发布白话告示竭力宣称开办警政的好处:"只望一开办之后,家家的财产安稳,人人的身命安全,上头对得起国家,底下对得起你们众人。⋯⋯如有哪一个办事的,或官或兵,不照章程,扰害良民;哪一个不好的官士商民,不遵章程,故违禁令,本署督部堂决不肯宽放。"④试图在开始时就使警察以一个好的形象出现。又延聘周善培任警察传习所总办,招数十人入所学习,以半年为期。1904年又招考三班学员70余名,1905年招六班学员,"选聘教习,认真讲授"⑤。又设巡警教练所,招选身家清白、体格强壮并识字者一千人,编为巡警两

---

① 《清朝续文献通考》卷111,《学校十八》第8700页。
② 《前署部堂岑奏设警务学堂折》,《四川学报》乙巳第5册,"奏议"。
③ 傅崇矩:《成都通览·成都之学生》。
④ 《岑制台开办警察告示传单》,《启蒙通俗报》第12册(1902年)。
⑤ 《四川官报》甲辰第4册,"新闻";乙巳第1册,"公牍"。

营,"入所训练,以储警材"。1903年春正式设警察总局①,内设提调、稽察、文案、庶务等职。将省城分为东、南、西、北、中及外东六区,每区设一分署,委署长一人;又每区内分设派出所数处,每所委署委两名。全城共有派出所30余处。每巡警十人设一警长,开办初有巡警800余名,后渐增至1200余名。过去的保甲及街班、海察等一律取消②。之后,重庆和一些州县也相继开办警察。

锡良接任后继续推行警政,"力加整顿,行之两年,成效益彰",通令各属一律遵办。于是各州县次第举行,"规模粗备"。在"偏瘠等处,亦皆极力筹谋,亟图兴办"。至1905年6月已办警察20余处③;到该年12月底,"据报开办者已有六十余属"④;到1906年3月底,"开办者已有七十余厅州县"。办警察所需经费就原有的团练经费济用,不足则就地另筹。"其余因地方瘠苦尚未开办者",锡良严饬"迅速妥筹举行,不准始终推缓"⑤。锡良发布《申明警政白话告示》,再次解释警察的责任和作用,力图取得民众的支持,告示称:"警察的界限,包得甚宽,总而言之不外'管束坏人,禁革坏事'八个字,地方上才保得平安。如果无过,管人的人自然不准以势欺人;如果为非,受人管的岂可恃强犯法?从此以后,凡在警察所管地段以内的人,务必各守本分,各遵禁令;有敢在街面上横行霸道,妨害众人不得安宁,不问何项人等,警察官兵都得照章程,依道理禁止他,不得因他横行,怕他不管他。"可见,警察是作为社会管理和控制机器而出现的。

---

① 警察总局成立之初,岑春煊保奏李光觐(云南人,候补道)、王瑚(直隶进士)、马汝骥(贵州进士)为会办。其后,总办一职相继由成绵道风全(满、举人)、沈秉堃(湖南监生)、贺伦夔(湖北举人)兼任。后继任总办的有周善培、高增爵(陕西进士)、王楘(浙江监生)、周肇祥(浙江人)、贺伦夔、徐樾(浙江监生)、于宗潼(山东进士,时任成都知府,代理)。周善培以后改称巡警道。
② 周询:《蜀海丛谈》卷1,《布政按察提学三司盐茶巡警劝业三道》。
③ 《四川各属现办习艺所警察折》,《锡良遗稿》第1册,第489页。
④ 《筹办陆军新饷折》,《锡良遗稿》第1册,第541页。
⑤ 《川省现办警察情形折》,《锡良遗稿》第1册,第566页。

1907年设立通省巡警道,此时各城警察"业已一律兴办"①。警务公所作为巡警道的办事机构,内设四课(后改为科),每课设正副课长各一人,课员三四人,各课分别是:1.总务。掌公所总汇之事,如承办机要、议订章程、考核属员、分配官警、编存文牍、收发经费、统计报告和办巡警学堂等。2.行政。整饬风俗、维护治安、调查户口、籍贯、稽核道路工程及消防警察等。3.司法。负责预审、探访、督捕、拘押及处理违警等。4.卫生。负责清道、防疫、检查食物、屠宰、考察医院等。巡警道成立后,便设立巡警学堂训练警察、调查户口、维持治安、社会改造、组织消防等。

(1)训练警察。1908年四川巡警道发布《筹设巡警教练所变通办法六条》,规定各府厅州县设巡警教练所"悉按照部颁应习科目讲授"。招收20—30岁、无烟癖、"躯干四尺六寸以上,目力能辨三十步外之寸楷无宿疾昧疾者"。规定每大场送四五名、中场三四名、小场一二名到巡警教练所学习②。1909年按民政部要求,川督赵尔巽奏设高等巡警学堂,由原警务学堂改设,共招75名入学,皆从原绅班法政学堂具有两年学历的学生中选择,用一年时间补学警察课程,共三年毕业③。因此,当时的警察有相当一部分都是受过专业训练的。

(2)调查户口。警察在清末的户口普查中发挥了重要作用。1908年民政部颁发《调查户口章程》,要求于1910年10月前将各项户口统计数字报部。该项工作由巡警道主持,先在省城试点,然后在全省铺开。华阳在普查前,还开办了短期讲习所训练调查人员,聘留日学警察归国的陈震等"讲授章程及巡警现行调查大意"④。据1910年川督赵尔

---

① 周询:《蜀海丛谈》卷1,《布政按察提学三司盐茶巡警劝业三道》。
② 《四川官报》戊申第1册,"公牍"。
③ 《清朝续文献通考》卷111,《学校十八》,第8701—8702页。
④ 《华阳县遵章办理调查户口委任员长开所讲习并呈赍表册示稿禀》,《四川官报》己酉第19册,"公牍"。

巽奏报:"清厘户口,为实行宪政之始基,关系匪轻,责成綦重,臣惟有督同巡警道,严饬各调查监督,将一切未尽事宜认真办理,并随时派员抽查,分别奖罚,务除从前奉行故事之积习,以立将来户籍制度之规模。"①对调查户口办理不力,延误报省时限的石柱、城口、茂州、丰郡、纳溪、仁寿、涪州、罗江、洪雅、秀山等十个州县的地方行政官,经巡警道详请总督批准,分别予以记大过1—3次的处罚②。这次户口调查首次获得了较为详实可靠的人口统计,并促进了由传统的保甲制向现代户籍制的转变。

(3) 维持治安。清末各地社会治安问题由巡警道统筹管理,逐步取代了过去团防、兵勇在维持地方秩序中的作用,特别在城市中,警察的社会控制功能日趋明显。另外值得注意的是,巡警还进一步向专门化发展,如设立川江水道巡警。由于"川江上下游绵延三千余里,中间港汊纷歧,险滩林立,盗贼易于出没,行旅咸有戒心"。川督决定将原有的水师、水保、水甲等"统筹编寓水师于巡警之中"③。并令代理巡警道王棪筹议《川江干河水道巡警办法简章》,按河道分为七总区,共设巡警一千数百名,置船190余只。另外,警察所进行的社会改造、组织消防等情况,将在下章介绍,此不赘述。

巡警道设立后,警察组织进一步发展,以成都为例,到1908年共有警察52局所,除警务公所外,城内分东路正局、南路正局、西路正局、北路正局、中路正局,各有6个分局,计5个正局,30个分局。城外设外东正局,有5个分局。另外还有水道警察局、东门盘查局、外南一局、南门盘查局、外西一局、西门盘查局、外北一局、外北二局、北门盘查局等④。省城警察初具规模,各府厅州县也进一步推广。迄1910年9月,除理

---

① 《广益丛报》第235期"文牍",第2页。
② 《督宪批巡警道详调查户口办理不力各员恳请处罚文》,《四川官报》庚戌第4册。
③ 《四川官报》己酉第16册,"公牍"。
④ 傅崇矩:《成都通览·成都之警察五十二局所》。

番、懋功、彭水、秀山四厅县外,已有140个厅州县开办警察,142个厅州县设立了巡警教练所①。

20世纪初警察的设立,奠定了地方警政的基础,这标志着地方的管制由军队或地方武装转为由专门组织负责,虽然这种组织还有诸多的不完善甚至种种弊端②,但应看到,这毕竟是社会管理现代化的一个必要的步骤。

---

① 《清末筹备立宪档案史料》下册,第795页。
② 如为举办警政巧立名目加收捐税,有的地方警察滥用权力等。

第九章　社区、社会阶层与社会生活

在前面的章节中，我们考察了生态、人口、农业、商业、管理、教育、组织等各方面的问题，使我们对长江上游经济社会有了一个总体的认识。不过，我们对人们在这个社会中的生活，却了解不多。清代是中国城市发展的一个重要阶段，商业的发展，无疑促进了城市的繁荣和日常生活的丰富。从乡村到城市，人们都生活在一定的地域文化之中，其重要反映就是各地的民风和民俗。本章还将分析社会阶层和社会流动，观察这个区域新式精英的兴起，以及妇女在社会中的地位及其变化，以及揭示晚清出现的各种城市社会的改造。这些都展示了长江上游社会的逐步开放和进步的轨迹。

一　城市社会生活与市民阶层

长江上游地区在地理上的独特结构，导致在生活方式、风俗习惯上形成了自己的特点，城市作为一个五方杂处的社区，它的生活往往具有上游社会的典型风貌。下面仅以成都作为个案，来考察上游社会生活的状况。

城市特征是与地理条件和自然环境分不开的。成都平原自古以来即是水利事业最发达的地区之一，气候温和、土地肥沃、灌溉便利、人口稠密、精耕细作，农业自来发达。而成都即位于平原中心，据清末出版的《成都通览》称：成都"寒热适度，晴雨亦均"①。由此可见，成都自然

---

① 傅崇矩：《成都通览·成都之气候》。

条件非常优越,城市在农业发达的基础上发展起来,这对城市、城市生活方式都产生了深刻影响。例如成都还保留不少乡村的风味,直至清末在城内还可见到田园景色,"近城一带,蔬菜繁盛;城外则城根周围一带,皆近壕菜畦也"。而且在"城内之隙地种菜者数十户"。当时城内有小关庙、圆通寺、石牛祠、文殊院、北较场、观音堂、宁夏街、王家塘、宝川局等31处菜园。过去"菜市原无一定,菜担甚多,沿街挑",清末由警察管理城市,"不准在街乱搁,归入市上,方听其自由售卖"。在太清宫、福建馆、棉花街、冻青树、南大街等地设了十个菜市①。

据成都地区有关史志记载,成都居民习俗多"务农业儒","中人之家,非耕即读,并有一人而冬夏读书、春秋耕获者,犹不负古人负耒横经之意"。这种务农业儒的生活习俗是城市文化生活乡村化的表现。成都每个月还有蚕市、农市、药市、花市、夜市等定期集市贸易,这些农贸市场分散在城内各街道。不少街道有了分工,一定的街道成为同行手工业者和店铺的集中点。如金丝街、银丝街、铜丝街、打金街、打铜街、棉花街、纱帽街、暑袜街、丝棉街、红布街、搓布街、染靛街、糠市街、磨坊街、染房街、布袋巷、烟袋巷、灯笼巷、簸箕街、豆腐街、刀子巷、珠市街、锣锅巷、杀猪巷、鹅市巷、羊市巷、草市巷等专业街道,多达百余条②。这反映了农村与城市生活的紧密结合,体现了成都作为一个传统社会城市的特征。

说到城市生活,那么首先就是衣食住行,作为一个文化和消费城市,成都人衣食甚为讲究,如嘉庆时杨燮所作的一首竹枝词所说:"锦江春色大文章,节物先储为口忙。男客如梳女如篦,拜年华服算增光。"③成都自来丝织业发达,诸如蜀锦、蜀绣、蜀布等。各种绸缎更多,如绸货就有府绸、庄绸、长绸、毛绸、西绸、里绸、上方大绸、贡绸、宁绸、泰西仿

---

① 傅崇矩:《成都通览・成都之城内菜园菜市》。
② 《名城成都的保护与发展》,第50页。
③ 六对山人:《锦城竹枝词》。

绸、暑凉绸等;缎货有巴缎、贡缎、素摹、锦缎、摹本缎、漳缎等。这成为成都讲究的物质基础。据《成都通览》称:"成都之各帽式则年年变更,大帽多照京都新式,小帽多照苏杭新式。"衣服的样式变化也很快,清末傅崇矩就说:"近来成都讲究穿着,女衣则尚简便,不似上年之华丽宽大;男衣则尚窄小,多用苏洋各料者,皮衣则年贵一年。"①特别是妇女,衣着鲜艳,甚至模仿戏装:"衣服妆束,随时改变,一年一变,大约因戏台上优伶衣服式样,为妇女衣服改革之模范。"②清人写的关于成都的竹枝词中,穿着打扮的描写甚多,如吴好山:"满头珠翠绮罗身,玉钏金环不羡银。出入玻璃新轿子,端因嫁得是红人";"鬓梳新样巧趋时,淡点朱唇淡扫眉。云绿色衫镶滚好,扎花裤脚一双垂"等③。

  成都平原丰富的物产,养成了成都人讲究饮食的习性,并不断地完善发展,终形成其声名远播的菜系和独特的饮食文化。据《成都通览》的记载,成都四时蔬菜二三百种,各"包席馆"如一家春、第一楼、楼外楼、可园、金谷园等皆菜肴讲究,仅用碟子一项,便可见其排场:"有用十六碟者,有用十五碟者,有用九碟者,有用四大镶盘中用醉虾四角摆水果者,有十三碟而用四碟为热菜者,有用碟后即用四小汤碗者。"各种菜名及其吃法更是无计其数,仅是"成都席面所常用之菜"的"大菜"类中的海菜,就有红烧鱼翅、蟹黄鱼翅、清汤海参等55种。成都一般的炒菜馆和饭馆很多,价廉物美,颇有地方色彩:"成都之炒菜馆亦有兼卖饭者,饭馆亦有炒菜者。炒菜馆菜蔬方便,咄嗟可办,肉品齐备,酒亦现成。饭馆可任人自备菜蔬交灶上代炒,每菜一锅给火钱八文,相料钱八文。"成都之"家常便菜"也很丰富,据《成都通览》"约举数十,以见成都风俗"的就有117种之多④。关于成都的竹枝词中描写饮食的处处可

---

① 傅崇矩:《成都通览·成都之服饰》。
② 同上。
③ 《笨拙俚言》(清稿本)。
④ 以上见《成都通览》关于饮食类各目。

见,如吴好山有"鲜鱼数尾喜无穷,分付烹煎仔细烘。九眼桥头凉意足,邀朋畅饮一楼风"①,冯家吉有"茶园酒馆好排场,裙屐翩翩尽降光。雅座藏春花不断,美人名士此留芳"等②。

成都文物古迹甚多,文化较发达,因而造成了成都人喜娱乐的条件。元朝之《成都岁华纪丽谱》便称:"成都游赏之盛,甲于西蜀。盖地大物繁,而俗好娱乐。"到清代此风愈炽,如二月十五日"赶青羊宫花会",九月初九日"重阳,登高,到望江楼或城内之鼓楼蒸酒"③等,另外还有定期"游草堂寺"(正月初七日)、"游城墙上治百病"(正月十六日)、"游雷神祠观放生会"(四月初八日)等④。在武侯祠,"有古柏、铜鼓、昭烈帝陵,每逢春正月,游人如织";草堂"在南门外西南七里,修竹千万,梅花亦多,夏日最宜纳凉,地亦宽阔。杜公祠、浣花溪题联甚夥。每年正月初七日,游人纷至"⑤。

清代成都的民间娱乐形式多样,诸如"打连三""烟火架""猴戏""被单戏""木肘肘"(即木偶)"放风筝""扯响簧""斗雀""耍龙灯""狮子灯""车车灯""胖胡琴""耍把戏""洋琴""说评书""相书""打花鼓""川北锣鼓""唱书""莲花闹""灯影戏""陕灯影""板凳戏""唱道琴"等。这些娱乐活动往往参加者众多,如放烟火架时"每放一处,则阖城观者均蜂至矣";而"斗雀之风,成都昔日最盛。其所赌之彩物,以千百计"。清末一些现代娱乐形式也在成都出现,如所谓"电光戏",即电影,由图书局傅崇矩在日本"习演一年",回成都后设"电光馆";又如所谓"留音戏",即留声机,"各铺有售者,大小均有。近时洋货铺新到者,甚大";还有"西洋镜",将油画、山水、人物"照于镜中,亦颇足观"⑥。

---

① 《笨拙俚言》(清稿本)。
② 《锦城竹枝词百咏》。
③ 傅崇矩:《成都通览·成都之民情风俗》。
④ 傅崇矩:《成都通览·成都之有期游览所》。
⑤ 傅崇矩:《成都通览·成都之筵宴所》。
⑥ 傅崇矩:《成都通览·成都之游玩杂技》。

成都人最好戏曲，如乾隆年间杨潮观创作吟凤阁杂剧 32 折，与优人乐工相互切磋，开创了清代成都地区文人与地方戏剧结合的风气。后来有文人黄吉安继续这一传统，直接创作和改编川剧"五袍、四柱和江湖十八本"等剧本，成为以后艺人沿用的标准剧本，称为"黄本"①。清代成都戏目之多，令人叹为观止，仅《成都通览》上所列者，就有《战南昌》《宫人井》《绿牡丹》《柳阴记》《后雷峰》《评雪辨踪》《扇坟》《荡湖船》《游西湖》等 360 出之多②。另外洋琴的各种曲目有《骂曹》《三气周瑜》《存诸葛》《苦肉计》《贵妃醉酒》《木兰从军》《舌战群儒》等近一百出③。

清代成都城市社会生活中，赌博占了重要地位，参加者有各色人等，上自富豪、下至无业游民皆有"嗜赌成癖"者。傅崇矩便指出："若赌则不必其家拥厚资也，即使家无担石之储，户有追逋之客，鹑衣落寞，菜色凄凉，而不惜典质钗环，脱却布袴，以供孤注之一掷，不必其年当少壮也，即使蒲柳之年已迫，桑榆之景频催，步履颓唐，精神老惫，而尚不免见猎心喜，逢场作戏，以逞片刻之豪情。"而开赌场者往往"联络羽党为护身符，或与差役通同一气，视官府禁令若弁髦"，形成了黑社会集团。更有嗜赌如命者"闻风赴赌"，甚至"不远百里而来"，"其来也，莫不携载重资；其去也，则已完无所有"。一些赌场和赌徒常去引诱那些"殷实土肥、初历世途、未谙事务"的"豪华公子"入赌馆赌博，时常巧设计谋，明赢暗窃其财。赌博名目奇巧，如翻天仰、倒脱鞋等，少有人不上钩，"使人一入其中，便有沉沦不迫之势"。结果不少赌徒倾家荡产，弄到"闾里之脂膏，悉以供若辈之朘削，冬暖而妻号寒，年丰而儿啼饥"的地步。

赌博的名目繁多，有大赌和小赌之分。大赌有"摇十出头""盒子宝""摇宝"等；小赌有"掷状元红""掷金""掷羊子""掷五莽子""掷老猴子""麻雀宝"等。赌具则有纸牌、骨牌、麻雀牌、骰子、宝盒、筹马、青黑

---

① 《名城成都的保护与发展》第 41 页。
② 傅崇矩：《成都通览·成都之戏》。
③ 傅崇矩：《成都通览·成都之游玩杂技》。

钱、色子碗、比子、红毡压子等。各赌具赌法各有不同,如纸牌有所谓"洗浆胡""门十四"(分大、小门)、"打掀""沾沾胡"(妇女多为之)、"打招""字牌""耄公牌"(乡下人多为之)、"大二牌""王会牌""打百子胡"(其中又分上四对、中三对、下四滥、斜斜、正正等);掷骰子则有"青龙白虎""归身""出门""幺二三四""定子""大拐""碎拐""红拐""黑拐"等名目。清末成都警察明令禁赌,赌徒们则多寻躲避之法,如将过去掷骰易发响声的木盒、瓷碗改成草盒和纸碗,官方禁不胜禁,诚如傅崇矩所言:"赌窟中人,皆具绝大本领,绝大神通。"①

如果考察成都的城市生活,我们必然会注意到茶馆。"成都之茶铺多,名曰茶社。如文庙街之瓯香馆则名馆,顺草湖之临江亭则名亭,山西馆口之广春阁则名阁,亦不一定名曰社也。"据统计清末成都茶馆共454家,当时成都计有街巷667条,可见大多数街巷都设有茶馆。成都茶馆的分布有疏有密,在商业、饮食业繁华区或居民聚集点茶馆较多,规模且较大。

全国大多数城市有茶馆,但成都的茶馆自有它的独到之处,即渗入到市民的日常生活中而且成为其密不可分的一部分,所以生命力异常旺盛。过去城内居民吃水不太方便,井水又味咸,因此专门有人挑水进城售卖。由于水火不便,居民大多要到茶馆买开水、热水,各茶馆都有烧热水的大锅——瓮锅,"瓮锅之名瓮子,水多系井水,俗名圆河水,可以随意买回,一文一罐或一文一竹筒,可做洗脸之用,热度不到不能食也"②。可见茶馆的这种附属职能与市民生活联系十分密切。

成都茶馆为何如此之多？这是与一定的自然条件和社会生活方式分不开的。第一,成都及附近许多州县都产茶,如名山、彭县、灌县、大邑、新繁、崇宁等,上游有60余个厅州县系茶产地,这为成都的茶馆提供了不竭的茶源。成都常饮的茶有香片、红白茶、苦丁茶、茶砖、苦田

---

① 傅崇矩:《成都通览・成都之赌具及各种赌目名词》。
② 傅崇矩:《成都通览・成都之茶》。

茶、毛茶、乌龙、松罗、青茶、宝红等。第二,正如前面已提到的,成都由于"民食鱼稻,无凶年之忧",故形成了"其风尚侈,其俗好乐"的民风,品茗自然成为市民一大乐事。第三,成都是一个消费城市,从事商业、手工业的人固然不少,但亦居住着大量的官僚、地主、士绅、文人、旗人以及各种闲散人等,传统社会娱乐活动不多,因而茶馆成为他们消磨时光和相互交游的理想场所。第四,成都的服务业、饮食业发达,经营茶馆本小、资金周转快,因此备受中小商人的青睐,一般市民开一茶馆也并非难事。第五,茶馆与人们当时的生活习惯有直接联系,下层贫民多整日为生计而劳作,生活单调,夜晚只有一盏油灯相伴,为消除疲劳,人们便到茶馆去喝茶、聊天、听书,这样不仅摆脱了陋室的黑暗,而且得到了娱乐。

成都文化发达,风雅居士甚多,人们有很高的品茶水平,对茶馆也很讲究,一般"茶香、水好、座雅、楼高"则最为理想。还形成了不少生动有趣的行业语言,如抓、跑、免底、喊茶钱、揭盖子等;茶也有了许多代名词,如青老、清喉、木鬼、碧水、牙净、枝叶、木癸、扰椟子等;茶商也有许多"通用言辞",诸如一音、二色、三春、四水、五岸、六芸、七里、八池、九千等。

茶馆就是一个小社会,是当时人们交流情感、互通信息的重要场所。人们通过茶馆与外界建立联系,传播奇闻逸事。三教九流都汇聚在这里,吃茶者、卖货者、说书者、唱曲者、拉客者、洽谈生意者、乞讨者、贩毒者,等等,不一而足。茶馆在商贸中的地位十分突出,有相当部分的交易都是在茶馆成交的,甚至各行交易有了固定的茶馆,外地客商一到成都径直便到同行业聚会的茶馆,买卖立时便可成交。因此,在茶馆中便活动着不少牵线搭桥的捐客。各路袍哥、帮会也往往在茶馆设公口、码头,或交结四方豪友,或招贤纳徒,或火并议和。茶馆更是袍哥摆"茶阵"、识同党的好地方,在码头林立的成都,可见到茶馆中不少神秘客在指天画地,口中念着诸如"天星朗朗,乾坤一统""青云载一仙,兄弟万万年"等密语或江湖黑话。另外,清末的一些社团,一无经费,二无地址,也只好以茶馆为联络和活动之地。茶馆作为一个社会单位,在传统社会中扮演了十分重要的角色,如果我们仔细观察就会发现,它是纷繁世界的一个缩影,缓慢地映出一幅幅社会的风情画。

成都的市民阶层是一个颇值得研究的对象。市民阶层指共有一种传统的平民,是特有的生活方式、情感沟通联结起来的社会群体,他们的日常生活和行为方式反映着地方文化的特质。关于成都市民的特点,傅崇矩曾有简单的归纳:"士类纯正,绝不闻革命谈;民俗淳朴,实难见桀骜气;乡风古板,尚不入靡丽派。"傅崇矩认为,乡风民俗不是小事,因为"国运之盛衰,关乎风俗之厚薄;风俗之厚薄,系乎人心之邪正"。民风与社会的发展有密切的联系。成都市民有许多淳朴的乡风,如"每逢水心开日,必令小儿发蒙识字";"每逢金满斗日,家家必做裹肚及搭连";"凡友人得子,必送月礼,鸡蛋、肉、糖、衣料之类,必兼问之曰:乳够用否?大人好否?""凡讼事毕,无论胜负,其亲友各放炮道喜"等。①

在傅崇矩的眼中,成都市民的陋俗实属不少。第一,势利。如"好结交官场,终被官场欺利";"绅士好学官制",装腔作势;一般人也"以出入衙门公局为荣","以与官场同财为恃力"。一首竹枝词倒是给热心结交官场者勾画了一个轮廓:"二人小轿走如飞,跟得短僮着美衣。一对灯笼红蝙蝠,官亲拜客晚才归。"②第二,虚伪及装腔作势。如"假意留客,客已离座,方假言:吃饭再走";"相貌最丑,偏好装饰";清末一些青年子弟"好戴眼镜冒充学生,及学洋派";凡取得功名者,"必自己写报条,大书特书遍送亲友,公然自称为某老爷、某大人"。第三,钩心斗角、造谣生事。如"绅士不固团体,好排挤";"谋事不遂,好造谣坏人";"茶铺聚谈,好造风谣";这些人往往是"不顾国体,自私自利而已"。第四,懒散。傅崇矩说:"成都妇女有一种特别嗜好,好看戏者十分之九,好斗

---

① 傅崇矩:《成都通览·成都人之性情积习》。
② 定晋岩樵叟:《成都竹枝词》(嘉庆乙丑新刊)。

麻雀者十分之八,好游庙者十分之七。"若红白喜事,"如有女客,则闹杂不堪,主人不胜其扰"①。一首竹枝词是这样描绘成都妇人的:"日过三竿甫下床,随身贴体短衣裳。胭脂胰粉香肥皂,备极新妆始出房。"②第五,迷信。如店家最尚忌讳,早饭前禁说"人熊""豹子""老虎""鬼"等字。童子不知,偶言无忌,故春贴必书"童言无忌"四字,又如市民若"做恶梦,或眼跳,必书四句贴墙上";"卜事好求神笺";妇女则"最信僧道及女巫、卦婆"。第六,其他陋习。如不时有"溺女及弃私孩者",凡产妇须40日"方准出房门";不少市民还"好游监视户"(即妓院),"好在柿子园后面城垣上俯看园中监视户";而贫民有的则"于年下多放火自焚,以图得赈恤"。

社会风气表现为一种无意的社会控制,对个人行为有潜在的影响,即所谓"陶淑人心,转移风俗,全在潜移默化"。傅崇矩认为成都市民的素质低,是由于教育程度不高。成都"阅报者不及百分之一","识字者不及十分之六"③,中间犹以妇女为多,如"恶妇打街骂巷"是司空见惯,"妇人吵骂,俗呼茶壶式。因其以左右手指骂,而以左右手掌弯拍腰肋上,若壶之有柄"④。这段话可以说是惟妙惟肖地描绘了泼妇骂街的神态,也从一个角度表露了记录者对成都民风的不满。

二 民风、民俗及其变化

关于长江上游社会的民风与民俗,清末曾有人总结道:"风俗尚勤俭,重礼防,守本分,好慈善,爱乡里是其所长;而拘旧习,忽远图,信荒

---

① 傅崇矩:《成都通览·成都之妇女》。
② 《笨拙俚言》(清稿本)。
③ 以上凡未注出处者,均见傅崇矩:《成都通览·成都人之性情积习》。
④ 傅崇矩:《成都通览·成都之妇女》。

唐,贪水利,恶异己是其所短。"①这里且不论所称的"所长""所短"是否妥当,但也的确概括出了民风和民俗的一些特点。这种民风、民俗与一定生产力发展水平相适应,它基本上是一个封闭的、稳定的文化结构,充分反映了一种历史的长期延续性,并且打上了很强的地域烙印。

如川东的铜梁县,清初土著寥寥,新迁入者以楚、黔两省最多,"四方人居处杂厝,风气不古,好机心而务诈顽,与土人绝异"。铜梁的民风民俗充分表现了传统的特征:"富家好施与,往往有修道梁,立乡学,施棺木,置义冢";赶场日则"醵钱而饮,曰打平伙";并有定期聚会,"分年月轮为之"。这些都是"习俗相沿者也",完全是一种村舍互助的田园生活图景。在偏僻的地方,由于受外界的影响小,因而民风更古朴、守旧,"贫土而赋重,田鲜灌溉之利,而惟待命于天,畎亩之勤;越在穷僻,终生不闻仁义之言,有能倡为邪说者,适与尚鬼信巫之习"。但总的来看,铜梁民间是"风清俗美"②,长时期变化不大,传统的积淀和凝固作用明显。

婚丧之礼最能表现地方习俗,据《成都通览》的记载,婚事预备及婚礼计有56道程序之多③。史志对长江上游各地区丧礼"陋习"抨击甚多。如《绵竹县志》称:"初丧时悬粗麻布于门额,贴白纸于门枋,即日棺殓,士绅举行成服多在大殓以后。衰绖多不如礼卧草守殡,延僧道讽经则戒荤酒;葬拘阴阳家言无定期,尤重堪舆,多有士殡不葬至数年者;出殡家奠之夕,至有演唱戏曲,尤恶俗之可革者。"④《绵阳县志》也指出:"丧乱以尽礼尽哀,行子心之安而已。……延僧道诵经,未脱迷信;更或于祭之夕,鼓乐演唱,准之礼则不俭,揆之情则当哀反乐,失礼尤甚。"⑤可见,借丧葬行乐的现象是普遍存在的,多违悖人之常情。据《成都通

---

① 《四川谘议局第一次议事录·发起通俗教育社案》。
② 以上见光绪《铜梁县志》卷1,《地理志·风俗》。
③ 傅崇矩:《成都通览·成都之民情风俗》。
④ 民国《绵竹县志》卷13,《风俗》。
⑤ 民国《绵阳县志》卷1,《疆域下·风俗》。

览》的记载,丧葬程序有 52 项,诸如闭敛、转咒、开路、放戒等名目。①

地域的闭塞为大众文化的保存提供了土壤。人们对大自然显得无能为力,遂把自己的命运托付于鬼神,在长江上游地区,到处可见大众信仰的产物:

> 家则有灶神也,一乡则有社公(俗称土地)也,一城则有城隍也。家以内供天地君亲师,或供历代高曾祖考妣,而旁多不经神,如花园姊妹,进宝郎君,千千兵马,万万神将之类。此外则……门神也、奎星也、坛神也,以至厩圈树石湢溷,莫不有神。……桥头路隅,时有观音、灵官、土地及阿弥陀佛、泰山石敢当等神号。村不百舍,必有神祠,天神、地祇、仙佛、鬼魅杂居一堂,以观音、文昌、关帝、财神为最多。②

这真是大众信仰的生动写照。另外,民间还流传着各种其他类似活动,如所谓"接灵官",即凡演戏前必令一优人赴灵官像前,"照样装束,鼓锣迎归,登台说神话,说毕收戏,谓之灵官扫台,不如此不能驱除鬼怪也"。又如"捉寒林",寒林是传说中相貌凶恶的旱魃魍魉之类,凡遇有瘟疫及凶死者,"必醵金演戏,令一乞丐,装作寒林,伏于城外丛冢间。会首及兵差等刀枪出队,捕捉回台,囚之笼中,谓如此乃得驱厉也"。再如"收鬼",即凡有疾病重者则请端公跳神,"必曰有鬼,非收鬼不能愈也。置一小瓦罐,作法收鬼。令儿子视鬼入罐否? 鬼入封固,或埋于百步外,或倒悬庙中"。有的则置于石牌坊上,当时东大路(即成都至重庆)一带的石牌坊上,"瓦罐重叠,不知何鬼之多也!"③此外,还有打岔戏、打清醮、参灶、供天、谢土、迎喜神、点灶灯、交神、画蛋、转咒、观仙、求签等,真是五花八门,无奇不有。

---

① 傅崇矩:《成都通览·成都之民情风俗》。
② 民国《南溪县志》卷 4,《礼俗下》。
③ 傅崇矩:《成都通览·成都之迷信》。

在民俗中很能代表地方特色的是各地的时俗,即岁时节令,是民间文化的重要组成部分。人们在长期的生产和生存活动中,认识到了物候变化与时序节令之间的密切关系,并将它们与社会生活结合起来,糅合成带有纪念、祈禳、祭祀、驱邪、禁忌、娱乐等功能的节日民俗。下面我们透过新津县的岁时节令来看长江上游社会的风俗。

新津距成都不到百里,土地平旷、灌溉便利,"此地为西蜀望邑,民物繁盛。说礼乐、敦诗书,风淳俗美,蒸蒸日上"①。道光十九年的《新津县志》卷15对新津时俗有详细记录,兹整理成表9—1。

表9—1

月	日	节名	主要活动
正月	初一	元旦	祀神祇、祖先、拜尊长、上冢墓、戚里相拜贺。
	初九	观音会	县南观音寺进香。
	初九—十六	上元会	县东街福寺演剧数日,百戏杂呈,张灯火。
二月	初三	文昌会	士咸庆祝,筵客赏玩。
三月	清明	清明节	扫墓祭祖,馈送清明糕。
四月	初八	浴佛会	放生。
	二十八	药王会	纪念药王孙思邈。
五月	初五	端午节	包角黍(粽子)、悬蒲剑、艾虎于门,饮雄黄酒,竞渡。
	十三	关帝会	城内和乡场多演戏庆祝。
	二十八	城隍会	演戏匝月,为邑中神会之最。
六月	初六	晒衣节	出衣服、书籍,曝之以避蠹蚀。
七月	初七	土地会	家皆祀土地。
	初七	乞巧节	妇女于是夜陈酒果于庭,供织女以乞巧。
	十五	中元节	祀先。
八月	十五	中秋节	供月,团圆聚饮赏月。

---

① 道光《新津县志》,《跋》。

续表

月	日	节名	主要活动
九月	初九	登高会	饮重阳酒,登高。
十月	初一	牛王会	作米糍系牛角以劳其苦。
十一月	冬至	冬至	文武官行朝贺礼,家作腊肉。
十二月	初八	腊八节	吃腊八粥。
十二月	二十三—除夕	年节	祀灶、扫舍宇、易桃符、守岁。

　　长江上游各地区时俗大致亦如此,但也略有差异,如绵竹县无正月初九观音会,但于立春日"观迎春、送春帖、散春花、茹香饼";无二月初三文昌会,但有二月初二龙举头,"用石灰洒宅墙脚,辟百毒虫";六月初六不称晒衣节,而叫王爷会,"祭夏禹王";另外绵竹十一月初一"纸画铺出门神画条,谓之挂望";十二月十六"牙祭毕祀神"等[①]。其他地区则还有"打清醮(三月)、磨刀会(五月十三)、下元节(十一月初一)、例牙(十二月十六)"等。

　　在传统社会,由于士文化与村野文化的强烈反差及政治经济结构的影响,民间文化活动便主要表现在时俗上,时俗则对社会具有深刻的影响。首先,时俗与物质生活密切相关。一般时节与农忙错开,双抢、秋收等农忙时无重大节日,特别是没有持续时间长的活动,以保证生产的正常进行。而农闲时的节日则有利于恢复体力、调整节奏。节日多在场集活动,届时远近农民都要"赶会",这无疑促进了市场贸易。另外,许多时俗与生产直接有关,如农忙前举行节会,既可准备农具,也提醒大家时节来临,不可错过农时。农忙后为庆祝丰收,祈求来年风调雨顺。其次,时俗丰富了民间精神文化生活。在自给自足自然经济支配下的农民,日出而作,日落而息,生活单调,只能在节会上得到文化享受,满足较高层次的精神和心理需要。特别是长江上游分散的居住形式,需要有定期的共同性、

---

① 民国《绵竹县志》卷13,《风俗》。

聚集性的活动,人们在活动中可尽情宣泄平时受到压抑的心绪。再次,从另一个角度看,时俗活动一般以场镇为单位,最大不会超过县的范围,显示人们对社区和地域文化的认同,有利于传统社会结构的稳定。

当然,旧的传统对社会发展有着阻碍作用,但传统并不是一成不变的,随着经济、政治的进步,对外联系愈来愈频繁,封闭的社会正缓慢地开放,社会在悄悄地进步,人及其风尚在外界的冲击之下也发生着不知不觉的变化。这些变化表现在以下若干方面:

一是生活方式由节俭到奢靡。在长江上游地区,尽管一些商业繁盛的城市在近代以前便渐滋奢靡之风,但在广大的农村、乡镇仍崇尚节俭。如江津县农民皆"终岁勤劬,男女几无暇日",过着"丰稔多收,即旱潦亦皆有备"的安定生活,人们的"饮食衣服,向来多尚俭约",但到同光时期却已"渐趋华靡,每见豪家过侈,间左尤而效之,不数年家产破坏"①。光绪时期的铜梁县人们婚娶也"渐趋侈靡,迎亲时,女方大小亲友男妇数人往送,曰送亲。送亲日双方均张宴席,宴客三日"②。一些交通发达地区变化较明显,如处于川滇交通咽喉的会理,虽少富商大贾,然"懋迁者云集,俗竞奢侈,人多游惰,贫家不务储蓄"③。一县之地由于与外界的接触程度不同,风气亦有差别,如荣县"东南尚文学,西北好武勇;东南侈靡,西北固陋"。威远县属五乡,只有一乡由于多山较闭塞,而东、西、南、北四乡"饮食衣服稍近奢侈"④。

二是观念上从重农到农工商并重。近代以后在一些大城市工商得到迅速发展,甚至波及偏僻地区,冕宁为汉彝杂居地,汉族"俗偷薄,民情狡狯,士少气节,辄以渔利营利为能";峨眉虽然直至清末仍是"人多纯朴,崇尚耕织,商贾绝少远贸",但是"工艺近始萌芽";雅安由于"地

---

① 光绪《江津县志》卷9,《风俗志》。
② 光绪《铜梁县志》卷1,《地理志·风俗》。
③ 《四川教育官报》己酉第11册,"报告"。
④ 《四川教育官报》庚戌第5册、第12册,"报告"。

瘠民贫"，人们过去安于现状，"遂多株守"，但这时"农桑实业渐有进步"①。在下一章我们还将研究重商观念，此不详述。

三是风气由闭塞渐到开通。一些偏僻地区锢蔽的情况正在改变，如名山县"俗尚勤俭，颇具古风"，过去"妇孺惑于迷信，每喜佛神"，而富贵之家又"不事读书，专言积聚"，但到清末"风气渐开，颇形进化"②。清溪县是一个"石厚土薄，物产不丰"的地区，"民风尚朴素，士习亦无党派，但少远志"，而"近亦渐开通"。实业的进步、人口的流动，也造成了风气的变化，犍为民风一般"尚多纯朴"，但在盐井、矿厂各处则因"五方杂处"而"习尚浮嚣"。乐山为"水陆交冲"之地，到清末"民智亦颇开通，士竞以游学相尚"。由于到外求学者日多，"风俗亦不可谓不进化矣"，妇女"亦多知缠足之害，颇能改旧日恶习"③。而在清末的一些学堂中更是公开提倡"尚武之精神、恳亲之情谊、竞争之鼓吹、活泼之运动"④，风气的开化显示出前所未有之势。

清末民风民俗的变化过程，即是民智渐开的过程，正如时人所指出的："今日国家欲图富强之术，莫不曰开民智。民智之开，固在新学，然必将一切惑世诬民之事、神仙怪诞之谈，一概驱除净尽，而后百姓晓然天下事只可求之人事，不可求之鬼神，于是乎知所以专注于士农工商有益于人之事矣，此所以谓之开民智也。"⑤民智之开无疑对原有的组织结构和生活方式形成冲击。但是由于长江上游社会所处的地理位置、与客观环境的实质关系、传统文化的深固程度、与外界接触面的大小宽窄等因素，都决定了这个变化是微小的、缓慢的。

---

① 《四川教育官报》己酉第 12 册，"报告"。
② 同上。
③ 《四川教育官报》庚戌第 2 册，第 3 册，"报告"。
④ 《四川教育官报》丁未第 10 册，"论说"。
⑤ 傅崇矩：《成都通览·成都之迷信》。

三 社会阶层与社会流动

在传统社会,还存在着各种等级和社会阶层,从而形成了复杂的社会结构。但是各种社会阶级和阶层的区别、界限往往是不清楚的,甚至相互交叉,诸如"亦工亦农""亦农亦商""亦官亦商"等现象普遍存在。即使是现代社会的经济结构已经很充分地发展,但也还有各种中间的过渡阶层,界限相当含糊。因此,对社会结构很难进行清楚的分析,对社会阶层也很难进行截然的划分,特别是现代社会流动加快后,这种现象就更为突出。

但有一点可以确定,在近代长江上游地区,"四民"——士、农、工、商——中,士、工、商三者的比例是逐渐增加的,表9—2列出了冕宁、越西、名山、荥经、乐山、威远、峨边、邛州、绵竹和新繁十个州县士农工商在总人口中的大概数量及比例。表中所列十州县除乐山、绵竹和新繁外,其他各州县都属落后地区,因此,表中的比例从总体上看不会超过上游地区的平均水平。

表 9—2

地区	户数	男	女	计	士		农		工		商		学童	
					数量	%	数量	%	数量	%	数量	%	数量	%
冕宁	29175	72722	60444	133166	1000	0.8	50000	37.5	1000	0.8	20000	15.0	594	0.4
越西	10992	28995	24500	53495	4280	8.0	29422	55.0	8024	15.0	10699	20.0	628	1.2
名山	40596	84353	76482	160835	2860	1.8	36000	22.4	3600	2.2	3019	1.9	1006	0.6
荥经	12885	31510	23520	55030	3200	5.8	14942	27.2	5630	10.2	2970	5.4	2112	3.8
乐山	80027	265639	214533	480172	8324	1.7	74162	15.4	67951	14.2	61622	12.8	3173	0.7
威远	42120	78389	59212	137601	3000	2.2	40000	29.1	6000	4.4	10000	7.3	2988	2.2
峨边	10323	18116	15417	33533	280	0.8	15.800	47.1	150	0.7	600	1.8	218	0.7
邛州	85146	204014	167075	371089	5000	1.3	80000	21.6	40000	10.8	10000	2.7	1322	0.4

续表

地区	户数	男	女	计	士		农		工		商		学童	
					数量	%	数量	%	数量	%	数量	%	数量	%
绵竹	64375	152452	112241	264693	2000	0.8	173900	65.7	14500	5.5	11250	4.3	8930	3.4
新繁	16422	48662	37098	85760	1998	2.3	34830	40.6	6540	7.6	3816	4.4	1033	1.2

注:〔1〕学童指 7—15 岁的少年。

〔2〕在"商"一栏,荥经尚有小贸 4768 人,乐山有小贸 63580 人未计在内;另外威远和邛州是商、小贸合计,各 2 万人,表中按商、小贸各半计入。

资料来源:根据《四川教育官报》己酉第 9—12 册、庚戌第 1—8 册,"报告"和光绪《绵竹县乡土志》、光绪《新繁乡土志》整理。人口统计见施居父《四川人口数字研究之新资料》第 10 表。

根据表 9—2 试做如下分析:

士:从表 9—2 十州县的统计看,士在人口中平均约占 1.8%,低者仅 0.8%,高者 8%。从全川的情况看可作如下估计,按清末川省 4414 万人算,士大约应在 80 万人左右;若加上清末受过初小以上教育的约 10 万人①,全川的士阶层当在 90 万左右,约占人口总数的 2%②。

农:从表 9—2 的统计中我们发现一个问题,即农在人口中占的比例过低,在上列十州县中,比例最高的绵竹占 65.7%,最低的乐山仅占 15.4%,一般比例也只在 20—50% 之间,显然这是不可能的。在以农业为主的传统社会中,农的比例应占绝对的优势。估计表中的士农工商仅是男性人口中的统计,一般来说,士、工、商中女性可以不计,但在计算农的数量时无疑应包括女性。若将表 9—2 的女性人口加入"农"中,

---

① 1909 年在校的初小以上(初小不计)学生 5 万左右,历年毕业的学生按加一倍算。

② 国外有学者估计,清末全国士绅约有 700 万人,占全国人口约 2%(见〔加〕陈志让:《军绅政权——近代中国的军阀时期》,第 12 页),可见川省"士"的比例同全国大致相同。关于清末的士数我们还可作另一个估计:假定从咸丰(1851)以来的有功名者到清末都还在世,而且有功名者入川和出川人数相等,那么清末川省应有进士约 300 名(见表 7—5)。举人每科中额 90 名,三年一科,54 年中可考 18 次,计约 1600 名。另外按《钦定大清会典事》卷 348 中所载乡试中额项称:"直省乡试,每正榜中额五名,设副榜中额一名。"因此举人一般还应增加 20%,合计约 2000 人。生员年额约 2000,按 54 年算约 11 万(参见表 7—7)。上述三项合计不足 12 万人。若童生数按此五倍算,约 60 万。总计具有各种功名者约 70 万。较之按比例算出的士数略低。

调整的比例稍近于合理,见表9-3。除越西和绵竹的数字有问题外,其余大概都在70-90%左右,这比较符合清末长江上游社会的实际情况。

表9-3

地区	人口数	农数	比例(%)	地区	人口数	农数	比例(%)
冕宁	133166	110444	82.9	威远	137601	99212	72.1
越西	53495	53922	100.8?	峨边	33533	31217	93.1
名山	160835	112482	69.9	邛州	371089	247075	66.6
荥经	65030	38462	69.9	绵竹	264693	286141	108.1?
乐山	480172	288695	60.1	新繁	85760	71928	83.9

注:加入的各州县女性人口数,见施居父编《四川人口数字研究之新资料》第10表。

工:从表9-2,工的比例较高,农村以自然经济为主,家庭手工业比较发达,另外还有相当一部分专业手工业者,特别以乡镇和县城为多,在矿区和大城市比例更高。表列十州县中,比例最高的越西达15%,最低的峨边仅0.4%,平均7%。按此比例计算,清末川省手工业者在300万人左右[①]。应该指出,在自然经济条件下,农村的手工业者同农民难以明确区分,他们往往同时兼有两种身份,随季节、农忙农闲而改变自己的劳动方式,因此上述估计只能说是一个大的概念。

商:在表9-2的统计中,商的比例相差甚大,高者如冕宁和越西,分别达15%和20%;低者如名山和峨边,皆不及2%。冕宁和越西的比例高得难以置信,估计是将农民兼作小贩也算在内,若除去这两县不算,其他各州县平均比例为5%,按此比例川省商贩在220万人左右。

上述"四民"间是经常流动的。在近代上游社会剧烈的社会流动中,有一个值得注意的现象,即一些较大的商业资本家的出现。随着进出口贸易的发展,上游市场的逐步开放,出现了许多为洋行服务的或直

[①] 第五章表5-6根据民国元年农商统计表计算的手工业者为210万,少于此数。

接从事外贸的商人,他们又联络其他众多商人,建立了一个紧密联系的商品流通渠道,形成了一个由重庆延伸到各地的以洋行为中心的商业网。这一部分买办商人在对外贸易中集聚了大量的钱财,对外贸易是早期资本原始积累的重要途径。重庆是长江上游的商业中心,下面仅以重庆为例,来看现代商业资本家的初步兴起。

号称"川帮字号第一家"的德厚荣商号,有资金五六十万两,老板为刘继陶、刘象曦父子,他们在对外贸易中生意越做越大。到清末"随着出口业务的发展,德厚荣与洋商买办的贸易往来日益密切",其经营范围更扩展到长江中游,刘象曦将总号迁到汉口,"进一步与洋商买办直接来往,发展出口业务,获取厚利"。在积累大量资金后,他开始把商业资本转化为产业资本,1912年与他人组成楚兴纺织公司,承办湖北纱、布、丝、麻四厂,真是"煊赫川楚"[1]。

重庆经营天顺祥票号的李耀庭"生意很为得手,连年均获厚利",其分支机构遍及汉口、上海、江西、北京、广州、成都、昆明等地。他还"兼做官盐运销业务,家资益富"。他又将部分商业资本投资于工业,参与创办川江轮船公司、烛川电灯公司、锦和丝厂等企业,成为"名噪一时的百万富翁"。1904年被推为重庆总商会首任总理,"曾捐输巨款,赞助革命"[2]。

巨商汤子敬初到重庆时在谢亿太布店做事,先是经营土纱、土布和杂货业务,随着外贸的发展,适应商业形势的变化,"逐渐地转向以经营洋货、批发为主的业务"。1899年他离开谢亿太布店开始独立经营,最初是出口鸦片,获取厚利。他经营的第一个商号是聚福厚,在上海进洋货,宜昌转货,重庆销货,"积累了相当多的资金"[3]。

重庆杨氏家族经营的商号则发展成为资本雄厚的银行。杨氏的

---

[1]《重庆工商史料》第3辑,第5—6页。
[2]《重庆文史资料》第12辑,第53页。
[3]《重庆工商史料》第3辑,第41—44页。

发家人杨文光白手起家,在重庆聚兴祥商号从学徒爬上掌柜,1886 年该商号因生意亏损进行改组,杨文光投入股金一千两,仍任掌柜。后聚兴祥商号仍因亏折而关闭,杨文光另组织聚兴仁商号,资本一万两。除经营进口匹头、洋纱、洋货和土产品出口外,兼做存放款汇兑等银钱业务,先后在省内外各地设立分店,还与当时在重庆的山西帮、陕西帮、云南帮等票号建立广泛往来。1898 年杨文光趁余栋臣在川东起事,市面混乱、物价低落之机,利用各票号的巨额存款囤积大量物资,待时局平定、物价回升再行抛出,共获暴利 60 多万两,一跃而成为重庆最大的商业资本家。1904 年杨文光以现银 5 万两设立聚兴诚商号,由其子杨寿宇和杨粲三先后主持,历年获利甚丰,特别在辛亥革命时局动荡之际,大搞囤积居奇活动,获暴利 20 多万元[①]。民国初年,杨氏兄弟改聚兴诚商号为银行,定为股份公司,共集资 100 万元[②]。

现代商业是在世界资本主义市场的基础上发生的,并承担了产业资本中不可缺少的环节——商业资本的功能,长江上游地区的这一部分商人通过对外贸易同世界市场发生了必然的联系,这种联系的结果之一是社会阶层的分化。但从各种记载中,我们至今仍没有发现上游地区以实业成为巨富者,即使是如上述几例以经商成为巨富的资本家也为数不多。总的来看,清末长江上游地区的新兴资本家数量不多,资本不巨,资本的原始积累很不充分(对这一问题第十一章将作进一步分析),因此,向上的社会流动也受到了限制。

在现代社会,社会阶层的流动日益明显,人们愈来愈多地通过个人奋斗去争取自己的地位,即从一种地位或社会阶级向另一种地位或社会阶级转变。在一个完全传统的、封闭的社会中,社会流动是不存在的,然而实际上"完全"封闭的社会是不存在的,可以说所有社会都是介于完全开放和完全封闭之间。比较封闭的上游社会的社会流动虽然困

---

① 姜铎:《调查散记——旧中国民族资本史料集锦》,《近代史研究》1983 年第 2 期。
② 张肖梅:《四川经济参考资料》,D 第 13 页。

难,但随着经济、社会的发展,这种流动在趋向扩大,表现了社会现代化的某些特征。

四　新式精英的兴起

我们不仅应看到经济方面,还应该看到知识方面阶级结构的变化,也就是说在传统士人中正逐渐演变出一些具有新知识、新思想的"精英"阶层。长江上游地区精英的出现大约可以概括为两个时期三个方面,两个时期是指维新时期(19世纪末)和革命时期(20世纪初,或新政时期);三个方面是指精英出现的三方面来源:一是旧式书院(以尊经书院为中心),二是留学日本,三是国内新式学堂。下面兹据三个方面进行一些分析。

(一) 旧式书院的转化

19世纪末,以尊经书院为中心出现了一批具有新思想的知识分子,如廖平、宋育仁、杨锐、吴之英等。井研廖平生平著述达140余种,后人称他"为学避剿袭,明系统,喜分析,辨真伪,富于假设,善变而不离其宗,往往发前人所未发"[①]。廖平的学术思想经历过六次演变,他一反两千年来的旧说,提出以礼制作为区分今文经和古文经的标准。他的《今古学考》和《公羊春秋补证后序》两部著作曾给康有为以极大影响[②]。富顺宋育仁于1889年写出《时务论》初稿,以后又写了专论外交的《时务论外篇》、主张抵御侵略的《守御论》,后根据出使英国经历和感受写成《采风记》四卷,在这些著述中提出了改良的思想和策略。绵竹杨锐在甲午战后感愤于国耻,"慷慨谈时务",与康有为"过从极密",在京参加了著名的公车上书,同康有为一起组织强学会。他力主学习西

[①] 向楚:《廖季平学术思想之演变》,《文学集刊》(四川大学)第2期。
[②] 梁启超:《清代学术概论》。

学,主张"非讲习正经正史,择精语详,力求实际,则人心无由而正;非兼习西国文字,期能语西人之书,通西人之政,则风气无由而开"①。与杨锐同时遇难的富顺刘光第出于成都锦江书院,梁启超称他"性端重敦笃,不苟言笑,志节崒然,博学能文诗"②。他在《甲午条陈》中,慷慨陈词、阐明危机、要求变革,指出"国家十年来,吏治不修,军政大坏,枢府而下,嗜利成风,丧廉耻者超升,守公方者屏退,诏谀日进,欺蔽日深。国用太奢,民生方蹙"③。要求光绪帝下罪己诏,以结人心。曾任《蜀学报》主笔的吴之英,曾先后在该刊上发表《蜀学会报初开述议》《学会讲义》《矿议》《赋役篇》《政要论》《救弱论》等文章,针对时弊提出了改良主张。

一些在20世纪历史舞台上大放异彩的著名人物,在维新时期虽只是书院或私塾学生,但思想也开始在变化。如少年时代的邹容(巴县人)便接触到《时务报》《渝报》《蜀学报》等维新报刊,"每发奇僻可骇之论,闻者掩耳疾走"。并在变法失败之际慨然写下"赫赫谭君故,湖湘士气衰。惟冀后来者,继起志勿灰"的诗句④。如果说邹容因处在重庆这个消息灵通、工商繁富的大城市,易受新事物影响,那么生长在川北山区仪陇县的朱德仍受到了改良思想的冲击。史沫特莱在《伟大的道路》一书中记述道:戊戌变法在"小私塾里点燃起来的热情,朱将军到现在还觉得犹在眼前。古老的中国在'百日维新'的火焰中死亡"⑤。生长在富顺县的吴玉章正为甲午战败后的中国而苦闷、彷徨的时候,"传来了康梁变法维新的思想",于是"热烈地接受了它",百日维新时他正在自流井旭川书院读书,因宣传变法而被人们称为"时务大家",并使"进

---

① 《内阁传读杨锐等呈》,《戊戌变法档案史料》,第307页。
② 梁启超:《刘光第传》,见《戊戌政变记》。
③ 《刘光第集》,第2页。
④ 邹鲁:《中国国民党史稿》,《列传·邹容传略》。
⑤ 史沫特莱:《伟大的道路》,第60页。

步思想在那里占了上风"①。

应当承认,这个时期长江上游地区能紧跟时代潮流、具有新思想、倡导社会变革的精英并不是很多。因此,这一时期可以认为是上游地区新式精英的出现阶段,而在20世纪初,新式精英阶层趋于形成。

(二) 新式学堂的孕育

20世纪初现代教育大规模的兴起,促进了长江上游地区新知识分子群的产生。教育是一定历史阶段政治、经济和文化的反映,并对它们发生反作用,现代学堂逐步取代科举和书院的过程,就是大量士绅转化、西方文化大量传播、现代精英阶层日益形成并趋于政治化的过程。

清末的士人有受传统教育和受新式教育两种,明显的事实是,这个时期出现了一大批兼受两种教育的知识分子。由于现代学堂的影响和清政府的鼓励,那些受过传统教育的士绅自觉或不自觉地被卷入到新教育的潮流之中,多少接触到一些新学,成为新旧学兼具的第三类知识分子,实际成为传统士绅向新知识分子转化的中间环节。当时新式学堂首先招收具有传统功名者,给士绅阶层接受新教育带来了机会。据统计,1903—1906年在京师大学堂中的四川籍学生无功名者仅3人,占川籍总人数21人的14%②。锡良在陈述亟宜广设中学时称:"科举既停,旧有之贡、廪、增、附生,年龄尚少,而文理素优者,既不能抑之于高等小学,即或选入师范,仍不足以相容,听其废学,殊为可惜。"③因此中学应首先招选上述人等。据统计,1907—1908年四川高等学堂、中等学堂、师范学堂的部分班级177名学生中,至少都具有附生以上的功名④。

---

① 《吴玉章回忆录》,第5、9页。
② 房兆楹:《清末民初洋学学生题名录初辑》,第122—125页。
③ 《奏陈学务情形并推广办法折》,《锡良遗稿》第1册,第522页。
④ 何一民根据《四川教育官报》所载各校学生名单整理,见《论四川近代知识分子》(未刊硕士论文)。

清末由于地方自治的需要，又出现了自治研究所、法政学堂等为立宪造就官员，"招选各士绅来所肄习"①。这样一批转化中的知识分子成为立宪派的中坚，谘议局议员选举章程中关于新式学堂毕业或举贡生监出身的限定条件，为他们步入政界提供了条件。这种双重出身造成了其特有的心理状态，他们的功名来于统治者的恩赐，是进入仕途的起点，他们不愿清王朝的覆灭而使自己得之不易的功名付之流水。另外，传统的伦理道德、纲常名教使他们的思想被束缚，而不敢离经叛道。但他们毕竟已不是旧士人了，新学的影响、新思潮的冲击，使他们不满现实、希望改革，并产生了强烈的参政意识，因而在保守中又蕴藏着进取精神。这样一批新旧兼具的知识分子极大地影响了清末政局。

在新式学堂中还出现了一大批敢于抛弃传统的新知识分子，并投入到推翻封建王朝的革命斗争中（关于他们的革命思想参见第十一章有关部分）。新宁县普安公校学生"谋兴汉族，潜通海外党人声气"，暗地"组织机关为革命家之遁逃薮"，努力"增进学子奋心，播散革命种子"②。李劼人曾在高等学堂附属中学读书，他回忆："我在中学时，喜欢看《民报》、《神州日报》、《民呼报》、《民立报》等。"③邹杰（同盟会员）1906年入四川高等学堂，读了《民报》后，甚感"天地正谊不可扑灭，而我国数千年之政治学说，皆所以缘积恶之帝王，而助其淫威也"④。学生的革命化使当局十分惶恐，一片惊呼："近日学生大都以放纵为自由，视斯文为末事"；"学堂气习嚣张，动起冲突，对于警军各军往往尤甚然"；"假自由以便私图，借团体以联党羽，甚至革命平权，一唱百和，流而不返"。但对此又无可奈何，不禁发出了"求其潜心学业，志趣远大……千百中

---

① 《督宪奏办川省自治研究所并暂设全省地方自治局所折》，《四川官报》己酉第23册，"奏议"。
② 《烈士傅晋卿传》，《蜀中先烈备征录》卷5。
③ 李劼人：《自传》，《李劼人选集》第1卷，第2页。
④ 《邹杰传略》，《蜀中先烈备征录》卷3。

难得一二"的哀叹①。这些精英是当时思想最激进的分子。

(三) 留学日本的造就

留日学生更直接地接触到西方文化和资产阶级政治经济学说,政治上敏锐,富于民族责任感。他们提出了独立的政治经济要求,并组织革命团体,创办革命刊物,向往法、美革命。在日本,一批川籍留日学生投身反清革命,1905年年底,喻培伦、黄复生、熊克武、谢奉琦受孙中山之命试制炸弹,"日夜研习于横滨山下町,在试验中屡濒于危。丙午(1906)春又得识日本革命家宫崎寅藏,因其介绍入日人小室氏私立之兵工厂,得制造枪药之术"②。丁厚扶经常"同孙中山讨论革命事,谓欲行其学说,必先使势力发展;欲发展其势力,非报纸不为功。故《民报》社之成立,厚扶实与有大力焉"③。黄复生、杨兆蓉等曾联名写信给泸州会党首领佘英,"劝其东游",佘到日后又由黄复生、熊克武"介见孙文,遂加盟"④。

川籍留日学生在日本从事革命活动同时,也大量回省进行反清斗争。同盟会成立不久,童宪章、陈崇功两人便"奉孙中山命",携带同盟会规章、公约、誓词和计划方略等回重庆"征集革命党"⑤。重庆革命团体公强会"推扬庶堪与朱之洪首应盟约",于是"乃设同盟会重庆支部"⑥。1906年孙中山派熊克武、谢奉琦回川,与佘英共同行动,设秘密机关于泸州,在川南各州县广泛活动,先后加入同盟会者数以百计,"四

---

① 以上见《四川官报》己酉第22册,"公牍";《四川教育官报》己酉第5册,"公牍",第6册,"论说";《四川学报》乙巳第7册,"公牍"。
② 《辛亥革命烈士谢奉琦事略》,《辛亥革命回忆录》(三),第340页。
③ 《丁厚扶传》,《蜀中先烈备征录》卷1。
④ 《清史稿补编》,《革命党人列传四·佘英传》;杨兆蓉:《辛亥革命四川回忆录》,《近代史资料》,1958年第2期。
⑤ 《重庆蜀军政府资料选编》第135页。
⑥ 向楚:《杨庶堪传》,《国史馆馆刊》第1号,《国史拟传》(1948)。

川之革命,从此发轫也"①。1906—1907年大批留学生回到长江上游地区,大多分散在成都和各县任职,在地方有一定的声望、地位和影响。他们利用任学堂教习、组织书报社等多种形式,将《民报》等革命刊物秘密传播,启迪了许多青年。

在辛亥革命前的长江上游诸役,无一不是留日学生参与领导的。1907年江安、泸州起义有谢奉琦、杨兆蓉、熊克武、黄复生等;成都之役有杨维、熊克武、淡宅旸等;叙府之役有谢奉琦等;1909年广安之役有熊克武等;嘉定之役有税钟麟等。1911年保路之役,留日学生领导和参加者更是不可胜计,如吴玉章领导荣县独立,吴洪恩发动忠州起义,喻培棣、吴树韩、吴玉章等策划内江光复,等等。在光复后成立的革命政府中,许多留日学生担任重要职务。如在重庆蜀军政府中,夏之时任副都督,但懋辛任参谋部部长,邓絜任司法部部长,陈崇功任交通部副部长等。在四川军政府中,尹昌衡任都督,董修武任总政务处总理兼财政部部长,童宪章任总政务处副总理,杨维任军事巡警总部总监,张治祥任外交部长,廖嘉淦任秘书局次长等。

成百名川省留日学生中的同盟会员②,在推翻清王朝艰苦卓绝的革命斗争中做出了很大贡献,他们中有"一筐炸弹奋当先"的黄花岗烈士喻培伦,有被孙中山追赠为左将军的谢奉琦,有率同志军围成都、攻嘉定、进叙府的龙鸣剑,有健笔纵横的雷铁崖,有舍身炸良弼的彭家珍……1912年2月22日在南京的四川人士举行追悼大会,悼念蜀中先烈,孙中山亲临奠祭并致《祭蜀中死义诸烈士文》,文曰:"惟蜀有材,奇瑰磊落,自邹迄彭,一仆百作,宣力民国,厥功允多。"③孙中山用"自邹(容)迄彭(家珍)"代表蜀中的革命烈士并非巧合,而正说明了留日精英

---

① 杨兆蓉:《辛亥革命四川回忆录》,《近代史资料》1958年第2期。
② 具体统计参见王笛:《清末四川留日学生述概》(《四川大学学报》1987年第3期)附表。
③ 《孙中山全集》第2卷,第115页。

在反清革命中的地位和作用。

上游地区新式精英群体的形成,是现代社会经济、政治和文化变化的必然结果,虽然这个群体的出现较之沿海地区要晚,但在20世纪初的政治大动荡中,他们的表演一点也不比其他地区,如历来颇为人们青睐的江浙精英逊色,这说明了他们在20世纪初现代化大趋势中的迅速成长。

五 妇女地位中所反映的社会进化

社会的进化程度往往突出表现在妇女的社会地位上。传统社会中的妇女,没有独立的人格,没有独立的政治、经济地位。下面我们先通过对民国《北川县志》(北川即清代的石泉县)中《列女表》的分析,来看传统社会中纲常伦理对妇女的控制和妇女在社会中的位置。

所谓"列女",就是"节、孝、贞、烈"的妇女,因其"淑行懿范",或载于史书;或"播之声诗,里奉讴歌",以"准厉其风化";或"以示劝戒"[①]。《列女表》分节妇类、烈妇类、烈女类、孝女类、贞女类、贞烈类、慈善类共六部分(并附有《明清旧志节妇表》),以节妇类最多,为94人,烈妇类3人,烈女类2人,孝女类3人,贞女类3人,贞烈类1人,慈善类2人。

表中节妇类分五部分:1.节妇姓名,2.夫殁年,3.守节年,4.家属,5.备考。所谓节妇姓名无非是"王家柱妻梁氏""李益全妻罗氏"之类,仅有一姓氏,显然这是"在家从父,出嫁从夫"的反映。从夫殁年看,94名节妇在其丈夫去世时年龄最大的30岁,最小的18岁,25岁以下的57人,20岁以下的14人。《明清旧志节妇表》中收13人,其夫去世时年龄最大的28岁,最小仅14岁,25岁以下的7人。从守节年看,94名节妇中最长的达73年,最短的5年,40年以上的60人。这些统计数

---

① 民国《北川县志》,《列女表小序》。

字或许有力地证明了这些节妇的"淑行懿范",而实际却意味着对妇女人性的压抑,身心的摧残。家属这部分多记载其所抚儿孙,体现所谓"夫死从子""母以子显"的陈腐观念。备考则主要记载节妇的所谓"德行",94名节妇中有57人有备考,但几乎都是"事翁姑""渐妇德""立志不渝""甘贫无怨""教子成名""以延宗祧"等陈词滥调。《明清旧志节妇表》13人中12人有备考,也多是"矢志完贞,抚孤成名""奉姑抚子""事亲克忠"等彰扬从一而终、忍辱负重的评语。

彰扬节妇、烈妇、贞女等,无非都是要以妇女的人格、幸福乃至生命来维系旧的伦理纲常,并由此形成了强大的社会舆论、心理压力和儒家道德的无上权威。社会必须摧毁这没有人性的枷锁,实现妇女解放,才有可能走向现代化。

在现代化过程中,同家庭关系正在改变的形式有密切关联的是妇女的地位和权利问题。那些将促进现代化的社会经济和政治力量,会逐渐改变妇女的社会地位,并使她们在社会政治生活中发挥日益重要的作用,使人们在心理上、行动上都赞同妇女与男人享有同等的权利和地位。20世纪初,在现代化浪潮的冲击下,人们已开始注意妇女问题,虽然传统的伦理道德(如"节妇"之类)盛行不衰,但毕竟已找到了突破口,这便是女子教育和提倡天足。

20世纪初,重庆《广益丛报》便以《论中国当以遍兴女学为先务》为题,鼓吹重视女子教育,要求各州县"无论城市乡镇,有子女者,每百家设一高等蒙学,兼设一女学高等之蒙学"。男女凡6—12岁"不入学堂者罪其父母",毕业后"男女一律升入中学"[①]。甚至官办的刊物也参与了女学的宣传,如《四川学报》便发表文章,指出女子亦有受教育的权利:

> 女子无才为德之说兴,于是男子有学,而女子无学。凡所以待

---

① 《广益丛报》第2年第30—32合期,"教育"。

> 女子者,不过充服役、供玩好而已。……蓄之如犬马,视之如花草,不使受同等教育,独何心欤? 于乎天下不仁之事,岂有过于此者。①
>
> 　　以女子无才为德,以妇人不学为能,既锢蔽其智识,而又复戕其形体。既桎梏其心思,而复夺其权利。遂使女子成一无用之废物。母道日丧,家政日替,而其影响所及,至于弱国而贫民。呜呼,可恫也已! ②

兴办女学渐成风气,并被社会所承认和重视。1903年重庆成立女学会,其目的是为"振兴女学",决定先就重庆城中设女学堂,待"规模周备,经费充足"再行推广。并制定《重庆女学会章程》,规定宗旨是:"凡有关于女学之责任,如整齐学务,建立学堂,编书购器等事,本会皆尽力肩任之。无论会内外诸友,有以女学事来问或托办有关于女学之事,本会皆可代办,总期化无学之女为有学,无用之女为有用。"③许多地区都设立了类似组织,推动了女学的兴起。

从清末女学看,主要分师范和普通两类。重庆女学会设女师范,制定了《女子师范学校开办章程》,招"粗通文义之节妇以为师范生",课程分为字义文法、家政及修身、历史、学书、粗浅算术和诗歌,此外还要学裁缝、音乐、画绣等。重庆还另有速成女子师范传习所,主要是学各种手艺,如针织、缝纫、制鞋、绣花等,既"可以抵制洋货",又"可以赡养妇女",很得时人推崇④。南充开办女子师范学堂,附设端明女子小学堂,招考女生98名,毕业后"以备扩充女学堂教员之用"⑤。嘉定府七个县联合创办女子师范学堂;德阳县教育会"集议筹办"女子师范,将该县义

---

① 《广兴女学议》,《四川学报》丁未第6册。
② 《论女子宜先定教育宗旨》,《四川学报》丁未第8册。
③ 《广益丛报》第1年第9期,"教育附录"。
④ 《广益丛报》第1年第9期,"教育附录"。
⑤ 《四川教育官报》己酉第9册,"公牍"。

谷、培文两款作为经费①；等等。

四川总督鉴于"女学为家庭教育之基础"，竭力推动各地创办女学堂。如江津设立县属女子学堂，"为普及教育之一助"，学务处要求该县"勉力经营"；新都县开办女学堂，借用该县的明伦堂为校址，有人上书当局请迁址，称"妇女不宜近学宫"，这遭到学处务的严厉指斥："横生枝节，意存破坏"，予以驳回，并称"现值女学萌芽"，"理应随同维护"②。在众多的女学堂中以淑行女学影响最大，该校由华阳罗澂女士创办，"延聘中外女员，招集生徒"。在罗澂"苦口热心，广为劝导"下，"入学因之渐众"。初称淑行女学，后改为淑行女子中学堂。清末又将该学堂"大加改建"，改为省城女子师范学堂，共有女学生300余。起了开风气的作用，"省内外继踵而起者，亦联翩不绝"③。

据统计，1907年川省共有女学堂69所，女学生2234人，1908年有女学堂84所，学生2838人；1909年146所，4642人；1910年163所，5660人④。这样一大批女学生进入学堂学习新知识，对开化社会风气的确起到了难以估量的作用。

清末提倡天足，也使妇女得到一定程度的解放。1897年英国立德夫人在重庆倡导天足会，订会章11条，规定"入会者，女不得缠足，子不得娶缠足之妇"，会员之女凡十岁以下一律放足。"一时闻风欣慕，愿如会约者，颇不乏人。"当时便有人"邀同志约五六十人，议订会约"，还"招集会侣，演剧开会"，之后"入会浸众。该会还拟集资刻书宣传，拟设天足女学堂"授以中西文字及各种有用之学"。该会力图使入会妇女"悉

---

① 《四川教育官报》己酉第7册，"公牍"；庚戌第2册，"公牍"。
② 《四川学报》丙午第10册，"公牍"；《四川教育官报》己酉第8册，"公牍"；第12册，"公牍"。
③ 《本署司详请奖罗女士捐款创办淑行女学文》，《四川教育官报》庚戌第4册，"公牍"。
④ 《光绪三十三年京外学务一览表》；《第二次教育统计图表》；《第三次教育统计图表》；《蜀报》第1年第4期，"纪事"。

皆秀明达强毅尊贵,以愧甘受缚束"①。英牧师嘉立德还刊印《放足歌》100册,送渝报局散发②。1902年岑春煊任川督时,便"刊发劝放脚之白话示谕,成都之风气,从此开矣"。1904年立德夫人和启尔德夫人为宣传放脚,"大开演说于玉龙街龚氏蓬园"。主要赞助者有当时成都社会名流夫人。傅崇矩又刊布《勿缠脚歌》,印送十余万张③。

20世纪初各新式学堂明令女学生一律禁止缠脚,各地学界纷纷成立不缠足会。如重庆府中学堂教习梅际郁设立"天足渝会",1904年"挂籍入会者已三百余家,其所生女子并不缠足,已缠而复放者计已百余人"④。彭水也于县城创设天足会,"入会者极夥",并举行集会,"赴会天足妇女近百余人",演说时"观听如堵墙,洵一时之盛会也"⑤。蓬溪县成立了大足会,由知县杨开运亲书"大足馆"匾,他还编有一百韵的《大足歌》,印刷成小册子散发街市,并张贴告示晓谕放足的好处。由当地大足妇女主持大足馆事务。知县令各路团总:"重大事情必须有大足会会长参与其事,有权处理当时的事宜,旁人不得阻止干涉。"凡无大足会参加的决议均不作数⑥。达县也设有不缠足会,入会者有数百家,并办女子学堂,风气渐开⑦。

到清末,成都"不缠脚之女子,约有十之三四矣"。由于"大脚风行",成都的许多"鞋铺添出一种特别生意,专售放脚后所穿之靴鞋,蛮靴样小,颇觉可人"⑧。由于有清末倡天足的基础,所以像重庆这些地区"自晚清入民国,至今辫发缠足之习已无存"⑨。

---

① 《天足渝会简明章程》,《渝报》第9册。
② 《渝报》第5册,"本省近闻"。
③ 傅崇矩:《成都通览·成都之妇女》。
④ 《广益丛报》第2年第28、29期合刊,"奏牍"。
⑤ 《四川官报》戊申第2册,"新闻"。
⑥ 《大足馆招牌与妇女放足运动》,《四川蓬溪县志资料》1983年第9期。
⑦ 《广益丛报》第5年第8期,"纪闻"。
⑧ 傅崇矩:《成都通览·成都之妇女》。
⑨ 民国《巴县志》卷5,《礼俗》。

当时许多报刊公开提出了妇女地位问题,反对压迫妇女,反对缠足陋习,对传统的妇女观提出了挑战:"自从女子无才便是德的谬论,流传人口,不晓得要害尽了多少闺秀儿。"有的文章淋漓揭露了对妇女的压迫:

> 好好的一副面庞儿,定要他涂粉抹脂,忙碌碌的心疲力耗;好好的一双脚儿,定要他矫糅造作,血淋淋的款步飘摇。……一任他作个无知无识的危巢鸟,多愁多病的画中娇。我只怕啊! 狂风呼转江心棹,白浪掀翻梁下巢,只索要收拾残花把手抛!

甚至大张旗鼓地提出了妇女解放思想:"我待要举双手,打破男女尊卑级,我待要鼓双唇,吹起了女学大风潮。你看那破碎山河,全仗我素手纤纤得好!"① 要求男女平等,大兴女学,提出了妇女在重振河山中的重要作用。

由于风气的开化,当时有主张男女婚姻自由者,有要求男女平权者,文明书局甚至印制有《自由结婚歌》,曰:"记当初指环交换,拣著平生最敬、最爱的学堂知己","可笑那旧社会全凭媒妁通情"。公开提倡自由恋爱、自由结婚,反对包办婚姻②。

经过近十年兴女学、倡天足等的宣传,妇女,特别是知识妇女的思想状况有了很大改变,到保路运动爆发时,妇女已达到参与政治生活的地步,她们甚至建立了自己的政治活动组织——女子保路同志协会。协会成立之日系阴雨天,"会员多以手拂盖步行踏水,裙带尽沾湿"。大会开了四小时,"座中相对呜呜而泣,共一种茹苦含辛、怀仇挟恨之意,

---

① 以上见《女儿叹》,《启蒙通俗报》第 1 年第 19 期。
② 也可能所论过于激烈,以致受到官方斥责:"该局此书所言,实属有伤女教……学堂书肆,如有此等违背礼教之课本新书,应即分别禁止,以维风化。"(《四川学报》丁未第 5 册)企图严加控制这种趋势:"急宣防禁者,男女无别,自由择配是也""学生中有演述男女平权诸谬说及沾染恶习者,立即斥退"(《四川学报》丙午第 9 册)。

与男同志意气飞扬不侔"①。《四川女子保路同志会公约》规定:"本会以拒款、破约、修路为宗旨。"表示"虽有各种不可思议风声,亦誓死不变"。又发出《告川中妇女书》,号召全川妇女"大发热念,共救颠危"②。

她们实际把这一运动作为争取自己应有权利、反歧视和压迫妇女的斗争:

> 不为奴隶者,不悉亡国之惨。历代亡国之祸,惟我女界所受苦楚实多。我国痼习谓女子无才便是德,凡百事务抹煞女子。而我女界同胞,亦自认为生儿育女,经纪中馈而已,不复措意于学问世故。因是沉沦闺阃,任国破家亡而无可如何,此有识者所为悲伤也。……外人骂吾国女子为玩物,此辱不可不借此一洗。

她们进而宣布:"要以我四千余年无用之妇女,化为保国保种之柱石,并可造子孙之幸福,俾不至受外人之嘲笑。"③显然,它的意义实际上早已超过保路运动本身,无异于一份女权的宣言书,向几千年的旧传统提出了挑战。难怪当时便有人赋诗赞道:"毁家纾难有谁如,唤醒男女愤气摅。红粉也知仇国贼,绣阁珍寄一封书。"④她们力图摆脱几千年传统妇道的禁锢,从家庭走向社会,从不问政事到关心天下事,与从前真可谓天壤之别,对妇女思想是一次大解放。清末妇女地位和思想状态的种种变化,从一个侧面揭示了社会向现代的发展。

六 社会改造与社会进步

社会是一个复杂的有机体,由于内部的运动和外界的影响,它无时

---

① 《四川保路同志会报告》第10号,"附编"。
② 《四川保路同志会报告》第24号,"附件"。
③ 同上。
④ 《四川保路同志会报告》第29号,"著录"。

无刻不是在发生着变化。在传统社会,社会的发展往往是一种无目的的自在运动,人为的引导和控制较少,因而社会的发展也往往处于一种无序的状态。然而在现代潮流的冲击之下,人们日益认识到传统不能再维持下去了,再加之社会的动荡、社会问题的日多,人们开始考虑社会的改造问题。综观晚清的社会改造,主要集中在维持社会安定,改变社会风气等方面,下面兹分别叙述。

(一) 设立各厂所,解决贫民生计

清末,由于人口激增,自然灾害频繁,人们生计日蹙,游民甚多,动乱蜂起。为解决贫民生计,维持社会安定,从 1903 年开始陆续出现了一些社会自救性质的厂所。如 1906 年 7 月锡良饬令警察局总办周善培设法安置乞丐,于是周善培在成都设立乞丐工厂,"取以工代赈之意"。凡街面乞丐一律收入,由厂选择"年轻质敏"者学粗浅手工,"年壮质拙"者服官私劳役,"所得工资,由厂按名分储,俟在厂三月期满出厂,即以所积之款发给,俾为小贸资本,不致再为流落"。周善培在成都开设东、南乞丐工厂两所,半年时间先后收入精壮乞丐 1500 余人。开办经费由警察局就地自筹[①]。

为改变大批儿童生计无着的状况,1906 年周善培又特建幼孩教工厂,可容纳千人。凡无依靠之幼孩能言语行步者,即由厂随时收养。六岁以下者由保姆照料,6—14 岁则教以识字算及浅易能谋生活之手艺,满 14 岁后便令出厂自谋生计[②]。至次年 3 月便收容"乞丐中之幼孩及幼失父母或家贫无力自养之子"500 余人。以后又筹得常年经费 15600 两,"以每名岁费银十六两计之,可收养幼孩一千人之数"[③]。一些州县也设有幼孩工厂,如合州 1907 年"就同善堂基址创设幼孩工厂

[①] 《奏开办习艺所及各项工厂情形折》,《锡良遗稿》第 1 册,第 646 页。
[②] 《四川官报》丙午第 28 册,"公牍"。
[③] 《奏开办习艺所及各项工厂情形折》,《锡良遗稿》第 1 册,第 646 页。

一所,以为恤孤课艺之计"①。

1907年3月锡良"拨提闲款",饬成都知府文焕在省城西购地8.2万平方尺建通省习艺所,由警察局总办负责,成都知府为监督,"另选曾经出洋通晓外国监狱法制之员驻所坐办",可容600人,分内外两厂,内厂收罪犯,外厂收游民②。鉴于许多劳力者四处奔波,"肩背自食,一有疾病,不惟谋生自活之计穷,并且俯仰事畜之路绝,至可哀矜,尤宜救护"。因为成都设苦力病院一所,"专为收养因力致病之人",得经费5420两,"以每名岁费十八两计之,可以诊养三百人以上"。另外省城北门设老弱废疾院一所,"收容老弱废疾男妇一百余人"。经费由民间筹集,不需官款③。又外警察局还责成各轿铺、力行、客栈,遇有无家可归的苦力病者,各警察路局发现街面有患病苦力,皆可保医收入;病人中有吸食烟片者,给服戒烟药④。

当时,各州县相继设立有苦力工厂、习艺所、工艺所、教育工厂等各种名目的社会自救机构,此不赘述。

(二) 改造监狱

改造监狱的主要内容是罪犯习艺、罪犯学习以及监狱本身的改良。1903年岑春煊在筹备劝工局时,便计划在成都设立迁善所"专以拘留轻罪人犯,督以粗浅之工艺,使其可以自存不复为不肖"。外加一个养病院,"以疗养本局之有病者"。设工棚、食堂,可容800人,每年"可教二千四百人"⑤。1905年清廷令各州县一律分设罪犯习艺所,以"化莠为良",这成为川省办警察之重要事宜。罪犯习艺所在各州县纷纷出

---

① 《四川教育官报》丁未第12册,"公牍"。
② 《奏开办习艺所及各项工厂情形折》,《锡良遗稿》第1册,第645页。
③ 同上书,第647—648页。
④ 《四川官报》丙午第15册,"专件"。
⑤ 《前署督部堂岑奏设劝工局折》,《四川学报》乙巳第5册,"奏议"。

现,"其厂舍则或就公地,或购买民房,酌量修葺,总期合用。其工艺则先由织布及竹木棕草等寻常易销之器入手"。那些由于"无业自养以致迫而罹法"的罪犯,送入习艺所,"艺成省释,俾令自新"。据1905年6月统计,全川此项习艺所已办60余处①。同年成都创立迁善工艺所,"选择羁押情轻罪犯并招穷苦幼孩之学艺",可容匠徒100余名②。威远县亦"勘地修所……以兴要政",办迁善所;泸州创办迁善工艺所,"可容百人以上"③。

1906年设立成都县罪犯学堂,收罪犯入堂学习,"使已读书者智识日开,未读书者能多识字,借囹圄之拘束,补平日之失教,以感格其非心,启发其善念"。学堂内设监督、教习、监学、检察等,监学负责"考察各犯功课勤惰,凡在讲堂及自习室有不认真学习者,监学得而训诫之";检察则负责"稽查各犯言语行动,凡在礼堂食堂以及寝室等处有不遵监狱规则及现定章程者,检察得而纠正之"。罪犯按程度分为甲乙两班,课程有修身、读经、习字、历史和算术五科。每日上课五小时,其余时间"各监犯有手艺者仍得自理其业,以资津贴"。学堂每星期测验一次,期末总考,"均用积分法平均计算以别优劣"。并订有奖惩制度,若"各犯能认真学习,随时查明量予给奖。如日久不懈,二三学期后,择其尤为认真而又恪遵定章、深知改悔者,禀请量予酌减监禁年限,以昭激劝"。若有监犯"不遵监狱规则谕禁各条及不受教习之教授,不服监学、检察之训诫、纠正,均禀知监督分别轻重量予责罚"④。

1906年周善培遵锡良令饬所属将监狱仿照新法改造,其改造合法者予以褒奖,反之则记过⑤。次年,修订法律大臣、大理院正卿沈家本

---

① 《四川各属现办习艺所警察折》,《锡良遗稿》第1册,第488—489页。
② 《四川官报》乙巳第4册,"公牍"。
③ 《四川官报》乙巳第16册,"公牍"。
④ 《成都县罪犯学堂章程》,《四川学报》丙午第5册,"章程"。
⑤ 《四川官报》丁未第6册,"奏议"。

奏请改良监狱,提出先在各省会建造模范监狱一所,1910年四川模范监狱始行修建,勘定官地40亩,按张之洞在武昌修建的湖北监狱模式,于次年6月竣工,分内监(押已决犯)、外监(押未决犯)、女监、病监四部分,共可容500余人,故以后称"四大监"①。监狱条件有较大改善。

(三) 改变社会风气

改变社会风气的努力主要集中在力革官场陋规、破除迷信、妓女管制诸方面。

力革官场陋规:周善培到任伊始便在警察总局门前悬牌,"严谕各路官兵不得吸烟、赌博、冶游。总局为本原之地,虽本总办犯之亦请各员纠举,自请督宪参处。在事人员有犯此者,速图自新,毋贻后悔"②。又规定"地方官坐堂问案时,不应中停会客";"官绅调查地方事,多不肯耐劳求实,宜禁其敷衍";"禁革官场之烟瘾及麻雀,应准贫困官员随时密探,面谒禀揭,实则奖之,虚则记过停委"③。明令官吏不能受礼,当时新官上任或官吏生日店铺都要馈送礼品,周善培多次明令一律裁革此项陋规,以"体恤商艰"④。

破除迷信:成都每有神会、庙会,多有妇女入庙烧香念佛,各庙寺僧道乘机敛取资财,警察总局特出告示,明令僧道不准借念经消灾等"套哄妇女钱财",若有犯禁者,"一经拿获,定即从严惩办"⑤。又规定"庙中药签,应立行毁禁";"街道化缘之僧道,画蛋之妇女,尚未禁绝,应重申严禁"⑥。1910年古蔺罗成安等以创立儒教名目,"设坛降乩,聚众敛钱",川省当局饬令将所敛钱财"勒限分别追缴",并将罗成安等"传案质

---

① 《成都志通讯》总第15期,第10页。
② 《四川官报》丙午第12册,"新闻"。
③ 傅崇矩:《成都通览·成都之当禁革及应改良者》。
④ 《成都商报》第2册,"新闻"。
⑤ 《成都日报》第172号(1906年8月9日)。
⑥ 傅崇矩:《成都通览·成都之当禁革及应改良者》。

讯",若以后"再有抗延,即行从重科罪,毋稍宽贷"①。

妓女管制:清末成都妓女甚多,成为重要的社会问题,1906年周善培实行改良娼妓管理办法。当时成都娼家主要集中于"污秽不堪之地"东门柿子园、北门武担山。妓女"装束怪异,语言粗鄙,脂粉浓重,光怪陆离",与民户杂处,良莠难分,"有明有暗,勾引子弟,诱陷妇女,为害不浅"②。于是将柿子园改名新化街,将武担山略加修整,划出这两处为公娼集中地带,私娼严令禁止。规定宿费标准,定其家为监视户,并钉"监视户"木牌于各娼家门上③。甚至在衣着上也予以限制:"监视户妇女袖口镶边,不准用三四道辫口,以混学生学员衣袖。"④据1909—1910年调查,当时成都共有监视户即娼家325家⑤。

又制定"花捐"对娼妓收税,"其目的在:一分别良莠,二消除淫风,三提倡廉节,四防止花柳病传染",在客观上限制了妓女的发展,"公娼之存在实属有限,及稍知耻及不必下流者都可悬岩勒马,既不致为娼,亦不容为嫖娼"⑥。警察局制定了《监视户规则》:一、各学堂学生应守礼法,不准入内;二、各营兵丁应守营规,不准入内;三、年轻子弟应爱身体,不准入内。"以上三等人,该户如敢私留,查出一并治罪。"⑦警察局鼓励妓女从良,特设"妓良所",听其择嫁⑧。当时也的确有不少妓女从良,据《成都通览》载:成都"最有名之娼女,在前为田老三、张老幺。田老三已从良……现今从良者亦多,如水红桃之从□姓,黄四海之从□姓,均得其所者"⑨。

---

① 《四川教育官报》庚戌第1册,"公牍"。
② 傅崇矩:《成都通览·成都之监视户》。
③ 张仲雷:《清末(庚子以后)的各种新政概要回忆》(未刊)。
④ 傅崇矩:《成都通览·成都之当禁革及应改良者》。
⑤ 傅崇矩:《成都通览·成都之监视户》。
⑥ 姜蕴刚:《清末成都之社会建设》,《旅行杂志》第17卷第10期(1943)。
⑦ 傅崇矩:《成都通览·成都之监视户》。
⑧ 张仲雷上揭文。
⑨ 傅崇矩:《成都通览·成都之监视户》。

(四) 城市卫生与医疗

有清一代,由于管理不善,中国城市卫生极差,19世纪末法国人马尼爱游成都时便记述道:"所经房屋,秽败摧朽,如人身之患大麻疯,无一块好肉,甚且误入不通之巷,时须跨过垃圾之堆。街石既不合缝,又极滑达,经行其上,跌撞不止一次。沿途臭气扑人,饱尝滋味。"① 到20世纪初这种情形依旧,"街市居民昧于卫生之道,藏垢纳污,习于不洁久矣。道涂之不治,秽物之堆积,恶气触人,不可飨迩"。若是阴雨泥泞,则"屎酸粪汁及一切脏水"弥漫;晴天则"尘埃四塞,霉菌飞扬"。周善培督办警察后,开始整顿城市卫生,广为宣传,"民间方知卫生有益"。经认真清理后成都面貌大为改观,据称是"街道无渣滓,街道无死鼠死猫,杀房尽移城外,戮人移于莲花池,街边尿缸一律填平,各街茅房改良尽善,病猪肉不准入城,旅栈添窗通空气,认真大修理阴沟,井边不准淘米洗衣,染房臭水不准乱倾,街上不准喂猪"等②。

在城市卫生方面警察局亦作了相应的规定:如"干点心铺之茶食,有日久生虫者,宜禁其出售";"驼牛粪箕,不准置米袋上";"海会寺及暑袜街两处之皮铺臭气有碍于卫生,应令其硝皮时,一律移置城外";"御河水秽,应禁止挑水夫妄挑";"罂粟烟斗,小儿误食毒毙时有,应禁止上街持卖";"驼牛马遗粪,即带有拾粪箕畚,可免秽街。然单骑之马匹遗粪在街,应令过道之驼牛人工随见随刮,或清道夫顺便扫载"③。这些措施在一定程度上改进了城市卫生状况。

1907年警察总局改警务公所,所内设总务、行政、司法、卫生四科,卫生科管理"清道、防疫、检察食物、屠宰、考验医务医科及官立医院"等事项。1910年卫生科下添设检察、医务两股,检察股管理一切有伤生

---

① 《渝报》第9册(1899)。
② 傅崇矩:《成都通览·成都之卫生》。
③ 傅崇矩:《成都通览·成都之当禁革及应改良者》。

理之防御事项及整洁道路,排除积秽,统辖卫生队;医务股管理病院之一切诊察事项,研究医务改良等。重庆、泸州、巴县、绵竹、富顺、万县等80余地巡警也管理清洁、防疫、检查食物等事务①。为预防天花,警察局又在成都设六个牛痘局②。

警察局又对成都医生进行了整顿。成都医生分摆摊、坐轿、官医、跑街等名目,傅崇矩批评道,"病家延诊一要忍得,一要受得,一要等得、耐得,最为医界之恶习"。由于有的医生任意要价,造成"贫人每每一病倾家,故病者愿死不愿求彼等医也"。有的医生"其写出之药方单上之字,草率不可言,多为药铺误认,以致药误伤人"。周善培为免"庸医误人",令"成都之医家赴局考验,分别给凭,无凭者不准受医"③。当时成都医生约800多人,皆参加了考试,由周善培亲自监考,如有人写别字立即取消考试资格④。警察局又公布了《医道宜改良者四事》:一、"药单不可草书";二、"应诊不可故意迟迟";三、"夜间有求治急症者,不可延至次日天明";四、"药宜分别装置,不可积数种于一箱,以免遗杂,及气味牵引渗和变性之虞"⑤。显然这样的措施使医事开始有所规范。

(五) 城市消防

成都救火器一向采用太平石缸、火钩、瓢杆之类,十分落后。而且各处太平石缸内"无水者十之六七"。警察局特成立消防队,千余人,"时常演习",并将成都城内各街1100个太平缸全装满水,数日一换,"防患卫生无不周至"。又将城内各处水井调查清楚,有井之处用木牌写一"井"字,"使人人知井所,便于应用"⑥。又鉴于省城人烟稠密、房屋

---

① 《建国前四川卫生行政机构》,《四川卫生史料》总第5期。
② 傅崇矩:《成都通览·成都之医生》。
③ 同上。
④ 《成都瘟疫流行及医事制度点滴》,《四川卫生史料》1984年第2期。
⑤ 傅崇矩:《成都通览·成都之医生》。
⑥ 傅崇矩:《成都通览·成都之火政》。

鳞次，一有火灾则蔓延难止。警察总局特于城内外东南西北各处修建钟楼，高四丈多，上设警钟，有火警则撞击，各路可闻声救护[①]。此外，各路局、巡警、兵目均有"代服消防"的责任。同时又规定各轿铺的轿夫、茶坊的水夫为"义务消防"，并发牌为凭。一有火警，即带牌到局领取竹帽、水桶往火场救火，火灭回局呈缴帽桶，每名给钱百文以作力资。总局为消防队配备人工压力水龙两台，系由上海购进，后由兵工厂仿制21台，分发各路正局、分局使用。消防训练专业队每月两次，各路正局每月一次，每季度在总局会操一次。高增爵任巡警道时，曾在东较场主持过一次消防演习大会操，参加演习的警兵共1400人，观众万余人[②]。

(六) 禁吸鸦片

到清末，吸食鸦片已成为重要的社会问题，长江上游地区鸦片产量居全国之冠，鸦片种植和鸦片贸易相当繁盛，结果吸食鸦片者也逐年增多。据英国驻华公使统计，光宣之际全川吸鸦片人数达315万，其中17％即54万人左右已经成瘾[③]。这促使清政府和地方当局下决心禁烟。

1906年9月清廷谕令"限十年以内，将洋土药之害，一律革除净尽"。成都将军绰哈布、川督锡良立刻遵令通饬各属严禁鸦片，其文称：

> 查鸦片毒人为害最烈，现在钦奉谕旨，禁令森严，凡在吸食鸦片之人，亟应及早回顾，力除旧染。倘不知悛改，将来注名烟籍，不得列于齐民，辱及终身，悔将何及！其从前开设烟馆，栽种莺〔罂〕粟各户，尤应赶紧另图正业，改种他粮，免受查禁之累，勿再贪图微利以妨害人。

[①] 《成都日报》第173号(1906年8月11日)。
[②] 《成都志通讯》总第15期，第10页。
[③] 《广益丛报》第178号，"调查"。

要求各地"明白公正之绅耆各具热诚,互相劝戒,各自猛省",使"境无栽烟之地,比户无吸烟之人,共保安和,永除痼习"。自此开始,采取了严厉的禁烟措施,其要点如下:

第一,"先限栽种"。各州县确查境内种罂粟亩数,"造册详报",凡未种罂粟之地"嗣后永远不准再种",其已种者给予凭照,年递减九分之一,改种粮食,九年内全部禁完。若能提前全部改种粮食,该地方官给予奏奖。第二,"分给牌照,以杜新吸"。凡吸鸦片者须到地方官呈报姓名、岁数、住所、职业、食量等,发给纸牌,无牌者不得吸烟购烟。第三,"勒限减瘾"。凡60以下每年递减二三成,几年内戒断。凡限期未断者,官员及举贡生监"悉革平民,均注名烟籍"。第四,"禁止烟馆"。地方官勒限各烟馆半年内一律"停歇改业",凡逾限者"概行封禁"。第五,"清查烟店"。凡城镇乡村售卖烟土、烟膏之店由地方官"注册存案",各店销数应逐年递减,"十年内一律停歇,违者届限封禁"。第六,"官制方药以便医治"。选派医生研究戒烟药品,制成后由药铺经售,"其无力贫民准其免缴药资"。第七,"设戒烟会,以宏善举"。由地方官督率公正绅商广为设立戒烟会,"以期多一善会,即多一劝导之处,转移习俗较为迅速"。第八,"责成地方官督率绅董以期实行"。每年调查吸烟和戒烟人数,十年内境无吸烟之人,将"奏请奖励"。第九,"严禁官员吸食,以端表率"。各官在戒烟期内保留差缺,但"派员署理",戒断后方准任旧职,以半年为限。第十,"商禁洋药进口,以遏来源"。在土药逐年递减同时,严禁洋烟进口,于"水陆边界设法稽查,以杜走漏闯越"①。

1907年锡良在成都设立戒烟总局,派盐茶道沈秉堃、候补道林怡游、周善培充当该局总办,"专任筹划戒烟"。令所有烟馆及贩卖烟具者一律歇业,并派员到广东购戒烟药丸,同时先在省城和各州县城内设戒烟病院②。1909年5月成都商务总会鉴于"商界中人染烟癖者亦复不

---

① 《成都将军绰哈布四川总督锡良通饬各属严禁鸦片并颁示禁章程》,见巴县档案。
② 《四川官报》丁未第6册,"奏议"。

少,亟应自行戒绝以重商界人格",组织商界戒烟所。限一月内各商号均由管事到商会注册,说明有无吸烟者,"无则取具切实证书,有则限定一月内自行戒绝"。凡逾限未戒绝又不愿入戒烟所者,"各商号均不得雇用",若有违规要罚及商号号东①。迄次年5月商界共戒2000余人,后因吸鸦片者少,"来戒者寥如晨星,遂议停止"②。

到宣统年间,地方当局采取了更为严厉的禁烟措施,决定将原定的九年禁绝期限大大提前,具体规定如下:1.所存烟土以三个月为限,限满不能运出者罚办,并不准自吸自销;2.凡有烟土的商人必须将所存数目向土税局或地方官呈报,"具限运出川境,不准逾限";3.邻省之烟土概不准入川境;4.凡报存土者由各土税局填发执照,注明新陈及斤数,详细造册,"运出时非将现照呈验相符,不准出口";5.在本地销售之土,"如未报明由官收买或称系自食者,一概充公,仍再罚办"③。到清末,长江上游地区鸦片种植和销售基本断绝,公开吸食鸦片也完全禁止。

晚清以成都为中心的社会改造事业取得了显著的成果,一定程度上改变了社会的面貌。如成都"无不筹养以全其生,教工以授之业"。过去冬季"街面不忍见闻之状,一律净绝",社会上"耳目气象为之一肃"。那些"游手好闲者,既一举入厂而役之工作",使世人"皆知惰民之不可为,必且闻风自警,各谋立业自存之道"④。社会治安也有很大的改观,"未逾年盗风大息,城乡十里外乞丐绝迹"。有人写竹枝词赞道:"乞丐人多数锦城,厂中教养课功程。从今不唱连花落,免得街头犬吠声。"⑤据时人回忆:"由那时起,街头巷尾再看不见这许多'和二流'。偶有衣冠不整、穿戴不周,举止轻浮,行迹可疑之人,都必被抓起来罚工习

---

① 《四川官报》己酉第11册,"新闻"。
② 《成都商报》第2册(1910),"新闻"。
③ 《国风报》第1年第18号,"中国纪事"。
④ 《奏开办习艺所及各项工厂情形折》,《锡良遗稿》第1册,第647页。
⑤ 《清朝野史大观》卷4,《周善培召怨》。

艺,并在头顶前剃出一个天然徽章的'鞋底板'形,跑也跑不了,逃也无处逃,重则苦工,轻则学技,并教以字算等课,务必造成一个社会上的独立生产者。此种社会建设,并在当时开了一个新风气。"①

在晚清的长江上游社会改造中,锡良和周善培做出了突出贡献,他们在职期间,引进了一些现代社会(特别是城市)管理方法,为以后的社会改造奠定了基础。国外有学者指出:锡良在任总督期间,实施了稳定的政策,引进了新的、动摇传统的因素到川省,在更深层次上恢复了社会平衡②。周善培不愧为社会改造的先驱者,人们认为其社会建设值得赞扬之处在于:一有远见,二能从根本着手,三有热情,四所行均极笃实周密。但可惜实施不久,计划未能长足进展。周的改革触动不少人利益,因而受到各方面指责甚多。了解周善培者叹曰:"周君因辛亥反正之故,遂与清官吏同受一样的攻击,几遭不测。后来仅以身免逃脱,但四川至少是成都便失去一个有革新作风的社会建设的特出者了。"③周善培本人对自己主持警政的作为是颇为自负的,1937年周曾撰文申辩有人对他所谓办事过严的指责,文称:"一年警察,未得一夕安枕,凡大风雨之夕,多余冥步查街之时。劳诚余职,然以'昼绝乞丐,夜绝穿窬'八个字报成都市民,其亦可稍减严之罪乎?"④清末有首竹枝词,证明周善培此说不妄,词称:"警察巡丁日站岗,清晨独立到斜阳。夜深休往槐安去,致使鸡鸣狗盗藏。"⑤

对周善培及其在晚清社会改造中的作用,郭沫若曾作过如下评论:"平心而论,这位周先生在当时——由封建社会转移到资本制度的当时——倒不愧是一位不言而行的革命家。虽然他自己容或没有这样

---

① 姜蕴刚上揭文。
② S. A. M. Adshead, *Province and Politics in Late Imperial China: Viceregal Government in Szechuan*, 1898—1911, p. 43.
③ 姜蕴刚上揭文。
④ 周开庆:《民国四川史事续集》,第7页。
⑤ 《锦城竹枝词百咏》。

的意识,而他所归属的当时的官场又是以拿办革命家自豪的封建势力的集团,但他所举办的事业可以说全都是对于封建社会的破坏,对于封建社会的革命,他比他当时的职业的革命家,所谓'乱党',在使中国产业资本主义化的一个阶段上,倒是做了一番实际工作的。"[①]当然,晚清的社会改造并不是周善培或锡良等少数官员的事业,实际上在当时已普遍形成了一股社会改造的潮流,知识精英、地方士绅、学堂学生等都积极地加入。现代学堂的开办、西方文化的传入、锢蔽风气的打破,都为社会改造奠定了基础。锡良、周善培不过是充分利用他们所处的地位而有所建树,从而顺应了历史发展的要求,推动了腹地社会的现代化。

[①] 郭沫若:《反正前后》,《郭沫若选集》第1卷上册,第193页。

第十章　传统文化的危机与现代意识的兴起

传统社会中,宗教生活是人们精神和日常生活的重要组成部分。在地方社区,庙宇、道观,以及各种大众宗教崇拜场所、各种宗祠等,都是地方社区人们聚集和举行各种仪式的地方。在近代,随着社会的开化、西方的影响,人们的信仰也受到冲击。西方宗教势力逐渐进入长江上游地区,建立教堂,招民入教,并与地方官和地方士绅发生了冲突。但是,他们通过不懈的努力,特别是通过建立医院、学校、以及其他慈善事业,逐步将他们的影响扩展到整个长江上游地区。

在晚清,这个地区经历了一场思想上的启蒙运动。新政所推动的新办学堂、各种报纸杂志的发行、新书籍的印行,以及中西方文化交流的加剧、大量留学生的出川与回川,对这个地区的思想和文化,都有着非常巨大的影响,现代意识开始萌芽和发展。本章将深入探讨这个复杂的过程。

一　传统宗教的日趋衰落

在传统的长江上游社会,过去宗教把整个社会整合在一起,宗教使社会的基本规范和价值观得到实施,并且更能为人们所接受。社会规范的存在和遵从,是所有社会组织的基础,赋予这些规范和价值观以信仰的意义,使其中一些规范和价值观成为神圣的信条。宗教使人们在个人意愿和社会需要发生冲突时,要求个人必须做出牺牲。在传统和封闭的社会,宗教有助于控制社会违规行为。世俗社会通过奖惩来维护社会制度,宗教又加上了另一方面:超自然的力量。下层社会的人们因为在社会上没有得到平等的待遇,所以需要来自精神层面的补偿。

  与中国其他地区一样,长江上游地区的宗教信仰是以佛教和道教为中心的,当然以佛教的影响最为广泛,"俗人出家为僧,择师为之剃度,习课诵外,扫地、焚香以为常。男僧女尼……守清规而有能力者,分住寺院,为常住"。民间常请寺中和尚念经、伴灵、贡天等①。佛教有教派之分,如犍为属密宗,分为应、法二门,"法门只拜佛念经,应门则专受雇于人,设坛作法,与人超荐而已。于佛经义理或佛学旨趣,多茫然莫解。故此教仅存形式,而精神实已亡矣!"②为僧者大多出于贫困之家,因此多能守持那苦行僧的生活,民国《泸县志》称:"为僧者类多自幼无依,或中年晚年为环境所迫,故剃度出家,所谓赖佛逃生者也。士夫之家,除作佛事超荐亲属,妇女晚年无事,借念佛以资忏悔外,信奉者少。"③佛寺有僧家自建和施主捐建两种,"僧家以独立募修者谓之丛林,可以接引大众。非若一人一家之所建,施主得操其权也"④。长江上游各地皆以佛教徒为最多,如成都城清末30万人,其中崇儒者10万人,然"此十万人中迷信佛教者十之九,学生约万余人"⑤。其他地方大概可照此类推。

  四川为道教的发源地。道教奉老子为祖师,尊为太上老君,大略分二派,以炼丹求仙却老为主者,称丹鼎派(或称金丹派);以祈祷符咒疗病为主者,称符箓派⑥。关于其教徒情况,据民国《犍为县志》称:道教"难行于有识者之间,仅博得下层社会之信仰。入此教者,称之为道士,

---

① 民国《西昌县志》卷6,《祠祀志》。
② 民国《犍为县志》,《居民》,第41页。
③ 民国《泸县志》卷3,第62页。
④ 民国《绵竹县志》卷17,《宗教》。
⑤ 傅崇矩:《成都通览·成都之宗教》。
⑥ 参见吕实强:《从方志记载看近代四川的宗教与礼俗》,《汉学研究》第3卷第2期。

分出家与在俗两种"。出家者都须蓄发,"县中蓄发住庙者,全县不过数十百人"。出家者多在成年之后,"或命途多乖,或受某种刺激为之"。所谓在俗道士即"居家应雇,专为人驱除、祈禳及修斋超荐,例不住庙,其首领俗呼掌坛师"①。道教的宗派众多,如符箓派又可分为神霄派、清微派、天心正法派、东华派、净明派等。川南西昌的玄功派(属符箓派)为"出家修真之信徒,授以纶巾道袍、麈尾、岩瓢、便铲之属,谓之道人;女之出家修真,谓之道姑,亦有特殊之冠服"。道士与道姑均分住,县属玉皇殿、祖师殿、五祖庵等为道士住持,青羊宫、青牛宫、财神殿等则为道姑住持。另外该县还有天师派(属金丹派),此派不必出家,通称道师,"谓得张天师真传,有霞冠、法服、宝剑、朝笏,有印信文曰灵宝大法司,统曰法宝,朝真作法明用之"②。明中叶以后,道教在全国范围内逐渐衰落。清代统治者也重佛抑道,信道者日趋减少。

除佛道之外,还有各种大众信仰、大众宗教形式,散布于民间,对大众日常生活的影响亦非常巨大。从通都大邑到穷乡僻壤,各种宗教崇拜的庙宇、寺观、宫院、殿堂星罗棋布,各名山大川的寺庙更是终年香火旺盛。各种祠庙大概可划分为自然崇拜和人物崇拜两类,自然崇拜有社稷坛、风云雷雨山川坛、先农坛、江渎庙、城隍庙、龙神庙、东岳庙、雷祖庙、八蜡祠、元坛庙、青衣祠、祈水庙、牛王庙、文昌庙等;人物崇拜的有崇圣祠、文庙、乡贤祠、忠义祠、节孝祠、关帝庙、大禹庙、真武庙、吕真君祠、三官祠、三教祠、药王庙、蚕丛祠、望帝祠、萧公祠、汉昭烈帝庙、武侯祠、三公庙、二郎庙、昭应祠、三义祠、三圣寺、清献祠、慰忠祠、文成公祠、六公祠等。还有许多以个人名字命名的乡贤宗祠等。这构成了一张宗教信仰分布广泛且严密的网络。嘉庆时期川省各祠庙寺观的分布可见表10-1。

---

① 民国《犍为县志》,《居民》,第43页。
② 民国《西昌县志》卷6,第17—18页。

表 10-1

府直隶厅州	祠庙 自然崇拜	祠庙 人物崇拜	寺	观	计	府直隶厅州	祠庙 自然崇拜	祠庙 人物崇拜	寺	观	计
成都府	32	70	116	36	254	泸 州	11	18	22	6	57
重庆府	11	38	126	29	204	资 州	13	17	43	9	82
保宁府	10	38	65	22	135	绵 州	4	28	72	18	122
顺庆府	13	35	95	26	169	茂 州	9	12	7	1	29
叙州府	16	42	129	23	210	忠 州	6	19	29	11	65
夔州府	11	32	37	24	104	酉阳州	10	8	22	55	95
龙安府	16	21	29	13	79	叙永厅	9	5	5	2	21
宁远府	16	9	24	11	60	打箭炉厅		4	161		165
雅州府	11	28	79	22	140	松潘厅	7	3	4	2	16
嘉定府	16	33	107	24	180	石柱厅	5	6	5		16
潼川府	16	26	256	27	325	杂谷厅	8	6	1		15
绥定府	10	18	46	5	79	懋功厅	5	2	2		9
眉 州	8	19	42	9	78	太平厅	6	4	4	5	19
邛 州	7	14	45	8	74	总 计	286	555	1573	388	2802

资料来源:根据嘉庆《四川通志》卷38—43资料整理。

从表10-1可见,川省嘉庆时期各种寺庙道观宗祠稷坛共计2802处,其中自然崇拜祠庙286处,占总数的10.2%;人物崇拜祠庙555处,占总数的19.8%;寺院1573处,占总数的56.1%;道观388处,占总数的13.9%。从人物崇拜大大超过自然崇拜可看出,人们对人世权威的景仰超过了对自然的畏惧。若不算少数民族居住的直隶厅,全川除宁远府和酉阳州外,人物崇拜都超过自然崇拜。从表中还可看到,佛教在长江上游占有绝对优势,在各种崇拜中佛教寺院占1/2以上。除酉阳州和太平厅外,各府直隶厅州都是佛寺为最多。从地区划分看,寺院以潼州府最多,达256处;其次是打箭炉161处,再其次是重庆和成都府,分别为126处和116处。道观以酉阳为最,达55处,占全川道观的14.2%;其次是成都和重庆府,分别为36处和29处。

吕实强先生指出:"谈及庙宇,一般总是将其与和尚尼姑、道士道姑

第十章　传统文化的危机与现代意识的兴起

相联属,然庙宇之建立,实亦有儒家传统在内。"①此言极当,在各地的宫、殿中,供奉儒贤十分普遍,充分说明了儒教的深厚基础。下面我们根据同治《大邑县志》中所载"大成殿祀位图",来对儒教人物崇拜进行一个微观考察。大邑县城大成殿主殿祀圣人和先贤 17 人,两庑祀先贤先儒共 140 名。为便于考察,我们进行抽样,即从两庑 140 人中按每隔五人抽出一人,这样抽出 28 名,得出图 10-1②。

		至圣先师孔子		
	宗圣曾子 亚圣孟子		复圣颜子 述圣子思子	
	先贤冉子 先贤宰子 先贤冉子 先贤言子 先贤孙子 先贤朱子		先贤闵子 先贤冉子 先贤端木子 先贤中子 先贤卜子 先贤有子	

西庑三十位	先儒杜子春 先儒韩琦 先儒吕祖谦 先儒陆秀夫 先儒陈献章 先儒汤斌	先儒罗钦顺 先儒金履祥 先儒陈澔 先儒谢良佐 先儒范宁 先儒伏胜	东庑三十一位	西庑三十九位	先贤程颢 先贤公晳哀 先贤颜辛 先贤壤驷赤 先贤颜祖 先贤燕伋 先贤颜之仆 先贤公明仪	先贤乐正克 先贤秦非 先贤公西舆如 先贤左人郢 先贤公良孺 先贤冉季 先贤漆雕开 先贤公孙侨	东庑四十位
	两庑先儒祀位			两庑先贤祀位			

图 10-1

---

① 见吕实强上揭文。
② 本表承蒙学生李兴收集资料,在此致谢。

从图中可看到下面一些特点:

第一,层次分明、尊卑有序。大成殿祀位分五个层次,最高是孔子,其次是以颜子为首的四圣,再其次是以闵子为首的十先哲,第四层是79先贤,最后是61先儒。这种上下左右的尊卑层次是儒家伦理在祭祀中的反映。第二,崇拜广泛。除儒学大家(孔、孟、程、朱)外,在图中28贤儒中,有孔门弟子11人,孟门弟子1人,朱门弟子1人,程门弟子1人。另外,还有春秋时代大学问家漆雕开、公明仪,秦代博士伏胜,西汉硕儒杜子春,晋代学问家范宁,宋代史学家吕祖谦,元代名人金履祥,明代学问家陈献章,明代编修罗钦顺,清代翰林汤斌。28人之外还有韩愈、周敦颐、张载、欧阳修、司马光等大学问家,他们都受到民间的崇拜。第三,崇尚忠君爱国。图列28贤儒中,忠君爱国的名将相有三人,即陆秀夫、韩琦和公孙侨[①],都是有才有节的义士。28人之外还有诸葛亮、李纲、文天祥等著名爱国忠臣。反映了民间对忠臣的崇拜和景仰。

长江上游地区除佛道之外的庙祀,颇为复杂,据民国《云阳县志》约分三类:一、"古圣名贤,功德昭著,世有常尊,正祀以外,时多别构,如神禹、关侯、李冰、杜宇之属,有功于民,义得通祀";二、"客籍既多,民不忘本,争设宾馆,附祀乡贤,一以联乡情,一以资众议";三、"稗官野议,民听易移,寓言成实,祷禳辄效,荐绅所笑,愚氓所趋,如东汉之石将军,三吴之五显神庙,流风所渐,不可理喻"[②]。

第一类即前面表列之人物崇拜和祀位图中所列之诸贤儒,这里再谈谈川人崇奉"川主"问题。宗教崇拜是与一定的生产发展密切联系的,川省以农业为主,故水利事业至关重要,因此川人即将兴修都江堰造福川人的李冰父子奉为"川主"。据史志称:"且禹导岷江抑洪水历传天下,为天下主;李公父子辟沫水、开渠堰,利赖蜀川,定为蜀川主。"因

---

① 陆秀夫系南宋抗元名相,国亡抱幼帝投海而死;韩琦是北宋抵御西夏的"塞上长城";公孙侨即春秋郑国名相子产。
② 民国《云阳县志》卷21,第1—2页。

而"四川诸州邑乡里,无在不有川主神庙,稽神之姓氏即今灌县都江堰口奉敕封建二王庙神也。前庙所祀,秦蜀守李公冰之子二郎君;后庙所祀乃李公也"①。从川人崇奉"川主"可见人们对农业和水利的重视。

第二类即各移民会馆所奉神祇先贤(参见第八章有关移民与会馆部分),如湖广会馆奉禹王,江西会馆奉许真君,福建会馆奉天后,广东会馆奉六祖,山西会馆奉关帝,贵州会馆奉黑神等。关于许真君,据光绪《黔江县志》称:"真君许氏,讳逊,字敬之。为旌阳令……值岁饥,民多流亡,君以神丹点石为黄金,投后圃瓦砾中,役贫者锄治其间,俾得金以充租赋。郡又大疫,郡疗之辄愈,其惠政多类此。"②许真君以施德政于乡人而祀之于万寿宫。关于天后,据民国《大竹县志》载:"按天后,姓林氏,莆田湄州人。为宋巡检惟慤第六女。生而神灵,有老道士玄通授以玄微秘诀。年十六,窥井得符,灵通变化,越十三年,九月九日飞升。时显灵应,或示神灯神雀,海舟护庇无数。宋始封灵惠夫人,清封天后。"③福建人移入长江上游后,虽已无海难之忧,但仍奉祀天后,表现了对故土的眷恋。另外,六祖系佛教禅宗之六祖慧能等,此不一一叙述。

第三类即前面所说的自然崇拜的庙坛等,也不再赘述。

马克斯·韦伯的研究注意到宗教可能是社会现代化的主要障碍之一,因为它是传统的堡垒,是同现代科学、技术和进步思想水火不相容的,也是传统信仰与价值观的贮存库。由于经济、社会和文化教育的发展,必然会逐渐减弱个人对传统宗教的信仰。这些传统的宗教信仰会受到现代政治生活的猛烈冲击,信仰变得越来越世俗主义,越来越减少对宗教的依赖。这显然是从现代化的观念来认识大众宗教与大众信仰,因此现代化的精英对它们进行严厉的批评就不奇怪了。近代以来,长江上游地区传统的宗教的确受到极大的冲击,正如吕实强所说:"佛

---

① 民国《江津县志》卷4,《典礼志》。
② 光绪《黔江县志》卷2,第54页。
③ 民国《大竹县志》卷3,第15页。

道二教,在清末民初之际,久已流入形式,而丧失其真髓。虽间亦有杰出之信徒,力谋振兴,但卒未能收有宏效。"① 这种宗教热情的衰落从人们修建庙宇次数的递减便可见一斑。

下面以巴县、绵竹、什邡、中江四县为例,将自明代到民国新建和重修寺观等的次数进行统计。表10－2A(巴县)、表10－3A(绵竹)、表10－4A(什邡)、表10－5A(中江)分别系各时期庙宇、祠堂、寺院、道观等新建和重修次数。但由于各朝时间长短不一,因而各表所列尚未能反映出各期修建庙宇的盛衰,因此表10－2B、表10－3B、表10－4B、表10－5B分别列出清以后各期平均每十年的新建和重修数量。为更直观地说明一些问题,又根据表B将清至民国近300年宗教盛衰情况作出图10－2。从这些图表中,我们拟可作如下分析:

1.巴县。顺治时由于战乱当然无力修建庙宇,经清初经济的恢复,修建庙宇渐多。康雍乾时期约每十年2－4次,嘉庆以后明显减少,进入近代新建庙宇便不见记载。人们不再热衷于新建庙宇固然与政局不稳有关,但也同时反映了人们的宗教观念渐趋淡漠。重修庙宇的次数到近代并没有出现直线下降,从曲线图可看到,重修活动在雍正和同治时期出现两次高峰。雍正的重修活动是与新建的兴盛一致的。嘉道以后重修呈下降趋势,在咸丰年间降到最低点,显然这是因战乱的影响。同治时期社会相对稳定,使重修活动出现了短暂的繁荣,但这也只是强弩之末,民国之后更一蹶不振。

---

① 吕实强上揭文。

第十章 传统文化的危机与现代意识的兴起

表 10－2A（巴县）

类别	明及明以前 A	B	顺治 A	B	康熙 A	B	雍正 A	B	乾隆 A	B	嘉庆 A	B	道光 A	B	咸丰 A	B	同治 A	B	光绪 A	B	宣统 A	B	民国 A	B	未详 A	B	共计 A	B
庙	4	1			1	3	1	1	1	1	1	1		1											11		19	8
祠							3	1		1		1		1				1							6		9	4
宫	2							1										1							7		9	2
寺	88	20	1		14	5	3	4	14	25	1	12	2	15		3		10		11				2	11	57	180	118
观	1	1																								1	2	1
庵	5	2			2		1				1			1											1	1	8	5
堂	1									1															2		3	1
阁	1																										1	0
殿	1																								1		1	0
计	102	24	1	0	17	9	5	5	18	29	2	15	2	17	0	3	0	12	0	11	0	2	0	12	86	0	232	139

资料来源：根据民国《巴县志》卷2下，《庙宇表》第1－27页资料整理计算。

注：A为新建，B为重修，以下各表同。

表 10－3A（绵竹）

类别	明及明以前 A	B	顺治 A	B	康熙 A	B	雍正 A	B	乾隆 A	B	嘉庆 A	B	道光 A	B	咸丰 A	B	同治 A	B	光绪 A	B	宣统 A	B	民国 A	B	未详 A	B	总计 A	B
寺	38	4		2	15	17	4	16	8	29		16	3	23		1		3				1		7	26	23	95	134
庙	5		1		6	2	3	1	9	5	4	9	6	13	1	1	4	3	3	8		2		7	14	24	56	75
观	3				5	1		1	1	6			3	2				1							3	2	14	18
庵	9	2	1		7	3	2	3	3	9	2	5	1	5				1		1					6	8	31	37
院	10	2			6	7	2	4	2	8		6		10											5	2	25	39
堂	3				3	1		1		3			1							1		1		2	5	12	15	
殿									1	1																	1	1
坛									1				1														2	2
祠					2		1		3	2		2		3			2		1	4		1			3	3	13	15
宫	4	1			3		1	2		6	2	1		1			3		1	3					4	12	27	29
楼	1																								1	1	2	3
计	73	9	2	2	47	31	16	25	35	68	15	44	13	62	2	6	4	10	5	21		2	2	8	64	80	278	368

资料来源：根据民国《绵竹县志》卷1，《古迹》；卷17，《宗教》资料整理计算。

表 10－4A(什邡)

类别	明及明以前		顺治		康熙		雍正		乾隆		嘉庆		道光		咸丰		同治		光绪		宣统		民国		未详		总计	
	A	B	A	B	A	B	A	B	A	B	A	B	A	B	A	B	A	B	A	B	A	B	A	B	A	B	A	B
庙	2	1			6	6	3	1	4	4			5	1	2	3	1	2	2	6			8		3	2	31	38
祠								2			3	4					1			4	1				1	2	5	10
坛								2																			2	0
寺	23	4	1	1	9	12	3	7	3	18			5		3				1	1	5	1		1	27	30	67	87
庵	6				4	4	2	4	1	8	1	1	1				1	2	1	2	2			1	18	19	36	42
观	2									1							1	1			1				2	2	5	5
殿					1				1																	1	1	2
堂	1				1	1	1		1	2			1						1	3			2		6	6	11	15
院	1									4													2		4	3	8	9
宫					3	2	1		5		2		1	1			2			7				2	32	29	44	44
阁								1		3			1						1						2	2	5	7
计	35	5	1	1	24	25	16	14	16	45	3	12	3	6	8	6	3	6	15	27	1	0	4	12	127	139	256	298

资料来源:根据民国《重修什邡县志》卷7,《礼俗志》资料整理计算。

表 10－5A(中江)

类别	明及明以前		顺治		康熙		雍正		乾隆		嘉庆		道光		咸丰		同治		光绪		宣统		民国		总计	
	A	B	A	B	A	B	A	B	A	B	A	B	A	B	A	B	A	B	A	B	A	B	A	B	A	B
寺	44	3	1	3	12	3	11	3	24	1			3	1	1	1							3		99	15
庙	9	7	5	5	4	5	1		4	3			4	1	3	1			1		1	1			26	28
观	5		1	1																					6	1
庵	3				1		2		3		2	4		4			1								11	10
殿	1												1				1								4	0
宫	1				2				1	1			3						1						7	2
院	3	1			1																				3	2
阁	2													1		2		1							4	5
祠			7		2		3	2	1		1	4	2		1	3			2	1			1	1	13	18
计	68	18	9	11	21	10	14	5	34	8	5	9	13	2	3	4	3	3	1	0	4	0	173	81		

资料来源:根据民国《中江县志》卷4资料整理计算。

注:新建和重修年代未详者没有列入。

2. 绵竹。在所统计的四县中,庙宇的新建和重修绵竹均占首位,这与绵竹宗教兴盛的传统有关。从绵竹新建和重修的曲线图看,它们的起伏基本是同步的,这即是说新建旺期也是重修旺期,但第二个旺期(嘉道时期)重修幅度远高于新建。康熙时绵竹新建庙宇 47 次,雍正时虽时间不长也有 16 次,乾隆时 35 次。嘉道以后便呈下降趋势,同光时虽略有复苏但很快又走向萧条。从重修看雍正是第一个高潮。道光时出现第二个高潮,达 62 次,但自此便陡然下降。绵竹近代以来庙宇修建的衰落十分明显。

3. 什邡。宗教盛衰趋势同绵竹差不多。从新建庙宇看,仍以雍正时期最盛,乾隆以后渐衰,咸丰和光绪时期有所恢复,但起伏不定,没有较大增长。重修亦是雍正时最盛,但道光时陡然下降,直至同治约半个世纪内均不景气,光绪时一度复苏,但很快即衰落下来。

4. 中江。曲线图说明,清前期新建庙宇颇盛,重修以雍正和道光时期较多,但声势不大。道咸之后基本是持续衰落,光宣时达到最低点,以后便不见记载。

表 10-2B (巴县)

时　　期	顺治	康熙	雍正	乾隆	嘉庆	道光	咸丰	同治	光绪	宣统	民国
统治时间(年)	18	61	31	60	25	30	11	13	34	3	27
新建次数	1	17	5	18	2	2	0	0	0	0	0
每 10 年新建次数(A)	0.6	2.8	3.8	3.0	0.8	0.7	0	0	0	0	0
重修次数	0	9	5	29	15	17	3	12	11	2	12
每 10 年重修次数(B)	0	1.5	3.8	4.8	6.0	5.7	2.7	9.2	3.2	6.7	4.4
A+B	0.6	4.3	7.7	7.8	6.8	6.3	2.7	9.2	3.2	6.7	4.4

注:民国《巴县志》刊于 1939 年,故内容截止时间至迟为 1938 年,故民国统治时间按 27 年算,以下各表民国时期均按此法计算

表 10-3B （绵竹）

时　　期	顺治	康熙	雍正	乾隆	嘉庆	道光	咸丰	同治	光绪	宣统	民国
统治时间(年)	18	61	31	60	25	30	11	13	34	3	27
新建次数	2	47	16	35	15	13	2	4	5	0	2
每10年新建次数(A)	1.1	7.7	12.3	5.8	6.0	4.3	1.8	3.1	1.5	0.0	2.8
重修次数	2	31	25	68	44	62	6	10	21	2	8
每10年重修次数(B)	1.1	5.1	19.2	11.3	17.6	20.7	5.4	7.7	6.2	6.7	11.4
A+B	2.2	12.8	31.5	17.1	23.6	25.0	7.2	10.8	7.7	6.7	14.2

表 10-4B （什邡）

时　　期	顺治	康熙	雍正	乾隆	嘉庆	道光	咸丰	同治	光绪	宣统	民国
统治时间(年)	18	61	31	60	25	30	11	13	34	3	17
新建次数	1	24	16	16	3	3	8	3	15	1	4
每10年新建次数(A)	0.6	3.9	12.3	2.7	1.2	1.0	7.3	2.3	4.4	3.3	2.4
重修次数	1	25	14	45	12	6	6	6	27	0	12
每10年重修次数(B)	0.6	4.1	10.8	7.5	4.8	2.0	5.4	4.5	7.9	0.0	7.1
A+B	1.2	8.0	23.1	10.2	6.0	3.0	12.7	6.9	12.3	3.3	9.4

表 10-5B （中江）

时　　期	顺治	康熙	雍正	乾隆	嘉庆	道光	咸丰	同治	光绪	宣统	民国
统治时间(年)	18	61	13	60	25	30	11	13	34	3	7
新建次数	9	21	14	34	5	9	2	4	3	1	4
每10年新建次数(A)	5	3.4	10.8	5.7	2.0	3.0	1.8	3.1	0.9	3.3	5.7
重修次数	11	10	5	8	9	13	3	3	1	0	0
每10年重修次数(B)	6.1	1.6	3.8	1.3	3.6	4.3	2.7	2.3	0.3	0.0	0.0
A+B	11.1	5.0	14.6	7.0	5.6	7.3	4.5	5.4	1.2	3.3	5.7

第十章 传统文化的危机与现代意识的兴起 549

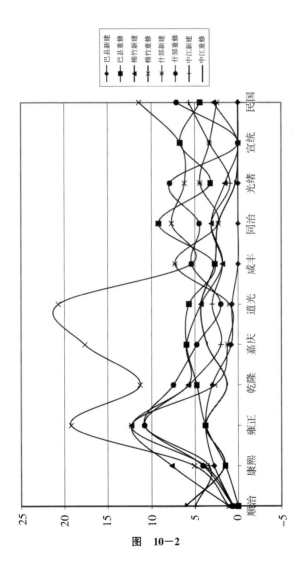

图 10—2

为进一步了解近代长江上游地区传统宗教衰落的事实,表 10—6 列出长寿、永川、南川、涪州和大足五州县在嘉庆和光绪时期的庙宇数进行比较。

表 10—6

地　区	嘉庆时庙宇数	光绪时庙宇数	增(+)减(−)百分比(%)
长　寿	12	9	−25.0
永　川	10	6	−40.0
南　川	18	8	−55.6
涪　州	14	9	−35.7
大　足	7	9	+28.6

资料来源:嘉庆数见嘉庆《四川通志》卷34,《舆地志·祠庙》;光绪数见巴县档案光绪内政二、财政三,宣统内政二。

五个州县中仅大足一县有所增加,其余四州县均减少,少者如长寿减少 25%,多者如南川达减少 55%。庙宇数量的减少固然与经济恶化和社会动荡有关,但人们宗教意识的淡化恐怕也是重要因素,而宗教意识的淡化却反映了受现代浪潮冲击的结果。人们开始日益相信自己的力量而与飘缈的神灵逐渐疏远。

二　西方宗教势力的扩张

在长江上游的门户被打开之前,这一地区在西方人眼中一直带有神秘色彩,因此成为许多西方布道者和探险者的注意所在。西方传教士在长江上游地区开拓传教之路经历了一个漫长的时期。在整个清代二百多年中,西教在本土文化顽强的抵御中,逐渐争得了一席之地,西方传教士才在这里初步建立起他们的事业。

(一) 西教的早期传播

明崇祯十三年(1640)耶稣会教士利类思司铎"前先入川,传扬福音"①,最早把天主教传入长江上游地区。次年利类思选 30 人"为之付圣洗",并"教训伊等圣教道理",准备作为"他方之传教先生,作为四川圣会之栋梁,匡助传教"。这 30 人成为宣传天主教的骨干,"皆尽心竭力,传扬圣教"。不仅在成都"讲道劝人,亦且往各城乡宣传救世真主,天主降福若辈之士",天主教势力有所发展,"奉教者颇不乏人"。由于长江上游地域广大,利类思"一人实难遍顾,大有鞭长莫及之势",于是其友安文思司铎由杭州到川,"襄助传教事宣"②。利类思、安文思两人"同心同德,敦传圣教。不惟在成都宣讲福音,并且往保宁、顺庆等处虔救人灵"。结果是"领圣洗者亦复不少",在保宁府、顺庆府"均设有经堂,为教友领圣事、诵经之处"③。19 世纪末英国人立德考察长江上游时也发现,有的家庭从 17 世纪便已信教④。

18 世纪天主教在长江上游继续发展,康熙四十一年(1702)传教士在重庆建光华楼圣堂、在成都购买房屋,以"作传教处所"。法国传教士穆天尺、毕天祥、白日升、梁弘仁等在金堂、安岳"且有圣堂,教友亦多",天主教传播至"川西、川南各地"。后德国人费隐(Xavérius Ehrenbertus Fridellis)、法国人潘如(Bonjour Augustinianus Gallus)奉康熙之命,"派往四川绘图",有些人"欣羡莫名,遂亦奉教"。教会势力不断发展,如渠

---

① 古洛东:《圣教入川记》,第 1 页。利类思本名布格略(Buglio),西亚人,在华传教颇久。"利类思到川省之先,有四川在京大员刘阁老,系汤若望及京中耶稣会众司铎之友,善待圣教,时加护佑。并为利类思致函川督及各当道,激扬利君之贤。"刘阁老即刘宇亮,按《四川通志》和《明史》本传,系四川绵竹人,万历进士,曾任吏部右侍郎、礼部尚书等。

② 即嘉庇厄尔玛加尔纳(Gabriel Magallaens),华名安文思,"大吕宋国人,亦在华传教甚久"。

③ 以上见古洛东:《圣教入川记》,第 4—6 页。

④ A. J. Little, *Through the Yang-tse Gorges or Trade and Travel in Western China*, p. 154.

县"教友之数与日俱增"①。乾隆十一年(1746)在川省的外国传教士因清廷禁教而被完全逐出。六年以后,巴黎外方传教会(The Society of Foreign Mission of Paris)负责滇、黔、川的传教事务,陆续有四位教士被任命前往主持教务,但仅有坡特尔(Francois Pottier)以极隐秘的方式逃过官府注意,于乾隆二十一年(1756)进入长江上游。在此后十年中,他是这一广大教区中唯一的外国传教士。乾隆二十五年他虽为官府逮捕,予以放逐,但他不久又潜行四川,乾隆三十二年(1767)被任命为四川教区主教。同年,格利欧(Gleyo)教士来川增援,但于两年后亦遭逮捕,并因此引起官方对基督徒的搜查。不过洋教仍继续得到发展,乾隆二十一年全川教徒不过4000人,到五十七年(1792)增加到2.5万人,嘉庆六年(1801)更增至4万余人②。

到嘉庆年间,由于天主教的扩张,引起了许多文化的和人为的冲突。川督在查禁天主教的札文中便称:"天主邪教,诡正乱俗,最为人心风气之害。"③可见天主教的传播已在上游社会中产生了不小的影响。由于各地"习教人多,且有与本地民人讦讼争殴,几酿事端"④的情形发生,康雍乾时期清政府曾多次发布钦令禁天主教,嘉庆时川省当局采取了比较严厉的措施,嘉庆十五年(1810)对洋教"实力查禁,以正民风",令教民悔教。渠县"先后具悔已有七百数十户之多";重庆府属当时是"民俗庞杂,传习天主之人较别属为尤多"⑤,皆由官府强令悔教,如巴县九品职员何深海世代奉教,其父"奉习天主教是从外祖父刘运安传习",何深海又随父奉教⑥,被传讯到案悔教。这一时期天主教的发展受到

---

① 古洛东:《圣教入川记》,第66、68、84页。
② 吕实强:《晚清时期基督教在四川省的传教活动及川人的反应》,《台湾师范大学历史学报》第4期。
③ 嘉庆十五年十一月二十五日《重庆府遵饬实力查禁天主教札》,见巴县档案。
④ 同上
⑤ 同上
⑥ 嘉庆二十三年六月二十九日《何深海供词》,见巴县档案。

极大抑制。

(二) 天主教在近代的扩张

鸦片战争后在法国的强烈要求下,天主教获得弛禁,长江上游地区的传教更趋活跃。据教廷传信部报告,仅道光二十八年(1848)一年间川省受洗入教者,即有成人 880 余人,病危儿童 8.4 万余人[①]。道光二十年(1840)天主教重在四川设立教区,三年后由贝罗书主教在重庆举行加冕礼,道光二十六年四川教区接收西藏主教区。咸丰六年(1856)四川划为川西北区和川东南区两个教区,先由贝罗书主教主持,后由德弗来主教和德斯马曾神父先后主持。"1857 年 8 月 9 日,三位主教同意签订三个主教区的界限,这个协定在 1858 年 1 月 7 日得到罗马的批准。"协定的界限为:1. 川西北教区,负责整个川西北部,加上邛州、大邑、木坪与天全东部地区,以及资州、内江和资阳;2. 川东南教区,负责整个川东和属于下川南的南部的一半地区,但川南地区的资州、内江和资阳隶属西北教区;3. 西藏教区,负责上川南南部地区的一半,仁寿、井研亦隶属西藏教区。据当时统计,川西北教区的教徒约有 2.9 万人,川东南 2.1 万人[②]。

19 世纪 60 年代以前西教在长江上游地区的扩展是比较慢的,"中国自咸丰九年北京条约成,外人遂获自由布教之权。西方教徒,滔滔汩汩,杂然入支那内地,四川以僻远故,其教徒之侵入,亦较后于中原"[③]。但 70 年代特别是中英《烟台条约》之后,据川省当局称,光绪年间是"教堂林立,处处均有司铎。住居既久,人地自熟"[④]。以川南主教区为例:川南主教区于咸丰十年(1860)成立,次年正式脱离川东主教区,其管辖

---

① K. S. Lalourette, *A History of Missions in China*. p. 239. 转引自吕实强上揭文。
② 《天主教川南教区法文档案》,《四川教案与义和拳档案》,第 17—19 页。
③ 梧生:《排外与仇教》,《四川》第 1 号。
④ 光绪九年三月十日《四川洋务局详稿》,见巴县档案。

范围包括上南道(雅州府、邛州、眉州、嘉定府和宁远府)、下南道(资州、叙州府、泸州和叙永厅)计9个府直隶州、51个厅州县。嘉庆中期该教区有人口约153万人,约占全川人口的7.4%;清末该教区约1276万人,占全川人口的28.9%。1861年川南主教区天主教徒近1.2万人,大小教堂及祈祷所4处,宗教团体8822个;1880年天主教徒达到19937人,大小教堂及祈祷所32处,宗教团体达19068个①。

甲午战后,教会势力在长江上游地区进一步扩张,据重庆海关统计,1901年巴黎外方传教会在川省有传教士124人,信徒多达93623人,有教堂221所②。可见其势力之大。川南主教区1900年大小教堂及祈祷所94处,听忏悔者二三万人,宗教团体33092个;1909年大小教堂及祈祷所有134处,天主教徒3万多人③。据光绪末年统计,成都有基督教徒1800余人(包括天主教和耶稣教),天主堂4个、福音堂4个、医院4所、学堂7所、讲堂2个、主教1人、传教士7人,教会产业在华阳地面者有房屋240所、田地520余亩④。重庆有传教士59人,从教者1658人。一些远离大城市的地区教会势力格外强大,如渠县天主教徒38114人,达县有1万余人。天主教势力还深入到少数民族地区,如峨边厅、理番厅、茂州、松潘、打箭炉等。峨边天主教徒有300多人,而打箭炉仅传教士竟有26人之多⑤。

为更清楚了解天主教在长江上游的扩展,表10—7列出1875—1910年各教区传教士数,表10—8为各教区的天主教徒数。

---

① 《川南主教区基督教徒行政篇统计表》(1860—1910)。
② Decennial Reports,1892—1901,Chungking.
③ 《川南主教区基督教徒行政篇统计表》(1860—1910)。
④ 傅崇矩:《成都通览·成都之西人产业》。
⑤ 四川洋务总局编:《四川通省外国官员商民统计表》(宣统元年十二月)。

第十章 传统文化的危机与现代意识的兴起

表 10－7

年代	川东主教区			川西北主教区			川南主教区			总计		
	外国	中国	计	外国	中国	计	外国	中国	计	外国	中国	计
1875	23	40	63	?	?	55[1]	18	9	27	?	?	145
1880	34	38	72	25	39	64[2]	23	9	32	82	86	168
1885	35	32	67	24	49	73	23	9	32	82	90	172
1890	38	32	70	29	44	73	31	10	41	98	86	184
1895	43	35	78	34	43	77	37	10	47	114	88	202
1900	45	33	78	35	42	77	37	10	47	117	85	202
1905	48	36	84	39	40	79	47	13	60	134	89	223
1910	52	46	98	39	49	88	40	15	55	131	110	241

资料来源：川南主教区系根据《川南主教区基督教徒行政篇统计表》；川东和川西北主教区系据 Archives de La Societe des Missions Etrangeres, "Seminaire des Missions Etrangeres-Lettres Communes", 1875—1911.

注：[1]系按川东、川南平均增长幅度(1880年较1875年增13.5%)推测出。[2]系1883年数。

表 10－8

年 代	川东主教区	川西北主教区	川南主教区	总 计
1875	40000	33000	14749	87749
1880	26079?	35800	19937	81816
1885	31539	37800	16516	85855
1890	30097	39478	17176	86751
1895	31000	39478	18097	88575
1900	31000	40000	19692	90692
1905	51861	40000	24869	116730
1910	40587	40000	30618	111205

资料来源：同表10－7。

从表10－7可见，到清末长江上游三个教区共有天主教传教士241人，其中以川东主教区最多，有98人。从表10－8可见，清末各教区共有天主教徒 11 万余人[①],仍以川东主教区为最多,有 4 万余人。天主教在长江上游占了绝对的优势。

(三) 耶稣教

耶稣教即新教在华各派的总称。它的势力进入长江上游地区较之天主教要晚得多。同治七年(1866)伦敦会教士杨格菲(J. Griffith)与英国圣书公会(British and Foreign Bible Society)教士亚烈伟力(Alexander Wylie)首先进入上游,遍游各地,在他们撰写的报告中,希望能迅速开展新教在长江上游的布道工作。杨格菲说道:"重庆的人口与商业仅次于汉口,但风光之美则为超过。……天主教徒在本(川)省甚为众多,重庆则为其坚强据点之一。我听说在此一城即有教徒三四千人。……我们必须不忽视四川。希望我们能为新教在重庆之第一个教会,我自己能为第一个教士。"[②]在这之后,美以美会、圣公会、伦敦会、公谊会、浸礼会、英美会等鱼贯入川,建立了许多福音堂、医院、育婴堂等。1877 年美国教士唐约翰来川"游历",基督教内地会教士麦加利到巴县赁屋传教;1881 年美国美以美会组织华西大会,以巴县为传教据点;内地会开辟成都为宣教地,并以嘉陵江为界,划川东、川西两教区;1886 年内地会教士在巴州、阆中建宣教地,英国伦敦会教士于巴县建立传教据点,圣公会教士则深入川北和川西北偏僻地区活动。据 1892 年在川省的教士报告,耶稣教已在成都(1881)、灌县(1890)、叙州(1888)、泸州(?)、保宁(1886)、广元(1889—1890)、万县(1888)等地区设立传教点[③]。19 世纪末英人立德游历长江上游时,也已看到重庆有好

[①] 据宣统元年《四川通省外国官员商民统计表》,清末应有天主教徒 141135 人,故表 10-8 的统计不完全。

[②] R. Wardlaw Thompson, Griffith John, *The Story of Fifty Years in China*, pp. 228-229. 转引自吕实强上揭文。

[③] British Public Records Office. FO 228,1875—1911.

几个新教组织设立了传教点,如美以美会、内地会、伦敦会、公谊会、美国圣经会等①。

据重庆海关的报告,1891年至1901年川省各新教教派有美以美会、浸礼会、内地会、公谊会、伦敦传教会、圣书公会、加拿大监理会、英国教会联合会等,其具体情况见表10—9。

表 10—9

教会名称	开教日期	1891		1901		
		传教士数	信徒数	男传教士数	女传教士数	信徒数
美以美会(美)	1882、1881	8	75	11	14	922
浸礼会(美)	1889、1890	9	12	7	6	860
内地会(各国联合)	1877、1874	48	420	30	40	5000
公谊会(英)	1890、1886	7	13	8	10	97
伦敦传教会(英)	1889、1887	2	15	5	3	880
圣书公会(英)	1879	1	6	1	1	13
加拿大监理会(加)	1892			8	15	60
英国教会联合会(英)	1894			15	17	70
总计		75	541	85	106	7902

资料来源:1891 Decennial Reports,1891,Chungking;
　　　　　1901 Decennial Reports,1892—1901,Chungking。

注:各教派开教日期两次海关报告有不同,故两种都列于表中,前者为1891年报告,后者为1901年报告,一个年代者表示两次报告日期相同。

从表中可见,新教虽教派不少,但势力远不及天主教。1891年有传教士75名,教徒541名,其中内地会最大,有传教士48名,教徒420名,分别占总数的64%和77.6%。但在19世纪末的十年间发展很快,传教士达191名,教徒达7902名,较之十年前分别增加3倍和17.8倍。内地会的传教士也达70名,教徒5000名。从表10—9中我们还发现,

---

① A. J. Little,*Through the Yang-tse Gorges or Trade and Travel in Western China*. p. 172.

耶稣会女传教士占了一大部分,在191名传教士中女性占106名,这与天主教几乎没有女传教士形成鲜明对照。

清末民初,耶稣教在长江上游进一步发展,除上列八个教会外,另外还有圣经会、安立甘会、青年会、英美会、苏圣经会、安息日会、独立会、基督会等新教组织,在各地设会所达70余处。会所的教派分布见表10－10,会所和传教士的地区分布见表10－11(止于1917)。清末民初在川省有13个新教组织,传教会所以内地会为最多,达28个;其次是安立甘会,为12个;再次是英美会,为10个。从传教士的分布看,以成都府、重庆府、嘉定府等地为多。

表 10－10

教会名称	会所数	教会名称	会所数	教会名称	会所数
浸礼会	4	公谊会	5	安息日会	1
圣经会	2	英美会	10	独立会	1
圣书公会	1	美以美会	4	基督会	1
内地会	28	青年会	1		
安立甘会	12	苏圣经会	1	总 计	71

资料来源:山口昇《欧米人の支那に於ける文化事业》,第555－559页。转引自吕实强上揭文。

表 10－11

府直隶厅州	会所数	男	妻	妇	合计	府直隶厅州	会所数	男	妻	妇	合计
成都府	11	63	59	39	161	绥定府	3	3	1	9	13
重庆府	11	34	32	16	82	眉 州	1	?	?	?	?
保宁府	5	9	8	16	33	邛 州	1	1	1	0	2
顺庆府	3	4	4	5	13	泸 州	2	8	6	1	15
叙州府	3	7	6	8	21	资 州	2	5	5	9	19
夔州府	4	6	4	7	17	绵 州	4	13	12	9	34

续表

府直隶厅州	会所数	男	妻	妇	合计	府直隶厅州	会所数	男	妻	妇	合计
龙安府	2	2	2	1	5	茂州	1	1	1	0	2
雅州府	3	13	13	4	30	忠州	2	6	4	0	10
嘉定府	5	23	21	14	58	其他	4	2	2	4	8
潼川府	4	4	4	11	19	总计	71	204	185	149	542

资料来源：同表 10-10。

注：原总计数为 555，与各数相加不合，现按重新计算数。

(四) 晚清基督教传播的综合估计

据宣统元年十二月四川洋务总局编《四川通省外国官员商民统计表》，迄 1909 年川省共有外国传教士 514 人，天主教徒 141135 人，耶稣教徒 36823 人，计 177958 人①。传教士的国别和性别情况见表 10-12。从表可见，在川外国教会势力以法国和英国为最大。

表 10-12

国别性别	法国	英国	美国	德国	奥国	瑞典	合计
男	152	128	29	1	1	0	311
女	20	147	34	0	2	1	203

资料来源：《四川通省外国官员商民统计表》(宣统元年十二月)。

基督教在长江上游地区究竟浸透到何种程度？我们分析教徒在人口中的比例，先见表 10-13。

---

① 原表教徒合计数为 184492 人，与天主教徒和耶稣教徒各分数合计不符，此按实际相加数。

表 10－13

地区	传教士数	从教人数			地区人口数	教徒占人口比例(％)
		天主教	耶稣教	计		
成都县	42	1139	413	1552	266436	0.6
灌　县	3	283	74	357	266519	0.1
绵　州	11	2460	296	2756	371641	0.7
江　油	5	220	107	327	264442	0.1
茂　州	2	18	21	39	20633	0.2
乐　山	16	120	165	285	364244	0.08
雅　安	10	252	231	483	243037	0.2
西　昌	3	3500	4500	8000	233249	3.4
巴　县	59	1150	508	1658	990474	0.2
奉　节	5	200	300	500	364990	0.1
东　乡	2	116	697	813	435463	0.2
梁　山	3	648	82	730	318486	0.2
阆　中	13	51	244	295	342873	0.09
遂　宁	6	197	324	521	970881	0.05
马　边	2	55	68	123	56894	0.2
资　州	5	132	422	554	658772	0.08
纳　溪	2	184	256	440	61374	0.7

资料来源：教会情况统计同表 10－12；人口数见施居父主编《四川人口数字研究之新资料》第 10 表。

　　表列 17 个州县既有经济核心区亦有偏僻落后地区，但地方偏繁与教会势力大小没有多少逻辑关系，同是繁盛之区或同是偏僻之地有可能基督教的发展截然不同。17 个州县中，教徒比例最低的是遂宁，仅占 0.05％，即每万人中有教徒五名，另外乐山、资州、阆中每万人也仅八九人。教徒比例最高的是西昌，为人口的 3.4％，即每万人中有教徒 340 人，这相当于遂宁的 60 余倍，另外成都、绵州、纳溪每万人中约有教徒六七十人。由此可见，基督教在各地的势力是颇为悬殊的。从整个川省来观察,清末总人口约 4414 万,信教者 17.8 万人,占 0.4%,即每万人中有教徒 40 人,或每 250 人中有教徒一人。显然,基督教在长江上游传播的成绩已颇可观,但也未能左右绝大多数人的宗教信仰。

据清末的一篇文章称:

> 计今遍布于四川之教会,厥有两派:一为法人所经营之天主教;一为英美人所经营之福音教。天主教徒最早来,而其传播之范围亦广,自省会以迄县治,教堂几遍。据日人神田正雄之调查,谓该教在四川,现有信徒五十万人,实占支那全国天主教民之半数。……其吸引力之神速,何伟且大也。近数年来,福音教盛行,其势骎骎与天主教抗,信徒日增而未有艾。两教派之发达,亦可云至矣。①

当然,文中所称川省已有教徒 50 万人,对照教会的统计可能有夸张之处,但以上议论却真实描绘了基督教不断扩展的趋势。

三 西教的传播及相应的社会事业

基督教在长江上游的传播过程中,除扩大教区和发展教徒外,还举办一些其他事业作为传教的辅助手段,如传播西方文化、创办学校、设立医院、药房和慈善机构等。

(一) 传播西方文化

为了扩大基督教在人们中的影响,近代的传教士同他们的先驱者利玛窦一样,不惜将基督教中国化,在融合儒学和基督教教义上下功夫,在中西文化中找到结合点。例如他们宣传:"中国尧舜禹汤文武周公孔孟所奉的真儒教,都是与天主教同出一源。"并把天主教解释为"天

---

① 梧生:《排外与仇教》,《四川》第 1 号。

下万民的公教"。他们还对孔子思想进行牵强附会的解释:"孔子言祭之以礼的道理,我们后世的人都错讲了。在孔子之意,不是祭亡人,实是为亡人祭天主。因为祭献之礼,只可以享造物真主,造物主就是儒家的上帝。"①

进入长江上游的许多传教士同利玛窦一样,自己也经历了一个"中国化"的过程,不但学汉文、说中国话、着儒服,而且在生活习惯上也日趋中国化,不惜深入到偏远乡村,入乡随俗。如1903年第一个进入荣县的加拿大基督教牧师王雨春,其妻是个医士,"初到荣县的一年多时间里,王牧师夫妇的活动,只限于到附近老百姓家中拜访,或邀请人们到福音堂茶点座谈,劝人信教。平时,他夫妇穿中式服装,长衫马褂、旗袍裙子,也常做中国饭吃。对老百姓讲话,用半通不通的四川话夹杂一两句荣县土语。一年半载以后,有了少数教徒,王牧师才在星期日布道传教,开始了基督教在荣县的活动"②。这种深入民间、平易近人的传教方式是他们能取得成绩的重要原因之一。

为开拓传教之路,传教士还竭力散发一些宗教宣传品和书籍。20世纪初,法国神父唐(Dargg)从法国运印刷机至重庆,原法国天主教川东教区所办的公义书院改名为圣家书局,印刷各种宗教宣传品,在川东各县发行,也远及湖北、贵州、云南。1904年传教士古洛东和法国人雷龙山(Lonis)创办川东主教区机关报《崇实报》,出中法文两种版本,由圣家书局发行,先为半月刊,后改为周刊③。发行范围也逐渐扩大,川省内各府厅州县天主堂都为代售。该刊的宗旨自称是开通知识、传递信息,其内容分三大类:一是对中国政治的评议,二是国内外和省内地方新闻,三是宗教宣传和教务活动的报道。这份刊物在当时的天主教徒中有相当的影响。

---

① 《孝敬俚言》,《崇实报》第5年第29、32号。
② 《基督教在荣县》,《荣县文史资料选辑》第1辑。
③ 参见隗瀛涛、周勇:《重庆开埠史稿》,第70页。

(二) 创办教会学校

创办教会学校是传教士传播教义和西方文化的重要手段之一,因此,在长江上游各地发展教徒同时,一批教会学校也建立起来。如成都的广益学堂、华美学堂、妇女学堂、华英中学堂、华美女学堂、法文书院、启化女学堂、传教学堂、华西高等学堂、福音初等小学堂等都是由传教士创办的[①]。又以宜宾为例,1892年美国浸礼会创办女子小学堂,招教徒子女入学,后取名真光女学校;1899年浸礼会"真道堂"创办私塾一所,后取名明德小学;1904年法国天主教会创办法文学堂,首任监督为法人光若望,学生毕业后介绍到法人控制的邮电局和滇越铁路局工作;1906年美国浸礼会又创办华美中学堂,英语及数理化等科皆由美籍传教士讲授,该校后取名明德中学[②]。

根据我所掌握的1861—1911年半个世纪中川东主教区和川南主教区教会学校统计,制成表10-14。

表 10-14

年度	川东主教区				川南主教区				合计	
	神学院		教会学校		神学院		教会学校		学校	学生
	学校	学生	学校	学生	学校	学生	学校	学生		
1861					1	17	13	165		
1865					1	39	91	707		
1870					1	43	44	659		
1875	2	76	126	1500	1	38	97	831	226	2445
1880	2	75	124	1419	1	24	99	1962	226	3480

---

① 傅崇矩:《成都通览·成都之各学堂。》
② 《建国前宜宾教育概况》,《宜宾文史》总第14期。

续表

年度	川东主教区				川南主教区				合计	
	神学院		教会学校		神学院		教会学校		学校	学生
	学校	学生	学校	学生	学校	学生	学校	学生		
1885	2	91	148	1940	1	26	62	1298	213	3355
1890	2	77	152	1588	1	96	66	1203	221	2964
1895	3	88	103	2090	1	66	77	1408	184	3652
1900	3	95	153	1899	1	79	102	1914	259	3987
1905	3	140	251	3760	1	92	291	4010	546	8002
1910	3	130	341	5365	1	119[1]	394[1]	7179[1]	739	12793
1911	3	130	342	5302						

资料来源：同表10—7。

注：[1]为1909年的统计数。

川东主教区1875年有神学院2所，学生76人，教会学校126所，学生1500人；1911年发展到神学院3所，学生130人，教会学校342所，学生5302人。川南主教区1861年有神学院1所，学生17人，教会学校13所，学生165人；1910年神学院仍为1所，学生119人，但教会学校却发展很大，有394所，学生7179人。两个主教区学校合计达739所，学生12793人。由于缺川西（北）主教区的统计，故难见全川的数量。但我们可作如下估计：从表10—7和表10—8可知，川西（北）主教区的传教士数约与川南相等，教徒且多于川南，现在假定川西（北）区教会学校与川南相等，那么清末全川（天主）教会学校约为1100余所，学生约2万人。

以上是天主教所设立的学校，另外，耶稣教各派在各地亦设有学校，具体情况不清楚，但已知清末民初有中学校20所，学生1000余人，其教派分布和地区分布见表10—15。另外，已知英美会办有初小121

所,学生 4505 人;高小 19 所,学生 637 人;师范 4 所,学生 57 人①。

表 10-15A

教会名称	中学校	学生数
英 美 会	4	292
美以美会	3	249
公 谊 会	4	192
安立甘会	3	46
英 行 会	1	?
内 地 会	1	?
公 理 会	2	103
各派合办	2	230
合 计	20	1114

资料来源:山口昇上揭书第 973—974 页。转引自吕实强上揭文。

表 10-15B

地 区	中学校	学生数
成都	5	412
重庆	3	249
仁寿	2	180
绵州	2	46
叙州	1	28
潼川	1	64
遂宁	2	60
雅州	1	75
巴州	1	?
德阳	1	?
彭县	1	?
合计	20	1114

① 见吕实强上揭文。

20世纪初教会学校已遍布长江上游地区,传教士决定把办学推进到一个新阶段。1904年耶稣教各差会提出联合筹办一所大学,由美以美会毕启(J. Beech)、甘莱德(H. L. Canright)、英美会启尔德(O. L. Kilborn)、杜焕然(J. L. Stewart)、公谊会陶维新(R. J. Davidson)等在成都聚会协商,开办华西协合大学(West China Union University)。次年,华西差会顾问部在成都开会通过了计划草案,随即成立了"小学和中学联合委员会"和"协合大学临时管理部"两个教育联合机构,前者不久改为"华西基督教教育协会"(West China Christian Educational Union),后者发展为"华西协合大学理事部"(West China Union University Senate)。1910年华西协合大学正式成立,由美以美会传教士毕启为首任校长。开设文、理、教育三科,其中文科又分为普通文科和政治历史两组,1914年增设医科①。

(三) 建立教会医院

建立教会医院是西方传教士传教的辅助手段之一,教堂或教士在各地普遍设立诊所、医院和药房等,为下层贫民看病,借以扩大基督教的影响,赢得人们的好感。如光绪初年英公谊会以三台玉龙教案赔款在三台创建仁慈医院,1877年所立石柱碑上写道:"因彼财,为彼用,故修医院";"怜尔病,爱尔民,敢谓名医"②。医院初创时仅收女病人,后渐臻完善,设住院部,男女病床各40张,医院员工20余人③。

1888年英基督教传教士张悟道到阆中传教,随带西药为人治病。1895年英传教士盖利士与中华圣公会古鹤龄开办医院,内地会派英人潘维廉携眷到阆任院长,置病床十余张,分男女两院,设有手术室和药房。1897年英人白尔矛到阆购土地十余亩,建西式楼两幢,病床增至

---

① 《四川文史资料选辑》第8辑,第94—95页。
② 该石柱上还刻有建医院始末,保存了一百余年,于1979年被毁。
③ 《三台仁慈医院创立和发展纪要》,《四川卫生史料》1984年第2期。

40余张,招聘医生、护士、职员、工人等30余,但医生、护士、药剂师等骨干皆为外籍①。1891年美国美以美会派遣马卡特利到重庆推销西药,次年设宽仁男医院,开门诊和住院部。1902年美国女布道会建立宽仁女医院,设医务、护理和总务三部。两医院在治病同时亦推销西药,销量甚大②。1893年美国浸礼会到雅安传教,1901年派医生柯理思到雅安医病传教,次年办仁德医院,1907年发展到有一个门诊部和20张病床的住院部,以后仍不断地扩充③。

1900年法国天主教会拨用教案赔款在成都购地修建博爱圣修医院,两年后落成,由法教士穆雅克担任院长,聘法医师两人,英美医师各一人,有床位50张。数年后渐增到200张,分特等、甲等、普通三等,所有护士皆为华人,多系奉教之教徒。当时每日门诊百余人。同时法教会又创立一苦力医院,专收贫苦病人,概免收费④。

清末法传教士黎德隆在打箭炉开办仁爱医院,院长、医生和护理人员皆为法国女修士。她们"自幼在法习医,信仰天主教后,宣誓终身不嫁,专门从事救人事业,故能来中国边区,茹苦工作"。医院设门诊部和住院部,除星期日外每天上午应诊,病人不必挂号,随到随看,无钱付费者免费给药。住院分大小病房,大病房男40床、女30床,"所收病人,尽是贫穷苦力",医药费全免,伙食亦由医院免费供给,如病死院中无亲人收殓,则由医院备棺埋葬⑤。

清末随着教会医院的设立,西药输入日渐增多,各教会医院除内设药房外,还在各地设有专门药局。据统计,天主教设有药局9个,由法国人经营;耶稣会设有药局28个(其中内地会16,圣公会6,浸礼会、公

---

① 《阆中仁济医院的五十四年》,《四川卫生史料》总第5期。
② 《重庆宽仁医院》,《四川卫生史料》总第3期。
③ 《雅安仁德医院》,《四川卫生史料》1984年第2期。
④ 《成都博爱圣修医院》,《四川卫生史料》总第5期。
⑤ 《建国前康定的教会医院》,《四川卫生史料》总第4期。

谊会各2,美以美会、美道会各1)①。

据重庆海关统计,1891年全川有医院2所、药房6所;1901年医院19所,药房192所,其教会分布见表10-16。可见医院和药房主要是由天主教设立的。清末民初全川耶稣教设有医院21所,较1901年增加了一倍多(其教派和地区分布见表10-17)。

表 10-16

教　派	医院数		药房数	
	1891	1901	1891	1901
巴黎国外布道会		10		180
美以美会	1	2	1	3
伦敦传教会	1	1	1	4
加拿大监理会		3		3
公谊会			1	2
美国浸礼会		1	1	
中国内地会		2	2	
计	2	19	6	192

资料来源:Decennial Reports,1891,Chungking;Decennial Reports,1892—1901,Chungking。

表 10-17

教　派	医院数	地　点
内地会	2	保宁2
公谊会	2	潼川、遂宁各1
英美会	8	忠州、涪州、仁寿、荣县、嘉定、自流井、重庆、彭县各1
美以美会	4	重庆、成都各2
美浸礼会	3	叙府2、雅州1

---

① 《四川西药房药厂的开设》,《四川卫生史料》1984年第2期。

续 表

教 派	医院数	地 点
复临安息日会	1	打箭炉 1
安立甘会	1	绵竹 1
计	21	

资料来源：山口昇上揭书第1285—1287页。转引自吕实强上揭文。

教会学校和医院固然是外国宗教和文化渗透的一部分，但若仅从传教士开办学校、医院这一事实本身看，学校起到了促进新教育、开通民智的作用；医疗机构在一定程度上弥补了社会医疗条件的不足，特别是给下层贫民看病治病创造了一些机会。另外在学校讲授宗教教义、医院看病治病过程中，也传播了一些西方文化教育、医疗卫生知识，促进了社会的进步。

四 文化冲突与宗教冲突

西方宗教传入的影响是多方面的，所引起的各种冲突十分明显，这种冲突既有政治的，也有文化的、宗教的和经济的。

(一) 西教传入所引起的危机感

西教随着殖民侵略一同进入，必然引起中国人民的抵制，使之产生仇恨心理，如余栋臣发布的反教檄文便清楚表现了这一情绪："今洋人者，海泊通商，耶稣传教。……自道光以迄于今，其焰愈张，其势愈暴，由是奸淫我妇女，煽惑我人民，侮慢我朝廷，把持我官府，占据我都会，巧取我银钱……既占上海，又割台湾，胶州强立埠，国土欲瓜分。"[①]外人侵略的加深使官民都有一种朝不保夕的危机感，对外人的活动存在本

---

① 民国《重修大足县志》卷5，《余栋臣传》。

能的警惕。如川东道吴镐等曾指出:"窃以为天主堂所欲设,其意只在便于传教,而其事无非劝人为善。便于传教,固不必在要害之区;劝人为善,又何必争用武之地? 以渝郡之大,僻静地方所在皆有,苟量地而与之而无碍于地方,当无不惟命是听。"①1886年传教士在重庆鹅项颈、亮风垭、丛树牌建立屋宇,绅民联名上禀反对,强调该处地势冲要,教士居心叵测:"以为有利可渔,则数处地皆穷僻,既非市镇,亦无田土。以为有景可玩,则数处虽高,并无茂林修竹,非幽闲雅游之地。……通衢大镇,教堂已属不少,何更蹑此形胜?"指出教士在上述几处建堂,"山占其颠,可屯甲兵,墙皆有隙,无异炮台。本分途犄角之谋,为高屋建瓴之计"②。基于这种危机感,发生排斥西教的行动便是顺理成章的了。

《烟台条约》之后,英人获准由川入藏查探通往印度的路线和派员驻寓重庆查看商务事宜,因而进入长江上游勘路的英人往往深入到穷乡僻壤。在这些地区,由于情况陌生、食宿不便,他们往往依赖那里的传教士,这自然引起地方官民的疑虑。如1878年英人贝德禄(即班德瑞,后任英驻渝外交与商务代表及第一任领事)由重庆起程,前赴嘉定、铜河并峨边、越西、打箭炉各处,"该英员每多中途改道,且多不由大路行走,每于人迹罕到及曾经封禁之路,自与跟役十二人,锐意前行,护送之人,劝之不可。而沿路行踪诡秘,所到之所,详绘地图,并与法国教士往来甚密"③。这种危机感和本能警惕,是各阶层人民反教的心理机制之一。

(二) 文化的冲突

不同类型、不同模式的文化,其价值观念的差异是非常悬殊的,因

---

① 同治二年十一月初一日总署收四川总督骆秉章文附川东道吴镐禀。见《教务教案档·四川教务》。
② 光绪十二年七月十五日总署收护理四川总督游智开文附折稿。见《教务教案档·四川教务》。
③ 《丁文诚公遗集·奏稿》卷14,第40页。

第十章 传统文化的危机与现代意识的兴起

此西方宗教文化传播就必然会受到阻碍,受到不同文化性质的社会心理、群体意识以及价值观的抵制,发生冲突就不可避免。文化冲突主要表现在下述三方面:一是区域性。当一种外来文化传入时,区域文化的封闭体系就会产生一种排外性。二是时代性。当新文化传播时大都要受到旧文化的排斥和抵制,无论新文化本身如何有价值,旧文化心理和价值观都不可避免地拒绝接受,西教与西方现代文化一同进入,与中国传统文化是格格不入的。三是民族性。不同民族的文化造就了不同的民族心理和民族精神气质,当外来民族文化侵入其势力范围时,它就会本能地排斥和冲突。近代长江上游地区频繁出现的教案,除了经济和政治的因素外,也是以上诸因素交织发展的必然结果。

自然地理环境往往决定着文化的性质,决定着文化的形式与内容,处于封闭地域的长江上游在文化上也不可避免地带有封闭性,正如有人指出的:"世俗安于固常,于己所未闻者,莫不深闭固拒,认为欺世赅俗。固步自信,不求改进。"①在大部分地区,人们还是"使有什陌之器而不用,使民老死而不远徙,甘其食,安其居,乐其俗"②。因此这一地区对外来文化、宗教的排斥也甚为强烈,教案频繁、规模大。清末接受了新思想的留日学生也认识到这点,指出:"比年来,毁教堂杀教士之举,在开放较早诸区域殆已寥如晨星,独吾蜀僻处边陬,风气瞢隔,仇教义愤,时有所闻。"③

长江上游地区文化和宗教冲突之剧烈,恐怕还与以这种封闭文化为背景的心理定式有关。现代大众传播学认为,人们在从外界所获得大量信息中,总是自觉或不自觉地吸收那些与自己的信仰、观点和立场一致的信息,并下意识地回避那些与自己固有观点对立的信息,由此使自己原有的价值观得到巩固,这即是所谓选择性接受。与选择性接受

---

① 傅况邻主编:《四川地方实际问题研究会丛刊之二》。
② 民国《南溪县志》卷2,第34—35页。
③ 梧生:《排外与仇教》,《四川》第1号。

相适应的便是选择性理解,人们对同样的信息可能有不同的认识,往往愿意把对它的解释与自己固有观点相吻合,因此他们乐于对西教采取一种歪曲的认识。

1861年长江上游地区出现的一张反教揭帖便宣传:奉洋教者"子淫其母,兄淫其妹,父奸其女,翁奸其媳……且蛮性属火,最好奸淫,凡从教人所生之子女,任其择选,不准嫁人。现今奉教者,鲜不受其污辱,其子孙多半出于蛮种"①。这些成为乡绅和民众津津乐道的东西。1890年川东奉节、巫山、云阳一带流传着一张题为《切莫变鬼》的揭帖,帖曰:"现有天主鬼教,暗来散发鬼书。煽惑好人变鬼,药迷妇女奸污。生割子肠弥夫,死则剜取眼珠。男女一被药迷,聪明立刻痴愚。其书本本粪账,臭比狗屁不如。"②对这些荒诞的说法,人们深信不疑,而且愈传愈广。这种现象从社会心理来看是一种"从众行为",这即是说,人们在外界条件的影响下,情感和行为受到了"感染",甚至出现"循环反应"。即这个人的情绪在那个人身上引起同样的情绪,转过来又加剧了这个人的情绪,这样交互影响,使人们的反教情绪愈演愈烈,一触即发。

作为中国传统文化的体现者、儒家学说的忠实信徒,地方士绅把西方宗教视为洪水猛兽,唯恐其动摇传统文化的根基。在传统文化本位意识的支配下,本着不自觉的自卫心理,产生排外的思维定式。他们举起"保卫圣道"的旗帜,并通过这面旗帜把民众的仇外情绪汇集到自己麾下。在反教过程中,封建知识分子不断地强调这种宗教对立,咸丰末流传的《讨西洋教匪檄文》中称:"夫洋人之教,非先王之大道,乃夷狄之蛮风,我辈身居中国,为甚不学圣贤,而学蛮夷?蛮夷之人,不敬天地,不礼神明,不奉祖先,不孝双亲。"③光绪年间余栋臣起义的告示曰:洋教

---

① 《讨西洋教匪檄文》,王明伦选编:《反洋教书文揭帖选》,第78—79页。
② 光绪十六年六月十一日重庆府为反教揭帖转饬查禁札文所附揭帖抄单。见巴县档案。
③ 王明伦选编:《反洋教书文揭帖选》,第78页。

传入后,不仅"夺小民农桑衣食之计",而且"废大圣君臣父子之伦"①。光绪中署名为"大清天下儒释道三教弟子"的《切莫变鬼》揭帖也指斥"其教不敬天地,祖宗牌位全无;扫灭圣贤仙佛,只拜耶稣一猪;邪鬼冒称上帝,罪该万剐千诛"②。流行于长江上游的另一揭帖竭力强调宗教崇拜的对立:"洋人所传之教,索隐行怪,悖理已极。刺眼珠于将死,弃字纸如敝屣。不论功德,不讲心性,能奉伊教,便登天堂;不奉伊教,则堕地狱。无稽妄谈,妖言惑众。"③可见,西教与中国传统宗教崇拜上的对立是他们难以容忍的,对西教的偏见和歪曲又强化了这种对立。

有些地区的民教冲突还起因于传教士恣意妄为,冒犯了当地风俗,引起人们的愤恨。如长江上游各地都有传统的迎神赛会,这既是人们的敬神和娱乐活动,又是地方士绅显示其地位和对地方支配能力的机会,而传教士往往藐视这种活动的庄严和士绅的权威,由此而酿成民教冲突。如1861年崇庆州民教纠纷就是因"传教士坐轿过路,适遇该处迎神赛会",但教士拒不下轿,结果被"强令下轿,用枪刺烂轿衣,并将该教士随人殴伤"④。又如大足县龙水镇的灵官会"历有年所,各处进香者,群皆慑神之威,仰神之灵,而灾祥祷祈之必有应也"。但光绪中教堂以灵官会曾两次"起祸",于是"会期以前,预蓄死士,招纳各处亡命,以实其中,并协县告示,不准办会"⑤,从而激化了矛盾,最后酿成教案。

(三) 官绅权益的被损害

西教的传入除了文化和心理上的影响之外,还有经济上的因素,即地方士绅反对洋教还因为他们的经济利益受到了损害。1846年清政

---

① 《中外日报》1898年9月19日。
② 光绪十六年六月十一日重庆府为反教揭帖转饬查禁札文所附揭帖抄单。见巴县档案。
③ 《教务教案档》第4辑(二),"四川教务"。
④ 《教务教案档》第1辑(三),"四川教务"。
⑤ 《教务教案档》第5辑(三),"四川教务"。

府同意归还雍正年间封闭的天主教旧址后,传教士往往利用年代久远、无从查考,指士绅房屋为教产,令其退让,或将地方公产(往往由乡绅支配)强占。如重庆就因将长安寺改作天主堂而发生多次教案。传教士在长期的传教过程中,购置了大量的教产,其中房产800余处、地产1.7万余亩,分布在长江上游的百余厅州县,表10－18是按国别统计的教产(1910)。在各国占有的房地产中,法国教会占了绝对的优势。

表 10－18

国别	房产(所)	地产(亩)
法国	629	16680
英国	181	700
美国	47	6
德国	7	0
合计	864	17386

资料来源:《四川通省外国官员商民统计表》(宣统元年十二月)。

西教在长江上游各地的扩张、贫民百姓的大量入教,有一个重要因素往往被研究者有意无意地忽视,即为躲避地方官府和封建势力压迫,贫民往往以入教和依赖教会势力来求得生存空间,所以一些地区"民无论良莠,相与入教者,一日数十或数百,数日数千,皆欲借此以为护符"。尽管"川省民素畏官,尤畏书吏差役",但入教之后,"教民有词讼,书差不敢需索,有司转畏之,不敢直斥其无理,民是以甘入教,而仇仇相寻也"。乡绅虽不是在职官僚,但他们控制着族权、财权以及维持治安等权,历来在地方上具有很高的权威,但受到了来自教会的挑战,如有的佃农入教后仗恃教堂撑腰,"佃人田地不与纳租",地主则无能为力。在民教发生纠纷时,教会为庇护教民敢与官府对抗。所以地方士绅深感

"乡族有教民,则一乡一族不安"①。感到了自己地位的动摇。传教士利用不平等条约获取的特权,庇护受到地方势力压迫的信教下层贫民,其中曲折倒是颇值得玩味的。

洋教的侵入同样也危及地方官的统治权,传教士有治外法权作为护符,可不受地方官管辖。因而许多地方的官吏在教案过程中,明显偏向反教一边,甚至暗地鼓动和参与。如重庆崇因寺之案,川东道吴镐不仅拒绝办理崇因寺的移交,并唆使人去焚毁教中房屋,驱逐外人出境:"谓众民绝无勇敢,不能如湖南等处办法。众民人为所激发,遂欲借端生衅。"②教案发生后,主教范若瑟至北京申诉,指责吴镐、张秉堃(巴县知县)"胆敢欺君罔上,自作主张。……吴道、张令自谓百计图谋抗交"③。1886年8月川东道甚至还"出示晓谕百姓",鼓动打教,要将外人"即刻驱逐境外……斩草务宜除根。城内挨门打毁,各县照样施行"④。乡绅之所以能够恣意反教,很大程度上就是得到了官府的这种支持。

另外,考察教案发生的原因,还应注意人们心理失衡的问题。在个体心理学中,心理防御机制具有调节人们心理失控,以保持其平衡的作用。当我们分析传统士绅的排外心理状态时,发现他们虽竭力抵挡西方文化的猛烈冲击,但又力不从心。随着外国传教势力的扩大,闭塞的人们对立情绪和憎恶心理也相应地增长,受到压抑的仇恨情绪便要寻找发泄,以恢复精神上的平衡。因此洋教及其传播者和信仰者就成为当然的攻击对象,民教冲突和教案的发生便不可避免。

据不完全统计,1861—1910年半个世纪间,川省发生较大的民教

---

① 光绪二年十一月九日内阁侍读学士广安奏。王明伦选编:《反洋教书文揭帖选》,第50—51页。
② 同治二年二月二十日总署收法国公使哥士耆函。见《教务教案档·四川教务》。
③ 同治二年八月二十一日总署收川东主教范若瑟请代递奏文。见同上。
④ 光绪十二年七月十八日《川东道示》,《反洋教书文揭帖选》,第90页。

冲突和教案达127次,其地区分布如表10－19,其时间分布如表10－20。接着我们分析天主教教会势力(耶稣教势力相对小得多,暂不涉及)发展与教案之间的关系,首先做出1861—1910年传教士、教徒和教案的历年发展指数(见表10－21),然后根据指数做出发展曲线图(见图10－3)。

表 10－19

府直隶厅州	教案次数	府直隶厅州	教案次数	府直隶厅州	教案次数
成都府	19	雅州府	4	绵 州	1
重庆府	33	嘉定府	3	茂 州	0
保宁府	4	潼川府	6	忠 州	3
顺庆府	8	绥定府	1	酉 阳	12
叙州府	8	眉 州	4	叙永厅	0
夔州府	4	邛 州	4	打箭炉厅	6
龙安府	0	泸 州	1		
宁远府	1	资 州	5	计	127

资料来源:根据《教务教案档》《清德宗实录》《光绪朝东华录》《巴县档案》《中外日报》《华西教会新闻》《辛亥革命前十年间民变档案史料》《锡良遗稿》《东方杂志》以及几十种地方志、乡土志综合整理。

表 10－20

年 度	次数	年 度	次数	年度	次数	年度	次数
1861—1865	15	1876—1880	14	1891—1895	11	1906—1910	15
1866—1870	5	1881—1885	3	1896—1900	40		
1871—1875	8	1886—1890	9	1901—1905	15	计	127

资料来源:同表10－19。

表 10－21

年度	传教士	教徒	教案	年度	传教士	教徒	教案
1861—1865			188	1886—1890	127	99	113
1866—1870			62	1891—1895	139	101	138
1871—1875	100	100	100	1896—1900	139	103	500
1876—1880	116	93	175	1901—1905	154	133	188
1881—1885	119	98	38	1906—1910	166	127	88

资料来源：根据表 10－7、表 10－8、表 10－20 计算。

注：〔1〕指数 1871—1875＝100

〔2〕传教士和教徒的指数计算概以时间段的最后一年为准（即 1875、1880、1885……）。

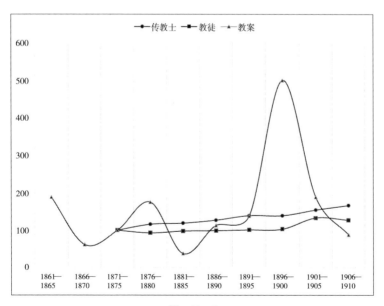

图 10－3

从表 10—19 中可看到教案主要分布在川东、川东南和川西地区，而这些地区天主教的分布最广。在图 10—3 教案和天主教发展的曲线波动中，体现出天主教的发展基本是稳步上升的，没有大起大落现象。从教案发生的指数曲线看，在 1861—1865 年、1876—1880 年和 1896—1900 年出现了三次向上波动。这三次反教高涨都不是偶然的，第一次波动正是北京条约签订后不久，规定了传教士可进入内地自由传教，大量传教士深入长江上游，设立教区，扩展势力；第二次波动正是中英《烟台条约》签订不久，条约规定长江上游对外人开放，外人来"查探""游历"和传教者日多；第三次波动则是华北地区义和团反教运动刺激，即外力推动的结果。作为全国义和团运动的一部分，长江上游的反教运动也达到最高峰。从天主教的发展曲线看，甲午战后一直处于上升趋势，这种趋势有可能激化当时的民教矛盾，因而间接地推动了这次反教高潮。

五 新文化的启蒙

从 19 世纪末起，长江上游地区社会文化出现了一个新变化，即传统的知识结构不断被突破，新文化得到传播，这种传播与戊戌思潮的冲击交互影响，从而构成了社会文化变迁的新趋势。到 20 世纪初这种趋势愈来愈明显，现代报刊的创办、新书籍的流行、新知识的扩散和新思想的宣传等，共同促成了一次颇具声势的启蒙潮流。

(一) 现代报刊的创办

文化的传播必须要有载体(或媒介)，在传统社会，这个载体就是人本身。文化传播以及信息沟通的形式有人际传播、组织传播和大众传播。人固然是信息传播的主要媒介，但在不借助于某种工具的情况下，这种传播的范围是极其有限的。组织传播是指人们在一定的社会组织

第十章　传统文化的危机与现代意识的兴起

内活动时进行的信息交流,传统社会虽然存在这一沟通形式,但由于社会活动的封闭性,这种传播实际受到极大限制。传统社会更没有报刊、广播、电视等大众传播工具,可以说是传播渠道存在"不通"和"阻塞",传统社会的封闭性,这种信息的不通就是主要特征之一。如果我们排除人与人面对面的这种最原始的"信息沟通",以传播工具来衡量信息传播程度的话,传统社会实际处于一种相当隔绝的状态。

作为现代大众传播最有力的工具——报刊,在长江上游地区是19世纪末才出现的,不过十年左右时间便得到迅速发展。从《渝报》开始,相继出现有《蜀学报》《渝州新闻》《算学报》《重庆日报》《启蒙通俗报》《广益丛报》《四川官报》《四川学报》(后改《四川教育官报》)《通俗日报》《重庆商会公报》《成都日报》《成都商报》《蜀报》《西顾报》《启智画报》《蜀醒日报》等,另外四川留学生在日本还创办有革命刊物《鹃声》和《四川》。下面兹略举数种,以见一斑。

1.《渝报》。宋育仁于1897年11月在重庆创办,这是长江上游地区的第一家报刊。正主笔潘清荫,副主笔梅际郁,下设翻译、缮校、司账、排字等机构。每月出三期,文字用木刻印刷,十二开本,每册30页(双面)左右,用丝线装订。在成都、嘉定、叙府、夔州、绥定、顺庆、保宁、资州等数十个府厅州县设代派处,另外在华中、华北、华南、华东等26个地区和城市亦设有代售机构,以扩大影响。该刊以宣传改良为主题,重点刊登反映国内外政治、经济和文化教育的新闻和文章。其章程规定"本局为广见闻、开风气而设",凡有关时务、中外交涉等皆予刊载。宋育仁在所撰《学报序例》中写道:"无论中西,取其切于实用",凡声光化电、种植畜牧、制造贸易,"取其能出新法,周知利益"者[①],以宣传新文化、新知识为己任。该刊内容主要分为:辕门钞(报道川省官员活动)、上谕、奏折、论文。除自撰文章外,还转载国内外有关维新的论著,国内

---

① 《渝报》第1册(1897)。

外和川省重要新闻、译文、重庆市场物价表。《渝报》共出版了16期。

2.《蜀学报》。1898年4月宋育仁到成都任尊经书院山长,《渝报》停刊,宋在成都组织蜀学会并以学会名义出版《蜀学报》,报馆设于尊经书局。总理为宋育仁,总纂为吴之英和廖平。1898年5月出版了第1期,仍为旬刊,开本、印刷、装订、篇幅与《渝报》差不多。其办刊方针是"意在倡明蜀学,开通邻省",规定所载新闻"专取切于蜀事及近今能行者为主"①。该刊内容依次为:谕旨、奏折、论文、新闻、其他。从第5册开始,新闻一栏分为"海外""中国""蜀中近事"三部分,从第12册起开始登商业广告。论文是该刊的重点,大多数鼓吹维新变法,并转载国内其他维新报刊的文章和消息。该刊中关于维新变法的内容占95%左右,因而受到各界欢迎,每期发行在2000册以上。

3.《算学报》和《启蒙通俗报》。20世纪初相继出现了一些私人办的报刊,首先是傅崇矩(樵邨)在成都设立成都图书局,1902年与算学馆总教习苏星舫建算学报馆,出刊《算学报》,但该报"专说算学,不敢干涉地方事件,可叹可怜,出了两期,莫得二十个人要"②。不久即停刊。1902年傅崇矩以《算学报》不景气,又集资办启蒙通俗报馆,出版《启蒙通俗报》。出资人除一些官绅外,还有法驻渝领事安迪、德驻宜昌领事米尔雷。该刊原定半月刊,从第14期开始改为月刊。该刊宗旨是"不臧否人物,不诽议政事,专以启蒙通俗为主"。用通俗白话文向社会中下层群众介绍文化和科学常识,宣传新政和时务,提倡振兴教育。该刊的内容主要有论说、中外历史、中西新事、丛书、杂录、歌谣、图画、教科书、讲义等。该刊除转载文章外全用白话写成,"为中下等人说法,文义浅显,兼列白话"③,是华西最早的白话文期刊。该刊每期约发行千余册,但仅办两年便停刊。

---

① 《蜀学报章程》,《蜀学报》第1册(1898)。
② 《四川开官报说》,《启蒙通俗报》第1年第17期。
③ 《改良启蒙通俗报第二年新广告》,《启蒙通俗报》第2年第3期。

4.《四川官报》。1903年年底川督锡良将四川官书局改为官报书局,创办《四川官报》,拨银5万两为开办费。1904年3月出第1册,为旬刊,共出刊七年达200余册。该刊以刊载官署文牍为主,新闻为辅,有谕旨、奏议、论说、新闻、专件等栏目。新闻除本省外,多采自《北洋官报》《南洋官报》《新闻报》等几十种报刊。该刊大量登载关于发展工商业、改良吏治、兴办学堂等指导新政的奏折、公牍、论文、章程、消息等。

5.《四川学报》和《四川教育官报》。《四川学报》1905年由省学务处创办,其目的是使人民"胥有文明灌输之一日,庶不至为他族所持……亦教育普及之先导也"。内容分12栏,即谕旨、奏议、公牍、章程、讲义、译编、论说、选报、图表、附编等,刊登开办学堂的谕旨、奏议、文牍、学堂章程、学科讲义、外国教育资料、关于教育的评论等。初是半月刊,第20期以后改为月刊。1907年9月改名《四川教育官报》,由学务公所发行,1911年又改为周刊。该刊大量登载有关教育的译著、论文和教材,对传播新思想和新文化起到了极大作用。该刊是清末川省兴学的指导性刊物,由学务处规定派阅,大县40份、中县30份、小县20份,另外每个学堂分派学报一本。1911年川省有学堂1.1万所,那么学报发行额应在万份以上。

6.《鹃声》。1905年川省留日学生、同盟会员雷铁崖、董修武、李肇甫在东京创办,其宗旨是"望我们四川人,听了鹃声二字,就想起了亡国的惨历史,触目惊心"。指出要把"如何造成新国家,救我们四百兆同胞的法子,一期一期的说了出来,哀鸣于我七千万伯叔兄弟之前"[①]。1905年9月出版第1期,11月出版第2期。封面题有"发明公理,拥护人权",第2期扉页上印有"为民族流血邹公容遗像"。发两期后停刊,1907年出《鹃声》再兴第1号。该刊发表的重要文章有:《说鹃声》《旧四川与新四川之现象》《亡国灭种问题的解释》《新中国国民之理想》等。

---

① 《本社重要广告》,《四川》第1号。

7.《四川》。1907年下半年留日的川籍同盟会员吴玉章、雷铁崖等以《鹃声》为基础创办《四川》。1908年1月同时出刊第1号和第2号,2月出第3号。该刊之创办是希望"四川十二府、八直隶州、六直隶厅、一百二十余州县之忧时志士,爱国名流……就其身所见所闻,各挥如椽巨笔,将政界、学界、军界、商界及同胞一切颠连困苦情形,和盘托出,公诸本志,庶可使此黑暗世界,放大光明"①。该刊上的重要文章有《警告全蜀》《对清政策》《排外与仇教》《论政党与国家之关系》等,以反对列强侵略、揭露清廷腐败卖国、呼唤民众觉醒为宗旨。该刊被大量秘密运回,散布于长江上游和全国其他地区,第1、2号各印行两次,各销售4000册,第3号达5000册。1908年秋日本当局以该刊"鼓吹革命""激扬暗杀"等罪名查封,第4、5号被没收。

8.《蜀报》。1910年8月创刊,为四川谘议局的机关报,由蒲殿俊任社长,朱山任总编辑,吴虞、邓孝可先后任主笔。到1911年9月被查封,共出12期。该刊的宗旨是"一以监督行政,促进宪政之成立;一以指导社会,鼓铸宪法之精神"。还要使"政治思想普及吾蜀,造成健全舆论……以促进国会之成立也"②。明白宣布中心任务是促进速开国会。为呼唤国会早开,《蜀报》连续发表文章,宣传民权、宪政及国会等资产阶级政治改革的主张,促进了社会风气的开化和民主思想的传播。

除本区域内创办的报刊外,全国其他地区的报刊也运入长江上游地区,如清末在成都可购到《顺天时报》《香港商报》《中外日报》《上海时报》《学部官报》《政治官报》《商务官报》《神州日报》《中央日报》《舆论日报》《时事画报》《竞业旬报》等。过去那种文化闭塞、锢蔽、信息不通的现象有了相当大的改变。

---

① 《说鹃声》,《鹃声》第1号。
② 《蜀报发刊词》,《蜀报》第1期。

(二) 新书籍的流行

从 19 世纪 90 年代开始,成都志古堂书店不仅刻印了《十七史商榷》《读通鉴论》《读史方舆纪要》《天下郡国利病书》《文史通义》等古籍,还印了《盛世危言》等新书,并经销全国各地的新书,志古堂成为传播新知识、新文化的一个重要渠道。据吴玉章回忆:"我开始接触'新学',也是在这个时候。我的二哥最喜欢买书,他于母丧服满之后,仍回成都'尊经书院'续读。那时成都有'志古堂'书店,也趁时逐势,大卖新书。于是我二哥便成了它的好主顾。他曾经为买书而负债累累。我那时虽在乡下,但我二哥却能按时不误地把新书寄回来。当我读到康梁(特别是梁启超)的痛快淋漓的议论以后,我很快就成了他们的信徒,一心要做变法维新的志士,对于习八股、考功名,便没有多大的兴趣了。"①这个时期新学的陶冶对吴玉章一生的奋斗道路起到了奠基作用。

维新运动时蜀学会为宣传西方资产阶级文化,印行了《蜀学丛书》,介绍英国议会章程、西方工商业法、西方教育制度等,又翻印了严复译述的《天演论》。书中关于"保种保群自强进化之公理"给人们以极大震动。吴玉章回忆他当时阅读《天演论》的情况时说:"《天演论》所宣扬的'物竞天择''优胜劣败'等思想,深刻地刺激了我们当时不少的知识分子。它好似替我们敲起了警钟,使我们惊怵于亡国的危险,不得不奋起图存。"②吴玉章的感受反映了新思想对长江上游地区新知识分子思想的冲击过程。

20 世纪初新式学堂的普遍开办,进一步推动了新书的流传,特别是学堂所用各学科讲义成为新书的重要来源。学堂所开设的新课程,有的参酌外国教材编写,有的由外文翻译,有的则由留学生编著。如王

---

① 《吴玉章回忆录》,第 7 页。
② 同上书,第 15 页。

章祜便翻译日本人中谷延治的《伦理学》作为讲义①；重庆府中学堂的英语教科书是外国教材《正则英语》《纳氏文法》②；商业讲习所所发讲义"以开通商智发达商业为唯一之宗旨"，共16种，即《商业通论》《商业各论》《商业历史》《商业地理》《商业算术》《民法大意》《商事行政法》《国际公法》《国际私法》《货币学》《纯正经济学》《经济政策学》《财政学》《统计学》《簿记学》《商业学》》③。

在当时长江上游地区已经形成了一定规模的图书市场，如成都售书的地方有官报局、文伦书局、志古堂、图书局、蜀秀山房、黎照书屋（祥记）、焕文堂、文益堂、望海堂、二铭书屋、正字山房、黎照书局（盛记）、崇义堂、鉴元堂、守经堂、墨耕堂。还有一些铅印和石印书店，如商务印书分馆、二酉山房、正谊公司、震东学社、源记、粹记、点石斋、公益书社等。各售书处所售图书相当丰富，如官报局既有《周易述义》《尚书大传》《唐鉴》《楚辞》《辽史》《金史》等古籍，亦有《教育学》《教育原理》《植物教科》《动物教科》《物理教科》《日本刑法志》《欧洲列国战事本末》《德日体操》等新书。志古堂出售《天演论》《盛世危言》《校邠庐抗议》《富国策》等宣传改良的书籍。正谊公司则以出售各种教科书为主，有小学、中学、高等专科、师范、政法、实业、医学、体育、军事、音乐、女学、日文、英文、图画、哲学等种类，其中哲学类书籍中甚至还有《社会主义》（售价三角）。商务印书馆分馆所售书种类更多，有典章类、修身类、图文类、文典类、尺牍类、历史类、地理类、地图类、算术类、格致类、图画手工类、唱歌体操类、家庭教育类、英文类、法德文类、日本文类、政法类、哲学类、教育类、实业类、杂志类、小说类等。其中政法类的许多书是颇值得注意的，如《法制经济通论》《政法理财科讲义》《日本法规大全》《国法学》《法学通论》《比较国法学》《民法原论》《法意》《万国宪法》《日本明治法制史》

---

① 《四川学报》乙巳第2册，"讲义"。
② 陆殿舆：《清末重庆府中学堂》，《四川文史资料选辑》第13辑。
③ 《成都商报》第2册，"公牍"。

《议会政党论》《政治学》《社会通诠》《欧美政体通览》《群己权界论》《欧洲大陆市政论》《群学肄言》等,说明西方政治学说已有了较为广泛的传播。翻译的外国小说数量也不少,如世界名著就有《孤星泪》《金银岛》《撒克逊劫后英雄略》《鲁滨逊飘流记》《希腊神话》《新天方夜谭》等。据粗略估计,当时仅在成都的官报局、文伦书局、志古堂、图书局、正谊公司、粹记书庄、商务印书馆分馆所售图书就大约在 2000－2500 种之间①。另外不少中外地图也出版发行,如图书局傅崇矩"新出之历史大地图二十种,皆中外无双品也"②。

在新书籍散播的同时,革命宣传品也随之秘密流入社会,如学界便出现了许多"离经叛道"的"怪诞"书报,引起当局的忧虑。川督在严禁所谓"怪诞书报"的札文中便称:"迩尔报馆纷开,卮言日出,口笔所及,竟有从古乱臣贼子所不敢道者。种类既多,名目愈怪,纯由不逞之辈肆口狂言,生心煽乱,所谓其人可杀,其书可烧。而各处书坊利其新奇易销,转相承售。"③这说明有的书籍思想和言辞已相当激进,敢于说出自古以来人们"所不敢道者",以致统治者发出了"其人可杀,其书可烧"的愤懑。然而那些所谓"煽乱"的"狂言"已有相当的市场,读者为数不少,故"新奇易销",以致书商们"转相承售"。

(三) 新知识的扩散

20 世纪初新知识的传播已成为时代的潮流,有不少人公开发表文章,主张以科学反迷信,并宣传科学,开通民智。《启蒙通俗报》就发表文章指出:"教书读书,最忌虚妄。虚是不实在,妄是不正经。……凡鬼神狐怪,符咒僧道,一切不正不实的书,都一齐与我禁止。"反对泥古不化,"泥古是死守古人的话,害我们这些人。……古来说日食月食,是不

---

① 傅崇矩:《成都通览·成都之书业》。
② 傅崇矩:《成都通览·成都之地图专业》。
③ 《四川学报》乙巳第 5 册,"公牍"。

吉兆的事；古来说雷公火闪，是专打恶人的。如今格致学明，才知道日月食，是算得着的；雷火闪，是考得出的，并莫有吉凶一说"①。提出了相信科学的主张。过去旧式书院和学塾里仅讲授读经、国语，学生接受的知识极窄，一成不变，千篇一律，禁锢了人们思想。但在现代学堂中，西方科学文化知识大量涌入。下面就仅以学堂为例来看新知识的扩散。

1. 自然科学知识

在新式学堂的课程中，自然科学占了较大的比重，特别在实业学堂中更是如此。如四川中等工业学堂分电气化学、电气机械、色染和机织四个分科（即专业），其中电气化学分科课程有：矿物学、电气磁气、应用化学（包括燃料、火床装置、石炭、瓦斯、硫酸、制纸等）、电器工学（包括发动机、电动机、发电所设计、发电机、变压器、电气分配等）、机械学（包括力学、材料强弱、机构水力学、发动机大意）、冶金学、电学化学（包括总论、电镀、电铸、电气、电气冶金）等②。其他各分科的专业课数量也大抵如此。

又如四川中等农业学堂，分农业、蚕业和林业三个专业，每个专业都按预科和本科授课。预科主要是学基础学科，除国文和修身外都是新学科，农业科计10门、蚕业科9门、林业科11门。本科所开各类课程皆应用学科，农业11门、蚕业14门、林业5门。以农业科为例，预科课程有：物理学、化学、动物生理学、植物生理学、植物病理学、修身、国文、算术、外国语、体操；本科课程有：排水及开垦法、耕牛马使役法、农具使用、家畜饲养、肥料制造、谷及菜蔬耕种、作物耕耘及收获与储法、苗状整理及移植法、农务制造、害虫驱除、春夏蚕饲育③。

当时各学堂必订的《四川学报》和《四川教育官报》也刊登了不少通俗地介绍自然科学的文章，例如《地学歌》便以歌谣的形式阐明了地球

---

① 《读书入门》，《启蒙通俗报》第1年第8期。
② 《四川中等工业学堂章程》，《四川教育官报》己酉第1册，"章程"。
③ 《四川通省中等农业学堂续订章程》，《四川教育官报》戊申第3册，"章程"。

的形成和大自然奥秘的许多问题:"千年地理成绝学,舆地志乃史家言。山海经志本荒渺,九丘八索书无传。晚近地学误风水,龙穴砂水人谈元。……地球初体固极热,天空沸荡如浆涎。渐凉渐缩渐凝结,乃成硬壳形弹丸。……动植湿化靡弗肖,方知物实生人先。物竞天择势未定,怪禽猛兽争噬吞。……地之运动有二种,其一自转,如地铃中心为轴,转不停,其一盘旋周太阳。两转中分公私,公转速度大于私,四季更代春秋平。"①作者对中国传统的大自然解释表示怀疑,对西方对地质地理的科学解释作了介绍,并阐释了"物竞天择"的进化论和地球的运动规律。

2. 社会科学知识

许多西方社会科学知识正式进入学堂中,如财政学堂高等科的课程包括当代财政学各方面知识:第一年,人伦道德、中国文学、宪法、行政法、高等理财原论、理财史、财政学总义、各国财政史、簿记学、统计学;第二年,人伦道德、民法、商法、赋税总义、关税论、国债论、预算决算论、银行学、中国财政历史及历代币制;第三年,人伦道德、刑法、国际公法、国际私法、各国银行律、各国税律、中国现行银行则例及各项税章、货币学、理财学史、理财学实习②。世界历史、地理等日益受到重视,如高等学堂优级理科师范和速成师范高年级每周外国史地4学时,而中国史地仅2学时③。外国史地考试题目有:"问欧洲不临海之国有几及其国名""问世界最古开化国之国名及其位置""述埃及制玻璃术进步之情形"等④。

新知识使许多青年偏离了传统的轨道,他们"采东西各国科学,期于取长补短,宏济时艰"。他们思想的变化使当局忧虑:"风会趋新,后

---

① 《四川学报》乙巳第1册,"附编"。
② 《财政学堂章程》,《四川教育官报》己酉第7册,"章程"。
③ 《四川学报》乙巳第12册,"表"。
④ 《四川学报》乙巳第7—9册,"附编"。

生厌故,学校虽逐渐推广国粹,反日就湮微。"而大量的出国留学生"浸淫于彼国之文化,归国以后辗转灌输,于是吾国文学愈有日即于萎缩之势"。于是禀请设立存古学堂,"以维国学"①。统治者的这种忧虑从一个侧面说明了新知识、新思想对整个社会的冲击。

(四) 社会教育与社会宣传

20世纪初在长江上游地区开始出现一些社会文化组织和设施。先是有人提出广设图书馆和阅报所,以"开通一般国民之智识"。由地方教育会、商会等共同筹款,择地方公房如善堂、神庙等作为处所,置书橱,购"各大书坊印行之各种政法书,及关于筹办谘议局,及地方自治之书"。先城市尔后乡镇,以"普及新智识"。又指出"设立阅报所亦较图书馆为要",要求各城镇于"四门各择一公共地方,设备椅桌,购置各种日报,任人观览"②。但由于"学款支绌",图书馆迟迟未办。1911年川省学务公所鉴于藏在民间的大量珍贵典籍由于保存不善,"多缺蠹蚀,遂致僿朴,许多散佚了,因此"图书馆不能不急于兴办";另外,图书馆也可供学生、士人"检阅考证""广征博采",而且还可"扶助社会文明,养成一般优美良好之风尚",决定在成都贡院旧址先设图书馆一所,以"为各府厅州县倡"③。成都劝业场的开智书社还开办了租阅图书业务,凡洋装新旧小说,每部价值在5角以下者每日租费10文,价值5角至1元者每日租费20文,价值1元至1元5角者每日租费30文。线装新旧小说费用减半④。

在图书馆设立之前,各地出现了不少诸如书报社、阅报所、教育社等社会文化组织。1907年年初夔州府设立书报社,"以副化民成俗之

---

① 《本署司详请奏设存古学堂文》,《四川教育官报》庚戌第4册,"公牍"。
② 《四川教育官报》己酉第6册,"论说"。
③ 《四川教育官报》辛亥第28册,"公牍"。
④ 傅崇矩:《成都通览·成都之书业》。

至意",并作为"教育普及"之一项内容。凡是"年龄已过,不能入校暨有志向学而苦于无费者"皆可入书报社学习,以作为人才"造就之道"①。1908年泸州劝学所附设阅报所,制定简章,其目的是"化除固闭,通达外情,对镜返观,以求改良社会之习惯"。各种报章由所购买,"阅报诸君不取分文"②。同年,贡井的一些具有新思想的青年知识分子组织禹贡书社,租房一间,收陈当时出版的《浙江潮》《新民丛报》等报刊,作为聚会之地,"这是新文化在贡井当时第一次的输入"③。1909年江北厅筹设阅报所,"添设夜课学堂",川督得悉后,便"饬绅董等认真办理,以期教育普及"④。1911年灌县设立阅报社、宣讲所,"均系开通民智"。拟"慎择讲员,选购报纸",供人们阅读,以达到"辅益社会,移易风俗"的目的⑤。清末傅崇矩设立阅报公社,可供阅览的报刊达81种,其中有《香港商报》、《日华新报》(日本)、《白话画图日报》(北京)、《图书月报》(日本)、《申报》、《农务官报》(直隶)、《政治官报》(云南)、《晋阳公报》(山西)、《全闽新日报》(厦门)、《汇报》(上海)、《时敏新报》(广东)、《绍兴公报》(浙江)、《东三省日报》、《画图新报》(汕头)、《时事画报》(广东)、《新闻报》(上海)、《粤东公报》《环球社图画日报》《北京商报》等⑥,人们可以在这里了解全国情况,沟通信息。

戏剧是传统社会中社会教育、社会娱乐和社会文化最重要的形式之一,对人们的思想和社会风气有直接影响。1905年8月教育研究所第一次开议,提出改良戏剧,认为戏剧是教育的重要手段,"演戏为社会教育,又曰历史教育"。下层人民不能读书识字,则"全借观剧以印证历史教育于脑筋"。指出"欲知下等社会为何等样人,试先问演者为何等

---

① 《夔州府禀捐廉设立书报社一案》,《四川学报》丁未第4册,"公牍"。
② 《广益丛报》第6年第13期,"纪闻"。
③ 《有关贡井新文化活动的二三事》,《自贡文史资料选辑》第14辑。
④ 《江北厅禀筹设阅报所一案》,《四川教育官报》己酉第4册,"公牍"。
⑤ 《灌县详请设立宣讲所阅报社一案》,《四川教育官报》辛亥第13册,"公牍"。
⑥ 傅崇矩:《成都通览·成都之报界》。

样戏",所以戏剧改良"为今日至要之务也"。改良办法有消极和积极两种,所谓消极办法,即将"旧有戏目中如风情月意、牛鬼蛇神、有悖于大义公理者禁之"。具体措施是:由学务处会同警察局调查各班戏目,"何者宜留,何者宜禁";无论公私,在演戏之时,皆要将"预定戏目呈由警局查核"①;演戏场所将"戏目悬示门前";犯禁予以惩罚。所谓积极的办法,即"另编新戏剧,激忠爱之思,启国家之念,好义急公、冒险进取、不背于世界之倾向者演之"。具体办法有:编定新剧曲本,调查现出新剧曲本,设戏园并戏剧练习所,"演剧优人不得视之过贱"②。

改良戏目同时设新戏园。成都过去无戏园,1906年吴碧澄在会府北街建立可园,"入览者甚多"③。接着周善培集悦来公司股本修建悦来茶园,长期租给"三庆会"使用。郭沫若在《反正前后》中记述说:"成都最首出的新式戏团,名叫'悦来茶园',是采取官商合办的有限公司的体制,那儿初是唱的川戏,所谓'改良川戏',自行召集了一批孩子来教练……这算是戏剧的资本主义制度化"④。由戏曲改造公会逐日调动各班轮流演出。悦来茶园较为开化,准妇女入园听戏,但男女分别入场,"男宾由华兴街入,女宾由梓潼桥入"。可园原设有女座,"因本地风气未开,人多以妇女为奇事,屡生事端"。遂禁革女座⑤。妇女抛头露面,这在当时社会上反响很大,时人写诗讥道:"梨园全部隶茶园,戏目天天列市垣。卖座价钱分几等,女宾到处最销魂。"⑥这遭到守旧人士的反对,1911年在籍侍讲学士、翰林院编修伍肇岑等还为此上书护督

---

① 傅崇矩抱怨,当时成都各戏班多有演"淫戏"和"凶戏"者,官方多次禁止,但戏班却"巧改名目,阳奉阴违",如将《杀子报》改为《天齐庙》,《小上坟》改为《荣归祭祖》等,"各种极淫极凶之戏,日日夜夜演之,座客常满"(傅崇矩:《成都通览·成都之戏园》)。因此官方尤重戏目审查。
② 《研究所第一次开议》,《四川学报》丙午第1册,"研究汇录"。
③ 傅崇矩:《成都通览·成都之戏园》。
④ 《郭沫若选集》第1卷上册,第192页。
⑤ 傅崇矩:《成都通览·成都之戏园》。
⑥ 《锦城竹枝词百咏》。

赵尔丰,要求"取消戏园女座,以正风俗"①。

晚清的戏剧改良在社会上产生了较大影响,"当时成都有一大批新名词及流行新语,大概均来自于戏台上"。当时名人周善培、赵熙、尹昌龄等都有创作,其他演唱形式也"务必一律符合社会教育之意旨"。改良的川剧成为社会最主要的娱乐形式,有人总结了它的积极成果在于:"一变戏剧为正当民众娱乐;二借戏剧为社会教育工具;三因戏剧而移风易俗;四提倡戏剧以繁荣都市;五用戏剧以发抒人们的情怀与积闷。"②

社会宣传活动在社会上也发挥着越来越重要的影响。1905年川省教育研究所作出"宣讲改良"的决议,提出七条办法:(1)宣讲由学务处主持,由警察局监视;(2)调查宣讲"现行书本及宣讲生人数";(3)设宣讲练习所;(4)编选宣讲新书;(5)调查宣讲学堂章程;(6)宣讲生"须给凭证";(7)严定"宣讲赏罚之条"③。《四川教育官报》也发表题为《论普及教育宜先注重宣讲》的文章,称:"欲兴学必先宣讲,舍宣讲又无所谓劝学。"认为这是学堂教育的重要补充:"一县之地,仅有学堂数所,不可谓之有教育;一县之地,无处不有宣讲所,不可谓之无教育。普及之事,何必尽出学堂之一途。"④清末宣讲所已较为普遍,如1909年蓬溪县开办演说会,"以期养成立宪国民之知识",选绅、学两界"公正明达绅士按期讲演,启牖民智"⑤。1910年宜宾设宣讲所,在各区设宣讲员,"以补教育之不逮,开人民之知识"。每场或每月宣讲一二次,"以渐化其顽固之私"⑥。

宣讲活动在保路运动期间达到了高潮。保路同志会建立后,便决

---

① 《四川官报》辛亥第35册。
② 姜蕴刚:《清末成都之社会建设》,《旅行杂志》第17卷第10期(1943)。
③ 《四川学报》丙午第1册,"研究汇录"。
④ 《四川教育官报》己酉第6册,"论说"。
⑤ 《四川教育官报》己酉第8册,"公牍"。
⑥ 《四川教育官报》庚戌第10册,"公牍"。

定派讲演员赴各府厅州县,以发动和组织民众。成立讲演部,制订《讲演部公约》《讲演及组织同志会办法条例》等,要求讲演员到各地宣传川汉路命攸关,并组织同志协会。宣传组织对象主要是城会、县会、教育会、农工商会、股东分会及各团体、执事等。这些讲演员到各地后,推动了保路运动的发展。

一个社会由传统向现代的演变过程中,人们之间的联系必然加强、信息流通量必然加大,这实际上就是一个世界"缩小"的过程。文化和思想的传播和交流频繁了,伴随着的是人们的思想和社会变化的加快。

六　现代意识的萌芽和发展

植根于传统乡村农业经济的社会中,人们害怕变革,对社会改造怀有本能的恐惧,对新的思想观念持拒绝的态度;宿命思想支配着人们的思想,消极面对世界,盲目服从,对权威怀有无上的敬畏,缺乏创造力和想象力,安于现状;凡事总要以古人、圣人和传统的尺度来衡量评断,一旦与传统不符,便加以反对和诋毁;对国家和社会事务漠不关心,与外界孤立隔绝、妄自尊大……随着科学技术的引进,新的生产方式和行为方式的传入,人们的思维方式发生变革,其结果必然是对单一和僵化思维方式产生冲击,传统的心态发生变化。这种变化主要表现为:由单一化过渡到多样化,由封闭型转变为开放型,由被动性跃变为主动性。人们的开拓、创新、追求和批判思维能力都有很大的发展,使人们逐渐从唯书、唯上、唯传统的禁锢中解放出来。长江上游地区的人们在思想方面出现的新发展,突出地体现在一系列新意识的产生上,诸如忧患意识、竞争意识、重商意识、自强意识与尚武精神、民主自由意识、参政意识、变革与革命意识等,这些都是社会现代化的必然结果。

　　1. 忧患意识

19世纪末长江上游地区已难以依靠它的天然屏障来自我保护了,

第十章 传统文化的危机与现代意识的兴起

世界资本主义政治、经济对长江上游的入侵进一步加深,使一些有识之士感到危机迫在眉睫。1898 年《渝报》上发表名为《论蜀事之急》的文章,指出:

> 念之危之于眉睫之前,揭壅蔽之大,曰利权,曰边事。全蜀之大,地利之广,物产之富饶,为外人所垂涎,欲攫取者久矣。……自马关定议,重庆开埠,与以内地制货之机,倭使、法使、英使相继来迫索立口岸,唾哭我官吏,抑勒我人民,莫敢与之亢也。西国报章,昌言扬子江以上之利权,英法争先取赴,已入括囊……不待瓜分事起,此百六十州县,皆薮泽之区,任彼族之且渔且猎,未有已时也。①

《蜀学报》第 4 期上为保国会章程所作的跋语更是疾呼:"今者,事亟矣,变深矣,如火之燎毛,艾之灼肤,而痛不可忍矣!士大夫纵不为一国计,独不为一身一家计,断未有国不可保犹得以自保其身家者。"②这说明人们对民族危机的严重性和变革的迫切性已有了透彻的认识。

20 世纪初人们的忧患意识突出表现在川汉铁路问题上。1904 年"英法坐索川汉铁路,事势日迫,东(京)中(国)川省留学生三百余人,开同乡会,商议对付之法"③。该年 11 月留日川籍学生发布《为川汉铁路事敬告全蜀父老书》,他们指出:"四川铁路之他国之日,即全省土地人民永服于他国之日也",呼吁迅速自办川汉铁路,"现主客相争,间不容发,我不投袂而起,彼即乘隙而来",要求全蜀父老兄弟"稍竭棉薄",以蜀人之力,速办蜀中之路④。

这个时期人们对列强侵略及危险处境有了更深刻的认识,感到国家和民族之处境犹如"雷霆鞠辀,飞电环身,山岳崩颓,流石通体",若不

---

① 《渝报》第 11 册。
② 《蜀学报》第 1 册。
③ 《新民丛报》第 3 年第 9 号。
④ 《广益丛报》第 2 年第 30—32 期合刊,"论说"。

觉醒奋起,中国将被"供人炙烹"①。明智之士愤于"来日大难,惶惶不可终日,而一般多数之同胞,大梦未觉,熟睡犹酣"②,因而痛陈危机,希望人民在"忧患"的刺激下奋起图存。

2. 竞争意识

现代社会是一个竞争的社会,闭关自守、墨守成规、安于现状就可能被淘汰,优胜劣败、适者生存的进化思想在19世纪末20世纪初的长江上游社会已得到普遍传播。有人指出:"中国以贫弱见侮,固人人之耻也。……居今日而谈商务,不在与中国人争利,而在与外人争利。"③这正反映出要求冲破重重阻力而发展的民族资产家,企图通过"商战"来排除外国经济势力、建立本民族市场的强烈愿望。他们希望以结团体、设公司与外国竞争:"二十世纪开幕以还,不独兵以战名,商亦以战名,工亦以战名……舍结合团体,凑集雄厚资本,组织公司,亦不可以言战。"④

不仅在知识精英中,即使是地方官绅对竞争也有了比较明确的认识。如劝业道周善培在商业讲习所开学典礼上说:"今观东西各国日趋富强,所以能致富强者,非徒战胜于疆场,因能战胜于商埠,欲求战胜于商埠,必先战胜于学堂。"提倡与国外竞争:"竞争者,进步之原因也。对外言,则我国当与他国竞争;对内言,则我省当与他省竞争;近而言之,则成都当与重庆竞争。"⑤在竞争中求发展。可见,社会上下都在这个大变革时代形成了以竞争求生存的共识。

---

① 《发刊词》,《四川》第1号。
② 《热心筹蜀者鉴》,《鹃声》第2号。
③ 梅际郇:《四川商情问答》,《渝报》第7册。
④ 《成都商报》第6册(1910)。
⑤ 《成都商报》第1册,"论说"(1910)。

3. 重商意识

中国传统的重农抑商政策的危害,已为人们所普遍认识,19 世纪末,便有人提出"欲挽利权,必在商务"①。20 世纪初发展工商业已成为时代的潮流,社会精英的经济观念发生了极大的变化,激烈地提倡重商,热衷于商战的呼喊。他们看到"日本维新三十余年,其讲实业二十余年耳",现今东西洋货涌进中国,中国"今日之必务实业者以云抵制也"②。四川留日学生甚感"吾国今日有赖于工商者如斯其急",因而"朝夕谋所以策群之方",在日本组织四川留日工商学生协会,以"吾川工商之发达为宗旨"③。立宪派首领蒲殿俊指出:"夫四川今日之需于商业固亟矣,自经济之竞争,波动世界,决策卜胜一委重于商。"④周善培也称:中国自古重农轻商,现今"朝廷观外国致富之源,由于经商之有道;慨利权丧失之故,由于商业之不兴"。现在商业得到重视,朝廷设立商部、商会以保护之,并且"奖给功名以荣耀其身,特许专利以鼓励其志",因此必须借此时机发展工商业⑤。20 世纪初出现的这股重商思潮,为长江上游地区工商业的发展奠定了思想基础。

4. 自强意识与尚武精神

中国传统提倡文治和教化,但近代屡遭侵略的惨痛历史,给这个传统有力的打击。西方的坚船利炮使人们认识到只有自强才能自存,儒家教义不能抵御武力,必须提倡尚武、锻炼体魄、自立自强。培养尚武精神是从发展体育运动开始的,四川通省高等学堂附设体育学堂,各学堂也都开设体操课,即所谓"德育、智育、体育三者并重"⑥。1905 年年底在成都举行了各学堂第一届运动会,明确宗旨为六,即培养亲爱之情

---

① 梅际郁:《四川商情问答》,《渝报》第 7 册。
② 《留学日本师范生上学务处总理书》,《四川学报》乙巳第 19 册,"论说"。
③ 《广益丛报》第 7 年第 27 期,"寄书·新章"。
④ 《成都商报发刊词》,《成都商报》第 1 册(1910)。
⑤ 《劝业道宪周商业讲习所开学演说》,《成都商报》第 1 册(1910)。
⑥ 《四川官报》乙巳第 30 册,"公牍"。

谊、协同之习惯、秩序之动作、尚武之精神、公德之习尚、谦让之性情。参加者有37校,项目有900余人表演的普通体操,200余人表演的器械体操,以及武装竞走、击剑等27项①。1908年合江组织体育研究会,"以研究体育、振作尚武精神、修炼完全人格为宗旨",以期扫除重文轻武的旧习②。清末人们的尚武精神与自强意识,还表现在留日学生中习军事者增多,许多学军事的学生希望"毕业后回国带兵,革命救国"③。1905年日本成城学校、振武学校、警务学堂、警察学校、预备陆军学校学军事的学生计达91名,其中绝大多数是自费生④。此外,当时人们踊跃报考省内外设立的军事学堂,也反映了自强意识和尚武精神的影响。

5. 民主自由意识

社会的发展必然要求政治的民主化,传统的人们承认人的地位有时超乎于法律、政策之外,人们只能以宿命的态度对待它,但这种态度在近代受到极大的冲击,人们已开始有了法律面前人人平等、天赋人权等意识,去追求自己应得的权利。从维新运动即开始的对民权的提倡,在20世纪初得到进一步传播,当时人们的民主自由意识的觉醒主要表现在下述各方面。

第一,向往西方民主。从闭塞的长江上游而游学海外的学生们一旦受到欧风美雨的洗礼,思想上的变化便是不可抗拒的。如官派赴日学习师范的泸州举人熊焘到日不久,便很快转而仰慕西学。1905年他写了《上学务处总理书》,指出:"日本民气之坚强,爱国之迫切,科学之进步,法律之修饬,令人欣羡不已。实察其强盛之原因,立国之本末,在人人俱由于法律,事事俱定于法律而已。……自天子以至于庶人,法律

---

① 《四川教育官报》乙巳年增刊,"运动会录"。
② 《四川官报》戊申第27册,"新闻"。
③ 《辛亥革命回忆录》(三),第2页。
④ 《四川游学日本诸生调查表》(1905年)。

皆得而羁束之,人民与法律合,国必强;与法律分,国必亡。"①这无异是对专制君主一人奄有天下的指责。有的青年学生由向往西方民主而转向革命,如邹容一到日本,便广泛接触了西方资产阶级的政治学说,"录达人名家言印于脑中"。卢梭思想对他影响甚大,他"惟思为法国大英雄卢梭后第二人",指出卢梭等的理论不仅是"法美文明之胚胎",也是中国"起死回生之灵药,返魄还魂之宝方"②。

第二,追求自由。人们已鲜明地提出了自由问题:"自由权者,思想自由、言论自由、出版自由三大自由也。"③报刊也登载文章宣传自由,如《启蒙通俗报》上的《自由正谊》一文便指出"自由"本缘于古罗马文的"利白达司",乃释放之意。古罗马奴隶要求释放为自由人,提出了"不自由不足以为人","不自由毋宁死"的命题。后来自由的含义发生了变化:"后世法律学者,于国之有律令失当,而民不便,则为之力争极谏以修改之。伦理学者,于人之有沉溺薄俗而不能去,则为之陈说道谊以破除之,亦皆可训之为自由。前者之说,法中的自由也;后者之说,理中的自由也。然则自由者,谓自由于法理之中,而不曾稍伤一国之秩序者,惟有此界限故耳。"④以上仅从法理认识自由虽显局限,但毕竟指出了人们追求自由权利的合理性。

第三,在中国建立民权国家。除邹容在《革命军》中揭櫫建立中华共和国的大旗而举世闻名外,长江上游地区主张立宪的那一部分知识精英民主民权思想也相当强烈,试图通过立宪来达到建立民权国家的目的。他们认为:"惟是民权自由,实为立宪政体之真精神……所谓民权自由者,不过民之所好必得遂其好,民之所恶必得遂其恶,民之所欲必先得之,民

---

① 《四川学报》乙巳第 19 册,"论说"。
② 邹容:《革命军》,《自序》和《绪论》。
③ 一笑生:《说报》,《鹃声》第 2 号。
④ 《启蒙通俗报》第 2 年第 3 期。

之所恶必不见施,如是而已。"① 他们指出实行民权自由的关键在召开国会,因为"国会者,即实行宪政之根本组织,而增长民智,促进民品之无上妙法也"②。所以国会早开一日,"则民权自由当早伸张一日,民权自由早伸张一日,则政府诸人少为一日恶,而早一日救危亡"③。

民主还不仅限于舆论宣传中,在一定范围和程度上已有所实施。如四川教育总会正副会长的选举程序规定:(1)会员投票公举;(2)投票用暗票法(不记名投票);(3)投票分两次,第一次选举会长,第二次选举副会长;(4)得票之大多数者为会长副会长。另外还规定,正副会长任期一年,若连任"须由会员多数认可"。而且正副会长"于被举后屡次行事不孚众望者,可依会员之劝告而辞职"。凡作出决议,"以到会会员之多数为断"④。地方州县的县议会选举也开始按民主程序进行,以较偏僻的荥经县为例,县议会议员"由本县公民选举担任之",正副议长"均由议员用无名单记法互选",城议事会也由"本城居民互选任之",正副议长也由议员"用无名单记法互选"。凡开议会"以到会议员过半数所决为准",以杜绝专制,而且县议会的会议"须公开之"。议员以两年为任期,每年改选半数,正副议长也是"任满改选"⑤。尽管长江上游地区无论从民主意识还是民主实施方面都还处于初始阶段,但毕竟有了一个开端,毕竟开始突破了封建专制制度的一统天下。

6. 参政意识

19世纪下半叶,随着民族危机的进一步加深,随着经济文化的发展,一部分精英分子逐渐从那种潜心读书猎取功名、不问政事的旧传统中摆脱出来,关心祖国的命运并参加改革现实社会的活动。甲午战争

---

① 《论蜀人由今当竭诚竭智竭力于立宪》,《蜀报》第2期。
② 《蜀报发刊词》,《蜀报》第1期。
③ 《论蜀人由今当竭诚竭智竭力于立宪》,《蜀报》第2期。
④ 《四川教育总会章程》,《四川教育官报》丁未第11册,"章程"。
⑤ 《县议会章程》,《城议会章程》,见民国《荥经县志》卷8,《新政志》。

的失败、维新思想的兴起,可以说是这一变化的转折点。1895年的"公车上书"目前见到签字者603人,四川举人存其名者有西昌张联芳、绵竹杨锐、华阳胡峻等71人①。1898年康有为在京组织保国会,有新繁、华阳、富顺、绵竹、三台、江安、西充、盐亭、泸州、仁寿、成都等地官绅参加②。20世纪初知识精英日益认识到自己在社会中的地位,并为争取自己的合法权益而斗争。他们竭力为其参政提供依据:"夫所谓君主立宪国者何也?无他,即其各国君不以其国为私有,而以其国为一国人之所公,不能不以其国事公诸民。"③希望通过立宪来达到参政的目的。他们积极投入到立宪运动之中,各次国会请愿活动都有上游地区士绅参加。1910年10月立宪派在成都聚集3000余人到督署请愿,又发动学生罢课。1911年6月宪友会在北京成立总部,蒲殿俊、萧湘、罗纶等组织四川支部,主张"尊重君主立宪政体""督促责任内阁""厘理行省政务""开展社会经济"④。

在各个州县,地方士绅也在自治风潮的推动下,积极参与地方行政管理。如荥经县议会议绅"对于本县公益各局及署内外司法人员,如有失职违法时,得指明确据纠举之";他们还可以"审查县知事提交议事会之议案","议决本县全体诉讼及其和解事件","公断和解城镇乡自治之权限争议事件"等。绅权也有了相当的独立性,明确规定县议会"为本县最高立法机关",可以"自行集会、开会、闭会"。县议会议决事件"咨由本县官府公布施行"。在县议会开会时,知县或所派之自治委员须"将本县行政事件到会报告过去之情形及将来之计划,并答复议员之质问,这颇有点立法与行政分权的味道。县府若是否决县议会的议决案,必须在"三日内声明理由,照会复次"。如果三分之二以上议员仍执前

---

① 汤志钧:《戊戌变法人物传稿》附录,《公车上书题名》。
② 汤志钧:《戊戌变法人物传稿》附录,《保国会题名》。
③ 《论蜀人由今当竭诚竭智竭力于立宪》,《蜀报》第2期。
④ 张朋园:《立宪派与辛亥革命》,第117—118页。

议,"得仍请其公布施行"。议员还受到法律保护,"除现行犯外,于会期内非得议会之许可不得逮捕"。对于这种绅权的扩张,民国时有人评论道:"有清之季,尚不吝分权,与民共治,荥(经)虽僻陋,潮流所趋,亦获有若许机关代表民意。"①长江上游的其他地区也大抵有相同的民主化进程。

政治现代化就是从专制制度向民主政治的转化进程。在传统社会中人们认为其所面临的自然与社会环境、所处社会地位和权力分配带有天然合理的性质,任何改变这种现实的努力都是大逆不道的行为。然而随着社会向现代的发展,人们逐渐相信自身的能力,开始以自己的意志去支配社会,争取自己应有的权力。清末的长江上游社会,已经呈现了这一发展进程。

7. 变革与革命意识

19世纪末叶以来,由于严重的民族危机和社会危机,迫使一部分忧国忧民的精英分子去考虑解救之法,他们认为,要救亡图存只有进行内部革新,在政治、经济和文化教育诸方面进行改造,以适应动荡变化、危机四伏的时代。如《渝报》第3、4、5、7、10、12、14、16期,《蜀学报》第6、8期连载了宋育仁《时务论》,抨击顽固派的因循守旧、故步自封,推崇西方资本主义国家的代议制,赞扬西方国家的经济政策,并提出了包括政治、经济、军事、文化和教育各方面的改革主张。

20世纪初,相当一部分青年学子在革命风潮的影响下逐渐倾向革命。如川籍留日学生痛加抨击清政府的专制:"本朝入主中原⋯⋯二百年来,世道弥衰,人品弥下,国家之安危,听诸肉食者谋。"②揭露清政府"数十年来,外交政策惟拱手听命之一法。欲租即租,欲领即领,事事不敢与人争"③。他们号召人民起来反对西方列强侵略:"睡者醒、醒者起、

---

① 民国《荥经县志》卷8,《新政志》。
② 《政党与国家之关系》,《四川》第1号。
③ 《对清政策》,《四川》第1号。

起者立,拔剑投袂,以从事于救亡之途。"①列强侵侮我国权、掠夺我国土、蔑辱我人格,"即为我四万万众永世万劫不共天日之大仇"。号召"同心同德,掣剑在手,挺戈戟天,以求不与敌共生存"②。他们极力主张排满革命:"今之中国虽亡于异种,而吾民族欲起讨异种之义师,而恢复祖国,以建民主政体。"③由于留日学生所具有的这些革命思想,所以他们成为领导反清革命的主要力量。同时在现代学堂中学生思想也日趋革命化。尽管当局加强控制,以种种禁令来约束学生,既然西方社会的政治、思想、文化和科学技术已广泛传播,那么企图把学生思想禁锢在保守的藩篱中便不可能,学堂成为启迪青年觉醒、呼唤民族意识的最好场所(参见本书第九章有关部分)。

  人们革命思想的萌芽和发展,是现代社会一系列变化的极端表现。社会不断的量变过程,终于导致了质变事件的发生,最后以革命的方式结束了清王朝。然而,深层的社会变革并不像革命那样在轰轰烈烈中完成,也不因一个大的政治事件而终止它的演化。清王朝覆没之后,长江上游社会仍按照从传统到现代化的运动轨迹,缓慢地、曲折地、艰难地向前发展。

---

① 《列强协约与中国危机》,《四川》第 3 号。
② 《清国与列强》,《四川》第 3 号。
③ 《中国已亡之铁案说》,《鹃声》再兴第 1 号。

第十一章 结 论

在以上各章中,我们研究了清代长江上游区域社会由传统向现代的发展,力图展示一个内陆社会演化的动态,描绘社会现代化的过程及特征。社会是一个复杂的组合体,要完成这一任务是艰巨的,不过,只要能勾勒这个社会变化的大致轮廓,目的也就算达到了。在本书中,我集中精力去研究传统向现代的一些变化,这或许反映了长江上游社会演进的一些主要趋势。

一 经济和政治转型

长江上游社会的现代化首先表现在经济现代化上。经济现代化是指社会的传统经济向现代经济转变的一种趋势,上游地区经济现代化的过程,也就是传统经济成分逐步缩小,现代经济成分日趋增大的过程。19世纪长江上游地区自然经济的破坏、市场的扩大、商品经济的发展、劳动力市场的形成,为现代经济的出现创造了条件。在19世纪末20世纪初,现代工业的创立,公司的涌现,投资的增加,新式商业的发展,劳动从用人的体力向机械和动力转化,机器的使用与分工体系相结合,不同角色相互协作并组成系统,运输、通讯、公共事业、金融、公务等发展起来,各类市场包括商品市场、劳动力市场等逐渐连接,交易范围愈来愈广大,以及人口迁移和都市化、产业结构出现转变等,都反映了长江上游区域经济现代化的趋势,标志着社会经济发展进入了一个新阶段。

应当承认,在整个上游社会经济成分中,现代经济所占的比重极其有限,但它作为社会中一种强有力的新因素,对传统社会体系发挥着侵蚀作用。现代经济的发展,使资本家作为一个实体愈来愈明确地显示了它的存在。随着财富的增加和队伍的扩大,他们更加认识到自己的价值和能量,日益感到需要改变与自己经济力量不相适应的政治地位和束缚自己发展的传统生产关系。因此,他们日益直接参与政治活动并强烈要求加快政治变革的步伐。

在传统的长江上游社会中,尽管缺乏专门政治社会化的角色,但政治文化却显然很稳定,每个政治体系都有某些执行政治社会化功能的结构。在闭塞的区域,稳定的政治文化是由于高度强化的社会化机构在起着作用,人们的生活方式和条件世世代代都没有发生过重大变化,但是,随着社会发生发展和现代化,这种稳定的结构逐渐被打破了。中央集权的控制削弱,地方势力扩张,在专制统治结构松弛的过程中,地方士绅、新知识分子的政治参与加强,在地方政局中起的作用愈来愈大。由于受到现代潮流的冲击,政府也被迫下放一些权力,从而导致了晚清地方自治和立宪风潮的出现。

在上游区域社会中,以家族血缘纽带关系、宗族家长制为基础的地方控制权受到挑战,世俗化的政治权力日益代替传统的、宗教的和家族的政治权力,建立并发挥新的组织机构的职能和参与社会管理。新的组织和管理成员的组成和选择,开始以他们的才能和社会成就为依据,而不是以家庭、家族的背景或地位的贵贱来决定。整个社会中的各种社会团体和组织日益广泛地参与政治活动。上述运动过程,成为长江上游区域社会政治现代化的重要阶梯。

教育作为社会化的一个重要工具,影响着人们的素质乃至社会的发展。在晚清的上游社会,传统的书院逐步被现代学堂所代替,在现代学堂中,西方的科学文化知识得到传播,成千上万青年学生的思想由封闭的传统形态逐渐向开放的现代形态转化。明智的人们不再只是在读经修身中消磨时光,也不再在科举的老路上颠仆竭蹶,而开始追求新文化、新知识,要求社会变革,僵死的、沉闷的传统意识第一次受到了新文化的猛烈冲击。在这个冲击中,有人惶恐不安、有人无所适从,而有人却迎着这新的风潮,去勇敢地接受了时代的挑战,从而形成了一个新的知识分子群体,他们成为上游思想界和社会变革的精英。

二　社会结构的变化

现代化的过程就是社会缓慢进化的过程。社会的进化不像革命那样轰轰烈烈,但它以潜流的形式发生着深层的变革:传统的社会结构出现了功能失调,社会控制日趋松弛;社会的动荡和混乱,并从无序向有序过渡;传统的社会组织逐渐解体,新的社会组织出现;宗教信仰日益淡漠和趋向世俗化;信息闭塞的状况开始改变,大众传播工具开始发挥着愈来愈大的作用;社会冲突增多,平静的、田园式的生活已被打破;一些千百年来凝固的社会风俗也受到挑战,从地方时节、迎神赛会到衣着服饰,都在外界影响下发生着变化。社会生活再也不能像过去那样一成不变地继续下去了。

通过对传统上游社会的考察,我们可以看到它具有"公社"社会的若干特征:第一,劳动分工并不精细,即每个成员都能做大部分工作,担任社会中存在的绝大部分角色。几乎所有的劳动力都具有几乎一样的社会角色。如自给自足经济下的农民,便充当着农民、手工业者和小贩三位一体的角色。第二,家庭是社会中最基本的单位,亲缘关系几乎是所有社会组织的基础,人们在宗族、家族纽带的束缚下生活。第三,大多数社会关系都是个人之间的,而且往往是持久的。人们缺乏群体和组织的社会生活,因此社会相互作用对人们来说很少带有集团利益和目的,而总带有很大的感情意义。第四,行为主要是由习俗和传统所控制,千百年来人们便在一种模式之下生活,很少有所变化,人们按父辈的行为方式亦步亦趋。但是随着社会向现代的发展,这种"公社"的社会日益被破坏,并逐渐显出

"社团"社会的某些特征来。

"社团"社会的特点恰恰与公社社会相反,首先,这里有大量的劳动分工和角色的专业化,知识和技术作为劳动分工的基础变得比年龄和性别更重要。其次,家庭的影响大大减小,并且它的许多活动被其他机构所代替,这些机构包括经济、宗教和政治的各方面等。再次,许多社会关系都是非个人之间的关系,而且又往往并不持久。最后,行为开始由法律决定而不是习俗决定,习俗已很难适应迅速变化的社会环境需要。从清代以来,长江上游地区就出现了从公社社会向社团社会过渡的倾向,由于商品性农业的发展、手工业的兴盛,分工日趋明显和重要,专业技术愈来愈受到重视。近代以后,特别是 19 世纪末 20 世纪初,从事工商业活动和社会公益事业的人愈来愈多,社会对人们的影响愈来愈大,愈来愈多的人离开家庭而到社会上去闯荡,人们的交际往来已不可缺少,这些都呈现了一个过渡型社会形态的特征。

在本书中,我以分析大量数据为基础去证明社会发生的演化,但同时也认为,传统和现代化不仅是一系列表现出社会经济图画的统计指数,而且也是一种心理状态。在传统社会中,个人通常主要被卷入与家庭、地方社区以及他们所属的功能团体的关系中。他们往往倾向于在狭小的交游圈子里活动,并在其中培育了狭隘的世界观。他们缺乏理解其他观点或不同行为方式的能力,也没有容纳其他文化的胸怀,而本能地排斥异域文化和习俗。在传统社会中,个人对自己的天赋地位逆来顺受,相信以往的社会秩序是天经地义和不可改变的。人们重农轻商,盲目信仰宗教,歧视和排斥妇女参与社会活动,凡事以传统和权威的好恶来衡量品评,提倡无条件遵从和自我封闭等。这些传统社会中的普遍现象,成为走向现代化的巨大精神重负。因此,现代化过程就必然是对传统进行挑战。

现代经济的发展、政治结构的变革、新教育的兴起等,无疑对长江上游社会的现代化产生了重大影响。但是,如果人们缺乏一种能赋予这些制度以真实生命力的广泛的现代心理基础,如果执行和运用这些现代制度的人,自身还没有从心理、思想、态度和行为方式上都经历一个向现代的转变,那么社会实质上的现代化就是不可能的。从晚清上游社会的一些精英阶层中可看到心理转化的趋向,他们努力冲破传统的牢固束缚,逐渐形成现代的态度、价值观、思想和行为方式。近代长江上游区域社会的进步,逐渐使人们能接受和适应生活方式的改变,使人们有事业心、有责任感,关心以及参与国家事务和政治活动。那些接受现代思想的人们,力图走出这个传统的和封闭的世界,从过去的故步自封转向承认并顺应变化,不再使自己屈从僵化不变的思想方法和行为方式,而是变得更主动、更有效、更积极、更乐观地去对待社会生活、群体和国家的命运。

三 走向现代的经济缺陷

社会的现代化并非一蹴而就,从总体来看,长江上游区域社会的现代化是十分缓慢的,它的发展不仅慢于东南沿海地区,也慢于一些华中省份,从其由传统向现代的演变过程看,体现了较之其他地区的艰巨性。为什么上游地区的现代化较之其他具有相同经济地位的地区要困难呢?我认为,这主要在于实现现代化的一系列条件不充分,也就是说还没有形成充分适合现代化的社会环境,这种环境首先应当是经济环境。社会的变革往往是从经济的变革开始,因而阻碍社会变革最顽固的力量,就是相应的经济基础。上游社会现代化的经济条件不充分,主要表现在以下几方面:

1. 集约化生产的程度低。农业集约化的生产有利于商品经济的发展。虽然清代上游地区集约化的生产并不鲜见,但程度不高。农业生产缺乏区域间的分工,一些主要产品分布甚广,如第一章所述,水稻和小麦在成都平原、川东、川南等广大区域普遍而分散种植;甘蔗种植则分布于沱江流域、渠江流域、岷江流域、长江沿岸和叙南地区等；茶却于盆地丘陵及四周高山均有种植；麻在川东、川南、沱江流域、渠江流域、嘉陵江流域分布；桐子种植遍及长江流域 30 余县、乌江流域 6 县、嘉陵江流域近 20 县；其余如棉、蚕丝、药材等在全域皆广泛分布。由于各地自给性强，对外的依赖较少，各州县的输入输出品多以盐和粮食为大宗，其他则不过是小规模的调剂，而且尽量以邻近州县互补。结果造成各州县产品结构相似，这种状况对专业化的商品生产和社会分工是不利的。

2. 商品生产分散，农业和手工业没有充分分离。上游地区自然经济虽受到侵害，但其结构并未受到沉重打击，农民的家庭手工业也没有被消灭。在广大农村，自给自足的自然经济相当稳固。这种稳固表现在农民、手工业者和小商贩三位一体的结合上。广大农民仍以农业为依托，把手工业和商业作为一种补充，结果是商品市场十分狭小，无法形成一个能使资本主义生产方式充分发展的环境。

3. 缺乏商业资本向产业资本的转化。清代商品经济有了较大的发展，在社会经济体系中的地位日益重要，但没能引起社会经济的根本变化。长江上游传统社会的惯性使现代商业资本在自然经济的汪洋大海之中，像一条起伏不定的小船，缺乏传统地产的那种稳定性。高额地租不仅有厚利可图，而且稳妥安全，这吸引着大量商业资本投向土地。另外，在上游地区，往往是商业资本和高利贷资本结合在一起，使社会上的货币资本不是向生产投资，而是集中在流通领域，流通过程中的货币资本膨胀后，便转向了土地兼并。

4. 资本原始积累不充分。由传统的生产方式过渡到现代生产方式，首先便是迫使生产者和生产资料分离，并积累起建立现代大企业所必需的货币财富，这就是资本的原始积累过程。生产者同生产资料的分离，即直接生产者被剥夺生产资料，标志着从简单商品生产向资本主义生产的过渡，以集中生产代替过去的分散生产，并使劳动力变为商品。这样，自然经济的分散性和封闭性遭到破坏。而在长江上游地区始终没有完成生产者同生产资料分离这一历史过程,上游交通不便,距海遥远,西方经济不易深入,资本的原始积累,较之沿海地区晚近半个世纪。直至19世纪末由于洋纱的大量输入,才真正开始了这一过程。然而上游地区资本原始积累是在外国资本主义冲击的情况下发生的,因此积累的资本很大一部分为外国所攫取,而官僚、买办、商人等的资本积累既困难,数量亦少。所以上游区"素乏巨万富商"已为时人所公认①。直至20世纪初,虽然现代工商业已有一定程度的发展,但"盖合四川绅商而论,不特无闽广数十百万之大贾,盖那十万二十万之巨室,通省亦不数姓"②。正如前面已经指出的,上游地区农业集约化生产程度低、商品生产的分散、农业和手工业没有充分分离、商业资本向产业资本的转化存在重重障碍、市场狭窄等,这些因素与资本原始积累的不足相互影响,从而使长江上游地区现代工商业始终缺乏一个良好的生存环境。

5. 地理环境和交通条件的制约。地理环境的封闭是造成长江上游地区现代商业发展不迅速的重要因素,这一地区受外界商品的冲击相对要小,经济独立性强;由于交通的困难,增加了中间转运和转卖的次数,增加了交易的风险,长途贩运成本甚高,往往无利可图。陆路交通不发达而以水运为主,而水运又主要依靠小木船。在缺乏现代交通工具的情况下,现代工商业的发展当然是困难重重。直至20世纪初,上游交通困难的状况没有多大改变,重庆海关税务司就指出:"资本家要在四川省得到进一步的发展,就必须与外界联系,努力改善交通工具。"③清廷外务部也认为:"川省物产充盈,必达之汉口,销路始畅。惟其间山峡崎岖,滩流冲突,水陆转运,皆有节节阻滞之虞,非修铁路以利

---

① 《渝报》第7册。
② 《商务官报》丁未第23册,第11页。
③ Decennial Reports,1892—1901,Chungking.

转输,恐商务难期畅旺。"① 显然,地理环境和交通条件制约了长江上游地区工商业的发展。

上述种种因素造成了长江上游地区自然经济解体的不充分,商品经济发展的局限性,市场交易最大量的是粮食、棉布和盐,这就构成了上游开放以前市场结构的基本模式,即以粮食为基础,以布盐为主要对象的交换。在这种市场模式中。绝大部分商品布是农民自给的产品,只有少数农户才只是为市场而生产的织户,即使这些农户,农副手工产品也主要是为补充口粮,是为买而卖。因此,上游的市场结构是狭隘的,仍以地方小市场和城市市场为主,长途贩运贸易受到很大限制。

由于自然经济的牢固性,农民仍禁锢在土地之上进行着自给性为主的生产。在上游广大农村,农民除了自己家庭所需外,剩余的再供给市场,这阻碍了商品经济的发展和小生产者的两极分化。自然经济的解体是现代工业出现的前提,上游地区自然经济解体不充分决定了资本主义发展的不充分,不少穷乡僻壤仍处封闭状态。原本非常狭小的市场又有相当部分被洋货所充斥,留下给民族工业的市场就更微乎其微了。商品经济能不能发展,关键就在于市场范围能不能扩大。所谓市场范围的扩大,首先需要打破市场的地域限制,使地方性的狭小市场变为全国性的广大的国内市场。但是更重要的是,那些很少依赖于市场供给的小生产者,首先需要变成向市场购买生活资料的消费者,只有当绝大多数人都成为购买者时,市场才能扩大。市场的狭小和不足,严重影响了上游商品经济的发展,尤其是在现代工业出现之后,这种阻碍性就表现得更为突出。

---

① 《轨政纪要初编》轨 3。

四　人口与教育因素的制约

一个现代化的社会将是社会各方面整合的结果,而长江上游地区这种过渡形态的社会进化,却明显地表现出社会功能的失调,各方面的发展不同步,因而阻碍了现代化的进程。上游社会现代化过程中出现的主要障碍除前面已论及的经济问题外,还突出表现在人口、教育和社会风气等方面。

人口或劳动力的再生产,就某个时期或某个地区来看,其规模有可能是扩大的,也可能是缩小的,或者是静止的。但从第二章的研究可知,清代长江上游地区的人口再生产是持续扩大的。当社会条件改善、死亡率下降之后,出生率却一直很高,人口的增长远远超过粮食产量的增长。依靠增加劳动力数量来增大社会总劳动能力,属于劳动力的外延的扩大再生产;如果依靠提高劳动力的质量来增大社会总劳动能力,就属于劳动力内涵的扩大再生产。以外延为主的劳动力再生产模式,表现为人口数量的不断增加,人口与经济之间的运动就进入不良循环阶段。清中叶以后上游地区就开始进入人口数量过多→经济发展缓慢→生活质量降低的不良循环。人口的过度增长,降低了农业劳动生产率,绝大多数人被迫尽量生产粮食作物,从而使农业生产更趋于单一化,商品性的农业则难以发展。如清末上游地区有93％的土地用于种粮食,而经济作物(包括油料作物)的播种面积仅占7％,这就限制了农业和手工业分工的扩大,有利于巩固自给自足的自然经济结构,制约了城乡商品经济和手工业的发展。

人口过剩是长江上游社会现代化中所面临的压力。人口数量与物资供应的比例关系决定着生活水平高低和社会稳定与否,人口超过了一定的限度,就会形成过剩人口,就会影响社会的发展。人口膨胀使长江上游早就存在的人地矛盾日趋尖锐,粮食总产量虽不断提高,但由于人均耕地面积的不断下降,使人均粮食占有仍长期徘徊在低水平上。由于劳动产品基本上都被维持生存消耗殆尽,缺乏对生产的进一步投资,从而制约了现代经济的发展。

人口的巨大压力阻碍了长江上游现代化的进程。由于人口和资源之间的平衡严重失调,使整个社会系统没有能力应付任何突变,各种社会矛盾往往无法克服,而最终酿成难以抑制的社会动乱。的确,人口问题给清后期的长江上游社会生活笼罩了一层浓厚的阴影。

从本书第七章可看到,上游地区现代教育的发展较之现代经济的发展恐怕成绩还突出一些。然而,当我们承认现代教育发展对上游地区社会现代化起了重要作用的同时,也应认识到现代教育是在清政府的专制统治这样一个特定的环境中出现的,不可避免地打上了时代的烙印。它受到专制政权的控制、传统思想文化的束缚,走上了一条不能正常发展的畸形道路,表现了极大的局限性。

第一,从办学宗旨看。各学堂都是按清政府所定教育宗旨办学,"学堂以忠孝为本,以中国经史之学为基"。1903年颁布的《学务纲要》规定了各学堂均应遵谕旨办学,以所谓德、行、道、艺四者并重。1906年学部正式将教育宗旨确定为忠君、尊孔、尚公、尚武、尚实五条。这就严重制约了学生的思想,使新学堂中传统思想占据极大的生存空间。官方学务机构在学堂中竭力灌输旧礼教,不少学堂尊孔读经占统治地位,以经学为必修之科目。逢孔子诞日,必在学堂致祭作乐。总督、提督、提学使等军政大员,还要带领学生向孔子行三跪九叩礼,为了所谓"匡正人心,发扬国粹",要各学堂将修身、人伦道德等有关内容经常令学生默写。这种情形还反映在学堂课程安排上,以初小的课程为例,读经讲经每周达12小时,占全部课程(30小时)的2/5,高小要占1/3。还要求中学生在五年内读完《孝经》《论语》《孟子》《易》《书》《诗》《左传》《礼记》

《周礼》《仪礼》等十经节本①。

第二，清政府对学堂严密控制，颁有《学堂禁令章程》，规定不准违背孔教儒经、不准结党、不准聚众要求、藉端挟制、停课罢学等事。1907年清廷发布上谕，宣称：学生不准干预国家政治及离经叛道、联盟纠众立会演说等事。若有违犯，学生和教员一并重处。1904年川督锡良刊发学堂禁令22条，在各学堂内张贴晓谕，并令各学堂监督随时严密查访，学生倘有故违规则者，据实禀办，不得徇纵。不准学生谈民权自由，不准著书议政，不准私任报馆主笔、记者，不准介入集会演说，不准介入地方词讼。锡良还授权各学堂监督，若有不服管束者，随时可裁汰，勒令出校。对留学生也加强了管束，出国前严加训饬，使之出洋后，专精求业，而不准沾染"浮华嚣张习气"。1905年川省为派出留学生学习实业而定的《选派实业学生简章》规定：学生功课缺怠过多，不安本分，不受约束，或品行不端者，除将本人斥退外，还要勒令该生家属缴赔以前一切学费旅费，若情节重者则加重处罚②。这些无疑限制了学生参加政治和社会活动。

第三，科举遗风的存在。在清政府颁布的法令中，宣称从新式学堂毕业者分别量予出身，按程度奖给举人、进士之类的头衔。如四川高等学堂便按学部章程宣布：正科毕业考列最优等者作为举人，可任内阁中书或知州补用；考列优等者作为举人，可任中书科中书或知县补用；考列中等者作为举人，可任都司务或通判补用。川督和学务当局在每届学生毕业之后，都要奏请"奖励"那些"潜心向学""品性端谨""学行俱优"的学生。每逢开学或毕业典礼，川督总不免到场发表"训词"，宣扬

---

① 舒新城编：《中国近代教育史资料》上册，第197—199页；《清朝续文献通考》卷102，《学校十》，第8613页；《光绪朝东华录》（五），第5494页；《四川教育官报》己酉第7册，"报告"；《四川教育官报》己酉第6册，"论说"；《四川官报》己酉第22册，"公牍"。

② 《光绪朝东华录》（五），第5487页；《光绪朝东华录》（五），第5657页；《光绪朝东华录》（五），第5806—5807页；《四川官报》甲辰第24册，"公牍"；《四川官报》乙巳第5册，"公牍"；《四川学报》乙巳第3册，"章程"。

效忠皇帝,劝诱行规蹈矩,以得朝廷重任。因此不少学生入学抱着投机态度,满足猎取功名的心理,这也就为许多学堂新瓶装旧酒提供了条件。正如梁启超所指出的:新教育"不以学问为目的而以为手段","以利禄饵诱天下",结果"学校一变名之科举,而新学亦一变质之八股,学子之求学者其什中八九,动机已不纯洁,用以为'敲门砖',过时则抛之而已"①。这样使不少学堂仅是旧式书院的改头换面而已。

第四,学堂内管理的不完善及营私舞弊。由于中央和地方当局把发展学务作为考核官吏标准之一,那些无切实政绩又想沽名钓誉或力图保住乌纱帽的庸吏们,难免浮报滥夸。不少学堂的授课也多敷衍塞责。甚至有的学堂全无教具,教员则仍用旧日教法,学生亦全无秩序。许多学生请假旷课,一曝十寒。这些学堂基本上是应付上面的官样文章。有的学堂用人不当,办学者借兴学而干利己勾当,其结果是"开民智不足,招众怨有余"②,反而引起人们对学堂的不满。因而学堂教学的质量低是在所难免了。

由此可见,作为长江上游地区社会现代化最具代表性的现代学堂尚如此不完善,它难以为现代化事业造就大批有用的人才,影响了新思想、新文化的广泛传播,遏制了社会风气的开化。

传统往往是根深蒂固的,既然经济和文化受到传统如此大的阻力,那么社会风气改变之艰难就可想而知了。清末上游地区社会风气有所变化,但锢僻的民风和心理仍居主导地位。特别是在长江上游地区的广大乡村,人们的生活并未发生明显的变化,人们仍在中世纪式的、封闭的环境中生活。社会现代化所掀起的波浪到达那些死水般的乡村之时,已耗尽了能量,最多能掀起几缕涟漪,紧接着又恢复了往日的平静。就这样日复一日,年复一年,周而复始地近乎循环地运动着。

---

① 《清代学术概论》,见《梁启超论清学史二种》,第80页。
② 《广益丛报》第5年第8期,"卒评"。

五 我们能"跨出封闭的世界"吗？

美国学者布莱克把所有建设现代化的社会所面临的重大问题归于四个阶段：第一，现代性的挑战。在传统知识的框架中，一个社会开始面对现代观念和体制，而现代性的倡导者出现了。第二，现代化领导的强固。在持续若干代人而且往往贯穿着剧烈斗争的过程中，权力从传统领导者手中转入现代化领导者手中。第三，经济和社会的转变。经济增长和社会变革，使社会从乡村农耕的生活方式，转变为以都市工业生活为主的方式。第四，社会的整合。在这个阶段，经济和社会的转变造成整个社会从根本上改组社会结构①。如果以布莱克的这个阶段划法来看长江上游地区社会的变化，我们可以认为，直至清末社会现代化才由第一个阶段进入到第二个阶段的初期。实际上迄至1949年，第二个阶段才在名义上完成。

为什么长江上游地区社会的现代化步履如此蹒跚和艰难？社会的现代化并不像田园牧歌那样令人心旷神怡，可以说，社会现代化同时也伴随着人们的痛苦和灾难，因为新的生活方式的建立不可避免地蕴含着对旧的生活方式的破坏。现代化是在原有基础之上对社会的整合和重建，那么现代化也就意味着传统社会的分解。在一个整合完善的社会中，人们在追求目标和实现目标的手段上一般不是对立的，社会的生活一般是平静的。然而，当社会变革之时，社会中没有任何因素能以同样步调适应这些变革，社会结构的各个部分没有做相应调整，社会系统就会出现功能失调。清末长江上游地区社会的不稳定，即是社会结构各个部分发展和调整不同步的结果，社会未能正常发挥其整体功能，这也表现出一个过渡形态社会的种种特征。在这个过渡形态中，不可避免地会出现社会的动

---

① C. E. Black, *The Dynamics of Modernization: A Study in Comparative History*, pp. 67—68.

荡、生活水平的下降乃至对生命的威胁,人们迁徙流离,甚至铤而走险。因此,现代化是一个创造与毁灭同时并举的过程,它以人的错位和痛苦这样高昂的代价换来新的机会和新的前景。

长江上游地区社会的现代化打破了人们封闭的安居乐业的既定状态。传统社会由其环境形成了相对稳定的人格特征,在漫长岁月中,文化一层层积淀下来,前辈是继承这种文化遗产的化身,后辈在家庭和邻里平静而安全的氛围中成长。人们囿于一个小圈子中,与自己社区的成员发生面对面的关系,而具有不同文化的人们却是相对隔绝的。这种环境和关系有助于形成强烈的认同感和自信心,社会中的绝大多数成员不会因遭遇规范和价值的冲突而紧张。在现代化进程中,传统的文化遗产被削弱,而逐渐让位于基本不确定的规范和价值。后一代的成长环境和培育规范直接受到各种潮流的影响:小农经济破产,科举仕途断绝,城市化冲击家庭结构,地方社区日趋解体,农民由乡村大量流向城市,士农工商传统等级错位,重义轻艺价值观四处碰壁……人们的心理平衡被破坏了。有相当一部分人为了恢复这种心理的平衡、发泄自己的不安,便把一切与现代化有关的东西视为自己天然的仇敌。在近代上游地区屡见不鲜的毁学事件、阻挠办厂的纠纷以及反教运动等,都在一定程度上反映了人们的这种心理状态。

较之传统社会,随着社会的现代化,个人愈来愈少地受环境的支配,也即是说人们趋向自由了。但是,在由一个平静的、僵死的社会进入到一个动荡的、纷繁的社会中时,人们往往无法确定自己的目的。而且每当发生社会的大动荡之时,人们还要准备为了政治、经济等等利益而把自己的自由交给新权威的领导,这就是所谓在迅速变化中的社会个人认同特征的丧失。社会的现代化带来了深刻的社会分裂,近代的环境倾向于把社会原子化,它使社会成员失去共存感和归属感,而产生出危机感和奋斗感。人们要跟上时代的节奏,总感到不安全和焦虑,甚至难以言状的痛苦。

的确,长江上游区域的社会现代化是充满曲折和痛苦的。尽管这一地区由于内部和外部的因素而开始走向现代化,但经过半个世纪的艰难跋涉,现代化也不过只迈出了很小的一步。旧制度和传统犹如一双具有魔力的看不见的巨手,时时刻刻企图把社会拉向倒退,社会每前进一步都是在与传统的不断搏斗中获得的。虽然清末长江上游区域社会在现代化的里程上,迈出了关键性的第一步,但是就社会的广大层面而言,现代化犹如汪洋大海中的小船,在颠簸和冲击中航行,时刻冒着倾覆的危险,在传统的潜流之上摇摇晃晃地、缓慢地驶向那似乎永无尽头的彼岸。

征引书目

(1) 中文部分(以下按音序排列)①

安县志,夏时行等纂修,民国二十七年石印本。
巴县档案,四川省档案馆藏。
巴县档案抄件,四川大学历史系藏。
巴县志,罗国钧等纂修,民国二十八年刻本。
巴县志,王尔鉴等纂修,乾隆二十六年刻本。
巴县志,熊家彦等纂修,同治六年刻本。
北川县志,杨钧衡等纂修,民国二十一年石印本。
笨拙俚言,吴好山,清稿本(咸丰乙卯),四川省图书馆藏。
播变纪略,近代史资料,1958 年第 3 期。
补辑石砫厅新志,王槐龄纂修,道光二十二年刻本。
蚕桑萃编,卫杰编,光绪二十五年刊。
苍溪县志,丁映奎纂修,清抄本。
苍溪县志,熊道琛等纂修,民国十七年排印本。
长宁县志,曹秉让等纂修,嘉庆十三年刻本。
长寿县志,汤化培等纂修,民国十七年石印本。
成都日报,1904、1906、1908、1911 年。
成都商报,1910 年(杂志),1911 年(报纸)。
成都通览,傅崇矩编,成都通俗报社,宣统元年石印本。
成都县志,李玉宣等纂修,同治十二年刻本。
成都志通讯,成都市地方志编纂委员会,1984—1988 年。
成都竹枝词,定晋岩樵叟,成都心太平斋藏板,嘉庆十年刊。

---

① 本书征引的文章篇目因文中已有详注,此处不再列出。

城口厅志,刘绍文等纂修,道光二十四年刻本。
重庆工商史料,第1—4辑,中国民主建国会重庆市委员会、重庆市工商联合会文史资料工作委员编,重庆出版社1982—1986年版。
重庆工商史料选辑,第1—5辑,中国民主建国会重庆市委员会、重庆市工商业联合会合编,1962年刊。
重庆开埠史稿,隗瀛涛、周勇著,重庆地方史资料组编,1982年刊。
重庆商会公报,1905—1906年。
重庆蜀军政府资料选编,重庆地方史资料组编印,1981年。
重庆文史资料,第3、12辑,重庆文史资料委员会编。
重修长寿县志,张永熙等纂修,光绪元年刻本。
重修涪州志,吕绍衣等纂修,同治九年刻本。
重修广元县志稿,谢开来等纂修,民国二十九年排印本。
重修南川县志,柳琅声等纂修,民国二十年排印本。
重修彭山县志,刘锡纯纂修,民国三十三年排印本。
重修彭县志,张龙甲等纂修,光绪四年刻。
重修什邡县志,王文照等纂修,民国十八年排印本。
崇庆县志,谢汝霖等纂修,民国十五年排印本。
崇实报,1909年。
筹蜀篇,黄英,荣县旭川书院刊,光绪二十七年。
川边季刊,第1卷。
川康边政资料辑要・雷波概况,边政设计委员编,民国二十九年成都排印本。
川康边政资料辑要・西康概况,边政设计委员编,民国二十九年成都排印本。
川南主教区基督教徒行政篇统计表(1860—1910),四川省档案馆藏。
川省田赋征实负担研究,彭雨新、陈友三、陈思德著,商务印书馆1943年版。
存悔斋文稿,何嗣焜,光绪十九年刊。
达县志,蓝炳奎等纂修,民国二十二年刻本。
大宁县志,高维岳等纂修,光绪十二年刻本。
大清会典事例,光绪朝,昆冈等撰,光绪二十五年。
大邑县志,赵霦等纂修,同治六年刻本。
大竹县志,郑国翰等纂修,民国十七年排印本。

大足县志,王德嘉等纂修,光绪三年刻本。
德阳县乡土志,清末抄本。
德阳县志续编,钮传善等纂修,光绪三十一年刻本。
第二次教育统计图表,清学部总务司编,光绪三十四年。
第七次矿业纪要,经济部地质调查所编,1944年。
第三次教育统计图表,清学部总务司编,宣统元年。
第三次统计报告书,四川劝业道编订,宣统元年。
第一次教育统计图表,清学部总务司编,光绪三十三年。
第一次统计报告书,四川劝业道编订,光绪三十三年。
第一次中国教育年鉴,开明书店发行,1934年。
垫江县志,丁涟等纂修,抄乾隆十一年刻本。
丁文诚公年谱,唐炯编,民国二年文通书局石印本。
丁文诚公遗集,罗文彬编,台湾文海出版社。
东方杂志,1904—1911年。
东华录,乾隆朝,王先谦撰。
峨眉县志,王燮等纂修,嘉庆十八年刻本。
峨眉县志,文曙等纂修,乾隆五年刻本,1960年抄本。
反洋教书文揭帖选,王明伦选编,齐鲁书社1984年版。
奉节县志,曾秀翘等纂修,光绪十九年刻本。
富顺县志,段玉裁等纂修,光绪八年刻本。
富顺县志,罗廷权等纂修,同治十一年刻本。
富顺县志,彭水治等纂修,民国二十一年刻本。
高县志,敖立榜等纂修,同治五年刻本。
高宗纯皇帝圣训,十朝圣训本,光绪年间刊。
宫中档乾隆朝奏折,台北"故宫博物院"编辑,1982年版。
宫中档雍正朝奏折,台北"故宫博物院"编辑,1980年版。
珙县志,王聿修纂修,乾隆三十八年刻本。
灌县志,叶大锵等纂修,民国二十二年排印本。
光绪朝东华录,朱寿朋编,中华书局1958年版。
广安州新志,周克堃纂修,光绪三十四年至宣统三年刻本。

轨政纪要初编,清邮传部编,光绪三十三年刊。
贵州通志,刘显世等纂修,民国三十七年刊。
郭沫若选集,第1卷,四川人民出版社1979年版。
国风报,1910—1911年。
国史馆馆刊,第1号(1948)。
汉南续修府志,严如煜等纂修,嘉庆十九年刻本。
汉州志,刘长庚等纂修,嘉庆二十二年刻本。
合江县志,王玉璋等纂修,民国十八年排印本。
洪北江全集,洪亮吉,光绪三年洪用懃授经堂刊本。
华北的小农经济与社会变迁,黄宗智,中华书局1986年版。
华阳县志,董淳等纂修,嘉庆二十一年刻本。
华阳县志,叶大锵等纂修,民国二十三年刻本。
皇朝道咸同光奏议,王延熙、王树敏辑,光绪二十八年刊本。
皇朝经济文编,自求强斋主人,光绪二十七年刊。
皇朝经世文编,贺长龄撰,道光六年。
皇朝经世文续编,盛康编,光绪二十三年刊。
皇清奏议(顺治至乾隆),琴川居士辑,光绪印本。
会理州志,邓仁垣等纂修,同治九年刻本。
夹江县志,王佐等纂修,嘉庆十八年刻本。
犍为县志,陈谦等纂修,民国二十六年排印本。
简阳县续志,李青廷等纂修,民国二十年排印本。
简阳县志,林志茂等纂修,民国十六年排印本。
江北厅志,福珠朗阿等纂修,道光二十四年刻本。
江津县志,曾受一等纂修(乾隆),徐鼎等增修,嘉庆十七年增刻本。
江津县志,聂述文等纂修,民国十三年刻本。
江津县志,王煌等纂修,光绪元年刻本。
江油县志,桂星纂修,道光二十年刻本。
江油县志,武丕文等纂修,光绪二十九年刻本。
教务教案档,全7辑,中国近代史资料汇编,台北近代史研究所编,出版日期不详。
教育公报,1915年。

教育杂志,1908—1910 年。
金堂县续志,王暨英等纂修,民国十年刻本。
锦城竹枝词,六对山人作,三峨樵子注,嘉庆九年刊嗜抄书斋藏板。
锦城竹枝词百咏,冯家吉,民国十三年成都研精馆刊印。
近代川江航运简史,邓少琴编著,重庆地方史资料组编印,1982 年。
近代秘密社会史料,萧一山,国立北平研究院史学研究会印行,1935 年。
近代中国实业通志,杨大金,南京钟山书局 1933 年版。
近现代四川场镇经济志,第 1、2 集,杜受祜、张学君主编,四川省社会科学院出版社 1986、1987 年版。
近现代四川大事纪述·晚清部分,任一民、张学君主编,未刊打印稿,1987 年。
鹃声,1905、1907 年,共 3 期。
军绅政权——近代中国的军阀时期,〔加〕陈志让,三联书店 1980 年版。
开县志,李肇奎等纂修,咸丰三年刻本。
康雍乾时期城乡人民反抗斗争资料,全 2 册,中华书局 1979 年版。
夔州府志,恩成等纂修,道光七年刻本。
阆中县志,徐继镛等纂修,咸丰元年刻本。
乐山市志资料,1984 年,乐山市地方志编纂办公室编。
乐山县志,唐受潘等纂修,民国二十三年排印本。
乐至县乡土志,刘达德编,民国元年刻本。
雷波厅志,秦云龙等纂修,光绪十九年刻。
李劼人选集,第 1 卷,四川人民出版社 1980 年版。
李文忠公全集,李鸿章,光绪三十一年至三十四年刊。
理化县志稿,贺觉非纂修,民国三十四年西康省政府排印本。
立宪派与辛亥革命,张朋园,台北近代史研究所刊,1969 年。
梁山县志,符永培纂修,嘉庆十三年刻本。
刘光第集,刘光第集编辑组,中华书局 1986 年版。
刘文庄公奏议,刘秉璋,刊年不详。
刘中丞奏稿,刘瑞芳,近代中国史料丛刊第 61 辑,台湾文海出版社印。
隆昌县志,花映均等纂修,同治十三年刻本。
芦山县志,宋琅等纂修,民国三十二年排印本。

泸县志,王禄昌等纂修,民国二十七年排印本。
罗江县志,沈潜等纂修,乾隆十年刻本。
马边厅志略,周斯才等纂修,嘉庆十年刻本。
茂州志,杨迦怿等纂修,道光十一年刻本。
眉山县志,王铭新等纂修,民国十二年排印本。
绵竹县乡土志,田明理等纂修,光绪三十四年刻本。
绵竹县志,王佐等纂修,民国八年刻本。
民国四川史事续集,周开庆,台北版。
名城成都的保护与发展,成都市城市科学研究会编,1987年印。
名山县新志,胡存综等纂修,民国十九年刻本。
明清白莲教研究,喻松青著,四川人民出版社1987年版。
明清时代的农业资本主义萌芽问题,李文治等著,中国社会科学出版社1983年版。
明清四川井盐史稿,张学君、冉光荣著,四川人民出版社1984年版。
纳溪县志,赵炳然等纂修,嘉庆十八年刻本。
耐庵奏议存稿,清末民初史料丛书,台北成文出版社有限公司。
南江县志,董珩等纂修,民国十一年排印本。
南溪县志,李凌霄等纂修,民国二十六年排印本。
内江县志要,王果纂修,道光二十五年刻本。
宁远府志,清抄本(咸丰)。
农村·经济·社会,第3卷,知识出版社1986年版。
农工商部统计表,光绪三十四年。
彭水县志,庄定域等纂修,光绪元年刻本。
彭县志,王钟钫等纂修,嘉庆十八年刻本。
蓬溪县志,吴章祁等纂修,道光二十五年刻本。
郫县志,李之清等纂修,民国三十七年排印本。
綦江新县志资料,綦江县志编纂办公室编,1984年。
启蒙通俗报,1902—1903年。
黔江县志,张九章等纂修,光绪二十年刻本。
清朝续文献通考,刘锦藻编,上海商务印书馆1936年版。
清朝野史大观,小横香室主人编,中华书局1936年版。

清代的矿业,全2册,中国人民大学清史研究所编,中华书局1983年版。
清代地理沿革表,赵泉澄,台北文海出版社1974年版。
清代科举制度研究,王德昭著,香港中文大学出版社1982年版。
清代四川财政史料,上册,鲁子健编,四川省社会科学院出版社1984年版。
清代四川进士征略,李朝正编著,四川大学出版社1986年版。
清代学术概论,梁启超,梁启超论清学史二种,朱维铮校注,复旦大学出版社1985年版。
清代职官年表,钱实甫编,中华书局1980年版。
清国留学生会馆第二次报告,清国留学生会馆编辑发行,光绪二十九年。
清国留学生会馆第四次报告,清国留学生会馆编辑发行,光绪三十年。
清国留学生会馆第五次报告,清国留学生会馆编辑发行,光绪三十年。
清季外交史料,光绪朝,王彦威辑,民国二十一年版。
清秘述闻三种,全3册,法式善等撰,中华书局1982年版。
清末筹备立宪档案史料,故宫博物院明清档案部编,中华书局1979年版。
清末民初洋学学生题名录初辑,房兆楹,台北近代史研究所史料丛刊,1982年。
清实录,清官修,中华书局,1986年影印本。
清史稿,赵尔巽等,中华书局1976—1977年版。
清史论丛,第1、5、7辑,中华书局1979、1984、1986年版。
清史研究集,第3辑,四川人民出版社1981年版。
清文宗显皇帝圣训,清官修,同治刊本。
渠县志,王来遴纂修,嘉庆十七年刻本。
渠县志,杨维中等纂修,民国二十一年排印本。
仁寿县新志,马百龄等纂修,道光十八年刻本。
荣昌县志,文康等纂修,同治四年刻,光绪十年增刻本。
荣县文史资料选辑,第1辑。
荣县志,廖世英等纂修,民国十八年刻本。
荣县志,王培荀等纂修,道光二十五年刻本。
三秦近代名人评传,韩学儒等编,西北大学出版社1988年版。
三省边防备览,严如煜,来鹿堂藏板,道光十年刊。
三十年来之西康教育,第1编,张敬熙,商务印书馆1939年版。

三台县志,谢勤等纂修,民国二十年排印本。

商务官报,1906—1911年。

射洪县史志资料,射洪县志编纂委员会办公室编,1985年。

射洪县志,陈廷钰等纂修,嘉庆二十五年刻本。

申报,1909年。

圣教入川记,古洛东,四川人民出版社1981年版。

什邡县志,纪大奎等纂修,嘉庆十八年刻本。

十九世纪西方资本主义对中国的经济侵略,汪敬虞著,人民出版社1983年版。

十三峰书屋全集,李榕。

世界农村月刊,1941年。

蜀报,1910—1911年。

蜀故,彭遵泗撰,读书堂刻本,光绪二年。

蜀海丛谈,周询,重庆大公报印行,1948年。

蜀学报,1898年。

蜀中先烈备征录,全5册,朱之洪、童宪章等编,重庆新记启渝公司印,1923年。

四川,1908年。

四川保路同志会报告,四川保路同志会主编,1911年。

四川保路运动档案选编,四川省档案馆编,四川人民出版社1981年版。

四川保路运动史,隗瀛涛著,四川人民出版社1981年版。

四川保路运动史料,戴执礼编,科学出版社1959年版。

四川财政考,佚名,民国三年四川官印刷局印。

四川蚕业改进史,尹良莹,商务印书馆1947年版。

四川成都第三次商业劝工会调查表,四川劝业道署编,光绪三十三年。

四川成都第一次商业劝工会调查表,四川劝业道署编,光绪三十二年。

四川大学校史稿,四川大学校史编写组,四川大学出版社1985年版。

四川档案史料,四川省档案馆编,1984年。

四川地方实际问题研究会丛刊之二,傅况邻主编。

四川地震资料汇编,第1卷(1949年前),四川地震资料汇编编辑组,四川人民出版社1980年版。

四川第四次劝业统计表,四川劝业道署编,宣统二年。

四川第五区风土政情,四川省第五区行政督察专员公署编。
四川官报,1904—1911年。
四川教案与义和拳档案,四川省档案馆编,四川人民出版社1985年版。
四川教育官报,1907—1911年。
四川近代有色金属工业史料,四川省冶金工业厅冶金志编辑办公室,1986年印。
四川经济参考资料,张肖梅编,上海中国国民经济研究所,1939年刊。
四川警务官报,1911年。
四川款目说明书,清末四川官方刊印,具体时间不详。
四川历史研究文集,四川省社会科学院出版社1987年版。
四川内河航运史料汇集,第1、2辑,四川省交通厅地方交通史志编纂委员会,1984、1985年印。
四川蓬溪县志资料,蓬溪县志办编,1983年。
四川人口史,李世平著,四川大学出版社1987年版。
四川人口数字研究之新资料,施居父主编,成都民间意识社刊,1936年。
四川商业志通讯,四川商业志编纂办公室编,1986年。
四川商业志通讯,四川省商业厅商业志办公室编,1986年。
四川省城高等学堂档案,四川大学藏。
四川省内河航运史志资料,第1、2辑,邓少琴、程龙主编,四川省交通厅地方交通史志编纂委员会,1984年印。
四川实业杂志,1912年。
四川铁矿业资料汇编,四川省冶金工业厅冶金志编辑办公室,1985年印。
四川通省师范学堂档案,四川大学藏。
四川通省外国官员商民统计表(宣统元年),四川洋务总局编。
四川通志,常明等纂修,嘉庆二十一年刻本。
四川通志,宋育仁等纂修,民国初年四川通志馆稿本。
四川通志,查郎阿等纂修,乾隆元年刻本。
四川卫生史料,第2、3期,四川省卫生志编纂办公室编,1984年。
四川文史资料选辑,第2、3、4、7、8、13、15、20、25、32辑,四川省文史资料委员会编。
四川物价志通讯,四川物价志编纂办公室编,1985年。
四川新地志,郑励俭,正中书局1949年版。

四川学报,1905—1907年。
四川盐法志,丁宝桢总纂,光绪八年刊。
四川义和团运动,张力,四川人民出版社1982年版。
四川政区沿革与治地今释,蒲孝荣,四川人民出版社1986年版。
四川谘议局第一次议事录,成都印书有限公司,宣统二年印。
四川总志,蔡毓荣等纂修,康熙十二年刻本。
四川租佃问题,郭汉鸣、孟光宇,商务印书馆1944年版。
绥靖屯志,李涵元等纂修,道光五年刻本。
遂宁县志,张鹏翮纂修,康熙二十九年刻本。
遂宁县志,张松孙等纂修,乾隆五十二年刻本。
遂宁县志资料,遂宁县志编纂办公室编,1984年。
孙中山全集,第2卷,广东省社会科学院历史研究所等编,中华书局。
太平县志,杨妆偕纂修,光绪十九年刻本。
太平县志,钟莲纂修,乾隆六十年抄本,胶卷。
通商各关华洋贸易报告册,光绪时期。
铜梁县志,韩清桂等纂修,光绪元年刻本。
潼南县志,王安镇等纂修,民国四年刻本。
外交报,1903年。
万源县志,刘子敬等纂修,民国二十一年排印本。
威远县志,宋鸣琦等纂修,嘉庆十八年刻本。
伟大的道路,史沫特莱,史沫特莱文集,第3卷,新华出版社1985年版。
温江县志,张骥等纂修,民国十年刻本。
文史资料选辑,第1期,安岳县志编纂办公室编。
吴玉章回忆录,中国青年出版社1978年版。
戊戌变法档案史料,国家档案局明清档案馆编,中华书局1958年版。
戊戌变法人物传稿,全2册,汤志钧著,中华书局1982年版。
戊戌政变记,梁启超,中华书局,1937年版。
西昌县志,郑少成等纂修,民国三十一年排印本。
西充县志,高培谷等纂修,光绪元年刻本。
西顾报,1911年。

西南地区经济地理(四川·贵州·云南),孙敬之主编,科学出版社1958年版。
西南实业通讯,第2卷。
锡良遗稿,中国科学院历史研究所第三所主编,中华书局1959年版。
熙朝纪政(一名《石渠馀记》),王庆云著,上海书局,光绪二十八年刊。
现代中国实业志,杨大金,商务印书馆1938年版。
辛亥革命回忆录,第3、7集,中国人民政治协商会议全国委员会文史资料研究委员会编,文史资料出版社1981—1982年版。
辛亥革命前后——盛宣怀档案资料选辑之一,陈旭麓、顾廷龙、汪熙主编,上海人民出版社1979年版。
辛亥革命前十年间民变档案史料,2册,中国第一历史档案馆、北京师范大学历史系编选,中华书局1985年版。
辛壬春秋,尚秉和,1924年刻本。
新都县志,陈习珊等纂修,民国十八年排印本。
新都县志,张奉书等纂修,道光二十四年刻本。
新繁乡土志,余慎等编,光绪三十三年排印本。
新津县乡土志,禄勋编,宣统元年排印本。
新津县志,陈霁学等纂修,道光九年刻本。
新民丛报,1904年。
新宁县志,黄位斗等纂修,道光十五年刻本。
新修合川县志,郑贤书等纂修,民国十一年刻本。
新修南充县志,李良俊等纂修,民国十八年刻本。
新修武胜县志,罗兴志等纂修,民国二十年排印本。
刑科题本,乾隆朝,中国第一历史档案馆藏。
叙永县志,赖佐唐等纂修,民国二十四年排印本。
叙州府志,王麟祥等纂修,光绪二十一年刻本。
续汉州志,张超等纂修,同治八年刻本。
续金堂县志,王树桐等纂修,同治六年刻本。
续修定远县志,李玉宣纂修,1954年泰州古旧书店传抄本。
续云南通志稿,王文韶等纂修,光绪二十七年四川岳池刻本。
宣汉县志,汪承烈等纂修,民国二十年石印本。

宣统政纪,金毓黻编,辽海书社,1934年印。
盐法议略,王守基撰,同治十二年刊。
义和团档案史料,2册,国家档案局明清档案馆编,中华书局1959年版。
荥经县志,贺泽等纂修,民国四年刻本。
永川县志,许曾荫等纂修,光绪二十年刻本。
游蜀日记,吴焘,小方壶斋舆地丛抄,王锡祺编,光绪年间编刊。
渝报,1897—1898年。
云阳县志,江锡麟等纂修,咸丰四年刻本。
云阳县志,朱世镛等纂修,民国二十五年排印本。
增修崇庆州志,沈恩培等纂修,光绪三年刻本。
增修万县志,王玉鲸等纂修,同治五年刻本。
张文襄公年谱,胡钧,台湾商务印书馆1978年版。
张文襄公全集,北平文华斋,1928年刻本。
张之洞评传,张秉铎,台北1972年版。
昭化县志,李元纂修,乾隆五十年刻本。
昭觉县志,徐怀璋纂修,民国九年排印本。
赵尔丰川边奏牍,吴丰培编,四川民族出版社1984年版。
政典类纂,席裕福辑,光绪二十九年刊。
中国国民党史稿,全4册,邹鲁,商务印书馆1947年版。
中国海关与邮政,中国近代经济史资料丛刊编辑委员会主编,中华书局1983年版。
中国近代对外贸易史资料(1840—1895),3册,姚贤镐编,中华书局1962年版。
中国近代工业史资料(1840—1895),第1辑,上下册,孙毓棠编,科学出版社1957年版。
中国近代工业史资料(1895—1914),第2辑,上下册,汪敬虞编,科学出版社1957年版。
中国近代会党史研究,蔡少卿著,中华书局1987年版。
中国近代教育史资料,舒新城编,人民出版社1961年版。
中国近代经济史统计资料选辑,严中平等编,科学出版社1955年版。
中国近代农业生产及贸易统计资料,许道夫编,上海人民出版社1983年版。
中国近代农业史资料,第1辑(1840—1911),李文治编,三联书店1957年版。

中国近代手工业史资料,第1、2卷(1840—1911),彭泽益编,中华书局1962年版。
中国近代铁路史资料(1863—1911),3册,宓汝成编,中华书局1963年版。
中国近五百年旱涝分布图集,中央气象局气象科学研究院主编,地图出版社1981年版。
中国厘金史,罗玉东,上海商务印书馆1936年版。
中国历代人口田地田赋统计,梁方仲著,上海人民出版社1980年版。
中国买办资产阶级的发生,聂宝璋著,中国社会科学出版社1979年版。
中国年鉴第一回,商务印书馆1924年版。
中国农业的发展(1368—1968),〔美〕德·希·珀金斯著,宋海文等译,上海译文出版社1984年版。
中国人留学日本史,实藤惠秀著,谭汝谦、林启彦译,三联书店1983年版。
中国现代化的区域研究——湖北省,苏云峰著,台北1981年版。
中国资本主义发展史,第1卷,许涤新、吴承明主编,人民出版社1985年版。
中国资本主义与国内市场,吴承明著,中国社会科学出版社1985年版。
中华帝国对外关系史,全3卷,马士著,张汇文等译,三联书店1957—1960年版。
中华民国二年第二次农商统计表,农商部总务厅统计科编。
中华民国元年第一次农商统计表,农商部总务厅统计科编。
中华文史论丛,总第3辑,上海古籍出版社1984年版。
中江县志,李维翰等纂修,康熙五十四年刻本。
中江县志,谭毅武等纂修,民国十九年排印本。
中江县志,杨霈等纂修,道光十九年刻本。
中外旧约章汇编,王铁崖编,三联书店1957年版。
中外日报,1900年。
忠州直隶州志,吴友篪等纂修,道光六年刻本。
资阳县志,范涞清等纂修,咸丰十一年刻本。
资源委员会季刊,1941年。
资州直隶州志,罗廷权等纂修,光绪二年刻本。
梓潼县志,朱簾等纂修,乾隆四十五年刻本。
最近四十五年来四川省进出口贸易统计,甘祠森编,重庆民生实业公司经济研究室,1936年。

尊经书院初集,尊经书院刊,光绪十一年。

左恪靖伯奏稿,左宗棠撰,光绪刊本。

左文襄公全集,左宗棠,光绪十六年至二十三年刊本。

(2) 日文部分

明清地方官职等级结构的比较考察,和田正广,东洋史研究,第44卷,第1号(1985)。

清代の移住民社会——嘉庆白莲教反乱の基础的考察,山田贤,史林,第69卷,第6号(1986)。

清国商业综览,根岸佶,1906年版。

四川保路运动——その前夜の社会状况,西川正夫,东洋文化研究所纪要,第45分册(1968)。

四川省简阳县县志管见(上),西川正夫,金泽大学法文学部论集·史学篇25(1977)。

四川云阳县杂记——清末民国初期の乡绅,西川正夫,金泽大学文学部论集·史学科篇,第7号(1985)。

新修支那省别全志,第1卷,四川省,东亚同文会编,昭和十六年版。

支那省别全志,四川省,东亚同文会编,大正六年版。

支那经济全书,东亚同文会编,1918—1920年版。

(3) 西文部分

Adshead, S. A. M, *Province and Politics in Late Imperial China*, *Viceregal Government in Szechwan*, *1898—1911*. London and Malmo: Curzon Press, Ltd, 1984.

　清末的行省与政治:1898—1911年的四川总督,阿谢德

Archives de La Societe des Missions Etrangeres, "Seminaire des Missions Etrangeres-Lettres Communes", 1875—1911.

　巴黎外方传教会公函(该资料系美国密西根大学历史系魏莱棣[Judy Wyman]女士提供

Black, C. E, *The Dynamics of Modernization: A Study in Comparative History*.

Harper and Row,1967.

现代化动力:一个比较历史研究,布莱克

Braudel,Fernand,*The Mediterranean and the Mediterranean World in the Age of Philip II*. New York:Harper & Row,1972.

菲利普二世时代的地中海与地中海世界,布罗代尔

British Public Records Offices. FO228,1875—1911.

英国外交部档案(传教部分,1875—1911年)(该资料系魏荣棣女士提供)

Commercial Reports from Her Majesty's Consuls in China,1880—1882,Chungking.

英国驻华各口岸领事商务报告(1880—1882年,重庆)

Des Forges, R. V. Vranken,"Hsi-Liang:A Portrait of a Late Ch'ing Patriot", Unpublished dissertation,Yale University,1971.

锡良:一个晚清爱国者的形象,戴福士

Ho,P'ing-ti,"The Geographical Distribution of Hui-Kuan in Central and Upper Yangtze Provinces",*Tsing Hua Journal of Chinese Studies*,Vol.5,No.2,1966.

长江中部和上游各省会馆的地理分布,何炳棣

Ho,P'ing-ti,*Studies in the Population of China*. Cambridge:Harvard University Press,1959.

中国人口研究,何炳棣

Little,Archibald,*Through the Yangtze Gorges,or Trade and Travel in Western China*. London:Sampson Low,Marston & Company,1898.

穿过长江三峡:在中国西部的经商和旅行,立德

Liu,Cheng-yun,"Kuo-Lu:A Sworn-Brotherhood Organization in Szechwan",*Late Imperial China*,Vol.6,No.1,1985.

啯噜:四川的结义兄弟会组织,刘铮云

Maritime Customs:Decennial Reports on Trade, Navigation, Industries, etc. of the Ports Open to Foreign Commerce and on the Condition and Development of the Treaty Port Province,1882—1891,1892—1901,1902—1911.

海关贸易十年报告,1882—1891、1892—1901、1902—1911

North China Herald,1893—1894,1910.

北华捷报,1893—1894、1910

Schoppa, R. Keith, "The Composition and Functions of the Local Elite in Szechwan, 1851—1874", *Late Imperial China*, No. 10, 1973.

1851—1874年四川地方精英的构成及其功能,肖邦齐

Skinner, G. William, "Cities and the Hierarchy of Local Systems", in G. William Skinner, ed., *The City in Late Imperial China*. Stanford: Stanford University Press, 1977.

城市与地方系统的层级,施坚雅

Skinner, G. William. "Marketing and Social Structure in Rural China", *Journal of Asian Studies*, Vol. 24, No. 1, pp. 3—44; Vol. 24, No. 2, pp. 195—228; Vol. 24, No. 3, pp. 363—399.

中国农村的市场和社会结构,施坚雅

Skinner, G. William. "Sichuan's Population in the Nineteenth Century: Lessons from Disaggregated Data", *Late Imperial China*, Vol. 8, No. 1, 1987.

19世纪的四川人口:未加核实资料的教训,施坚雅

West China Missionary News, 1911—1912. Publisbed by the West China Missions Advisory Board.

华西教会新闻,1911—1912年

Yang, C. K, "Some Preliminary Statistical Patterns of Mass Actions in Nineteenth-Century China", in F. Wakeman, Jr. and Carolyn Grant (eds.), *Conflict and Control in Late Imperia China*. Berkeley: University of California Press, 1975.

19世纪中国民众运动的一些初步统计范例,杨庆堃

后 记

　　1982年当我随隗瀛涛教授攻读硕士学位时,便开始注意区域社会问题,从1984年以来就一些专题陆续发表了若干论文。在学习过程中,深感对长江上游这个颇具典型意义区域的研究还相当薄弱,便有意做一些发掘。但由于撰写硕士论文以及参加其他一些科研项目的工作,使这一研究时时中断。1986年以来,我开始在教学之余把主要精力放在长江上游区域社会的研究上。前后历五年,终于完成了这本不成熟的书。

　　在本书的撰写过程中,隗瀛涛教授的著作和论文给我很大的启发;1987年5月在武汉参加"对外经济关系与中国近代化国际学术研讨会"和1988年9月在上海参加"近代上海城市研究国际学术研讨会"时,与会中外学者的见解给我极大的帮助;中国社会科学院近代史研究所所长王庆成先生对本书的写作十分关心,他关于社会史研究的许多看法和对本书提出的具体意见,使我获益匪浅;华中师范大学校长章开沅教授和南京大学蔡少卿教授对本书的写作予以热忱支持并推荐申请有关科研基金;我还经常与学友四川大学的任远、华中师范大学的马敏博士就近代化问题交换意见,他们的许多精辟议论都融进了书中。另外,四川大学历史系的谢放、何一民两位师兄也将他们手里的资料提供给我使用,1987年我带历史系84级部分同学进行宗教调查和1988年我给历史系85级同学讲授社会学课时,同学们收集整理的有关资料也给了我一定的帮助。四川大学哲学社会科学处、历史系的领导对我从事这一课题研究尽可能给予了精神和物质的支持。

　　在本书的写作过程中,我曾得到不少外国学者的帮助。日本金泽大学的西川正夫教授、东京都大学的山田贤先生,都曾把他们研究四川的论文赠我参阅;我与美国斯坦福大学施坚雅教授曾在上海就长江上游城市网络、结构问题进行讨论,以后他又将他的论文寄赠;美国康奈尔大学历史系主任高加农教授把美国学者研究的有关成果复印寄给了我;美国密歇根大学历史系的魏荣棣女士将她在英国和法国抄录的档案借我使用,并提供了不少有关资料。

在本书完成之际,我向以上专家学者和朋友们表示衷心的感谢。

关于本书的出版我要特别感谢中华书局的总编辑李侃先生和近代史编辑室的吴杰先生。目前,由于众所周知的原因,这类学术著作的出版非常困难,一个青年的著作出版更是难上加难。在本书即将完成之时,我曾冒昧将本书的概要和目录寄给李侃先生,李侃先生和近代史编辑室的编辑们对我这个素昧平生的青年学子给予了热忱支持,愿意将本书出版,这给我后期定稿和早日完成以极大的激励。

从一个区域的角度来研究社会从传统向现代的演化,目前尚是一个尝试,一个初步的探索,因此它不可能是令人满意的;加之这个课题的研究存在较大的难度,以一人之力要完成这一任务更难乎其难,我个人尽管竭尽全力,试图使其更圆满、更科学一些,但我感到这似乎是一个永无止境的工作,因此,为了早日得到专家学者的指教,只好把这一粗糙的、可能有许多错误的书奉献给大家并恳请批评指正。

王 笛

1989 年 5 月 10 日于

四川大学铮园